Gläubigerschutz durch reale Kapitalaufbringung im deutschen und polnischen Recht der Kapitalgesellschaften

Europäische Hochschulschriften
Publications Universitaires Européennes
European University Studies

Reihe II
Rechtswissenschaft

Série II Series II
Droit
Law

Bd./Vol. 3083

PETER LANG
Frankfurt am Main · Berlin · Bern · Bruxelles · New York · Oxford · Wien

Krzysztof Oplustil

Gläubigerschutz durch reale Kapitalaufbringung im deutschen und polnischen Recht der Kapitalgesellschaften

Eine rechtsvergleichende Untersuchung

PETER LANG
Europäischer Verlag der Wissenschaften

Die Deutsche Bibliothek - CIP-Einheitsaufnahme

Oplustil, Krzysztof:

Gläubigerschutz durch reale Kapitalaufbringung im deutschen und polnischen Recht der Kapitalgesellschaften : eine rechtsvergleichende Untersuchung / Krzystof Oplustil.
Frankfurt am Main ; Berlin ; Bern ; Bruxelles ; New York ; Oxford ; Wien : Lang, 2001
(Europäische Hochschulschriften : Reihe 2, Rechtswissenschaft ; Bd. 3083)
Zugl.: Heidelberg, Univ., Diss., 2000
ISBN 3-631-36905-0

D 16
ISSN 0531-7312
ISBN 3-631-36905-0

Vorwort

Die vorliegende Arbeit wurde im Sommersemester 2000 von der Juristischen Fakultät der Ruprecht-Karls-Universität Heidelberg als Dissertation angenommen. Sie wurde durch das Graduiertenkolleg „Unternehmensorganisation und unternehmerisches Handeln nach deutschem, europäischem und internationalem Recht" unterstützt.

Ich möchte mich bei allen bedanken, die in verschiedenster Art und Weise zum Gelingen der Arbeit beigetragen haben. Allen voran natürlich meinem hochverehrten Doktorvater, Herrn Prof. Dr. *Peter Hommelhoff*. Als Mitbegründer der Schule für Deutsches Recht an der Jagellonen Universität Krakau und Spiritus Rector der deutsch-polnischen Zusammenarbeit auf dem rechtswissenschaftlichen Feld hat er diese Untersuchung angeregt und mich darüber hinaus in vielfacher Weise gefördert. Herrn Prof. Dr. Dr. h.c. mult. *Peter Ulmer* danke ich herzlich für die außerordentlich zügige Erstellung des Zweitgutachtens.

Mein besonderer Dank gilt Herrn Dr. *Martin Schwab*, der diese Arbeit in allen ihren Phasen begleitete und die Mühe des Korrekturlesens auf sich nahm. Ohne seine Hilfe und seine wertvollen Hinweise hätte diese Dissertation nicht so schnell erstellt werden können.

Für die ständige Diskussionsbereitschaft und viele fruchtbare Gespräche danke ich auch Frau Mag. Jur. *Anna Rachwał* und Herrn Rechtsreferendar *Jan Gernoth*.

Die Arbeit widme ich meiner lieben Mutter.

Heidelberg, im August 2000 *Krzysztof Oplustil*

Inhaltsübersicht

Inhaltsverzeichnis

Abkürzugsverzeichnis:

a.a.	anderer Auffassung
aaO.	am angegebenen Ort
Abs.	Absatz
AcP	Archiv für die civilistische Praxis (Zeitschrift)
AG	Aktiengesellschaft (Zeitschrift)
ADHGB	Allgemeines Deutsches Handelsgesetzbuch
AktG	Aktiengesetz
Anm.	Anmerkung
Art.	Artikel
Aufl.	Auflage
AUW	Acta Universitatis Wratislaviensis (Zeitschrift der Breslauer Universität)
BAG	Bundesarbeitsgericht
BayOblG	Bayerisches Oberstes Landesgericht
BB	Der Betriebs-Berater (Zeitschrift)
Bd.	Band
BGB	Bürgerliches Gesetzbuch
BGBl-	Bundesgesetzblatt
BGHZ	Amtliche Sammlung der Entscheidungen des BGH in Zivilsachen
BSG	Bundessozialgericht
BT.-Drs.	Bundestags-Drucksache
bzw.	beziehungsweise
DAV	Deutscher Anwaltsverein
DB	Der Betrieb
ders.	derselbe
d.h.	das heißt
Diss.	Dissertation
DM	Deutsche Mark
DR	Deutsches Recht (Zeitschrift)
DStR	Deutsches Steuerrecht (Zeitschrift)
Dz.U.	Dziennik Ustaw (Polnisches Gesetzblatt)

EG	Europäische Gemeinschaft
EStG	Einkommensteuergesetz
EU	Europäische Union
EWG	Europäische Wirtschaftsgemeinschaft
f.	folgende
ff.	fortfolgende
FGG	Gesetz über Angelegenheiten der freiwilligen Gerichtsbarkeit
Fn.	Fußnote
FS	Festschrift
GesR	Gesellschaftsrecht
GGaB	Gesetz über Gesellschaften mit ausländischer Beteiligung
Glosa	Glosa (Zeitschrift)
GmbH	Gesellschaft mit beschränkter Haftung
GmbHG	GmbH-Gesetz
GmbHR	GmbH-Rundschau (Zeitschrift)
ggfs.	gegebenenfalls
Großkomm.	Großkommentar
Habil.	Habilitationsschrift
HGB	Handelsgesetzbuch
HGG-E	Entwurf des Gesetzes – Recht der Handelsgesellschaften
h.M.	herrschende Meinung
Hdb.	Handbuch
Hrsg.	Herausgeber
insb.	insbesondere
InsO	Insolvenzordnung
i.V.m.	in Verbindung mit
JuS	Juristische Schulung (Zeitschrift)
JW	Juristische Wochenschrift
JZ	Juristenzeitschrift

KG	Kommanditgesellschaft
KGaA	Kommanditgesellschaft auf Aktien
KK	Kölner Kommentar
KO	Konkursordnung
KPP	Kwartalnik Prawa Prywatnego (Vierteljahresschrift für Privatrecht)
KStG	Körperschaftsteuergesetz
LGRG	Gesetz über das Landesgerichtsregister
LM	Lindenmaier-Möhring, Nachschlagwerk des BGH
LöschG	Löschungsgesetz
LSG	Landessozialgericht
MoP	Monitor Prawniczy (Juristischer Monitor, Zeitschrift)
MünchHdb.	Münchener Handbuch
m.w.N.	mit weiteren Nachweisen
NJW	Neue Juristische Wochenschrift (Zeitschrift)
NWB	Neue Wirtschaftsbriefe (Zeitschrift)
NZG	Neue Zeitschrift für Gesellschaftsrecht
OGH	der Oberste Gerichtshof (Sąd Najwyższy)
OLG	Oberlandesgericht
OSN	Orzecznictwo Sądu Najwyższego (Rechtsprechung des polnischen Obersten Gerichtshofes)
OSP	Orzecznictwo Sądów Polskich (Rechtsprechung Polnischer Gerichte)
Palestra	Palestra, Zeitschrift
PiP	Państwo i Prawo (Staat und Recht, Zeitschrift)
pol.	polnisch
Pos.	Position
PPH	Przegląd Prawa Handlowego (Rundschau des Handelsrechts, Zeitschrift)

PP	Przegląd Podatkowy (Steuerrundschau, Zeitschrift)
Prawo Spółek	Prawo Spółek (Gesellschaftsrecht, Zeitschrift)
PS	Przegląd Sądowy (Gerichtsrundschau, Zeitschrift)
PUG	Przegląd Ustawodawstwa Gospodarczego (Rundschau der Wirtschaftsgesetzgebung, Zeitschrift)
RabelsZ	Rabels Zeitschrift für ausländisches und internationales Privatrecht
Radca Prawny	Radca Prawny (Rechtsberater, Zeitschrift)
Rejent	Rejent (Zeitschrift)
RG	Reichsgericht
RGZ	Entscheidungen des Reichsgerichts in Zivilsachen
RIW	Recht der Internationalen Wirtschaft (Zeitschrift)
Rn.	Randnummer
RWG	Gesetz über das Rechnungswesen
UmwG	Umwandlungsgesetz
usw.	und so weiter
vgl.	vergleiche
VGR	Gesellschaftsrechtliche Vereinigung
v.	von, vom
WiB	Wirtschaftliche Beratung (Zeitschrift)
WiRO	Wirtschaft und Recht in Osteuropa (Zeitschrift)
WiTG	Gesetz – Recht der Wirtschaftstätigkeit
WM	Wertpapier-Mitteilungen (Zeitschrift)
Wpg	Die Wirtschaftsprüfung (Zeitschrift)
z.B.	zum Beispiel
ZGR	Zeitschrift für Unternehmens- und Gesellschaftsrecht
ZHR	Zeitschrift für das gesamte Handelsrecht und Wirtschaftsrecht

ZIP	Zeitschrift für Wirtschaftsrecht
zit.	zitiert
ZPO	Zivilprozeßordnung

Einleitung
Das polnische Wirtschafts- und Gesellschaftsrecht im Umbruch

1. Polnisches Handelsgesetzbuch vom 1934

Das heute geltende polnische Gesellschaftsrecht ist überwiegend im Handelsgesetzbuch[1] geregelt, das als Verordnung des Präsidenten der Republik Polen vom 27.6.1934 in Kraft getreten ist. Ursprünglich stellte das HGB eine geschlossene Regelung des Rechts der Kaufleute dar. Das erste Buch enthielt allgemeine Vorschriften bezüglich des Kaufmannsstandes, Regelungen der Firma, der Prokura und des Handelsregisters, sowie das Recht der Handelsgesellschaften (oHG, KG, GmbH, AG). Im zweiten Buch wurden die Handelsgeschäfte, u.a. die stille Gesellschaft, geregelt. Vom Anfang an hat man auch im polnischen Schrifttum die nahe Verwandtschaft des polnischen Gesellschafts- und allgemeinen Handelsrechts mit dem deutschen hervorgehoben. Einer der ersten seiner Kommentatoren Prof. M. Allerhand empfahl in seinem auch heute noch führenden Kommentar zum polnischen HGB, bei der Auslegung der Vorschriften „die deutsche Literatur, insbesondere die großen Kommentare und die Rechtsprechung des Reichsgerichts“ zu Rate zu ziehen[2].

Das Handelsgesetzbuch galt in seiner ursprünglichen Gestalt bis 1.1.1965, bis es durch die Einführungsvorschriften zum ZGB[3] weitgehend außer Kraft gesetzt wurde – mit Ausnahme der Vorschriften über die OHG, GmbH und AG, wobei

---

[1]Dz.U. (Dziennik Ustaw = Gesetzblatt) 1934, Nr. 57, Pos. 502 mit späteren zahlreichen Änderungen. Der deutsche Text in: Polnische Wirtschaftsgesetze, C.H. Beck, Warschau 1998. Zum polnischen HGB v. 1934 in deutscher Sprache vgl. ausführlich *Marr*, Das polnische GmbH-Recht, S. 4 ff.; *Gralla*, in: *Gralla/Sonnenberg*, Handelsgesellschaften in Osteuropa, S. 68 ff.; *ders.*, Gesellschaftsrecht in Polen, 1994; *ders.*, in: IWB, Gruppe 3 (Polen), S. 67 ff.; *Włodyka* (Hrsg.), Kapitalgesellschaften in Polen, Berlin 1992.

[2]*Allerhand*, Handelsgesetzbuch, Kommentar, Lemberg 1935, S. 8; vgl. auch *Namitkiewicz*, Handelsgesetzbuch. Kommentar. Gesellschaft mit beschränkter Haftung, Nachdruck, Lodz 1994; *Tomkiewicz/Bloch*, Gesellschaften mit beschränkter Haftung, Kommentar, Warschau 1935, die ständig auf die deutsche Literatur und Rechtsprechung hinweisen.

[3]Dz.U. 1964 Nr. 16, Pos. 94 (Art. VI).

im Verhältnis zu diesen drei Gesellschaftstypen auch die Vorschriften über die Firma, die Prokura und das Handelsregister weiter gelten sollten. Nach der Vorstellung des damaligen Gesetzgebers sollte das kapitalistische Gesellschaftsrecht in der sozialistischen zentralisierten Planwirtschaft allmählich an Bedeutung verlieren. Dass diese Prognosen falsch waren, hat sich im Jahre 1989 erwiesen, als die sozialistische Wirtschaft in Polen endgültig zusammenbrach. Ein Jahr später wurde mit dem schwierigen Privatisierungsprozess angefangen, im Zuge dessen staatliche Unternehmen in Kapitalgesellschaften umgewandelt werden sollen[4]. Nach dem Umbruch hat das polnische Handelsgesetzbuch (allerdings in der Fassung vom 1965) die ihm gebührende Position als die nach dem novellierten Zivilgesetzbuch 1965 zweite wichtigste Kodifikation des polnischen Privatrechts wieder erlangt. In den 1990er wurde das polnische HGB mehrmals novelliert – als wichtige Änderungen sind hier die erneute Einführung der Vorschriften über die Kommanditgesellschaft, Zulassung der Gründung der Einmann-GmbH, sowie Verbesserung der Publizität, wodurch das polnische Recht an die Erfordernisse der ersten gesellschaftsrechtlichen EU-Richtlinie angepasst wurde, zu nennen[5].

2. *Reform des polnischen Wirtschafts- und Gesellschaftsrechts*

Das hohe legislative Niveau des HGB vom 1934 sowie seine bahnbrechende Bedeutung für das polnische Gesellschaftsrecht vermögen die Tatsache nicht zu verbergen, dass dieser über 60 Jahre alte Rechtsakt den Erfordernissen, vor denen das polnische Gesellschaftsrecht in der Gegenwart steht, nicht gerecht wird. Deswegen hat man in Rahmen der Kommission für die Kodifikation des Zivilrechts am 28.2.1997 einen Expertenausschuss[6] gebildet, dessen Aufgabe es war, einen Entwurf des künftigen polnischen Gesellschaftsrechts vorzubereiten, der die Polen bevorstehenden Herausforderungen, vor allem die angestrebte Mit-

[4]Gesetz v. 13.7.1990 über die Privatisierung staatlicher Unternehmen, Dz.U. 1990, Nr. 51, Pos. 298 mit späteren Änderungen, ersetzt durch das Gesetz v. 30.8.1996 über die Kommerzialisierung und Privatisierung staatlicher Unternehmen, Dz. U. 1996 r. Nr 118 Pos. 561 mit späteren Änderungen.

[5]Gesetz v. 10.8.1991, Dz.U. 1992 Nr. 94, Pos. 418; Gesetz v. 22.12.1995, Dz.U. 1996, Nr. 6, Pos. 43. Vgl. dazu *Marr*, aaO., S. 6 f.

[6]Die Mitglieder des Ausschusses sind Prof. Dr. S. Sołtysiński aus Posen, Prof. Dr. A. Szajkowski aus Warschau, Prof. Dr. A. Szumański aus Krakau. Prof. Szumański hat 1998 Prof. J. Szwaja, ebenfalls aus Krakau, ersetzt.

gliedschaft in der EU[7], berücksichtigen sollte. Die Arbeiten am neuen Gesellschaftsrecht wurden im Rahmen des Nationalen Programms zur Vorbereitung Polens auf die volle Mitgliedschaft in der EU geführt. Der vom Ausschuss vorbereitete Entwurf des Gesetzes – „Recht der Handelsgesellschaften" ist erstmals im Juni 1998 veröffentlicht und zur wissenschaftlichen Diskussion gestellt worden[8]. Nach einigen Überarbeitungen ist der Entwurf unter dem Titel: „Gesetzbuch der Handelsgesellschaften" (im folgenden: HGGB), der die Bedeutung dieses Rechtsakts im System des polnischen Zivilrechts hervorheben soll, durch die polnische Regierung angenommen und am 4.2.2000 als Regierungsentwurf dem polnischen Parlament eingereicht worden. Das polnische Parlament hat das Gesetz am 15.9.2000 verabschiedet[9].

Das Gesetzbuch der Handelsgesellschaften ist Teil der großen Reform des polnischen Wirtschafts- und Zivilrechts, in deren Verlauf der rechtliche Rahmen für das korrekte Funktionieren der freien Marktwirtschaft im Hinblick auf die künftige Vollmitgliedschaft Polens in der EU geschaffen werden soll. Im engen Zusammenhang mit der Reform des polnischen Gesellschaftsrechts bleiben insbesondere zwei bereits verabschiedete Rechtsakte, die – mit Ausnahme von einigen Vorschriften – am 1.1.2001 in Kraft treten sollen: das Gesetz vom 20.8.1997 über das Landesgerichtsregister[10] (weiter: LGRG) und das Gesetz 19.11.1999 – Recht der Wirtschaftstätigkeit (weiter: WiTG)[11]. Das erste Gesetz sieht die Errichtung eines für ganz Polen einheitlichen, auf elektronischer Basis beruhenden Gerichtsregisters vor, in dem eine Vielzahl von bisher bestehenden Einzelregi-

---

[7]Vgl. Art. 68 des Assoziationsabkommens v. 13.12.1993 zwischen den Europäischen Gemeinschaften und ihren Mitgliedstaaten einerseits und der Republik Polen andererseits (Amtsblatt der EG Nr. L 348 v. 31.12.1993), wonach „die Angleichung der bestehenden und künftigen Rechtsvorschriften Polens an das Gemeinschaftsrecht eine wesentliche Voraussetzung für die wirtschaftliche Integration Polens in die Gemeinschaft" darstelle. Art 69 des Abkommens nennt das Gesellschaftsrecht an der zweiten Stelle als angleichungsbedürftigen Rechtsbereich.

[8]Die folgenden Versionen des Entwurfs sind in: Studia Prawnicze, 1-2/1998, Prawo Spółek, 3/1999, Studia Prawnicze, 1-2/1999, veröffentlicht worden.
Vgl. dazu im deutschen Schrifttum: *Weilep*, RIW 2000, S. 431; *Sołtysiński*, in: FS Fikentscher, S. 419. Im polnischen Schrifttum: *Sołtysiński*, PPH 5/1999, S. 1 ff.; *Safjan, Okolski, Brol, Krauss, Opalski, Modrzejewska*, Rzeczpospolita, v. 1.7.1998, Nr. 152 (5012); *Kappes*, Palestra 9-8/1998, S. 6 ff.; *Jacyszyn*, Rejent 1/1999, S. 25 ff.; *ders.*, Rejent, 9/1999.

[9] Das Gesetz ist im Gesetzesblatt Dz.U. Nr. 94 Pos. 1037 veröffentlicht worden.

[10]Dz.U. 1997, Nr. 121 Pos. 769, später geändert.

[11]Dz.U. 1999, Nr. 101, Pos. 1178 ; vgl. dazu in der deutschen Sprache: *Bornkamm*, WiRO 2000, S. 81 ff.

stern – u.a. auch das Handelsregister – aufgenommen werden soll[12]. Das neue WiTG, welches das überholte Gesetz über die Wirtschaftstätigkeit von 1988 ersetzt, regelt einheitlich die Grundsätze der Aufnahme und Ausübung wirtschaftlicher Tätigkeit für alle am Wirtschaftsleben auf dem Gebiet der Republik Polen Beteiligten. Das Gesetz ersetzt den alten Begriff „Wirtschaftssubjekt" durch den Begriff „Unternehmer", welchem eine wichtige Bedeutung auf dem Gebiet sowohl des öffentlichen als auch des Zivilrechts zukommen soll[13]. Insbesondere im Bereich des Handelsrechts soll der Unternehmerbegriff eine ähnliche Funktion wie ehemals der Begriff des Kaufmanns entfalten. In bezug auf die ausländischen Unternehmer[14] beseitigt das Gesetz weitgehend die bisher im polnischen Recht vorhandenen rechtlichen Schranken der wirtschaftlichen Betätigung auf dem Gebiet Polens, indem es das Gesetz über Gesellschaften mit ausländischer Betätigung von 1991 aufhebt (Art. 99 Pkt. 3 WiTG)[15]. Staatsangehörige fremder Staaten, die eine Genehmigung für die Ansiedlung in Polen erhalten, genießen bei der Aufnahme und Ausübung einer wirtschaftlichen Tätigkeit die gleichen Rechte wie polnische Staatsangehörige (Art. 6 Abs. 1 WiTG). Ausländische Personen können, soweit sich aus von Polen ratifizierten internationalen Verträgen nichts anderes ergibt, auf der Grundlage der Gegenseitigkeit eine Wirtschaftstätigkeit nach den gleichen Grundsätzen aufnehmen und ausüben, wie Unternehmer mit ständigem Wohnsitz oder Sitz in Polen (Art. 6 Abs. 2 WiTG). Auf der Grundlage der Gegenseitigkeit können die ausländischen Unternehmer sich an allen Personen- und Kapitalgesellschaften beteiligen sowie Zweigniederlassungen und Vertretungen mit Sitz auf dem Gebiet der Republik Polen gründen (Art.

---

[12]Dazu näher im Kapitel 1, III.3.a).

[13]Gemäß Art. 2 WiTG sind Unternehmer natürliche und juristische Personen, Handelsgesellschaften ohne Rechtspersönlichkeit, welche beruflich und in ihrem eigenen Namen die Wirtschaftstätigkeit dauernd und auf organisierte Weise aufnehmen und ausüben. Als Wirtschaftstätigkeit im Sinne des Gesetzes gilt eine Produktions-, Bau-, Handels-, Dienstleistungstätigkeit sowie das Aufsuchen, Erkunden und die Ausbeutung von natürlichen Ressourcen, die organisiert und dauerhaft ausgeübt wird (Art. 2 Abs. 1 des Gesetzes)

[14]Gemäß Art. 4 Pkt. 4) WiTG ist der ausländische Unternehmer eine natürliche Person mit ständigem Wohnsitz im Ausland, eine juristische Person mit Sitz im Ausland sowie eine Gesellschaft ohne Rechtspersönlichkeit von diesen Personen, die eine Wirtschaftstätigkeit im Ausland ausübt.

[15]Gemäß Art. 1 Abs. 2 des Gesetzes über Gesellschaften mit ausländischer Betätigung von 1991 können die ausländischen Subjekte zur Führung von Unternehmen im Polen ausschließlich GmbH's oder AG's mit Sitz im Gebiet der Republik Polen gründen oder Anteile oder Aktien an Gesellschaften, die solche Unternehmen führen, übernehmen oder erwerben.

35 ff., 43 ff. WiTG)[16]. Die Vorschriften in Bezug auf die Errichtung von Niederlassungen ausländischer Unternehmen sind bereits am 1.1.2000 in Kraft getreten.

3. Das neue Gesetzbuch der Handelsgesellschaften – allgemeine Darstellung

Ausgehend vom Prinzip der Einheit des Zivilrechts haben die Verfasser des HGGB auf eine komplexe Regelung des ganzen Handelsrechts verzichtet[17]. Mit der Aufhebung des Handelsgesetzbuches soll deswegen die Übertragung der heute in diesem Rechtsakt geregelten wichtigen Institutionen in andere Gesetze verbunden werden. Die Vorschriften über die Firma und Prokura, als eine besondere Art der Vollmacht, sollen einheitlich für alle Unternehmer im Zuge der beabsichtigten Novelle des pol. ZGB in dieses eingeführt werden. Das Handelsregisterrecht ist dagegen in dem am 1.1.2001 in Kraft tretenden Gesetz über das LGRG geregelt. Bewusst hat man auch auf eine Regelung der Handelsgeschäfte verzichtet – hier sollten die im ZGB enthaltene Vorschriften des allgemeinen und besonderen Schuldrechts ausreichen[18].

In seinem Aufbau weicht das Gesetzbuch der Handelsgesellschaften grundsätzlich von der Systematik des HGB ab. Den ersten Titel des neuen Gesetztes stellen allgemeine Vorschriften dar, die für alle Gesellschaftsformen (Abschnitt I), für alle Personen- (Abschnitt II) und Kapitalgesellschaften (Abschnitt III) gemeinsam gelten. In weiteren Titeln sind die Personenhandelsgesellschaften (oHG in Artt. 22-85; Partnerschaftsgesellschaft in Artt. 86-101; KG in Artt. 102-124; KGaA in Artt. 125-151), Kapitalgesellschaften (GmbH in Artt. 152-300; AG in Art. 301-490), sowie das Umwandlungsrecht: Verschmelzung, Spaltung und Formwechsel der Gesellschaften (Art. 491-584) geregelt. Zwei letzten Titel der vorgeschlagenen Regelung beinhalten strafrechtliche Vorschriften (Titel V, Art. 585-595) sowie Übergangs- und Schlussvorschriften (Titel VI, Artt. 596-632).

Die Autoren des neuen Gesetzes weisen vor allem auf das gegenwärtige deutsche Gesellschaftsrecht hin als Hauptquelle, der zahlreiche neue Rechtsinstituti-

---

[16] Vgl. dazu ausführlich *Bornkamm*, WiRO 2000, S. 81 ff.

[17] *Sołtysiński/Szajkowski/Szumański*, Begründung zum Entwurf des Gesetzes - Recht der Handelsgesellschaften, Prawo Spółek, 1/1999, S. 38, 39 f.

[18] *Sołtysiński/Szajkowski/Szumański*, aaO., S. 39.

onen entliehen worden seien[19]. In das HGGB ist auch das in den EG-Richtlinien enthaltene Gemeinschaftsrecht umgesetzt worden. Überdies hat man bei der Schaffung des neuen Gesetzes das französische, niederländische und schweizerische Gesellschaftsrecht sowie die neuen slowenischen und kroatischen Regelungen berücksichtigt[20].

Die weitgehenden Ähnlichkeiten des neuen Gesetzes mit dem deutschen Gesellschaftsrecht sind unverkennbar. Einige der Vorschriften des HGGB stellen schlicht eine Übersetzung der deutschen Vorschriften dar, wie z.B. Art. 304 § 3 HGGB, der das Prinzip der formellen Satzungsstrenge im polnischen Recht der AG ausdrücklich statuiert (vgl. § 23 Abs. 5 AktG), Art. 323 § 3 HGGB, der die sog. erleichterte Schuldübernahme der vor Eintragung der AG in ihrem Namen eingegangenen Verbindlichkeiten identisch wie § 41 Abs. 2 AktG regelt sowie die neue Regelung des genehmigten Kapitals in Artt. 444-448 HGGB (vgl. §§ 202- 206 AktG).

Als weitere Regelungsbereiche, in denen der Einfluss des deutschen Rechts besonders ersichtlich ist, sind vor allem folgende zu nennen:

- die ausführliche Regelung der teilrechtsfähigen Vorgesellschaft („Gesellschaft in Gründung") als Durchgangsstadium zur juristischen Person der GmbH oder AG (Artt. 10-13 HGGB);
- die gesetzliche Anerkennung der Zulässigkeit von sog. Mischformen, wie Kapitalgesellschaft & Co. KG und Kapitalgesellschaft & Co. KGaA (vgl. Art. 104 § 2, 127 § 2 HGGB, die für solche Fälle die erforderlichen Bestandteile in der Firma einer KG bzw. KGaA vorschreiben; so im deutschen Recht § 19 Abs. 2 HGB in bezug auf die Firma der oHG und KG);
- die Regelung der Kommanditgesellschaft auf Aktien (Art. 125-151 HGGB), die sich, ähnlich wie die deutsche KGaA (§ 278 Abs. 3 AktG)[21], grundsätzlich auf das Recht der Kommanditgesellschaft verweist, wodurch den Gesellschaftern die freie Gestaltung der Organisationsstruktur

[19]Der HGGB-Entwurf war Gegenstand des Gutachtens einer Gruppe deutscher Experten: Prof. Dr. M. Lutter (Bonn), Prof. Dr. E. Meincke (Hamburg), Prof. Dr. W. Bayer (Jena), Dr. M. Pelzer (Rechtsanwalt und Notar in Frankfurt a.M.).

[20]*Sołtysiński/Szajkowski/Szumański*, aaO., S. 44 f.

[21]Vgl. nur *Hüffer*, § 278 Rn. 18 m.w.N.

ermöglicht wird[22]. Anders allerdings als im deutschen Recht, soll die KGaA im neuen polnischen Recht als eine Personenhandelsgesellschaft ohne eigene Rechtspersönlichkeit und deswegen eher als eine Sonderform der KG und nicht der AG ausgestaltet werden;

- eine tiefgreifende Novellierung des Rechts der Aktiengesellschaft und zwar insbesondere die Abschaffung der öffentlichen Gründung der AG sowie die Einführung neuer Kapitalerhöhungsmaßnahmen: „genehmigtes Kapital" und „bedingte Kapitalerhöhung" (Artt. 444-448 HGGB, vgl. §§ 192 ff., 202 ff. AktG);
- das neue Umwandlungsrecht, insbesondere die Regelung der Verschmelzung unter den Kapitalgesellschaften sowie zwischen den Kapital- und Personengesellschaften (Art. 491-527 HGGB), Regelung der Spaltung der Kapitalgesellschaften (Artt. 528-551 HGGB), des Formwechsels innerhalb von Kapital- und Personengesellschaften sowie aus einer Personen- in eine Kapitalgesellschaft und umgekehrt (Art. 551-584 HGGB).

4. Ziel und Gang der Untersuchung

Die vorliegende Arbeit konzentriert sich auf die rechtsvergleichende Darstellung der Maßnahmen zur Sicherung der realen Kapitalaufbringung im alten sowie im neuen polnischen Recht der Kapitalgesellschaften (GmbH und AG) vor dem Hintergrund des deutschen Rechts. Da die neue Regelung der Kapitalaufbringung vorrangig auf die Unstimmigkeiten des aktuellen Rechts zurückzuführen ist, welche auch zur Meinungsverschiedenheiten in der polnischen Rechtsprechung und Literatur geführt haben, wird im folgenden die Regelung des HGB 1934 als Ausgangspunkt genommen.

Die Rechtslage in Deutschland soll ausführlicher bei der Besprechung jener neuen Rechtsinstitute des neuen polnischen Gesetzes dargestellt werden, die sich weitgehend an das deutsche Vorbild anlehnen (wie z.B. die Regelung der „Gesellschaft in Gründung" im HGGB). Auf die deutsche Regelung wird auch dort eingegangen, wo diese die Argumente für die Auseinandersetzung mit im polnischen Recht umstrittenen Fragen liefern kann. Es wird ebenfalls in Erwägung gezogen, inwieweit die in der deutschen Lehre entwickelten und in der Recht-

---

[22] Vgl. dazu *Sołtysiński/Szajkowski/Szumański*, aaO., 48; *Szumański*, PPH 4/1998, S. 15, 22.

sprechung anerkannten Ansätze ins polnische Recht übertragbar sind. Im übrigen sollen die Ähnlichkeiten und Unterschiede zum deutschen Recht dargestellt und soweit möglich analysiert werden. Die Auseinandersetzung mit den Institutionen des deutschen und des polnischen Gesellschaftsrechts erfolgt vor dem Hintergrund des europäisches Rechts. Insbesondere ist die korrekte Umsetzung des Gemeinschaftsrechts, vorrangig der Ersten (68/151/EWG) und Zweiten (77/191/EWG) gesellschaftsrechtlichen EU-Richtlinie, ins polnische Recht ebenfalls Gegenstand der Untersuchung.

Im Anschluss an diese Einleitung befasst sich das Kapitel 1 mit den Instrumenten des Gläubigerschutzes im deutschen und polnischen Gesellschaftsrecht. Das zweite Kapitel gibt einen Überblick über den Gründungsvorgang der GmbH und der AG in beiden Rechtsordnungen. Im dritten Kapitel soll das Recht der Vorgesellschaft rechtsvergleichend dargestellt werden, was in Hinsicht auf die zentrale Bedeutung, welche dieser Regelung im neuen polnischen Recht der Kapitalaufbringung zukommen soll, gerechtfertigt ist. Die nächsten Kapitel widmen sich den Regeln des deutschen und polnischen Rechts zur Sicherung der Kapitalaufbringung im Fall der Bar- und – überwiegend – der Sachgründung. Erörtert werden sollen die Voraussetzungen einer korrekten Erfüllung der Einlagepflicht durch Leistung der Bareinlagen, Fragen der Sacheinlagefähigkeit, der Wertermittlung und der Werthaltigkeitskontrolle von als Sacheinlagen eingebrachten Vermögensgegenständen sowie der ordnungsgemäßen Erfüllung der Sacheinlageverpflichtung. Schließlich soll das Problem der Umgehung der zwingenden Sacheinlageregeln der rechtsvergleichenden Untersuchung unterzogen werden sowie die in beiden Rechtsordnungen vorhandenen Instrumente, mit denen man der Umgehungsgefahr entgegengetreten kann.

Kapitel 1
Instrumente des Gläubigerschutzes im deutschen und polnischen Recht der Kapitalgesellschaften

I. Gläubigerschutz als zentrales Problem des Kapitalgesellschaftsrechts

Unter Gläubigerschutz versteht man im Gesellschaftsrecht den Interessenschutz derjenigen Personen, die der Gesellschaft Kredit gewähren oder denen der Verband aus anderen Gründen zu einer Leistung verpflichtet ist (Banken, Lieferanten, Geschäftspartner, Arbeitnehmer, Vertrags- oder Deliktsgläubiger)[1]. In Systemen der kontinentalen Rechtstradition, der sowohl Deutschland als auch Polen angehören, gilt der Gläubigerschutz als eines der obersten Ziele des Kapitalgesellschaftsrechts. Dadurch soll ein Ausgleich geschaffen werden für die mit der Haftungsbeschränkung verbundene teilweise Abwälzung des Insolvenzrisikos auf die Gesellschaftsgläubiger, um auf diese Weise für eine gerechte Risikoverteilung zwischen Gesellschaftern und Gläubigern zu sorgen[2]. Das System des Gläubigerschutzes basiert in diesen Ländern grundsätzlich auf drei Säulen: Ein zentrales Strukturelement der Kapitalgesellschaften und einen „Grundpfeiler" des Systems der Haftungsbeschränkung stellt das Rechtsinstitut des festen Nennkapitals und die mit ihm verbundene minutiöse gesetzliche Regelung der realen Kapitalaufbringung und Kapitalerhaltung dar. Damit unterscheiden sich diese Rechtssysteme erheblich von denen des anglo-amerikanischen Rechtskreises. Ihnen ist die strenge Kapitalbindung grundsätzlich fremd; Gesellschaftsgläubiger sollen durch die erhöhte Publizität oder durch die Anwendung der Lehre vom Durchgriff durch den „rechtlichen Schleier" (*piercing of the corporate veil*) geschützt werden[3]. Die gesetzlichen Vorschriften über die Haftung der

---

[1] *Wiedemann*, GesR., S. 516 ff.; *Wüst*, Gläubigerschutz, S. 7 f. ; *H. P. Westermann*, Gläubigerschutz. S. 5 ff.

[2] *Wiedemann* spricht in diesem Zusammenhang von der „Sozialisierung von Verlusten im Konkurs der Gesellschaft".

[3] Vgl. im deutschem Schrifttum: *M. Bauer*, Gläubigerschutz durch eine formelle Nennkapitalziffer – kapitalgesellschaftliche Notwendigkeit oder überholtes Konzept ?, Diss. 1995; *Zimmer*, Internationales Gesellschaftsrecht, S. 275, 278; *Gansen*, Harmonisierung der Kapitalaufbringung im englischen und deutschen Kapitalgesellschaftsrecht, Diss., 1992, S. 20 ff.; *Fleischer*, DStR 2000, S.

Organmitglieder sowie die handelsrechtlichen und bilanzrechtlichen Vorschriften über die Publizität bilden in Polen und in Deutschland zwei weitere Säulen des Gläubigerschutzes, denen zwar eine bloß flankierende, aber sachlich immer wichtiger werdende Funktion zukommt.

Dieses Kapitel gibt einen rechtsvergleichenden Überblick über die in beiden Ländern vorhandenen rechtlichen Maßnahmen des Gläubigerschutzes, die den genannten drei Säulen zuzuordnen sind.

II. Gläubigerschutz durch das System des festen Nennkapitals

1. Das Stammkapital und verwandte Begriffe

Der Begriff „Stamm-" bzw. „Grundkapital"[4] wird im deutschen wie auch im polnischen positiven Recht in einer Reihe von Vorschriften verwendet, aber nicht genau definiert. In der Rechtslehre beider Länder wird die komplexe rechtliche Natur des Kapitalbegriffes hervorgehoben. Rein formal betrachtet, ist das Kapital eine satzungsmäßig festgelegte passive Rechengröße, die sich aus der Summe der Nennbeträge der übernommenen Anteile (Aktien) ergibt (vgl. § 1 Abs. 2 AktG, Art. 307 § 1 pol. HGB, Art. 301 § 1 HGGB). Materiell bezeichnet man das Kapital als den Wert des auf der Aktivseite ausgewiesenen Vermögens, das in Form der Einlagen bei der Gründung der Gesellschaft bzw. bei der Kapitalerhöhung aufzubringen ist und bis zum Ende des Liquidationsverfahrens nicht unter die Gesellschafter verteilt werden darf[5].

1015, 1016.
Im polnischen Schrifttum: *Szumański*, Wkłady, S. 72 ff; *ders.*, PiP 6/1997, S. 78, 82; *Tomaszewski*, PPH 10/1995 S. 16 und PPH 10/1995, S. 14.

[4] Im neuen polnischen Gesetz ist die Nomenklatur des Nominalkapitals vereinheitlicht worden, indem man den im HGB v. 1934 vorkommenden Begriff des „Aktienkapitals" durch „Stammkapital" ersetzt. Nach Ansicht der Verfasser des neuen Gesetzes gebe der Begriff „Stammkapital" besser die Funktion des Gründungskapitals in beiden Gesellschaftstypen wieder. Vgl. *Sołtysiński/ Szajkowski/Szumański*, Begründung zum Entwurf des Gesetzes über die Handelsgesellschaften, Studia Prawnicze, 1998, Nr. 1-2 (135-136), S. 146. Kritisch dazu *Opalski*, PPH 9/1999, S. 20.

[5] Zur Unterscheidung zwischen Kapital im formellen (bilanziellen) und materiellen Sinne vgl. *Lutter*, Kapital, S. 42 ff.; *Lutter/Hommelhoff*, § 5 GmbHG, Rn. 2; Hachenburg/*Ulmer*, § 5 GmbHG, Rn. 6 f.; *Wilhelm*, FS Flume, Bd. 2, S. 337 ff.; *ders.*, Kapitalgesellschaftsrecht, Rn. 215 ff. *Joost*, ZHR 148 (1984), S. 27 ff.; *Hirte*, KapGesR, Rn. 611.
Im polnischen Schrifttum: *C. Wiśniewski*, PP 2/1992, S. 1, 26 f.; *A.W. Wiśniewski*, Prawo o spółkach, Bd. 2, S. 99 ff.; *Szumański*, aaO., S. 65; Pyzioł/Szumański/*Weiss*, Prawo spółek, S. 218 ff.; *Stefanowicz*; PS 5/1992, S. 78 ff.

In der polnischen Lehre wird zu Recht der abstrakt-formelle Charakter des Kapitalbegriffs betont: Das Kapital stellt eine reine Bilanzziffer dar, welche einen entsprechenden Wert des Aktivvermögens in der Weise bindet, dass es an die Gesellschafter ohne vorherige formelle Kapitalherabsetzung nicht ausgeschüttet werden darf[6]. Die Bezeichnung des Kapitals als „Haftungs-" bzw. „Garantiefonds" ist deswegen unpräzise, weil erstens nicht das Kapital als solches, sondern ein ihm entsprechendes Aktivvermögen der Gegenstand der gesetzlichen Schutzregelung ist. Zweitens „garantieren" diese Regeln den Gesellschaftsgläubigern keinesfalls, dass in einer Krise oder im Konkurs der Gesellschaft zu ihrer Befriedigung immer eine tatsächlich vorhandene, durch Verluste nicht angegriffene Haftungsmasse zur Verfügung stehen wird[7]. Der gesetzliche Schutzmechanismus ist deswegen relativ zu sehen und soll nicht überschätzt werden.

Vom gesellschaftsrechtlich geprägten Begriff des Stamm- bzw. Grundkapitals sind zwei weitere verwandte Begriffe zu unterscheiden: „Gesellschaftsvermögen" und „Eigenkapital". Das Gesellschaftsvermögen ist ein materielles (gegenständliches) dynamisches Substrat der als Passivposten ausgewiesenen starren Nennkapitalziffer[8]. Es umfasst alle vermögenswerten Rechtsobjekte, deren Inhaberin die Gesellschaft ist und die der Befriedigung ihrer Gläubiger dienen. Das Gesellschaftsvermögen entspricht also dem Bruttovermögen der Gesellschaft ohne Rücksicht auf ihre Verbindlichkeiten und unterliegt ständigen, sowohl gegenständlichen als auch wertmäßigen Veränderungen im Zuge ihrer wirtschaftlichen Tätigkeit[9].

Das Eigenkapital der Gesellschaft, auch Rein- oder Nettovermögen genannt, ist eher ein Terminus aus dem Bereich des Bilanzrechts. Es stellt einen auf der Passivseite auszuweisenden Rechenposten dar, welcher rechnerisch dem Anteil des Gesellschaftsvermögens entspricht, der nicht zur Deckung der Verbindlichkeiten erforderlich ist[10]. Sowohl im polnischen als auch im deutschen Recht sind

---

[6] *A.W. Wiśniewski*, Prawo o spółkach, Bd. 2, S. 98 ff.; *Śmieja*, in: *Frąckowiak* (Hrsg.), Spółka jako podmiot gospodarczy (Gesellschaft als Wirtschaftssubjekt), AUW No 1770/1995; *Szajkowski*, Prawo spółek, Rn. 598; *Sołtysiński*/Szajkowski/Szwaja, Art. 311 pol. HGB, Rn. 1 ff.; *Kidyba*, Art. 159 pol. HGB, Rn. 1.

[7] *A.W. Wiśniewski*, aaO. 100.

[8] *Joost*, aaO., S. 28; *Dreßel*, Kapitalaufbringung, S. 10 f.; *Szajkowski*, Prawo spółek, Rn. 321; *C. Wiśniewski*, PP 2/1992, S. 1.

[9] Vgl. *Kraft* in: KK, § 1, Rn. 36; *C. Wiśniewski*, PP 2/1992, S. 26.

[10] *Knobbe-Keuk*, Bilanz- und Unternehmenssteuerrecht, 9. Aufl., S. 61 f.; *Wöhe*, Bilanzierung und Bilanzpolitik, S. 30; *Wilhelm*, ZHR 159 (1995), S. 454, ff.; *K. Schmidt*, GesR., S. 514 f.; *Dreßel*, S.

die bilanziellen Bestandteile des Eigenkapitals gesetzlich bestimmt (Art. 36 Gesetzes über das Rechnungswesen, im folgenden: RWG, Anhang Nr. 1 zum RWG, § 266 Abs. 3 Pkt. A HGB). Unter der Position „Eigenkapital“ sind das gezeichnete Kapital, die Kapitalrücklagen und Reservefonds, der Gewinn- bzw. Verlustvortrag, sowie der noch nicht unter die Gesellschafter verteilte Jahresüberschuss als gesonderte passive Bilanzposten auszuweisen[11]. Die Pflicht zur Bildung einer Kapitalrücklage ist in beiden Ländern nur im Aktienrecht vorgesehen (Art. 427 pol. HGB, Art. 396 HGGB, § 150 AktG). In Polen sind – außer dem eventuellen Agio sowie den Zuschüssen der Aktionäre für die mit ihren Aktien verbundenen Vorzugsrechte – mindestens 8% des Jahresgewinnes der gesetzlichen Rücklage solange zuzuführen, bis diese mindestens den dritten Teil des Grundkapitals erreicht. Über die Verwendung der Rücklagen entscheidet die Hauptversammlung. Der einem Drittel des Grundkapitals entsprechenden Teil dieser Rücklage darf allerdings nur zur Deckung von Bilanzverlusten verwendet werden. (Art. 427 § 5 HGB, Art. 396 § 5 HGGB).

2. *Funktionen des Stammkapitals*

Dem Kapital als dem zentralen Konstruktionselement der Kapitalgesellschaft kommt eine Reihe von materiellen Funktionen zu, welche auf einzelnen Etappen der Gesellschaftstätigkeit mit unterschiedlicher Intensität zum Ausdruck kommen[12].

a). *Rechtliche Funktion des Nennkapitals: Kapital als Grundlage der Beteiligung an der Kapitalgesellschaft*

Die rechtliche Funktion des Stammkapitals hat im Gründungsstadium der Kapitalgesellschaft besonderes Gewicht. Das Kapital als Summe der Nennwerte von Anteilen bzw. Aktien, die den Gesellschaftern für die im Gesellschaftsvertrag zugesagten Einlagen zugeteilt werden, stellt die Grundlage für ihre Beteiligung

---

8 ff.; *Küting/Weber*, GmbHR 1984, S. 165 ff. Im polnischen Schrifttum: *Litwińczuk*, Prawo bilansowe, S. 71 ff.; *Szajkowski*, Prawo spółek, Rn. 601.

[11] *Litwińczuk*, aaO., S. 73 ff.

[12] Dazu grundlegend *Lutter*, Kapital, S. 49; vgl. auch *ders.* AG 1998, S. 375 ff.; *Trölitzsch*, Differenzhaftung, Diss. 1998, S. 10; *Boehme*, Kapitalaufbringung, Diss. 1999, S. 22 ff. Im polnischen Schrifttum vgl. Pyzioł/Szumański/*Weiss*, Prawo spółek, S. 220; Pyzioł/*Szumański*/ Weiss, Prawo spółek, S. 444 ff.; *C. Wiśniewski*, aaO.

an der Gesellschaft dar, d.h. für die Ausübung der ihnen zustehenden Vermögens- und Verwaltungsrechte[13].

aa). Stammkapital als notwendiger Inhalt des Gesellschaftsvertrages

Die Angabe des Stammkapitals ist ein obligatorischer Bestandteil des Gesellschaftsvertrages bzw. der Satzung (Artt. 157 Pkt. 3, 304 § 1 Pkt. 4 HGGB; § 3 Abs. 1 Pkt. 3 GmbHG, § 23 Abs. 3 Pkt. 3 AktG), deren Fehlen die Ablehnung des Antrags auf Handelsregistereintragung zur Folge hat (Art. 23 LGRG, § 9c GmbHG, § 38 AktG). Wird die Gesellschaft trotz des Fehlens der Bestimmung eingetragen, so kann sie in Polen durch rechtskräftiges Urteil des Registergerichts aufgelöst werden, es sei denn, dass der Mangel in der vom Gericht bestimmten Frist beseitigt wird (Artt. 173, 337 pol. HGB, Art. 21 § 2 HGGB)[14]. Im deutschen Recht rechtfertigt das Fehlen der Kapitalfestsetzung die Klage auf Nichtigerklärung der Gesellschaft (§ 75 GmbHG, § 275 AktG), bzw. es kann von Amts wegen deren Löschung im Handelsregister nach § 144 Abs. 1 S. 2 FGG verfügt werden[15].

Nach der Regelung des pol. HGB 1934 betrug die Mindesthöhe des Nominalkapitals bei der GmbH 4000 Zloty (Art. 159 § 2 pol. HGB), bei der AG 100 000 Zloty (Art. 311 § 1 pol. HGB). Im Gesellschaftsvertrag ist das Kapital in polnischer Währung als Geldziffer auszudrücken[16]. Da die aktuelle Mindesthöhe des GmbH- Stammkapitals bereits seit langem keine echte Seriositätsschwelle darstellt (4000 Zloty entsprechen ungefähr 2000 DM), ist sie im neuen Gesetz auf 50 000 Zloty (ungefähr 25 000 DM) erhöht worden (Art. 154 S. 1 HGGB). Auch die Mindesthöhe des Stammkapitals einer AG hat man in Polen verfünffacht und auf 500 000 Zloty (ungefähr 250 000 DM) aufgestockt. Laut der Übergangsvorschrift des Art. 624 § 1, § 2 HGGB haben die im Zeitpunkt des Inkrafttretens des HGGB bestehenden Gesellschaften mbH und die AG innerhalb von 3 Jahren seit dem Inkrafttreten des HGGB ihr Stammkapital jeweils mindestens auf 25 000 Zl und auf 250 000 Zl. zu erhöhen. Nach dem Ablauf von fünf Jahren seit diesem

---

[13] *Weiss*, aaO., S. 220; *Szumański*, aaO., S. 444.
[14] Sołtysiński/*Szajkowski*/Szwaja, Art. 173 pol. HGB, Rn. 3 ff.; *Sołtysiński*, aaO., Art. 337 pol. HGB, Rn. 7 ff.
[15] Vgl. dazu. *Lutter/Hommelhoff*, § 75 GmbHG, Rn. 2 und 6 f.; *Hüffer*, § 275 AktG, Rn. 30 ff.
[16] Urteil des pol. OG v. 2.3.1993, II CZP 123/92, veröff. MoP 3/1993, S. 77.

Zeitpunkt müssen die Kapitalgesellschaften ihr Nominalkapital an die in Artt. 154 § 1, 308 § 1 HGGB vorgeschriebene Höhe anpassen.

bb). Geschäftsanteils- und Aktienbegriff sowie verwandte Begriffe

Mit der juristischen Funktion des Stammkapitals ist der Begriff des Geschäftsanteils bzw. der Aktie verbunden. Aus formeller Sicht wird der Geschäftsanteil bzw. die Aktie in der polnischen[17] wie in der deutschen[18] Literatur als ein ziffernmäßig bestimmter Bruchteil des Nennkapitals definiert, mit dem der Gesellschafter (Aktionär) am Nennkapital partizipiert und welchem zugleich den Wert einzubringender Einlagen mindestens entspricht. Materiell betrachtet, bedeutet der Geschäftsanteil bzw. die Aktie die Gesamtheit der sich aus seiner Mitgliedschaft in der Gesellschaft ergebenden Vermögens- und Verwaltungsrechte und -pflichten der Gesellschafter (Aktionäre)[19]. Im deutschen GmbH-Recht wird darüber hinaus zwischen Geschäftsanteil, Stammeinlage und Einlage begrifflich unterschieden. Mit dem Begriff „Stammeinlage" bezeichnet man den in Euro ausgedrückten Betrag, mit dem sich die Gesellschafter am Stammkapital der GmbH beteiligen und zugleich ihre Verpflichtung, die Einlage, also Geld oder vermögenswerte Gegenstände in der Höhe der übernommenen Stammeinlagen, auf das Stammkapital einzubringen. Der Nennwert der Stammeinlage entspricht dem des Geschäftsanteils[20].

Im neuen polnischen Gesetz ist die Mindestnennhöhe des Geschäftsanteils von 50 Zloty auf 500 Zloty erhöht worden (Art. 154 S. 2 HGGB). Der Mindestnennbetrag der Aktie beläuft sich nach wie vor auf ein Zloty (Art. 340 HGB, Art. 308 § 2 HGGB). Nach polnischem GmbH-Recht kann das Stammkapital einer GmbH in Anteile gleicher oder ungleicher Höhe geteilt werden. Im Gesellschaftsvertrag ist immer zu bestimmen, ob ein Gesellschafter einen oder mehre Anteile besitzen darf. In letzterem Fall müssen alle Anteile am Stammkapital gleicher Höhe und unteilbar sein (Art. 153 HGGB, vorher Art. 159 § 1 pol. HGB). Darf der Gesellschafter gemäß dem Gesellschaftsvertrag nur *einen* Anteil besitzen, so kann der Gesellschaftsvertrag die Veräußerung eines Teils des An-

---

[17] Pyzioł/*Szumański*,/Weiss, Prawo spółek, S. 506; Sołtysiński/*Szajkowski*/Szwaja, aaO., Vor Art. 158 pol. HGB, Rn. 40.

[18] *Raiser*, KapGesR², § 9, Rn. 1 ff. und § 24, Rn. 10 f.; *Lutter/Hommelhoff*, § 5 GmbHG, Rn. 4.

[19] *Szumański*, aaO.; Hachenburg/*Ulmer*, § 14 GmbHG, Rn. 5, *Lutter/Hommelhoff*, § 14 GmbHG, Rn. 7; *Kraft*, in: KK, § 1 AktG, Rn. 31.

[20] Vgl. Hachenburg/*Ulmer*, § 5 GmbHG, Rn. 11; *Lutter/Hommelhoff*, § 5 GmbHG, Rn. 3 ff.

teils zuzulassen. Durch die Teilung dürfen jedoch keine Anteile unter 500 Zloty (nach dem alten Gesetz unter 50 Zloty) entstehen (Art. 181 HGGB, Art. 182 HGB). Der neu erworbene Anteil wächst dem alten an[21]. Anders als das deutsche GmbH-Recht, das in § 5 Abs. 2 GmbHG verbietet, mehrere Anteile bei der Errichtung der GmbH zu übernehmen[22], lässt sowohl der polnische Gesetzgeber den GmbH-Gesellschaftern freie Wahl zwischen dem germanischen Ein-Anteil-System und dem romanischen System der Mehranteile[23]. Das letztere überwiegt in der Praxis[24].

Nach polnischem Recht müssen die von einer Aktiengesellschaft emittierten Aktien immer einen bestimmten und gleichen Nennwert haben (Art. 301 HGGB)[25]. Im deutschen Aktienrecht wurde dagegen im anläßlich der Umstellung des deutschen Gesellschaftsrechts auf Euro[26] geänderten § 8 AktG die Möglichkeit der Ausgabe von sog. Stückaktien ohne einen Nennbetrag ausdrücklich zugelassen[27]. Es handelt sich dabei um sog. unechte nennwertlose

---

[21]Vgl. *Namitkiewicz*, Art. 159 pol. HGB, Anm. 3 f.; *Allerhand*, Art. 159 pol. HGB, Anm. 6; Sołtysiński/*Szajkowski*/Szwaja, Art. 159 pol. HGB, Rn. 16 ff.

[22]Nicht verboten ist dagegen im deutschen GmbH-Recht der Erwerb weiterer Anteile nach Entstehung der GmbH sowie die spätere Teilung von Anteilen, unter Einhaltung der im § 17 GmbHG bestimmten Voraussetzungen, vgl. *Lutter/Hommelhoff*, § 5 GmbHG, Rn. 7.

[23]Solche Regelung des pol. HGB v. 1934 hängt mit der von 1795 bis 1918 bestehenden Teilung Polens und der damit verbundenen Mehrheit der auf polnischem Gebiet geltenden Rechtssysteme zusammen. Bis zur Vereinheitlichung des polnischen GmbH-Rechts im Jahre 1932 galten im ehemaligen preußischen Teil (Posener Großherzogtum, Oberschlesien) das deutsche GmbH-Gesetz v. 1892, im ehemaligen österreichischen Teil (Galizien) galt das österreichische GmbH-Gesetz v. 1906. Für diese Gesetze war das Ein-Anteil-System charakteristisch. In Zentral- und Ostpolen galt dagegen das nur 22 Artikel zählende Dekret über die Gesellschaften mit beschränkter Haftung v. 1919, das unter dem Einfluß des romanischen Rechts stand und Mehranteilsystem zuließ. Vgl. *Namitkiewicz*, aaO., Art. 159 § 1, Anm. 1 f; *Tomkiewicz, Bloch*, Vorwort, S. V ff.

[24]*A. W. Wiśniewski*, Prawo o spółkach, Bd. 2, S. 91.

[25]Gemäß Art. 364 § 1 pol. HGB können für die eingezogenen Aktien sog. Nutzungsaktien ohne bestimmten Nennbetrag ausgegeben werden, wenn dies in der Satzung vorgesehen ist (Art. 364 § 1 pol. HGB). Die Nutzungsaktien genießen grundsätzlich die den gewöhnlichen Aktien zustehenden Rechte, außer denjenigen, die mit einem bestimmten Bruchteil am Grundkapital verbunden sind (vor allem Minderheitsrechte). Vgl. *Sołtysiński*, Art. 364, Rn. 1 ff.; *Szumański*, aaO., S. 527. Der Art. 361 HGGB spricht dagegen nicht von „Nutzungsaktien" sondern von „Nutzungszeugnissen", die für eingezogene Aktien ausgegeben werden können, und die ihrem Besitzer keine Mitgliedschaftsrechte geben außer dem in Art. 361 § 2 HGGB bestimmten Recht auf Dividende und auf Teilnahme am Liquidationsvermögen der AG.

[26]Gesetz über die Zulassung von Stückaktien (StückAG) v. 15.3.1998, (BGBl I S. 590), Gesetz zur Einführung des Euro (EuroEG) v. 9.6.1998 (BGBl I S. 1242). Dazu: *Schröer*, ZIP 1998, 306 ff. und 529 ff. m.w.N.

[27]Allgemein über die nennwertlosen Aktien vgl. *Funke*, AG 1997, S. 385, ff.; *Heider*, AG 1998, S. 1 ff.; *Kübler*, WM 1990, S. 1853 ff.; *M. Bauer*, Gläubigerschutz, S. 295 und 334.

Aktien, welche ähnlich wie Nennwertaktien einen Anteil am Grundkapital verkörpern[28]. Der rechnerische oder „fiktive Nennwert“ der Aktie lässt sich dadurch errechnen, dass das Grundkapital durch die Zahl der Aktien dividiert wird (§ 8 Abs. 4 AktG). Der auf die einzelne Aktie entfallende anteilige Betrag des Grundkapitals darf dabei einen Euro nicht unterschreiten (§ 8 Abs. 3 S. 2 AktG). Da Stückaktien für einen geringeren Betrag als einen auf sie im einzelnen entfallenden anteiligen Betrag des Grundkapitals nach § 9 Abs. 1 AktG nicht ausgegeben werden dürfen, sind Unterpari-Emissionen auch bei nennwertlosen Aktien unzulässig[29]. Dadurch genügt das deutsche Recht Art. 8 Abs. 1 der Kapitalrichtlinie (77/91/EWG), der auch die Ausgabe nennwertloser Aktien unter ihrem rechnerischen Wert verbietet.

Anders als GmbH-Anteile sind Aktien immer unteilbar, wobei das Verbot sowohl für die nominelle als auch für die inhaltliche (sog. Auf- und Abspaltungsverbot des Anteilsrechts) Teilung der Aktie gilt (Art. 333 § 1 S. 1 HGGB, § 717 BGB, § 8 Abs. 5 AktG). Im polnischen Aktienrecht betrifft das inhaltliche Abspaltungsverbot grundsätzlich die mit der Aktie verbundenen Verwaltungsrechte („Korporationsrechte"). Die Vermögensrechte, wie das Recht auf Dividende oder das Recht auf Teilnahme am Liquidationserlös, können dagegen gesondert übertragen werden[30].

b). Die wirtschaftliche Funktion des Nennkapitals: Kapital als Betriebsfonds

Der Funktion des Kapitals als Betriebsgrundlage für die wirtschaftliche Tätigkeit der Gesellschaft kommt ebenfalls vor allem in der Gründungsphase Bedeutung zu. Die Eigenmittel stellen auch eine Basis für die Beschaffung des für die wei-

---

[28]Zu unterscheiden sind sie von den echten nennwertlosen Aktien, die nicht mit einem Grundkapital verbunden sind, sei es, dass es an einem solchen fehlt bzw. dass das feste Grundkapital nur als ein dem Gläubigerschutz dienender Haftungsfonds besteht, nicht aber in Aktien zerlegt ist. Vgl. *Funke*, aaO., 386; *Heider*, aaO., S. 2; *Kübler*, WM 1990, S. 1853 ff., der allerdings die Stückaktien mit den echten nennwertlosen Aktien identifiziert.

[29]*Heider*, aaO., S. 3, 4.

[30]Pyzioł/*Szumański*/Weiss, aaO., S. 557; *Sołtysiński*/Szajkowski/Szwaja, Einleitung, Rn. 215 ff.; *A.W. Wiśniewski*, Prawo o spółkach, Band 2, S. 132 f.; *Brändel*, in: GroßKomm zu, AktG, § 8, Rn. 50 ff. Sowohl im polnischen als auch im deutschen Recht ist die Abspaltung des mitgliedschaftlichen Rechts auf die Gewinnteilhabe ausgeschlossen, zessionsfähig ist nur der – entstandene oder künftige – Dividendenzahlungsanspruch, vgl. *Sołtysiński*, aaO., Art. 355, Rn. 2; *Kraft* in: KK, § 8 AktG, Rn. 45; *Eckardt* in: *Geßler/Hefermehl*, § 8 AktG, Rn. 27; *Hüffer*, § 8 AktG, Rn. 10.

tere Entwicklung der Gesellschaft erforderlichen Fremdkapitals in Form von Krediten dar.

Die von den Gesellschaftern geleisteten Einlagen bilden allerdings keinen unantastbaren Fonds, sondern ein werbendes Vermögen der Gesellschaft, das für die Inbetriebsetzung ihres Unternehmens eingesetzt werden kann[31]. Als werbendes Vermögen der Gesellschaft ist auch das Betriebskapital stets Verlusten ausgesetzt, was die Gesellschaftsgläubiger in Kauf nehmen müssen. Abgesehen von einer Pflicht zur Leistung von Nachschüssen, die in der GmbH- Satzung vorgesehen werden kann (§ 26 GmbHG, Art. 177 HGGB), sind die Gesellschafter bzw. Aktionäre nicht verpflichtet, die zu Lasten des Kapitals entstanden Verluste wieder auszugleichen. Deswegen können auch die Gesellschaftsgläubiger nicht darauf vertrauen, dass die bei der Gründung geleisteten Einlagen eine Haftungsmasse bilden, welche durch die Gesellschaft stets in voller Höhe zu ihrer Verfügung bereit gehalten wird.

Das positive Recht setzt allerdings der Aufzehrung des Gesellschaftsvermögens bestimmte Grenzen. Das polnische Gesetz verpflichtet die Vorstandsmitglieder zur Einberufung der Gesellschafter- bzw. der Hauptversammlung zum Zwecke der Beschlussfassung über das Fortbestehen der Gesellschaft, falls aus der Jahres- oder Zwischenbilanz ersichtlich ist, dass Verluste die Summe des Rücklage- und Reservefonds sowie die Hälfte des Stammkapitals der GmbH bzw. ein Drittel des Grundkapitals der AG übersteigen (Artt. 233, 397 HGGB, vorher Artt. 253, 430 pol. HGB)[32]. Entsprechende Pflichten der Geschäftsführung sind ebenfalls im deutschen Recht vorgesehen, wobei sowohl im GmbH- als auch im Aktienrecht erst ein Verlust in Höhe der Hälfte des Nennkapitals die Einberufungspflicht auslöst (§ 49 Abs. 3 GmbHG, § 92 Abs. 1 AktG)[33]. In diesen Vor-

---

[31] *Lutter*, Kapital, S. 51; *ders.*, AG 1998, S. 375; *Trölitzsch*, aaO., S. 12; *Boehme*, aaO., S. 22. *Weiss*, aaO., S. 220; *Szumański*, aaO., S. 444 f.; *Kidyba*, Art. 159 pol. HGB, Rn. 3.

[32] Vgl. dazu *Namitkiewicz*, Art. 253 pol. HGB, Anm. 1 ff.; *Szajkowski*, Prawo spółek, Rn. 328; Sołtysiński/*Szajkowski*/Szwaja, Art. 253 pol. HGB, Rn. 1 ff.

[33] Wie im deutschen Schrifttum angenommen wird, entsteht die Einberufungspflicht der Geschäftsführer bereits dann, wenn zwar noch keine Zwischenbilanz aufgestellt wurde, aber nach dem pflichtgemäßen Ermessen anzunehmen ist, dass die Verluste die Hälfte des Kapitals betragen (so ausdrücklich § 92 Abs. 1 AktG). Vgl. dazu *Priester*, ZGR 1999, S. 533, 539; Hachenburg/*Hüffer*, § 49 GmbHG, Rn. 22.
Zur Frage nach den Bewertungsgrundsätzen, welche für die Einberufungspflicht maßgeblich sind (Jahresbilanzwerte oder Zeitwerte unter Auflösung stiller Reserve) vgl. *W. Müller*, ZGR 1985, S. 191, 204; *Nowotny*, FS Semler, S. 244; *Lutter*, ZIP 1999, S. 641, 643; *Priester*, aaO., S. 540. Zur

schriften des polnischen und des deutschen Rechts kommt die sog. Warnfunktion des Stammkapitals zum Ausdruck[34]. Deckt das Nettovermögen der Gesellschaft nicht mehr die Hälfte bzw. zwei Drittel (nach polnischen Aktienrecht) des statutarischen Kapitals ab, so stellt dies eine Bedrohung der wirtschaftlichen Existenz der Gesellschaft und Gefährdung der Interessen ihrer Gläubiger dar. Deswegen müssen die Gesellschafter darüber in besonderer Weise unterrichtet und zu Sanierungsmaßnahmen angehalten werden. Beide Rechtsordnungen entsprechen dadurch den Vorgaben des Art. 17 Abs. 1 der Kapitalrichtlinie, der für die Aktiengesellschaften die Pflicht zur Einberufung der Hauptversammlung „bei schweren Verlusten des gezeichneten Kapitals“ vorschreibt. Gemäß Art. 17. Abs. 2 der Kapitalrichtlinie darf die Höhe des als schwer zu erachtenden Verlustes nicht auf mehr als die Hälfte festgesetzt werden.

c). Garantiefunktion des Nennkapitals: Kapital als „Haftungsfonds“ ?

Das Stammkapital wird in der Lehre oft als Haftungsfonds bezeichnet, „der den Gesellschaftsgläubigern Aussicht auf Befriedigung ihrer Forderungen aus dem Gesellschaftsvermögen als Ausgleich für die fehlende Haftung der Gesellschafter bieten soll.“[35] Überdies stelle das satzungsmäßig festgesetzte Nennkapital eine Seriositätsschwelle dar, die dazu diene, reine Scheingründungen und Gründungsschwindel zu verhindern[36]. Zugleich schaffe das Kapital eine Sicherheitszone, ein Risikopolster, dessen Zweck es sei, die Verluste abzufangen, damit die Gesellschaft nicht sogleich in die Überschuldung gerate[37]. Im Fall der Krise gebe dies der Geschäftsführung und den Gesellschaftern die Zeit für die Vornahme entsprechender Sanierungsmaßnahmen bzw. für die rechtzeitige Liquidation der Gesellschaft. Insoweit stelle das Rechtsinstitut des Stammkapi-

---

Behandlung eigenkapitalersetzender Gesellschafterdarlehen bei Ermittlung des hälftigen Verlustes vgl. *K. Schmidt*, GmbHR 1999, S. 9 ff.; *Lutter*, aaO., S. 644; *Priester*, aaO., S. 541.

[34] Vgl. *Lutter*, AG 1998, S. 375, 376.

[35] So Hachenburg/*Ulmer*, § 5 GmbHG, Rn. 6. Ähnlich *Lutter*, Kapital, S. 50; *ders.* FS Riesenfeld, S. 167; *Wiedemann*, GesR. I, S. 554; *Brändel*, in: GroßKomm. zum AktG, § 1, Rn. 29; 76; *Szumański*, Wkłady, S. 78 ff.; *C. Wiśniewski*, PP 2/1992, S. 26, *Sołtysiński*/Szajkowski/Szwaja, Kommentar zum pol. HGB, Einleitung, Rn. 192 und Art. 311, Rn. 7.
Vgl. auch Begründung zur Entscheidung des pol. OG v. 2.3.1993, III CZP 123/92, OSNCP 1993, Nr. 10, Pos. 167.

[36] *Lutter*, FS Riesenfeld 1983, S. 165, 168, *ders.* AG 1998, S. 375; Hachenburg/*Ulmer*, § 5 GmbHG, Rn. 7; *Wiedemann*, GesR., S. 565.

[37] *Lutter/Hommelhoff*, ZGR 1979, S. 31, 59; *Wiedemann*, aaO., S. 577.

tals das gewichtigste Strukturelement der Kapitalgesellschaften dar, das die Seriosität der Gründung sichere und den Gläubigerschutz fördere[38].

Sowohl in der deutschen als auch in der polnischen Doktrin wird die gläubigerschützende Funktion des Nennkapitals allerdings immer wieder in Frage gestellt, und zwar oft im Hinblick auf die anglo-amerikanische Rechtstradition, in der man sich vom kontinentalen *legal capital*-Konzept weitgehend gelöst hat[39]. Es wird hervorgehoben, dass eine echte Garantiefunktion dem anfänglichen, der Nennkapitalziffer entsprechenden Vermögen, wenn überhaupt, dann nur für einen sehr kurzen Zeitraum seit der Gründung bzw. Kapitalerhöhung zukomme. Danach verliere der im Handelsregister eingetragene formelle Kapitalbetrag jede Aussagekraft bezüglich der finanziellen Lage der Gesellschaft. Für diese seien vielmehr andere Größe maßgeblich wie Liquidität und *cash flow*[40]. Die potentiellen Gläubiger würden sich meistens nicht auf die formelle Kapitalgröße verlassen, sondern sich selbst in anderer Weise schützen, z.B. durch die Vereinbarung von persönlichen und dinglichen Sicherheiten. Den Deliktsopfern stehe zum einen ein Schadensersatzanspruch gegen den unmittelbar Handelnden zu, desweiteren seien sie durch freiwillige oder Pflichtversicherungen ausreichend geschützt. In gravierenden Fällen bestehe die Möglichkeit, dem Gläubiger im Wege des Durchgriffs durch den „Korporationsmantel“, durch Einräumung eines unmittelbaren Ersatzanspruchs gegen einen oder mehreren Gesellschafter, zu helfen. Im Ergebnis wird in der deutschen Literatur vorgeschlagen, vollständig auf das Nennkapitalsystem zu verzichten, was zur Erleichterung der Unternehmensfinanzierung sowie zur Beschleunigung und Verbilligung des Gründungsprozesses führen soll[41]. Diese Kritik am Konzept des Nennkapitals findet außerdem Unterstützung in der neuesten Rechtsprechung des EuGH, der im viel kommentierten *Centros*-Urteil[42] nicht davor zurückschreckte, zur Sicherung der

---

[38] *Lutter/Hommelhoff*, § 5 GmbHG, Rn. 1; *Trölitzsch*, aaO., S. 11; *C. Wiśniewski*, aaO., S. 26.

[39] In der deutschen Literatur vgl. *Kübler*, AG 1994, S. 141 ff.; *ders.*, WM 1990, 1853 ff.; *ders.* Aktie, Unternehmensfinanzierung und Kapitalmarkt, 1990, S. 55 ff.; *M. Bauer*, Gläubigerschutz, S. 331, *Assmann*, Großkomm. AktG, Einleitung, Rz. 485 ff.
Im polnischen Schrifttum: *Minas*, Rejent 9/1995, S. 54 f., 88 ff.; *A.W. Wiśniewski*, Prawo o spółkach, aaO., S. 100-102; *Szumański*, Wkłady, S. 84 f.; *Sołtysiński*/Szajkowski/Szwaja, Kommentar zum pol. HGB, Einleitung, Rn. 280; *Kidyba*, Art. 159 pol. HGB, Rn. 3.

[40] *Kübler*, WM 1990, S. 1855; *ders.*, AG 1994, S. 146 f.; *Niederleithinger*, AG 1998, S. 378, *C. Wiśniewski*, PP 2/1992, S. 27; *Kidyba*, aaO.

[41] *Kübler*, Aktie, Unternehmensfinanzierung und Kapitalmarkt, 1990, S. 55 f.; *M. Bauer*, aaO., S. 336.

[42] EuGH, Urt. v. 9.3.1999- Rs. C-212/97, NJW 1999, S. 2027 = EuZW 1999, S. 216 = DB 1999, S. 625, m. Anm. *Meilicke* = NZG 1999, S. 298 m. Anm. *Leible*= JZ 1999, S. 656, m. Bespr. *Ebke*, JZ

primären Niederlassungsfreiheit in der EU (Art. 52, 58 EGV) auch die gläubigerschützenden Vorschriften des nationalen GmbH-Rechts über die reale Kapitalaufbringung preiszugeben[43].
In einigen Punkten kann die Stichhaltigkeit der dargestellten Kritik nicht bestritten werden, abzulehnen sind allerdings die Schlussfolgerungen, zu denen die Autoren gelangen. Es ist noch einmal zu betonen, dass das System des festen Kapitals dem Gläubiger die Garantie für die vollständige Befriedigung seiner Forderungen gegen die Gesellschaft nur in einem sehr beschränkten Umfang sichert. Es bietet insbesondere keinen absoluten Schutz gegen durch schlechten Geschäftsverlauf indizierte Vermögensverluste, sondern stellt lediglich ein Abwehrsystem gegen unberechtigte Eingriffe der Gesellschafter in das Vermögen der Gesellschaft dar[44]. Deswegen ist die Bezeichnung des Kapitals als „Haftungsfonds" irreführend. Sie erweckt den Eindruck, den Gesellschaftsgläubigern stehe immer eine bestimmte Haftungsmasse zur Verfügung. Die Bezeichnung sollte deswegen sehr vorsichtig verwendet werden. Das statutarische Stammkapital hat auch nur geringe Aussagekraft bezüglich der Kreditfähigkeit der Gesellschaft. Dafür ist vielmehr die Ertragsfähigkeit des Gesellschaftsunternehmens als Ganzes ausschlaggebend.

Gewichtige Gründe sprechen allerdings auch für die Aufrechterhaltung und Verstärkung des kontinentaleuropäischen Konzeptes des festen Nennkapitals. Das Institut des rechtsformabhängigen Mindestkapitals verschafft dem Ge-

---

1999, S.656; *Kindler*, *Merkt*, *Koppensteiner*, *Kiem*, *Hillmann* in: VGR Bd. 2 (2000), S. 88 ff.

[43]Der EuGH hat die Verweigerung des dänischen Registergerichts, eine Zweigniederlassung der in Großbritannien errichteten Briefkastengesellschaft ohne festes Stammkapital (*private limited company*) als Verstoß gegen Art. 52 und 58 EGV betrachtet, wenn die Zweigniederlassung es der Gesellschaft ermöglichen soll, ihre gesamte Geschäftstätigkeit in dem Staat auszuüben, in dem diese Zweigniederlassung errichtet wird, ohne dort eine Gesellschaft zu gründen und damit das dortige Recht über die Errichtung von Gesellschaften zu umgehen, das höhere Anforderungen an die Einzahlung des Mindestgesellschaftskapitals stellt. Dies schließe allerdings nicht aus, dass die betreffenden Mitgliedstaaten alle Maßnahmen treffen könnten, um Betrügereien zu verhindern oder zu verfolgen, insbesondere gegenüber den Gesellschaftern, die sich mittels der Errichtung der Gesellschaft ihren Verpflichtung gegenüber inländischen privaten oder öffentlichen Gläubigern entziehen möchten.
Vgl. dazu aus dem umfangreichen deutschen Schrifttum: *Roth*, ZIP 1999, S. 861; *Freitag*, EuZW, 1999, S. 267; *Kindler*, NJW 1999, S. 1993; *Sandrock*, BB 1999, S.1337; *Ulmer*, JZ 1999, S. 662; *Görk*, GmbHR 1999, S. 793.

[44]Vgl. *Joost*, GmbHR 1983, S. 285: „Die gesetzlichen Regelungen sind keineswegs positiv auf die Erhaltung und Bereithaltung eines haftungsrechtlich relevanten Vermögensstocks gerichtet, sondern rein negativ auf die Verhinderung bestimmter Maßnahmen der Gesellschaft gegenüber den Gesellschaftern". Ähnlich auch *Hirte*, KapGesR, Rn. 611 ff.

schäftsverkehr ein Minimum an Rechtssicherheit dadurch, dass es eine Seriositäts- bzw. Zugangsschwelle für die Schaffung rechtlich selbständiger und anschließend nur mit ihrem eigenen Vermögen haftender Kapitalgesellschaften darstellt. Die Aufbringung der Einlagen in der satzungsmäßig festgesetzten Höhe ist als gerechter Preis für die Freistellung der Gesellschafter von der persönlichen Haftung anzusehen. Ebensowenig darf die Garantiefunktion des Stammkapitals auch während der Dauer der Gesellschaft unterschätzt werden. Das formelle Stammkapital ist ein Ausgangs- und Anknüpfungspunkt für eine Reihe von Rechtsinstituten, die der Erhaltung des Gesellschaftsvermögens und dadurch auch dem Gläubigerschutz dienen. Das Nennkapital bindet als passiver Rechnungsposten das aktive Gesellschaftsvermögen in entsprechender Höhe und entzieht es dadurch dem Zugriff der Gesellschafter (vgl. Art. 189 HGGB, § 30 GmbHG). Als weitere mit dem Institut des Stammkapitals verbundene Schutzinstrumente sollen hier vor allem die oben erwähnte Anzeigepflicht der Geschäftsführung bei schwerwiegenden Verlusten (Funktion eines „Krisenwarnsignals“[45]) sowie die Vorschriften über eigenkapitalersetzende Darlehen (insbesondere § 30 GmbHG und Art. 189 § 2 HGGB) und über die Organhaftung (§§ 43, 64 GmbHG, §§ 92, 93 AktG, Artt. 291, 293, 299, 483 HGGB)[46] genannt werden. Das Institut des fixen Nennkapitals stellt deswegen nicht nur eine finanzielle, sondern auch eine rechtliche Schwelle für den Zugang zur Form der Kapitalgesellschaft und zu dem damit verbundenen Privileg der Haftungsbeschränkung dar.

Im Ergebnis bleibt festzuhalten, dass der Garantiefunktion des Nennkapitals auch in Zukunft besondere Bedeutung zukommen wird. Als grundsätzliches Strukturelement des europäischen Gesellschaftsrechts kommt das Konzept des festen Grundkapitals insbesondere in der Kapitalrichtlinie von 1976 (77/91/EWG) zum Ausdruck, die weitgehend das Regelmuster des deutschen Aktienrechts übernommen hat. Über seine Abschaffung und Ersetzung durch ein anderes (etwa dem US-amerikanischen Konzept des beweglichen und frei disponiblen Eigenkapitals angenähertes) System[47], ist – schon in Hinsicht auf den damit verbundenen enormen legislatorischen Aufwand – ernstlich nicht nachzu-

---

[45] *Lutter*, FS Riesenfeld, S. 168; *ders.* AG 1998, S. 376; *Lutter/Hommelhoff*, ZGR 1979, S. 58 f., *Trölitzsch*, aaO., S. 14 ff.; *Priester*, ZGR 1999, S. 537,

[46] Vgl. unten: Kapital 1, II.3.c). und IV.

[47] Vgl. insb. *Kübler*, ZHR 159 (1995), S. 550, 560 ff. Kritisch dazu: *Hommelhoff*, RabelsZ 62 (1998), S. 381, 398.

denken[48]. Wie in der deutschen Literatur zutreffend hervorgehoben wird, entstehen auch angesichts der neusten EuGH-Rechtsprechung zur Niederlassungsfreiheit innerhalb der EU keine unüberwindbaren Gefahren für den Gläubigerschutz[49]. Zu vergleichbaren Mindestanforderungen hinsichtlich der Kapitalausstattung auch für Auslandsgründungen kann man auf indirektem Wege, etwa mit Hilfe der Durchgriffshaftung oder der deliktischen Haftung wegen vorsätzlicher Schädigung (§ 826 BGB, Art. 415 pol. ZGB), gelangen[50]. Der *Centros*-Fall zeigt allerdings deutlich, dass ein dringender Harmonisierungs- bzw. Vereinheitlichungsbedarf auch auf dem Gebiet des GmbH-Rechts besteht, um den berüchtigten Deleware-Effekt, d.h. „Wettbewerb" der Gesellschaftsrechtssysteme von EU-Mitgliedstaaten (*race to the bottom*) zu verhindern. Als rechtspolitisches Reformprogramm diskutiert werden zum einen die Erstreckung der Kapitalrichtlinie auf GmbH, um missbräuchliche Gesellschaftsgründungen europaweit zu erschweren[51], zum anderen die Einführung einer neuen supranationalen Gesellschaftsform für kleinere Unternehmen, derer Finanzverfassung einen gewisse Schutzstandard für die Gläubiger bieten wird[52].

3. *Maßnahmen gegen die unzureichende Kapitalausstattung der Kapitalgesellschaften*

a). Das Problem

Eine der brennendsten Gläubigerschutzfragen[53] stellt sowohl in Deutschland als auch in Polen das Problem unzureichender finanzieller Ausstattung von Kapitalgesellschaften, insbesondere der Gesellschaften mbH dar. In beiden Ländern wurden Vorschläge zur gesetzlichen Regelung der Verpflichtung von Gesellschaftern abgelehnt, für eine angemessene Eigenkapitalausstattung mit der Sanktion ihrer persönlichen Inanspruchnahme zu sorgen[54]. Die gesetzliche Ver-

---

[48]So im Ergebnis auch *M. Bauer*, aaO., S. 337; *Trölitzsch*, aaO., S. 19.

[49]*Ulmer*, JZ 1999, S. 662 ff., *Kindler*, aaO., S. 1996 ff.

[50]*Ulmer*, aaO., S. 665; *Görk*, S. 799; kritisch dazu: *Hillmann*, in: VGR Bd. 2 (2000), S. 231, 240.

[51] Vgl. Merkt, in: VGR Bd. 2 (2000), S. 111, 138; *Fleischer*, DStR 2000, S. 1015, 1020, m.w.N.

[52]Zur Vereinheitlichungsversarbeiten auf dem Gebiet des GmbH-Rechts vgl. insb. *Boucourechliev/ Hommelhoff* (Hrsg.), Vorschläge für eine Europäische Privatgesellschaft, 1999; *Helms*, Die Europäische Privatgesellschaft, Diss. 1998; *Hommelhoff/Helms*, GmbHR 1999, S. 53 ff.

[53]So die Formulierung von *K. Schmidt*, Gesellschaftsrecht, S. 247

[54]Hachenburg/*Ulmer*, Anh § 30 GmbHG, Rn. 10; *ders.* FS Duden, S. 661, 667; *Lutter/Hommelhoff*, ZGR 1979, S. 31, 58; *Lutter*, FS Riesenfeld, S. 169; Scholz/*Winter*, § 5 GmbHG, Rn. 18; *Weitbrecht*, Haftung der Gesellschafter bei materieller Unterkapitalisierung, Diss. 1990, S. 66 f.; *Boeh-*

ankerung solcher Pflicht wäre vor allem mit dem Gebot der Rechtssicherheit nicht zu vereinbaren, weil keine genauen, den rechtstaatlichen Erfordernissen genügenden Kriterien vorliegen, anhand derer sich eine im Einzelfall angemessene Kapitalausstattung bestimmen lassen würde[55]. Auf der anderen Seite stellt das in beiden GmbH-Rechten gesetzlich vorgeschriebene Mindeststammkapital oft keine ausreichende Grundlage für eine seriöse wirtschaftliche Tätigkeit dar, was zur Folge hat, dass die unterkapitalisierten Gesellschaften mbH eine erhebliche Gefährdung für den Rechtsverkehr darstellen[56]. Hiervon zeugt die erhebliche Insolvenzanfälligkeit der Gesellschaften mbH. Nach der in Deutschland, aber auch in Polen üblichen Praxis wird der Kapitalbedarf der Gesellschaft nicht durch Zuführung zum Eigenkapital, sondern durch Gewährung von Gesellschafterdarlehen gedeckt.

Den mit der unzureichenden Eigenkapitalausstattung für den Gläubigerschutz verbundenen Gefahren wird in Deutschland auf zweifache Weise entgegengetreten. Zum einen versucht man in der Lehre die Durchgriffshaftung der Gesellschafter wegen eindeutiger „qualifizierter“ Unterkapitalisierung zu begründen. Zum anderen dienen dem Gläubigerschutz die in der Rechtsprechung entwickelten und im GmbH-Gesetz nur teilweise kodifizierten Regeln zur Behandlung von sog. eigenkapitalersetzenden Gesellschafterdarlehen. Da die schwache Eigenkapitalausstattung der Gesellschaften mbH auch für die polnische Wirtschaftspraxis charakteristisch ist, hat man in der polnischen Literatur zu prüfen, inwieweit sich die in der deutschen Lehre ausgearbeiteten Ansätze auf dem Boden des polnischen Rechts fruchtbar machen lassen[57].

---

me, Kapitalaufbringung, S. 27.

[55] Vgl. *Weitbrecht*, S. 66 f. m.w.N. **A.A.** Hachenburg/*Ulmer*, Anh § 30 GmbHG, Rn. 3. Zur Unbrauchbarkeit der sog. „goldenen Bilanzregeln“, wonach ein gesundes Unternehmen sein Anlagevermögen selbst, das Umlaufvermögen aus Krediten finanzieren soll, vgl. *Wüst*, JZ 1985, S. 990, 991.

[56] Noch allgemeiner *Lutter*, FS. Riesenfeld, S. 165, 184 („Rechtlich selbständige Unternehmen sind für ihre Umwelt und insbesondere für ihre Geschäftspartner potentiell gefährliche Einrichtungen“), Hachenburg/*Ulmer* § 5 GmbHG, Rn. 7; *Weitbrecht*, aaO., S. 16 f.; *Priester*, FS GmbH, S. 161.

[57] *Mieciński*, PPH 6/1998, S. 14 ff.; *Szumański*, Wkłady, S. 77 und 208; *Sołtysiński*/ Szajkowski/Szwaja, Einleitung, Rn. 233 und 236.

b). Tatbestand der materiellen Unterkapitalisierung: Außenhaftung der Gesellschafter wegen „eindeutig unzureichender Kapitalausstattung"

aa). Deutsche Lehre und Rechtsprechung

Die genaue Bestimmung des Begriffs der materiellen Unterkapitalisierung bleibt in der deutschen Literatur und Rechtsprechung umstritten. Weitgehend durchgesetzt hat sich die von *Ulmer* vorgeschlagene Umschreibung[58]. Danach liegt der Tatbestand der qualifizierten Unterkapitalisierung dann vor, wenn die finanzielle Ausstattung einer GmbH in einem eindeutig krassen Mißverhältnis zu Art und Umfang der tatsächlichen oder angestrebten Geschäftstätigkeit der GmbH bleibt und die Gesellschafter versäumen, notwendige Finanzmittel entweder in Form von haftendem Kapital oder Darlehen zuzuführen. Falls die Gesellschaft insolvent wird und zwischen ihrer Insolvenz und der eindeutig unzureichenden Kapitalausstattung ein kausaler Zusammenhang besteht, können die Gesellschafter, denen auch die Unterkapitalisierung wegen ihrer Stellung in der Gesellschaft zurechenbar ist, zur Deckung der Gesellschaftsschulden in Anspruch genommen werden. Dem Begriff der materiellen Unterkapitalisierung liegt also die Überlegung zugrunde, dass die Gesellschafter eine bestimmte Finanzierungsverantwortung trifft: Sie hätten die Pflicht, je nach Art und Umfang der Geschäftstätigkeit für eine seriöse Finanzierung der im Rechtsverkehr auftretenden GmbH zu sorgen. Dementsprechend komme die persönliche Haftung der Gesellschafter dann in Betracht, wenn das Stammkapital seine zwei wichtigsten Funktionen nicht bzw. nicht mehr erfüllt, d.h. weder eine ausreichende wirtschaftliche Basis für die Tätigkeit der GmbH, noch einen realen Haftungsstock für ihre Gläubiger darstellen kann[59].

Dogmatisch wird die Durchgriffshaftung wegen eindeutiger Unterkapitalisierung in Anlehnung an die sog. objektive Normzwecklehre begründet[60]. Sie

---

[58] Hachenburg/*Ulmer*, Anh § 30 GmbHG, Rn. 12, 16; *ders.* FS Duden, S. 670; *Lutter/Hommelhoff*, § 13 GmbHG, Rn. 6; *dieselben*, ZGR 1979, S. 58; *Stimpel*, FS Goerdeler, S. 607 f.; *K. Schmidt*, GesR. S. 248; *Wüst*, aaO. S. 992 f.; *Raiser*, ZGR 1995, S. 156, 165.
Ablehnend: Scholz/*Winter*, § 5 GmbHG, Rn. 19; *Weitbrecht*, aaO.; *Vonnemann*, GmbHR 1992, S. 77, 79 f.; *Boujong*, GmbHR 1992, S. 207, 208; *Ehricke*, AcP 1999, S. 257, 286; *Roth/Altmeppen*, § 13 GmbHG, Rn. 22; *Baumbach/Hueck*, § 13 GmbHG, Rn. 12.

[59] Vgl. *Raiser*, aaO., S. 165 sowie *Stimpel*, FS Goerdeler, S. 601, 609 der in diesem Zusammenhang von der „Defunktionalisierung der Kapitalaufbringungs- und Kapitalerhaltungsregeln" spricht.

[60] Hachenburg/*Ulmer*, Anh § 30 GmbHG, Rn. 38 und 50 ff.; *Wiedemann*, GesR., S. 571; *Lutter/Hommelhoff*, § 13 GmbHG, Rn. 6; *Raiser*, aaO., S. 165 ff.

knüpft an den Normzweck der Kapitalaufbringungs- und Erhaltungsvorschriften an, welche die Haftungsbeschränkung nur bei angemessener Kapitalausstattung rechtfertigen sollen. Das in § 13 Abs. 2 GmbHG vorgesehene Privileg der beschränkten Haftung verliere dann seine Berechtigung, wenn die Gesellschafter im Schatten einer unterkapitalisierten GmbH risikoreiche Geschäfte betrieben und damit das Verlustrisiko auf die Gläubiger verlagerten. Dabei komme es nicht auf die subjektiven Kriterien, sondern ausschließlich auf das evident objektive Mißverhältnis zwischen erforderlichem und tatsächlichem Haftkapital an[61]. Im Ergebnis wird § 13 Abs. 2 GmbHG teleologisch dahin reduziert, dass er in Fällen der offenbaren Unterkapitalisierung nicht mehr eingreift und die Gesellschaftsgläubiger im persönlichen Vermögen des Gesellschafters Befriedigung suchen können.

Die deutsche höchstrichterliche Rechtsprechung steht dem im Schrifttum verbreiteten Konzept der objektiven Durchgriffshaftung zurückhaltend gegenüber[62]. Die Außenhaftung der Gründer wird in der Rechtsprechung mit der in § 826 BGB (deliktische Haftung wegen vorsätzlich sittenwidriger Schädigung) verankerten subjektiven Mißbrauchslehre begründet, wobei an die subjektiven Voraussetzungen der deliktischen Haftung keine hohen Anforderungen gestellt werden[63]. Im Urteil vom 3.9.1998 hat dagegen das BAG festgestellt, die in § 64 Abs. 1 GmbHG vorgeschriebene Insolvenzantragspflicht der Geschäftsführer sowie die Insolvenzverschleppungshaftung nach § 823 Abs. 2 BGB i.V.m. § 64 Abs. 1 GmbHG stellten eine abschließende Regelung der materiellen Unterkapitalisierung dar, was den Rückgriff auf die Rechtsmißbrauchsregeln entbehrlich mache[64].

[61]Verschulden des Gesellschafter als Voraussetzung der Durchgriffshaftung betrachten dagegen *K. Schmidt*, GesR., S. 248; *Roth*, ZGR 1993, S. 170, 200; *Altmeppen/Roth*, § 13, Rn. 24.

[62]Vgl. Übersicht der Rechtsprechung bei Hachenburg/*Ulmer*, Anh. § 30 GmbHG, Rn. 43; *Lutter/Hommelhoff*, §13 GmbHG, Rn. 6; *Boujong*, FS Odersky, S. 745; *Weitbrecht*, aaO., S. 58. Bisher liegt nur eine Entscheidung vor, in der der BGH die Möglichkeit der Durchgriffshaftung für den unterkapitalisierten Verein bejaht hat: BGHZ 54, S. 222 = JZ 1970, S. 687 m. Anm. *K. Schmidt* (betreffend einen Verein); bejahend auch BSG NJW 1804, S. 2117.

[63]BGH 68, S. 312; OLG Oldenburg, NZG 2000, S. 555 m. Amn. *Emmerich*; *Boujong*, GmbHR 1992, 208, m.w.N.

[64]BAG ZIP 1999, S. 24, 28; kritisch dazu: *Banerjea*, ZIP 1999, S. 1155 ff. Zur Haftung der Organmitglieder wegen der Insolvenzversschleppung vgl. in diesem Kapitel unter Pkt. IV.2.

bb). Problem der unzureichenden Kapitalausstattung im polnischen Recht

Sowohl in der polnischen Rechtsprechung als auch in der Lehre wird die Pflicht der Gesellschafter zur Festsetzung der Höhe des Nennkapitals im Verhältnis zum geplanten Unternehmensgegenstand grundsätzlich verneint. Wie das pol. OG im Urteil v. 13.10.1988[65] ausdrücklich festgestellt hat, erstreckt sich die registergerichtliche Gründungsprüfung nach Art. 16 § 2 pol. HGB (der ab 1.1.2001 durch Art. 23 LGRG ersetzt wurde) weder darauf, ob das Stammkapital der GmbH zur Finanzierung der im Gesellschaftsvertrag bestimmten Tätigkeit ausreicht, noch ob es die Zahlungsfähigkeit der Gesellschaft gewährleistet. Die Interessen des Rechtsverkehrs seien durch die mit der Registereintragung verbundenen Publizitätsmaßnahmen, anhand derer die Zahlungsfähigkeit und die wirtschaftliche Lage der Gesellschaft bewertet werden könne, ausreichend geschützt.

Dieses Urteil hat im Schrifttum allgemeine Anerkennung gefunden[66]. Die Aufforderung an den Registerrichter, er solle die Angemessenheit der Kapitalausstattung im Hinblick auf den im Gesellschaftsvertrag bestimmten Unternehmensgegenstand prüfen, würde ihn zum einen übermäßig überfordern (dem Richter fehle das erforderliche Wissen; die Angemessenheit sei nicht justitiabel[67]), zum anderen würde es die Freiheit der wirtschaftlichen Betätigung auf unzulässige Weise beschränken. Gemäß dem geltenden Recht seien die Gesellschafter nur zur Deckung des Stammkapitals in gesetzlich vorgeschriebener Mindesthöhe verpflichtet, ungeachtet der angestrebten oder tatsächlichen Geschäftstätigkeit der Gesellschaft. Der Gegenstand des Unternehmens[68] stelle keine Pflicht, sondern nur Berechtigung zur wirtschaftlichen Betätigung im angegebenen Umfang dar. In Polen bestehe die allgemeine und im Schrifttum empfohlene Praxis, dass die Gesellschafter den geplanten Geschäftsumfang im Gesellschaftsvertrag möglichst weit bestimmten, um auf die wechselhafte

[65] III CZP 72/88, veröff. in: *Strzępka* (Hrsg.), Orzecznictwo, S. 278.

[66] Vgl. die grundsätzlich zustimmende Anmerkung zum Urteil v. *Szumański*, PiP 2/1990, S. 148; *Mieciński*, PPH 6/1998, S. 17; Sołtysiński/*Szajkowski*/Szwaja, Art. 162 pol. HGB, Rn. 23 ff.

[67] *Szumański*, Wkłady, S. 208; *Mieciński*, PPH 6/1998, S. 18.

[68] Im HGGB hat man die Formulierung „Gegenstand des Unternehmens" mit dem Ausdruck „Umfang der Tätigkeit der Gesellschaft" (vgl. Artt. 157, Pkt. 2, 304 § 1 Pkt. 2 HGGB) ersetzt, der angesichts der Vielfalt von Bedeutungen, die mit dem Unternehmensbegriff im polnischen Recht verbunden sind, als präziser erachtet wird. Vgl. *Sołtysiński/Szajkowski/Szumański*, Begründung zum Entwurf des Gesetzes über die Handelsgesellschaften, Studia Prawnicze, 1998, Nr. 1- 2 (135- 136), S. 146.

Marktsituation flexibel reagieren zu können, ohne dabei den Gesellschaftsvertrag ändern zu müssen[69]. Die „Einfrierung" erheblicher Finanzmittel im Eigenkapital sei außerdem auch wirtschaftlich nicht rationell, weil dadurch vom Vorstand weder eine ökonomische Effektivität noch ein sparsames Wirtschaften mit den zur Verfügung gestellten Mitteln erzwungen werde[70]. Eine hohe Stammkapitalziffer erschwere auch die Erreichung des an die Gesellschafter auszuschüttenden Gewinns, was gerade das Hauptziel ihrer Beteiligung an der GmbH sei[71]. Dieses Ziel dürfe durch überspannte Anforderungen an die Garantiefunktion des Stammkapital nicht vereitelt werden, um so mehr als diese Funktion keinen absoluten Charakter in dem Sinne habe, dass das Stammkapital als ein abgesonderter, durch Verluste unverletzbarer Haftungsfonds zur Verfügung der Gläubiger stehen müsse[72]. Da die Pflicht der Gesellschafter zu angemessener Kapitalausstattung der GmbH *de lege lata* nicht bestehe, müsse auch die im deutschen Schrifttum vorgeschlagene Durchgriffshaftung wegen offenbarer Unterkapitalisierung aufgrund des polnischen Rechts abgelehnt werden. Sie finde keine ausreichende Begründung im Gesetz und verstoße auch gegen die axiologischen Grundlagen des GmbH-Rechts, das den Gesellschaftern die Möglichkeit der wirtschaftlichen Tätigkeit unter Ausschluss persönlicher Haftung sichern solle.

cc). Stellungnahme

Es ist dem polnischen Schrifttum in dem Punkte beizupflichten, dass das im deutschen Schrifttum ausgearbeitete Konzept der Durchgriffshaftung wegen materieller Unterkapitalisierung, insbesondere bei Vernachlässigung jeder subjektiven Komponente bei den Gesellschaftern, ins polnische Recht nicht übertragbar ist.

Anläßlich der Reform des polnischen Gesellschaftsrechts hat man in der polnischen Literatur die Anhebung des minimalen Stammkapitals mehrfach postuliert, damit es seine Funktion als Seriositätsschwelle wiedererlangen könne[73]. Im

---

[69]*Mieciński*, aaO., S. 17; Sołtysiński/*Szajkowski*/Szwaja, Art. 162 pol. HGB, Rn. 20; *Szumański*, Anmerkung zum Urteil des OG v. 13.10.1988, PiP 2/1990, S. 150.
[70]Sołtysiński/*Szajkowski*/Szwaja, Art. 178 pol. HGB, Rn. 1.
[71]*Mieciński*,PPH 6/1998., S. 21.
[72]*Mieciński*, aaO., S. 20; *C. Wiśniewski*, PP 2/1992, S. 1 und 26; *Szajkowski*, Prawo spółek, Rn. 319.
[73]*Szajkowski*, Prawo spółek, Rn. 318; *Mieciński*, PPH 6/1998, 21; *Szumański*, Anmerkung zum Urteil des OG v. 13.10.1988, PiP 2/1990, S. 150.

HGGB wurde diesen Postulaten Rechnung getragen, indem das bisher im pol. HGB vorgesehene Mindeststammkapital der GmbH in Höhe von 4000 Zloty um mehr als das Zehnfache, auf 50 000 Zloty (ca. 25 000 DM) aufgestockt werden soll (Art. 154 § 1 HGGB)[74]. Die so angesteuerte Höhe ist sowohl im Hinblick auf die aktuellen polnischen Wirtschaftsverhältnisse als auch im Vergleich zum Mindestkapital der GmbH in anderen europäischen Ländern für angemessen zu erachten[75]. Es ist auch nicht zu befürchten, dass die GmbH ihre Bedeutung für den breiten Kreis der mittelständischen Unternehmen verlieren wird. Die seriöse unternehmerische Betätigung setzt immer ein Mindestmaß an vermögensmäßiger Opferbereitschaft voraus, damit die errichtete GmbH als eine selbst lebensfähige wirtschaftliche Einheit am Rechtsverkehr teilnehmen kann.

Wenn man sich neben der Aufstockung des Mindeststammkapitals auch andere im HGGB vorgesehenen Maßnahmen zur Verbesserung der Kapitalgrundlage der Gesellschaften mbH vor Augen führt, und zwar vor allem die neue Regelung eigenkapitalersetzender Gesellschafterdarlehen (Artt. 14 § 3, 189 § 2 HGGB) und die Verstärkung der Vermögensbindung im GmbH-Recht (Artt. 191, 192 HGGB)[76], so würde der Schluss naheliegen, von einer planwidrigen Lücke, welche die Durchgriffshaftung wegen materieller Unterkapitalisierung rechtfertigen würde, könne keine Rede sein. So ist auch im deutschen Schrifttum die Auffassung stark verbreitet, eine planwidrige Lücke im Hinblick auf die Haftung wegen materieller Unterkapitalisierung nach der GmbHG-Reform 1980 liege nicht vor[77]. Der deutsche Gesetzgeber habe das Problem der geringen Kapitalausstattung der Gesellschaften mbH durch die Erhöhung des Mindeststammkapitals und durch die Einführung der Vorschriften über kapitalersetzende Gesellschafterdarlehen hinreichend erfasst.

---

[74] *Sołtysiński/Szajkowski/Szumański*, Begründung zum Entwurf des Gesetzes über die Handelsgesellschaften, Studia Prawnicze, 1998, Nr. 1-2 (135-136), S. 156. Kritisch dazu *Kidyba*, Art. 159 pol. HGB, Rn. 5.

[75] So beträgt z.B. in Frankreich und Finnland das gesetzlich vorgeschriebene Mindestkapital umgerechnet weniger als 20 000 DM (jeweils 50 000 FF, 50 000 FIM), in Ungarn – ungefähr 20 000 DM (3 Mio Forint), in Spanien – sogar weniger als 10 000 DM (500 000 ESP).
Vgl. Übersicht in: *Boucourechliev/Hommelhoff*, Vorschläge für eine Europäische Privatgesellschaft, S. 250 ff.

[76] Vgl. unten: Kapitel 1, II.3).c). und 5).b).

[77] Vgl. *Flume*, Die juristische Person, I/2, S. 87; *Ehricke*, AcP 1999, S. 257, 273 m.w.N.; **a.A.** Hachenburg/*Ulmer*, § 32a, b GmbHG, Rn. 16.

Infolge der vorangegangenen Überlegungen ist an dem Grundsatz festzuhalten, wonach die gesetzlichen Publizitätsmaßnahmen sowie die Vorschriften über die Kapitalaufbringung und -erhaltung den institutionellen Rahmen für das Verhalten nach dem Prinzip *caveat creditor* bilden und damit die gerechte Risikoverteilung zwischen Gläubigern und Gesellschaftern sichern. In Rechtsgebieten, in denen der polnische Gesetzgeber diese Maßnahmen für unzureichend hält, weil das Vertrauen eines breiten Rechtskreises von Gläubigern in Anspruch genommen wird, welche weder die Zeit noch die Möglichkeit haben, sich über die Vermögenslage einer Kapitalgesellschaft zu informieren, schreibt er die AG als zwangsweise Rechtsform[78] und sieht er eine erhöhte Mindeststammkapitalziffer vor[79].

Auf der anderen Seite darf allerdings die Bedeutung der Publizitätsmaßnahmen nicht überschätzt werden. Die Publizität kommt vor allem den potenten Kreditgebern zugute, welche auch ihre Forderungen gegen die GmbH zusätzlich durch persönliche oder dingliche Sicherheiten absichern lassen. Für die Masse der Kleingläubiger (z.B. Handwerker, Lieferanten), welche oft weder die Erfahrung noch die Möglichkeit haben, sich ausführlich über die Vermögenslage der GmbH zu informieren sowie ihre Ansprüche sichern zu lassen, hat die Publizität eine nur beschränkte Bedeutung[80]. Deswegen versucht die Lehre von der materiellen Unterkapitalisierung vor allem den Interessen dieser Gläubigergruppe Rechnung zu tragen.

Im neuen polnischen Recht ist nach wie vor das Mindestnennkapital nur durch eine formelle Ziffer bestimmt. Dieser Regelung ist zuzustimmen, weil sich die angemessene Eigenkapitalsausstattung – etwa im Verhältnis zum Gesellschaftszweck, zum Umfang der Geschäftstätigkeit oder zum Fremdkapital – abstrakt und ex ante im Gesetz nicht festsetzen lässt. Aus der Tatsache, dass sich der Gesetzgeber lediglich auf die gesetzliche Festsetzung einer Mindeststammkapi-

---

[78]Der Typenzwang einer AG besteht im polnischen Recht u.a. für private Banken (Art. 21 Bankgesetz vom 29.8.1997), Versicherungsunternehmen (alternativ mit dem Gegenseitigkeitsverein, Art. 11 Versicherungsgesetz v. 28.7.1990), Maklerhäuser (Art. 29 Abs. 1 Gesetz v. 21.8.1997 über den öffentlichen Verkehr mit Wertpapieren), Börsengesellschaften (Art. 98 Abs. 1 desselben Gesetzes). Vgl. näher *Kidyba*, Art. 158 pol. HGB, Rn. 7.

[79]So z.B. setzt Art. 32 Abs. 1 Bankgesetz das Mindestkapital einer Bank-AG in Höhe von 5 Mio. ECU umgerechnet in polnische Währung fest; ähnlich Artt. 11b Versicherungsgesetz, nach denen bei einer Versicherungs-AG das Grundkapital nicht weniger betragen darf als die Mindesthöhe des für die einzelnen von ihr betriebenen Versicherungsarten vorgeschriebenen Garantiekapitals.

[80] Vgl. Hachenburg/*Ulmer*, Anh. § 30 GmbHG, Rn. 54; auch *Kübler*, GesR, 5. Aufl., S. 245.

talziffer beschränkt hat, ist zu folgern, dass die Entscheidung über die Art und den Umfang der angemessenen Kapitalausstattung im konkreten Fall dem Ermessen der Gesellschafter überlassen ist. Diese Entscheidung haben sie unter besonderer Berücksichtigung des geplanten bzw. tatsächlich erreichten Geschäftumfangs, der Geschäftsart der Gesellschaft sowie der Finanzierungsmethode (Zuführung des echten Eigenkapitals; Leistung von Nachschüssen; Darlehensgewährung) zu treffen[81]. Wenn die Gesellschafter bewusst oder fahrlässig unterlassen, ihre Gesellschaft mit gerade den Finanzmitteln auszustatten, welche zur Deckung ihres langfristigen Finanzbedarfs erforderlich sind, so liegt der Tatbestand der materiellen Unterkapitalisierung vor, welcher die Ausfallhaftung der Gesellschafter für die Verbindlichkeiten der GmbH den Gesellschaftsgläubigern gegenüber auslöst. Diese Haftung ist als eine Verschuldenshaftung zu qualifizieren, wobei das Verschulden mittels eines objektiven Maßstabes zu ermitteln ist: Sie greift dann ein, wenn die Fehlfinanzierung für einen jeden ordentlichen und sorgfältig handelnden Unternehmer erkennbar war und deshalb individuell dem Gesellschafter vorwerfbar ist[82]. Als gesetzliche Grundlage für solche Ansprüche bietet sich im polnischen Recht Art. 415 pol. ZGB. Die in dieser Vorschrift enthaltene Generalklausel ist sowohl objektiv als auch subjektiv umfassender als diejenige des § 826 BGB. Gemäß Art. 415 pol. ZGB ist derjenige, der einem anderen schuldhaft – vorsätzlich oder fahrlässig – einen Schaden zugefügt hat, zum Schadensersatz verpflichtet. Ist die unzureichende Eigenkapitalausstattung der konkreten GmbH so evident, dass sich ihr Misserfolg bei normalem Geschäftsverlauf mit hoher, das gewöhnliche Geschäftsrisiko deutlich übersteigender Wahrscheinlichkeit erwarten lässt, so muss ein derartiges Spekulieren auf Kosten der Gläubiger zweifellos den Tatbestand mindestens der fahrlässigen Schadenszufügung erfüllen. Die Gesellschafter, welche eine GmbH gründen und mit eindeutig unzureichenden Mitteln „in der vagen Hoffnung auf einen unerwartet günstigen Geschäftsverkehr“[83] ausstatten, verletzen die im Rechtsverkehr erforderliche Sorgfalt (Art. 355 i.V.m. Art. 415 pol. ZGB) und machen sich dadurch den Gesellschaftsgläubigern schadensersatzpflichtig. Ebenso haften die Gesellschafter, welche von den Vorstandsmitgliedern über die schwere Finanzlage der Gesellschaft und ihren dringenden Kapitalbedarf in Kenntnis gesetzt wurden und es trotzdem unterlassen, entweder die Gesellschaft zu liquidieren oder ihr die erforderlichen Mittel in Form von Eigen- oder

---

[81] Hachenburg/*Ulmer*, Anh. § 30 GmbHG, Rn. 14.
[82] So im deutschen Schrifttum: *K. Schmidt*, GesR., S. 251 und 522 ff.
[83] So die Formulierung v. Hachenburg/*Ulmer*, Anh § 30 GmbHG, Rn. 41.

Fremdkapital zuzuführen, sondern in Kauf nehmen, dass das Risiko eines mit hoher Wahrscheinlichkeit zu erwartenden Misserfolgs auf die Gesellschaftsgläubiger verlagert wird. Den letzteren obliegt allerdings der außerordentlich schwere Beweis der Kausalität zwischen ihrem Schaden und der von den Gesellschaftern verschuldeten Unterkapitalisierung der Gesellschaft (Art. 6 pol. ZGB). Eine bestimmte Beweiserleichterung kann allerdings die im Art. 231 pol. ZPO vorgesehene, aufgrund der Gesamtumstände eines Falles gerechtfertigte tatsächliche Vermutung bringen.

Die hier vertretene Meinung entspricht der im deutschen Schrifttum vorgeschlagenen sog. subjektiven Missbrauchslehre, welche den Durchgriff auf die Gesellschafter ausnahmsweise nur dann zulässt, wenn objektiv (evident unzureichende Kapitalausstattung) und subjektiv (Fehlverhalten der Gesellschafter, wobei bedingter Vorsatz für das Eingreifen des § 826 BGB ausreichen soll) die Rechtsform der juristischen Person missachtet wird[84]. Auch in Deutschland wird auf die mit dieser Ansicht verbundenen erheblichen Probleme, insbesondere auf den schwierigen Beweis der Kausalität, hingewiesen[85].

c). Tatbestand der nominellen Unterkapitalisierung: die Behandlung von Gesellschafterleistungen als Haftkapital

aa). Deutsches Recht

Nach herrschender Auffassung im deutschen Recht liegt der Tatbestand der nominellen Unterkapitalisierung vor, wenn die zum Betrieb des Unternehmens erforderlichen Finanzmittel nicht in Form von Eigenkapital, sondern in Form von Gesellschafterdarlehen zur Verfügung gestellt werden[86]. In diesem Fall ist die Gesellschaft nur „nominell unterkapitalisiert", d.h. der Stammkapitalziffer nach, nicht aber materiell, dem tatsächlichen Kapitalbedarf nach. Unter bestimmten Umständen werden die der Gesellschaft in Form des Darlehens zugeführten Finanzmittel aus Gründen des Gläubigerschutzes dem haftenden Eigenkapital gleichgestellt (sog. funktionales Eigenkapital oder Eigenkapitalersatz).

---

[84] Grundlegend dazu *Serick*, Rechtsform und Realität juristischer Personen, 2. Aufl. 1980. Vgl. auch *Weitbrecht*, aaO., S. 36 f.; *Kann*, Gesellschafterdarlehen, S. 135 ff.; Scholz/*Emmerich*, § 13 GmbHG, Rn. 79; Hachenburg/*Mertens*, § 13 GmbHG,Rn. 17; *K. Schmidt*, GesR[3], S. 251.

[85] Vgl. *Winkler*, BB 1969, S. 1204, der diese Frage – wohl übertrieben – für „praktisch unlösbar" hält.

[86] *Wiedemann*, GesR, S. 568; *Ulmer*, FS Duden, S. 661, 670; Hachenburg/*ders.*, Anh. § 30 GmbHG, Rn. 21; *Lutter/Hommelhoff*, ZGR 1979, S. 32.

In der deutschen Lehre und Rechtsprechung wird das System des Ersatzkapitalschutzes dogmatisch vor allem mit dem Prinzip der Finanzierungsfolgenverantwortung der Gesellschafter begründet[87]. Demnach sind die Gesellschafter für eine ordnungsgemäße, seriöse Unternehmensfinanzierung verantwortlich. Sie sind zwar nicht positiv verpflichtet, der Gesellschaft in der Krise weiteres Kapital nachzuschießen. Entscheiden sich die Gesellschafter jedoch dafür, so müssen sie die zugeführten Finanzmittel als den Gesellschaftsgläubigern vorrangig haftendes Risikokapital behandeln lassen[88]. Anderenfalls würde sich der Gesellschafter mit seinem eigenen Verhalten in Widerspruch setzen, wenn er sich im Insolvenzverfahren seines Unternehmens als normaler Gläubiger beteiligt und dadurch seine Doppelrolle als Gesellschafter und Fremdkapitalgeber zu Lasten Dritter ausnützt[89].

Das System des Eigenkapitalersatzes vollzieht sich im heutigen GmbH-Recht auf zwei Ebenen[90]. Die ursprünglich in der höchstrichterlichen Rechtsprechung entwickelten Regeln beruhen auf einer analogen Anwendung der §§ 30, 31 GmbHG und binden eigenkapitalersetzende Gesellschafterleistungen nur soweit, wie sie das verlorene Stammkapital oder eine über diesen Verlust hinaus bestehende Überschuldung abdecken und zwar unabhängig vom Eintritt der Gesellschaftsinsolvenz[91]. Die 1980 eingeführten und 1998 geänderten Bestimmungen der §§ 32a/b GmbHG sowie § 39 Abs. 1 Nr. 5 InsO haben dagegen einen reaktiven Charakter und greifen erst im Fall der Gesellschaftsinsolvenz ein. Nach § 32a Abs. 1 GmbHG n.F. soll der Gesellschafter erst nach allen außenstehenden Gesellschaftsgläubigern befriedigt werden (sog. nachrangige Insolvenzforderung), wenn er der Gesellschaft in der Krise, d.h. zu einem Zeitpunkt, in dem ihr

---

[87]Zusammenfassend vgl. BGHZ 121, S. 31, 35 f.; *Lutter/Hommelhoff*, § 32a/b GmbHG, Rn. 3.

[88]BGHZ 127, S. 336, 344; Hachenburg/*Ulmer*, § 32 a,b GmbHG, Rn. 7 f.; *von Gerkan*, ZGR 1997, S. 173, 176 f.; *Habersack*, ZHR 162 (1998), S. 201, 203; *Goette*, ZHR 162 (1998), S. 223.

[89]Sog. „Venire contra factum proprium", vgl. *Wiedemann*, GesR, S. 569; *Lutter/Hommelhoff*, ZGR 1979, S. 32, 35; *dieselben*, § 32a/b GmbHG, Rn. 3 m.w.N. Kritisch dazu: *Grunewald*, GmbHR 1997, S. 7,8.

[90]Vgl. BGHZ 90, S. 370. Dazu *Lutter/Hommelhoff*, § 32a/b GmbHG, Rn. 10 ff.; *Hommelhoff*, ZGR 1988, S. 460, 480; *v. Gerkan*, aaO., S. 178.

[91]Markierend sind insb. die folgenden BGH-Urteile: BGHZ 31, S. 258 („Lufttaxi"); 75, S. 334; 81, S. 311; (stehengelassene Gesellschafterdarlehen); 90, S. 370 ff. (Nebeneinander von sog. BGH- Regeln und §§ 32a/b GmbHG); 109, S. 55 („Lagergrundstück I"- kapitalersetzende Gebrauchsüberlassung); ZIP 1999, S. 1263 (der Finanzplankredit ist keine eigenständige Kategorie des Eigenkapitalersatzes).

die Gesellschafter als ordentliche Kaufleute Eigenkapital zugeführt hätten, statt dessen ein Darlehen gewährt[92].

Die gesetzliche Regelung ist insoweit kritisch zu betrachten, als sie den in der ständigen und geglückten Rechtsprechung auf der Grundlage der §§ 30, 31 GmbHG erreichten Gläubigerschutz in mehrfacher Hinsicht verkürzt[93]. Zu nennen sind hier die zwei wichtigsten Unterschiede: Zum einen greift die Rückzahlungssperre nach § 32a GmbHG erst in der Insolenz der GmbH ein, während nach den BGH-Regeln die Darlehen unabhängig von der Gesellschaftsinsolvenz, aber nur bis zur Höhe der Unterbilanz verstrickt sind. Zum zweiten gilt nach § 32b Abs. 1 GmbHG die kurze, auf Rückzahlungen innerhalb eines Jahres vor dem Antrag auf Insolvenzeröffnung beschränkte Anfechtungsfrist, während der Anspruch der Gesellschaft auf Rückgewähr der gegen § 30 GmbHG verstoßenden Zahlungen erst in fünf Jahren verjährt (§ 31 Abs. 5 GmbHG). Um den Rückschritt im schon erreichten Standard des Gläubigerschutzes zu verhindern, hat der BGH im „Nutzfahrzeug"-Urteil[94] die Fortgeltung seiner Rechtsprechung zu §§ 30, 31 GmbHG neben den §§ 32a/b GmbHG bejaht: Eigenkapitalersatz unterliegt nach wie vor der analog anzuwendenden Ausschüttungssperre des § 30 GmbHG. Wie der BGH zutreffend in der Begründung zu diesem Urteil hervorgehoben hat, wäre die Reduzierung des in der ständigen Rechtsprechung entwickelten Standards mit dem Willen des Novellen-Gebers unvereinbar, der den Gläubigerschutz durch eine ausdrückliche gesetzliche Regelung gerade verstärken und den erreichten Stand bestätigen wollte. Infolge dieser Position des BGH, die in der Lehre überwiegend als zulässige Rechtsfortbildung *praeter legem* begrüßt wurde[95], gilt heute in Deutschland das zweistufige System des Eigenkapitalersatzes: den „Sockel" bis zur Stammkapitalziffer bilden die gesellschaftsrechtlichen Regeln aus §§ 30, 31 GmbHG, den „Aufbau" oberhalb des

---

[92] Gemäß § 32a Abs. 3 n.F. (geändert durch Kapitalaufnahmeerleichterungsgesetz – KapAEG – v. 20.4.1998, BGBl. S. 786) gelten die Regeln über Eigenkapitalersatz nicht für den nicht geschäftsführenden Gesellschafter, der mit 10 % oder weniger am Stammkapital beteiligt ist (sog. Zwerganteile), sowie für den Darlehensgeber, der in der Krise der Gesellschaft Geschäftsanteile zum Zweck der Überwindung der Krise erwirbt (sog. Sanierungsprivileg). Kritisch zur neuen Regelung: *Habersack*, ZHR 162 (1998), S. 201, 208; *Goette*, ZHR 162 (1998), S. 223, 226.

[93] Vgl. Hachenburg/*Ulmer*, § 32a, b GmbHG, Rn. 14; *Lutter/Hommelhoff*, § 32a/b GmbHG, Rn. 10 ff.

[94] BGHZ 90, S. 370 = NJW 1984, S. 1891.

[95] Vgl. Hachenburg/*Ulmer*, § 32a, b GmbHG, Rn. 14; *Priester*, FS Döllerer, S. 482 ff.; *Hommelhoff*, ZGR 1988, S. 460, 485 nach dem der BGH „den strategischen Regelungsplan" des Gesetzgebers zum Eigenkapitalersatz verwirklicht hat.

Stammkapitals formen die insolvenzrechtlichen Regeln des §§ 32a/b GmbHG und 39 Abs. 1 Nr. 5 InsO.

Als Kriterium für den eigenkapitalersetzenden Charakter des Gesellschafterdarlehens sowohl nach den BGH- als auch nach den gesetzlichen Novellen-Regeln gilt vor allem die fehlende Kreditwürdigkeit der Gesellschaft am allgemeinen Kapitalmarkt[96]. Die Kreditunwürdigkeit der Gesellschaft ist dann zu bejahen, wenn ein außenstehender Dritter ihr das konkrete Darlehen in Kenntnis der kreditrelevanten Umstände überhaupt nicht oder nicht zu marktüblichen Bedingungen gewährt hätte. Nach der ständigen Rechtsprechung des BGH kommt einem Darlehen, das ein Gesellschafter „seiner" GmbH gewährt, eigenkapitalersetzender Charakter zu, wenn es zur Abwendung der Insolvenzantragspflicht bei Zahlungsunfähigkeit oder Überschuldung oder in einem Zeitpunkt gewährt wird, in dem die Gesellschaft, ohne zahlungsunfähig oder überschuldet zu sein, von dritter Seite keinen Kredit zu marktüblichen Bedingungen hätte erhalten können und deshalb ohne die Gesellschafterleistung hätte liquidiert werden müssen[97].

Nach § 32a Abs. 2 und 3 GmbHG gelten die Regeln über eigenkapitalersetzende Gesellschafterdarlehen auch für die Bürgschaft bzw. eine Sicherung, die der Gesellschafter einem Dritten für die Darlehensgewährung der GmbH bestellt hat sowie für andere Rechtshandlungen, die der Darlehensgewährung wirtschaftlich entsprechen. Gemäß § 135 InsO, § 6 AnfG, § 32b GmbHG steht dem Insolvenzverwalter ein Anfechtungsrecht bzw. Erstattungsanspruch zu, falls kapitalersetzende Gesellschafterkredite dem Gesellschafter bzw. einem ihm nahestehenden Dritten im letzten Jahr vor Antrag auf Eröffnung des Insolvenzverfahrens oder nach diesem Antrag zurückgezahlt wurden. Nach der Rechtsprechung des BGH gelten die Regeln über Eigenkapitalersatz entsprechend auch für die Aktiengesellschaft, wobei den Regeln zum Eigenkapitalersatzrecht analog zum GmbH-Recht nur Aktionäre mit „unternehmerischer" Beteiligung unterliegen (regelmäßig erst ab einer Sperrminorität, sog. 25%- Hürde)[98].

---

[96] Vgl. nur *Lutter/Hommelhoff*, § 32a/b GmbHG, Rn. 18 ff. m.w.N.
[97] Vgl. grundlegend BGHZ 31 S. 258, 272; 76 S. 326, 329 f.; 125, S. 141, 147. Vgl .dazu *Lutter/Hommelhoff*, § 32a/b GmbHG, Rn. 19.
[98] BGHZ 90, S. 381. Vgl. dazu *Junker*, ZHR 156 (1992), S. 394 ff.

Vereinzelt stößt die Lehre vom Eigenkapitalersatz im deutschen Schrifttum auf Kritik. Vorgeworfen wird ihr mangelnde dogmatische Fundierung[99], Erschwerung der Unternehmensfinanzierung, Sanierungsfeindlichkeit[100] sowie vor allem die unklare Rechtslage, welche zu erheblichen Unsicherheiten in der Praxis führt[101]. Aus der Fülle der mit dem Eigenkapitalersatz verbundenen Problemen, die hier nicht näher behandelt werden können, sind hier beispielsweise die Fragen der bilanziellen Behandlung von Gesellschafterdarlehen, der Behandlung der sog. stehengelassenen Gesellschafterkredite (insb. ihre Abgrenzung von den sog. Finanzplankrediten) und der kapitalersetzenden Nutzungsüberlassungen sowie das Problem der Konkretisierung des Tatbestands „Krise der Gesellschaft" zu nennen[102].

bb). Polnisches Recht

Der Tatbestand der eigenkapitalersetzenden Gesellschafterdarlehen ist dem polnischen Gesellschaftsrecht vom 1934 fremd. Lediglich in das polnische Steuerrecht wurden mit Wirkung vom 1.1.1999 die dem deutschen § 8a KStG entsprechenden Regeln über die beschränkte Abzugsfähigkeit von Zinsen im Fall übermäßiger Gesellschafter-Fremdfinanzierung eingeführt (sog. *thin captalization rules*, Art. 16 Abs. 1 Nr. 60 und 61 Gesetzes über die Besteuerung juristischer Personen)[103]. Die neue polnische Regelung des Gesellschaftsrechts scheint allerdings das deutsche Modell des zweistufigen Schutzes des Ersatzkapitals übernommen zu haben.

Gemäß im allgemeinen Teil des neuen Gesetzes befindlichem Art. 14 § 3 HGGB ist die Forderung des Gesellschafters oder des Aktionärs aus dem Darlehen, das der Gesellschaft von ihm gewährt wurde, als Einlage zu behandeln, falls innerhalb von zwei Jahren seit dem Abschluss des Darlehensvertrages ein Konkursverfahren über das Gesellschaftsvermögen eröffnet wird. Im Fall des Konkurses erstreckt sich also die Vermögensbindung auf die bilanziell als Fremdkapital ausgewiesenen Darlehen der Gesellschafter bzw. der Aktionäre mit der Folge,

---

[99] *Reiner*, FS Boujong, S. 415, 421; *Fastrich*, FS Zöllner Bd. I, S. 143.
[100] *Claussen*, GmbHR 1996, S. 316, 320; *Götz/Hegerl*, DB 1997, S. 2365 ff.
[101] *Grunewald*, GmbHR 1997, S. 7, 9, spricht sogar – wohl übertrieben – vom „unendlichen Weiterwuchern des Rechts des Eigenkapitalersatzes".
[102] Vgl. dazu *Lutter/Hommelhoff*, § 32a/b GmbHG, Rn. 18 m.w.N.; Scholz/*K. Schmidt*, § 32a, b GmbHG, Rn. 37 ff.
[103] Vgl. dazu im deutschen Schrifttum *Amelung*, GmbHR 1999, S. 401, 402.

dass der Gesellschafter (Aktionär) seine Forderung nicht zur Konkurstabelle anmelden kann (vgl. Art. 150 pol. KO). Die neue Regelung kann als die Ergänzung und Erweiterung der rechtlichen Maßnahmen angesehen werden, die in Artt. 54, 55 der pol. KO zum Schutz der Gläubiger der Konkursmasse vorgesehen sind. Art. 55 § 2 der pol. KO schreibt vor, dass die belastenden Rechtsgeschäfte[104], welche die insolvente Gesellschaft mit ihren Gesellschaftern oder Vertretern innerhalb von 6 Monaten vor der Beeintragung der Konkurseröffnung vorgenommen hat, der Konkursmasse gegenüber *ex lege* unwirksam sind. Hat die Gesellschaft in der genannten Frist ein Gesellschafterdarlehen getilgt, so steht ihrem Konkursverwalter ein Anspruch auf die Rückgewähr der ausgezahlten Quoten an die Konkursmasse zu.

Es ist auf die folgenden Unterschiede der neuen polnischen Regelung im Verhältnis zum deutschen Recht hinzuweisen. Erstens spricht der Wortlaut des Art. 14 § 3 HGGB eher für die Annahme, dass unter den Tatbestand dieser Vorschrift nur die noch *bestehenden* Darlehensforderungen der Gesellschafter bzw. Aktionäre fallen, d.h. diejenigen Forderungen, welche durch die Gesellschaft noch nicht getilgt sind. Auf die getilgten Darlehen der Gesellschafter kann dagegen nur Art. 55 § 2 pol. KO Anwendung finden, wenn die Darlehensrückzahlung innerhalb von 6 Monaten vor der Stellung des Konkursantrags erfolgte. Zweitens ist die Anwendung des Art. 14 § 3 HGGB von dem Merkmal der Gesellschaftskrise unabhängig. Anders als §§ 32a/b GmbHG, welche nur die der kreditunwürdigen Gesellschaft gewährten Gesellschafterkredite den Regeln des Kapitalersatzes unterstellen, umfasst Art. 14 § 3 HGGB seinem Wortlaut nach auch solche Gesellschafterdarlehen, die in den letzten zwei Jahren vor dem Konkurs einer noch gesunden Gesellschaft gewährt worden sind, falls sie diese noch nicht zurückgezahlt hat.

Drittens ist hervorzuheben, dass der Regelung des Art. 14 § 3 HGGB – ähnlich wie der des Art. 55 § 2 pol. KO – die Darlehen eines jeden Gesellschafters bzw. Aktionärs unterliegen, ungeachtet seiner Beteiligungshöhe an der Kapitalgesellschaft. Dies wird zur Folge haben, dass auch der Darlehensgeber, der lediglich *eine* Aktie bzw. einen geringen Anteil an der darlehensnehmenden Gesellschaft hat, unter die Regelung des Art. 14 § 3 HGGB fallen wird. Besonders gefährlich

[104] Als „belastendes Rechtsgeschäft" ist auch die Tilgung einer Verbindlichkeit zu betrachten. Vgl. *Allerhand*, Kommentar zur pol. KO, Art. 54, Anm. 2.

wird diese Vorschrift für Kreditinstitute sein, die am Kapitalmarkt tätig sind und eine Beteiligung an börsennotierten Aktiengesellschaften besitzen, von denen viele zugleich ihre Kreditschuldner sind. Die neue polnische Regelung ist auch erheblich schärfer als das deutsche Recht. Nach § 32 Abs. 3 S. 2 GmbHG gelten die Regeln über Eigenkapitalersatz für nichtgeschäftsführende Gesellschafter nur, wenn sie mit mehr als 10% am Stammkapital der GmbH beteiligt sind[105]. In der Aktiengesellschaft macht der BGH die Geltung dieser Regeln von der „unternehmerischen Beteiligung“ am Grundkapital abhängig und vermutet diese bei einem Aktienbesitz von mehr als 25% des Grundkapitals (Sperrminorität). Begründet wird diese Entscheidung mit der geringeren Bindung des einzelnen Kleinaktionärs an die Gesellschaft, insbesondere wenn es sich um eine weitgehend anonym bleibende Beteiligung an einer Publikumsgesellschaft handelt, deren Aktien frei gehandelt werden[106].

Darüber hinaus ist in diesem Zusammenhang auf den Wortlaut des in das polnische GmbH-Recht einzufügenden Art. 189 § 2 HGGB hinzuweisen, welcher ersichtlich dem deutschen § 30 Abs. 1 GmbHG nachgebildet ist. Nach der neuen polnischen Regelung können die Gesellschafter *unter keinem Titel* Auszahlungen aus dem zur vollständigen Deckung des Stammkapitals erforderlichen Gesellschaftsvermögens verlangen. Würde man diese Vorschrift weit auslegen, so würden unter ihren Tatbestand nicht nur die Ausschüttungen fallen, die auf der gesellschaftsrechtlichen Grundlage beruhen (etwa Ausschüttung des nicht erlangten Gewinns), sondern ebenfalls die auf rein zivilrechtlicher Grundlage vorgenommenen Auszahlungen an Gesellschafter, wie Darlehen, Miet- oder Pachtzinsen, falls sie zur Verminderung des zur Deckung des Stammkapitals erforderlichen Vermögens führen. Für die weite Auslegung sprechen zum einen der kategorische Wortlaut der polnischen Vorschrift, zum anderen die Garantiefunktion des Stammkapitals und Grundsatz der Kapitalerhaltung, wonach das dem Stammkapital entsprechende Aktivvermögen der Gesellschaft in erster Linie ihren Gläubigern vorbehalten bleiben muss. Für die Erstattung verbotener Zahlungen haften gesamtschuldnerisch ihre Empfänger sowie Mitglieder der Organe, die für die unrechtmäßige Auszahlung verantwortlich sind (Art. 198 § 1 HGGB). Kann die Rückzahlung von den genannten Personen nicht erlangt werden, so haften für den Verlust am Stammkapital die übrigen Gesellschafter je-

---

[105] § 32a Abs. 3 GmbHG i.d.F. des KapAEG v. 27.4.1998.
[106] BGHZ 90, S. 381, 387 f.; *Junker*, ZHR 156 (1992), S. 401, 408.

weils im Verhältnis ihrer Anteile. Die Rückgewähransprüche der Gesellschaft verjähren in drei Jahren seit dem Tag der Auszahlung (Art. 198 § 4 HGGB), es sei denn, dass der Empfänger von der Unrechtmäßigkeit der Zahlung Kenntnis hatte. Im letzteren Fall gilt die allgemeine zehnjährige Verjährungsfrist nach Art. 118 pol. ZGB.

Wird sich eine solch′ breite Auslegung des Art. 189 § 2 HGGB in der polnischen Rechtsprechung durchsetzen, was hier im Hinblick auf die Verstärkung des Gläubigerschutzes zu postulieren ist, so wird sich das System des Eigenkapitalersatzes im polnischen GmbH-Recht ähnlich wie in Deutschland auf zwei Ebenen vollziehen. Art. 189 § 2 HGGB wird den Eigenkapitalersatz in der Höhe der Unterbilanz bzw. der darüber hinaus reichenden Überschuldung verstricken, aber unabhängig von der Konkurseröffnung eingreifen. Die insolvenzrechtlichen Regeln der Artt. 14 § 3 HGGB und 55 der pol. KO umfassen dagegen zwar die gesamten Gesellschafterkredite. Sie greifen allerdings erst im Konkursverfahren der Gesellschaft ein.

4. Grundsatz der realen Kapitalaufbringung

a). Überblick

Die Regeln der Kapitalaufbringung, welche sowohl in Deutschland als auch in Polen im Zentrum des Gründungsrechts stehen, sollen gewährleisten, dass der Gesellschaft vor ihrer Entstehung oder Kapitalerhöhung tatsächlich Vermögenswerte in Höhe des Nennwertes der gezeichneten Aktien oder Geschäftsanteile zugeführt werden. Der Kapitalaufbringung dienen insbesondere die Vorschriften über die Mindesteinlagen vor Anmeldung der Gesellschaft (§§ 7 Abs. 2 und 3, 8 Abs. 2 GmbHG; §§ 36a, 37 Abs. 1 AktG; Artt. 160, 311 § 3 pol. HGB; Artt. 163, 167, 309 HGGB), über das Verbot der Unterpari-Emission (§ 9 AktG, Artt. 154 § 3 S. 1, 309 HGGB) und das Verbot des Verzichts auf Einlageforderungen (§ 19 Abs. 2 GmbHG, § 66 AktG; Artt. 329, 344 HGGB) und über das Verbot ihrer Verrechnung mit Gegenansprüchen der Einlageschuldner (§ 19 Abs. 2 S. 2 GmbHG, Art. 14 § 4 S. 1 HGGB); über die Differenzhaftung der Erbringer nicht vollwertiger Sacheinlagen (§ 9 GmbHG; Artt. 176 pol. HGB, 175 HGGB) und über die Verhinderung der verschleierten Sacheinlagen (§ 19

Abs. 5 GmbHG)[107]. Das Aktienrecht enthält darüber hinaus das ausdrückliche und Vorschriften über die Außenkontrolle der Einlagebewertung (§§ 27, 29, Artt. 313 pol. HGB, 312 HGGB)[108].

Das Recht der Kapitalaufbringung stellt den eigentlichen Gegenstand dieser Arbeit dar und wird in weiteren Kapiteln ausführlich behandelt. Die folgenden Ausführungen verstehen sich daher lediglich als Überblick über die Grundsätze der Kapitalaufbringung.

b). Verbot der Zeichnung unter pari

Das Verbot der Unterpari-Emission, d.h. der Zeichnung und Übernahme von Aktien und Geschäftsanteilen zu einem geringeren Betrag an Einlageverpflichtungen als dem jeweils übernommenen Nennwert, hat grundsätzliche Bedeutung für die Sicherung der Aufbringung des Nennkapitals[109]. Dieser Grundsatz ist im europäischen Recht verankert: Gemäß Art. 8 Abs. 1 der Kapitalrichtlinie dürfen die Aktien nicht unter dem Nennbetrag oder, wenn ein Nennbetrag nicht vorhanden ist, nicht unter dem rechnerischen Wert ausgegeben werden. Eine flankierende Regelung stellt Art. 12 der Kapitalrichtlinie dar, wonach die Aktionäre von der einmal übernommenen Verpflichtung zur Leistung der Einlagen nur im Wege der Kapitalherabsetzung befreit werden können. Entsprechende Regelungen befinden sich im deutschen (§§ 9, 66 AktG) und polnischen (Artt. 311, 341 pol. HGB, Artt. 309, 329 HGGB) Aktienrecht. Art. 329 HGGB (vorher Art. 341 pol. HGB) formuliert dabei die Pflicht des Aktionärs zu vollständiger Leistung für die übernommenen Aktien in positiver Weise. Die Vorschriften gelten gleichermaßen auch für die Kapitalerhöhung (§ 183 AktG, Art. 434 pol. HGB, 431 § 7 HGGB).

Das Verbot der Unterpari-Emission ist im neuen polnischen Gesetz auch für die GmbH ausdrücklich vorgesehen (Art. 154 § 3 S. 1 HGGB)[110]. Im GmbH-Vertag bzw. im Kapitalerhöhungsbeschluss darf die Einlageverpflichtung jedes einzelnen Gesellschafters nicht geringer sein als der Nennbetrag der übernommenen

---

[107] Vgl. Hachenburg/*Ulmer*, Einl., Rn. 19;

[108] Vgl. *Brändel* in: Großkomm. zum AktG, § 1, Rn. 76.

[109] Grundlegend dazu: *Lutter*, Kapital, S. 158.

[110] Vgl. für das deutsche Recht: Hachenburg/*Ulmer*, § 5 GmbHG, Rn. 157; für das alte polnische Recht: Sołtysiński/*Szajkowski*/Szwaja, Art. 160 pol. HGB, Rn. 16.

Geschäftsanteile. Im Recht beider Länder ist dagegen die Ausgabe der Aktien bzw. Anteile zu einem höheren Betrag als dem Nennbetrag oder bei Stückaktien (§ 8 AktG) zu einem höheren Betrag als dem anteiligen Betrag des Grundkapitals zugelassen (Überpari-Emission). Die Differenz zwischen dem Ausgabe- und Nennbetrag (sog. Agio) ist in die gesetzliche (§ 150 AktG i.V.m. § 272 Abs. 2 Ziff. 1 HGB, Artt. 396 HGGB) oder – in der GmbH – in die freie Rücklage einzustellen (Art. 154 § 3 S. 2 HGGB)[111].

c). Gebot der Kapitaldeckung mit vermögenswerten und vollwertigen Einlagen

Das Stammkapital der Kapitalgesellschaft kann mit Bareinlagen und/oder mit anderen nicht in Geld bestehenden Gegenständen, deren wirtschaftlicher Wert feststellbar ist, gedeckt werden. Als taugliche Einlage scheiden deswegen Arbeits- und Dienstleistungen aus, weil sie keinen realen Vermögenswert verkörpern (Art. 9 Kapitalrichtlinie, § 27 Abs. 2 AktG, Art. 14 § 1 HGGB). Sowohl im deutschen als auch im polnischen Recht wurden eine Reihe von weiteren Kriterien herausgearbeitet, welche die einlagefähigen Gegenstände erfüllen müssen[112]. In der Regelung der Kapitalaufbringung ist der Unterschied zwischen dem kontinentalen und angelsächsischen Gesellschaftsrecht besonders markant. Das letztere lässt – mindestens für die der deutschen und polnischen GmbH gleichzustellende *private company* – auch Verpflichtungen zu eigenen Arbeits- und Dienstleistungen als Sacheinlagen zu[113].

Ein erhebliches jeder Sachgründung innewohnendes Problem ergibt sich aus der Feststellung des objektiven, „wahren" Wertes des zu leistenden Gegenstandes, der sich mit dem Nennwert des übernommenen Kapitalanteils decken soll, sowie aus der Präzisierung der Konsequenzen im Fall der Überbewertung der Sacheinlage. Das deutsche Recht ist in dieser Hinsicht im Vergleich zu anderen EU-Mitgliedstaaten außerordentlich streng: Sowohl im GmbH- als auch im Aktienrecht ist mit jeder, sogar geringfügigen Differenz zwischen dem objektiven Wert der Einlage und dem Nennwert des Anteils bzw. der Aktien eine verschuldensunabhängige Barausgleichspflicht des Inferenten verbunden. Zu deren dogmati-

---

[111] Vgl. dazu Kapitel 1, II.5.b).
[112] Dazu näher in Kapitel 5, III.
[113] Vgl. *Fleischer*, DStR 2000, S. 1015, 1016 m.w.N.

scher Begründung werden in der deutschen Lehre eine Reihe von Ansätzen herangezogen[114].

Zum einen wird diese objektive Einstandspflicht des Inferenten aus dem Verbot der Unterpari-Emission abgeleitet. Nach herrschender Meinung in deutscher Lehre und Rechtsprechung stellt nicht nur eine den Nennwert unterschreitende Festsetzung des Ausgabebetrages bei Gründung oder Kapitalerhöhung der Gesellschaft einen Verstoß gegen das Unterpari-Verbot dar. Auch die Nichterfüllung oder nicht vollständige Erfüllung der an sich ordnungsgemäß begründeten Einlageverpflichtung, insbesondere, wenn der tatsächliche Wert der zu leistenden Einlage hinter dem Nennwert der dafür übernommenen Anteile bzw. Aktien zurückbleibt, ist als ein solcher Verstoß anzusehen[115]. Aus dem Verbot der Unterpari-Emission wurde deswegen bereits vor der Novellierung des § 9 GmbHG im Jahre 1980 die Pflicht des Sacheinlegers zum Ausgleich der Wertdifferenz in Bargeld, und zwar gleichermaßen im Aktien- und GmbH-Recht hergeleitet[116]. Ebenfalls war eine registergerichtliche Bewertungskontrolle bei Sacheinlagen mit Rücksicht auf das Verbot der Unterpari-Emission bereits vor Einfügung des § 9c GmbHG im Jahre 1980 allgemein anerkannt[117].

Sehr verbreitet ist im deutschen Recht auch der Gedanke einer „Wertdeckungszusage", die jeder Anteils- bzw. Aktienzeichnung innewohnen soll[118]. Danach enthält die Einlageverpflichtung des Sacheinlegers zwei Komponenten. Dieser verpflichtet sich, in das Gesellschaftsvermögen einen bestimmten, dem Nennwert der von ihm übernommenen Anteile bzw. Aktien entsprechenden Wert einzubringen („Wertgarantiezusage") und zwar durch Leistung eines bestimmten Vermögensgegenstandes („Leistungszusage"). Ist der konkrete Einlagegegenstand überbewertet oder mangelhaft, so muss der Inferent die Wertdifferenz in Geld ausgleichen.

---

[114] Dazu vgl. *Trölitzsch*, Differenzhaftung für Sacheinlagen in Kapitalgesellschaften, Diss. 1998, S. 106 ff.

[115] *Brändel*, in: Großkomm. zum AktG, § 9, Rn. 16.

[116] BGHZ 64, 52; Hachenburg/*Ulmer*, § 9 GmbHG, Rn. 1; *K. Schmidt*, GmbHR 1978, S. 5 ff.

[117] Hachenburg/*Ulmer*, § 9c GmbHG, Rn. 1. Näher dazu im Kapitel 6, III.2.

[118] Vgl. vor allem *Boesebeck*, DR 1939, S. 434, 436; *Fischer*, Großkomm zum AktG, 2. Aufl., § 20 AktG, Anm 20; *ders.* LM Nr. 1 zu § 5 GmbHG, *Wiedemann*, FS Hirsch, S. 257, 261; *Ensslin/Stauder*, GmbHR 1968, S. 156 ff.; dazu auch *Trölitzsch*, aaO., S. 114.

Nach anderer Auffassung ist die Sacheinlagevereinbarung nicht als ein pflichtbegründendes, sondern als ein die primäre Bareinlagepflicht erfüllendes Hilfsgeschäft zu betrachten[119]. Es stelle ein Erfüllungssurrogat *sui generis (datio in solutum)* kapitalgesellschaftsrechtlicher Natur dar, dessen Wirkung von der Einhaltung der zwingenden gesetzlichen Vorschriften abhänge und das nur insoweit zur Erfüllung der primären Barleinlagepflicht führe, als der Gesellschaft mit der Sacheinlage ein Vermögenswert zugeführt werde, der dem übernommenen Kapitalanteil entspreche (Wertgarantie des Inferenten)[120]. Die grundsätzliche primäre Einzahlungspflicht werde durch die Vereinbarung von Sacheinlagen nur verdeckt oder überlagert, aber nicht verdrängt[121]. Der Kapitalgesellschaft bleibe der Rückgriff auf das Grundgeschäft, d.h. auf die Verpflichtung zur Bareinlage offen, soweit der satzungsmäßig festgestellte Vermögenswert durch Leistung der Sacheinlage in das Gesellschaftsvermögen aus irgendwelchem Grund (z.B. fehlerhafte oder überbewertete Sacheinlage) nicht einfließe. Dieses dogmatische Verständnis der Rechtsnatur der Sacheinlagevereinbarung findet seine positiv-rechtliche Begründung in einer Reihe von Vorschriften des deutschen Kapitalgesellschaftsrechts, welche ausdrücklich die Bareinzahlungspflicht des Inferenten vorsehen, wenn die Formvorschriften über die Sacheinlage nicht eingehalten werden bzw. wenn die geleisteten Sacheinlagen nicht vollwertig sind (§ 27 Abs. 3 S. 3, § 54 Abs. 2 AktG, § 19 Abs. 5, § 5 Abs. 4, § 9 GmbHG).

Dem polnischen Recht ist das deutsche Konzept der primären Bardeckungspflicht grundsätzlich fremd. In der älteren Literatur wurde zwar die These vom Ausnahmecharakter der Sacheinlagen im Verhältnis zu Bareinlagen vertreten[122]; daraus wurden allerdings keine so weitgehenden Konsequenzen gezogen wie in der deutschen Doktrin. Die Inferenten haften verschuldensunabhängig für die Wertdifferenz der eingebrachten Sacheinlagen nur dann, wenn das Gesetz es ausdrücklich vorsieht (vgl. Art. 176 pol. HGB, Artt. 14 § 2, 175 HGGB). Im polnischen Recht statuiert Art. 175 HGGB (vorher Art. 176 pol. HGB) zwar eine verschuldensunabhägige, unerlassbare Wertausgleichspflicht des GmbH- Infe-

---

[119] Vgl. BGHZ 132, S. 141, 151. Grundlegend dazu *Lutter*, Kapital, aaO; *Lutter/Hommelhoff*, § 5 GmbHG, Rn. 13; *Röhricht*, in: Großkomm zum AktG, 4. Aufl. § 27 Rn. 10, 102 ff; *Hüffer*, § 54 AktG, Rn. 10; *Trölitzsch*, aaO., S. 114 ff.; 130 ff, 145; A.A. Scholz/*Winter*, § 5 GmbHG, Rn. 40.

[120] Vgl. *Wiedemann*, FS Hirsch, S. 257, 261.

[121] So *Hüffer*, § 54 AktG, Rn. 10.

[122] So insbesondere *Fenichel/Dziurzyński/Honzatko*, Art. 311 pol. HGB, Anm. 3 und Art. 314 pol. HGB, Anm. 8 („Werden die Sacheinlagen in Errichtungsakten der AG verschwiegen, so sind alle Aktionäre zur Leistung der Bareinlage verpflichtet").

renten, sie greift allerdings nur im Fall der erheblichen („krassen") Überbewertung der Sacheinlage zum Zeitpunkt des Abschlusses des Gesellschaftsvertrages ein[123]. Die zusätzliche, nach Art. 176 § 1 pol. HGB bestehende Voraussetzung der Zahlungsunfähigkeit der GmbH innerhalb von 3 Jahren seit ihrer Entstehung bzw. der Kapitalerhöhung ist im neuen polnischen Recht abgeschafft worden (Art. 175 HGGB). Die analoge Anwendung dieser Regelung auf die Aktiengesellschaft wird in der polnischen Literatur einhellig abgelehnt, weil sie dort durch eine Überprüfung des Sacheinlageprüfers ersetzt werde. Sonst ist die Gesellschaft auf die Schadensersatzansprüche angewiesen (Artt. 291, 471 § 1 pol. HGB, Art. 292, 480 § 1 HGGB)[124]. Das GmbH-Recht sieht außerdem eine unmittelbare Haftung der Vorstandsmitglieder gegenüber den Gesellschaftsgläubigern vor, falls diese falsche Angaben bei der Anmeldung der Gesellschaft bzw. der Kapitalerhöhung gemacht haben (Artt. 290 pol. HGB, 291 HGGB)[125].

Obwohl das polnische Aktienrecht keine verschuldensunabhängige Differenzhaftung vorsieht, ist anzunehmen, dass es trotzdem der in Art. 8 der Kapitalrichtlinie verankerten Vorgabe (Verbot der Unterpari-Aktienausgabe) entspricht. Wie man selbst in der deutschen Lehre betont, sagt diese Regelung nichts über die Sanktionen aus, mit welchen das Überbewertungsverbot bewehrt werden soll[126]. Im polnischen Recht erfolgt der Überbewertungsschutz durch Gründungsprüfung sowie durch Schadensersatzansprüche gegen Gründer, Organe und Gründungsprüfer.

d). Umgehungsschutz

Sowohl im deutschen als auch im polnischen Recht besteht der Normzweck der Sacheinlagenvorschriften in einem präventiven Schutz der Gesellschaft, Gesellschaftsgläubiger, aber auch der Mitgesellschafter vor der Einbringung nicht einlagefähiger bzw. überbewerteter Sachleistungen auf das Stammkapital[127]. Diesem doppelten Schutzzweck dienen die beiden zentralen Schutzmechanismen des Sacheinlagerechts: zum einen die Publizität, die Offenlegung einer Sacheinlagevereinbarung und der damit verbundenen Probleme im Hinblick auf

[123] Dazu näher im Kapitel 6, IV.1.
[124] Vgl. *Szumański*, Wkłady, S. 300 ff.; Sołtysiński/*Szajkowski*/Szwaja, Art. 176 pol. HGB, Rn. 1
[125] Vgl. dazu Kapitel 2, X.2.
[126] *K. Schmidt*, GmbHR 1978, S. 5, 6.
[127] *Ulmer*, ZHR 154 (1990), S. 128; *Namitkiewicz*, Art. 163, Anm. 2; *Sołtysiński*/Szajkowski/Szwaja, Art. 313 pol. HGB, Rn. 1 f. Vgl. dazu im Kapitel 2, III.1.

Bewertung und eingeschränkte Disponibilität der eingebrachten Mittel, zum anderen die registergerichtliche Kontrolle ihrer Einlagefähigkeit und Vollwertigkeit[128]. Der Kapitalaufbringungsschutz kann jedoch dadurch vereitelt werden, dass der wirtschaftlich einheitliche Vorgang der Sacheinlage in rechtlich getrennte Geschäfte aufgespaltet wird, von denen eines eine Bareinlage zu sein scheint, während das andere dem Abfluss der Geldmittel bei der Gesellschaft und zugleich der Annahme anderer Vermögensgegenstände als Leistung auf die Einlageschuld dient. Im deutschen Recht wird der Umgehungsgefahr zum einen mit gesetzlichen Vorschriften über die Sachübernahme, also eine im Rahmen der Gründung erfolgende Erwerbsabrede, sowie über die sog. Nachgründung entgegentreten. Eine Regelung der Nachgründung enthält sowohl das polnische HGB 1934 als auch – angepasst an die Vorgabe des Art. 11 der Kapitalrichtlinie – das HGGB (Artt. 389 pol. HGB, 394 HGGB). Vor allem aber kennt das deutsche Recht die über lange Zeit in Rechtsprechung und Literatur überwiegend akzeptierte Lehre der verdeckten Sacheinlage, die auf der erweiterten Anwendung der Sachgründungsvorschriften und des Aufrechnungsverbots beruht. Sie hat zur Folge, dass der Bareinlageleistung, die zeitlich und sachlich mit einem Verkehrsgeschäft gekoppelt ist, die Erfüllungswirkung versagt bleibt.

Die Lehre der verdeckten Sacheinlage – ihre Voraussetzungen, Rechtsfolgen sowie ihre Konformität mit der Kapitalrichtlinie – stellt eine der umstrittensten Fragen des deutschen Gesellschaftsrechts dar. Ein Schutz vor der Umgehung der Sacheinlagevorschriften besteht zwar auch in Polen, allerdings in sehr abgeschwächter Form (Schadensersatzhaftung der Gründer, Haftung der Vorstandsmitglieder für die falschen Angaben bei der Anmeldung). Im Hinblick auf die Verstärkung des Gläubigerschutzes im Polen stellt sich die Frage nach dem Bedarf und dem Umfang der Übernahme der deutschen Lehre der verdeckten Sacheinlage in das polnische Recht. Diese Fragen werden in Kapitel 8, III. näher erörtert.

[128] *Ulmer*, aaO., S. 131; *Röhricht*, in: Großkomm. zum AktG, § 189.

5. *Grundsatz der nominellen Kapitalerhaltung*

a). Überblick

Im kontinentalen System des festen Nennkapitals werden die Kapitalaufbringungsregeln durch die Regeln über die Kapitalerhaltung ergänzt, die verhindern sollen, dass das zum Schutz der Gläubiger aufgebrachte Gesellschaftsvermögen wieder an die Gesellschafter zurückfließt. Da das Kapital allerdings keinen echten Haftungsfonds darstellt, können auch die Vorschriften über die Kapitalerhaltung nicht gewährleisten, dass ein bestimmtes Gesellschaftsvermögen auf jeden Fall als Zugriffsobjekt für die Gläubiger erhalten behalten. Diese müssen stets mit seiner Verminderung durch die Verluste rechnen.

Im deutschen Recht dienen der Kapitalerhaltung insbesondere Vorschriften über:

- das Verbot der Ausschüttungen (sowohl offener als auch verdeckter) aus dem zur Dekkung des Stammkapitals der GmbH erforderlichen Gesellschaftsvermögen (§§ 30-34 GmbHG) bzw. das totale Ausschüttungsverbot in der AG und die Beschränkung der Aktionärsrechte auf die Teilnahme am ausgewiesenen Bilanzgewinn (§§ 57, 58 Abs. 5 AktG),
- die Absicherung dieser Verbote durch Rückforderungsansprüche gegen Zahlungsempfänger und Mitgesellschafter (§ 31 GmbHG) sowie die Geschäftsführer (§ 43 Abs. 3 GmbHG) bzw. gegen den Zahlungsempfänger (§ 62 AktG) und Vorstandsmitglieder (§ 93 Abs. 3 AktG),
- bei der Kapitalherabsetzung die Publizität, Pflicht zur Befriedigung oder Sicherstellung der Gläubiger sowie die Sperrfristen für die Auszahlungen an die Gesellschafter und Fristen für die Registeranmeldung des Kapitalherabsetzungsbeschlusses im Fall der effektiven Grund- bzw. Stammkapitalherabsetzung (§§ 225 AktG, 58 GmbHG),
- die Zulässigkeit des Erwerbs oder der Inpfandnahme eigener Anteile bzw. Aktien durch die GmbH bzw. AG ausschließlich unter gesetzlich bestimmten Bedingungen (§33 GmbHG, §71, 71a-e AktG),
- die Pflicht der Geschäftsführung bzw. des Vorstandes zur Einberufung der Gesellschafter- bzw. Hauptversammlung bei Eintritt von Verlusten in Höhe der Hälfte des Stamm- bzw. Grundkapitals (§§ 49 Abs. 3 GmbHG, 92 Abs. 1 AktG),

- die Voraussetzungen für die Zulässigkeit der Kreditgewährung an Organmitglieder der AG (§§ 89, 115 AktG) sowie das Verbot der Kreditgewährung an Geschäftsführer der GmbH (§§ 43a GmbHG),
- die Insolvenzantragspflicht der Geschäftsführer bzw. des Vorstands im Fall der Zahlungsunfähigkeit bzw. der Überschuldung der Gesellschaft (§§ 64 Abs. 1 GmbHG, 92 Abs. 2 AktG).

Die im polnischen HGB 1934 vorgesehenen Kapitalerhaltungsregeln sowohl im GmbH- als auch im Aktienrecht blieben deutlich hinter dem deutschen Recht zurück[129] und wichen in einigen Punkten vom europäischen Standard ab. Das neue Gesetz sieht in einer Reihe von Vorschriften eine wesentliche Verstärkung des Kapitalschutzes vor. Zu nennen sind hier insbesondere:
- das Verbot der Rückgewähr von Einlagen und der Auszahlung aus dem zur Deckung des Stammkapitals erforderlichen Vermögen der GmbH (Art. 189 § 1 HGGB, Art. 189 pol. HGB) sowie der Verzinsung von Geschäftsanteilen bzw. Aktien (Artt. 190, 346 § 1 HGGB, Artt. 190, 354 pol. HGB),
- die Sicherung dieser Verbote durch Rückgewähransprüche gegen den Zahlungsempfänger und gegen die für die unrechtmäßige Auszahlung verantwortlichen Organmitglieder der GmbH bzw. AG (Artt. 198, 350 HGGB, 192, 356 pol. HGB) sowie gegen den Mitgesellschafter in der GmbH (Artt. 198 § 2 HGGB, 192 § 2 pol. HGB); letztere haften neben dem Empfänger nur anteilsmäßig für den Verlust am Stammkapital, im Wege des Staffelregresses,
- die Beschränkung der Gesellschafter- bzw. der Aktionärsrechte auf Auszahlung aus dem Gesellschaftsvermögen grundsätzlich nur auf die Teilhabe an dem sich aus der Jahresbilanz ergebenden und von der Gesellschafter- bzw. Hauptversammlung zur Verteilung bestimmten Jahresgewinn (Artt. 191, 347 HGGB),
- die Zulässigkeit des Erwerbs oder der Inpfandnahme eigener Anteile bzw. Aktien durch die GmbH bzw. AG nur in den gesetzlich bestimmten Fällen und unter gesetzlich bestimmten Bedingungen (Artt. 200, 362-365 HGGB, 194, 365 pol. HGB)[130],
- das Erfordernis der Zustimmung der Gesellschafter- bzw. Hauptversammlung zum Abschluss von Kredit-, Darlehens- und Bürgschaftsverträgen oder ande-

---

[129] Vgl. *Marr*, Das polnische GmbH-Recht, Diss. 1998, S. 143 ff.
[130] Vgl. näher *Marr*, aaO., S. 120 f. für die GmbH.

ren ähnlichen Verträgen zwischen der Kapitalgesellschaft und einem Vorstands-, Aufsichtsrats- oder Revisionskommissionsmitglied oder einem Liquidator oder Prokuristen (Art. 15 § 1 HGGB); der Abschluss eines dieser Verträge zwischen der abhängigen Gesellschaft und dem Vorstandsmitglied oder Prokuristen der herrschenden Gesellschaft bedarf der Zustimmung des Aufsichtsrats der abhängigen Gesellschaft oder – falls dieser nicht vorhanden ist – der Zustimmung der Gesellschafterversammlung (Art. 15 § 2 HGGB),

- die Pflicht zur Bekanntmachung des Beschlusses der Gesellschafter- bzw. Hauptversammlung über die effektive Kapitalherabsetzung mit der Aufforderung an die Gesellschaftsgläubiger, Widerspruch gegen die Herabsetzung innerhalb von einem Monat seit Bekanntmachung einzulegen, wobei die widersprechenden Gläubiger daraufhin zu befriedigen bzw. abzusichern sind (Artt. 264, 456 HGGB, 260, 441 pol. HGB); der Art. 456 § 2 HGGB sieht ähnlich wie die Regelung des § 225 Abs. 2 AktG eine sechsmonatige Sperrfrist für Auszahlungen an Aktionäre vor,
- die Pflicht der Vorstandsmitglieder zur Einberufung der Gesellschafter- bzw. Hauptversammlung bei Eintritt von Verlusten in Höhe der Hälfte des Stammkapitals bei der GmbH und eines Drittels des Grundkapitals bei der AG (Artt. 233, 397 HGGB, 253, 430 pol. HGB),
- Konkursantragspflicht der Vorstandsmitglieder im Fall der Zahlungsunfähigkeit oder Überschuldung der Gesellschaft (Artt. 1, 5 der pol. KO, Artt. 299 HGGB, 298 pol. HGB).

b). Umfang des den Gläubigern garantierten Gesellschaftsvermögens

Der Umfang des den Gläubigern vorbehaltenen sowie des an die Gesellschafter ausschüttbaren Aktivvermögens ist stets der Bilanz der Gesellschaft zu entnehmen, wobei die Bindung nicht einzelne Vermögensgegenstände, sondern einen bestimmten Wert der Aktiva erfasst[131]. Insoweit wird sowohl im deutschen als auch polnischen Schrifttum von der rechnerischen oder bilanziellen Vermögensbindung gesprochen.

---

[131] Vgl. dazu *Fabritius*, ZHR 144 (1980), 628 ff.; *Joost*, ZHR 148 (1984), S. 27; *ders.* ZHR 149 (1985), S. 419; *Hommelhoff*, in: *Roth* (Hrsg.), Das System der Kapitalgesellschaften im Umbruch, S. 27, 37; *K. Schmidt*, in *Blaurock* (Hrsg.), Recht der Unternehmen in Europa, S. 104 f. Im polnischen Schrifttum: *Szumański*, Wkłady, S. 72; *Sołtysiński*/Szajkowski/Szwaja, Art. 311 pol. HGB, Rn. 7.

Wie im deutschen Schrifttum hervorgehoben wird, besteht zwischen den Systemen gesetzlicher Vermögensbindung bei der GmbH und der AG ein grundsätzlicher Unterschied[132]. Bei der Aktiengesellschaft ist die Kapitalbindung nicht lediglich auf die Grundkapitalziffer beschränkt, sondern umfasst das gesamte Gesellschaftsvermögen, einschließlich der gesetzlichen sowie der freiwilligen Rücklagen und der stillen Reserven. Die Aktionäre haben Anspruch auf den Bilanzgewinn, soweit er nicht durch Gesetz oder Satzung oder durch Beschluss der Hauptversammlung von der Verteilung unter die Aktionäre ausgeschlossen ist (§ 58 Abs. 4 AktG)[133]. Vor Auflösung der Gesellschaft darf unter die Aktionäre nur der Bilanzgewinn verteilt werden (§ 57 Abs. 3 AktG). Demgegenüber ist in der GmbH das stammkapitalüberschreitende Vermögen grundsätzlich frei verfügbar, weil § 30 Abs. 1 GmbHG die Aktiva nur insoweit bindet, wie diese zur Deckung des Stammkapitals erforderlich sind[134]. Fremd ist dem GmbH-Recht ebenfalls die in § 150 AktG vorgesehene Pflicht zur Bildung gesetzlicher Rücklagen. Soweit das zur Erhaltung des Stammkapitals erforderliche Vermögen nicht tangiert wird, können die (freiwilligen) Rücklagen durch Gesellschafterbeschluss aufgelöst und als solche an die Gesellschafter ausgeschüttet werden[135]. Auch im Laufe des Geschäftsjahres, also vor Feststellung der Jahresbilanz können den Gesellschaftern auf den später festgestellten Jahresgewinn anrechenbare Gewinnvorschüsse (Vorabausschüttungen) ausgezahlt werden. Sollte sich bei der Aufstellung des Jahresabschlusses herausstellen, dass das voraussichtliche Ergebnis die Vorabausschüttungen nicht abdeckt, so ist der jeweils den Gesellschafteranteil am Jahresgewinn übersteigende Betrag nach den Regeln über die ungerechtfertigte Bereicherung (§ 812 Abs. 1 S. 1 BGB) zurückzuzahlen[136]. Unabhängig von einer Verletzung des Stammkapitals nach § 30 GmbHG gilt dagegen nach einer in der Lehre verbreiteten Auffassung das

---

[132] *Lutter*, in: KK, § 57 AktG, Rn. 6; Hachenburg/*Goerdeler/W. Müller*, § 30 GmbHG, Rn. 12 ff.; *Joost*, ZHR 149 (1985), S. 437; *Hommelhoff*, aaO., S. 37.

[133] Bei der AG, anders als bei der GmbH unterliegt allerdings ein einmal aufgrund des ausgewiesenen Bilanzgewinns festgestellter Dividendenanspruch des Aktionärs keinen mitgliedschaftlichen Bindungen mehr und ist daher auch dann noch zu erfüllen, wenn die Auszahlung wegen zwischenzeitlich aufgetretener Verluste zu Lasten des gebundenen Vermögens gehen würde. Vgl. *Lutter* in: KK, § 58 AktG, Rn. 105 m.w.N.

[134] Hachenburg/*Goerdeler/W. Müller*, § 30 GmbHG, Rn. 12 ff.; *Lutter/Hommelhoff*, § 5 GmbHG, Rn. 2, 3.

[135] *Fabritius*, ZHR 144 (1980), S. 629; *Lutter/Hommelhof*, § 29 GmbHG, Rn. 30 (Die Kompetenzregel des § 46 Nr. 1 GmbHG umfasse auch die Schmälerung des Eigenkapitals durch Rücklagenauflösung).

[136] *Lutter/Hommelhoff*, § 29 GmbHG, Rn. 45; *Priester*, DB 1973, S. 2382 ff; *G. Hueck*, ZGR 1975, S. 133, 140; *Fabritius*, aaO., S. 635.

Verbot existenzgefährdender Auszahlungen bzw. Entnahmen aus dem Gesellschaftsvermögen[137]. Demnach ist dem Geschäftsführer verboten, Gesellschaftsvermögen an den Gesellschafter wegzugeben, wenn dadurch der wirtschaftliche Zusammenbruch der Gesellschaft in absehbarer Zeit mit hoher Wahrscheinlichkeit heraufbeschworen wird. Analog zu § 31 Abs. 1 GmbHG ist ein Anspruch der GmbH gegen den Gesellschafter auf Rückgewähr des Auszahlungsgegenstandes die Rechtsfolge des Verbotsverstoßes. Insgesamt sind die Strukturunterschiede in der Kapitalbindung im heutigen deutschen GmbH- und Aktienrecht so beachtlich, dass man von der GmbH nicht als von einer „kleinen AG", sondern eher als von einer „oHG mit beschränkter Haftung" sprechen kann[138].

Im polnischen Recht scheint sich dagegen bereits aufgrund der Regelung des pol. HGB 1934 die Auffassung durchgesetzt zu haben, dass die Regeln der Kapitalerhaltung sowohl in der AG wie auch in der GmbH nicht lediglich das satzungsmäßig festgesetzte Nennkapital, sondern das gesamte Vermögen der Gesellschaft erfassen[139]. Das Gesellschaftsvermögen ist damit als Vermögen einer juristischen Person den Gesellschaftern entfremdet. Sie können darauf nur in gesetzlich vorgesehenen Fällen zugreifen. Nach der Auffassung des pol. OG hätten die Gesellschafter der GmbH gemäß Art. 191 § 1 pol. HGB nur ein Anrecht auf den sich aus der Jahresbilanz ergebenden Reingewinn, es sei denn, dass der Reingewinn nach dem Gesellschaftsvertrag von der Verteilung ausgenommen wurde. Die Vorabausschüttungen im Zuge des Geschäftsjahres seien unzulässig, weil nicht bekannt sei, ob sich ein Bilanzgewinn aus dem Jahresabschluss ergebe. Die Gewinnrücklagen, deren Bildung in der GmbH, anders als in der AG (Art. 427 pol. HGB), nicht obligatorisch sei, könnten deswegen an Gesellschafter erst dann ausgeschüttet werden, wenn sie zuvor in den Bilanzgewinn umgewandelt worden seien[140]. Ihre Auflösung müsse im Wege der Abänderung

---

137 *Lutter/Hommelhoff*, § 30 GmbHG, Rn. 5 ff.; *Ulmer*, FS Pfeiffer, S. 868 f; *Fleck*, FS GmbHG, S. 398 f.

138 *Hueck*, aaO., S. 134; *Hommelhoff*, in: Gestaltungsfreiheit im Gesellschaftsrecht, ZGR- Sonderheft 13; S.36; *Fabritius*, aaO., S. 633, 636.

139 Urteil des OG v. 20.12.1996 (II CKU 38/96), veröff. in: OSP 6/1997, Pos. 117, S. 304 mit Anm. *Szumański*. Dazu vgl. auch *Szumański*, Prawo Spółek, 6/1997, S. 10.

140 So das pol. OG, aaO. Die Stellung des pol. OG ist allerdings insoweit nicht konsequent, weil es im Urteil v. 8.5.1998 (I CKN 670/97, veröff. in OSP 3/1999, Pos. 60 mit kritischer Anm. von *Szumański* und in PPH 9/1999, S. 38 mit kritischen Anmerkungen von *Litwińska*, *Krauss/C. Wiśniewski* und *Potrzeszcz*) angenommen hat, dass die Auskehrung an die Gesellschafter des in den freiwilligen Rücklagen thesaurierten Überschusses der eingebrachten Einlagen über den Nennwert

des Gesellschaftsvertrages erfolgen, falls dieser ihre Bildung vorsehe. Sonst reiche dazu ein entsprechender, in einer ordentlichen Gesellschafterversammlung gefasste Beschluss aus[141].

Die in der polnischen Literatur und Rechtsprechung ausgearbeiteten Grundsätze sind im neuen Gesetz kodifiziert worden. Hervorzuheben ist die weitgehende Gleichstellung der Gewinnbezugsrechte von Gesellschaftern und Aktionären. Gemäß Artt. 191 § 1, 347 § 1 HGGB haben die Gesellschafter einer GmbH bzw. Aktionäre einer AG das Recht auf die Beteiligung am Jahresgewinn, der sich aus dem (bei der AG: vom Abschlussprüfer geprüften) Jahresabschluss ergibt und der von der Gesellschafter- bzw. Hauptversammlung zur Verteilung bestimmt wird. Anders als das bisherige Recht, das den GmbH-Gesellschafter das Anrecht auf einen sich aus der Jahresbilanz ergebenden Reingewinn zuerkannte (Art. 191 § 1 pol. HGB), ist die Verfügung über den Jahresgewinn nach dem neuen Recht in beiden Kapitalgesellschaftstypen der Gesellschafter- bzw. Hauptversammlung vorbehalten. Im Gesellschaftsvertrag einer GmbH kann allerdings darüber eine andere Bestimmung getroffen werden (Art. 191 § 2 HGGB).

In den zwingenden Vorschriften der Artt. 195, 348 § 1 HGGB ist der Umfang der in jedem Geschäftsjahr ausschüttbaren Summen bestimmt worden. Die zur Verteilung unter die Gesellschafter bzw. Aktionäre bestimmte Quote kann grundsätzlich den Gewinn des letzten Geschäftsjahres nicht übersteigen. Einerseits kann der Jahresgewinn um den in den auflösbaren Rücklagen thesaurierten Gewinn vorheriger Jahre vergrößert werden. Andererseits ist der Gewinn um den Verlust sowie um die Quoten zu vermindert, die in die nach dem Gesetz oder Gesellschaftsvertrag zu bildenden Rücklagen einzustellen sind, welche zur Ausschüttung nicht bestimmt werden können. (Art. 192, 348 § 1 S. 1 HGGB). Der Gesellschaftsvertrag bzw. die Satzung muss also ausdrücklich die Gewinnrücklagen bestimmen, deren Auflösung zwecks Ausschüttung des thesaurierten

---

der übernommenen Geschäftsanteile nicht gegen den Art. 189 pol. HGB verstoße und jederzeit zulässig sei.

141 Im Hinblick auf die Interessen der Gesellschaftsgläubiger will dagegen *Szumański*, Anm zum Urteil des OG v. 20.12.1996, aaO., S. 307 ff., den Gesellschaftern den Zugriff auf den bereits im Eigenkapital der GmbH thesaurisierten Gewinn völlig verwehren mit der Begründung, dieser Gewinn bliebe endgültig zur Verfügung der Geschäftsführer und könne ausschließlich zum satzungsmäßigen Zwecke eingesetzt werden. Ein während der ordentlichen Jahresversammlung vorgenommener Beschluss über die Auflösung der (freiwilligen) Kapitalreserven würde nur dahingehend Wirkung haben, dass der Reingewinn für das letzte sowie die nächsten Bilanzjahre nicht thesauriert, sondern voll ausgeschüttet werden könne.

Gewinns an Gesellschafter (Aktionäre) zulässig ist. In bezug auf die AG schreibt das Gesetz darüber hinaus vor, dass zum Zwecke der Ausschüttung an Aktionäre nur diejenigen Gewinnrücklagen auflösbar sind, welche höchstens innerhalb der letzten drei Geschäftsjahre gebildet wurden (Art. 348 § 1 S. 2 HGGB). Früher geschaffene Reserven stehen also endgültig der AG zur Verfügung und dürfen zugunsten der Aktionäre nicht aufgelöst werden. Obwohl solche unauflösbaren Kapitalrücklagen in der Bilanz in gesonderten Posten neben dem Nennkapital ausgewiesen werden, bilden sie mit diesem einen die Gläubigerinteressen sichernden „Haftungsfonds", der unter die Gesellschafter bis zur Liquidation der Gesellschaft nicht verteilt werden darf. Man kann bezweifeln, ob diese weitgehende bilanzielle Bindung des thesaurierten Gewinns sinnvoll ist. Es ist nur zu bemerken, dass selbst das zur Deckung des Nominalkapitals erforderliche Vermögen an Aktionäre ausgekehrt werden kann, nachdem das erstere im formellen Verfahren, unter Beachtung der gläubigerschützenden Maßnahmen (Art. 456 HGGB), herabgesetzt wurde. Ein entsprechendes Verfahren zur Auflösung der Rücklagen sieht das neue Gesetz nicht vor.

Das HGGB bestimmt auch identische Bedingungen, unter denen Vorabausschüttungen im Zuge des Geschäftjahres ausgezahlt werden können. Zum einen muss der letzte Jahresabschluss einen Gewinn ausweisen. Zum anderen kann die Vorabausschüttung höchstens die Hälfte des seit dem Ende des letzten Geschäftsjahres erwirtschafteten Gewinns, vergrößert um die thesaurierten Gewinne vorheriger Jahre, betragen (Artt. 195, 349 HGGB).

Im Ergebnis ist festzustellen, dass aufgrund der identischen Vermögensbindung im GmbH- und AG-Recht die Bezeichnung der polnischen GmbH in dieser Hinsicht als „kleine AG" gerechtfertigt scheint[142]. In der strengen Vermögensbindung kommt die vorerst kapitalistische Ausprägung der GmbH zum Ausdruck, ihre weit fortgeschrittene Verselbständigung im Verhältnis zu den Gesellschaftern, deren wesentlichstes Merkmal das Gesellschaftsvermögen darstellt[143].

---

[142]So *Gralla* in: *Sonnenberger/Gralla*, S. 117.

[143]So ausdrücklich das polnische OG im Urteil v. 20.12.1996 (II CKU 38/96), aaO. S. 305-306: „Die GmbH hat zwar einen personalistisch-kapitalistischen Charakter, ist aber vorrangig eine Kapitalgesellschaft, deren formaler Ausdruck das Institut des Stammkapitals ist (...)." Im weiteren erstreckt das Gericht die gesetzliche Bindung über die Stammkapitalziffer hinaus auf das gesamte Eigenkapital der Gesellschaft.

III. Gläubigerschutz durch Publizität

1. Bedeutung der Publizitätsregeln für den Gläubigerschutz

Eine wesentliche Bedeutung für den Schutz der Gläubiger und des Rechtsverkehrs hat sowohl im kontinentalen als auch im anglo-amerikanischen Gesellschaftsrecht die Pflicht der Kapitalgesellschaften zur Offenlegung (Publizität) aller Umstände, deren Kenntnis für Dritte[144] erforderlich ist, um sich von den Rechts- und Vermögensverhältnissen der Gesellschaft ein zutreffendes Bild zu machen. In den Systemen des angelsächsischen Rechtskreises, denen Mindestkapitalerfordernisse grundsätzlich fremd sind, soll gerade durch die ausgebauten Publizitätspflichten dem Schutz der Gläubiger Rechnung getragen werden. Im kontinentalen Recht spielt die Offenlegungspflicht zwar eine sehr wichtige, allerdings im Verhältnis zu den Kapitalregeln bloß flankierende Rolle. Aber auch hier bezeichnet man Publizität und Rechnungslegung oft als Korrelat des Haftungsprivilegs[145]. Wer im Geschäftsverkehr das Privileg einer auf das Gesellschaftsvermögen beschränkten Haftung in Anspruch nehmen darf, muss daher dem legitimen Informationsbedürfnis Dritter, die in Rechtsbeziehungen zur Gesellschaft stehen oder diese aufnehmen möchten, Rechnung tragen, indem er ein den tatsächlichen Erfordernissen entsprechendes Bild der Vermögens-, Finanz- und Ertragslage des Unternehmens vorlegt.

Wegen ihrer wesentlichen Bedeutung für den Gläubigerschutz wurden im Rahmen der EU sowohl die handelsrechtliche als auch die bilanzrechtliche Publizität weitgehend vereinheitlicht. Die Erste Richtlinie des EG-Rates (68/151/EWG) bestimmt Form und Inhalt handelsrechtlicher Publizität sowie deren Wirkung gegenüber Dritten. Die Elfte Richtlinie (89/666/EWG) und die Zwölfte Richtlinie des EG-Rates (89/667/EWG)[146] ergänzen die von der Publizitätsrichtlinie statuierten Offenlegungspflichten in bezug auf Zweigniederlassungen der Gesellschaft und Einmann-Gesellschaften. Die Vierte Richtlinie (Jahresabschlussrichtlinie, 78/660/EWG) und die Siebente Richtlinie (Konzernbilanzrichtlinie, 83/349/EWG) bezwecken die Angleichung der Bilanzierungsregeln in den Mit-

---

[144] Zum Umfang des Begriffs „Dritte“ im Sinne der Ersten Richlinie vgl. EuGH Slg. 1997-I, 6843-Daihatsu = ZIP 1997, S. 2155 mit Anm. von *Schulze-Osterloh* = JZ 1998, S. 193, m. Anm. *Schön*; *Leible*, ZHR 162 (1998), S. 594, 599.

[145] Vgl. *Wiedemann*, GesR., S. 574 ff.; *Leible*, aaO., S. 615.

[146] Texte bei *Lutter*, Europ. Unternehmensrecht, 4. Aufl. und *Habersack*, Europ. GesR., Rn. 134, und 338

gliedstaaten der EU, wodurch ein gemeinschaftsweit gleichwertiges und verlässliches System von Bilanzinformationen erreicht werden soll (Vergleichbarkeit der Jahresabschlüsse einschließlich der Konzernabschlüsse)[147].

Im Hinblick auf den angestrebten EU-Beitritt Polens soll im Zuge der Reform des polnischen Rechts auch dessen Angleichung an den europäischen Publizitätsstandard erreicht werden.

2. *Deutsche Publizitäts- und Bilanzregeln im Überblick*

Die Regeln der handelsrechtlichen Publizität im deutschen Recht sind in erster Linie im Zweiten Abschnitt des Zweiten Buches des HGB (§§ 8-16) enthalten. Das GmbH-Gesetz und das Aktienrecht enthalten Vorschriften über die ins Handelsregister einzutragenden Angaben (§ 10 GmbHG, § 39 AktG), über notwendige Angaben auf den Geschäftsbriefen (§ 35a GmbHG, § 80 AktG) und über besondere Publizitätspflichten in Einpersonen-Gesellschaften (§§ 35 Abs. 4, 48 Abs. 3 GmbHG, § 42 AktG). Umsetzungsdefizite bestehen im deutschen Recht im Hinblick auf die in Art. 6 der Publizitätsrichtlinie vorgesehene Pflicht der Mitgliedstaaten, geeignete Sanktionen für den Fall anzudrohen, dass die Offenlegung des Jahresabschlusses unterbleibt. Wie der EuGH im „Daihatsu"-Urteil[148] festgestellt hat, stellt die in § 335 S. 1 Nr. 6, S. 2 deutsches HGB vorgesehene, vom Antrag der Gesellschafter, der Gläubiger oder des Betriebsrates abhängig gemachte gerichtliche Festsetzung von Zwangsgeld (maximal 10.000 DM) gegen Mitglieder des vertretungsberechtigten Organs einer Kapitalgesellschaft keine „geeignete Sanktion" im Sinne des Art. 6 der Richtlinie dar. In der Wirklichkeit haben ca. 80 bis 95% der kleinen GmbH's die Offenlegung des Jahresabschlüsse verweigert. Gegen die Bundesrepublik Deutschland ist deswegen ein Vertragsverletzungsverfahren nach Art. 169 EGV durch die Kommission eingeleitet worden[149]. Dieses Umsetzungsdefizit ist nach dem Inkrafttreten des Kapitalgesellschaften- und Co.-Richtlinie-Gesetzes[150] am 1.1.2000 beseitigt

---

[147] Ob diese Vergleichbarkeit tatsächlich erreicht worden ist, ist – wegen der Umsetzungsunterschiede in einzelnen Mitgliedstaaten – sehr zweifelhaft. Vgl. dazu *Küting*, BB 1993, S. 30; *Hommelhoff*, RabelsZ 62 (1998), S. 381, 395; *Habersack*, Europ.GesR., Rn. 289.

[148] Vgl. oben Fn. 144.

[149] Vgl. dazu *Leible*, ZHR 162 (1998), S. 594; *van Hulle*, Wpg 1998, S. 138, 148.

[150] Gesetz zur Durchführung der Richtlinie des Rates der Europäischen Union zur Änderung der Bilanz- und der Konzernbilanzrichtlinie hinsichtlich ihres Anwendungsbereichs (90/605/EWG), zur Verbesserung der Offenlegung von Jahresabschlüssen und zur Änderung anderer handelsrecht-

worden. Der neu eingefügte § 335a HGB sieht die registergerichtliche Festsetzung des Ordnungsgeldes von 2500 bis 25 000 Euro auf Antrag von Jedermann vor. In der Umsetzung der GmbH & Co. KG-Richtlinie (90/605/EWG)[151] werden auch alle Personengesellschaften in den Anwendungsbereich der Offenlegungsvorschriften einbezogen, bei denen nicht wenigstens eine natürliche Person zumindest mittelbar persönlich haftet (§ 264a Abs. 1 HGB).

Die Vierte und Siebente Richtlinie sind im Dritten Buch des HGB (insb. im Zweiten Abschnitt: Ergänzende Vorschriften für Kapitalgesellschaften, §§ 264-315 HGB) umgesetzt worden, das die Kodifikation des Rechts der Buchführung, der Bilanzierung und Rechnungslegung, der Prüfung und Offenlegung darstellt[152]. Das Bestreben des deutschen Gesetzgebers, Eingriffe in das deutsche Bilanzrecht möglichst gering zu halten und insbesondere die Verdrängung des gläubigerschutzorientierten Vorsichtsprinzips durch den für das angelsächsische Recht charakteristischen, investorenorientierten Grundsatz des *true and fair view* zu verhindern, hat in der nahezu umfassenden Ausschöpfung der in der Vierten Richtlinie enthaltenen Wahlrechte seinen Ausdruck gefunden[153]. Dem deutschen Bilanzrecht liegt nach wie vor das Vorsichtsprinzip zugrunde, welches primär auf den Schutz der Gesellschaftsgläubiger abzielt und sich in insbesondere im strengen Verständnis des Realisationsprinzips und im Anschaffungswertprinzip (§ 253 Abs. 1 S. 1 HGB) niederschlägt[154]. Für eine am Grundsatz des *true and fair view* orientierte Rechnungslegung scheint nur insoweit Raum zu sein, als diese im Einklang mit dem Vorsichtsprinzip steht. Den Konflikt zwischen dem dem Gläubigerschutz dienenden Prinzip vorsichtiger Bilanzierung einerseits und dem der Informationsvermittlung verpflichteten und dadurch den Kapitalanlegern und Gesellschaftern dienenden *true and fair view*-Gebot andererseits versucht man in Deutschland unter Rückgriff auf die sog. „Abkoppelungsthese“ aufzulösen[155]. Danach wird die Bilanz als Vermögensdarstellung zum Zwecke des Ausweises des Vermögenszuwachses und realisierten Gewinns dem erstgenannten Grundsatz unterstellt. Die Informationsfunktion des Jahresabschlusses

lichen Bestimmungen von 24.2.2000 (BGBl. I S. 154). Vgl. dazu *Luttermann*, ZIP 2000, S. 517 ff.

[151] ABl. EG Nr.L 317 v. 16.10.1990, S. 60.

[152] Dazu *Habersack*, aaO., Rn. 266.

[153] Vgl. *Habersack*, EuropGesR, Rn, 268, 283 ff.

[154] Vgl. kritisch dazu *Kleindiek*, ZGR 1998, S. 466, 473 m.w.N.; *van Hulle*, Wpg 1998, S. 138, 147; *Claussen*, AG 1993, S. 278.

[155] Vgl. *Kleindiek*, aaO., S. 475 m.w.N.; *Habersack*, aaO., Rn. 286 m.w.N.; *Lutter/Hommelhoff*, § 42 GmbHG, Rn. 17.

wird hingegen abgekoppelt und dem Anhang zugewiesen. Dass die Abkoppelungslehre mit dem Europarecht nicht vereinbar ist, ergibt sich aus der „Tomberger"-Entscheidung des EuGH[156], in der der Gerichtshof die Beachtung des Grundsatzes der Bilanzwahrheit als die Hauptzielsetzung der Bilanzrichtlinie bezeichnet hat. Diesem Grundsatz soll der gesamte Jahresabschluss unterworfen werfen. Da außerdem das tradierte, vom Gläubigerschutzgedanken geprägte Vorsichtsprinzip den deutschen Großunternehmen die Inanspruchnahme des US-amerikanischen Kapitalmarkts erschwert, wird in der Lehre über eine durchgreifende Verstärkung des *true and fair view*-Prinzips im deutschen Bilanzrecht diskutiert[157].

3. Anpassung der polnischen handels- und bilanzrechtlichen Publizitätsregeln an den europäischen Standard

a). Das polnische Registerrecht im Umbruch

Das polnische Handelsregisterrecht gehört der deutsch-schweizerischen Rechtstradition an, wonach die Publizität nicht lediglich eine verwaltungsrechtliche Pflicht der Kaufleute darstellt, sondern auch materiellrechtliche Wirkungen herbeiführt[158]. Das im Zweiten Abschnitt des Ersten Buches des polnischen HGB 1934 (Artt. 13-25) geregelte Registerrecht ist durch das am 1.1.2001 in Kraft tretende Gesetz vom 20.8.1997 über das Landesgerichtsregister (LGRG)[159] ersetzt worden. Das Gesetz sieht die Errichtung eines für ganz Polen einheitlichen, auf elektronischer Basis beruhenden Gerichtsregisters vor, in dem eine Vielzahl von bisher bestehenden Einzelregistern eingeschlossen werden soll. Das Landesgerichtsregister wird durch die Rayongerichte mit Sitz in den Woiwodschaftsstädten jeweils für die ganze Woiwodschaft[160] geführt und besteht aus drei Teilen, die jeweils andere Gruppen der am Rechtsverkehr teilnehmen-

---

[156] EuGHE 1996, I-3145, 3153 f. – Tomberger. Kritisch dazu: *Hommelhoff*, in: *Schulze* (Hrsg.), Auslegung europäischen Privatrechts und angeglichenen Rechts, S. 29 ff., 30 f.; *Schulze-Osterloh*, ZIP 1996, S. 1453, 1456.

[157] Vgl. *Hommelhoff*, RabelsZ 62 (1998), S. 381, 397; *Habersack*, aaO., Rn. 289; *Kleindiek*, aaO., S. 486.

[158] *Hykawy*, in: *Safjan* (Hrsg.), Prawo Wspólnot Europejskich a prawo polskie, prawo spółek (Das Recht der EG und das polnische Recht, Gesellschaftsrecht), S. 41.

[159] Dz.U. 1997, Nr. 121, Pos. 769

[160] Verwaltungseinheit Polens – nach der Verwaltungsreform von 1997 ist Polen in 16 große Woiwodschaften geteilt.

den Subjekte umfassen (Art. 1, 2 LGRG)[161]. Angaben bezüglich sämtlicher Arten von Handelsgesellschaften (einschließlich der polnischen Niederlassungen ausländischer AG's, GmbH's und KGaA's), sind in das sich aus sechs Abteilungen zusammensetzende „Register der Unternehmer“, das die Aufgabe des bisherigen Handelsregisters übernommen hat, einzutragen (vgl. Art. 36 ff LGRG). Die Eintragung ins Register beruht auf der Einführung der im Beschluss des Registergerichts enthaltenen Angaben ins zentrale elektronische Informationssystem, unverzüglich nach der Vornahme dieses Beschlusses. Die Eintragung erfolgt im Zeitpunkt der Einführung der Angaben ins Register (Art. 20 Abs. 1 LGRG)

Damit der Zugang zu den im Gerichtlichen Landesregister enthaltenen Angaben erleichtert wird, hat der Justizminister durch Erlass einer entsprechenden Verordnung veranlasst, die „Zentrale Informationsstelle“ mit Außenabteilugen bei den Registergerichten in den einzelnen Woiwodschaften zu bilden (Art. 4 Abs. 1 LGRG). Ihre Aufgabe wird u.a. in der Sammlung der Informationen in elektronischer Form sowie in der entgeltlichen Weitergabe dieser Informationen in Form von Abschriften, Auszügen und Bescheinigungen aus dem Register bestehen (Art. 4 Abs. 2 und 3 LGRG). Das Register ist öffentlich, d.h. jeder hat freien Zutritt zu den in ihm enthaltenen Angaben (Art. 8 LGRG, Art. 13 § 2 pol. HGB). Die im Gesetz vorgeschriebenen Bekanntmachung sind im Amtsblatt „Wirtschafts- und Gerichtsmonitor“ (Art. 13 LGRG, Art. 5 § 3 HGGB) zu veröffentlichen, wobei das Gesetz oder der Gesellschaftsvertrag auch die Pflicht zur Veröffentlichung auf anderer Weise vorsehen können.

b). Umfang der der Publizität unterliegenden Angaben

Bereits die im polnischen HGB 1934 vorgesehenen Offenlegungspflichten entsprachen in hohem Grad dem europäischen Publizitätsstandard, insbesondere in bezug auf den Katalog der offenzulegenden Angaben[162]. Die vollständige Anpassung des polnischen Rechts an diesen Standard soll im LGRG sowie im Gesetz über die Handelsgesellschaften erreicht werden.

---

[161] Dies sind: „Register der Unternehmer“, „Register der Vereine und anderer gesellschaftlicher und beruflicher Organisationen, Stiftungen sowie öffentlicher Gesundheitsanstalten“, „Register insolventer Schuldner“; vgl. Art. 1 Abs. 2 LGRG.

[162] *Jędrzejewska*, in: Studia Prawnicze, 1-4/1996, S. 71, 73 ff.

Den Katalog der Angaben, die die Anmeldung zur Eintragung ins Unternehmerregister einer neu gegründeten GmbH bzw. AG enthalten muss, bestimmen Artt. 165 § 1, 318 HGGB, 38-46 LGRG. In der ersten Abteilung des Unternehmerregisters sind u.a. die Firma, der Sitz und die Anschrift der Gesellschaft, die Namen der GmbHG-Gesellschafter[163] und der Aktionäre, die Namensaktien oder Aktienpakete besitzen, die nach Art. 147 des Gesetzes über den Verkehr mit Wertpapieren der Anmeldung der Kommission der Wertpapiere unterliegen (Art. 38 Pkt. 7, 8 LGRG). In diese Abteilung sind auch die Höhe des Stammkapitals und des Aktienkapitals, der Vermerk über die Leistung der Sacheinlagen, sowie darüber, inwieweit das Aktienkapital vor der Eintragung effektiv gedeckt wurde, einzutragen (Art. 38 Pkt. 14, 15 LGRG). Bei der AG und KGaA müssen darüber hinaus die Höhe des genehmigten Kapitals (wenn in der Satzung vorgesehen) und der Betrag des vor der Eintragung eingezahlten Kapitals angegeben werden (Art. 318 Pkt. 4 und 6 HGGB). Wird vor der Eintragung nicht das gesamte Kapital gedeckt, so ist der Vorstand der AG verpflichtet, die Einzahlung jeder Rate zur Eintragung in das Register anzumelden (Art. 321 § 2 HGGB).

Die zweite Abteilung des Unternehmerregisters enthält die Angaben über die personelle Besetzung des Vorstands und der Aufsichtsorgane, die Angaben über die Prokuristen und Umfang der Prokura sowie über die Art und Weise der Vertretung der Gesellschaft (Art. 39 LGRG). Der dritten Abteilung sind u.a. der Umfang der Tätigkeit der Gesellschaft sowie die Vermerke über die Einreichung der Jahresabschlüsse und des Gurtachten des Abschlussprüfers, falls dieses nach den Vorschriften des RWG zu erstellen ist, zu entnehmen.

Wichtige Informationen für potentielle Gläubiger über die aktuelle finanzielle Lage der Gesellschaft enthält die Vierte Abteilung des Unternehmerregisters. Gemäß Art. 41 LGRG sind hier, neben den Außenständen bei öffentlich-rechtlichen Abgaben, die folgenden Angaben einzutragen:

- die Gläubiger und ihre Forderungen, welche über einen Vollstreckungstitel gegen den Unternehmer verfügen und innerhalb von 30 Tagen seit dem Tag der Aufforderung zur Zahlung nicht befriedigt wurden,

163 Hat die GmbH mehr als 50 Gesellschafter, so werden nur diejenigen eingetragen, deren Anteile mehr als 2% des Stammkapitals ausmachen.

- Vermerke über einstweilige Verfügungen über die gegen den Unternehmer geltend gemachten Ansprüche, falls die Eintragung ins Register gerichtlich angeordnet wird,
- Vermerke über die gestellten Anträge auf Eröffnung des Vergleichs- bzw. Konkursverfahrens sowie der Vermerk über die tatsächliche Eröffnung eines dieser Verfahren.

In der fünften Abteilung ist der Vermerk über die Bestellung und Abberufung der Kurators einzutragen, der für denjenigen Unternehmer gerichtlich bestellt werden kann, dessen statutarische Organe die Publizitätsvorschriften des LGRG nicht eingehalten haben und deswegen durch das Registergericht in ihrer Tätigkeit aufgehoben wurden (Art. 26-33 LGRG). In der letzten sechsten Abteilung des Registers sind u.a. die Angaben über die Eröffnung und Beendigung der Liquidation, über die gerichtliche Auflösung und Für-Nichtig-Erklärung der Gesellschaft sowie über ihre Umwandlung einzutragen (Art. 49 LGRG).

Zu bemängeln ist das Fehlen im neuen polnischen Recht einer Vorschrift, welche die in Art. 2 Abs. 1 Pkt. c) der Publizitätsrichtlinie vorgesehene Pflicht umsetzt, nach jeder Änderung des Errichtungsaktes oder Satzung den vollständigen Wortlaut des geänderten Aktes in der geltenden Fassung zum Register einzureichen[164]. Insoweit weicht das polnische Recht von dem europäischen Standard ab.

c). Wirkungen der Publizität

Die in Art. 3 Abs. 5 bis 7 der Ersten Richtlinie bestimmten Publizitätswirkungen sind im polnischen Recht in Artt. 14-18 LGRG umgesetzt worden. Dementsprechend ist mit der Eintragung in das Register ein System widerlegbarer Vermutungen (Öffentlichkeit im materiellen Sinne) sowie der Vermutung der Richtigkeit eingetragener Umstände (Art. 17 LGRG), der Grundsatz der negativen (Art. 14 LGRG entspricht § 15 Abs. 1 des deutschen HGB) und positiven Publizität (vgl. Art. 15 Abs. 1 und 2 LGRG, § 15 Abs. 2 und 3 deutsches HGB, die der Re-

[164] Die Vorschrift des Art. 5 § 2 Pkt. 2 des Entwurfes des HGGB, der entsprechende Pflicht vorgesehen hat, ist in die endgültige Fassung des Gesetzes nicht übernommen worden.

gelung des Art. 3 Abs. 5 und 6 der Publizitätsrichtlinie entsprechen[165]), verbunden.

d). Obligatorische Angaben auf den Geschäftsbriefen

Die neuen Vorschriften über obligatorische Angaben auf Geschäftsbriefen und Bestellscheinen sind kritisch zu betrachten. Sie sollen zwar formell an die Vorgabe aus Art. 4 der Publizitätsrichtlinie angepasst werden. Nach Artt. 206 § 1, 374 § 1 HGGB sind auf diesen Unterlagen Gesellschaftsfirma, Sitz und Anschrift, Registergericht und Nummer der Gesellschaftseintragung sowie ein Vermerk über das Liquidations- bzw. Konkursverfahren der Gesellschaft anzugeben. Denselben Pflichten unterliegt die polnische Zweigniederlassung einer ausländischen Gesellschaft. Nach der strafrechtlichen Vorschrift des Art. 595 HGGB ist jedes Vorstandsmitglied, das zulässt, dass die Geschäftsbriefe die genannten Angaben nicht enthalten, mit Bußgeld in Höhe von 10.000 Zl (ungefähr 5.000 DM) zu bestrafen.

Die Vorschriften der Artt. 206 § 1 und 374 § 1 HGGB stellen allerdings zugleich einen Rückschritt im Vergleich zum bisherigen Rechtszustand dar. Art. 199[1] § 1 Pkt. 4 und Art. 370[1] § 1 Pkt. 4 pol. HGB sahen die Pflicht zur Angabe der Stammkapitalhöhe auf Geschäftsbriefen bzw. – in bezug auf die AG – der Höhe des gezeichneten und tatsächlich eingezahlten Grundkapitals vor. Art. 374 § 3 HGGB schreibt dagegen diese Pflicht nur dann vor, wenn auf den Briefen der AG die Angaben über das Kapital gemacht werden. Die GmbH braucht nach dem neuen Recht auf ihren Geschäftsbriefen keine Angaben über ihr Stammkapital zu machen.

Die neuen Vorschriften stellen einen nicht zu unterschätzenden Verlust am Gläubigerschutzes im polnischen Recht dar. Insbesondere im neuen Aktienrecht, das die vollständige effektive Leistung sowohl der Bar- als auch der Sacheinlagen erst nach der Entstehung der Gesellschaft zulässt, wird die Abschaffung der in Art. 370[1] § 1 Pkt. 4 pol. HGB geregelten Pflicht erhebliche Gefahren für den Rechtsverkehr zur Folge haben[166].

---

[165] Vgl. dazu: *Włodyka*/Szwaja, Prawo spółek, S. 259 ff.; *Szwaja*/Sołtysiński/Szajkowski, HGB-Kommentar, Vor Art. 13 pol. HGB, Rn. 5.

[166] Zu der neuen Regelung kritisch auch *Opalski*, PPH, 9/1999, S. 17, 22.

e). *Besondere Publizitätspflichten für Einmann-Gesellschaften*

Die Regelung des polnischen HGB 1934 über die Einmann-GmbH entsprach nicht dem europäischen Standard[167]. Die besonderen Publizitätspflichten beschränken sich lediglich auf die Pflicht des Einzelgesellschafters zur Protokollierung seiner Beschlüsse (Art. 239 pol. HGB). Es fehlen insbesondere die die Artt. 3 und 5 der Zwölften Richtlinie umsetzenden Vorschriften, welche die besonderen Publizitätspflichten bei nachträglicher Vereinigung in einer Hand sowie im Fall des sog. Selbstkontrahierens vorsehen. Deswegen enthält der HGGB eine Reihe von Vorschriften, die das polnische Recht an die europäischen Vorgaben anpassen sollen. Nach Art. 166 § 2 HGGB soll die Eintragung der Einmann-GmbH ins Register Vor- und Nachnamen sowie Anschrift bzw. Firma und Sitz des Alleingesellschafters enthalten sowie den Vermerk, dass er einziger Gesellschafter der GmbH ist. Diese Regelung findet entsprechende Anwendung im Falle des Erwerbs aller Anteile durch einen Gesellschafter nach der Registereintragung (Art. 166 § 3 HGGB). Der Umsetzung der Vorgabe des Art. 5 der Zwölften Richtlinie bezüglich des Selbstkontrahierens dient Art. 173 HGGB, wobei die neue polnische Vorschrift in mehrfacher Hinsicht über die europäischen Mindestvorgaben hinaus geht. Nach Art. 173 § 1 HGGB bedarf die Willenserklärung des Alleingesellschafters gegenüber der Gesellschaft der Schriftform mit notariell beglaubigter Unterschrift, es sei denn, dass für ein bestimmtes Rechtsgeschäft eine strengere Sonderform gesetzlich vorbehalten ist. Ist der Alleingesellschafter zugleich der einzige Geschäftsführer der Gesellschaft, so bedarf das ganze Rechtsgeschäft zwischen ihm und der Gesellschaft zu seiner Gültigkeit der notariellen Form (Art. 173 § 2 HGGB). In letzterem Fall soll der Notar das zuständige Registergericht jedesmal über den Abschluss eines Rechtsgeschäfts in Kenntnis setzen, indem er die Abschrift des notariellen Aktes an das Gericht abschickt (Art. 173 § 3 HGGB). Da Art. 108 pol. ZGB, der das Selbstkontrahierungsverbot vorsieht, nach der Rechtsprechung des OG auf die Vertretung der Einmann-GmbH entsprechende Anwendung findet, bleibt der Hinweis der Lehre aktuell, wonach die Befreiung vom Selbskontrahierungsverbot ausdrücklich im Gründungsakt verankert werden muss[168].

---

[167] *Bierć*, in: Studia Prawnicze, 1-4/1996, S. 125-127.

[168] Vgl. Urteil des pol. OG vom 23.3.1999 (II CKN 24/98), veröff. in OSP 1999, Pos. 219 mit Anm. *Mika*, vgl. auch *Kidyba*, PiP 1/1991; Pyzioł/Szumański/*Weiss*, Prawo spółek, S. 196; *Marr*, aaO., S. 43; *Cierpiał/ Löffler/Thurner*, WiRO 1995, S. 333, 336.
Art. 108 pol. ZGB: „Der Bevollmächtigte kann nicht Partei eines Rechtsgeschäfts sein, das er im

Art. 303 HGGB enthält die Bestimmungen über die Rechtsverhältnisse zwischen der AG und ihrem einzigen Aktionär, die mit den oben dargestellten, für die GmbH vorgesehenen Regeln identisch sind.

f). Konzernrechtliche Publizität

Weder das geltende noch das neue polnische Recht enthalten ein umfassendes Konzernrecht, das mit der deutschen Regelung der §§ 15-22, 291 ff. AktG vergleichbar wäre. Artt. 6, 7 HGGB sehen lediglich bestimmte Publizitätspflichten vor, die mit der Erlangung einer bestimmten Beteiligung sowie mit dem Abschluss eines Konzernvertrags verbunden sind.

Die in Art. 6 HGGB vorgesehenen Mitteilungspflichten der herrschenden Gesellschaft und die Informationsrechte der Gesellschafter bzw. Aktionäre der abhängigen Kapitalgesellschaft dienen in erster Linie dem Schutz der Minderheitsgesellschafter im Konzern[169].

Namen des Vollmachtgebers vornimmt, es sei denn, dass sich aus dem Inhalt der Vollmacht etwas anderes ergibt. Diese Vorschrift findet auf Bevollmächtigte entsprechende Anwendung, die der Bevollmächtigte selbst für den Vollmachtgeber ernannt hat."

[169] Gemäß Art. 6 § 1 HGGB ist die herrschende Gesellschaft verpflichtet, die beherrschte Kapitalgesellschaft innerhalb von zwei Wochen seit der Entstehung des Beherrschungsverhältnisses über die Entstehung dieses Verhältnisses in Kenntnis zu setzen. Sonst kann die herrschende Gesellschaft nur die Stimmrechte ausüben, welche mit nicht mehr als 33% des Stammkapitals der abhängigen Gesellschaft vertretenden Anteilen bzw. Aktien verbunden sind. Der unter Verstoß gegen diese Bestimmung vorgenommene Beschluss der Haupt- bzw. der Gesellschafterversammlung ist nichtig, es sei denn, dass die Erfordernisse des Quorums und der Stimmenmehrheit ohne die Berücksichtigung der ungültigen Stimmen erfüllt werden (Art. 6 § 3 HGGB). Im Zusammenhang mit der Bestimmung des Art. 6 § 3 HGGB, wonach die Anschaffung oder Ausübung der Rechte aus den Aktien oder Anteilen durch die abhängige Gesellschaft oder Genossenschaft als die Anschaffung oder Ausübung dieser Rechte durch die herrschende Gesellschaft gilt, steht die Vorschrift des Art. 6 § 4 HGGB. Diese Regelung gibt jedem Gesellschafter, Aktionär, Vorstands- oder Aufsichtsratsglied der Kapitalgesellschaft das Recht die Information zu verlangen, ob die Handelsgesellschaft, die eine Gesellschafterin dieser Kapitalgesellschaft ist, zugleich im Abhängigkeits- oder Beherrschungsverhältnis mit einer anderen Handelsgesellschaft steht, welche auch eine Gesellschafterin oder Aktionärin derselben Kapitalgesellschaft ist. Der Informationsberechtigte kann auch die Angabe der Aktien- oder Stimmenzahl bzw. Anteile- oder Stimmenzahl schriftlich verlangen, die die Handelsgesellschaft in dieser Kapitalgesellschaft besitzt, auch als Pfandnehmer, Nießbraucher oder aufgrund der Vereinbarungen mit anderen Personen (Art. 6 § 4 S. 2 HGGB). Die verlangten Informationen sind innerhalb von zehn Tagen zu erteilen. Bis zum Zeitpunkt der Informationserteilung kann die gefragte Handelsgesellschaft ihre Stimmrechte in der Kapitalgesellschaft nicht auszuüben (Art. 6 § 5 HGGB).

Primär dem Gläubigerschutz dienen dagegen die in Art. 7 HGGB vorgeschriebenen Publizitätspflichten im Fall des Abschlusses eines Beherrschungs- oder Gewinnabführungsvertrages zwischen einer beherrschenden und einer abhängigen Gesellschaft[170] Wird einer dieser Verträge abgeschlossen, so ist entweder der Vorstand der beherrschenden oder der der abhängigen Gesellschaft verpflichtet, in der Registerakte der abhängigen Gesellschaft einen Auszug aus diesem Vertrag zu hinterlegen. Im Auszug wird zum einen der Umfang der Verantwortung der beherrschenden Gesellschaft für den Schaden bestimmt, der der abhängigen Gesellschaft infolge Nicht- oder Schlechterfüllung dieses Vertrages entstanden ist. Zum zweiten ist dort anzugeben, in welchem Umfang die beherrschende Gesellschaft für die Verbindlichkeiten der abhängigen Gesellschaft gegenüber deren Gläubigern verantwortlich ist. Die Hinterlegung des Konzernvertrages in der Registerakte stellt eine Wirksamkeitsvoraussetzung des Vertrages dar (Art. 7 § 1 HGGB). Der Publizität unterliegt auch die Tatsache, dass der Konzernvertrag die genannte Verantwortung der beherrschenden Gesellschaft nicht regelt oder ausdrücklich ausschließt (Art. 7 § 2 HGGB).

g). Rechnungslegungspublizität

Neben die handelsrechtliche Publizität, die nur einen beschränkten Aufschluss über die finanzielle Lage der Gesellschaft gibt, ist mit dem Gesetz über das Rechnungswesen vom 28.09.1994 (RWG) auch die Pflicht zur Rechnungslegungspublizität in das polnische Recht eingeführt werden. Das neue Gesetz hat die Publizität bei den Kapitalgesellschaften erheblich verbessert und die polnischen Vorschriften in dieser Hinsicht an die europäische Vorgabe angepasst[171].

Ähnlich wie im deutschen Bilanzrecht statuiert auch das polnische Gesetz das Vorsichtsprinzip (Art. 7 RWG) mit den daraus resultierenden Grundsätzen der Imparität, der Realisation und des Niederstwerts. Das polnische Bilanzrecht stellt also ebenfalls auf den Gläubigerschutz ab. Art. 4 Nr. 1 RWG verpflichtet rechnungslegungspflichtige Personen zugleich „zu einer redlichen und klaren

[170] Legaldefinitionen der Begriffe „beherrschende Gesellschaft“ und „verbundene Gesellschaft“ enthält Art. 4 § 1 Pkt. 4, 5 HGGB.

[171] Insbesondere an: die Vierte Richtlinie v. 25.7.1978 (“Bilanzrichtlinie“, 78/660/EWG), die Richtlinie über den konsolidierten Abschluss (83/349/EWG), die Bankbilanzrichtlinie, (85/635/EWG). Im polnischen Schrifttum vgl. *Litwińczuk*, Prawo bilansowe, S. 16 f.; Sołtysiński/*Szajkowski*/ Szwaja, Vor Art. 244 pol. HGB, Rn. 10 ff. Im deutschen Schrifttum auch: *Marr*, Das polnische GmbH-Recht, S. 122 ff.

Aufstellung der Geschäfts- und Vermögenssituation, des Geschäftsergebnisses sowie der Rentabilität". Obwohl Art. 31 Abs. 4 RWG die periodische Aktualisierung des bilanziellen Wertes der Gegenstände des Anlagevermögens bis zur Höhe deren realen Wertes zulässt, nicht aber zwingend vorschreibt, wird in der Literatur angenommen, dass die rechnungslegungspflichtigen Personen generell keine stillen Reserven nach ihrem freien Ermessen bilden dürfen[172]. Sonst würde die Bilanz nicht das wahre Bild der Vermögenslage wiedergeben, wodurch auch gegen das im Art. 4 Nr. 1 RWG enthaltene *true and fair view*-Gebot verstoßen würde. Nach Art. 31 Abs. 5 RWG ist die infolge der Wertberechtigung entstandene Wertdifferenz auf der Passivseite in einem gesonderten Kapitalposten zu bilanzieren, der nicht aufgelöst und unter die Gesellschafter nicht verteilt werden kann.

Der Vorstand der Kapitalgesellschaft muss den Jahresabschluss innerhalb von drei Monaten nach dem Bilanzstichtag anfertigen und der Gesellschafter- bzw. der Hauptversammlung zur Bestätigung vorlegen. Diese muss innerhalb von sechs Monaten seit dem Bilanzstichtag erfolgen (Artt. 49, 52, 53 RWG). Daraufhin ist der Vorstand einer GmbH oder AG verpflichtet, das Jahresergebnis (Bilanz, die Gewinn- und Verlustrechnung, Anhang, gegebenenfalls samt dem Gutachten des sachverständigen Prüfers), die Abschrift des Beschlusses der Gesellschafter- bzw. Hauptversammlung über die Bestätigung des Jahresabschlusses, sowie den Bericht über die Tätigkeit der Gesellschaft dem Registergericht innerhalb von 15 Tagen seit ihrer Bestätigung durch die Gesellschafter- bzw. Hauptversammlung einzureichen (Art. 69 Abs. 1 RWG). Der Inhalt und die Gliederung des Jahresabschlusses sind im einzelnen im Gesetz vorgeschrieben (Art. 50 Abs. 1 RWG sowie Anhang Nr. 1 zum RWG), wobei die Gesellschaften, die die in Art. 50 Abs. 2 RWG bestimmten Kriterien erfüllen, nur eine vereinfachte Bilanz sowie eine vereinfachte Gewinn- und Verlustrechnung anzufertigen haben (größenabhängige Rechnungslegungs- und Publizitätspflicht)[173]. Die Bemerkungen über die Einreichung des Beschlusses über das Jahresergebnis, die Gewinnverteilung und Verlustdeckung sowie über die Einreichung des Jahresabschlusses, der Bilanz, der Gewinn- und Kostenrechnung und des *cash-flow-*

---

[172] *Litwińczuk*, Prawo bilansowe, S. 117; *K. Szymański*, Rachunkowość, 10/1996, S. 495, 498.

[173] Dies sind Gesellschaften, die zwei der drei folgenden Voraussetzungen nicht erfüllen: eine mittlere Beschäftigung von 50 Personen, eine Bilanzsumme von 1000.000 Euro, Nettoumsätze von 2000.000 Euro.

Berichts sind in der 3. Abteilung des Unternehmensregisters einzutragen (Art. 40 Pkt. 2 LGRG).

Darüber hinaus sind die in Art. 64 Abs. 1 RWG genannten Subjekte zur Bekanntmachung der Jahresergebnisse samt des Gutachtens sachverständiger Prüfer im Amtsblatt „Monitor Polski" B verpflichtet (Art. 70 RWG). Unter anderen sind das alle Aktiengesellschaften sowie andere „bilanzierende Einheiten" (also auch Gesellschaften mbH), die im vorherigen Bilanzjahr mindestens zwei der drei folgenden Merkmale erfüllt oder überschritten haben: im Jahresdurchschnitt 50 Arbeitnehmer, Summe der Aktivposten am Ende des Bilanzjahres 1.000.000 Euro, der Nettoumsatz aus dem Verkauf von Waren und Dienstleistungen und aus Finanzoperationen 3.000.000 Euro (Art. 64 Abs. 1 Pkt. 3 und 4 RWG). Die Jahresabschlüsse der Gesellschaften, die diese Bedingungen nicht erfüllen, sind vom Wirtschaftsprüfer alle drei Jahre zu prüfen (Art. 64 Abs. 3 Pkt. 1 RWG).

Verstöße gegen die Publizitätspflichten sind in der strafrechtlichen Vorschrift des Art. 79 RWG sanktioniert. Demgemäß sind die natürlichen Personen, denen die Wahrnehmung dieser Pflichten obliegt und die diese Pflichten nicht wahrnehmen, mit Geldstrafe oder Freiheitsstrafe zu belegen. In den Kapitalgesellschaften liegt die Wahrnehmung der Offenlegungspflichten in der Kompetenz der Vorstandsmitglieder (Art. 69 Abs. 1 RWG). Obwohl nähere Zahlen über die „Publizitätsfreundlichkeit" der polnischen Unternehmen nicht vorliegen, ist jedoch anzunehmen, dass das polnische Recht den Vorgaben des Art. 6 der Publizitätsrichtlinie genügt. Die polnische Regelung ähnelt den englischen und französischen Lösungen, welche ebenfalls die strafrechtliche Sanktionierung der Bilanzpublizität vorsehen[174].

Die im RWG vorgesehene Pflicht zur Einreichung der Jahresergebnisse bei den Registergerichten verstärkt wesentlich die Gläubigerinformation. Neben der für sich genommen wenig aufschlussreichen Stammkapitalziffer werden aus der Bilanz sonstige Eigenkapitalmittel, Art und Höhe der Verbindlichkeiten sowie Art der Aktiva ersichtlich, wodurch dem potentiellen Gläubiger ein Einblick in die Finanzpolitik des Unternehmens ermöglicht wird.

---

[174] Vgl. den rechtsvergleichenden Überblick bei *Leible*, aaO., S. 611 f.

IV. Gläubigerschutz durch Haftung von Mitgliedern der Gesellschaftsorgane

Neben den oben besprochenen Kapitalschutz- und Publizitätsregeln dienen dem rechtspolitischen Ziel des Gläubigerschutzes sowohl im deutschen als auch polnischen Recht die Vorschriften, welche die Haftung der Gesellschaftsorgane, insbesondere der Geschäftsführer bzw. der Vorstandsmitglieder wegen Verletzung der ihnen obliegenden Pflichten vorsehen. In beiden Systemen ist die Regelung der Organhaftung eng mit den Vorschriften über den Kapitalschutz verbunden (vgl. §§ 30 Abs. 6, 43 Abs. 3 GmbHG, § 93 Abs. 3 AktG, Artt. 175, 198, 350, 366 § 3 HGGB).

1. Allgemeine Haftungsklauseln

a). Deutsches Recht

Im deutschen Recht statuieren §§ 43 GmbHG und 93 AktG zugleich den im Verhältnis zum § 276 Abs. 1 BGB erhöhten Sorgfaltsmaßstab (§ 43 Abs. 1 GmbHG: „Sorgfalt eines ordentlichen Geschäftsmannes“, § 93 Abs. 1 AktG: „Sorgfalt eines ordentlichen und gewissenhaften Geschäftsleiters“) und die Grundlage für die Schadensersatzhaftung der Mitglieder der leitenden Organe aufgrund Verletzung dieser Sorgfaltspflichten. Nach der herrschenden Meinung schließt die Organhaftung als eine Spezialregelung die Haftung des Geschäftsführers aus seinem schuldrechtlichen Anstellungsvertrag (Dienstleistungsvertrag bzw. Auftrag) mit ein[175].

Die Haftungsregelung ist zwingend, insbesondere der Sorgfaltsmaßstab darf – auch im Hinblick auf wirksamen Gläubigerschutz – vertraglich nicht abgemildert werden. Nach der Rechtsprechung hat der Geschäftsführer nicht nur die Sorgfalt eines ordentlichen Geschäftsmannes, sondern die weitergehende Sorgfalt eines selbständigen treuhänderischen Verwalters fremder Vermögensinteressen in verantwortlich leitender Position zu beachten[176]. Dabei können Art und Größe des Unternehmens für diesen Maßstab von Bedeutung sein. Einen bei-

[175] BGH ZIP 1989, S. 1392; *Lutter/Hommelhoff*, § 43 GmbHG, Rn. 3; Hachenburg/*H.-J. Mertens*, § 43 GmbHG, Rn. 4; Baumbach/Hueck/*Zöllner*, § 43 GmbHG, Rn. 1c. **A.A.** (für die Anspruchskonkurrenz): *K. Schmidt*, GesR³., S. 1078.

[176] BGH WM 1989, S. 1335, 1337; *Lutter/Hommelhoff*, § 43 GmbHG, Rn. 21.

spielhaften Katalog der Verstöße gegen die erforderliche Sorgfalt enthält § 93 Abs. 3 AktG. Auch bei der Geschäftsverteilung bleiben alle Organmitglieder für die Gesetz- und Zweckmäßigkeit des gesamten Geschäftsbetriebs verantwortlich (Aufsichtspflicht der Unternehmensleitung)[177]. Der Geschäftsführer kann sich jedoch nicht darauf berufen, dass er seiner Aufgabe nicht gewachsen war. Im GmbH-Recht schließen auch die rechtswidrigen sowie die für die Existenz der Gesellschaft gefährlichen Weisungen der Gesellschafter die Organhaftung nach § 43 Abs. 2 GmbHG nicht aus[178].

Die in §§ 43 Abs. 2 GmbHG, 93 Abs. 2 AktG vorgesehene Haftung ist eine Schadensersatz- und Verschuldenshaftung gegenüber der Gesellschaft. Im Prozeß hat die Gesellschaft lediglich die Schadensverursachung durch Pflichtverletzung zu beweisen, den Geschäftsführern bzw. Vorstandsmitgliedern obliegt der Exkulpationsbeweis (§ 93 Abs. 2 AktG gilt auch im GmbHG analog)[179]. Nach einhelliger Meinung stellen diese Vorschriften kein Schutzgesetz zugunsten einzelner Gesellschafter oder Gesellschaftsgläubiger dar. Wann die Geschäftsführer bzw. die Vorstandsmitglieder auch direkt den Gesellschaftsgläubigern gegenüber haften sollen, ist im deutschen Recht höchst umstritten. Allgemein anerkannt ist die auf den sog. Quotenschaden begrenzte Außenhaftung der Mitglieder von leitenden Organen im Fall der Konkursverschleppung (§ 64 Abs. 2 GmbHG bzw. § 92 Abs. 2 AktG i.V.m. § 823 Abs. 2 BGB)[180]. In Betracht kommt darüber hinaus eine Haftung aus Verschulden bei Vertragsschluss (*culpa in contrahendo*), wenn der Geschäftsführer seine Aufklärungspflichten (insbesondere in bezug auf die ihm bekannte Zahlungsunfähigkeit oder Überschuldung der Gesellschaft) verletzt, besonderes Vertrauen des Geschäftspartners erweckt oder ein starkes wirtschaftliches Eigeninteresse an einem bestimmten Geschäft hat[181]. Nach der kontroversen, im Schrifttum überwiegend kritisierten Ansicht des VI. Senats des BGH trifft den Geschäftsführer eine deliktische Außenhaftung aufgrund seiner Garantenstellung zum Schutze Außenstehender auch dann, wenn er seine Organisations- und Überwachungspflichten im Gesellschaftsunternehmen schuldhaft verletzt hat (§ 823 Abs. 1 BGB)[182]. Im Interesse

---

[177] Hachenburg/*H-J Mertens*, § 43 GmbHG, Rn. 31; *Hüffer*, § 93 AktG, Rn. 13b.
[178] BGH 31, S. 278; *Lutter/Hommelhoff*, § 43 GmbHG, Rn. 22.
[179] *Lutter/Hommelhoff*, § 43, Rn. 26; *Hüffer*, § 93, Rn. 16.
[180] Vgl. dazu sogleich unter Kapitel 1, IV.2.a).
[181] Vgl. Scholz/*U.H. Schneider*, § 43 GmbHG, Rn. 223 ff.; *Lutter/Hommelhoff*, § 43 GmbHG, Rn. 35; *Lutter*, GmbHR 1997, S. 329 f.; *Medicus*, ZGR 1998, S. 571, 577 f.
[182] BGHZ 109, S. 297 („Baustoff"), ähnlich BGH ZIP 1996, S. 786 („Lamborghini").

der außenstehenden Dritten soll der Organwalter verpflichtet sein, diesen drohende Gefahren zu steuern und abzuwehren. Im Schrifttum setzt sich dagegen im Anschluss an das grundlegende Werk von *Kleindiek*[183] die Auffassung durch, der alleinige Adressat der Verkehrspflichten sei die Gesellschaft als juristische Person[184]. Ihr als dem tatsächlichen Pflichtenträger soll das pflichtverletzende und schuldhafte Verhalten der Organmitglieder aufgrund des § 31 BGB *direkt* zugerechnet werden, wobei „die Pflicht der juristischen Person und das schuldhafte Verhalten des Organwalters zu einem Delikt ‚addiert' werden: zu dem der juristischen Person"[185]. Für die Verletzung ihrer Überwachungspflichten haften die Organmitglieder nur der Gesellschaft gegenüber. Die kumulative (Außen-)Haftung der juristischen Person und des Organwalters kommt dagegen dann in Betracht, wenn die Merkmale des Deliktstatbestandes sich in der Person des Organwalters eigenständig verwirklicht haben, insbesondere dann, wenn er die Gefahrenquelle schafft oder eine schon bestehende Gefahr erhöht[186].

b). Polnisches Recht

Eine mit §§ 43 GmbHG, 93 AktG vergleichbare Haftung regeln im polnischen Recht Artt. 293, 483 HGGB (vorher Artt. 292, 474 pol. HGB). Danach haften Mitglieder der Organe der Gesellschaft sowie Liquidatoren gegenüber der Gesellschaft für den Schaden, den sie ihr durch eine den Gesetzen oder den Bestimmungen des Gesellschaftsvertrages bzw. der Satzung widersprechende Tätigkeit zugefügt haben (Artt. 293 § 1, 483 § 1 HGGB, vorher Artt. 294 § 1, 474 § 1 pol. HGB)[187]. Dieselben Personen müssen bei der Ausübung ihrer Pflichten die erhöhte „sich aus dem beruflichen Charakter ihrer Tätigkeit ergebende Sorgfalt"[188] und haften für den Schaden, der infolge der Verletzung ihrer Sorgfaltspflicht entsteht (Artt. 293 § 2, 483 § 2 pol. HGB). Wird der Schaden von mehreren Personen gemeinsam verursacht, so haften sie als Gesamtschuldner (Artt. 294, 485 HGGB).

---

183 *Kleindiek*, Deliktshaftung und juristische Person, Hab. 1997.

184 Vgl. *Medicus*, aaO.; *Groß*, ZGR 1998, S. 551 ff.; *Lutter*, aaO, S. 333; *Haas*, Geschäftsführerhaftung und Gläubigerschutz, Hab. 1997, S. 225 ff.; *Lutter/Hommelhoff*, § 43 GmbHG, Rn. 47.

185 *Kleindiek*, aaO., S. 479.

186 *Lutter/Hommelhoff*, § 43 GmbHG, Rn. 45 ff.; *Kleindiek*, aaO., S. 368 ff. und 484 ff.; *Medicus*, aaO., 584; differenzierend Scholz/*U.H.Schneider*, § 43 GmbHG, Rn. 232.

187 Vgl. dazu im deutschen Schrifttum: *Bauer/Göpfert*, RIW 1999, S. 42 ff.; *Cierpial/Löffler/Thurner*, WiRO 1995, S. 369.

188 Dieser erhöhte Sorgfaltsmaßstab entspricht wortgenau dem in Art. 355[1] Abs. 2 pol. ZGB vorgesehenen.

In der polnischen Rechtsprechung und Literatur ist sowohl die Rechtsnatur dieser Vorschriften des pol. HGB (jetzt: HGGB) als auch ihr Verhältnis zu anderen Anspruchsgrundlagen umstritten, insbesondere zur Haftung aus dem schuldrechtlichen Anstellungsvertrag (oft ist das ein dem polnischen Arbeitsgesetzbuch unterliegender Arbeitsvertrag). Nach der wohl herrschenden Meinung statuierten die Artt. 294, 474 pol. HGB (jetzt Artt. 293 § 1, 483 § 1 HGGB) eine selbständige Grundlage für die deliktische Schadensersatzhaftung gegen Mitglieder der Leitungs- und Aufsichtsorgane sowie gegen die Liquidatoren und Konkursverwalter wegen schuldhafter Pflichtverletzung[189]. § 2 dieses Artikels enthält einen objektiven Sorgfaltsmaßstab, an dem das Verhalten eines jeden Vorstandsmitgliedes zu messen ist. Die Gesellschaft hat zu beweisen, dass ihr infolge des Verhaltens des Vorstandsmitgliedes ein Schaden entstanden ist. Letzteren trifft der Exkulpationsbeweis[190]. Aus seiner Haftung entlässt das Vorstandsmitglied jedoch weder die rechts- oder satzungswidrige Anweisung durch die Gesellschafter noch die Ressortsaufteilung, es sei denn, dass das Vorstandsmitglied sich über das unsachgemäße Verhalten eines anderen Vorstandsmitglieds nicht informieren und den Schaden nicht abwenden konnte[191]. Ähnlich wie §§ 43 GmbHG, 92 AktG im deutschen Recht sahen Artt. 293, 483 HGGB (vorher Artt. 292, 474 pol. HGB) keine unmittelbaren Ansprüche zugunsten der Gesellschaftsgläubiger oder der Gesellschafter vor[192]. Wenn die Gesellschaft jedoch nicht innerhalb eines Jahres nach Eintritt des Schadens auf Schadensersatz klagt, kann jeder Gesellschafter eine Klage auf Schadensersatz zugunsten der Gesellschaft erheben (Artt. 295, 486 HGGB, vorher Artt. 294, 477 pol. HGB, Untätigkeitsklage, *actio pro socio*). Wird die Schadensersatzklage im Wege der *actio pro socio* oder durch einen Konkursverwalter im Konkursver-

---

[189] So *Dziurzyński/Fenichel/Honzatko*, Art. 292 pol. HGB, Anm. 6; *Allerhand*, Art. 292 pol. HGB, Anm. 8; Sołtysiński/*Szajkowski*/Szwaja, Art. 292 pol. HGB, Rn. 13; *A.W. Wiśniewski*, Prawo o spółkach, Bd. 2, S. 180. **A.A.** *Namitkiewicz*, Art. 292 pol. HGB, Anm. 1 (Fehlen des Verschuldens in Form des Vorsatzes oder der Fahrlässigkeit entlaste das Organmitglied von der Haftung nach Art. 292 pol. HGB nicht); *Płonka*, KPP 2/1994, S. 207 ff. (Artt. 292, 474 pol. HGB würden keine eigenständigen Anspruchsgrundlagen darstellen, sie würden lediglich den allgemeinen Sorgfaltsmaßstab im Rahmen der schuldrechtlichen Haftung aus Art. 471 pol. ZGB wegen Schlechterfüllung des Anstellungsvertrages verschärfen).

[190] *Dziurzyński/Fenichel/Honzatko*, Art. 292 pol. HGB, Anm. 6; Sołtysiński/*Szajkowski*/Szwaja Art. 292 pol. HGB, Rn. 11.

[191] *Namitkiewicz*, Art. 292 pol. HGB, Anm. 7; *Allerhand*, Anm. 8; *Dziurzyński/Fenichel/Honzatko*, Art. 292 pol. HGB, Anm. 5; Sołtysiński/*Szajkowski*/Szwaja, Art. 474 pol. HGB, Rn. 18; *Kidyba*, Art. 292 pol. HGB, Rn. 5 (Haftung nach Art. 292 pol. HGB habe einen strikt individuellen Charakter).

[192] *Dziurzyński/Fenichel/Honzatko*, Art. 292 pol. HGB, Anm. 1.

fahren der Gesellschaft geltend gemacht, so kann sich das Organmitglied weder auf den Gesellschafterbeschluss, der ihm Entlastung erteilte, noch auf den von der Gesellschaft erklärten Verzicht berufen (Art. 296, 487 HGGB, vorher Artt. 295, 478 pol. HGB,).

Gemäß Art. 300, 490 HGGB (vorher Art. 299, 481 HGB) berühren die Vorschriften des HGGB, welche die Haftung gegenüber der Gesellschaft regeln, nicht die Rechte der Gesellschafter (Aktionäre) und Dritter auf Erhebung von Ansprüchen wegen des ihnen unmittelbar zugefügten Schadens. In Betracht kommt hier insbesondere die allgemeine Schadensersatzhaftung nach Art. 415 ff. pol. ZGB, der eine deliktsrechtliche Generalklausel im polnischen Zivilrecht statuiert[193]. Als Beispiele für unmittelbare Schadenszufügung werden im Schrifttum Aufstellung von unrichtigen Bilanzen bzw. Täuschung von Dritten über die tatsächliche Vermögenslage der Gesellschaft genannt, um sie zum Abschluss eines Geschäfts mit der Gesellschaft bzw. zum Erwerb des Geschäftsanteils zu veranlassen[194]. Die Vorstandsmitglieder einer GmbH bzw. AG haften außerdem den Gesellschaftsgläubigern unmittelbar und gesamtschuldnerisch, wenn sie falsche Angaben bei der Anmeldung der Gesellschaft ins Register zur Eintragung abgegeben haben (Artt. 291, 479 HGGB, vorher Artt. 290, 470 pol. HGB)[195].

Ähnlich wie in Deutschland wird auch in Polen grundsätzlich zwischen der organschaftlichen Bestellung der Organe und dem schuldrechtlichen Anstellungsvertrag unterschieden[196]. In der Rechtsprechung der Instanzgerichte wird die Auffassung vertreten, wonach die für den Anstellungsvertrag maßgebenden, oft arbeitsrechtlichen Vorschriften die Regelung der Artt. 292, 474 pol. HGB (jetzt Art. 292, 483 HGGB) ausschlössen[197]. Werde das Vorstandsmitglied aufgrund eines Arbeitsvertrags angestellt, so fänden die Vorschriften des polnischen Arbeitsgesetzbuchs (ArbGB) über die Schadensersatzhaftung der Arbeit-

---

[193] Art. 415 pol. ZGB: „Wer einem anderen schuldhaft einen Schaden zugefügt hat, ist zum Schadensersatz verpflichtet."

[194] Vgl. nur *Kidyba*, Art. 299 pol. HGB, Rn. 7.

[195] Dazu näher im Kapitel 2, X.2.

[196] Urteil des Appelationsgerichts in Gdańsk (Danzig) vom 29.7.1991, Apr 79/91, veröff. in: OSP 3/1992, Pos. 59; *Bauer/Göpfert*, RIW 1999, S. 42, 43; *Kubot*, AUW 1995, S. 88 ff.; *Płonka*, aaO.; *Szurgacz*, AUW 1995, S. 113 ff.; *Skorupa*, Prawo Spółek, 5/1998, S. 18.

[197] Urteil des Appelationsgerichts in Katowice v. 27.5.1993, III Apr 30/93, veröff. in: Wokanda, 9/1994, S. 46-49.

nehmer (Art. 114 pol. ArbGB) Anwendung und zwar insbesondere Art. 119 ArbGB. Danach darf der Schadensersatz, der dem Arbeitnehmer auferlegt wird, drei seiner Nettomonatsbezüge nicht übersteigen, es sei denn, dass dieser den Schaden vorsätzlich zugefügt hat. Dieses Urteil ist im polnischen Schrifttum mit Recht auf die Kritik gestoßen: Man bringt insbesondere hervor, dass die Vorschriften des HGB *leges speciales* im Verhältnis zum Arbeitsgesetzbuch darstellten[198]. Zusätzlich ist mit der deutschen Lehre darauf hinzuweisen, dass die mit der Stellung als gesellschaftliches Leitungsorgan verbundene unternehmerische Freiheit und zwingende gesetzliche Verantwortlichkeit ausschließen, den Geschäftsführer rechtlich als Arbeitnehmer zu qualifizieren. Bei ihm mangelt es eben an der für das Arbeitsverhältnis typischen Weisungsgebundenheit und fremdbestimmten Arbeitszuweisung[199]. Auch für das polnische Recht ist anzunehmen, dass die arbeitsrechtlichen Vorschriften nur in sehr beschränktem Umfang Anwendung auf die Vorstandsmitglieder finden sollen, d.h. nur dort, wo sie mit derer Funktion als leitendes Gesellschaftsorgan zu vereinbaren sind. Die arbeitsrechtlichen Vorschriften über die Haftungsbegrenzung müssen deswegen vor den gesellschaftsrechtlichen Regeln der Organhaftung zurücktreten. Eine Ausnahme zugunsten der Haftungsbegrenzung nach arbeitsrechtlichem Vorbild kommt dann in Betracht, wenn das Vorstandsmitglied außerhalb seines typischen unternehmerischen Tätigkeitsbereiches handelt, d.h. nicht in seiner Rolle als Gesellschaftsorgan, sondern wie jeder beliebige Dritte am Rechtsverkehr teilnimmt[200].

2. Konkursantragspflichten und Haftung wegen Konkursverschleppung

a). Deutsches Recht

In beiden Rechtsordnungen wird davon ausgegangen, dass insolvenzreife Gesellschaften vom Geschäftsverkehr fernzuhalten sind, damit ihre alten sowie

[198] *E. Marszałkowska-Krześ/S. Krześ*, MoP 9/1995, S. 287 f.; kritisch auch *Sołtysiński*/Szajkowski/ Szwaja, Einleitung, Rn. 97.

[199] *Lutter*, GmbHR 2000, S. 301, 311; *Gaul*, GmbHR 1989, S. 357, 361; *Fleck*, FS Hilger/Stumpf, S. 197, 206; Hachenburg/*Stein*, § 35, Rn. 170; *Lutter/Hommelhoff*, Anh. § 6 GmbHG, Rn. 3. Vgl. aber die Entscheidung des BAG vom 26.5.1999, DStR 1999, S. 1868 m. Anm. *Eckert*, in dem das BAG erstmals ausdrücklich festgestellt hat, dass das Dienstverhältnis eines GmbH-Geschäftsführers im Einzelfall auch ein Arbeitsverhältnis sein kann. Dazu *Reiserer*, DStR 2000, S. 31 ff.

[200] Vgl. im deutschen Schrifttum *Lutter*, GmbHR 2000, S. 301, 312, der als Beispiel die Beschädigung des gesellschaftseigenen Dienstwagens durch den Geschäftsführer nennt.

potentiellen neuen Gläubiger nicht geschädigt werden. Im deutschen Recht sehen § 64 Abs. 1 GmbHG und § 92 Abs. 2 AktG die Pflicht der Leitungsorgane vor, das Insolvenzverfahren „ohne schuldhaftes Verzögern, spätestens aber drei Wochen nach dem Eintritt der Zahlungsunfähigkeit bzw. der Überschuldung der Gesellschaft zu beantragen". Gemäß § 17 Abs. 2 InsO ist der Schuldner zahlungsunfähig, wenn er nicht in der Lage ist, die fälligen Zahlungspflichten zu erfüllen, wobei Zahlungsunfähigkeit in der Regel anzunehmen ist, wenn er seine Zahlungen eingestellt hat. In § 19 Abs. 2 InsO wurde der schon vorher allgemein anerkannte sog. zweistufige Überschuldungsbegriff teilweise kodifiziert. Danach ist die Gesellschaft überschuldet, wenn rechnerische Überschuldung bei Ansatz von Liquidationswerten vorliegt und darüber hinaus eine negative Überlebensprognose der Gesellschaft besteht[201].

Nach einhelliger Meinung sind die §§ 64 Abs. 1 GmbHG, 92 Abs. 1 AktG Schutzgesetze i.S.v. § 823 Abs. 2 BGB, was zur Folge hat, dass die Organmitglieder den Schaden zu ersetzen haben, der den Gesellschaftsgläubigern der gegen die Gesellschaft gerichteten vertraglichen bzw. vertragsähnlichen Ansprüche durch die schuldhaft verspätete Stellung des Insolvenzantrags zugefügt worden ist[202]. Bei den sog. Altgläubigern, deren Forderungen vor der Insolvenzreife entstanden sind, handelt es sich nur um den sog. Quotenschaden, also die Differenz zwischen der tatsächlichen und der bei rechtzeitiger Antragstellung erzielbaren Insolvenzquote[203]. Der Quotenschaden soll nicht durch Leistungen an die einzelnen Gläubiger zu ersetzen, sondern als Gesamtgläubigerschaden durch Zahlung an die Konkursmasse vom Insolvenzverwalter einzuziehen sein. Die sog. Neugläubiger, deren Ansprüche gegen die Gesellschaft erst nach der Insolvenzreife, aber vor Eröffnung des Insolvenzverfahrens begründet wurden, haben gegen den schuldhaft pflichtwidrig handelnden Geschäftsführer einen direkten Anspruch auf Ausgleich des vollen Vertrauensschadens, der ihnen dadurch entsteht, dass sie in Rechtsbeziehungen zu einer überschuldeten oder zahlungsunfähigen GmbH getreten sind (das volle negative Interesse)[204]. Die Gläubiger

---

201 Dazu vgl. BGHZ 109, S. 334, 337; 119, S. 201, 214; Scholz/*K. Schmidt*, § 63 GmbHG, Rn. 11; Hachenburg/*Ulmer*, § 63 GmbHG, Rn, 34 ff.; *Lutter/Hommelhoff*, § 64, Rn. 9 ff.; *Lutter*, ZIP 1999, S. 641 ff.

202 Vgl. dazu *Haas*, NZG 1999, S. 373 ff.; *Lutter/Hommelhoff*, § 64 GmbHG, Rn. 36 ff.; *Roth/Altmeppen*, § 63 GmbHG, Rn. 13; *Hüffer*, § 92 AktG, Rn. 15 ff., jeweils m.w.N.

203 Zur Berechnung dieses Schadens vgl. *Dauner-Lieb*, ZGR 1998, S. 616, 626.

204 So seit der Rechtsprechungswende: BGHZ 126, S. 181 = ZIP 1994, S. 1103 ff. Ausführliche Auseinandersetzung mit den Kritikern des BGH bei *Bork*, ZGR 1995, S. 505. 512 ff.

haben dabei die Insolvenzverschleppung und den darauf beruhenden Schadenseintritt zu beweisen; das Verschulden der Geschäftsführer ist widerlegbar zu vermuten[205].

b). Polnisches Recht

Im polnischen Recht sind zwei Gründe für die Eröffnung des Konkursverfahrens in Art. 1 der polnischen Konkursordnung vom 1934[206] (im folgenden: pol. KO) bestimmt. Nach Art. 1 § 1 pol. KO muss der Unternehmer[207], der seine Schulden zu zahlen eingestellt hat, für insolvent erklärt werden. Gemäß Art. 1 § 2 pol. KO muss das Konkursverfahren über das Vermögen des Unternehmers, der eine juristische Person oder eine sich in der Liquidation befindliche oHG oder KG ist, auch dann eröffnet werden, wenn sein Vermögen zur Befriedigung aller Verbindlichkeiten nicht ausreicht. Der in Art. 1 § 1 pol. KO bestimmte Konkursgrund entspricht dem deutschen Begriff der Zahlungsunfähigkeit. Darunter ist das wahrscheinlich dauernde Unvermögen des Schuldners zu verstehen, wegen Mangels an Zahlungsmitteln seine fälligen Geldschulden zu begleichen. Insbesondere stellt eine momentane Einstellung der Schuldzahlung infolge vorläufiger Schwierigkeiten keinen Grund für eine Konkurseröffnung dar (Art. 2 pol. KO)[208]. Der in Art. 1 § 2 pol. KO bestimmte Tatbestand wird im polnischen Schrifttum als Überschuldung bezeichnet[209]. Für die Feststellung, ob eine Überschuldung vorliegt, d.h. ob das Gesellschaftsvermögen zur Deckung aller Verbindlichkeiten nicht ausreicht (Art. 5 § 2 pol. KO), ist die Aufstellung einer Sonderbilanz erforderlich, in der bilanzielle Passivposten des Eigenkapitals außer Acht zu lassen und die Aktiva zu ihren tatsächlichen Werten unter Auflösung stiller Reserven anzusetzen sind[210].

---

[205] *Lutter/Hommelhoff*, § 64 GmbHG, Rn. 37, m.w.N.

[206] Verordnung des Präsidenten der Republik Polen vom 24.10.1934, Einheitlicher Text in: Dz.U. v. 1991, Nr. 118, Pos. 512 mit späteren Änderungen.

[207] Der Begriff „Unternehmer" hat seit 1.1.1998 den bisherigen Begriff „Wirtschaftsubjekt" ersetzt (Gesetz v. 31.7.1998 über die Änderung der Verordnung des Präsidenten des RP vom 24.10.1934 - Konkursordnung und anderer Gesetze, Dz. U. v. 1997, Nr. 117, pos. 751). Vgl. oben Einleitung, Pkt. 2.

[208] Vgl. einerseits *Allerhand*, Kommentar zur pol. Konkursordnung, Art. 1, Anm. 5 ff.; *Giezek/Wnuk*, Odpowiedzialność, S. 47, Art. 298, Anm. 14 und andererseits: *Lutter/Hommelhoff*, § 63 GmbHG, Rn. 2.

[209] *Allerhand*, Kommentar zur pol. Konkursordnung, Art. 1, Anm. 10 ff.

[210] *Allerhand*, aaO., Art. 1 pol. KO, Anm. 13.

Der Vorstand der GmbH bzw. AG ist unter Androhung zivil- und strafrechtlicher Konsequenzen (Art. 17^1 pol. KO, Art. 301, 483 pol. HGB) verpflichtet, die Konkurseröffnung innerhalb von zwei Wochen nach Eintritt der Zahlungsunfähigkeit (Art. 5 § 1 pol. KO) oder Überschuldung (Art. 5 § 2 pol. KO) zu beantragen. Die zweiwöchige Frist beginnt nicht abzulaufen bzw. wird gehemmt, wenn die Eröffnung des Vergleichsverfahrens beantragt wurde (Art. 5 § 3 pol. KO). Eine Grundlage für die Schadensersatzhaftung enthält im polnischen Recht der 1997 neu eingeführte Art. 17^1 § 1 pol. KO, der die Regelung des Art. 5 § 3 pol. KO ersetzt hat[211]. Danach haften Personen, welche die ihnen nach Art. 5 § 1 oder § 2 pol. KO obliegende Pflicht zur Konkursanmeldung nicht erfüllen, solidarisch gegenüber den Gläubigern des Gemeinenschuldners für den dadurch verursachten Schaden, es sei denn, dass sie kein Verschulden trifft. Das polnische GmbH-Recht regelt darüber hinaus in Art. 299 § 1 HGGB (vorher Art. 298 § 1 pol. HGB) eine subsidiäre Ausfallhaftung der Vorstandsmitglieder. Sie haften danach persönlich und gesamtschuldnerisch für die Verbindlichkeiten der GmbH, wenn die Zwangsvollstreckung gegen die Gesellschaft fruchtlos geblieben ist. Gemäß Art. 299 § 2 HGGB (vorher Art. 298 § 2 pol. HGB) kann sich ein Vorstandsmitglied von dieser Haftung befreien, wenn es nachweist, dass der Konkurs rechtzeitig angemeldet oder das Vergleichsverfahren rechtzeitig eingeleitet wurde oder dass die Nichtanmeldung des Konkurses oder die Nichteinleitung des Vergleichsverfahrens nicht schuldhaft war, bzw. dass, obwohl der Konkurs nicht angemeldet oder das Vergleichsverfahren nicht eingeleitet wurde, dem Gläubiger kein Schaden entstanden ist[212].

In der polnischen Literatur und Rechtsprechung ist der rechtliche Charakter der in Art. 298 pol. HGB (jetzt Art. 299 HGGB) verankerten Haftung der Vorstandsmitglieder höchst umstritten. Es scheint die Auffassung zu überwiegen, dieser Artikel sehe eine subsidäre Haftung besonderer Art vor, die die Elemente sowohl der Garantiehaftung (sie ist von der Höhe des Schadens unabhängig, nicht aber von dessen Eintritt) als auch der deliktischen Haftung in sich verbindet (Exkulpationsmöglichkeit der Vorstandsmitglieder)[213]. Es wird aber auch die

---

[211] Vgl. Art. 1 Gesetzes vom 31.7.1997 über die Änderung der Verordnung des Präsidenten der RP v. 24.10.1934 Konkursrecht sowie anderer Gesetze (Dz. U. 1997 r. Nr 117 poz. 751). Der bisher geltende Art. 5 § 3 pol. KO sah eine Schadensersatzhaftung wegen Konkursverschleppung ohne Beweislastumkehr vor.

[212] Vgl. dazu in der deutschen Literatur: *Cierpial/Löffler/Thurner*, WiRO 1995, S. 366, 370; *Marr*, Das polnische GmbH- Recht, S. 84 f.

[213] So das pol. OG in den Urteilen: v. 6.6.1997, III CKN 65/97, veröff. in: OSNCP 1997, Nr. 11, Pos.

Auffassung vertreten, die Haftung aus Art. 298 pol. HGB sei eine echte Schadensersatzhaftung[214]. Dies überzeugt allerdings schon deswegen nicht, weil die Vorschrift ausdrücklich eine Haftung der Organmitglieder für die Verbindlichkeiten der GmbH und nicht für Ersatz des Schadens vorsieht, der den Gläubigern infolge der Insolvenzverschleppung entstanden ist. Aus deutscher Sicht ist sie wohl als eine Art Ausfallhaftung der Vorstandsmitglieder für die Verbindlichkeiten der GmbH mit Exkulpationsmöglichkeit zu qualifizieren. Sie setzt zwar die Existenz eines Schadens voraus, ist aber gleichzeitig von dessen Höhe unabhängig[215]. Das bedeutet, dass das Vorstandsmitglied im Fall des Entstehens eines im Vergleich zur Höhe der Verbindlichkeit geringeren Quotenschadens trotzdem für die gesamte Verbindlichkeit haftet. Nach einer Gegenmeinung sei dagegen die Haftung der Vorstandsmitglieder nach Art. 298 § 1 pol. HGB auf den Unterschied zwischen der Quote beschränkt, mit der sie im Falle rechtzeitiger Konkurseröffnung befriedigt worden wären, und der Quote, mit der sie tatsächlich befriedigt wurden[216].

Nach der Rechtsprechung des pol. OG erstreckt sich die behandelte Haftung der Vorstandsmitglieder einer GmbH gleichermaßen auf die zivilrechtlichen und öffentlichrechtlichen Schulden der Gesellschaft[217]. Der Begriff der „fruchtlosen

---

181; v. 17.7.1997, veröff. in: OSP 1998, Nr. 3, Pos. 62; *Namitkiewicz*, Art. 298 pol. HGB, Anm. 1; *Allerhand*, Art. 298 pol. HGB, Anm. 5; Pyzioł/Szumański/*Weiss*, Prawo spółek, S. 318 ff.; Sołtysiński/*Szajkowski*/Szwaja, Art. 298 pol. HGB, Rn. 11 ff.; *Kappes*, PPH 12/1998, S. 37; *Szarek*, Prawo Spółek, 11/1999, S. 5; *Kidyba*, Art. 298 pol. HGB, Rn. 1.

[214] So *Płonka*, Anm. zum Urteil des pol. OG vom 17.7.1999 (III CKN 126/97), veröff. in: OSP 2/1998, Pos. 62; *A.W. Wiśniewski*, Prawo o spółkach, B. 2, S. 183.

[215] Vgl. Urteil des pol. OG v. 16.10.1998 (III CKN 650/97), veröff. in: OSNC 3/1999, Pos. 64; Urteil des pol. OG v. 29.4.1998 (I CKN 654/97), veröff. in: OSN, 12/1998; *Namitkiewicz*, Art. 298, Anm. 17, mit der Begründung, Haftung nach Art. 298 pol. HGB sei keine Schadensersatzhaftung; *Dziurzyński/Fenichel/Honzatko*, Art. 298 pol. HGB, Anm. 5; Sołtysiński/*Szajkowski*/Szwaja, Art. 298, Anm. 18; vgl. auch *Cierpiał/Löffler/Thurner*, aaO.

[216] So *Allerhand*, Art. 298 pol. HGB, Anm. 11 (dem Gläubiger sei nur der Quotenschaden zu ersetzen); ähnlich: *Giezek/Wnuk*, Odpowiedzialność, S. 52, Anm. 25 zum Art. 298 pol. HGB.

[217] Urteil des pol. OG vom 6.2.1996 (III CRN 61/65), veröff in: *Strzępka* (Hrsg.), Orzecznictwo, S. 657.
Haftung der Vorstandsmitglieder der Kapitalgesellschaft für ihre Steuerschulden ist darüber hinaus im Art. 116 der polnischen Steuerordnung vom 29.8. 1997 (Dz.U. 137, Pos. 926 m. Änderungen) vorgesehen. Danach haften sie gesamtschuldnerisch und mit ihrem ganzen Privatvermögen für die Steuerschulden der AG bzw. GmbH, wenn Zwangsvollstreckung gegen die Gesellschaft fruchtlos geblieben ist, es sei denn, dass ein Vorstandsmitglied nachweist, dass der Konkurs rechtzeitig angemeldet, das Vergleichsverfahren rechtzeitig eingeleitet wurde oder dass die Nichtanmeldung des Konkurses oder die Nichteinleitung des Vergleichsverfahrens nicht schuldhaft war, oder wenn es ein auf ein Vermögen verweist, aus welchem die Befriedigung möglich ist.

Zwangsvollstreckung“ betreffe das gesamte Vermögen der Gesellschaft[218]. Es reiche allerdings aus, wenn der Gläubiger zu beweisen vermöge, dass die Vollstreckung nicht zu seiner Befriedigung führen würde, weil die GmbH vermögenslos sei[219]. Bei der Beurteilung der Tatsache, ob das Konkurs- oder Vergleichsverfahren rechtzeitig angemeldet wurde, sei die in Art. 5 § 2 und § 3 pol. KO festgesetzte zweiwöchige Frist für die Stellung des Konkursantrags bei der Auslegung des Art. 298 § 2 pol. HGB nicht ausschließlich ausschlaggebend. Die Anmeldung des Konkurses kann auch dann für nicht rechtzeitig im Sinne des Art. 298 pol. HGB gehalten werden, wenn sie innerhalb von zwei Wochen nach dem Eintritt der Zahlungsunfähigkeit oder der Überschuldung erfolgte[220]. Die 2 Wochen seien eine Maximalfrist; wenn die Unrettbarkeit der Gesellschaft früher zutage trete, solle der Konkurs auch früher angemeldet werden.

Da die Haftung aus Art. 299 HGGB (vorher Art. 298 pol. HGB leichter geltend gemacht werden kann als die in Art. 17^1 pol. KO vorgesehene echte Schadensersatzhaftung (der Gläubiger braucht weder seinen Schaden noch das Verschulden der Vorstandsmitglieder nachzuweisen, sondern nur die Existenz seiner Forderung gegen die GmbH und die erfolgslose Zwangsvollstreckung), hat sie auch in der polnischen Praxis weitaus größere Bedeutung. Im Einzelfall kann es jedoch für den Gläubiger nützlicher sein, seinen Anspruch auf Art. 17^1 pol. KO zu stützen. Die in diesem Artikel vorgesehene Schadensersatzhaftung der Vorstandsmitglieder umfasst den Gesamtschaden (Vermögenseinbuße durch Zinsaufwendungen wegen der Notwendigkeit der Aufnahme vom Fremdkapital sowie entgangener Gewinn), der dem Gläubiger infolge der Konkursverschleppung entstanden ist. Die Haftung aus Art. 299 HGGB (Art. 298 pol. HGB) ist dagegen stets auf den Nennbetrag der Forderung zuzüglich einer Verzinsung in gesetzlich bestimmter Höhe beschränkt[221].

---

[218] So das Urteil des Appellationsgerichts in Poznań (Posen) vom 16.6.1992, I ACz 183/92, veröff. in: OSN 10/1993, Pos. 28. Nach dem pol. OG (Urteil v. 9.6.1937, veröff. in: OSN 4/1938=*Strzępka*, aaO., S. 151), reiche zur Geltendmachung der in Art. 298 vorgesehenen Haftung der Beweis aus, dass das Gesellschaftsvermögen lediglich aus einem Grundstück besteht, das „mit Verbindlichkeiten über seinen Wert belastet“ sei.

[219] Urteil des pol. OG v. 26.4.1938 (C II 2806/37), PPH 1938, Pos. 239; Urteil des Appelationsgerichts in Lódź v. 5.10.1994, I ACr 470/84, veröff. in: OSG 9/1995, Pos. 148; Vgl. auch *Kidyba*, Art. 298 pol. HGB, Rn. 6.

[220] So das pol. OG in der Begründung zum Urteil v. 6.6.1997, aaO. (Fn. 110). Kritisch dazu *Kappes*, aaO., S. 40.

[221] Vgl. *Allerhand*, Art. 298 pol. HGB, Anm. 16; *Dziurzyński/Fenichel/Honzatko*, Art. 298 pol. HGB, Anm. 10; *Giezek/Wnuk*, Odpowiedzialność, S. 53, Anm. 27; Sołtysiński/*Szajkowski*/Szwaja, Art.

V. Rechtsvergleichende Ergebnisse

Sowohl in Deutschland als auch in Polen stellt der Gläubigerschutz eine zentrale Aufgabe des Gesellschaftsrechts dar. In erster Linie basieren die Gläubigerschutzvorschriften auf der zentralen Figur einer festen Nennkapitalziffer sowie auf den daran anknüpfenden Regeln zur realen Kapitalaufbringung und nominellen Kapitalerhaltung. Das für die AG im europäischen Recht verankerte System des festen Grundkapitals garantiert allerdings den Gesellschaftsgläubigern keinesfalls, dass zu ihrer Befriedigung stets eine bestimmte „unversehrte" Vermögensmasse zur Verfügung stehen wird, sondern versucht eher, durch ein komplexes Regelwerk von Ge- und Verboten zu verhindern, dass das Gesellschaftsvermögen durch Eingriffe der Gesellschafter vermindert wird.

Es ist unbestreitbar, dass der den Gläubigerinteressen dienende Kapitalschutz im neuen polnischen Gesellschaftsrecht verstärkt und an die europäischen Vorgaben angepasst werden soll. Die Verstärkung ist insbesondere im neuen GmbH-Recht ersichtlich, und zwar in der erheblichen Aufstockung der Mindeststammkapitalziffer, in den Vorschriften über die Differenzhaftung (Art. 175 HGGB), im Umfang der Vermögensbindung und in der Beschränkung der Gesellschafterrechte allein auf den von der Gesellschafterversammlung zur Ausschüttung bestimmten Gewinn (Art. 191 § 1 HGGB), was von der weitgehenden Gleichstellung der AG und GmbH und dem vordringlich kapitalistischen Charakter der GmbH im polnischen Recht zeugt. Der Gläubigerschutz kann auch durch die Einführung eines dem deutschen Recht entsprechenden zweistufigen Systems des Eigenkapitalersatzes erheblich verstärkt werden.

Eine wichtige Rolle für den Gläubigerschutz spielen in den beiden Systemen die im Rahmen der EU weitgehend angeglichenen Publizitätsregeln, die einem jeden Dritten Zugang zu Informationen über den Vermögensstand und die Rechtsverhältnisse der Kapitalgesellschaft sichern sollen. Wie der EuGH im „Daihatsu"-Urteil festgestellt hat, liegt im deutschen Recht wegen der Unvereinbarkeit des § 335 S. 1 Nr. 6 HGB mit Art. 6 der Publizitätsrichtlinie ein Umsetzungsdefizit vor. Das neue polnische Recht ist zwar formell an den europäischen Standard angepasst worden. Die Vorschriften über die obligatorischen Angaben auf

298 pol. HGB, Anm. 20 f.

den Geschäftsbriefen stellen allerdings einen Rückschritt im Vergleich zum bisherigen Recht dar, worunter der Gläubigerschutz erheblich leiden wird.

Die dritte Säule im System des Gläubigerschutzes in beiden Rechtssystemen bilden die Vorschriften über die Organhaftung nach einem erhöhten Sorgfaltsmaßstab. In der deutschen Rechtsprechung wurde den Interessen der sog. Neugläubiger im Jahre 1994 Rechnung getragen, indem man ihnen den Anspruch auf Ersatz des vollen Schadens zuerkannte. Auch in Polen ist die Tendenz zur Verstärkung der Organhaftung ersichtlich, was sich insbesondere in der ausdrücklich vorgesehenen Beweislastumkehr bezüglich der Einhaltung der erhöhten Sorgfalt ausdrückt (Artt. 293 § 1, 483 § 2 HGGB). Ein Spezifikum des polnischen GmbH-Rechts stellt die scharfe Konkursverschleppungshaftung der Vorstandsmitglieder aus Art. 299 HGGB (vorher Art. 298 pol. HGB) dar. Sie ermöglicht sowohl den Alt- wie auch den Neugläubigern, die Erfüllung ihrer gesamten Forderungen gegen die GmbH von den Mitgliedern ihres Vorstands zu verlangen, falls die Zwangsvollstreckung gegen die Gesellschaft fruchtlos geblieben ist und keine der in dieser Vorschrift vorgesehenen Entlastungsprämissen vorliegt.

Kapitel 2
Regelung des Gründungsvorgangs im rechtsvergleichenden Überblick

I. Allgemeines

Die Gründungsregeln im deutschen und polnischen Recht der Kapitalgesellschaften sind durch gesetzliche Kautelen zur Sicherung der realen Kapitalaufbringung stark geprägt. In diesen Regeln schlagen sich wesentliche Unterschiede zwischen den beiden Kapitalgesellschaftstypen, zwischen der GmbH und der AG, nieder. Während die Gründung der eher personalistisch ausgeformten GmbH flexibel und relativ weniger kostenintensiv ist, kommt die wesentliche Funktion der AG: Sammeln breit gestreuten Risikokapitals über den Kapitalmarkt (AG als „Kapitalsammelbecken“) zwecks Realisierung aufwendiger Investitionen, in den hochkomplexen, auf den Schutz der Gläubiger wie auch der potentiellen Kapitalanleger abstellenden Gründungsregeln des Aktienrechts zum Ausdruck[1]. Da die letzteren in der Kapitalrichtlinie (77/91/EWG) europarechtlich weitgehend harmonisiert worden sind, sollten die bestehenden Defizite des polnischen Rechts im Hinblick auf die angestrebte Mitgliedschaft in der EU im künftigen Gesetz beseitigt werden.

Im neuen polnischen Gesetz sind genau die Etappen der Gründung sowohl der GmbH als auch der AG bestimmt. Art. 163 HGGB verlangt zur Entsehung einer GmbH Abschluss des Gesellschaftsvertrages; Leistung der Einlage zur Deckung des gesamten Stammkapitals und im Fall der Übernahme des Geschäftsanteils zum höheren Preis als der Nominalwert auch die Leistung des Überschusses; Bestellung des ersten Vorstandes und des Aufsichtsrates oder der Revisionskommission, wenn dies im Gesetz oder im Gesellschaftsvertrag vorgesehen ist; Eintragung ins Unternehmerregister. Zur Gründung einer AG ist erforderlich die Errichtung der Gesellschaft, welche vor allem das unterschreiben der Satzung von den Gründern umfasst; Leistung der Einlagen zur Deckung des gesamten

[1]Vgl. *Hommelhoff* in: *Roth* (Hrsg): Das System der Kapitalgesellschaften im Umbruch, S. 27, 34; *Hommelhoff/Freytag*, DStR 1996, S. 1367. Im polnischen Schrifttum vgl. Pyzioł/*Szumański*/Weiss, Prawo spółek, S. 376 f.

Stammkapitals, allerdings unter Berücksichtigung der Bestimmungen des Art. 309 § 3 und § 4 HGGB, die Ausnahmen von diesem Grundsatz vorsehen; Bestellung des Vorstandes und des Aufsichtsrates; Eintragung ins Unternehmerregister. In diesem Kapitel wird auf die einzelnen Etappen der Gründung näher eingegangen.

II. Der Gesellschaftsvertrag

1. GmbH-Recht

Für die Rechtsform der GmbH in Deutschland sind Zweckoffenheit sowie weitgehende Gestaltungsfreiheit charakteristisch[2]. Soweit nicht das GmbH-Gesetz oder andere Gesetze zwingende Vorschriften enthalten, besteht für den Abschluss des Gesellschaftsvertrages der GmbH Vertragsfreiheit (§ 305 BGB), so dass die Gesellschafter beliebige Regelungen in die Satzung aufnehmen können[3]. Abweichend von der bisherigen Regelung des HGB 1934, wonach die GmbH nur zu wirtschaftlichen Zwecken errichtet werden konnte (Art. 158 § 1 pol. HGB), kann die GmbH nach dem neuen polnischen Recht durch eine oder mehrere Personen zu jedem rechtlich zulässigen Zweck gegründet werden, es sei denn, dass das Gesetz etwas anderes bestimmt (Art. 152 § 1 HGGB)[4]. Auch im polnischen Schrifttum wird die Gestaltungsfreiheit im GmbH-Recht hervorgehoben, wodurch die GmbH einen personalistischen Einschlag bekommt[5].

Den zwingenden Mindestinhalt des notariellen Gesellschaftsvertrages regelt Art. 157 § 1 HGGB, der dem deutschen § 3 GmbHG weitgehend entspricht[6]. Nach der polnischen Vorschrift muss der Gesellschaftsvertrag die Firma und den Sitz

---

[2] Vgl. dazu ausführlich *Hommelhoff*, in: Gestaltungsfreiheit im Gesellschaftsrecht, ZGR-Sonderheft, S. 35, 38 f.

[3] Scholz/*Emmerich*, § 2, Rn. 10 f.

[4] So z.B. können private Banken ausschließlich in Form der AG oder der Genossenschaft (Art. 12 Gesetzes v. 29.8.1997 über das Bankrecht), Versicherungsanstalten in der Form der AG oder VVaG (Art. 11 Gesetzes v. 28.7.1990 über die Versicherungstätigkeit), Wertpapiermaklerhäuser, Wertpapierbörsen und Investitionsfonds in der Form der AG (Art. 29 und Art. 98 Gesetzes v. 21.7.1997 über den öffentlichen Wertpapierverkehr, Art. 30 Gesetzes 28.8.1997 über die Investitionsfonds) gegründet werden.
Vgl. den Katalog der Unternehmen, die in Form der GmbH nicht geführt werden können bei *Kidyba*, Art. 158 pol. HGB, Rn. 7.

[5] Sołtysiński/*Szajkowski*/Szwaja, Art. 158 pol. HGB, Rn. 8; *Namitkiewicz*, Art. 158 pol. HGB, Allg. Anmerkungen; in der deutschen Sprache: *Diedrich/Kos*, WiRO 2000, S. 41.

[6] Zum ganzen vgl. *Marr*, Das polnische GmbH-Recht, S. 11 ff.; *Gralla* in: *Sonnenberger/Gralla*, Handelsgesellschaften in Osteuropa, S. 122; *Diedrich/Kos*, WiRO 2000, S. 41 ff.

der Gesellschaft, den Gegenstand ihrer Tätigkeit, die Höhe des Stammkapitals, die Angabe, ob ein Gesellschafter einen oder mehrer Anteile übernehmen darf, die Anzahl und den Nominalwert der von einzelnen Gesellschafter übernommenen Anteile, die Dauer der Gesellschaft, falls die im Gesellschaftsvertrag begrenzt ist, bestimmen. Sollen einem Gesellschafter besondere Vorteile eingeräumt werden oder dem Gesellschafter andere Pflichten gegenüber der Gesellschaft auferlegt werden, muss dies genau im Gesellschaftsvertrag bestimmt werden, andernfalls sind jene zusätzlichen Vereinbarungen unwirksam (Art. 159 HGGB).

Sowohl in der deutschen als auch der polnischen Literatur wird die komplexe Natur des Gesellschaftsvertrags unterstrichen. Zum einen beinhaltet er die Einigung der Gesellschafter über die Errichtung der GmbH sowie ihre Verpflichtung zum Zwecke der GmbH-Eintragung mitzuwirken und zwar insbesondere durch Leistung der zugesagten Einlagen. Zum anderen stellt der Gesellschaftsvertrag einen verbandsbegründenden, korporativen Organisationsakt, die „Verfassung" der künftigen GmbH dar, welche ihre grundlegende Bedeutung für die Gesellschaft und für ihre – auch neu beigetretenen – Gesellschafter behält[7]. Davon zu unterscheiden sind die schuldrechtlichen Vereinbarungen in der Vertragsurkunde (z.B. Pflicht der Gesellschaft zur Leistung an einen Dritten, *pactum in favorem tertii,* Art. 393 pol. ZGB), die nicht zum materiellen Teil der Satzung gehören und in der deutschen Lehre als unechte Bestandteile des Gesellschaftsvertrages bezeichnet werden. Anders als die korporativen Bestandteile des Gesellschaftsvertrages, die der objektiven Auslegung unterliegen, ist bei den schuldrechtlichen Vereinbarungen der tatsächliche Wille der Parteien zu ermitteln[8].

Mit der Unterzeichnung des Gesellschaftsvertrages und mit der Übernahme des Anteils bzw. der Anteile verpflichtet sich der Gesellschafter, die Einlage in Höhe des Nennbetrags des ihm dafür zuerkannten Anteils bzw. der Anteile zu leisten (Artt. 157 § 1 HGGB). Nach der ausdrücklichen Regelung des Art. 154 § 3 S. 1 HGGB können die Anteile nicht unter ihren Nominalbetrag übernommen werden. Die Gesellschafter sind ausschließlich zu den im Gesellschaftsvertrag vor-

---

[7] Vgl. Hachenburg/*Ulmer,* § 2 GmbHG, Rn. 4; Scholz/*Emmerich,* § 2 GmbHG, Rn. 7; *Lutter/Hommelhoff,* § 2 GmbHG, Rn. 10; in der polnischen Literatur: Włodyka/*Włodyka*, Prawo spółek, S. 169 f.; *Kidyba*, Art. 160 pol. HGB, Rn. 5; *Skąpski*, KPP 2/1993, S. 153, 158.

[8] *Sołtysiński*/Szajkowski/Szwaja, Einleitung, Rn. 105; *Włodyka*, aaO., S. 176; Pyzioł/Szumański/*Weiss*, Prawo spółek, S. 205; *Lutter/Hommelhoff*, § 2 GmbHG, Rn. 11.

gesehenen Leistungen verpflichtet und haften nicht für die Verbindlichkeiten der Gesellschaft (Art. 157 § 3, 4 HGGB).

Nach der in der polnischen Lehre und Rechtsprechung überwiegenden Meinung ist der Gesellschaftsvertrag „ein anderer zur Eigentumsübertragung verpflichtender Vertrag“ im Sinne von Art. 155 § 1 bzw. Art. 510 § 1 pol. ZGB, der zur Eigentumsübertragung bzw. der Forderungsabtretung verpflichtet[9]. Nach dem pol. OG wird die Einbringung der Einlagen als „ein entgeltliches rechtsübertragendes Geschäft *sui generis*“ zwischen dem Sacheinleger und der (werdenden) Gesellschaft bezeichnet. Das Entgelt für die einzubringenden Einlagen bestehe in den Anteilen und Aktien und bemesse sich nach ihrem Nominalwert[10]. Insoweit fänden auf den Gesellschaftsvertrag die allgemeinen zivil- und schuldrechtrechlichen Vorschriften entsprechende Anwendung, nicht aber diejenigen über die gegenseitige Verträge (Artt. 487 pol. ZGB)[11]. Aufgrund der Regelung des HGB wurde die dingliche Wirkung dieser Vereinbarung nach der herrschenden, obwohl umstrittenen Meinung bis zum Zeitpunkt der Entstehung der Gesellschaft mit der konstitutiven Handelsregistereintragung aufgeschoben[12].

---

[9]So Beschluss des OG v. 5.12.1991, III CZP 128/91, veröff. in: OSP 11-12/1993, Pos. 241, mit zustimmen-der Anm. *Ignatowicz*; Beschluss des OG v. 14.3.1991, III CRN 14/91, veröff. in: *Bieniek*, Aport, S. 34. Vgl. auch Sołtysiński/*Szajkowski,*/Szwaja, Art. 160 pol. HGB, Rn. 20 ff.; *ders.*, in: Prawo spółek, Rn. 373 und 690. *Szumański*, Wkłady, S. 239 ff. In der deutschen Literatur: *Marr*,aaO., S. 25.
Vgl. auch den Wortlaut des Art. 155 § 1 pol. ZGB, der das Prinzip der Doppelwirkung von Verpflichtungsgeschäften im polnischen Zivilrecht statuiert: „Durch einen Kauf-, Tausch-, Schenkungs- oder sonstigen Vertrag, der zur Übertragung des Eigentums an einer genau bestimmten Sache verpflichtet, wird das Eigentum auf den Erwerber übertragen, es sei denn, dass eine besondere Vorschrift etwas anderes bestimmt oder dass die Parteien etwas anderes vereinbart haben.“

[10]Vgl. Entscheidung des OG v. 2.3.1993, III CZP 123/92, veröff. in: OSNCP 10/1993, Pos. 167 = MoP 3/1993, S. 75, 76; Entscheidung des OG v. 25.1. 1995, III CZP 177/94, veröff. in: OSNCP 5/1995, Pos. 75; Beschluss des pol. OG v. 22.2.1991, III CRN 503/90, veröff. in: *Bieniek*, Aport, S. 34; Beschluss des OG v. 7.6.1990, III CRN 97/90, veröff. in: *Bieniek*, aaO., S. 37. Vgl. auch *Szumański*, Wkłady, S. 236.

[11]*Sołtysiński*/Szajkowski/Szwaja, Art. 309 pol. HGB, Rn. 9 und Art. 314 pol. HGB, Rn. 9; Włodyka/*Włodyka*, S. 171; *Szumański*, Wkłady, S. 231. A.A.: *A.W. Wiśniewski*, Prawo o spółkach, Bd. II, S. 64 f. (Gegenseitigkeit bestehe sowohl zwischen den Gesellschaftern wie auch zwischen ihnen und der werdenden Gesellschaft).

[12]Dazu näher im Kapitel 7, II.1.

2. *Recht der Aktiengesellschaft*

a). *Rechtlicher Charakter des Gesellschaftsvertrages der Aktiengesellschaft*

In beiden Rechtsordnungen unterscheidet man im Gründungsakt einer AG zwei gesonderte Rechtsgeschäfte: die Satzung der AG als ihr grundsätzlicher Organisationsakt einerseits und die Verpflichtung der Aktionäre zur Aktienübernahme andererseits[13].

Im § 2 AktG ist der Gesellschaftsvertrag durch Klammerzusatz mit der Satzung identifiziert. Wie im deutschen Schrifttum unterstrichen wird, liegt der Abschluß des Gesellschaftsvertrages in der Feststellung der Satzung[14]. Der vertragliche Charakter der Satzung ist heute im deutschen Recht unbestritten: sie stellt einen körperschaftlichen Vertrag *sui generis*[15], einen Schuld- und Organisationsvertrag[16] dar, der einerseits die Vereinbarungen der Gründer über die Errichtung der AG und die sich daraus ergebenden Rechte und Pflichten, andererseits die Regelungen über den inneren Aufbau der AG als Korporation enthält. Zum Schutz von Gläubigern und künftigen Aktionären ist die Satzungsautonomie im Aktienrecht weitgehend ausgeschlossen. Gemäß § 23 Abs. 5 AktG kann der Satzungsinhalt von den in § 23 Abs. 3 und 4 AktG vorgeschriebenen Bestimmungen abweichen, wenn das Gesetz dies ausdrücklich zulasst. Ergänzungen sind nur dort zulässig, wo vom Gesetz keine abschließende Regelung gewollt ist (sog. formelle Satzungsstrenge)[17].

Aus historischen Gründen und um die Satzung der AG nicht mit Angaben zu belasten, die für das künftiges Leben der Gesellschaft ohne Bedeutung sind, sind die in § 23 Abs. 2 AktG geforderten Angaben und Erklärungen kein Bestandteil der Satzung, sondern des die Aktienübernahme beurkundenden Teils des Grün-

[13] *Röhricht*, in: Großkom. zum AktG, § 23, Rn. 65; *Eckardt* in: *Geßler/Hefermehl*, § 23 AktG, Rn. 45; *Kraft* in: KK, § 2 AktG, Rn. 7 und § 23 AktG, Rn. 11. **A.A.** *Hüffer*, § 23 AktG, Rn. 16 (Einlageverpflichtung sei notwendig materieller Satzungsbestandteil).
Für das pol. Recht: *Gralla* in: *Gralla/Sonnenberger*, Handelsgesellschaften in Osteuropa, S. 98; Pyzioł/*Szumański*/Weiss, Prawo spółek, S. 398 f.; *Sołtysiński*/Szajkowski/Szwaja, Art. 309 pol. HGB, Rn. 5 und Art. 314 pol. HGB, Rn. 4.

[14] So *Hüffer*, GesR., 4. Aufl., S. 270.

[15] *Kraft* in: KK, § 23 AktG, Rn. 16; *Röhricht*, aaO., § 23 AktG, Rn. 6.

[16] *Hüffer*, § 23 AktG, Rn. 7.

[17] Vgl. dazu ausführlich *Röhricht*, aaO., § 23 AktG, Rn. 167.

dungsvorgangs[18]. Die Aktienübernahme stellt eine einseitige empfangsbedürftige, an die Mitgründer gerichtete Willenserklärung dar, welche die Verpflichtung zur Erbringung der versprochenen Einlagen begründet. Nach dem deutschen Aktiengesetz müssen beide Teile des Gesellschaftsvertrages (im weiteren Sinne) durch die Gründer in ein und dieselbe Urkunde aufgenommen und notariell beurkundet werden. Der Kreis der Aktienübernehmer soll dabei immer mit denjenigen Personen identisch sein, welche die Satzung festgestellt haben (vgl. § 29 AktG)[19].

Im polnischen Recht stellen die Satzung und die Erklärungen über Aktienübernahme zwei selbständige, voneinander zu trennende Bestandteile des Gesellschaftsvertrages dar. In der Literatur überwiegt die Ansicht, welche die Satzung, ähnlich wie in der deutschen Lehre, als einen mehrseitigen, aber nicht synallagmatischen Schuld- und Organisationsvertrag qualifiziert[20]. Die zwingenden Bestandteile der Satzung legt Art. 304 HGGB fest, wobei im § 1 dieses Artikels sind die in der Satzung jeder AG zu enthaltenden Bestimmungen und im § 2 – die zusätzliche Bestimmungen, zu deren Wirksamkeit die Aufnahme in die Satzung erforderlich ist[21]. Im neuen polnischen Recht ist die der deutschen Regelung nachgebildete Satzungsstrenge gesetzlich verankert werden. Gemäß Art. 304 § 3 HGGB darf die Satzung die vom Gesetz abweichenden Bestimmungen nur dann enthalten, wenn dieses es erlaubt. Außerdem kann die Satzung ergänzende Bestimmungen treffen, es sei denn, dass das Gesetz eine abschließende Regelung vorsieht oder die Ergänzung mit der Natur der Aktiengesellschaft oder mit guten Sitten nicht zu vereinbaren wäre (Art. 304 § 4 HGGB).

In der Erklärung über die Aktienübernahme, welche anders als in Deutschland nicht notwendig in derselben notariellen Urkunde wie die Satzung enthalten sein

---

[18] *Röhricht*, aaO., § 23 AktG, Rn. 65; *Kraft*, in: KK, § 23 AktG, Rn. 87.

[19] *Röhricht*, aaO., § 23 AktG, Rn. 65., aaO., Rn. 70; *Eckardt* in: *Geßler/Hefermehl*, § 23AktG, Rn. 47 und 48; *Kraft*, in KK, § 23 AktG, Rn. 9 und 88.

[20] *Dziurzyński/Fenichel/Honzatko*, Art. 314 pol. HGB, Anm. 2; *Sołtysiński*/Szajkowski/Szwaja, Art. 309 pol. HGB, Rn. 4 ff; Pyzioł/*Szumański*/Weiss, Prawo spółek, S. 425. **A.A.** *Allerhand*, Art. 312 pol. HGB, Anm. 2 und 4, der die Satzung als Sammlung einseitiger Willenserklärungen betrachtet.

[21] Das sind Angaben über die Anzahl und die Gattung der Titel zur Teilnahme am Gewinn oder an der Verteilung des Gesellschaftsvermögens sowie der mit ihnen verbundnen Rechte; alle mit den Aktien verbundnen Pflichten zu Leistungen für die Gesellschaft – außer der Verpflichtung zur Einzahlung des Entgelts für die Aktien; die Bedingungen und die Art der Einziehung von Aktien; Beschränkungen in der Veräußerung von Aktien; die den Aktionären persönlich zuerkannten Berechtigungen, von denen im Art. 354 HGGB die Rede ist.

und nicht notwendig nur von den Gründern unterschrieben werden muss[22], sind das Einverständnis der ersten Aktionäre mit der Errichtung der Gesellschaft und mit dem Wortlaut der Satzung enthalten sowie ihre Verpflichtungen zur Einlageleistung begründet (Artt. 313 HGGB).

b) Abschaffung der öffentlichen Gründung

Im deutschen aktienrechtlichen Schrifttum wird zwischen der Stufen- und Einheitsgründung unterschieden. Als Stufengründung bezeichnet man ein Gründungsvorgang der AG, in dem die Aktionäre, welche die Satzung festgestellt haben, nicht selbst alle Aktien übernehmen, sondern die Öffentlichkeit oder bestimmte andere Personen auffordern, Aktien zu zeichnen[23]. Die noch in § 30 AktG 1937 geregelte Stufengründung hatte wegen ihrer Umständlichkeit bereits damals keine praktische Bedeutung und wurde deshalb im AktG 1965 abgeschafft. Im heutigen deutschen Recht ist nur die sog. Einheits- oder Simultangründung zulässig, in deren Rahmen alle Aktien („die Aktien") von den Gründern übernommen werden müssen (vgl. § 2 AktG 1965)[24].

In der polnischen Literatur wurde aufgrund der Regelung des HGB 1934 zwischen der Privatgründung und der Gründung „mit Aufruf zur öffentlichen Aktienzeichnung" (Artt. 316-328 pol. HGB) unterschieden. Im letzteren Fall wich der Kreis der Gründer, d.h. derjenigen Personen, welche die Satzung der künftigen AG unterschrieben haben (Art. 308 S. 2 pol. HGB), zwangsläufig vom Kreis der ersten Aktionäre der AG ab. Bei einer AG, die zur öffentlichen Zeichnung aufruft, handelt es sich um eine Publikumsgesellschaft, deren Wertpapiere an der Börse zugelassen sind. Die öffentliche Gründung einer AG wurde teilweise im pol. HGB 1934, teilweise im Gesetz vom 21.8.1997 über den öffentlichen Verkehr mit Wertpapieren geregelt[25]. Die im HGB enthaltenen Vorschriften sahen die Pflicht zur Hinterlegung einer Kaution in Höhe des zwanzigsten Teils des Grundkapitals beim zuständigen Rayonsgericht (Art. 317 pol. HGB) und zur Veröffentlichung der Satzung (Art. 316 § 1 pol. HGB) vor. Sie regelten auch die

---

[22] Dazu sogleich im Kapitel 2, II.2.c).

[23] Vgl. *Eckardt* in: *Geßler/Hefermehl*, § 2 AktG, Rn. 4; *Schlegerberger/Quassowski*, Kommentar zum Aktiengesetz 1937, 3. Aufl. 1939, Erläuterungen zum § 30.

[24] *Raiser*, Recht der Kapitalgesellschaften, S. 45; *Kraft*, in: KK, § 2 AktG, Rn. 2; *Hüffer*, § 2 AktG, Rn. 2.

[25] Die genaue Abgrenzung der Anwendungsbereiche der beiden Gesetze bereitet der polnischen Doktrin stets erhebliche Schwierigkeiten, vgl. *Sołtysiński*/Szajkowski/Szwaja, Art. 316, Rn. 5, sowie Anhang, Bd. 2, S. 1364; Pyzioł/*Szumański*/Weiss, aaO., S. 453 ff.

Weise und die Fristen der Aktienzeichnung und –zuteilung (Art. 319-323 pol. HGB) sowie die Einberufung und den Verlauf der Organisationsversammlung (Art. 324-328 pol. HGB). Im Kapitel 5 des Gesetzes über den öffentlichen Verkehr mit Wertpapieren („Einführung der Wertpapiere in den öffentlichen Verkehr") ist u.a. das Zulassungsverfahren vor der Kommission der Wertpapiere (Art. 61-68 des Gesetzes) und die Pflicht zur Veröffentlichung eines Emissionsprospektes (Art. 71 des Gesetzes)[26] geregelt.

In der neuesten Zeit haben die Vorschriften des pol. HGB über die Stufengründung einer AG wegen der damit verbunden Risiken bloß minimale praktische Bedeutung[27]. Durch den im Art. 438 pol. HGB enthaltenen Verweis kamen sie vor allem bei der Kapitalerhöhung im Wege der öffentlichen Zeichnung zur Anwendung. Im Gesetzbuch der Handelsgesellschaften hat man deswegen, u.a. dem Ratschlag der an der Arbeit der Kodifikationskommission beteiligten deutschen Experten folgend, auf die Regelung der öffentlichen Gründung verzichtet[28].

c). Arten der Privatgründung im polnischen Recht

Nach dem neuen polnischen Recht kann eine Aktiengesellschaft ausschließlich im Wege der Privatgründung errichtet werden. Das polnische Verständnis der Privatgründung weicht allerdings von dem im deutschen Recht angenommenen ab.

Nach dem Wortlaut des Gesetzes gelten als Gründer nur diejenigen Personen, die die Satzung der künftigen AG unterschrieben haben (Artt. 308 S. 2 pol. HGB, 302 § 2 HGGB). Die Gründer können auch sämtliche Aktien übernehmen, und zwar auf diejenige Weise, dass die Satzung sowie der Akt über die Errichtung der Gesellschaft und Übernahme der Aktien in einer oder mehreren notariellen Urkunden festgestellt werden (Art. 313 HGGB, Art. 314 pol. HGB). Nach dem

[26]Den Inhalt des Prospektes ist in der Verordnung des Ministerrates v. 11.10.1994 „über die Voraussetzungen, die das Emissionsprospekt und das Emissionsmemorandum erfüllen soll" (Dz. U. Nr. 128, Pos. 631), geregelt. Vgl. *Szumański*, aaO., S. 456.

[27]Vgl. *Sołtysiński*/Szajkowski/Szwaja, aaO., Art. 316 pol. HGB, Rn. 2; *Sołtysiński/Szajkowski/ Szumański*, Begründung des Gesetzesentwurfes – Recht der Handelsgesellschaften, Prawo Spółek, 5/1999, S. 42.
Zur Stufengründung vgl. ausführlich: *Gralla*, in: *Gralla/Sonneberger*, Handelsgesellschaften in Osteuropa, S. 98; Pyzioł/*Szumański*/Weiss, Prawo spółek, S. 452.

[28]Vgl. *Sołtysiński/Szajkowski/Szumański*, aaO., S. 39.

neuen Recht kann auch die Einmanngründung der AG möglich sein, mit der Ausnahme allerdings, dass eine Einmann-AG nicht durch eine Einmann-GmbH errichtet werden darf (Art. 302 § 1 HGGB). Diese Art der Privatgründung, bei der alle Aktien durch die bzw. den Gründer übernommen werden, wird im polnischen Schrifttum als „gleichzeitige Gründung“ bezeichnet[29].

Anders als in Deutschland ist es aber sowohl nach dem aktuellen als auch nach dem geplanten polnischen Recht durchaus möglich, dass der Kreis der ersten („primären“) Aktionäre breiter ist als der der die Satzung unterzeichnenden Personen. Nach der notariellen Satzungsfeststellung können die Aktien einer bestimmten Zahl von Personen, nicht mehr jedoch als 300, zur Übernahme angeboten werden[30]. Die Übernahmewilligen haben dann nicht die Satzung, sondern lediglich die notariellen Errichtungsakte zu unterschreiben, in denen ihr Einverständnis mit der Errichtung der Gesellschaft, mit dem Wortlaut der Satzung und mit der Aktienübernahme sowie mit der Feststellung der Wahl der ersten Organe enthalten sind (Art. 313 HGGB). Sie gelten auch nicht als Gründer der AG. Somit besteht der Gesellschaftsvertrag aus mehreren, zu verschiedenen Zeiten angefertigten notariellen Urkunden, welche der Anmeldung zur Registereintragung beizufügen sind. Im polnischen Schrifttum wird dieser Gründungsvorgang als „komplexe“ oder „nicht gleichzeitige“ Privatgründung bezeichnet[31]. Aus deutscher Sicht wird sie als Beispiel der Stufengründung betrachtet[32].

Mit der Übernahme sämtlicher Aktien wird die Gesellschaft errichtet (§ 29 AktG, Art. 310 § 1 HGGB). Nach der ausdrücklichen Regelung des neuen polnischen Rechts entsteht allerdings bereits mit der Übernahme mindestens einer Aktie die „Gesellschaft in Gründung“, der eine weitgehende Rechtsfähigkeit zustehen soll (Art. 323 § 1, Art. 11 ff. HGGB)[33]. Den Forderungen aus der polnischen Praxis, welche auf die Verminderung der mit der Aktienzeichnung ver-

---

[29]Pyzioł/*Szumański*/Weiss, Prawo spółek., S. 399.

[30]Vgl. Art. 2 Abs. 1 des Gesetzes über den öffentlichen Verkehr mit Wertpapieren, in dem der öffentliche Verkehr mit Wertpapieren als „Angebot der Anschaffung oder die Anschaffung der in einer Serie emittierten Wertpapiere (...), wenn das Angebot an mehr als 300 Personen gerichtet ist“, definiert wurde. Wird das Angebot an weniger als 300 Adressaten gerichtet, so findet das Gesetz keine Anwendung (Art. 1 Abs. 1 des Gesetzes).

[31]Pyzioł/*Szumański*/Weiss, aaO., S. 399.

[32]Vgl. *Eckardt* in: *Geßler/Hefermehl*, § 2 AktG, Rn. 4 („Bei der Stufengründung übernahmen die Aktionäre, die die Satzung feststellten, nicht alle Aktien, forderten vielmehr die Öffentlichkeit oder bestimmte andere Personen auf, Aktien zu zeichnen“).

[33]Dazu näher im Kapitel 3.

bundenen Risiken durch eine entsprechende Ausgestaltung des positiven Rechts gerichtet sind, kommt das HGGB in der neuen Regelung des Art. 310 HGGB entgegen[34]. Danach kann die Satzung der Gesellschaft eine minimale oder ein maximale Höhe des zu übernehmenden Stammkapitals bestimmen. Die Errichtung der Gesellschaft kommt in solchen Fällen dann zustande, wenn die Zahl der Aktien übernommen wird, die in die festgesetzte Bandbreite fällt und der Vorstand vor der Anmeldung der Gesellschaft zur Registereintragung eine notarielle Erklärung abgibt, in der der genaue Betrag des übernommenen Stammkapitals benannt wird. Daraufhin beurkundet der Notar eine entsprechende Satzungsänderung (Art. 310 § 2 HGGB).

Es ist zu vermuten, dass dieses aufgrund der HGB-Regelung umstrittene Rechtsinstitut der sog. Gabelkapitalzeichnung in erster Linie im Fall der Kapitalerhöhung durch Emission neuer Aktien im Wege der öffentlichen Zeichnung (Art. 431 § 2 Pkt 3, 440 HGGB) Anwendung finden wird. Im deutschen Aktienrecht unterliegt es keinem Zweifel, dass der Beschluss der Hauptversammlung über die Kapitalerhöhung auch nur den Mindest- und Höchstbetrag bzw. nur den Höchstbetrag des zu zeichnenden Kapitals bestimmen kann[35].

d). Das Verbot der Zeichnung eigener Aktien

Im Rahmen der realen Kapitalaufbringung müssen der Gesellschaft externe Vermögenswerte mindestens in der Höhe der satzungsmäßig festgesetzten Kapitalziffer zufließen. Die Zeichnung eigener Aktien durch die AG hätte die Begründung von Forderungen gegen sich selbst zur Folge und würde damit die Umgehung der Kapitalfunktion bedeuten[36]. Deswegen wurde in der Kapitalrichtlinie (77/91/EWG) das Verbot sowohl des derivativen Erwerbs eigener Aktien (Art. 19) wie auch der Selbstübernahme der Aktien (originärer Erwerb, Art. 18) ausdrücklich vorgesehen und daraufhin in die Rechtssysteme der EU-Mitgliedstaaten eingefügt. In Deutschland stellen die §§ 56, 71 AktG die Umsetzung der europäischen Vorgabe dar. Das geplante polnische Recht enthält eine entsprechende Regelung im Art. 366 HGGB. Die Vorschrift ist grundsätzlich auf die Kapitalerhöhung zugeschnitten. Kraft des im Art. 366 § 5 HGGB enthaltenen

---

[34]Vgl. *M. Romanowski,* PPH 3/1998, S. 12 ff.; Pyzioł/*Szumański*/Weiss, Prawo spółek, S. 493 ff.; *Sołtysiński*/Szajkowski/Szwaja, Art. 433, Rn. 4 m.w.N.

[35]Vgl. *Lutter*, in: KK, § 182 AktG, Rn. 17, *ders.* FS Schilling, S. 207, 215; *Hüffer*, § 182 AktG, Rn. 12

[36]Vgl. *Lutter*, Kapital, S. 100 ff.; *Habersack*, Europ. GesR, Rn. 178 ff.

Verweises findet sie aber bei Errichtung der Aktiengesellschaft entsprechende Anwendung.

Über die Richtlinienvorgabe hinaus wird das Zeichnungsverbot in beiden Rechtsordnungen auf die mit der Gesellschaft verbundenen Unternehmen erstreckt. Nach der polnischen Regelung können die Aktien der Gesellschaft nicht durch eine von ihr abhängige Gesellschaft oder Genossenschaft übernommen werden (Art. 366 § 1 S. 2 HGGB)[37]. Ähnlich wie im deutschen Recht ist also die Übernahme der Aktien der Tochter- durch die Muttergesellschaft grundsätzlich zulässig[38]. Das im § 56 Abs. 2 AktG statuierte Verbot richtet sich nur an abhängige und an in Mehrbesitz stehende Unternehmen, deren versagt ist, die Aktien der Muttergesellschaft zu übernehmen. Wie im deutschen Schrifttum unterstrichen wird, würde in solchen Fällen durch die Aktienausgabe lediglich ein Scheinkapital gebildet, weil die von den verbundenen Subjekten zu leistenden Einlagen bei wirtschaftlicher Betrachtungsweise aus dem Vermögen der emittierenden Gesellschaft stammen würden[39]. Die im Art. 366 § 1 S. 2 HGGB und § 56 Abs. 2 S. 1 AktG enthaltene Regelung soll deshalb die Umgehungen des Selbstzeichnungsverbots durch entsprechende Ausgestaltung der Konzernverhältnisse verhindern[40].

Teilweise abweichend sind in den beiden Rechtsordnungen die Rechtsfolgen der verbotswidrigen Aktienzeichnung geregelt. Zeichnet die Gesellschaft eigene Aktien oder werden diese durch die im Gesetz bestimmten mit ihr verbundenen Subjekte übernommen, so ist der Vorgang nach dem Art. 366 § 2 HGGB wirksam. Auch in Deutschland hat die Aktienübernahme durch ein abhängiges Unternehmen keine Unwirksamkeit zur Folge. Anders dagegen als im geplanten polnischen Recht führt ein Verstoß gegen das Selbstzeichnungsverbot nach § 56 Abs. 1 AktG insgesamt zur Nichtigkeit gemäß § 134 BGB, da eine abweichende Regelung für diesen Fall im Aktiengesetz nicht ausdrücklich vorgeschrieben ist[41].

---

[37] Legale Definitionen der Begriffe „herrschende“ und „abhängige Gesellschaft“ sind im Art. 4 § 1 Pkt 4 lit. a-f HGGB enthalten.

[38] *Hefermehl* in: *Geßler/Hefermehl*, § 56 AktG, Rn. 18; *Lutter* in: KK, §56 AktG, Rn. 38; *Hüffer*, § 56 AktG, Rn. 8.

[39] *Hefermehl* in: *Geßler/Hefermehl*, § 56 AktG, Rn. 14; *Lutter* in: KK, § 56 AktG, Rn. 28.

[40] Vgl. dazu *Huber*, FS Duden, S. 137, 165 (mit Beispielen).

[41] *Hefermehl* in: *Geßler/Hefermehl*, § 56 AktG, Rn. 7; *Lutter* in: KK, § 56 AktG, Rn. 8.

Gemäß Art. 367 i.V.m. Art. 364 § 2 HGGB stehen der Gesellschaft aus der auf eigene Rechnung übernommenen Aktien keine Anteilsrechte zu, mit der Ausnahme der Berechtigung zu deren Veräußerung und der Ausübung der auf die Erhaltung der Aktien gerichteten Handlungen. Aufgrund der polnischen Regelung ist jedoch unklar, ob darüber hinaus im Falle der Selbstübernahme auch diejenigen Sondervorschriften entsprechende Anwendung finden, die im Entwurf für den Fall des derivativen Erwerbs eigener Aktien vorgesehen sind. Zu nennen sind hier insbesondere die Pflicht zur Bildung einer Rücklage in Höhe des Nennwertes der erworbenen Aktien (Art. 362 Pkt. 3 HGGB), die Aufstellung eines Berichts durch den Vorstand der AG (Art. 363 § 2 HGGB), sowie das Veräußerungsgebot innerhalb von einem Jahr nach dem Erwerb (Art. 363 § 4 HGGB). Es fehlt zwar eine ausdrückliche Verweisung auf diese Regeln für den Fall der Selbstzeichnung. Wenn man allerdings berücksichtigt, dass das Verbot sowohl des originären als auch des derivativen Erwerbs der eigenen Aktien dasselbe Ziel verfolgt, d.h. Verhinderung der Situationen, in denen die AG dauerhaft ihr eigener Aktionär ist, so muss man die analoge Anwendung der oben genannten Vorschriften auch im Fall der Selbstzeichnung bejahen. Es sind dabei keine berechtigten Gründe ersichtlich, die für eine Privilegierung der verbotswidrig originär erworbenen Aktien sprechen würden. Auch im Deutschland wird die analoge Anwendung der §§ 71 b-d an die Fälle der Selbstzeichnung einheitlich bejaht[42].

In Anlehnung an Art. 18 Abs 3 S. 1 der Kapitalrichtlinie ordnen im Fall der Selbstzeichnung bzw. Zeichnung durch ein abhängiges Unternehmen sowohl die deutsche als auch die geplante polnische Regelung eine strenge persönliche Haftung jedes Vorstandsmitglieds auf die volle Einlage an (§ 56 Abs. 4 AktG - allerdings nur bei einer Kapitalerhöhung, Art. 366 § 3 HGGB). Die Haftung entfällt für die Vorstandsmitglieder, die kein Verschulden trifft, wofür sie jedoch die Beweislast tragen. Nach Art. 366 § 3 HGGB haften die Vorstandsmitglieder solidarisch neben der selbstzeichnenden AG bzw. neben einem von ihr abhängigen Subjekt, das die Aktien unter Verstoß gegen Art. 366 § 1 übernommen hat[43]. Durch solche Regelung können zwei Ziele erreicht werden. Die gezeichneten

---

[42] Vgl. *Lutter*, aaO., Rn. 26; *Hefermehl* in: *Geßler/Hefermehl*, § 56 AktG, Rn. 26 f.; *Hüffer*, § 56 AKtG, Rn. 11.

[43] Im deutschen Recht hat dagegen die Haftung der Vorstandsmitglieder nach § 56 Abs. 2 AktG einen akzessorischen Charakter im Verhältnis zur Haftung des abhängigen oder in Mehrheitsbesitz stehenden Unternehmen, vgl. *Hefermehl* in: *Geßler/Hefermehl*, § 56 AktG, Rn. 31, *Hüffer*, § 56 AktG, Rn. 17.

Aktien werden erhalten, ohne dass die AG sie erneut zur Zeichnung anbieten oder ihr Kapital herabsetzen müsste. Gleichzeitig wird die Leistung zu Lasten eines gesellschaftsfremdes Vermögens, d.h. des persönlichen Vermögens der Verwalter, sichergestellt.

In der Umsetzung des Art. 18 Abs. 2 der Kapitalrichtlinie sehen sowohl § 56 Abs. 3 AktG als auch Art. 366 § 4 HGGB besondere Folgen für den Fall vor, in dem die Aktien durch eine Person im eigenen Namen, aber auf Rechnung der Gesellschaft übernommen werden. Nach dem geplanten polnischen Recht wird ein solcher mittelbarer Stellvertreter als eine auf eigene Rechnung handelnde Person behandelt (Art. 366 § 4 HGGB). Er ist daher nach Art. 329 HGGB zur Leistung der Einlage verpflichtet. Der Erfüllung dieser Pflicht kann er sich nicht mit dem Einwand entziehen, er habe die Aktie nur für Rechnung der AG übernommen. Anders als im deutschen Recht, wonach der mittelbare Stellvertreter nach § 56 Abs. 3 S. 3 AktG bis zur Übernahme der Aktien auf eigene Rechnung ausschließlich Pflichten und keine Rechte aus der Aktie verschafft, dürfte die geplante polnische Regelung dahin zu verstehen sein, dass ein solcher Vertreter vom Anfang an als vollberechtigter Gesellschafter angesehen werden soll. Eine von ihm vorzunehmende zusätzliche Übernahme der Aktien auf eigene Rechnung ist in der polnischen Regelung nicht vorgeschrieben[44].

3. *Besonderheiten der Ein-Personen-Gesellschaften*

Die Möglichkeit der Gründung der Kapitalgesellschaften durch nur eine natürliche oder juristische Person, die das gesamte Stamm- bzw. Aktienkapital übernimmt, wurde in beiden Rechtsordnungen erst im Zuge der Novellierung entsprechender Gesetze eingeführt. In der Rechtsprechung und in der Lehre beider Länder hatte man jedoch die Zulässigkeit von sog. Strohmanngründungen bereits früher anerkannt[45].

---

[44] Gemäß § 56 Abs. 3 S. 3 AktG erlangt der mittelbare Stellvertreter Mitgliedschaftsrechte erst dann, wenn er Aktien nachträglich für eigene Rechnung übernimmt. Vgl. *Hüffer*, § 56 AktG, Rn. 16 m.w.N.

[45] In Deutschland: BGHZ 21, S. 378 ff.; in Polen: Urteil des OG v. 10.9.1937, C I 1376/36, veröff. in: *Strzępka* (Hrsg.), Orzecznictwo, S. 157. Vgl. auch Sołtysiński/*Szajkowski*/Szwaja, Art. 160 pol. HGB, Rn. 9; *Sołtysiński*/Szajkowski/Szwaja, Art. 308 pol. HGB, Rn. 22.

a). Deutsches Recht

Im deutschen GmbH-Recht wurde die Gründung einer Ein-Personen-GmbH in der Neufassung von § 1 GmbHG im Zuge der GmbH-Novelle 1980 zugelassen[46]. Dem Schutz der realen Kapitalaufbringung dienen vorrangig die damals eingefügten §§ 7 Abs. 2 S. 3, 8 Abs. 2 S. 2, 19 Abs. 4, 56a GmbHG (Pflicht zur Sicherheitsleistung, soweit die Einlage nicht voll erbracht wird)[47]. Die Rechtsverhältnisse zwischen der GmbH und ihrem Alleingesellschafter betrifft die Sonderregelung der §§ 35 Abs. 4 (Geltung des § 181 BGB für die In-Sich-Geschäfte) und 48 Abs. 3 GmbHG (Pflicht zur unverzüglichen Aufnahme von Beschlussfassungen eines Alleingesellschafters in Niederschrift). Die Umsetzung der Zwölften gesellschaftsrechtlichen EG-Richtlinie „betreffend Gesellschaften mbH mit einem einzigen Gesellschafter" (89/667/EWG)[48] konnte sich deswegen auf die Detailergänzungen beschränken (§ 35 Abs. 4 S. 2: Pflicht zur unverzüglichen Aufnahme von zwischen dem Alleingesellschafter und der von ihm vertretenen GmbH vorgenommenen Rechtsgeschäften in eine Niederschrift; § 40 Abs. 2 GmbHG: Publizitätspflicht bei nachträglicher Anteilsvereinigung in einer Hand)[49].

Auch im deutschen Aktienrecht 1965 war die Möglichkeit der Einmann-Gründung ursprünglich nicht gesetzlich fixiert (vgl. § 2 in der Fassung vor 1994). Dies wurde im Jahre 1994 im Zuge der Deregulierung des Aktienrechts geändert[50]. Die Zulässigkeit der Einmann-Gründung einer AG ist in § 2 AktG ausdrücklich anerkannt worden. Die reale Kapitalaufbringung soll durch die in § 36 Abs. 2 AktG vorgesehene Pflicht zur Sicherheitsleistung durch den Alleinaktionär geschützt werden. Dem Gläubigerschutz dient auch die Publizitätspflicht des § 42 AktG bei nachträglicher Vereinigung sämtlicher Aktien in einer Hand, der die Umsetzung des Art. 3 i.V.m. Art. 6 der Zwölften Richtlinie darstellt. Schließlich ist zu betonen, dass der deutsche Gesetzgeber keine der im Art. 2 Abs. 2 der Zwölften Richtlinie zugelassenen „besonderen Bestimmungen"[51] ins deutsche

---

46 Zur umstrittenen Rechtsnatur der Einmann-Vorgesellschaft vgl. weiter, Kapitel 3, III.1.
47 Vgl. Hachenburg/*Ulmer*, § 1 GmbHG, Rn. 40 ff.; *Lutter/Hommelhoff*, § 1 GmbHG, Rn. 14.
48 Text bei *Lutter*, Europ. Unternehmensrecht, 4. Aufl., S. 274; *Habersack*, Europ. GesR, Rn. 338.
49 Vgl. *Habersack*, Europ.GesR, Rn. 322, 332, 335.
50 Gesetz vom 2.8.1994 für kleine Aktiengesellschaften und zur Deregulierung des Aktienrechts (BGBl I, 1961), vgl. dazu *Kindler*, NJW 1994, S. 3041, 3045.
51 Gemäß Art. 2 Abs. 2 der 12. Richtlinie können die Gesetze der Mitgliedstaaten bis zur Koordinierung der einzelstaatlichen Vorschriften für das Konzernrecht besondere Bestimmungen oder Sanktionen vorsehen, sofern

Recht eingeführt hat. Den Gefahren für den Gläubigerschutz, die aus der Errichtung der Ketten-Gesellschaften mbH entstehen können, in denen ein und dasselbe Vermögen zur Gründung mehrer Gesellschaften verwendet wird, ist in Deutschland durch die bilanzrechtliche Regelung des § 272 Abs. 4 S. 4 HGB Rechnung getragen. Danach ist der Erwerb von Anteilen eines herrschenden oder mit Mehrheit beteiligten Unternehmens bilanziell wie der Erwerb eigener Anteile zu behandeln, mit der Folge, dass die Gesellschaft eine Kapitalrücklage in entsprechender Höhe bilden muss.

b). Polnisches Recht

Im polnischen Recht wurde die Zulässigkeit der Gründung der GmbH durch eine Person im Zuge der Reform des pol. HGB im Jahre 1988 ausdrücklich anerkannt (Art. 158 pol. HGB)[52]. In diesem Fall liegt kein Gesellschaftsvertrag, sondern eine einseitige, nicht empfangsbedürftige Errichtungserklärung des Alleingründers vor, auf die die Vorschriften über den Gesellschaftsvertrag entsprechende Anwendung finden (so ausdrücklich Art. 158 Abs. 4 pol. HGB). Gemäß Art. 158 Abs. 2 pol. HGB hat der Alleingesellschafter sämtliche Befugnisse einer Gesellschafterversammlung. Aus Gründen des Gläubigerschutzes muss der Gesellschafter seine Beschlüsse protokollieren (Art. 239 pol. HGB).

Art. 158 Abs. 3 pol. HGB statuiert das Verbot der Ketten-Einmann-GmbH. Danach kann alleiniger Gesellschafter einer Einmann-GmbH nicht eine andere Einmann-GmbH sein. Zweck dieser Regelung, die dem Art. 2 Abs. 2 lit. b) der Zwölften Richtlinie (89/667/EWG) entspricht, ist zu verhindern, dass ein einer Person ursprünglich zustehendes Vermögen zur Gründung mehrerer Gesellschaften weitergereicht wird, an denen nur eine Person beteiligt ist[53]. Dieses Verbot erstreckt sich auch auf die ausländische Einmann-GmbH[54]. Die seit 1988 geltende Fassung des Art. 158 pol. HGB wird in der Literatur als mißglückt kritisiert,

---

a) eine natürliche Person einziger Gesellschafter von mehreren Gesellschaften ist oder
b) eine Einpersonengesellschaft oder eine andere juristische Person einziger Gesellschafter einer Gesellschaft ist.

[52] Gesetz vom 23.12.1988 über die Änderung des Handelsgesetzbuches, Dz.U. Nr. 41, Pos. 328. Der neue Text hat statt Paragraphen Absätze eingeführt.

[53] Włodyka/*Włodyka*, Prawo spółek, S. 59; *Zoll/Kuglarz*, RIW 1999, s. 277, 278.

[54] So ausdrücklich das pol. OG im Beschluss v. 28.4.1997, veröff. in OSN 1997, Nr. 10, Pos. 154, wonach eine Einmann-GmbH fremden Rechts, die die Eigenschaften der GmbH im Sinne des polnischen HGB aufweist, nicht Alleingesellschafter einer GmbH sein kann. Dazu *Zoll/Kuglarz*, RIW 1999, S. 277 ff.

da sie unklar sei[55] und leicht umgangen werden könne[56]. Um so mehr wundert die neue Regelung des Art. 156 § 2 HGGB, wonach eine Einmann-GmbH nicht durch eine andere Einmann-GmbH errichtet werden kann. Ihrem bloßem Wortlaut nach verbietet diese Vorschrift die Strohmann-Gründungen mit daraufhin folgender Vereinigung aller Anteile in der Hand der Einmann-GmbH nicht[57]. Insoweit scheint die Zweckmäßigkeit der geplanten gesetzlichen Beschränkung fragwürdig zu sein. Den Gefahren für den Gläubigerschutz, welche aus der Errichtung von Ketten-GmbH hervorgehen, könnte man eher auf der bilanzrechtlichen Ebene entgegentreten und zwar durch Einführung einer Vorschrift nach dem Vorbild des deutschen § 272 Abs. 4 HGB, die die obligatorische Bildung von Kapitalrücklagen im Fall des Erwerbs der Anteile von herrschenden oder abhängigen Gesellschaften vorsehen würde.

Gemäß Art. 308 S. 3 pol. HGB soll die Aktiengesellschaft mindestens durch drei Personen gegründet werden, es sei denn, der Staat oder ein Verband der territorialen Selbstverwaltung (z.B. die Gemeinde) ist Gründer der Gesellschaft. Da allerdings die Zulässigkeit der Strohmanngründung auch in bezug auf die AG allgemein anerkannt ist, hat die restriktive Regelung des HGB in der Literatur Kritik erfahren[58]. Deswegen lasst das neue Gesetz die Gründung der AG auch durch eine Person zu, allerdings mit einer Ausnahme: Die AG kann nicht durch eine Einmann-GmbH errichtet werden (Art. 301 § 1 S. 2 HGGB). Diese Ausnahmeregelung entspricht zwar dem Art. 2 Abs. 2 lit. b der Zwölften Richtlinie, ihre Zweckmäßigkeit ist jedoch – angesichts ihrer leichten Umgehungsmöglichkeit – zweifelhaft. Anders als das deutsche Recht sieht der polnische Gesetz keine Pflicht des Alleinaktionärs zur Leistung der Sicherheit vor, wenn das Kapital der AG vor ihrer Registereintragung nicht voll gedeckt werden soll.

---

[55] *Kidyba*, PiP 1/1991, S. 54 ff., *Okolski/Modrzejewski*, Palestra 1/1990, S. 10 ff. Zusammenfassend im deutschen Schrifttum *Marr*, aaO., S. 41-44.

[56] So z.B. kann ein Alleingesellschafter mit seiner GmbH eine „Zwei-Mann-GmbH" gründen, die eine weitere Einmann-GmbH errichten kann usw. Vgl. *Okolski/Modrzejewski*, aaO., S. 18, *Marr*, aaO., S. 43. Die Rechtsmäßigkeit solcher Gründung bezweifelt *Kidyba*, Art. 158, Rn. 16.

[57] Nach *Szajkowski*, Art. 160, Rn. 8, verbiete Art. 158 Abs. 3 pol. HGB nur die Gründung der Einmann-GmbH durch eine andere Einmann-GmbH. Nachträgliche Vereinigung aller Anteile bei GmbH sei zulässig, weil das pol. HGB keine Sanktion vorsieht. A.A. *Kidyba*, Art. 158, Rn. 16, nach dem die nachträgliche Vereinigung aller GmbH-Anteile bei einem Gesellschafter, der eine Einmann-GmbH ist, einen Grund für die obligatorische Auflösung der Gesellschaft darstellt.

[58] Pyzioł/*Szumański*/Weiss, Prawo spółek, S. 382; *Sołtysiński*/Szajkowski/Szwaja, Art. 308 pol. HGB, Rn. 22.

Besondere Erfordernisse bezüglich der Mindestzahl der Gründer sind in anderen Gesetzen enthalten. So kann z.B. eine Bank-AG mindestens durch drei natürliche und/oder juristische Personen gegründet werden, es sei denn, dass der Gründer eine andere in- oder ausländische Bank ist (Art. 13 Abs. 1 und Abs. 3 Gesetz Bankrecht v. 29.8.1997). Nach Art. 29 Abs. 4 des Gesetzes v. 21.8.1997[59] über den öffentlichen Wertpapierverkehr kann ausschließlich eine juristische Person der alleinige Gründer eines Börsenmaklerhauses sein[60].

Das neue polnische Gesetz sieht auch besondere Publizitäts- und Formvorschriften für die Rechtsgeschäfte zwischen der GmbH bzw. AG und ihrem einzigen Gesellschafter bzw. Aktionär vor[61].

III. Gesetzliche Sachgründungskautelen

1. Sinn und Zweck der Sacheinlagevorschriften

Die Vorschriften über die Sacheinlage bilden sowohl im deutschen als auch im polnischen Recht einen wichtigen Teil des Systems der realen Kapitalaufbringung. Da bei Sachen, im Gegensatz zu Geld, Fragen sowohl nach ihrer Einlagefähigkeit als auch nach ihrer Vollwertigkeit entstehen können, haben die präventiv wirkenden Schutzmechanismen des Sacheinlagerechts – die Offenlegung der Sacheinlagen sowie ihre registergerichtliche und sachverständige Prüfung – die vollständige Deckung der im Gesellschaftsvertrag bestimmten Kapitalziffer sicherzustellen[62]. Zum einen soll dadurch der Gesellschaft eine Betriebsgrundlage geschaffen werden[63]. Zum anderen können die Gesellschaftsgläubiger aufgrund der Wertprüfung und Publizität darauf vertrauen, dass ihrer Schuldnerin Sachwerte in Höhe des nominellen Kapitals zumindest einmal zugeführt worden sind. Außerdem können sie sich auch auf das mit der Erbringung der Sacheinlagen verbundene erhöhte Risiko (Überbewertung, mangelnde sofortige Liquidität

---

[59] Dz.U. v. 1997, Nr. 140 Pos. 939, später geändert.
[60] Dz.U. v. 1997, Nr. 118, Pos. 754.
[61] Vgl. dazu oben, Kapitel 1, III.3.e).
[62] Vgl. im polnischen Schrifttum *Allerhand*, Art. 312 pol. HGB; Anm. 1; *Sołtysiński*, aaO., Art. 311 pol. HGB, Rn. 7 und Art. 312 pol. HGB, Rn 1; *Namitkiewicz*, Art. 163 pol. HGB, Anm. 3; im deutschen Schrifttum: Hachenburg/*Ulmer* § 5, 112; *Lutter* in: KK, § 183 Rn. 2; *Ulmer*, ZHR 154 (1990), S. 128 ff; *Grunewald*, FS Rowedder 1994, S. 111.
[63] *Lutter*, Kapital, S. 51; Hachenburg/*Ulmer*, § 5 GmbHG, Rn. 31; *Szumański*, Wkłady, S. 72; *A.W. Wiśniewski*, Prawo o spółkach, Bd. 2, S. 98.

des Gesellschaftsvermögens) einstellen[64]. Schließlich sollen die Sacheinlagevorschriften die Gleichbehandlung der die Geldeinlage einbringenden Gesellschafter sicherstellen[65]. Diese verdienen den Schutz davor, dass ihre eigenen Anteile infolge der Überbewertung von Sacheinlagen verwässert werden.

In bezug auf die Aktiengesellschaft sieht die Kapitalrichtlinie (77/91/EWG) besondere Pflichten vor, welche zum Zwecke der Sicherung der realen Kapitalaufbringung im Falle der Leistung von nicht in Geld bestehenden Einlagen in die Rechtssysteme der Mitgliedstaaten eingeführt werden sollen. Bereits die im pol. HGB 1934 enthaltenen Vorschriften genügen weitgehend den europäischen Vorgaben. Im neuen Gesetz soll das polnische Aktienrecht vollständig an den europäischen Standard angepaßt werden[66].

2. GmbH-Recht

Im deutschen Recht schreibt § 5 Abs. 4 GmbHG die Angaben vor, welche im Fall der Sachgründung im Gesellschaftsvertrag festzusetzen sind. Danach müssen im Gesellschaftsvertrag der Gegenstand der Sacheinlage und der Betrag der Stammeinlage, auf die sich die Sacheinlage bezieht, bestimmt werden. Die Gesellschafter haben außerdem einen sog. Sachgründungsbericht aufzustellen, in dem alle Umstände darzulegen sind, aus denen sich die Vollwertigkeit der Sacheinlage ergibt (§ 5 Abs. 4 S. 2 GmbHG). Nach einhelliger Meinung im deutschen Schrifttum sind diese Pflichten auch in Fällen der sog. Sachübernahme einzuhalten. Diese liegt dann vor, wenn die Gesellschaft von einem Gründer (Gesellschafter) bzw. Dritten einen Vermögensgegenstand entgeltlich erwirbt, wobei die Vergütung dafür auf die Bareinlagepflicht des Gesellschafters angerechnet werden soll[67]. Eine solche Aufrechnung hat nur dann einlagebefreiende Wirkung, wenn alle für die Sachgründung geltenden Vorschriften eingehalten werden. Ohne die Einhaltung der Formvorschriften der §§ 5 Abs. 4, 56 Abs. 1 GmbHG ist auch der Gesellschaft jede Aufrechnung der Einlageforderung mit Ansprü-

---

[64] *Grunewald*, aaO., *Ulmer*, ZHR 154 (1990), S. 128; *Namitkiewcz*, aaO.

[65] *Lutter* in: KK, § 183, Rn. 2; *Allerhand*, Art. 312; Anm. 1; *Sołtysiński*/Szajkowski/Szwaja, Art. 311 pol. HGB, Rn. 7 und Art. 312 Rn 1.

[66] Bezüglich der Anpassungsbedürfnisse des im HGB 1934 enthaltenen polnischen Gesellschaftsrechts an die europarechtliche Vorgabe vgl. *Szajkowski*, Studia Prawnicze, 1-4/1996, S. 31 ff.; *Jedrzejewska*, Studia Prawnicze, 1-4/1996, S. 71 ff.

[67] Dazu Hachenburg/*Ulmer* § 5 GmbHG, Rn 97 ff.; Scholz/*Winter*, § 5 GmbHG, Rn. 70; *Lutter/Hommelhoff* § 5 GmbHG, Rn. 33.

chen des Gesellschafters verwehrt (§ 19 Abs. 5 GmbHG)[68]. Für den Gesellschafter ist das Aufrechnungsverbot ausdrücklich in § 19 Abs. 2 GmbHG vorgesehen.

Die Angaben, die der Gesellschaftsvertrag im Fall der Sachgründung enthalten muss, sind in Art. 158 HGGB bestimmt. Diese Vorschrift unterscheidet sich von der bisherigen Regelung des Art. 163 pol. HGB nur im Detail. Alle auf das Stammkapital zu erbringenden Leistungen, welche nicht in Geld bestehen, müssen unter Nennung des Gegenstands dieser Leistung, der Person des verpflichteten Gesellschafters sowie der Anzahl und des Betrags der dafür übernommenen Anteile im Gesellschaftsvertrag ausführlich bestimmt werden. Eine allgemeine Bezeichnung der Sacheinlage ohne Angabe der Zahl und Art von einzulegenden Vermögensgegenständen oder ihre Festsetzung in einem vom Gesellschaftsvertrag gesonderten Vertrag genügt dem gesetzlichen Gebot nicht[69]. Wie das pol. OG festgestellt hat, wird vermutet, dass die Einlage ins Eigentum der Gesellschaft übergeht und nicht etwa nur zur Nutzung, wenn im Gesellschaftsvertrag der Rechtstitel nicht näher bestimmt ist, unter welchem die Einlagen einzubringen sind[70]. Die Kontrolle der gesetzlich vorgeschriebenen Festsetzungen im Gesellschaftsvertrag obliegt dem Registergericht[71]. Die Aufstellung eines schriftlichen Sachgründungsberichts ist allerdings im neuen polnischen GmbH-Recht ebenso wie bisher nicht vorgeschrieben. In Rechtsprechung und Literatur wird jedoch die Darlegung aller für die Bewertung der Sacheinlagen maßgebenden Umstände in den dem Gesellschaftsvertrag beiliegenden Unterlagen empfohlen[72].

Das polnische GmbH-Recht enthält keine formellen Vorschriften über Sachübernahmen. Nur die einseitige Aufrechnung durch den Gesellschafter mit seiner Bareinlageverpflichtung ist ausdrücklich in Art 14 § 4 HGGB verboten.

---

[68]Vgl. *Lutter/Hommelhoff*, § 19 GmbHG, Rn. 34. Näher dazu vgl. im Kapitel 4, III.1. und 2.

[69]Beschluss des pol. OG vom 8.5.1990 (III CRN 139/90), nicht veröffentlicht, Urteilstenor bei *Szumański*, Wkłady, S. 335.

[70]Beschluss des pol. OG vom 8.5.1990 (III CRN 139/90), aaO.

[71]Beschluss des pol. OG vom 8.5.1990 (III CRN 139/90), aaO.

[72]Entscheidung des OG v. 25.1.1995, III CZP 177/94, OSN 5/1995, Pos. 75; dazu Anm. von *Fronc* in Rejent 7-8/1996, S. 165 ff; vgl. auch Sołtysiński/*Szajkowski*/Szwaja, Art. 291 pol. HGB, Rn. 7; *Gralla*, IWB, Gruppe 3 (Polen), S. 67, 73.

3. Recht der Aktiengesellschaft

a). Qualifizierte Gründung

Von einer qualifizierten Gründung wird sowohl in Polen als auch in Deutschland in den Fällen gesprochen, in denen mit einzelnen Gründern oder anderen Personen Vereinbarungen getroffen werden, welche die Verwirklichung des Grundsatzes der realen Kapitalaufbringung besonders stark gefährden und deswegen besonderer Publizität und Außenkontrolle bedürfen. Im deutschen Recht geht es grundsätzlich um vier Fallgruppen (§§ 26, 27 AktG): Einräumung von Sondervorteilen an einzelne Aktionäre oder Dritte, Auszahlung des Gründungsaufwandes an die Aktionäre oder andere Personen, Vereinbarung von Sacheinlagen, Übernahme vorhandener oder herzustellender Vermögensgegenstände durch die AG (sog. Sachübernahme)[73].

Gemäß Art. 311 § 1 HGGB (Art. 312 pol HGB) findet die qualifizierte Gründung dann statt, wenn Sacheinlagen („Apporte") eingebracht, Gegenstände und Vermögensrechte durch die Gesellschaft erworben werden oder eine Vergütung für die bei der Gründung der AG geleisteten Dienste vorgesehen ist. Beim Vergleich der beiden Regelungen ist festzustellen, dass der nach polnischem Recht als ein Fall der qualifizierten Gründung angesehene Erwerb von Vermögensgegenständen vor der Registereintragung dem Begriff der Sachübernahme in § 27 Abs. 1 AktG weitgehend entspricht. In beiden Ländern greifen die besonderen Pflichten unabhängig davon ein, ob der Gegenstand von dem Gesellschafter oder von einem Dritten erworben wird sowie ob die Vergütung auf die Einlageschuld angerechnet werden soll[74]. Im Fall der Sachübernahme droht die Gefahr, dass die für den übernommenen Gegenstand geleistete Vergütung dessen Wert übersteigt und das Grundkapital auf diese Weise ausgehöhlt wird[75].

---

[73]Vgl. *Raiser*, Recht der Kapitalgesellschaften, 2. Aufl., § 11, Rn. 9 ff.

[74]Vgl. *Röhricht*, in: Großkomm. zum AktG, § 27, Rn. 113; *Kraft* in: KK, § 27 AktG, Rn. 39 ff; Hachenburg/*Ulmer*, § 5 GmbHG, Rn, 97; im polnischen Schrifttum: *Sołtysiński*/Szajkowski/ Szwaja, Art. 312 pol. HGB, Rn. 1.

[75]*Röhricht*, aaO., § 27 AktG, Rn. 113; *Allerhand*, Art. 312 pol. HGB, Anm. 1 und 2.

b). Festsetzungen in der Satzung

Nach § 26 Abs. 1 und 2 AktG sind jeder besondere Vorteil unter Bezeichnung des Berechtigten sowie der Gesamtaufwand, der zu Lasten der AG ausgezahlt wird, in deren Satzung gesondert festzusetzen. Im Fall der Sachgründung muss die Satzung den Gegenstand der Sacheinlage, die Person, von der die Gesellschaft den Gegenstand erwirbt, sowie den Nennbetrag der für die Sacheinlagen zu gewährenden Aktien, bei Stückaktien die Zahl der als Gegenleistung zu erbringenden Aktien oder bei der Sachübernahme die zu gewährende Vergütung beinhalten (§ 27 Abs. 1 AktG).

Nach polnischem Recht sind die Angaben bezüglich der qualifizierten Gründung dagegen nicht in der Satzung, sondern im Gründerbericht (Artt. 311 HGGB, 313 pol. HGB) sowie in den notariell zu beurkundenden Erklärungen über die Aktienübernahme aufzuführen[76]. Anders als im deutschen Aktienrecht, wo nach dem Grundsatz der einheitlichen Beurkundung die Satzungsfeststellung (§ 23 Abs. 1 AktG) und die Übernahmeerklärungen (§ 23 Abs. 2 AktG) in einem einheitlichen körperschaftlichen Akt beurkundet werden müssen[77], können diese Rechtsgeschäfte nach polnischem Recht in derselben oder in verschiedenen notariellen Urkunden enthalten sein (Artt. 313 HGGB, 314 pol. HGB). In der Satzung muss allerdings gemäß der neuen Regelung mindestens annähernd der auf den Tag der Gesellschaftserrichtung bestimmte Gesamtaufwand gesondert festgesetzt werden, der die Gesellschaft im Zusammenhang mit ihrer Gründung belastet (Art. 304 § 1 Pkt. 9 HGGB).

c). Erstattung des Gründungsberichts

Nach § 32 AktG haben die Gründer einen schriftlichen Bericht über den Hergang der Gründung zu erstatten, in dem u.a. die wesentlichen Umstände, von denen die Angemessenheit der Leistung für Sacheinlagen und Sachübernahmen abhängt, darzulegen sind (§ 32 Abs. 2 AktG). Anhand des Gründungsberichts ist dann die Prüfung durch den inzwischen bestellten Aufsichtsrat und Vorstand vorzunehmen, die hierüber einen eigenen Bericht verfassen (§ 33 Abs. 1 AktG). Anders als im polnischen Aktienrecht, in dem die Pflicht zur Aufstellung eines

---

[76] Pyzioł/*Szumański*/Weiss, Prawo spółek, S. 423 und 471.

[77] *Röhricht*, aaO., § 23 AktG, Rn. 36; *Kraft*, in: KK § 23 AktG, Rn. 8, 9; *Eckardt* in *Geßler/Hefermehl*, § 23 AktG, Rn. 22; *Hüffer*, § 23 AktG, Rn. 16.

ausführlichen Gründungsberichts allein in Fällen der qualifizierten Gründung vorgesehen ist (Art. 311 HGGB, Art. 312 pol. HGB), sind die oben genannten Berichte und Prüfungen nach deutschem Recht unabhängig von der Art der Einlage zu erstatten bzw. vorzunehmen.

Liegt einer der in Art. 311 § 1 HGGB (Art. 312 § 1 pol. HGB) bestimmten Fälle der qualifizierten Gründung vor, so haben die Gründer einen schriftlichen Bericht anzufertigen, dessen Inhalt gesetzlich bestimmt ist[78]. Im einzelnen sind anzugeben: der Gegenstand der Sacheinlagen sowie die Anzahl der hierfür ausgegebenen Aktien und anderen Titel zur Teilnahme am Gewinn oder an der Verteilung des Gesellschaftsvermögens; die vor der Eintragung erworbenen Gegenstände und Vermögensrechte sowie die Höhe und die Art der Bezahlung; die Gründungsdienste sowie die Höhe und die Art der Vergütung dafür; die Personen, welche Sacheinlagen einbringen, Gegenstände an die Gesellschaft veräußern oder eine Vergütung für ihre Dienste erhalten (Art. 311 § 1 HGGB). Im neuen Gesetz ist darüber hinaus als weiterer obligatorischer Punkt des Gründungsberichtes die Beschreibung der angewandten Bewertungsmethode vorgesehen (Art. 311 § 1 Pkt. 5 HGGB). In den Berichten sind die Zweckmäßigkeit der geplanten Transaktionen und der Einbringung der bestimmten Sacheinlagen sowie die Höhe der zuerkannten Vergütung und des Gründerlohnes zu begründen und die Belege in Urschrift oder in amtlich beglaubigter Abschrift beizufügen. Nach 355 § 3 HGGB darf die Vergütung für die Dienstleistungen oder andere Leistungen, die von den Gründern, Aktionären, wie auch mit ihnen verbundenen[79], von ihnen abhängigen oder über sie herrschenden Gesellschaften zugunsten der gegründeten Aktiengesellschaft erbracht wurden, nicht den Preis übersteigen, der im Verkehr gewöhnlich für diese Leistung gezahlt wird. Wenn ein Unternehmen als Sacheinlage eingebracht wird, soll der Gründerbericht die zwei letzten Jahresabschlüsse bzw. einen Geschäftsbericht für die Zeit der Tätigkeit des Unternehmens enthalten, wenn diese Zeit kürzer als zwei Jahre ist (Art. 311 § 3 HGGB).

---

[78] Vgl. dazu *Allerhand*, Art. 312 pol. HGB, Rn. 1 ff; *Sołtysiński*/Szajkowski/Szwaja, Art. 312 pol. HGB, Rn. 1 ff.

[79] Eine Legaldefinition des Begriffs „verbundene Gesellschaft“ enthält Art. 4 § 1 Pkt. 5 HGGB.

d). Prüfung durch sachverständige Prüfer

Bei der Sachgründung sowie in anderen Fällen der Gründung, an der Vorstands- und Aufsichtsratsmitglieder besonders intensiv beteiligt sind, schreibt das deutsche Recht neben der Gründungsprüfung durch die Mitglieder von Vorstand und Aufsichtsrat, die Kontrolle durch einen oder mehrere gerichtlich bestellte, neutrale und sachverständige Gründungsprüfer vor (§ 33 Abs. 2 AktG). Je ein Exemplar ihres Berichts ist dem Vorstand und dem Gericht einzureichen, bei dem er von jedermann eingesehen werden kann (§ 34 Abs. 3 AktG).

Nach Art. 312 § 1 HGGB muss der Gründerbericht einem oder mehreren vom Registergericht aus der gesamtpolnischen Liste der vereidigten Prüfer ernannten sachverständigen Prüfern („Revidenten") zur Prüfung auf seine Richtigkeit und Vollständigkeit vorgelegt werden. Der Prüfer hat ein Gutachten darüber abzugeben, ob der Wert der Sacheinlagen mindestens dem Nominalwert oder dem höheren Emissionswert der übernommenen Aktien entspricht, sowie ob die Höhe der zugebilligten Bezahlung oder Vergütung gerechtfertigt ist[80]. Der sachverständige Prüfer fertigt ein ausführliches Gutachten in zwei Exemplaren an und reicht es mitsamt dem Bericht der Gründer bei dem Registergericht ein, das ein von ihm bescheinigtes Exemplar den Gründern ausgibt.

Durch die in Art. 312 § 7 HGGB vorgesehene Publizitätspflicht soll das polnische Recht an die europäische Vorgabe angepaßt werden (vgl. Art. 10 Abs. 3 der Kapitalrichtlinie i.V.m. Art. 3 Abs. 4 der Publizitätsrichtlinie). Danach hat die Gesellschaft den Vermerk über die Hinterlegung des sachverständigen Gutachtens beim Registergericht vor der Eintragung ins Handelsregister auf eine im Art. 5 § 3 HGGB Weise[81] bekanntzumachen. Dies soll der Öffentlichkeit erleichtern, die Kenntnis über die Angaben betreffend die qualifizierte Gründung zu erlangen.

---

[80] Vgl. dazu näher im Kapitel 6, II.1.b).

[81] Gemäß Art. 5 § 3 HGGB (ähnlich Artt. 174, 338 pol. HGB) sind die gesetzlich vorgeschriebenen Bekanntmachungen in Angelegenheiten der Gesellschaft im „Monitor Sądowy i Gospodarczy" vorzunehmen, es sei denn dass das Gesetzes etwas anderes bestimmt. Der Gesellschaftsvertrag kann darüber hinaus eine andere Art der Bekanntmachung vorsehen.

e). Notarielle Beurkundung der Errichtungsakte

Wie bereits oben hervorgehoben wurde, stellt die Erklärung über Errichtung der AG und über die Aktienübernahme im polnischen Recht ein von der Satzung zu unterscheidendes Rechtsgeschäft dar. Diese Selbständigkeit der Aktienübernahme kommt insbesondere im Fall der Sachgründung zum Ausdruck und zwar dann, wenn sich daran neben den Gründern auch andere Personen beteiligen.

Gemäß Art. 313 § 1 HGGB muss das Einverständnis mit der Errichtung der Gesellschaft und mit dem Wortlaut der Satzung sowie mit der Übernahme der Aktien durch die Gründer allein oder durch die Gründer und Dritte (sog. primäre Aktionäre) in einer oder mehreren notariellen Urkunden gefaßt werden. Sollen Sacheinlagen auf das Stammkapital eingebracht oder Vermögensgegenstände für die Gesellschaft vor ihrer Eintragung erworben werden, so sind in den notariellen Errichtungsakten die Sacheinleger bzw. die Veräußerer, ferner der Gegenstand der Einlage oder des Erwerbs wie auch die Art und die Höhe der Zahlung anzugeben. Im Fall der qualifizierten Gründung der AG wird der Gesellschaftsvertrag regelmäßig aus zwei notariellen Urkunden bestehen, d.h. aus der Satzung der AG und aus dem erst nach dem Abschluß der Gründungsprüfung notariell zu beurkundenden Akt über die Errichtung der AG und die Übernahme der Aktien[82]. Dies ergibt sich aus dem Wortlaut des Art. 314 HGGB (vorher Art. 315 pol. HGB), wonach in den Errichtungsakten ausdrücklich festgestellt werden muss, dass der Gründungsbericht sowie das Gutachten des sachverständigen Prüfers jedem der künftigen, diese Urkunde unterschreibenden Aktionären bekannt ist.

4. Rechtsfolgen der Nichtbeachtung der formellen Sachgründungsvorschriften

Sowohl im deutschen als auch im polnischen Recht haben die formellen Regeln der Sachgründung zwingenden Charakter. Im deutschen Recht sind die Abreden über die Sacheinlage, Sachübernahmen, Gründungsaufwand und Sondervorteile sowie die Rechtshandlungen zu ihrer Ausführung ohne Einhaltung der gesetzlichen Kautelen der Gesellschaft gegenüber unwirksam (§§ 26 Abs. 3, 27 Abs. 3 AktG). Insbesondere die Leistung der in der Satzung nicht festgesetzten Vermögensgegenstände befreit den Gesellschafter von der Einlagepflicht nicht. Im polnischen Schrifttum wird diese Konsequenz aus dem Prinzip der realen Kapi-

[82] Pyzioł/*Szumański*/Weiss, Prawo spółek, S. 399 f.

talaufbringung sowie aus dem Verbot der Leistung an Erfüllungs Statt und der Befreiung von der Einlageschuld hergeleitet. Die Nichteinhaltung der formellen Sacheinlagekautelen stellt einen Errichtungsmangel dar, der zur Ablehnung der Eintragung führt. Zuvor hat das Registergericht den Gründern Gelegenheit zur Behebung des Mangels zu geben (Artt. 165, 317 § 1 HGGB)[83].

Wird die Kapitalgesellschaft jedoch trotz der unterbliebenen oder mangelhaften Festsetzung der Sacheinlagen eingetragen, so hat dies keinen Einfluß auf die Existenz der Gesellschaft als juristische Person[84]. Die allgemeinen zivilrechtlichen Regeln über die Nichtigkeit der gesetzeswidrigen Rechtsgeschäfte (§ 139 BGB, Art. 58 pol. ZGB) finden hier mit Rücksicht auf den Schutz des Rechtsverkehrs keine Anwendung. Nach dem deutschen Recht tritt an die Stelle der nicht wirksam festgesetzten Sacheinlage die primäre Pflicht des Gesellschafters zur Deckung des übernommenen Stamm- oder Grundkapitalanteils in Geld (§ 27 Abs. 3 S. 3 AktG, § 5 Abs. 4 GmbHG), und zwar auch dann, wenn der Gesellschaftsvertrag Geldeinlagen ausschließt, aber die Festsetzung mangelhaft (unvollständig) ist[85]. Die Heilung der formellen Mängel durch einfache Änderung der Satzung einer AG ist nach der Eintragung ausgeschlossen (so ausdrücklich § 27 Abs. 4 AktG)[86].

Im polnischen Recht ist dagegen zwischen der ganz unterbliebenen und der mangelhaften Festsetzung von Sacheinlagen zu unterscheiden. Im ersten Fall wird der Gesellschafter durch Leistung eines Vermögensgegenstandes anstelle der ursprünglich zugesagten Geldsumme von seiner Einlagepflicht nicht befreit. Ähnlich wie im Deutschland ist der Übergang von der Geld- zur Sacheinlage nach der Entstehung der Gesellschaft ausschließlich im Wege der Kapitalherabsetzung mit anschließender Sachkapitalerhöhung zulässig[87]. Werden dagegen die Sacheinlagen zwar im Gesellschaftsvertrag festgesetzt, die formellen Sachgründungkautelen aber nicht genau eingehalten, so sind die nach der Eintragung

---

[83] *Röhricht*, § 27, Rn. 137; Sołtysiński/*Szajkowski*/Szwaja, Art. 173 pol. HGB, Rn. 1; *Sołtysiński*/Szajkowski/ Szwaja, Art. 329 pol. HGB, Rn. 15; Pyziol/Szumański/*Weiss*, Prawo spółek, S. 213 ff.

[84] Vgl. Entscheidung des pol. OG v. 7.4.1993, III CZP 23/93, veröff. in MoP 4/1993, S. 110 = *Strzępka* (Hrsg.), Orzecznictwo, S. 457; *Szajkowski*, aaO., Art. 160, Rn. 35 und Art. 173, Rn. 2; *Sołtysiński*, aaO., Art. 337, Rn. 2 ff.; Pyziol/*Szumański*/Weiss, aaO., S. 434.

[85] Vgl. Hachenburg/*Ulmer*, § 5 GmbHG, Rn. 55; *Röhricht*, in: Großkomm. zum AktG, § 27 Rn. 102.

[86] Im GmbH-Recht vgl. Hachenburg/*Ulmer*, § 5 GmbHG, Rn. 152.

[87] Vgl. Hachenburg/*Ulmer*, § 5 GmbHG, Rn. 27; *Sołtysiński*/Szajkowski/Szwaja, Art. 341 pol. HGB, Rn. 4; *Szumański*, Wkłady, 272.

festgestellten Mängel im Wege des im Artt. 172, 327 HGGB (vorher Artt. 173, 337 pol. HGB) geregelten Verfahrens zu beseitigen[88]. In diesem Punkt erweist sich das deutsche Recht, das bereits im Fall mangelhafter Festsetzung von Sacheinlagen die primäre Bareinlagepflicht einsetzen lasst, strenger als die polnische Regelung.

IV. Bestellung der ersten Gesellschaftsorgane

Die ersten Organe der zu gründenden Gesellschaft müssen noch vor ihrer Anmeldung Registereintragung bestellt werden. Bei der GmbH handelt sich vor allem um die ersten Vorstandsmitglieder (Art. 163 Pkt. 3 HGGB) bzw. Geschäftsführer (§ 16 GmbHG), deren Aufgabe es ist, die Einlagen entgegenzunehmen, die Gesellschaft zur Eintragung ins Register anzumelden und die gesetzlich vorgeschriebenen Versicherungen abzugeben. Die Bestellung eines Aufsichtsrats oder einer Revisionskommision ist nach dem neuen polnischen Recht zwingend, wenn das Stammkapital den Betrag 500 000 Zloty (ungefähr 250 000 DM, bisher: 25 000 Zloty, Art. 206 pol. HGB) überschreitet und mehr als 25 Gesellschafter (bisher: 50) vorhanden sind (Art. 213 § 2 HGGB). Die Bestellung der ersten Vorstandsmitglieder erfolgt üblicherweise bereits im Gesellschaftsvertrag, wobei sie entweder als echter (materieller) oder unechter Satzungsbestandteil ausgestaltet werden kann[89]. Nach deutschem Recht kann der Geschäftsführer bzw. das Vorstandsmitglied ausschließlich eine natürliche, unbeschränkt geschäftsfähige und amtsfähige Person sein (§ 6 GmbHG, § 76 AktG). Eine entsprechende Regelung enthält im neuen polnischen Recht die allgemeine Vorschrift des Art. 18 HGGB. Dadurch wurde der aufgrund des HGB 1934 bestehende Streit um die Frage ausgetragen, ob auch eine juristische Person ein Vorstandsmitglied sein kann[90]. Neben der Bestellung wird mit den Vorstandsmitgliedern ein schuldrechtlicher Anstellungsvertrag abgeschlossen, der die persönliche Rechtsstellung der Vorstandsmitglieder regelt. In Deutschland ist der Anstellungsvertrag meistens ein Dienstleistungsvertrag, in Polen – ein Arbeitsvertrag, Auftrag oder ein gemischter Manager-Vertrag[91].

---

[88]Vgl. dazu näher Kapitel 2, IX.

[89] Die Abberufung der im Gesellschaftsvertrag bestellten Vorstandsmitglieder bedarf jedoch später keiner Änderung des Gesellschaftsvertrages, vgl. *A.W. Wiśniewski*, Prawo, Bd. 2, S. 121; *Dziurzyński/Fenichel/ Honzatko*, Art. 195, Rn. 7, 8; *Kidyba*, Art. 160 pol. HGB, Rn. 16, S. 67; Sołtysiński/*Szajkowski*/Szwaja Art. 195 pol. HGB, Rn. 27; *Cierpial/Löffler/Thurner*, WiRO 1995, S. 333, 334.

[90]Vgl. zum ganzen Pyzioł/*Szumański*/Weiss, Prawo spółek, S. 626 m.w.N.

[91]Vgl. *Kubot*, AUW 1995, S. 88 ff.; *Cierpial/Löffler/Thurner*, WiRO 1995, S. 333, 334; *Skorupa*,

Gemäß § 30 AktG haben die Gründer den ersten Aufsichtsrat der AG und den Abschlußprüfer für das erste Voll- oder Rumpfjahr in einem notariellen Akt zu bestellen. Danach wählt der Aufsichtsrat den ersten Vorstand. Aufgrund des pol. HGB 1934 war der Vorstand durch die Gründer im Errichtungsakt (im Fall der Privatgründung, Art. 314 § 2 pol. HGB) bzw. während der Organisationsversammlung (im Fall der öffentlichen Gründung, Art. 327 § 4 pol. HGB) zu bestellen. Nach neuem Recht sollen dagegen die Bestellung und Abberufung der Vorstandsmitglieder grundsätzlich nicht mehr in der Kompetenz der Hauptversammlung (Art. 366 § 3 pol. HGB), sondern – ähnlich wie im deutschen Aktienrecht (§ 84 AktG) – in der des Aufsichtsrates liegen, es sei denn, dass die Satzung etwas anderes bestimmt (Art. 368 § 4 HGGB). Wird das nicht der Fall sein, so ist anzunehmen, dass auch im Gründungsstadium die Gründer zuerst den Aufsichtsrat und dieser sodann den ersten Vorstand zu bestellen haben.

V. Die Mindesthöhe der Einlageleistung

Sowohl das deutsche als auch das polnische Recht schreiben die effektive Deckung eines bestimmten Teils des statutarischen Kapitals bereits vor der Anmeldung der Gesellschaft zur Registereintragung vor. Die Gesetze differenzieren hier je nach dem, ob es sich um eine Geld- oder Sacheinlage handelt. Auf die einschlägigen gesetzlichen Regelungen in den beiden Rechtssystemen wird deswegen näher in den entsprechenden Kapiteln eingegangen[92].

VI. Gründerlohn und Gründungsaufwand

Den Gründungsaufwand bilden die Kosten der notariellen Beurkundung und der Eintragung ins Handelsregister sowie die sonstigen Steuern und Gebühren der Gründung. Im deutschen Schrifttum wird diesem Aufwand auch der sog. Gründerlohn zugerechnet, d.h. die vertraglichen Vergütungen an Gründer oder Dritte für beratende Tätigkeit aus Anlaß der Gründung[93]. Im Aktienrecht verlangt § 26 Abs. 2 AktG zur wirksamen Übernahme des Gründungsaufwands zu Lasten der AG dessen Festsetzung in der Satzung. Nach ganz h. M. findet diese Regelung auch auf die GmbH entsprechende Anwendung[94]: Der Gesellschaftsvertrag muss

---

Prawo Spółek, 5/1998, S. 18.

[92] Kapitel 4, II. und Kapitel 7, II. und III.

[93] So ausdrücklich auch § 26 Abs. 2 AktG, vgl. *Hüffer*, § 26 Rn. 5. Für die GmbH: Hachenburg/*Ulmer*, § 5 GmbHG, Rn. 183; Scholz/*Winter*, § 5 GmbHG, Rn. 111

[94] BGH ZIP 1989, S. 450; Hachenburg/*Ulmer*, § 5 GmbHG, Rn. 186; *Lutter/Hommelhoff*, § 3

ziffernmäßig regeln, ob und in welcher Höhe die Gründungskosten und der Gründerlohn zu Lasten der GmbH fallen sollen. Umstritten ist dagegen im Schrifttum, ob der Gründerlohn auch aus dem zur Erhaltung des Stammkapitals erforderlichen Vermögen (§ 30 Abs. 1 GmbHG) ausgezahlt werden darf[95]. Nach § 9a Abs. 1 GmbHG, § 46 Abs. 1 AktG sind die Gesellschafter bzw. Aktionäre verpflichtet, der Gesellschaft die Vergütung zu ersetzen, die nicht unter den Gründungsaufwand aufgenommen ist.

Das polnische Recht sieht für die Aktiengesellschaft die Pflicht zur Festsetzung der Höhe und Art der Vergütungen für die bei der Gründung geleisteten Dienste im Bericht der Gründer vor (Art. 311 § 1 Pkt. 3 HGGB). Die Angemessenheit der Vergütung unterliegt der Kontrolle sachverständiger Prüfer (Art. 312 HGG). In der Umsetzung des Art. 3 lit. j der Kapitalrichtlinie schreibt Art. 304 § 1 Pkt. 9 HGGB die Pflicht vor, in der Satzung mindestens annähernd den auf den Tag der Gesellschaftserrichtung bestimmten Gesamtaufwand, den die Gesellschaft im Zusammenhang mit ihrer Gründung zu tragen hat, gesondert festzusetzen. Gemäß Art. 3 Abs. 1 Pkt. 13 RWG sind die Kosten der Errichtung und der Erweiterung des Unternehmens der AG in deren Bilanz unter dem Posten „Immaterielle und rechtliche Güter“ zu aktivieren[96].

Das polnische GmbH-Recht sieht dagegen keine Pflicht zur gesonderten Festsetzung des von der Gesellschaft zu übernehmenden Gesamtaufwands im Gesellschaftsvertrag vor[97]. Die bei der Gründung anfallenden Gründungskosten (Stempelgebühr, Notargebühr, Registergebühr) können durch die Gesellschaft erst nach der Errichtung der Eröffnungsbilanz zurückgewährt werden[98]. Nach Art. 158 § 2 HGGB (vorher Art. 163 § 2 pol. HGB) ist allerdings verboten, die Vergütungen für bei der Gründung in Anspruch genommene Dienstleistungen aus dem Stammkapital zu bezahlen oder auf den Anteil des Gesellschafters anzu-

---

GmbHG, Rn. 42; Scholz/*Winter*, § 5 GmbHG, Rn. 113.

[95] Bejahend Scholz/*Winter*, § 5 GmbHG, Rn. 113; Hachenburg/*Ulmer*, § 5 GmbHG, Rn. 188 (die Einschränkung des § 30 GmbHG für einen angemessenen Gründungslohn). Verneinend *Lutter/Hommelhoff*, § 3 GmbHG, Rn. 42

[96] Das pol. RWG enthält allerdings keine die Vorgabe des Art. 34 der Vierten Richtlinie (78/660/EWG) umsetzende Vorschrift, die eine Frist für die Abschreibung dieser Aufwendungen festsetzen sowie die ein Verbot der Gewinnausschüttung bis zu deren vollständigen Abschreibung vorsieht. Vgl. *Litwińczuk*, Prawo bilansowe, S. 54 ff.

[97] Vgl. *Marr*, Das polnische GmbH-Recht, S. 23.

[98] Sołtysiński/*Szajkowski*/Szwaja, Art. 162 pol. HGB, Rn. 23; *Kidyba*, Art. 162 pol. HGB, Rn. 15.

rechnen[99]. Umstritten bleibt, ob es sich in dieser Vorschrift lediglich um die Dienste des Gesellschafters oder eines beliebigen Dritten handelt[100]. Unklar ist es auch, ob der Gründungsaufwand aus dem zur Deckung des statutarischen Stammkapitals erforderlichen Gesellschaftsvermögen an die Gründer ausgezahlt werden kann[101]. Aufgrund des künftigen Rechts ist das wohl zu verneinen und zwar im Hinblick auf den kategorischen Wortlaut des Art. 189 § 2 HGGB, wonach die Gesellschafter unter keinem Titel die Auszahlungen erhalten können, die das Stammkapital antasten [102].

VII. Anmeldung der Gesellschaft zum Handelsregister

Nach deutschem Recht ist die GmbH von sämtlichen Geschäftsführern, die AG von allen Gründern, Vorstands- und Aufsichtsratsmitgliedern zur Eintragung ins Handelsregister anzumelden (§ 7 GmbHG, § 36 Abs. 1 AktG). Nach §§ 8 Abs. 2 GmbHG, 37 Abs. 1 und 2 AktG haben die Geschäftsführer bzw. Vorstandsmitglieder dem Registergericht die freie Verfügungsbefugnis über die geleisteten Einlagen zu erklären und – bei der Aktiengesellschaft – durch eine schriftliche Bankbestätigung nachzuweisen. Für die Richtigkeit dieser Erklärung haften sie zivil- und strafrechtlich (§§ 9a, 82 GmbHG, 46 ff, 399 AktG)[103]. Gemäß § 37 Abs. 1 S. 4 AktG ist auch die Bank der AG gegenüber für die Richtigkeit der Bestätigung verantwortlich.

Anders als das deutsche Recht, bestimmt das polnische Recht eine unüberschreitbare Frist zur Anmeldung der Gesellschaft ins Register der Unternehmer. Im neuen Gesetz ist diese Frist vereinheitlicht und auf sechs Monate seit dem Tag des Abschlusses des Gesellschaftsvertrages bzw. der Feststellung der Satzung festgesetzt worden (Artt. 169, 325 § 1 HGGB, vgl. vorher Artt. 172, 336 pol. HGB). Nach dem erfolgslosen Verstreichen dieser Frist sowie nach der rechtskräftigen Ablehnung der Eintragung verliert der Gesellschaftsvertrag seine

---

[99]Nach *A.W. Wiśniewski*, Prawo o spółkach, Bd. 2, S. 102 seien nur immaterielle Dienstleistungen und solche, die einen „vororganisatorischen" Charakter haben, wie z.B. Aufbewahrung der Bareinlagen der Gesellschafter, Rechtsberatung und ähnliches, von der Anrechnung ausgeschlossen. Vgl. auch *Marr*, aaO., S. 23.

[100]Für das erste: *Dziurzyński/Feniche/Honzatko*, Art. 163 pol. HGB, Anm. 7; für das zweite: *Allerhand*, Art. 163 pol. HGB, Anm. 6; *Tomkiewicz, Bloch*, Art. 163, Anm. 5.

[101] Verneinend *Kidyba*, Art. 163 pol. HGB, Rn. 16, 19 (Kostenerstattung sei nur aus dem Bilanzgewinn oder aus dem das Stammkapital übersteigenden Umlaufvermögen zulässig).

[102]Vgl. dazu oben Kapitel 1, II.3.c).aa). und bb).

[103] Dazu näher in diesem Kapitel, unter X.a).

Wirksamkeit, allerdings mit Wirkung *ex nunc* (Art. 169 HGGB). Können die geleisteten Einlagen nicht in vollem Umfang zurückgegeben oder die Forderungen von Dritten gegen die Vorgesellschaft nicht vollständig befriedigt werden, so ist die letztere zu liquidieren, wobei die einschlägigen Vorschriften über die Liquidation eingetragener Gesellschaften entsprechende Anwendung finden (Artt. 170, 326 HGGB)[104].

Gemäß Artt. 164 § 1 S. 2, 316 § 1 S. 2 HGGB muss der Antrag auf Eintragung von sämtlichen Vorstandsmitgliedern unterzeichnet werden, was aufgrund der HGB-Regelung umstritten war[105]. Haben die Gesellschafter alle Gründungserfordernisse erfüllt, so kann sich der Vorstand seiner Anmeldungspflicht nicht mehr entziehen[106]. Unterlassen die Vorstandsmitglieder schuldhaft die Anmeldung, so machen sie sich den Gesellschaftern gegenüber schadensersatzpflichtig (Art. 18 pol. HGB, Art. 415 pol. ZGB)[107].
Das HGB 1934 verlangte von den anmeldenden Vorstandsmitgliedern die Abgabe einer Versicherung, dass die Bareinlage bei der GmbH vollständig und bei der AG in der satzungsmäßig vorgesehenen Höhe eingezahlt worden sowie dass der Übergang der Sacheinlagen auf die Gesellschaft im Zeitpunkt der Eintragung gesichert ist (Artt. 167 § 1 Pkt. 2, 331 § 1 Pkt. 3 pol. HGB). Nach neuem Recht muss der Registeranmeldung einer GmbH die Erklärung aller Vorstandsmitglieder beigelegt werden, dass die Einlagen zur Deckung des Stammkapitals von allen Gesellschaftern vollständig und im Fall der Übernahme des Geschäftsanteils zum höheren Preis als sein Nominalwert auch der Mehrbetrag aufgebracht worden sind (Artt. 167 § 1 Pkt. 2, 262 HGGB). Die Vorstandsmitglieder einer AG haben zu erklären, dass die nach der Satzung vor der Eintragung zu leistenden Geld- und Sacheinlagen rechtsmäßig eingebracht worden sind (Art. 320 § 1 Pkt. 2 HGGB). Die effektive Einzahlung auf das Konto der Vor-AG ist durch eine Einzahlungsbestätigung der Bank oder des Maklerhauses nachzuweisen. Lässt die Satzung vor, dass die Sacheinlage erst nach der Eintragung der Gesellschaft vollständig geleistet werden, so haben die Vorstandsmitglieder zu versi-

---

[104] Zur Liquidation der Vorgesellschaft nach geplantem Recht näher im Kapitel 3, III.2.b).
[105] Der überwiegende Teil der polnischen Literatur vertritt die Meinung, die Gesellschaft sei durch ihren Vorstand *in corpore* ins Handelsregister anzumelden. So *Dziurzyński/Fenichel/Honzatko*, Art. 165 pol. HGB, Anm. 2; *Namitkiewicz*, Art. 165 pol. HGB, Anm. 1; *Allerhand*, Art. 165 pol. HGB, Anm. 1; Sołtysiński/*Szajkowski*/Szwaja, Art. 165 pol. HGB, Rn. 3; *Weiss*, aaO., S. 212 f.. A.A.: *Tomkiewicz/Bloch*, Art. 165 pol. HGB, *A.W. Wiśniewski*, Prawo o spółkach, Bd. II, S. 129; *Sołtysiński*/Szajkowski/Szwaja, Art. 329 pol. HGB, Rn. 4.
[106] Sołtysiński/*Szajkowski*/Szwaja, Art. 165 pol. HGB, Rn. 2.
[107] Vgl. *Kidyba*, Art. 167 pol. HGB, Rn. 5.

chern, dass die Einbringung der noch nicht geleisteten Sacheinlagen in der satzungsmäßigen Frist, spätestens jedoch in einem Jahr seit der Eintragung der AG gesichert ist (Art. 320 § 1 pkt. 4 i.V.m. Art. 309 § 3 HGGB)[108].

VIII. Registergerichtliche Gründungskontrolle. Inhalt der Eintragung und Bekanntmachung

Nach §§ 38 AktG und 9c GmbHG überprüft das Registergericht die Anmeldung, insbesondere die Ordnungsmäßigkeit des Gründungsprozesses sowie die Vollständigkeit der angemeldeten Unterlagen und Angaben. Der Registerrichter kontrolliert nicht nur, ob die formellen Anforderungen an die Anmeldung beachtet wurden, sondern auch ob die materiellen Voraussetzungen der Eintragung erfüllt sind. Nach den 1998 neu eingefügten § 9c Abs. 2 GmbHG und § 38 Abs. 2 AktG soll sich die registergerichtliche Prüfung des Gesellschaftsvertrages nur darauf beschränken, ob er den gesetzlich vorgesehenen Mindestinhalt hat, die Vorschriften, die dem Schutz der Gläubiger oder sonstigem öffentlichen Interesse dienen, nicht verletzt sowie ob er nicht Bestimmungen enthält, welche zu dessen Nichtigkeit führen. Bestehen berechtigte Bedenken, dass die Gründung und Kapitalaufbringung nicht ordnungsgemäß erfolgt sind, ist der Richter zur weiteren Sachverhaltsermittlungen und Prüfung verpflichtet (§ 12 FGG, Amtsermittlungsgrundsatz)[109]. Die Eintragung ist insbesondere dann abzulehnen, wenn Sacheinlagen überbewertet worden sind (§ 9c GmbHG, § 38 Abs. 2 AktG).

Die registergerichtliche Prüfung regelten im polnischen Recht bisher Art. 16 pol. HGB v. 1934 sowie die Verordnung des Präsidenten der Republik Polen v. 1934 über das Handelsregister. Ab 1.1.2001 sind sie durch den gleichlautenden Art. 23 des Gesetzes über das gerichtliche Landregister (LGRG) ersetzt worden. Danach hat das Registergericht zu prüfen, ob die Anmeldung und die ihr beigefügten Urkunden nach Form und Inhalt mit den zwingenden Rechtsvorschriften im Einklang stehen. Eine materielle Prüfung kann und soll der Registerrichter erst dann vornehmen, wenn begründete Zweifel an der Wahrhaftigkeit der angemel-

---

[108] Dazu näher im Kapitel 7, I.2.a).

[109] Vgl. dazu *Lutter/Hommelhoff*, § 9c GmbHG, Rn. 3; Hachenburg/*Ulmer*, § 9c GmbHG, Rn. 6 ff. Zu den neuen Vorschriften der §§ 38 Abs. 3 AktG, 9c Abs. 2 GmbHG, die durch das Handelsrechtsreformgesetz am 1.8. 1998 eingefügt wurde, vgl. *Rawert*, in: *Hommelhoff, Röhricht* (Hrsg.), IWS-Forum 10, Gesellschaftsrecht 1997, S. 81 ff.; *Röhricht*, aaO., § 38, Rn. 45 ff.; *Lutter/Hommelhoff*, § 9c, Rn. 6.

deten Angaben bestehen[110]. Das registergerichtliche Prüfungsrecht erstreckt sich auch auf die Kontrolle der Richtigkeit der von den Vorstandsmitgliedern abzugebenden Erklärung über die Einlageleistung[111]. Wird im Zuge des Registerverfahrens festgestellt, dass die Einlagen nicht ordnungsgemäß geleistet worden sind, so ist die Eintragung abzulehnen. Ebenso hat das Registergericht zu verfahren, wenn festgestellt wird, dass die Bareinlagebewirkung mit einem Verstoß gegen das geltende Recht verbunden war[112]. Höchst umstritten ist dagegen im polnischen Recht die Frage, ob das Registergericht berechtigt ist, die Bewertung der Sacheinlage zu prüfen bzw. prüfen zu lassen[113].

Stellt der Registerrichter einen behebbaren Mangel in der Anmeldung fest, so setzt er der Gesellschaft eine angemessene Frist für dessen Beseitigung unter Androhung der Ablehnung der Eintragung (Artt. 165, 317 § 1 HGGB). Nach neuen Artt. 164 § 3, 317 § 3 HGGB kann die Eintragung nicht wegen unerheblicher Verstöße abgelehnt werden, die weder das Interesse der Gesellschaft noch das öffentliche Interesse beeinträchtigen und ohne einen unverhältnismäßigen Aufwand nicht behoben werden können.

Der Katalog der im öffentlichen Register zu verlautbarenden Angaben ist in beiden Rechtsordnungen gesetzlich bestimmt (§§ 39 AktG, § 10 GmbHG, Artt. 166, 318 HGGB). Nach polnischem Recht muss in der Eintragung der Aktiengesellschaft u.a. angegeben werden, in welchem Teil das Nominalkapital vor ihrer Entstehung gedeckt worden ist (Art. 318 Pkt. 6 HGGB). Im Fall der Sachgründung ist im Register dieser Umstand zu erwähnen (Art. 165 § 1 Pkt. 7 HGGB, Art. 318 Pkt. 9 HGGB).

Der Inhalt der Eintragung unterliegt der Publizitätspflicht im Amtsblatt „Gerichts- und Wirtschaftsanzeiger" (*Monitor Gospodarczy i Sądowy*) sowie in den

---

[110] Zu dem Umfang der registergerichtlichen Prüfung vgl. Sołtysiński/Szajkowski/*Szwaja*, Art. 16 pol. HGB, Rn. 4 f., Sołtysiński/*Szajkowski*/Szwaja, Art. 168 pol. HGB, Rn. 10; *Sołtysiński*/Szajkowski/Szwaja, Art. 329 pol. HGB, Rn. 23; *Kidyba*, Art. 171 pol. HGB, Rn. 2.
Zur Frage der registergerichtlichen Werthaltigkeitskontrolle von Sacheinlagen vgl. unten, Kapitel 6, III.b).

[111] Sołtysiński/*Szajkowski*/Szwaja, aaO., Art. 168 pol. HGB, Rn. 10

[112] So Entscheidung des pol. OG v. 21.10.1994, III CZP 137/94, veröff. in :OSN 2/1995, 2 Pos. 39. In dem Fall hat ein ausländisches Wirtschaftssubjekt die Bareinlage ohne Einhaltung der öffentlich-rechtlichen Vorschrift des Art. 16 Abs. 2 Pkt.1 des Gesetzes v. 1988 über die Wirtschaftstätigkeit geleistet.

[113] Vgl. dazu ausführlich im Kapitel 5, III.1.b).

im Gesellschaftsvertrag bzw. in der Satzung bestimmten Blättern (Art. 5 § 4 und § 5 HGGB). Bekanntzumachen sind darüber hinaus der Errichtungsakt der Gesellschaft sowie ihre Satzung, falls sie in einer gesonderten notariellen Urkunde enthalten ist (Art. 5 § 2 Pkt. 1 HGGB). Entsprechende Publizitätspflichten sind im deutschen Recht in §§ 10 Abs. 3 GmbHG, 40 AktG i.V.m. §§ 10, 11 HGB vorgesehen.

Gemäß Artt. 170, 334 pol. HGB hatte der Vorstand der GmbH bzw. AG innerhalb von zwei Wochen nach der Eintragung eine von ihm beglaubigte Abschrift des GmbH-Vertrages bzw. der Satzung und der Errichtungsakte der AG dem Wirtschaftsminister einzureichen sowie das Datum, die Nummer der Eintragung und das Gericht anzugeben, bei dem die Gesellschaft ins Handelsregister eingetragen ist[114]. Nach künftigem Recht sollen die genannten Angaben nicht mehr bei dem Wirtschaftsminister, sondern bei dem für die Gesellschaft zuständigen Finanzamt hinterlegt werden (Artt. 171, 324 HGGB).

IX. „Sanierende" Wirkung der Registereintragung

In beiden Rechtsordnungen wird der Eintragung ins Handelsregister eine weitgehend sanierende, d.h. Gründungsmängel heilende Wirkung beigemessen, wodurch dem Bestandsschutz der Gesellschaft sowie dem Schutz des Rechtsverkehrs Rechnung getragen werden soll. Ist die Kapitalgesellschaft eingetragen, so ist sie selbst dann wirksam entstanden, wenn Gründungsmängel vorliegen[115].

Im deutschen Recht kann die Gesellschaft auf Klage einer der in § 75 Abs. 1 GmbHG, § 275 AktG genannten Personen für nichtig erklärt werden, falls der Gesellschaftsvertrag bzw. die Satzung eine der in diesen Vorschriften bestimmten Angaben nicht enthält. Aus denselben Gründen kann die Gesellschaft auch im Wege des Amtslöschungsverfahrens nach § 144 FGG gelöscht werden, wenn ihre Löschung im öffentlichen Interesse geboten ist[116]. Der Katalog der Nichtigkeitsgründe hat im Hinblick auf den Bestandsschutz der wirksam entstandenen

[114] Mit der Wirkung seit 1.1.1997 hat der Wirtschaftsminister die Kompetenzen des im Artt. 170, 334 pol. HGB genannten Ministers für Industrie und Handel übernommen. Vgl. Gesetz v. 8.8.1996 – Vorschriften über die Einführung der Gesetze über die Restrukturierung der Wirtschaft und der Verwaltung (Dz.U. Nr. 106, Pos. 497).

[115] Vgl. Fn. 75. Im deutschen Schrifttum: Hachenburg/*Ulmer*, § 10 GmbHG, Rn. 15 f.; *Röhricht*, in: Großkom. zum AktG, § 39, Rn. 8; *Hüffer*, § 39 AktG, Rn. 4; *Kidyba*, Art. 171 pol. HGB, Rn. 5.

[116] Vgl. dazu *Lutter*, in KK, § 275 AktG, Rn. 13 ff. Hachenburg/*Hohner*, § 75 GmbHG, Rn. 1 ff.

juristischen Person abschließenden Charakter. Die Nichtigerklärung bzw. die Löschung entfalten Wirkung ex nunc: Sie bewirken die Abwicklung der Gesellschaft, wie wenn sie nach § 60 GmbHG bzw. § 262 AktG aufgelöst worden wäre (§ 77 GmbHG, § 277 AktG).

Das polnische Recht der Kapitalgesellschaften regelt ein besonderes Verfahren, das die Behebung der sich aus der Nichteinhaltung von Rechtsvorschriften über die Gründung der Gesellschaft ergebenden Mängel bezweckt (sog. Mängelbeseitigungsverfahren). Werden solche Mängel nach der Eintragung der Gesellschaft festgestellt, so fordert das Registergericht von Amts wegen oder auf Antrag der interessierten Personen die Gesellschaft zur Beseitigung der Mängel auf und bestimmt zu diesem Zweck eine entsprechende Frist. Wenn die Gesellschaft der Aufforderung nicht folgt, kann das Registergericht gegen die Vorstandsmitglieder Geldstrafen verhängen (Art. 172 § 1, 2 HGGB für die GmbH und Art. 327 § 1, 2 HGGB für die AG). Wie in der polnischen Literatur und Rechtsprechung hervorgehoben wird, können die Mängel des Gründungsprozesses sowohl auf einem Verstoß gegen die Vorschriften über Form und Inhalt des Gesellschaftsvertrages wie auch über die Einbringung der Einlagen beruhen[117].

Aufgrund der Regelung des pol. HGB 1934 wurde zwischen wesentlichen und unwesentlichen Mängeln unterschieden. Die ersteren[118] können zur Auflösung der Gesellschaft durch rechtskräftiges Urteil führen können, falls sie für das Weiterbestehen der Gesellschaft von wesentlicher Bedeutung sind und in der gerichtlich festgesetzten Frist nicht beseitigt werden (Art. 173 § 23 337 § 3 pol. HGB). Diese Regelung wurde im neuen Gesetz durch die allgemeine Vorschrift des Art. 21 HGGB ersetzt werden, der grundsätzlich die Umsetzung des Art. 11 Abs. 2 lit. a), b), c), e). der Publizitätsrichtlinie (68/151/EWG) darstellt und im § 1 einen geschlossenen Katalog von Auflösungsgründen enthält. Danach kann das Registergericht die Auflösung der im Register eingetragenen Gesellschaft nur in den in Art. 21 § 1 Nr. 1)-4) HGGB bestimmten Fällen[119] nach dem un-

[117] Vgl. Beschluss des pol OG v. 7.11.1995, I CRN 190/95 veröff. in: MoP 5/1996, S. 176, *Allerhand*, Art. 173, Anm. 2; Sołtysiński/*Szajkowski*/Szwaja, Art. 173 pol. HGB, Anm. 4; *Namitkiewicz*, Art. 173 pol. HGB, Anm. 2.

[118] Als wesentliche Gründungsmängel werden in der Literatur die Ungültigkeit des Gesellschaftsvertrages, die fehlerhafte Bestellung der Organe, die fehlende Leistung einer Sacheinlage, der nur durch einige Vorstandsmitglieder unterzeichnete Anmeldungsvertrag. Vgl. Sołtysiński/*Szajkowski*/Szwaja, Art. 173 pol. HGB, Rn. 4; *Allerhand*, Art. 173 pol. HGB, Anm. 2, 3.

[119] Die gerichtliche Auflösung ist nach Art. 21 § 1 HGGB nur möglich, wenn: 1) der Gesellschaftsvertrag nicht abgeschlossen wurde; 2) der satzungsmäßig bestimmte Gegenstand der Tätigkeit der

wirksamen Verstreichen der gerichtlich festgesetzten Frist zur Behebung der Mängel beschließen. Der Auflösungsbeschluss hat keinen Einfluß auf die Wirksamkeit der durch die eingetragene Gesellschaft vorgenommenen Rechtsgeschäfte (Art. 21 § 6 HGGB). Die Gesellschaft kann gerichtlich nicht aufgelöst werden, wenn seit ihrer Eintragung fünf Jahre verstrichen sind (Art. 21 Abs. 4 HGGB).

X. Gründungshaftung

1. Deutsches Recht

Die Haftung für die Schäden, die der Kapitalgesellschaft im Zusammenhang mit ihrer Gründung zugefügt worden sind, ist in §§ 9a, 9b GmbHG und §§ 46-51 AktG geregelt. Die Gläubigerin dieser verschuldensabhängigen Schadensersatzhaftung ist grundsätzlich die Gesellschaft. Die Gesellschaftsgläubiger können jedoch deren Ansprüche pfänden und sich zur Einziehung überweisen lassen[120].

Aufgrund der gesetzlichen Regelung der Gründungshaftung lassen sich grundsätzlich zwei Gruppen von Haupttatbeständen unterscheiden. Zum einen greift die Haftung dann ein, wenn zum Zwecke der Errichtung der Gesellschaft falsche, d.h. unrichtige oder unvoll-ständige Angaben gemacht worden sind (§ 9a Abs. 1 GmbHG, § 46 Abs. 1 AktG). In diesem Fall sind die Gesellschafter und Geschäftsführer einer GmbHG als Gesamtschuldner verpflichtet, eine Vergütung, die nicht unter den Gründungsaufwand aufgenommen ist, zu ersetzen und für den sonst entstehenden Schaden Ersatz zu leisten. Eine entsprechende Haftung trifft auch die Gründer einer AG und die Mitglieder der Vorstands und des Aufsichtsrats, welche bei der Gründung ihre Pflichten verletzt haben (§ 48 AktG)[121]. Zum anderen sind die Gesellschafter bzw. Gründer einer AG als Gesamtschuldner zum Ersatz des Schadens verpflichtet, den sie der Gesellschaft vorsätzlich oder grob fahrlässig durch Einlagen oder Gründungsaufwand zugefügt haben (§§ 9a Abs. 2 GmbHG, 46 Abs. 2 AktG). Die Haftung der genannten Personen ist eine Verschuldenshaftung unter Umkehr der Beweislast:

Gesellschaft (Unternehmensgegenstand) rechtswidrig ist; 3) der Gesellschaftsvertrag oder die Satzung keine Bestimmungen über die Firma, den Gegenstand der Tätigkeit der Gesellschaft, das Stammkapital sowie über die Einlagen enthalten; 4) wenn alle den Gesellschaftsvertrag abschließenden oder die Satzung unterzeichnenden Personen in diesem Zeitpunkt geschäftsunfähig waren.

[120] Hachenburg/*Ulmer*, § 9a GmbHG, Rn. 7; Scholz/*Winter*, § 9a GmbHG, Rn. 8; *Hüffer*, § 46 AktG, Rn. 4.

[121] Vgl. *Kraft* in: KK^2, § 48 AktG, Rn. 15: zwischen allen nach §§ 46, 47 und 48 AktG haftenden Personen bestehe Gesamtschuldverhältnis aus Zweckgemeinschaft.

Der zum Ersatz Verpflichtete wird entlastet, wenn er die die Ersatzpflicht begründenden Tatsachen weder kannte noch bei der Anwendung der Sorgfalt eines ordentlichen Geschäftsmannes kennen musste (§§ 9a Abs. 3 GmbHG, § 46 Abs. 3 AktG).

Formelle Voraussetzung der Klageerhebung ist die Vornahme eines entsprechenden Be-schlusses der Gesellschafter bzw. der Hauptversammlung gemäß § 46 Nr. 8 GmbHG und § 147 Abs. 1 AktG. Die Ersatzansprüche der AG aus der Gründungshaftung müssen allerdings geltend gemacht werden, wenn dies durch eine Minderheit verlangt wird, deren Anteile zusammen den zehnten Teil des Grundkapitals erreichen (§ 147 Abs. 1 S. 1 Alt. 2 und S. 2 AktG). Auch im Insolvenzverfahren kann der Insolvenzverwalter diese Haftung ohne Gesellschafterbeschluss geltend machen[122].

Vor der Eröffnung des Insolvenzverfahrens ist auch ein Verzicht der GmbH auf Ersatz-ansprüche aus der Gründungshaftung oder ihr Vergleich darüber insoweit unwirksam, als der Ersatz zur Befriedigung der Gesellschaftsgläubiger erforderlich ist (§ 9b Abs. 1 S. 1 GmbHG). Bei der AG sind ein Verzicht oder ein Vergleich erst drei Jahren nach der Registereintragung der Gesellschaft und nur dann möglich, wenn die Hauptversammlung zustimmt und nicht eine Mehrheit, deren Anteile zusammen den zehnten Teil des Grundkapitals erreichen, zur Niederschrift Widerspruch erhebt (§ 50 Abs. 1 S. 1 AktG). Die Schadensersatzansprüche der GmbH bzw. AG verjähren in fünf Jahren gerechnet seit Eintragung der Gesellschaft oder, wenn die zum Ersatz verpflichtendende Handlung später begangen worden ist, mit der Vornahme der Handlung (§§ 9b Abs. 2 GmbHG, 51 AktG).

Sowohl im GmbHG als auch im AktG werden darüber hinaus die falsche Angaben straf-rechtlich sanktioniert (Freiheitsstrafe bis zu drei Jahren oder Geldstrafe, §§ 82 GmbHG, 399 AktG).

2. *Polnisches Recht*

Haben die Anmeldenden vorsätzlich oder fahrlässig falsche Erklärungen über die Leistung der Einlagen abgegeben (Artt. 167 § 1 Pkt. 2, 320 § 1 Pkt. 2 HGGB), so haften sie gegenüber den Gläubigern der Gesellschaft für deren sämtliche Ver-

[122] Hachenburg/*Ulmer*, § 9a GmbHG, Rn. 10; *Lutter/Hommelhoff*, § 9a GmbHG, Rn. 1.

bindlichkeiten mit ihrem ganzen Privatvermögen, solidarisch mit der Gesellschaft und untereinander, drei Jahre lang seit Eintragung ins Register (Art. 291 HGGB, vorher Art. 290 pol. HGB für die GmbH und Art. 479 HGGB, vorher Art. 470 pol. HGB für die AG)[123]. Anders als im deutschen Recht, in dem die Verantwortung für falsche Angaben als Innen- und Schadensersatzhaftung ausgestaltet ist[124], hat diese Haftung nach polnischem Recht einen schadensunabhängigen Charakter. Sie erstreckt sich auf alle Verbindlichkeiten der Gesellschaft und zwar in voller Höhe, ungeachtet des Umfangs der bei der Anmeldung fehlenden Kapitaldeckung[125]. Nach überwiegender Meinung im Schrifttum hat die Außenhaftung der Vorstandsmitglieder endgültigen Charakter: Sie erlischt nicht dadurch, dass der Fehlbetrag nach der Anmeldung tatsächlich nachgeschossen wird[126]. Der repressive, fast „strafrechtliche" Charakter dieser Vorschrift wird im Schrifttum im Hinblick auf die Sicherung vollständiger Kapitalausstattung der Gesellschaft für gerechtfertigt gehalten[127]. Im neuen Gesetz ist diese Haftung sogar verschärft worden, weil die Versicherung der Vorstandsmitglieder sich nicht lediglich auf die Deckung des Stammkapitals erstreckt, sondern auch den im Gesellschaftsvertrag vereinbarten Mehrbetrag über den Nominalwert des Anteils (Agio) umfasst. Zudem wird Abgabe von falschen Angaben auch mit echter strafrechtlicher Verantwortung bedroht (Art. 587 § 1 HGGB).

Nach Art. 292 HGGB (vorher Art. 291 pol. HGB) ist jedermann zum Schadensersatz verpflichtet, der bei der Gründung einer GmbH durch Verletzung von Rechtsvorschriften der Gesellschaft schuldhaft Schaden zufügt hat. Im Schrifttum wird angenommen, dass diese Regelung auch im Fall der Änderung des Gesellschaftsvertrages, der Verschmelzung und Umwandlung der GmbH entsprechende Anwendung findet[128]. Die Vorschrift regelt eine echte Schadensersatzhaftung, die vom Eintritt eines Schadens, vom Nachweis des Ver-

---

[123] Vgl. dazu *Szajkowski,* MoP 1/1993, S. 3, 5; *Żyznowski,* PUG 5/1996, S. 2 ff.; *Namitkiewicz,* Art. 290 pol. HGB, Anm. 1 ff.; *Dziurzyński/Fenichel/Honzatko,* Art. 290 pol. HGB, Anm. 1 ff.; *Sołtysiński,* aaO., Art. 470 pol. HGB, Rn. 29 ff.

[124] Vgl. Hachenburg/*Ulmer,* § 9a GmbHG, Rn. 11; *Hüffer,* § 46 AktG, Rn. 2.

[125] *Namitkiewicz,* aaO., Anm. 2; Sołtysiński/*Szajkowski*/Szwaja, Art. 290 pol. HGB, Rn. 8; *Sołtysiński*/ Szajkowski/Szwaja, Art. 470 pol. HGB, Rn. 30.

[126] *Namitkiewicz,* aaO., Anm. 3, *Szajkowski,* aaO., Art. 290 pol. HGB, Rn. 8a; *Dziurzyński/Fenichel/ Honzatko,* aaO., Anm. 5; *Kidyba,* Art. 290 pol. HGB, Rn. 5. A.A. *Allerhand,* Art. 291 pol. HGB, Anm. 8.

[127] Vgl. *Namitkiewicz,* Art. 290, Anm. 2, der die unbegrenzte Außenhaftung der Vorstandsmitglieder als Strafe für die vorsätzliche Fälschung oder Fahrlässigkeit bezeichnet. Ähnlich *Dziurzyński/Fenichel/ Honzatko,* aaO.

[128] *Kidyba,* Art. 291 pol. HGB, Rn. 5; *Giezek/Wnuk,* Art. 291 pol. HGB, Anm. 9.

schuldens und der Kausalität zwischen der verschuldeten Handlung bzw. Unterlassung und dem Schaden abhängig ist[129]. Anders als im deutschen Recht ist die Umkehr der Exkulpationsbeweislast zuungunsten der Verpflichteten nicht vorgesehen. In bezug auf die AG enthält Art. 480 § 1 HGGB (vorher Art. 471 § 1 pol. HGB) eine entsprechende Regelung. § 2 dieses Artikels enthält einen beispielhaften Katalog der Rechtsverstöße, welche die Schadensersatzhaftung auslösen. Dabei handelt sich insbesondere um falsche Angaben in der Satzung, in den Berichten, Gutachten, Bekanntmachungen und Eintragungen oder um die Verheimlichung der Angaben, welche für die Entstehung der Gesellschaft wesentlich sind, insbesondere derjenigen über die Sacheinlagen, den Erwerb von Vermögensgegenständen sowie über die Gewährung einer Vergütung oder besonderer Vorteile an die Aktionäre oder andere Personen. Gemäß Art. 481 HGGB (vorher Art. 472 pol. HGB) ist jeder zum Ersatz des der Gesellschaft zugefügten Schadens verpflichtet, der schuldhaft bei der Errichtung der Aktiengesellschaft oder bei der Erhöhung ihres Grundkapitals sich oder einem Dritten ein Entgelt, das über den Veräußerungswert der Sacheinlage sowie der erworbenen Vermögensgegenstände übermäßig hinausgeht, oder eine Vergütung bzw. einen besonderen Vorteil, die zu den erwiesenen Diensten im keinen Verhältnis stehen, versprechen lässt oder zubilligt. Der in diesen Vorschriften verankerte Schadensersatzanspruch der AG richtet sich gegen die Inferenten, die Gründer der Aktiengesellschaft im Sinne des Art. 301 § 3 HGGB (Art. 308 S. 2 pol. HGB), die sachverständigen Prüfer, welche den unrichtigen Gründerbericht positiv begutachtet haben, die Veräußerer der für die AG vor deren Eintragung erworbenen Vermögensgegenstände sowie gegen die Vorstandsmitglieder, welche die Gesellschaft bzw. Kapitalerhöhung zum Handelsregister angemeldet haben[130]. Mehrere Schädiger haften solidarisch (Artt. 294, 485 HGGB).

Im Schrifttum ist die Frage umstritten, ob die Gründerhaftung darüber hinaus andere an der Gründung einer GmbH beteiligte Personen trifft wie Rechtsanwälte, Notare, Wirtschaftsprüfer usw. Ein gewichtiger Teil des Schrifttums will diese Personen der allgemeinen, in Art. 415 pol. ZGB geregelten Deliktshaftung unterwerfen[131], die auch einer kürzeren Verjährungsfrist unterliegt[132]. Aufgrund

---

[129] Vgl. Sołtysiński/*Szajkowski*/Szwaja, Art. 291 pol. HGB, Rn. 5; *Kidyba*, Art. 291 pol. HGB, Rn. 2 f.

[130] *Allerhand*, Art. 472 pol. HGB, Anm. 1; *Dziurzyński/Fenichel/Honzatko*, Art. 472 pol. HGB, Anm. 1; ihnen folgend *Minas*, aaO, S. 14. A.A. *Szumański*, aaO., S. 300, nach dem der Inferent nur dann aus dem Art. 472 haftet, wenn er zugleich Gründer im Sinne von Art. 308 S. 2 ist.

[131] So die wohl überwiegende Meinung: *Allerhand*, Art. 291 pol. HGB, Anm. 2; *Namitkiewicz*, Art.

der neuen Regelung wird dieser Streit insoweit an Bedeutung verlieren, als die Verjährungsfristen für die der Gesellschaft zugefügten Schäden auf drei Jahre gesenkt und mit den allgemeinen zivilrechtlichen Fristen abgeglichen werden sollen (vgl. Art. 297 HGGB).

Allein die eingetragene GmbH bzw. AG ist aktiv legitimiert, den Schadensersatz nach Artt. 292, 480, 481 HGGB geltend zu machen. Formelle Voraussetzung dazu ist ein Beschluss der Gesellschafter bzw. der Hauptversammlung, in dem der Vorstand zur Klageerhebung ermächtigt wird (Artt. 228 Pkt. 2, 393 Pkt. 2 HGGB). Der befangene Gesellschafter bzw. Aktionär ist von der Abstimmung darüber ausgeschlossen (Artt. 244, 413 HGGB). Erhebt die Gesellschaft innerhalb eines Jahres seit dem Bekanntwerden der schädigenden Handlung die Klage nicht, so kann jeder Gesellschafter bzw. Inhaber einer Aktie oder eines anderen Titels, der zur Teilnahme am Gewinn oder an der Verteilung des Vermögens der AG berechtigt ist, auf Zahlung des Schadensersatzes an die Gesellschaft klagen (Untätigkeitsklage, Artt. 295, 486 HGGB). Wenn die Schadensersatzhaftung im Wege der *actio pro socio* oder im Konkurs der Gesellschaft geltend gemacht wird, können sich die verpflichteten Personen weder auf den entlastenden Beschluss der Gesellschafter bzw. der Hauptversammlung noch auf den Verzicht der Gesellschaft berufen (Artt. 296, 487 HGGB). Im neuen Recht ist die Verjährungsfrist für die Klage auf Schadensersatz von 5 auf 3 Jahre herabgesetzt worden, gerechnet von dem Tag an, an dem die Gesellschaft von dem Schaden und der zum Schadensersatz verpflichteten Person Kenntnis erlangt hat (Art. 297, 488 HGGB). In jedem Fall verjährt der Anspruch in 5 Jahren gerechnet vom Tage der Begehung der den Schaden verursachenden Handlung an (Artt. 297 S. 2, 488 S. 2 HGGB, bisher 10 Jahre, Art. 442 § 1 S. 2 pol. ZGB).

Nach der ausdrücklichen Regelung der Artt. 300, 490 HGGB (vorher Artt. 299, 481 pol. HGB) werden die Rechte der Gesellschafter bzw. Aktionäre oder Dritter zur Geltendmachung des ihnen unmittelbar zugefügten Schadens durch die im HGGB (vorher HGB) enthalten Vorschriften nicht ausgeschlossen. Am häufigsten werden die Geschädigten ihre Ansprüche gegen die Organmitglieder oder

---

291 pol. HGB, Anm. 4; in der neueren Literatur: *Żyznowski*, aaO., S. 3; *Szumański*, Wkłady, S. 293; *Szajkowski*, aaO., Art. 291 pol. HGB, Rn. 1. **A.A.** *Dziurzyński/Fenichel/Honzatko*, Art. 291 pol. HGB, Anm. 1; *Minas*, Rejent 1/1994, S 14; *Kidyba*, Art. 291 pol. HGB, Rn. 1.

[132] Drei Jahre seit dem Zeitpunkt der Kenntniserlangung vom Schaden und von dem zum Schadensersatz Verpflichteten, Art. 442 pol. ZGB; die im Art. 291 pol. HGB geregelte Haftung verjährt dagegen nach fünf Jahren seit demselben Zeitpunkt, Art. 296 pol. HGB.

andere zum Schadensersatz verpflichtete Personen auf Art. 415 pol. ZGB stützen, der eine allgemeine deliktische Generalklausel enthält[133].

XI. Besonderheiten der Gesellschaftsgründung durch Ausländer

Besondere Bedingungen „für eine Beteiligung ausländischer Rechtsträger an den Einkünften aus der Führung von Unternehmen auf dem Gebiet der Republik Polen“ bestimmt das Gesetz vom 14.7.1991 betreffend die Gesellschaften mit ausländischer Beteiligung (im folgenden: GGaB)[134]. Gemäß Art. 1 Abs. 2 des Gesetzes können die ausländischen Rechtsträger zur Führung von Unternehmen ausschließlich Gesellschaften mbH oder Aktiengesellschaften mit Sitz im Gebiet der Republik Polen gründen oder Anteile bzw. Aktien an Gesellschaften, die solche Unternehmen führen, übernehmen oder erwerben. Ein ursprünglich breiter Katalog von Fällen der Gründung einer Kapitalgesellschaft, die der ministeriellen Genehmigung bedurften, wurde im Zuge der Gesetzesnovellierung 1996 auf die zwei in Art. 6 bestimmten Fälle reduziert. Im Zusammenhang mit der Kapitalaufbringung ist hier auf die Vorschrift des Art. 10 GGaB hinzuweisen, in dem die Arten der Geld- sowie der Sacheinlagen bestimmt sind, welche ausländische Rechtsträger in das Kapital der in Polen zu gründenden Gesellschaft einbringen können[135]. Auf die Einzelheiten wird hier nicht eingegangen und zwar deswegen, weil das GGaB nur bis zum Inkrafttreten des Gesetzes vom 19.11.1999 über die Wirtschaftstätigkeit (WiTG) am 1.1.2001 in Kraft bleibt (Art. 99 Pkt. 3 WiTG). Das WiTG regelt grundsätzlich einheitlich die Bedingungen der Aufnahme und Ausübung der wirtschaftlichen Tätigkeit für die in- und ausländischen Unternehmer auf dem Gebiet Polens[136]. Staatsangehörige fremder Staaten, die eine Genehmigung für die Ansiedlung auf dem Gebiet der Republik Polen erhalten, genießen bei der Aufnahme und Ausübung einer wirtschaftlichen Tätigkeit auf dem Gebiet Polens die gleichen Rechte wie polnische Staatsangehörige (Art. 6 Abs. 1 WiTG). Wird Polen Mitglied der EU, so muss diese Vorschrift dahin

---

[133] Vgl. Sołtysiński/*Szajkowski*/Szwaja, Art. 481 pol. HGB, Rn. 8. Gemäß Art. 415 pol. ZGB ist derjenige, der einem anderen schuldhaft einen Schaden zugefügt hat, zum Schadensersatz verpflichtet.

[134] Dz.U.v. 1991, Nr. 60, Pos. 253 mit späteren Änderungen. Deutsche Übersetzung in: Polnische Wirtschaftsgesetze, Aktuelle Gesetzestexte in deutscher Übersetzung, C.H.Beck Verlag, 3. Aufl., Warszawa 1998, unter Nr. 5.

Vgl. dazu *Paintner*, WiRO 6/1997, S. 201 ff.; im polnischen Schrifttum: *Kidyba*, Art. 161 pol. HGB, Rn. 2 ff.

[135] Vgl. *Paintner*, aaO.

[136] Vgl. oben, Einleitung, Pkt. 2.

verändert werden, dass die Genehmigungsbedürftigkeit keine Anwendung auf die EU-Bürger findet. In ihrem jetzigem Wortlaut ist die Vorschrift mit der Niederlassungsfreiheit (Art. 43 EGV n.F.) unvereinbar, welche nicht lediglich als Gewährung der Inländerbehandlung (Diskriminierungsverbot) sondern als Verbot der Maßnahmen, die „durch den EG-Vertrag garantierten Freiheiten behindern oder weniger attraktiv machen können" (sog. Beschränkungsverbot)[137] verstanden werden muss. Gemäß Art. 6 Abs. 2 WiTG können ausländische Personen, soweit sich aus von Polen ratifizierten völkerrechtlichen Verträgen nichts anderes ergibt, auf der Grundlage der Gegenseitigkeit eine wirtschaftliche Tätigkeit nach den gleichen Grundsätzen aufnehmen und ausüben wie Unternehmer mit ständigem Sitz in Polen. Nach dem künftigen Beitritt Polens in die EU ist diese Vorschrift europarechtsfreundlich dahin auszulegen, dass der EG-Vertrag ein „völkerrechtlicher Vertrag" im Sinne des Art. 6 Abs. 2 WiTG, der das Erfordernis der Gegenseitigkeit aufhebt[138].

XII. Mantelkauf und Vorratsgründung

Die obigen Ausführungen über das Gründungsverfahren sowie die im nächsten Kapitel darzustellenden Regeln der Haftung in der Vorgesellschaft machen anschaulich, dass der Gründungsprozeß einer Kapitalgesellschaft in beiden Ländern mit erheblichem Aufwand an Zeit und Kosten sowie mit zahlreichen Risiken für alle Beteiligten verbunden ist. Als Alternative für die Geschäftsleute, die die Rechtsform einer Kapitalgesellschaft für den Betrieb eines neuen Unternehmens erlangen, aber das aufwendige Gründungsverfahren vermeiden möchten, bietet sich eine sog. Mantelverwendung an[139]. Unter GmbH- bzw. AG-Mantel versteht man im deutschen Schrifttum eine Gesellschaft, die ihren bisherigen Geschäftsbetrieb eingestellt hat und über kein nennenswertes Gesellschaftsvermögen mehr verfügt, mangels Löschung im Handelsregister aber noch als juristische Person fortbesteht. Davon werden sog „Vorratsgesellschaften" unterschieden, welche von vornherein nur zum („inaktiven") Zweck gegründet

---

[137] So EuGH im Urteil vom 30.11.1995, Rs C-55/94, „Gebhard", Slg. I-4165. Vgl. dazu *Everling*, GS Knobbe-Keuk, S. 607, 618 f. Vgl. auch EuGH, Urt. v. 9.3.1999- Rs. C-212/97 „Centros", NJW 1999, S. 2027 = EuZW 1999, S. 216 = DB 1999, S. 625.

[138] So auch Stellungnahme des Europäischen Integrationskomittees über die Vereinbarkeit des Gesetzesentwurfs zum Recht der Wirtschaftstätigkeit mit dem Recht der Europäischen Union, Dz.U. Nr. 106, Pos. 494. Deutsche Übersetzung bei *Bornkamm*, WiRO 2000, S. 81, 82, Fn. 14, 15 (auszugsweise).

[139] Zu weiteren Motiven der Mantelverwendung vgl. im deutschen Schrifttum: *Heerma*, Mantelverwendung und Kapitalaufbringungspflichten, Diss. 1997, S. 8 ff.

wurden, bis auf weiteres ihr Vermögen zu verwalten und für eine spätere Verwendung zu einem anderen („aktiven“) Zweck „auf Vorrat“ zur Verfügung zu stehen. Nach Übertragung sämtlicher Geschäftsanteile bzw. Aktien („Mantelkauf“) wird der Unternehmensgegenstand – der im Fall der Vorratsgesellschaften meistens in der Verwaltung und Erhaltung eigenen Vermögens lag – durch einen Beschluss der neuen Gesellschafter geändert und an die Bedürfnisse des Erwerbers angepasst[140].

Die Zulässigkeit dieser Mantelverwendung, die auch als „wirtschaftliche Neugründung“ bezeichnet wird, betrachtet man heutzutage in der deutschen Lehre und Rechtsprechung prinzipiell als zulässig[141]. Zugleich wird allerdings hervorgehoben, dass durch den Erwerb und die Verwertung eines vermögenslosen Mantels die Vorschriften über die Kapitalaufbringung sowie über die registergerichtliche Kontrolle umgangen werden können. Um dies zu verhindern und den notwendigen Gläubigerschutz zu sichern, will die herrschende Auffassung im deutschen Schrifttum im Fall der Mantelverwendung die Vorschriften über Mindestkapital und Mindesteinlagen mit der Folge analog anwenden, dass die Gesellschaft über die Mindesteinlagen in der durch §§ 5 Abs. 1, 7 Abs. 2 u. 3 GmbHG, 7, 36a AktG vorgeschriebenen Höhe im Zeitpunkt der Eintragung eines satzungsändernden Beschlusses verfügen muss[142]. Für die Beschränkung der Analogie auf die Vorschriften über das Mindestkapital und die Mindesteinlagen soll der Gedanke sprechen, dass die Gesellschafter bei einer nicht nur wirtschaftlichen sondern auch rechtlichen Neugründung ebenfalls nur das Mindestkapital hätten aufbringen müssen. Nach anderer Ansicht trifft die Mantelkäufer nur die Unterbilanzhaftung, welche sich auf die Höhe des Mindestkapitals beschränkt[143].

Eine im Vordringen befindliche Auffassung lehnt dagegen die analoge Anwendung sämtlicher Gründungsvorschriften bei der Mantelverwendung mit überzeugenden Argumenten ab[144]. Erstens bereitet die Abgrenzung des Begriffes „wirt-

---

[140] Vgl. *Bärwaldt/Schabacker*, GmbHR 1998, S. 1005 ff; *Röhricht*, in: Großkomm zum AktG, § 23 , Rn. 118, 129; *Heerma*, aaO., S. 2.

[141] BGHZ 117, S. 323 = GmbHR 1992, S. 323. Vgl. Hachenburg/*Ulmer*, § 3; Rn. 33; *Lutter/Hommelhoff*, § 3 GmbHG, Rn. 7; *Röhricht*, Großkomm zum AktG, § 23, Rn. 120.

[142] *Ulmer*, BB 1983, S. 1123, 1124; *Priester*, DB 1983, 2291, 2295; *K.Schmidt*, GesR^3, S. 76; *Röhricht*, aaO., Rn. 136.

[143] *Lutter/Hommelhoff*, § 3 GmbHG, Rn. 8; *Götz/Gehlich*, ZIP 1999, S. 1653, 1655.

[144] Vgl. *Kübler*, Gesellschaftsrecht, S. 308; *Heerma*, aaO., S. 114 ff.; *Banerjea*, GmbHR 1998, S. 814 ff.; *Bärwaldt/Schabacker*, GmbHR 1998, S. 1005 ff.; *Mayer*, NJW 2000, S. 175. So wohl auch BayObLG, GmbHR 1998, S. 607 ff.

schaftliche Neugründung" von sonstigen Änderungen des Unternehmensgegenstandes, die keine Mantelverwendung darstellen und deswegen der analogen Anwendung der Kapitalaufbringungsvorschriften nicht bedürfen, erhebliche Schwierigkeiten und stiftet dadurch Rechtsunsicherheit[145]. Zweitens verlange das Gesetz nicht, dass die einmal vorgenommene Mindestkapitalausstattung der Gesellschaft auf Dauer fortbestehe. Der Rechtsverkehr könne sich deswegen nicht darauf verlassen, dass eine schon länger eingetragene GmbH immer über Vermögen in Höhe des Stammkapitals verfügt[146]. Dem Interesse der Gläubiger werde durch die Geltung der Vorschriften über die Kapitalerhaltung (§§ 30, 31 GmbHG, § 54 Abs. 1, § 57 AktG) Rechnung getragen, welche – wegen der damit verbundenen bilanziellen Ausschüttungssperre – einen faktischen Zwang zur Aufbringung des Kapitals in satzungsmäßiger Höhe entfalte. Der Gefahr der Verwendung einer wirtschaftlich ausgebrannten GmbH auf Kosten der Gläubiger zum Betrieb eines riskanten Unternehmens sei mit der Lehre von der Haftung der Gesellschafter wegen materieller Unterkapitalisierung zu begegnen[147].

Nach einer Auffassung im polnischen Schrifttum soll die Mantelverwendung auch nach polnischem Recht grundsätzlich zulässig sein[148]. Außer der Vermeidung des langwierigen Gründungsverfahrens könne der Mantelkauf auch dem Erwerb von Konzessionen und behördlichen Genehmigungen sowie von Steuererleichterungen dienen[149]. Insbesondere kennt das polnische Steuerrecht keine dem § 8 Abs. 4 KStG entsprechende Regelung, welche die Zulässigkeit des Verlustabzugs von der wirtschaftlichen Identität der Körperschaft, welche die Verluste erlitten hat, und der Körperschaft, welche den Verlustabzug in Anspruch nimmt, abhängig macht. Im Einzelfall kann jedoch die Mantelverwendung als ein zum Zwecke der Umgehung von Vorschriften des öffentlichen Wirtschaftsrechts eingegangenes Rechtsgeschäft (Art. 58 § 1 pol. ZGB) betrachtet werden[150]. Ähnlich wie in der neuesten deutschen Literatur angenommen wird, ist allerdings auch im polnischen Recht die analoge Anwendung der Kapitalaufbringungsvorschriften im Fall der Mantelverwendung (Erwerb aller GmbH-Anteile mit anschließender Änderung des Gegenstandes der Gesellschaftstätig-

---

145 *Banerjea*, aaO., S. 817; *Mayer*, aaO., S. 178.
146 So bereits *Ulmer*, BB 1983, S. 1126.
147 *Kübler*, aaO., *Banerjea*, aaO., S. 818; *Bärwaldt/Schabacker*, GmbHR 1998, S. 1013. Zur Haftung wegen materieller Unterkapitalisierung vgl. oben, Kapitel 1, II.3.b).
148 *Sołtysiński*/Szajkowski/Szwaja, Art. 312 pol. HGB, Rn. 2 f.
149 Vgl. insbesondere Art. 7 pol. Gesetzes über die Besteuerung juristischen Personen, der die Voraussetzungen des Verlustabzugs regelt.
150 *Sołtysiński*/Szajkowski/Szwaja, Art. 312 pol. HGB, Rn. 2 f.

keit) abzulehnen. Auch wenn wirtschaftlich gesehen eine Neugründung eines Unternehmens vorliegt, so bleibt die unter Einhaltung der zwingenden Vorschriften wirksam gegründete Gesellschaft dieselbe. Da eine juristische Person nur einmal gegründet werden kann, vermögen nachträgliche, auch grundsätzliche Strukturänderungen die analoge Anwendung der Gründungsvorschriften nicht zu rechtfertigen. Die Gläubiger haben sich dagegen nicht auf das wenig aussagekräftige Stammkapital, das keinen unantastbaren Haftungsfonds darstellt, sondern auf die möglichst aktuellen Bilanzen der Gesellschaft zu verlassen, aus denen sich die Vermögenslage der Gesellschaft ergibt. In Missbrauchsfällen kommt die Haftung der Gesellschafter wegen evidenter Unterkapitalisierung unter Rückgriff auf die Regelung des Art. 415 pol. ZGB in Betracht[151].

Das pol. OG hat zur Zulässigkeit der Mantelverwendung bisher noch nicht Stellung genommen. Im Beschluss vom 18.1.1993[152] hat das OG unter Aufgabe seiner früheren Auffassung[153] festgestellt, dass selbst die GmbH, welche weder Geschäfte aufgenommen hat noch Verbindlichkeiten eingegangen ist, erst nach der Durchführung des Liquidationsverfahrens (Art. 262 ff. pol. HGB) aus dem Register ausgetragen werden kann. Ähnlich wie das deutsche Recht kennt auch das polnische keine automatische Austragung der Gesellschaft aus dem Handelsregister wegen ihrer wirtschaftlichen Inaktivität oder Vermögenslosigkeit[154]. Hat die Gesellschaft früher ein Unternehmen geführt, so kann der Mantelkauf (*share transactions*) eine Alternative zum Unternehmenskauf (*assets transactions*, Artt. 55^1, 55^2 pol. ZGB) darstellen[155]. Insbesondere erlaubt dies, die Haftung des Unternehmenserwerbers für die Verbindlichkeiten des Unternehmens nach Art. 526 pol. ZGB zu vermeiden[156]. Wie das polnische OG festgestellt hat, ist die Veräu-

---

[151] Vgl. oben Kapitel 1, II.3.b).cc).

[152] III CZP 178/93, veröff. in MoP 5/1994, S. 25 = *Strzępka*, Orzecznictwo, S. 416.

[153] Im Urteil vom 26.9.1936 (C II 1077/36), veröff. in PPH 1937, Pos. 1576 hat das pol. OG festgestellt, dass die GmbH, welche weder ein Vermögen besitzt noch Verbindlichkeiten eingegangen ist, aus dem Handelsregister ohne das Liquidationsverfahren ausgetragen werden soll.

[154] Nach deutschem Recht (§ 2 LöschG) *kann* allerdings eine vermögenslose Gesellschaft auf Antrag oder von Amts wegen aus dem Handelsregister gelöscht werden.

[155] Vgl. *Szumański*, Wkłady, S. 172.

[156] Gemäß Art. 526 pol. ZGB haftet des Erwerber eines Unternehmens oder landwirtschaftliches Betriebes mit dem Veräußerer gesamtschuldnerisch für dessen mit der Führung des Unternehmens oder des landwirtschaftlichen Betriebes zusammenhängende Verpflichtungen, es sei denn, dass ihm trotz Wahrnehmung der erforderlichen Sorgfalt im Zeitpunkt des Erwerbs diese Verpflichtungen nicht bekannt gewesen sind. Die Haftung des Erwerbes beschränkt sich auf den Wert des erworbenen Unternehmens oder Betriebs zum Zeitpunkt des Erwerbs und hinsichtlich der Preise zum Zeitpunkt der Befriedigung des Gläubigers. Die Haftung kann ohne Zustimmung des Gläubigers weder ausgeschlossen noch beschränkt werden.

ßerung sogar sämtlicher GmbH-Anteile nicht der Eigentumsverschaffung am Unternehmen dieser GmbH gleichzustellen[157].

Im Ergebnis bleibt festzuhalten, dass die Mantelverwendung in beiden Rechtssystemen eine durchaus zulässige Alternative im Verhältnis zur (Sach-)Gründung einer neuen Gesellschaft darstellt. Aus der Tatsache, dass der wirtschaftliche Erfolg der Mantelverwendung – eine Kapitalgesellschaft betreibt ein neues Unternehmen – dem der Gründung entspricht, ergibt sich grundsätzlich keine Umgehung von Vorschriften über die Gründung bzw. über die Kapitalaufbringung. Auch die analoge Anwendung dieser Vorschriften auf die Mantelverwendung ist abzulehnen. Eine Kapitalgesellschaft, die einmal wirksam gegründet wird, tritt als solche im Rechtsverkehr auf. Das Interesse ihrer Gläubiger sichern die Regeln über die Kapitalerhaltung. Das Vorliegen einer planwidrigen Gesetzeslücke, die die entsprechende Anwendung der Kapitalaufbringungsvorschriften rechtfertigen würde, ist deswegen sowohl im polnischen als auch im deutschen Recht zu verneinen.

[157] Urteil des pol. OG vom 21.2.1946, C I 1944/45, veröff. in: *Strzępka* (Hrsg.), aaO., S. 199. Im konkreten Fall wurden sämtliche GmbH-Anteile als Sacheinlage in die AG eingebracht.

Kapitel 3
Rechtsnatur und Haftungsverfassung im Gründungsstadium der Kapitalgesellschaft

I. Problemstellung

Aufgrund der Regelung des pol. HGB 1934 gehörten die Rechtsnatur und die Haftungsverfassung in der Vorgesellschaft zu den umstrittensten Problemen des polnischen Gesellschaftsrechts[1]. Die in Lehre und Rechtsprechung vertretenen Meinungen, welche oft mit rechtsvergleichenden Argumenten untermauert wurden, gingen auseinander, was Rechtsunsicherheit zur Folge hatte. Nach einer im Schrifttum vertretenen Auffassung hätten deswegen die angehäuften Fragen in den Vorschriften des künftigen Gesetzes ausdrücklich beantwortet werden müssen[2]. Für die Sicherung der realen Kapitalaufbringung im polnischen Recht sollte insbesondere die Anerkennung der (Teil-)Rechtsfähigkeit der Vorgesellschaft grundsätzliche Bedeutung haben. Als Muster für die polnische Regelung diente u.a. das deutsche Gesellschaftsrecht, in dem eine weitgehende Rechtsfähigkeit der Vorgesellschaft seit Jahren anerkannt ist[3].

II. Stadium vor dem Abschluss des Gesellschaftsvertrages

Sowohl im deutschen als auch im polnischen Recht wird allgemein angenommen, dass vor Abschluss des Gesellschaftsvertrages kein zurechnungsfähiges Rechtsgebilde besteht[4]. Die Gründer können sich jedoch bereits in diesem Stadium zur Errichtung der Kapitalgesellschaft in einem Vorvertrag verpflichten.

---

[1]Vgl. *Sołtysiński*/Szajkowski/Szwaja, Einleitung, Anm. 165 ff.

[2] *Frąckowiak*, KPP 1/1994, S. 5 ff.; *Sołtysiński,/Szajkowski/Szumański*, Begründung des Gesetzesentwurfes – Recht der Handelsgesellschaften, Studia Prawnicze 6/1998, S. 149.

[3]*Sołtysiński/Szajkowski/Szumański*, aaO., S. 149.

[4]Hachenburg/*Ulmer*, § 2 GmbHG, Rn. 49 und § 11 GmbHG, Rn. 21; Scholz/*K. Schmidt*, § 11 GmbHG, Rn. 7 ff.; *Frąckowiak*, aaO. S. 11; Włodyka/*Włodyka*, Prawo spółek, S. 177 f.; Sołtysiński/*Szajkowski*/Szwaja, Vor Art. 158 pol. HGB, Rn. 17; *Gralla*, FS Włodyka, 1993, S. 143, 146; *Marr*, Das polnische GmbH-Recht, S. 30 f.

Damit aus ihm auf den Abschluss des Gesellschaftsvertrages geklagt werden kann, bedarf er der notariellen Beurkundung und muss zumindest den notwendigen Satzungsinhalt schon hinreichend bestimmt erkennen lassen. Im deutschen Recht werden diese Erfordernisse aus dem Formzweck des § 2 GmbHG (Warnfunktion der notariellen Form) abgeleitet[5]. In Polen sind sie ausdrücklich im positiven Recht vorgeschrieben. Gemäß Art. 389 pol. ZGB muss der Vorvertrag die wesentlichen Bestimmungen des versprochenen Vertrages (Hauptvertrages) enthalten sowie die Frist zu dessen Abschluss bestimmen. Genügt darüber hinaus der Vorvertrag den Gültigkeitserfordernissen des versprochenen Vertrages, insbesondere seinen Formerfordernissen, so kann dessen Abschluss nach Art. 390 pol. ZGB erzwungen werden. Andernfalls löst die Nichterfüllung des Vorvertrages nur Ansprüche auf Ersatz des Vertrauensschadens (negatives Interesse) nach Art. 390 § 1 pol. ZGB aus[6].

In Deutschland schafft der gültige Vorvertrag unter den Beteiligten eine BGB-Gesellschaft, deren Zweck in der Errichtung der Kapitalgesellschaft liegt (sog. Vorgründungsgesellschaft). Wird in diesem Stadium von den Gründern bereits ein Unternehmen gemeinsam betrieben, so liegt eine oHG vor[7]. In Polen dagegen wird der zur Errichtung der Kapitalgesellschaft verpflichtende Vertrag nur ausnahmsweise als der Gesellschaftsvertrag einer Zivilgesellschaft (Art. 860 ff pol. ZGB) bzw. einer oHG (Art. 75 pol. HGB) betrachtet, insbesondere dann, wenn das Verhalten der Parteien eindeutig auf die Errichtung einer Personengesellschaft hinweist[8]. Die Vorschriften über die Haftungsverhältnisse in der Vorgesellschaft, insbesondere diejenigen über die Handelndenhaftung, finden in diesem Stadium nach der herrschenden Meinung in beiden Rechtsordnungen keine Anwendung[9]. Wegen der strukturellen Unterschiede zwischen der Vorgründungsgesellschaft und der mit Abschluss des Gesellschaftsvertrages ent-

---

[5]Hachenburg/*Ulmer*, § 11 GmbHG, Rn. 21.

[6]*A.W. Wiśniewski*, Prawo o spółkach, B. 2, S. 73, 74; *Gralla*, aaO., S. 147; *Frąckowiak*, aaO., S. 11; Sołtysiński/*Szajkowski*/ Szwaja, Art. 158 pol. HGB, Rn. 17; *Kidyba*, Art. 160, Rn. 3.

[7]Hachenburg/*Ulmer*, § 2 GmbHG, Rn. 50; Scholz/*K. Schmidt*, § 11 GmbHG, Rn. 16 f.

[8]*Frąckowiak*, aaO., S. 11; Sołtysiński/*Szajkowski*,/Szwaja, Art. 158 pol. HGB, Rn. 17; *A.W. Wiśniewski*, Bd. 2, S. 74f.; Włodyka/*Włodyka*, Prawo spółek, S. 177, 179; *Gralla*, aaO., S. 147 f.; *Sołtysiński*, aaO., Art. 308, Rn. 18. In der deutschen Sprache: *Diedrich/Kos*, WiRO 2000, S. 41, 43 f.

[9]Vgl. für das deutsche Recht BGHZ 91, S. 148, Scholz/*K. Schmidt*, § 11 GmbHG, Rn. 18. Im polnischen Schrifttum vgl. *Frąckowiak*, aaO., S. 11; *Dziurzyński/Fenichel/Honzatko*, Art. 171 pol. HGB, Anm. 5a; *Gralla*, aaO., S. 148. A.A. *Allerhand*, Art. 171 pol. HGB, Anm. 7.

standenen Vorgesellschaft findet auch kein Gesamtrechtsübergang auf die letztere statt[10].

Diese aufgrund des pol. HGB in der polnischen Lehre angenommenen Regeln werden ihre Geltung auch im neuen GmbH-Recht behalten. Im neuen Aktienrecht sieht Art. 323 § 4 HGGB vor, dass auf die Rechte und Pflichten sowie auf die Haftung der Gründer einer Aktiengesellschaft in der Zeit vor der Entstehung der Gesellschaft in Gründung die Vorschriften über Aktiengesellschaft in Gründung entsprechend anzuwenden sind. Zurückzuführen ist diese Vorschrift auf die oben näher besprochene Unterscheidung im polnischen Aktienrecht zwischen der notariellen Feststellung der Satzung und der Aktienübernahme, welche anders als in Deutschland nicht notwendig in derselben notariellen Urkunde wie die Satzung enthalten sein und nicht notwendig nur von den Gründern unterschrieben werden muss[11]. Diejenigen Personen, die die Satzung unterschrieben haben, gelten als Gründer der AG (Art. 301 § 3 HGGB). Gemäß Art. 323 § 1 HGGB entsteht die AG in Gründung erst mit der Errichtung der Gesellschaft, d.h. nach Art. 310 § 1 HGGB – mit der Übernahme aller Aktien. Daraus ergibt sich, dass in der Zeit zwischen der Satzungsfeststellung und der Übernahme aller Aktien kein (teil-)rechtsfähiges Subjekt besteht und nur im Namen der künftigen AG in Gründung gehandelt werden kann. Nach der ausdrücklichen Anordnung des Art. 323 § 4 HGGB finden auf die Rechte und Pflichten sowie auf die Haftung der Gründer die Vorschriften über die AG in Gründung entsprechende Anwendung, also die Vorschrift des Art. 323 § 2 HGGB, wonach bis zur Bestellung des ersten Vorstands die Vorgesellschaft nur von allen Gründern zusammen oder durch einen von den Gründern einstimmig bestellten Bevollmächtigten vertreten werden, sowie die des Art. 13 § 1 HGGB, wonach die Personen, die im Namen der Kapitalgesellschaften in Gründung gehandelt haben, für die Verbindlichkeiten der Vorgesellschaft haften. Damit die erst mit der Übernahme aller Aktien entstandene AG in Gründung an die in ihrem Namen vor ihrer Entstehung abgeschlossene Verträge gebunden wird, ist die Bestätigung dieser Verträge von ihren Vertretern erforderlich.

---

[10]Vgl. BGH ZIP 1998, S. 646 f. = BGH BB 1998, S. 813 f., dazu *K. Schmidt*, GmbHR 1998, S. 613 ff.; *Grunewald*, GesR., S. 323. Im pol. Schrifttum so *Sołtysiński*, aaO., Art. 308 pol. HGB, Rn. 18; *Gralla*, aaO., S. 148.

[11]Vgl. oben, Kapitel 2, II.2.c).

III. Rechtsnatur der Vorgesellschaft

1. Deutsches Recht

Im deutschen Recht ist die Vorgesellschaft nur ansatzweise positiv geregelt. Das Gesetz enthält zum einen eine negative Aussage bezüglich der Existenz einer Kapitalgesellschaft vor der konstitutiven Eintragung ins Handelsregister, zum anderen ordnet es die persönliche und solidarische Haftung der Personen an, die im Namen der Gesellschaft vor derer Eintragung handeln (vgl. §§ 11 GmbHG, 41 Abs. 1 AktG). Diese Vorschriften gelten seit dem Inkrafttreten des GmbH-Gesetzes 1892 und des Aktiengesetzes 1965 unverändert. Der deutsche Gesetzgeber hat seine Zurückhaltung gegenüber einer Regelung der Vorgesellschaft – später sogar in Kenntnis des Problems – konsequent beibehalten[12]. Die Klärung der komplexen Problematik der Vorgesellschaft wurde bewußt Lehre und Rechtsprechung überlassen[13].

Das Reichsgericht und ein Teil des älteren Schrifttums ordneten die mit dem Abschluss des Gesellschaftsvertrages errichtete Vor-GmbH als BGB-Gesellschaft, nichtrechtsfähigen Verein bzw. als oHG ein und unterstellten sie den Regeln der §§ 705 ff. BGB (§ 53 BGB) bzw. §§ 105 ff. HGB[14]. Nach der heute vorherrschenden Meinung wird dagegen die Vorgesellschaft als „notwendige Vorstufe zur juristischen Person“[15], als „werdende juristische Person“[16] anerkannt, welche durch die angestrebte Gesellschaftsform weitgehend vorgeprägt ist und auf welche neben dem Gesellschaftsvertrag bereits das GmbH- bzw. AG-Recht anzuwenden ist, soweit dem nicht die fehlende Rechtsfähigkeit entgegensteht[17]. Der BGH vertritt diesen Grundsatz seit der Entscheidung vom 12. Juli

---

[12]Vgl. historische Übersicht bei *Hueck*, in: FS GmbHG, S. 127, 134 f.

[13]So ausdrücklich Begründung zum Regierungsentwurf eines neuen GmbH-Gesetzes vom 26.2.1973, BT-Drucksache 7/253, VI/3088/S. 96 zu § 22.

[14]Vgl. etwa *Brodmann*, § 11 GmbHG, Anm. 1a; *F. Scholz*, JW 1938, S. 3149. Zur historischen Entwicklung vgl. *Büttner*, Identität und Kontinuität, Diss. 1967, S. 66; Hachenburg/*Ulmer*, § 11 GmbHG, Rn. 7; Scholz/*K. Schmidt*, § 11 GmbHG, Rn. 24, jeweils m.w.N.

[15] BGHZ 117, S. 338, 347 = NJW 1992, S. 1824; Hachenburg/*Ulmer*, § 11 GmbHG, Rn. 8.

[16]So Titel des Werkes von *Rittner*: Die werdende juristische Person, 1973. Vgl. auch *Lutter*, JuS, 1998, S. 1073, 1075 = PPH 1/1999, S. 1, 4 (polnische Fassung des Beitrags).

[17]BGHZ 80, S. 129, 132; Hachenburg/*Ulmer*, § 11 GmbHG, Rn. 8; Scholz/*K. Schmidt*, § 11 GmbHG, Rn. 24; *Lutter/Hommelhoff*, § 11 GmbHG, Rn. 3 ff.

1956 in ständiger Rechtsprechung[18]. Im Schrifttum hat man die im GmbH-Recht ausgearbeiteten Grundsätze auch für die AG anerkannt[19].

Eine weitgehende Rechts- und Handlungsfähigkeit der Vorgesellschaft wurde im deutschen Recht spätestens seit der Aufgabe des sog. Vorbelastungsverbotes im Jahre 1981 allgemein anerkannt[20]. Als teilrechtsfähiger Gründungsverband kann die Vorgesellschaft Trägerin eines Unternehmens und Komplementärin einer KG sein, die Rechte an Bar- und Sacheinlagen erwerben kann[21]. Als Eigentümerin von Grundstücken unterliegt sie der Eintragung ins Grundbuch[22]. Außerdem ist sie firmenfähig, parteifähig, wechsel- und scheckfähig. Über ihr Vermögen kann ein Insolvenzverfahren eröffnet werden[23]. Als Trägerin des Unternehmens kann die Vorgesellschaft auch bereits Kaufmann i.S.v. § 1 ff. HGB sein[24].

Die Rechtsnatur des Gründungsverbandes ist im deutschen Schrifttum jedoch umstritten. Die heute wohl herrschende Meinung betrachtet die Vorgesellschaft als gesamthänderische Personenvereinigung der Gründer, deren Hauptzweck in der Herbeiführung der Gesellschaft als juristischer Person besteht[25]. Insoweit sei auch die Vertretungsmacht der Geschäftsführer grundsätzlich beschränkt[26]. Die geleisteten Einlagen und sonstige vor der Eintragung erworbene Vermögensgegenstände würden Gesamthandsvermögen der Gründer[27], welches im Zeitpunkt der Eintragung ins Handelsregister auf die GmbH, ähnlich wie im Fall der Umwandlung einer Personen- in eine Kapitalgesellschaft nach §§ 46 ff. UmwG v. 1969, im Wege der Gesamtrechtsnachfolge übergehe[28]. Vor der Eintragung be-

---

[18]BGHZ 21, S. 242; 51, S. 32; 80, S. 129; BGH ZIP 1998, S. 109.
[19]*Kraft* in: KK, § 41 AktG, Rn. 118 ff.; *Hüffer*, § 41 AktG, Rn. 3 f.; *Lutter*, NJW 1989, 2649, 2653.
[20]BGHZ 80, S. 129 = BGH NJW 1981, 1373; dazu *Ulmer*, ZGR 1981, S. 593 ff.
[21]Hachenburg/*Ulmer*, § 11 GmbHG, Rn. 45 ff.; Scholz/*K. Schmidt*, § 11 GmbHG, Rn. 28, 31.
[22]BGHZ 45, S. 338, 348; Hachenburg/*Ulmer*, § 11 GmbHG, Rn. 48; Scholz/*K. Schmidt*, § 11 GmbHG, Rn. 33.
[23]Hachenburg/*Ulmer*, § 11 GmbHG, Rn. 50; Scholz/*K. Schmidt*, § 11 GmbHG, Rn. 35.
[24] Vgl. Scholz/*K. Schmidt*, § 11 GmbHG, Rn. 29; Hachenburg/*Ulmer*, § 11 GmbHG, Rn. 47.
[25]BGHZ 80, S. 129, 139; Hachenburg/*Ulmer*, § 11 GmbHG, Rn. 26, 45; Rowedder/*Rittner*, § 11 GmbHG, Rn. 34; *Lutter/Hommelhoff*, § 11 GmbHG, Rn. 2.*Baumbach/Hueck*, § 11 GmbHG, Rn.6; *Hüffer*, § 41 AktG, Rn. 16a.
[26]Dazu vgl. in diesem Kapitel, IV.1.b).aa).
[27]So BGHZ 80, S. 129, 135; Hachenburg/*Ulmer*, § 11 GmbHG, Rn. 30; *Lutter/Hommelhoff*, § 11 GmbHG, Rn. 2.
Zum ganzen vgl. *Kießling*, Vorgründungs- und Vorgesellschaften, Diss. 1999, S. 104 ff.
[28]BGHZ 80, S. 129, 138; Hachenburg/*Ulmer*, § 11 GmbHG, Rn. 71, 74; *Lutter/Hommelhoff*, § 11

stünden auch keine nach § 15 GmbHG übertragbaren Geschäftsanteile. Der Gesellschafterwechsel sei nur durch satzungsändernden Vertrag aller Gründer möglich[29]. Bei der Einmann-Vorgesellschaft könne die Gesamthandsgesellschaft, welche die Beteiligung von mindestens zwei Personen voraussetzt, nicht entstehen. Deswegen handele es sich bei der Einmann-Vorgesellschaft lediglich um ein organisatorisch verselbständigtes Sondervermögen des Gründers (wie etwa Nachlaßvermögen), welches von seinem Privatvermögen zu unterscheiden und eigenständiger Verwaltung zu unterstellen sei[30].

Nach einer Gegenmeinung ist die Vorgesellschaft mit der später eingetragenen GmbH bzw. AG nach Zweck und Struktur identisch: Vor und nach der Eintragung bestehe derselbe Rechtsträger[31]. Die Vorgesellschaft sei nicht eine Gesamthandsgesellschaft, sondern eine körperschaftlich verfasste „werdende juristische Person", ein Rechtsgebilde *sui generis*, dem sein eigenes Vermögen zustehe[32]. Der Zweck der Vorgesellschaft beschränke sich nicht auf die Gründung, sondern er sei bereits deckungsgleich mit dem Zweck der späteren GmbH. Zwischen dem Gründungsverband und der juristischen Person bestehe eine Identität im Sinne vollständiger Kontinuität der Rechtsverhältnisse[33]. Die automatische Fortsetzung von Rechten und Pflichten durch die fertige Gesellschaft könne deswegen nicht als Gesamtrechtsnachfolge qualifiziert werden. Auch bei der Einmann-Vorgesellschaft handele es sich um ein teilrechtsfähiges Rechtsgebilde, welches ein vom Einmann-Gesellschafter gesonderter Träger von Rechten und Pflichten sein könne und mit der eingetragenen Einmann-Gesellschaft identisch sei[34].

GmbHG, Rn. 2.

[29]Vgl. Hachenburg/*Ulmer*, § 11 GmbHG, Rn. 35. **A.A.** Scholz/*K. Schmidt*, § 11 GmbHG, Rn. 41; *ders*. GmbHR 1997, S. 869 ff.(§ 15 GmbHG greife bereits vor der Eintragung ein, alle Gründer müssten der Veräußerung zustimmen).

[30]Hachenburg/*Ulmer*, § 11 GmbHG, Rn. 17; *Lutter/Hommelhoff*, § 11 GmbHG, Rn. 24; *Fleck*, GmbHR, 1983, S. 17.

[31]Scholz/*K. Schmidt*, § 11 GmbHG, Rn. 26, 28, 31, 133 ff.; *ders*. GesR[3], S. 310; *Raiser*, KapGesR, § 26, Rn. 85, *Büttner*, aaO., *v. Gummert*, MünchHdb. Bd. III, § 16, Rn. 10; *Weimar*, GmbHR 1988, S. 289, 291.

[32]Scholz/*K. Schmidt*, § 11 GmbHG, Rn. 28 m.w.N.

[33]Scholz/*K. Schmidt*, § 11 GmbHG, Rn. 25 und 133; *Büttner*, aaO., S. 130 ff. Kritisch dazu *Kießling*, aaO., S. 313 ff.

[34]Scholz/*K. Schmidt*, § 11 GmbHG, Rn. 149; *John*, Die Gründung einer Einmann-GmbH, 1986, S. 11.

Einheitlich wird in der deutschen Rechtsprechung und Literatur angenommen, dass die Aufgabe der Gründung unter Fortsetzung der Gesellschaftstätigkeit zur Umwandlung der Vorgesellschaft in eine oHG oder BGB-Gesellschaft mit entsprechender persönlicher Außenhaftung aller Gesellschafter für die Altschulden (sog. unechte Vorgesellschaft) führt. Das gleiche gilt, wenn die Eintragung der Gesellschaft von vornherein nicht beabsichtigt war[35].

Im oben dargestellten Meinungsstreit ist der zweiten, auf der Identitätstheorie beruhenden Auffassung zu folgen. Die Anerkennung der vollständigen Rechtsfähigkeit des Gründungsverbandes und der Identität zwischen ihm und der angestrebten juristischen Person vollzieht den langjährigen Institutionalisierungsprozess im Recht der Vorgesellschaft. Zwar hat die Vorgesellschaft nicht die ganze rechtliche Qualität einer GmbH bzw. AG. Sie ist jedoch eine nach innen korporativ strukturierte, nach außen als solche hervortretende, rechtsfähige Organisation, ein Rechtsgebilde *sui generis*, das von ihren Gründern weitgehend losgelöst ist[36], das durch eigene Organe handelt und dem auch das Vermögen zuzurechnen ist. Das Gesamthandsprinzip soll deswegen auch in der deutschen Lehre als Relikt der Zeiten aufgegeben werden, in denen man die Vorgesellschaft als selbständigen Rechtsträger ablehnte und als BGB-Gesellschaft behandelte[37]. Der Identitätstheorie zufolge entsteht bereits im Zeitpunkt des Abschlusses des Gesellschaftsvertrages ein selbständiger rechtsfähiger Rechtsträger, der als eine werdende juristische Person korrekterweise mit dem Zusatz „in Gründung" im Rechtsverkehr auftritt und mit der Registereintragung lediglich ein Rechtskleid der reifen GmbH bzw. AG „anzieht". Man muss sich jedoch vor Augen halten, dass dieses „Kleid" hier eine konstitutive Bedeutung für die Existenz der konkreten juristischen Person hat[38]. Ähnlich wie im Umwandlungsgesetz 1994 von der rechtsübertragenden zugunsten der identitätswahrenden Umwandlung abgegangen worden ist[39], soll auch im Recht der Vorgesellschaft angenommen werden,

---

[35]BGHZ 80, S. 142, zuletzt OLG Dresden, NZG 1998, S. 2927; Hachenburg/*Ulmer*, § 11 GmbHG, Rn. 18 ff.; Scholz/*K. Schmidt*, § 11 GmbHG, Rn. 143; *Lutter/Hommelhoff*, § 11 GmbHG, Rn. 9.

[36]*Büttner*, S. 76, 112, 133, *Weimar*, GmbHR 1988, S. 289, 291; *John*, BB 1982, S. 505, 508, der die Vor-GmbH als „GmbH minus Eintragung" bezeichnet.

[37]Vgl. RGZ 58, S. 56; *Brodmann*, Art. 11 GmbHG, Anm. 1a.

[38]Vgl. aber *Hennrichs*, ZIP 1995, S. 794, 795 f., der zugleich betont, AG und GmbH seien keine Rechtskleider einer davon verschiedenen juristischen Person, sondern sie selbst seien diese – jeweils verschiedenen – Personen.

[39]Vgl. die Begründung zum Regierungsentwurf des UmwG 1994, Drucksache Bundestag 12/6699, zu § 202: „Das Vermögen des formwechselnden Rechtsträgers ist nach dem Formwechsel Ver-

dass sich Gründungsverband und juristische Person nicht als zwei selbständige Rechtsträger gegenüber stehen, sondern eine und dieselbe Körperschaft in verschiedenen Entwicklungsphasen darstellen[40].

2. *Polnisches Recht*

a). Meinungsstand aufgrund des pol. HGB 1934

Das polnische HGB 1934 enthält eine rudimentäre Regelung der Vorgesellschaft (Art. 171 für die GmbH und Art. 335 pol. HGB für die AG), die sich fast wörtlich mit den entsprechenden Vorschriften des deutschen Rechts deckt (§ 11 GmbHG, § 41 Abs. 1 AktG). Aufgrund dieser Regelung ordnete der überwiegende Teil der polnischen Vorkriegslehre – unter Berufung auf die ältere deutsche Rechtsprechung und Literatur[41] – die Vorgesellschaft als Gesellschaft des Zivilrechts ein[42]. Die eingetragene Gesellschaft werde aus den vor ihrer Eintragung vorgenommenen Geschäften nur dann verpflichtet und berechtigt, wenn diese gründungsnotwendig oder in der Satzung vorgesehen gewesen seien. Sonst bedürfe es zur ihrer Wirksamkeit der Bestätigung durch die Gesellschafter- bzw. Hauptversammlung nach Eintragung der Gesellschaft[43].

Auch gegenwärtig wird die Vorgesellschaft als eine nicht rechtsfähige ZGB-Gesellschaft angesehen[44]. Diese Auffassung hat den polnischen OG neuerdings

---

mögen des Rechtsträgers neuer Form".

[40] *Büttner*, aaO., S. 133; Scholz/*K. Schmidt*, § 11 GmbHG, Rn. 133; *Raiser*, KapGesR, § 26, Rn. 85; *Weimar*, GmbHR 1988, S. 289, 291. **A.A.** *Kießling*, S. 306 ff., 333, 396 f., der die Identität der Vorgesellschaft und der eingetragenen Körperschaft verneint, zugleich einen „nahtlosen Übergang" aller Rechtsverhältnisse auf die juristische Person entsprechend den 190 ff. UmwG bejaht.

[41] So insbesondere *Namitkiewicz*, Art. 171 pol. HGB, Anm. 3, unter Berufung auf *Brodmann* und *Scholz*; *Tomkiewicz/Bloch* unter Berufung auf *Scholz* und RG, JW 1905, S. 31.

[42] *Dziurzyński/Fenichel/Honzatko*, Art. 171 pol. HGB, Anm. 5 b).; *Namitkiewicz*, Art. 171 pol. HGB, Anm. 3; *Tomkiewicz/ Bloch*, Art. 171 pol. HGB, Anm. 1, 2. Strikt ablehnend: *Szer*, PPH 1932, S. 271 ff., der das Handeln vor der Eintragung als Geschäftsführung ohne Auftrag (*negotiorum gestio*) im Namen und auf Rechnung künftiger Person, d.h. der Kapitalgesellschaft, betrachtet.

[43] Vgl, *Dziurzyński/Fenichel/Honzatko,* Art. 171 pol. HGB, Anm. 6; Kruczalak/*Weiss*, Art. 171 pol. HGB, Anm. 4; *Szajkowski*, Prawo spółek, Rn. 363, 646.

[44] So der pol. OG im: Beschluss v. 15.3.1991, III CZP 13/91, veröff. in: OSNCP 7/1991, Pos. 77; Beschluss v. 5.12.1990, veröff. in OSP 11-12/1992, Pos. 241 mit zust. Anm. *Ignatowicz*; Skubisz/*Kidyba*, Zarys, S. 107; *Skąpski*, KPP, 2/1992, S. 153, 158; *A.W.Wiśniewski*, Prawo o spółkach, Bd. 3, S. 75, *Fijałkowski*, HGB-Kommentar, Art. 171, Anm. 278; *Płonka*, in: *Frąckowiak, Kieres* (Hrsg.) S. 113, 122; Włodyka/ *Szumański*, Prawo, S. 499. Vgl. auch *Marr*, aaO., S.

zur Annahme bewogen, dass in Fällen, in denen als Sacheinlage das Eigentum an einem Grundstück oder das Erbnießbrauchsrecht vereinbart wurde, zur wirksamen Rechtsübertragung der Abschluss eines Verfügungsgeschäfts mit der eingetragenen GmbH als juristischer Person, die erst mit der konstitutiven Eintragung ins Handelsregister entstehe, erforderlich sei[45].

Die Richtigkeit der Auffassung, vor der Registereintragung bestehe kein zurechnungsfähiges Rechtssubjekt, wird im neuesten polnischen Schrifttum von einer Reihe von Autoren in Frage gestellt und zwar oft unter Heranziehung rechtsvergleichender, auf das deutsche Recht bezogener Argumente [46].

Eine Auffassung in der Lehre will auf die Vorgesellschaft die Vorschriften über die oHG analog anwenden, wenn sich aus den Vorschriften des pol. HGB nichts anderes ergibt[47]. Dies soll der Gesellschaft in Gründung ermöglichen, im eigenen Namen Rechte zu erwerben und Verbindlichkeiten einzugehen (Art. 81 pol. HGB). Nach einer noch weiter gehenden Ansicht ist die Vorgesellschaft ein Rechtsgebilde *sui generis*, das nach seiner Verfassung weitgehende Ähnlichkeiten mit der voll rechtsfähigen GmbH bzw. AG aufweise. Sie habe eine körperschaftlich ausgestaltete Organstruktur und ihr eigenes Vermögen, das zugleich ein gemeinschaftliches Sondervermögen der Gründer (Art. 863 ZGB)[48] sei. Der Vorgesellschaft sei eine „besondere" oder „vorläufige" Rechtsfähigkeit beizumessen, die durch das Ziel ihrer Existenz, d.h. die Gründung einer Kapitalgesellschaft, beschränkt sei[49]. Als teilrechtsfähiges Rechtssubjekt könne sie jedoch am Wirtschaftsverkehr vollständig teilnehmen, berechtigt und verpflichtet werden. Da die Vorgesellschaft nicht einen eigenständigen Verbandstyp, son-

---

31. Vgl. dazu näher Kapitel 7, II.1.

[45]Pol. OG im Beschluss v. 15.12.1990, aaO.

[46]*Frąckowiak*, aaO. S. 5 ff; Kruczalak/*Frąckowiak*, Art. 335 pol. HGB, Anm. 3 ff; *Szajkowski*, Prawo spółek, Rn. 353 ff., 640 ff.; *Sołtysiński*, aaO., Art. 335 pol. HGB, Rn. 1 ff., 24; Pyzioł/*Szumański*/Weiss, Prawo spółek, S. 387; Włodyka/*Włodyka*, S. 181-184; Kruczalak/*Weiss* Art. 171 pol. HGB, Anm. 4; *Fiołka*, PPH, 1/1993 S. 13, 17; *Krauss*, Anm. zum Urteil des OG v. 5. 12. 1991, PS 11-12/1992, S. 117 ff.; *Gralla*, FS Włodyka, S. 143 ff.; *Bandarzewski*, PUG 1/1996, S. 16 ff.

[47] *Kidyba*, Art. 160 pol. HGB, Rn. 4 und Art. 171 pol. HGB, Rn. 4; Skubisz/*Kidyba*, Zarys, S. 107.

[48]Art. 863 pol. ZGB entspricht dem § 719 BGB, welcher die gesamthänderische Bindung der Gesellschafter statuiert. Vgl. *Gralla* in: FS Włodyka, S. 153, *Szajkowski*, Prawo spółek, Rn. 355. .

[49]*Sołtysiński*/Szajkowski/Szwaja,Art. 335 pol. HGB, Rn. 22; *Szajkowski*, Prawo spółek, Rn. 354 f.; in der deutschen Sprache: *Diedrich/Kos*, WiRO S. 41, 44.

dern lediglich ein Durchgangsstadium auf dem Wege zur juristischen Person sei, verstoße die Anerkennung ihrer Rechtsfähigkeit nicht gegen den Grundsatz des *numerus clausus* der Gesellschaftstypen[50]. Die Anwendung der Vorschriften über die ZGB-Gesellschaft hierauf entspreche dagegen weder der Rechtsnatur der Vorgesellschaft noch dem Willen der Gesellschafter[51]. Deswegen sollen auf die Vorgesellschaft neben den im Gesellschaftsvertrag enthaltenen Bestimmungen vorrangig das GmbH- bzw. AG-Recht anzuwenden sein, soweit es das Vorhandensein der Rechtspersönlichkeit nicht voraussetze. Zwischen der Vorgesellschaft und der eingetragenen Körperschaft bestehe weitgehende Identität. Nach der Registereintragung setzten sich die im Gründungsstadium im Rahmen der Vertretungsmacht begründeten Rechtsverhältnisse gemäß dem Kontinuitätsprinzip fort[52].

b). Regelung des HGGB

Das neue Gesetz enthält eine ausdrückliche Regelung der Rechtsnatur wie auch der Haftungsverhältnisse vor und nach der Eintragung der Kapitalgesellschaft. Die entsprechenden Vorschriften befinden sich sowohl im allgemeinen Teil (Art. 11-13 HGGB) als auch jeweils in den die GmbH und die AG betreffenden Titeln des neuen Gesetzes (Artt. 161, 170, 323, 326 HGGB).

Nach der gesetzlichen Anordnung entsteht eine Vor-GmbH im Zeitpunkt des Abschlusses des Gesellschaftsvertrages (Art. 161 § 1 HGGB), eine Vor-AG – mit der Übernahme sämtlicher Aktien (Art. 323 § 1 HGGB). Sie ist als eine haftungsfähige Rechtsträgerin *sui generis* anzusehen: Nach Art. 11 HGGB kann sie im eigenen Namen Rechte erwerben, einschließlich des Eigentums an Grundstücken und andere dingliche Rechte, Verbindlichkeiten eingehen, klagen und verklagt werden. Die Gründer haben die versprochenen Einlagen an die Vorgesellschaft als teilrechtsfähiges Subjekt zu leisten, worüber die Vorstandsmitglieder bei der Anmeldung eine Versicherung abgeben müssen (Artt. 167 § 1

---

[50] Włodyka/*Włodyka*, Prawo spółka, S. 181; Włodyka/*Szumański*, Prawo spółek, S. 499.

[51] *Frąckowiak*, KPP 1/1994, S. 16.

[52] So unter Berufung auf *K. Schmidt*: *Szajkowski*, Prawo spółek, Rn. 361; *Sołtysiński*/Szajkowski/ Szwaja, Art. 335 pol. HGB, Rn. 17. In der Vorkriegsliteratur nahmen *Namitkiewicz*, Art. 171 pol. HGB, Anm. 3 und *Dziurzyński*, Art. 171 pol. HGB, Anm. 6a unter Berufung auf die Rechtsprechung des RG an, die vor der Eintragung bestehende Zivilgesellschaft und die eingetragene GmbH seien identisch.

Pkt. 2, 320 § 1 Pkt. 3 HGGB). Nach der ausdrücklichen Regelung des Art. 16 HGGB ist allerdings die Verfügung über Anteil oder Aktie vor der konstitutiven Registereintragung der Gesellschaft sowie der Kapitalerhöhung nichtig. Vor der Eintragung der AG ist die Ausgabe sowohl der Inhaber- als auch Orderunterlagen und der Zwischenscheine, die zur Teilnahme an den Gewinnen oder am Vermögen der Gesellschaft in Gründung berechtigen, verboten (Art. 322 HGGB). Das Vorstandsmitglied, das die Ausgabe der Aktien vor der Eintragung der Gesellschaft zulässt, unterliegt der strafrechtlichen Sanktion nach Art. 592 Pkt. 2 HGGB. Daraus folgt, dass der Gesellschafterwechsel ausschließlich durch Änderung des notariellen Gesellschaftsvertrages erfolgen kann, was der Zustimmung aller Gesellschafter bedarf.

Anders als im deutschen Recht, in dem der Gewinn der Vorgesellschaft nach dem Körperschaftsteuerrecht zu versteuern ist[53], wird der Gesellschaft in Gründung in Polen wohl keine selbständige Steuerrechtssubjektivität zukommen. Dies ergibt sich aus dem Wortlaut des Art. 1 Abs. 2 Gesetz vom 15. Februar 1992 über die Besteuerung juristischer Personen[54]. Die Vorschriften dieses Gesetztes finden zwar auf die Organisationseinheiten ohne eigene Rechtspersönlichkeit Anwendung, allerdings „mit Ausnahme der Gesellschaften, die keine Rechtspersönlichkeit haben".

Unklar ist, ob die Vorgesellschaft ein Unternehmer i.S.v. Art. 2 Abs. 2 WiTG[55] sein wird. Danach ist ein Unternehmer eine natürliche Person, eine juristische Person oder eine Handelsgesellschaft ohne Rechtspersönlichkeit, die berufsmäßig und im eigenen Namen eine im Absatz 1 dieses Artikels genannte wirtschaftliche Tätigkeit[56] aufnimmt und ausübt. Die Vorgesellschaft als ein Durchgangsstadium zur juristischen Person der GmbH oder AG lässt sich in keine der in dieser Vorschrift bestimmten Unternehmergruppen einordnen. Die Vorschrift des Art 7 WiTG, wonach der Unternehmer die Wirtschaftstätigkeit erst nach der

---

[53]Vgl. Hachenburg/*Ulmer*, § 11 GmbHG, Rn. 124 m.w.N.; Scholz/*K. Schmidt*, § 11 GmbHG, Rn. 173 ff.

[54]Dz. U. v. 1993 Nr 106 Pos. 482, mit späteren Änderungen.

[55] Dz.U. vom 1999, Nr. 101, Pos. 1178. Vgl. dazu oben, Einleitung, Pkt. 2

[56]Als Wirtschaftstätigkeit im Sinne des Gesetzes gilt eine Produktions-, Bau-, Handels-, Dienstleistungstätigkeit sowie das Aufsuchen, Erkunden und die Ausbeutung von natürlichen Ressourcen, die organisiert und dauerhaft ausgeübt wird (Art. 2 Abs. 1 des Gesetzes).

Eintragung ins Unternehmerregister [57] aufnehmen kann, lässt darüber hinaus daran zweifeln, ob die Vorgesellschaft die Geschäftstätigkeit im größeren Umfang aufnehmen können wird[58].

Die Firma der Vorgesellschaft soll einen den Rechtsverkehr warnenden Zusatz „in Gründung" enthalten (Art. 11 § 3 HGGB). Das Gesetz sieht jedoch keine Sanktionen bei Nichteinhaltung dieser Vorschrift vor. Gemäß dem Wortlaut des Art. 12 HGGB wird die Vorgesellschaft im Zeitpunkt der Eintragung eine GmbH oder AG und erwirbt die Rechtspersönlichkeit. In diesem Augenblick wird sie Subjekt aller Rechte und Pflichten der Gesellschaft in Gründung. Dieser Vorschrift liegt das Prinzip der Identität zwischen dem teilrechtsfähigen Rechtsgebilde und der mit voller Rechtspersönlichkeit ausgestatteten Kapitalgesellschaft zugrunde. Der Wortlaut des Art. 12 HGGB darf die Annahme rechtfertigen, es bestehe keine Gesamtrechtsnachfolge zwischen der Vorgesellschaft und der juristischen Person, sondern vielmehr ein nahtloser Übergang der gesamten vor der Eintragung begründeten Rechtsverhältnisse auf die „reife" Körperschaft[59].

Die Gesellschaft in Gründung hat bereits eine körperschaftliche Organstruktur. Entscheidungen in wichtigen Angelegenheiten liegen in der Kompetenz der Gesellschafter- bzw. Hauptversammlung[60]. Die Vor-GmbH wird durch den Vorstand oder vom Bevollmächtigten vertreten, der durch einen einstimmigen Gesellschafterbeschluss bestellt wird (Art. 161 § 2 HGGB). Die Vor-AG wird bis zur Bestellung des ersten Vorstands durch alle Gründer gemeinsam oder durch den Bevollmächtigten vertreten, den die Gründer dazu einstimmig berufen (Art. 323 § 2 HGGB). Eine Sonderregelung ist in bezug auf die Einmann-Vor-GmbH vorgesehen. Mit Ausnahme der Anmeldung zur Registereintragung kann sie nicht durch den Alleingesellschafter rechtsgeschäftlich vertreten werden (Art. 162 HGGB). Will der Alleingesellschafter der Einmann-GmbH bereits vor deren Registereintragung geschäftlich tätig sein, so muss er einen Dritten als Vorstandsmitglied oder Bevollmächtigten bestellen.

---

[57] Vgl. oben, Kapitel 1, III.3.a).

[58] Vgl. dazu näher in diesem Kapitel, unter IV. 1.b).bb).

[59] So bereits aufgrund der HGB-Regelung: *Sołtysiński*/Szajkowski/Szwaja, Art. 335 pol. HGB Rn. 17, 18; ihm folgend Pyzioł/*Szumański*/Weiss, Prawo spółek, S. 388 (Analogie zum Formwechsel).

[60] *Sołtysiński*, aaO., Art. 335 pol. HGB, Rn. 29 ff.; *Frąckowiak*, aaO., KPP 1/1994, S. 13 ff.

Gemäß Art. 11 § 2 HGGB unterliegt die Gesellschaft in Gründung in Angelegenheiten, die im Gesetz nicht ausdrücklich geregelt werden, dem für die angestrebte Gesellschaftsform maßgebenden Recht. Wegen des vagen Wortlauts dieser Vorschrift bleibt allerdings unklar, welche Vorschriften bereits im Gründungsstadium entsprechende Anwendung finden können. Da die feste Stammkapitalziffer auch ein wesentliches strukturelles Merkmal der Kapitalgesellschaft in Gründung darstellt, soll auch die Geltung des institutionelles Kapitalschutzes bereits im Gründungsstadium angenommen werden. Zu bejahen ist deswegen die analoge Anwendung bestimmter Kapitalerhaltungsvorschriften und zwar insbesondere derjenigen über das Verbot der Rückgewähr und Verzinsung der bereits auf das Stammkapital eingebrachten Einlagen (Artt. 189, 190 HGGB für die GmbH, Artt. 344, 346 HGGB für die AG). Vor der Eintragung soll auch die den Vorstandsmitgliedern obliegende Einberufungspflicht gelten, wenn der gesetzlich bestimmte Teil des Kapitals verloren ist (die Hälfte bei einer GmbH, Art. 233 § 1 HGGB, ein Drittel bei einer AG, Art. 397 HGGB).

Nicht eindeutig ist dagegen die Geltung des Art. 5 § 2 pol. KO, in dem die Konkursantragspflicht wegen Überschuldung vorgesehen ist. Ihrem Wortlaut nach betrifft diese Vorschrift zum einen die juristischen Personen, zum anderen die oHG´s und die KG´s, welche sich im Stadium der Auflösung befinden. Im Hinblick auf die Tatsache, dass sich die Finanzverfassung der Vor- mit der der eingetragenen Kapitalgesellschaft weitgehend deckt, ist die entsprechende Geltung des Art. 5 § 2 pol. KO für die Vorgesellschaft zu bejahen. Art. 5 § 1 pol. KO, der als Konkursgrund die Zahlungsunfähigkeit des Unternehmers nennt, ist auf die Vorgesellschaft mangels Unternehmereigenschaft nicht direkt anwendbar; die Vorschrift gilt aber ebenfalls analog. In der Dogmatik der juristischen Personenlehre steht die Vor-GmbH zwischen der oHG einerseits und der fertigen GmbH andererseits, die beide der Vorschrift des Art. 5 pol. KO unterfallen. Dann ist nicht einzusehen, weswegen die Vor-GmbH von der Geltung dieser Vorschrift nicht erfasst sein sollte.

Zweifelhaft ist ferner, ob im Fall der von allen Gesellschaftern beschlossenen Änderung des Gesellschaftsvertrages, welche die Herabsetzung des bisherigen Stammkapitals zur Folge hat, auch die für die eingetragene Gesellschaft vorgesehenen Vorschriften zum Schutz der Gläubiger (Bekanntmachung der Kapitalherabsetzung, Widerspruchsrecht der bisherigen Gläubiger und Recht auf Befriedigung bzw. Sicherung, vgl. Art. 264 HGGB) gelten sollen. Dies ist zu verneinen: Deren Vertrauen kann besser auf diejenige Weise geschützt werden, dass die kapitalherabsetzende Änderung des Gesellschaftsvertrags lediglich denjenigen Gläubigern entgegengehalten wird, die ihre Ansprüche gegen die Vorgesellschaft nach diesem Zeitpunkt erworben haben[61].

In den Vorschriften der Artt. 169, 325 § 1 HGGB kommt der vorläufige Charakter der Vorgesellschaft als ihr wesentliches Merkmal zum Ausdruck. Danach muss sie innerhalb von sechs Monaten seit Abschluss des Gesellschaftsvertrages bzw. der Feststellung der Satzung zum Handelsregister angemeldet werden. Ist das nicht der Fall oder wird der die Eintragung ablehnende gerichtliche Beschluss rechtskräftig, so verliert der Gesellschaftsvertrag seine Gültigkeit (so ausdrücklich Art. 169 HGGB für die Vor-GmbH). Der Vorstand der Vor-AG hat dann unverzüglich „die interessierten Personen", d.h. die Gründer, Gläubiger und andere Organmitglieder[62], durch Bekanntmachung hiervon in Kenntnis zu setzen und die Rückgabe der eingezahlten Beträge und der Sacheinlagen anzuordnen (Art. 326 § 3 HGGB für die AG, ähnlich Art. 279 HGGB für die GmbH)[63]. Ist die Vorgesellschaft nicht in der Lage, alle Einlagen unverzüglich zurückzugewähren und alle Verbindlichkeiten zu begleichen, so hat der Vorstand ihre Liquidation durchzuführen (Artt. 170, 326 HGGB). Sie soll nach den für die angestrebte Form maßgeblichen Vorschriften erfolgen, wobei als Liquidatoren die Vorstandsmitglieder zu betrachten sind, es sei denn, dass die Gesellschafter bzw. die Aktionäre etwas anderes beschließen (Artt. 170 § 1, 326 § 2 HGGB). Falls das Kapital der Vor-AG nicht voll aufgebracht worden ist und ihr Vermögen zur Deckung der Verbindlichkeiten nicht ausreicht, sollen die Liquidatoren von jedem Aktionär weitere Einzahlungen in der zur Deckung der Verbindlichkeiten erforderlichen Höhe einfordern, beginnend bei den hinsichtlich der Vermögensverteilung nicht bevorrechtigten Aktien (Artt. 471 f. HGGB analog). Die AG in Gründung wird im Zeitpunkt der Annahme des Liquidationsberichtes durch die Hauptversammlung aufgelöst (Art. 326 § 4 HGGB).

In der polnischen Literatur gibt es kaum Äußerungen zur Problematik der gescheiterten Vor-GmbH bzw. Vor-AG, wenn die Gesellschafter nach dem Schei-

---

[61]Im deutschen Schrifttum so Hachenburg/*Ulmer*, 7. Aufl., § 19 GmbHG, Rn. 21.
[62]*Sołtysiński*/Szajkowski/Szwaja, Art. 336 pol. HGB, Rn. 11.
[63]Vgl. *Sołtysiński*/Szajkowski/Szwaja, Art. 335 pol. HGB, Rn. 44 und Art. 336 pol. HGB, Rn. 7 ff.

tern der Gründung statt die Liquidation durchzuführen, das Unternehmen weiter betreiben. Nach einer Auffassung im Schrifttum können die Gesellschafter ihre Vorgesellschaft jederzeit aufgrund eines einvernehmlich gefassten Beschlusses in eine Personengesellschaft „umwandeln“[64]. Hierbei stellt sich die Frage, ob die Aufgabe der Gründung, das Verstreichen der gesetzlichen sechsmonatigen Frist zur Anmeldung der Gesellschaft oder die rechtskräftige Ablehnung der Eintragung (Art. 169 HGGB) unter Fortsetzung der Unternehmenstätigkeit stets zur Umwandlung der Vorgesellschaft in eine Personengesellschaft mit entsprechender persönlicher Außenhaftung aller Gesellschafter für die bisherigen Schulden führen soll[65]. In diesen Fällen handelt es sich nicht mehr um eine Vorstufe zur Kapitalgesellschaft; deswegen entfällt auch die Rechtfertigung sowohl für die vorläufige Rechtsfähigkeit des Verbandes als auch für die Haftungsbeschränkung seiner Mitglieder. Nach dem Grundsatz des *numerus clausus* der Gesellschaftstypen ist der Personenverband von Anfang als eine Gesellschaftsform zu qualifizieren, deren Entstehung keiner konstitutiven Registereintragung bedarf. Im polnischen Recht kommt hier die Annahme entweder einer Zivilgesellschaft (Art. 860 pol. ZGB) oder einer oHG (Artt. 22 ff. HGGB) in Betracht.

3. Würdigung

Die vorgehenden Ausführungen rechtfertigen den Schluss, dass die Rechtsnatur der Gesellschaft in Gründung im neuen polnischen Recht – die Vorgesellschaft als ein teilrechtsfähiges Rechtsgebilde *sui generis* und ein Durchgangsstadium zur juristischen Person – der deutschen Rechtslage weitgehend entspricht. Ein Unterschied besteht in der Regelungsweise. In Deutschland wurde die Natur der Vorgesellschaft infolge der höchst-richterlichen Rechtsfortbildung aufgrund einschlägiger Vorarbeiten der Rechtswissenschaft geklärt. In Polen ist das kraft einer ausdrücklichen gesetzgeberischen Entscheidung geschehen. Diese gesetzliche Regelung ist allerdings lückenhaft und wirft zahlreiche Fragen bezüglich des Umfangs der Vorschriften auf, welche bereits vor der Registereintragung analoge Anwendung finden.

---

[64] *Frąckowiak*, KPP 1/1994, S. 20; ähnlich *Sołtysiński*/Szajkowski/Szwaja, Art. 335 pol. HGB, Rn. 46.

[65] Zur Haftung der Gesellschafter vgl. in diesem Kapitel, IV.2.b).

Die Anerkennung der Teilrechtsfähigkeit der Vorgesellschaft im polnischen Recht ist insoweit zu begrüßen, als es dadurch ermöglicht wird, die im Gesellschaftsvertrag versprochenen Einlagen bereits vor der Registeranmeldung der Gesellschaft an ein teilrechtsfähiges Rechtssubjekt zu leisten. Damit wird die Auffassung des polnischen OG überholt, die tatsächliche Erfüllung der Einlagepflicht sei erst nach der Eintragung der Gesellschaft möglich[66].

Nach der hier vertretenen Identitätstheorie ist die Vorgesellschaft sowohl nach deutschem als auch nach polnischem Recht kein gesamthänderischer Verband, sondern eine körperschaftlich verfasste werdende juristische Person, die über ihre Organe tätig wird und der ihr eigenes Vermögen zusteht. Mit der Eintragung findet keine Rechtsnachfolge, sondern vielmehr eine Kontinuität in die vor der Eintragung begründeten Rechten und Pflichten statt. Anders allerdings als in Deutschland, wo die Vorgesellschaft als solche Kaufmann sein kann, falls sie handelsgewerbliche Tätigkeit ausübt (§ 1 HGB), wird der polnischen Gesellschaft in Gründung keine Unternehmereigenschaft i.S.v. Art. 2 Abs. 2 WiTG zukommen.

IV. Haftungsverfassung in der Vorgesellschaft

1. Haftung der vor der Eintragung handelnden Personen

a). Funktionen der Handelndenhaftung

Wie oben erwähnt, enthalten sowohl das deutsche Recht als auch das pol. HGB 1934 identische Vorschriften, welche die persönliche und solidarische Haftung der vor der Eintragung der Gesellschaft Handelnden vorsehen (§§ 11 Abs. 2 GmbHG, 41 Abs. 1 S. 2 AktG, Artt. 171 § 2, 335 § 2 pol. HGB). Die beiden Rechtssysteme genügen dadurch der Vorgabe des Art. 7 der Publizitätsrichtlinie. Danach haften die Personen, welche im Namen der Gesellschaft gehandelt haben, ehe diese die Rechtsfähigkeit erlangt hat, für die sich aus diesen Handlungen ergebenden Verpflichtungen unbeschränkt und gesamtschuldnerisch, wenn die Gesellschaft die Verpflichtungen nicht übernimmt oder nichts anders vereinbart worden ist. Trotz desselben Wortlauts wird den genannten Vorschriften in

---

[66]Vgl. oben, Fn. 44.

beiden Rechtsordnungen unterschiedliche Bedeutung beigemessen. Der grundlegende Unterschied im Verhältnis zum deutschen Recht ist insbesondere in der Regelung der Handelndenhaftung im neuen polnischen HGGB ersichtlich.

aa). Deutsches Recht

Die in § 11 Abs. 2 GmbHG und § 41 Abs. 1 S. 2 AktG geregelte Handelndenhaftung geht auf die Zeit des Konzessionssystems zurück (vgl. Art. 211 Abs. 2 ADHGB 1861)[67]. Ursprünglich wurde ihr eine Straffunktion beigemessen. Die strenge Handelndenhaftung sollte nach Möglichkeit das Handeln vor der Konzessionierung unterbinden. Im Laufe der Zeit wurde daneben immer stärker die Sicherungsfunktion betont, wonach den Gläubigern an Stelle der Gesellschaft jedenfalls ein Schuldner, nämlich der Handelnde, zur Verfügung stehen solle. Darüber hinaus wird in Rechtsprechung und Lehre auf die sog. Druckfunktion dieser Vorschriften hingewiesen, d.h. die Handelnden zur Vorsicht zu ermahnen und zu einer Beschleunigung des Eintragungsverfahrens anzuhalten[68].

Im heutigen deutschen Recht kommt keiner der genannten Funktionen der Handelndenhaftung eine entscheidende Bedeutung mehr zu[69]. Die Straffunktion und die Sicherungsfunktion haben immer mehr an Bedeutung verloren, seitdem die Rechtsfähigkeit der Vorgesellschaft anerkannt sowie die Vorbelastungshaftung der Gründer eingeführt wurde[70]. Auch die Druckfunktion hat nur eine beschränkte Bedeutung, weil die Organmitglieder nach Anmeldung der Vorgesellschaft kaum imstande sind, auf die Dauer des Eintragungsverfahrens Einfluss zu nehmen[71]. Deswegen werden die behandelnden Vorschriften oft als „obsolet“ und „entbehrlich“ bezeichnet[72]. Ihre Geltung wird allenfalls mit Rücksicht auf Art. 7

---

[67]Hachenburg/*Ulmer*, § 11 GmbHG, Rn. 96; Scholz/*K. Schmidt*, § 11 GmbHG, Rn. 92; *Lutter/Hommelhoff*, § 11 GmbHG, Rn. 17.

[68]Hachenburg/*Ulmer*, aaO.

[69]Hachenburg/*Ulmer*, § 11 GmbHG, Rn. 98; *Lutter/Hommelhoff*, § 11 GmbHG, Rn. 17; *Lieb*, FS Stimpel, S. 399, 405; *Meister*, FS Werner, S. 521, 555 ff.; *Lutter*, JuS 1998, S. 1073, 1078 = PPH 1/1999, S. 1, 10.

[70]Vgl. in diesem Kapitel unter IV.1.a).bb).

[71]Hachenburg/*Ulmer*, § 11 GmbHG, Rn. 98. Teilweise abw. Scholz/*K. Schmidt*, § 11 GmbHG, Rn. 93 (als rechtspolitischer Nebeneffekt bleibe die Druckfunktion der Handelndenhaftung von Belang); ähnlich *Sandberger*, FS Fikentscher, S. 389, 414 f.

[72]So insbesondere *Fleck*, LM 20 zu § 11 GmbHG. Vgl. auch Hachenburg/*Ulmer*, § 11 GmbHG, Rn. 98; *Lutter/ Hommelhoff*, § 11 GmbHG, Rn. 17, jeweils m.w.N.

der Publizitätsrichtlinie für die außerhalb der Vertretungsmacht eingegangenen Verbindlichkeiten und den Sonderfall der unterkapitalisierten Gesellschaft befürwortet[73].

Diese weitgehende Funktionslosigkeit der Handelndenhaftung führt zu einer engen Auslegung der Vorschriften in der neuesten deutschen Rechtsprechung und Lehre. Erstens haften die geschäftsführenden Personen ausschließlich aus rechtsgeschäftlichem Handeln und ausschließlich Dritten, nicht den Gesellschaftern, gegenüber[74]. Die Haftung nach § 11 Abs. 2 GmbHG, § 41 Abs. 1 S. 2 AktG ist eine Organhaftung und trifft daher nur den Geschäftsführer bzw. den Vorstand sowie Personen, die in dieser Eigenschaft nach außen aufgetreten sind[75]. Zweitens hat ihre Haftung einen akzessorischen Charakter im Verhältnis zur Haftung der Vorgesellschaft. Sie können sich also stets auf die der Gesellschaft zustehenden Einwendungen und Einreden berufen. Drittens erlischt die Handelndenhaftung immer mit der Eintragung der Gesellschaft ins Handelsregister, ausgenommen der Haftung für Verbindlichkeiten, die der Handelnde außerhalb seiner Vertretungsmacht eingegangen ist, sofern die Gesellschaft diese Verbindlichkeiten nicht übernommen hat[76]. Mit der Handelsregistereintragung entfällt der Sicherungszweck der Haftung, weil die Gläubiger die GmbH als die von ihnen vorausgesetzte Schuldnerin erlangen und kein Grund mehr besteht, von nun an die Altgläubiger aus der Zeit vor der Eintragung besser als die Neugläubiger aus der Zeit nach der Eintragung zu behandeln[77]. Viertens stehen den im Rahmen der Ermächtigung handelnden Personen die Befreiungs- und Regressansprüche gegen die Vor- sowie die eingetragene Gesellschaft zu (§§ 611, 675, 670 BGB)[78].

---

[73] *Lutter/Hommelhoff*, § 11 GmbHG, Rn. 17; *Lutter*, JuS 1998, S. 1079 = PPH 1/1999, S. 1, 13.

[74] Hachenburg/*Ulmer*, § 11 GmbHG, Rn. 112; Scholz/*K. Schmidt*, § 11 GmbHG, Rn. 108; *Lutter/Hommelhoff*, § 11 GmbHG, Rn. 20.

[75] Hachenburg/*Ulmer*, § 11 GmbHG, Rn. 105; Scholz/*K. Schmidt*, § 11 GmbHG, Rn. 101 ff.; *Lutter/Hommelhoff*, § 11 GmbHG, Rn. 19.

[76] BGHZ 80, S. 182, 183 f.; Hachenburg/*Ulmer*, § 11 GmbHG, Rn. 118; *Lutter/Hommelhoff*, § 11 , Rn. 21. Abweichend: Scholz/K. Schmidt, § 11 GmbHG, Rn. 120, der von der Organvertretungsmacht der Geschäftsführer nach § 37 Abs. 2 GmbHG bereits vor der Eintragung ausgeht und das Erlöschen der Haftung aus § 11 Abs. 2 GmbHG immer mit der Eintragung annimmt. Der ohne Vertretungsmacht Handelnde hafte allerdings nach § 179 BGB. Vgl. in diesem Kapitel, IV.1.b).aa).

[77] Scholz/*K. Schmidt*, § 11 GmbHG, Rn. 118.

[78] Hachenburg/*Ulmer*, § 11 GmbHG, Rn. 121 ff.; Scholz/*K. Schmidt*, § 11 GmbHG, Rn. 114.

Diese Merkmale der Handelndenhaftung zeugen von der untergeordneten Rolle, die sie im Verhältnis zur Haftung der Vorgesellschaft selbst sowie der Unterbilanz- bzw. Verlustdeckungshaftung der Gesellschafter spielt[79]. Die handelnden Geschäftsführer sollen im Außenverhältnis für die von ihnen namens der Gesellschaft eingegangenen Verbindlichkeiten zwar haften, im Ergebnis können sie sich aber dafür bei der Gesellschaft schadlos halten. Mit ihren Regressansprüchen treten sie der Gesellschaft gegenüber in die Position eines Gläubigers. Rechtspolitisch sei dies angemessen, weil die (Fremd-)Geschäftsführer, die mit dem Unternehmen oft kein eigenes Anlageinteresse verbinden, nicht das wirtschaftliche Risiko des Unternehmenserfolges tragen könnten[80].

bb). Polnisches Recht

Im polnischen Schrifttum wird dagegen stets die zentrale Bedeutung der die Handelndenhaftung bisher regelnden Artt. 171 § 2 und 335 § 2 pol. HGB in der Haftungsverfassung der Vorgesellschaft hervorgehoben. Diese Haftung soll dabei eine schützende Wirkung nicht lediglich zugunsten der Drittgläubiger, sondern auch zugunsten der Gesellschafter entfalten. Anders als im deutschen Recht[81] werden die polnischen Vorschriften über die Handelndenhaftung, wegen der ihnen beigemessenen Sicherungsfunktion, in der neueren Literatur als zwingend und unabdingbar angesehen[82].

Dem polnischen Modell der Haftungsverfassung in der Vorgesellschaft liegt die Unterscheidung zwischen zwei Gruppen von Gesellschaftern (Aktionären) zugrunde[83]. Auf der einen Seite stehen die Personen, welche die Gründung der Gesellschaft betreiben und einen tatsächlichen Einfluss auf die Tätigkeit des Gesellschaft in Gründung haben. Die geschäftsführenden Personen, die im Schrift-

---

[79]Vgl. in diesem Kapitel, IV.1.a).aa).

[80]Hachenburg/*Ulmer*, § 11 GmbHG; Rn.112; *Theobald*, Vor-GmbH und Gründerhaftung, Diss. 1984, S. 45.

[81]Scholz/*K. Schmidt* § 11 GmbHG, Rn. 110; Hachenburg/*Ulmer* § 11 GmbHG, Rn. 120; *Lutter/Hommelhoff* § 11 GmbHG, Rn. 20.

[82]*Sołtysiński*/Szajkowski/Szwaja, Art. 335 pol. HGB, Rn. 15. **A.A.** *Allerhand*, Art. 171 pol. HGB, Anm. 13; *Dziurzyński/Fenichel/Honzatko*, Art. 171 pol. HGB, Rn. 10: die Haftung aus Art. 171 § 2 pol. HGB kann abbedungen werden.

[83]Vgl. *Namitkiewicz*, Art. 171 pol. HGB, Anm. 6; *Sołtysiński*, aaO., Art. 335 pol. HGB, Rn. 9 ff; *Szajkowski*, Prawo spółek, Rn. 640 ff.

tum auch als „Promoter" bezeichnet werden[84], sollen bereits vor der Eintragung eine besondere erhöhte Sorgfalt bei der Tätigkeit für die Vorgesellschaft pflegen und dafür einer strengen Haftung unterstellt werden. Unter den Handelndenbegriff fallen sowohl die im Namen der Gesellschaft handelnden Gründer als auch die Vorstandsmitglieder, auch wenn sie zugleich nicht Gesellschafter sind[85], nicht dagegen die Gesellschafter, welche lediglich die Zustimmung zur Geschäftsaufnahme erteilt haben[86]. Die tatsächlich Handelnden haften persönlich und solidarisch aus den Verträgen, die sie im Namen der künftigen Gesellschaft abgeschlossen haben.

Von den handelnden Personen sind die sog. „passiven" Gesellschafter der künftigen Kapitalgesellschaft zu unterscheiden, deren Tätigkeit im Gründungsstadium sich auf die Erfüllung der im Gesellschaftsvertrag eingegangen Einlagepflicht beschränkt und welche die Geschäftsführung den Promotern anvertraut haben[87]. Ihr im Gesellschaftsvertrag aus-gedrückter Wille, ein nur auf die Höhe der übernommenen Stammeinlagen bzw. Aktien beschränktes Risiko einzugehen, soll geschützt werden[88]. Ihnen gegenüber seien die Promoter auch für die sorgfältige Geschäftsführung, d.h. für den sorgfältigen Umgang mit den anvertrauten Mitteln und für die ordnungsgemäße Betreibung der Gründung verantwortlich. Als Rechtsgrundlage für die Ansprüche der Gesellschafter, die oft als Schadensersatzansprüche qualifiziert werden, wurden im alten Recht Art. 171 § 2 bzw. Art. 335 § 2 pol. HGB genannt[89]. Begründet wurde diese Ansicht damit, dass sowohl Art. 291 pol. HGB, welcher die deliktische Haftung für den Schaden vorsah, der der Gesellschaft bei ihrer Gründung durch Verletzung von Rechtsvorschriften zugefügt wurde, als auch Art. 299 pol. HGB, der den Gesell-

---

[84]So *Sołtysiński*, aaO.

[85]*Allerhand*, Art. 171 pol. HGB, Anm. 5; *Namitkiewicz*, Art. 171 pol. HGB, Anm.6; *Szajkowski*, Prawo spółek, Rn. 359, 646; Kruczalak/*Frąckowiak*, Art. 335 pol. HGB, Anm. 3; *Sołtysiński*/Szajkowski/Szwaja, Art. 335 pol. HGB, Anm. 9; *Kidyba*, Art. 171 pol. HGB, Rn. 8.

[86]Vgl. *Sołtysiński*/Szajkowski/Szwaja, Art. 335 pol. HGB, Rn. 10. Anders die polnische Vorkriegsliteratur: *Namitkiewicz*, Art. 171 pol. HGB, Anm. 6; unter Berufung auf RGZ 55, S. 302; 70, S. 301; *Tomkiewicz/ Bloch*, Art. 171 pol. HGB, Anm. 5.

[87]*Sołtysiński*, aaO., Art. 335 pol. HGB, Rn. 9; *Szajkowski*, Prawo spółek, Rn. 359, 362 f., 647; *Frąckowiak*, KPP 1/1994, S. 16 f.

[88]*Frąckowiak*, aaO. S. 16; *Szajkowski*, Prawo spółek, Rn. 363, 647.

[89]So ausdrücklich *Giezek/Wnuk*, aaO, S. 56, Art. 171 pol. HGB, Anm. 2; *Sołtysiński*/Szajkowski/ Szwaja, Art. 335 pol. HGB, Rn. 11, *Szajkowski*, Prawo spółek, Rn. 359, 646; Sołtysiński/ *Szajkowski*/Szwaja, Art. 171 pol. HGB, Rn. 17; *Bandarzewski*, aaO., S. 20.

schaftern ermöglichte, den ihnen unmittelbar zugefügten Schaden geltend zu machen, erst nach der Eintragung der Gesellschaft eingriffen[90]. Die in Art. 171 § 2, 335 § 2 pol. HGB vorgesehene Haftung der handelnden Personen sollte das sorgfältige Betreiben des Gründungsprozesses gewährleisten. Nach dieser Ansicht stellten die genannten Vorschriften eine gesetzliche Grundlage für die Haftung der „Promoter" sowohl den Gläubigern als auch den „passiven" Gesellschaftern gegenüber dar. Nach außen hafteten die Handelnden für die Erfüllung der im Namen der Vorgesellschaft eingegangenen Verbindlichkeit (Haftung *ex contractu*), nach innen hafteten sie der Gesellschaft und den übrigen Gesellschaftern für den Vermögensausfall, der diesen infolge der Geschäfte entstanden ist, die außerhalb der zuerkannten Vertretungsmacht vorgenommen

Die breit erfasste Sicherungsfunktion der Handelndenhaftung wird im neuen Recht aufrechterhalten. Gemäß Art. 13 § 1 HGGB haften für die Verbindlichkeiten der Gesellschaft in Gründung diese Gesellschaft selbst und die im Namen der GmbH in Gründung handelnden Personen. Die Haftung dieser Personen erlischt nur der eingetragenen Kapitalgesellschaft gegenüber mit der Bestätigung ihrer vor Eintragung vorgenommenen Handlungen durch die Gesellschafter- bzw. Hauptversammlung (Artt. 161 § 3, 323 § 3 HGGB). Aus dem Wortlaut der neuen Vorschriften ergibt sich also, dass diese Bestätigung keinen Einfluss auf die Haftung der vor der Eintragung handelnden Personen nach außen, d.h. den Gläubiger gegenüber hat[91]. Art. 13 § 1 HGGB kann dagegen nicht als eine Grundlage für die Schadensersatzhaftung der Handelnden gegenüber der Gesellschaft und den Gesellschaftern betrachtet werden[92].

b). Umfang der Vertretungsmacht

aa). Deutsches Recht

Nach der ursprünglich in der deutschen Rechtsprechung herrschenden Auffassung war der Vorgesellschaft jede Aktivität untersagt, die nicht unmittelbar auf

[90] Zur Haftung aus Artt. 290, 299 HGB (Artt. 291, 300 HGGB) vgl. oben, Kapitel 2, X.2.

[91] Vgl. Urteil des pol. OG v. 10.2.1959, I CR 1229/58, veröff. in: OSPiKA 10/1959, Pos. 296, S. 631 ff.; *Szajkowski*, Prawo spółek, Rn. 359; Sołtysiński/*ders*/Szwaja, Art. 171 pol. HGB, Rn. 17; *Sołtysiński*, aaO., Art. 335 pol. HGB, Rn. 11.

[92] Näher dazu unten in diesem Kapitel, unter IV.1.c).bb).

die Herbeiführung der Eintragung gerichtet war[93]. Dieses sog. Vorbelastungsverbot sollte gewährleisten, dass das aufgebrachte Vermögen im Zeitpunkt der Handelsregistereintragung von den Verbindlichkeiten aus der Gründungsphase unangetastet bleibt und die Kapitalgesellschaft ohne „Vorbelastungen" als juristische Person ins Leben tritt[94]. Dementsprechend war auch die Vertretungsmacht der Gründungsgeschäftsführer beschränkt: Sie erstreckte sich nur auf solche Rechtsgeschäfte, die zur Entstehung der Gesellschaft als juristischer Person erforderlich waren (sog. gründungsnotwendige Geschäfte) bzw. zu deren Vornahme sie in der Satzung ermächtigt wurden. Da jedoch die Geschäftsführer Geschäftsabschlüsse aus dem Gründungsstadium jederzeit nach der Eintragung genehmigen und dadurch das Anfangsvermögen entwerten können, lief der oben genannte Sicherungszweck des Vorbelastungsverbots leer[95].

Wegen seiner praktischen Unzulänglichkeit wurde das Vorbelastungsverbot in der Rechtsprechung nach Vorarbeiten in der Lehre im Jahre 1981 endgültig aufgegeben[96], was auch die Anerkennung der weitgehenden Handlungsfähigkeit der Vorgesellschaft zur Folge hatte.[97] Umstritten bleibt in der deutschen Lehre bis heute der Umfang der Vertretungsmacht der Geschäftsführer der Vorgesellschaft. Nach der herrschenden Auffassung in Rechtsprechung und Literatur ist diese Vertretungsmacht durch den Gründungszweck grundsätzlich auf gründungsnotwendige Geschäfte beschränkt. Dementsprechend wird zwischen Bar- und Sachgründungen unterschieden. Bei Sachgründungen sei je nach Einlagegegenstand eine konkludente Erweiterung der Geschäftsführungsbefugnis anzunehmen. Soll insbesondere ein Unternehmen als Sacheinlage eingebracht werden, so gehöre zum Zweck der Vorgesellschaft auch dessen Fortführung. Daher soll sich die Vertretungsmacht der Geschäftsführer nach Ansicht des BGH mit derjenigen der §§ 35 ff. GmbHG, 82 AktG „praktisch weitgehend" decken[98]. Bei

---

[93]RGZ 83, S. 370, 373; 105, S. 228, 229; 151, S. 86, 91; BGHZ 17, S. 385, 391; 53, S. 210, 212; Vgl. dazu Hachenburg/*Ulmer*, § 11 GmbHG, Rn. 51; Scholz/*K. Schmidt*, § 11 GmbHG, Rn. 36 f.; *Sandberger*, FS Fikentscher, S. 390.

[94]*Ulmer*, in FS Ballerstedt, S. 279, 287 f.; *ders.* ZGR 1981, S. 593, 594; *Priester*, ZIP 1982, S. 1141 ff. K. Schmidt, GesR[3], S. 308 und 1029.

[95]*Ulmer*, aaO., S. 287; Hachenburg/*Ulmer*, § 11 GmbHG, Rn. 51 f.

[96]BGHZ 80, S. 129 = NJW 1981, S. 1373 = GmbHR 1981, S. 114.

[97]Vgl. *Flume* NJW 1981, S. 1753 ff.; *John* BB 1982, S. 505, 510 ff.; *K. Schmidt*, NJW 1981, 1345 ff.; *Ulmer*, ZGR 1981, S. 593 ff.

[98]BGHZ 80, S. 120, 139. So auch Hachenburg/*Ulmer*, § 11 GmbHG, Rn. 28, 55; *Lutter/Hommelhoff*, § 11 GmbHG, Rn. 6; *Hüffer*, § 41 AktG, Rn. 11.

Bargründungen unterliege dagegen der Umfang der Vertretungsmacht der Disposition der Gründer, so dass sie ihn durch entsprechende – auch formlose – Ermächtigung erweitern, aber auch mit Wirkung nach außen beschränken könnten[99]. Als rechtfertigender Grund dafür wird der Schutz der Gesellschafter vor dem zusätzlichen Haftungsrisiko genannt, das mit der unbeschränkten Vorbelastungshaftung verbunden ist[100]. Diejenigen Autoren, die die Identität zwischen der Vorgesellschaft und der eingetragenen Gesellschaft annehmen, halten dagegen die Vorschriften über die unbeschränkbare organschaftliche Vertretungsmacht der Geschäftsführer bzw. der Vorstandsmitglieder (§§ 35 ff. GmbHG, 82 AktG) bereits im Gründungsstadium für anwendbar[101].

Hier ist der letztgenannten Auffassung beizupflichten. Die h.M hat erhebliche Unsicherheiten im Rechtsverkehr zur Folge, wenn sich Dritte eine nicht vorab erkennbare Beschränkung der Vertretungsmacht im Innenverhältnis entgegenhalten lassen sollen. Zutreffend weist *K. Schmidt* auf den bereits vor der Eintragung bestehenden Unterschied zwischen dem internen Dürfen und dem externen Können der Geschäftsführer hin, wobei das Risiko der pflichtwidrigen Geschäftsführung nicht dem Rechtsverkehr aufgebürdet werden könne[102]. Die Vertretungsmacht der Geschäftsführer ist aufgrund ihrer Stellung als Organ eines korporativ verfassten Gebildes nach außen unbeschränkt und unbeschränkbar, ungeachtet der Gründungsart. Unter der Prämisse, dass vor der Eintragung ein rechtsfähiges Gebilde besteht, welches bereits nach dem Recht der GmbH bzw. AG lebt, würde die Zulassung der Beschränkung der Vertretungsmacht mit Wirkung nach außen die Frage nach ihrer Vereinbarkeit mit dem Grundgedanken des Art. 9 Abs. 2 der Publizitätsrichtlinie aufwerfen, welcher vorrangig auf den Schutz des Rechtsverkehrs abstellt. Dritten gegenüber dürfen die satzungsmäßigen oder auf einem Beschluss zuständiger Organe beruhenden Beschränkungen auch dann nicht entgegengehalten werden, wenn sie bekanntgemacht worden

---

[99]Vgl. LAG Hamm, ZIP 1983, S. 312: In diesem Fall hat das Gericht den Abschluss eines Arbeitsvertrages mit Wirkung auch für die eingetragene GmbH verneint, weil der Geschäftsführer die ihm intern auferlegte Beschränkung seiner Vertretungsmacht mißachtete.

[100]Hachenburg/*Ulmer*, § 11 GmbHG, Rn. 54; *Lutter/Hommelhoff*, § 11 GmbHG, Rn. 6; *Grunewald*, GesR[3], S. 325.
Zur Vorbelastungshaftung der Gründer vgl. näher in diesem Kapitel unter IV.2.a).

[101]Scholz/*K. Schmidt*, § 11 GmbHG, Rn. 64, *ders.*, GesR[3], S. 310; *Weimar*, GmbHR, S. 289, 291 f.; *v. Gummert*, MünchHdb der GmbH, § 16, Rn. 49; *Raiser*, Recht der KapGes, S. 290; *Büttner*, aaO., S. 144 ff.

[102] Scholz/*K. Schmidt*, § 11 GmbHG, Rn. 64.

sind. Wenn man, wie hier, die Identität der Körperschaft vor und nach der Registereintragung bejaht, so ist auch die Geltung der *ultra-vires*-Doktrin im Gründungsstadium abzulehnen. Ist allerdings das Überschreiten der im Innenverhältnis beschränkten Vertretungsmacht durch die Geschäftsführer dem jeweiligen Geschäftspartner der Vorgesellschaft bekannt oder nach den Umständen des Einzelfalles evident, so greifen die Regeln über den Missbrauch der Vertretungsmacht zum Schutz der Vorgesellschaft und der Gesellschafter ein[103].

bb). Polnisches Recht

Ähnlich wie in Deutschland vor der Aufgabe des Vorbelastungsverbotes wird aufgrund der rudimentären Regelung des pol. HGB 1934 überwiegend angenommen, dass die Vertretungsmacht der im Gründungsstadium handelnden Personen sich nur auf die gründungsnotwendigen Geschäfte (Annahme der eingebrachten Bar- und Sacheinlagen, Beschaffung erforderlicher Konzessionen und behördlicher Genehmigungen, Anmeldung zur Registereintragung) sowie auf Geschäfte beschränkt, zu deren Vornahme sie im Gesellschaftsvertrag oder im einvernehmlichen Beschluss der Gründer ermächtigt wurden. Rechte und Pflichten aus diesen Geschäften gehen auf die eingetragene Gesellschaft *ipso iure* über. Die Haftung der Handelnden erlischt im Zeitpunkt der Eintragung. Alle anderen im Gründungsstadium vorgenommenen Geschäften bedürfen zur Wirkung für die eingetragene Gesellschaft der Bestätigung durch die Gesellschafter- bzw. Hauptversammlung[104]. Nach der Rechtsprechung des pol. OG ist allerdings die Gesellschaft nach den Vorschriften über die Geschäftsführung ohne Auftrag zur Übernahme derjenigen Verbindlichkeiten verpflichtet, welche der Vorbereitung der eigentlichen Gesellschaftstätigkeit dienten[105].

Diejenigen polnischen Autoren, die das Bestehen einer Gesellschaft *sui generis* vor der Eintragung anerkennen, sprechen sich hingegen für deren vollständige

---

[103] *K. Schmidt*, aaO.; zum Missbrauch der Vertretungsmacht vgl. Scholz/*Uwe H. Schneider*, § 35 GmbHG, Rn. 133 ff.

[104] *Dziurzyński/Fenichel/Honzatko*, Art. 171 pol. HGB, Anm. 6; ihnen folgend: Kruczalak/*Weiss*, Art. 171 pol. HGB, Anm. 4; *Sołtysiński*/Szajkowski/Szwaja, Art. 335 pol. HGB, Rn, 27. In diesem Sinne auch der pol. OG im Urteil v. 10.2.1959 veröff. in OSPiKA 1959, Pos. 296, S. 631 (Das Handeln im Namen der Gesellschaft vor der Eintragung stelle eine Geschäftsführung ohne Auftrag dar, welche der Bestätigung durch diese nach der Eintragung bedürfe).

[105] Urteil des pol. OG v. 10.2.1959 (I CR 1229/58), veröff. in: OSPiKA 1959, Pos. 296.

Teilnahme am Wirtschaftsverkehrs aus. Der Umfang der Vertretungsbefugnis sei dabei im Wege einer funktionalen und möglichst liberalen Auslegung zu bestimmen[106]. Ähnlich wie im deutschen Recht sollten hierfür der Charakter der eingebrachten Sacheinlagen sowie das im Einzelfall zu ermittelnde Interesse der Vorgesellschaft entscheidend sein. Werde ein Unternehmen als eine Sacheinlage eingebracht, so erstrecke sich die Vertretungsbefugnis der Vorstandsmitglieder auf alle Handlungen, die zur Verwaltung und Erhaltung des eingebrachten Vermögens erforderlich seien[107]. Da sich das Eintragungsverfahren auch in Polen nicht selten mehrere Monate hinauszögert, verstoße die Einstellung des Unternehmens bis zur Eintragung der Vorgesellschaft gegen die wirtschaftliche Zweckmäßigkeit und führe zu dessen Entwertung. Mit der Eintragung gingen die in der Gründungsphase begründeten Rechtsverhältnisse auf die juristische Person ohne weiteres über. Auch im Fall der Bargründung könnten die Handelnden zur Geschäftsaufnahme ermächtigt werden, wobei umstritten ist, ob die Stimmenmehrheit zur Vornahme eines entsprechenden Beschlusses ausreicht[108]. Umstritten bleibt auch, ob die Vertretungsmacht der im Gründungsstadium Handelnden durch den Gesellschaftsvertrag oder durch einen Gesellschafterbeschluss mit Wirkung nach außen beschränkt werden kann[109]. Nach einer Auffassung sind für die Vorgesellschaft nur diejenigen Rechtsgeschäfte bindend, welche sich im Rahmen des im Gesellschaftsvertrags bestimmten Unternehmensgegenstandes halten[110].

---

[106] Vgl. *Sołtysiński*/Szajkowski/Szwaja, Art. 335 pol. HGB, Rn. 27, *Frąckowiak*, KPP 1/1992, S. 15, *Szajkowski*, Prawo spółek, Rn. 642; Pyzioł/*Szumański*/Weiss, Prawo spółek, S. 389.
A.A. *Kidyba*, Art. 160 pol. HGB, Rn. 16, nach dem vor der Eintragung keine körperschaftliche Struktur besteht und nicht der Vorstand als solcher, sondern nur bestimmte Personen im Namen der Vorgesellschaft handeln.

[107] Als Beispiele solcher für die Gesellschaft nützlichen Geschäfte werden im Schrifttum genannt: Abschluss von Miet- und Arbeitsverträgen, Erwerb erforderlicher Rohstoffe, Rahmenvereinbarungen über Lieferungen, auch Investieren eingebrachter Bareinlagen. *Sołtysiński*/Szajkowski/Szwaja, Art. 335 pol. HGB, Rn. 27; *A.W. Wiśniewski*, Prawo o spółkach, Bd 2, S. 75.

[108] Vgl. *Sołtysiński*, Art. 335 pol. HGB, Rn. 34, der in bezug auf die Vor-AG einen mit der Stimmenmehrheit vorgenommenen Ermächtigungsbeschluss ausreichen lässt. A.A. *Szer*, PPH 1932, S. 274 (einstimmige Ermächtigung erforderlich); auch *Frąckowiak*, KPP 1/1994, S. 15.

[109] So *Sołtysiński*, aaO., Art. 335, Rn. 37. A.A. wohl *Szajkowski*, Prawo spółek, Rn. 363, wonach die vom Vorstand im Rahmen seiner gesetzlichen Kompetenz vorgenommenen Geschäfte die (Vor-)Gesellschaft stets binden, der eingetragenen Gesellschaft und den Gesellschaftern stünden aber Schadensersatzansprüche zu.

[110] *A.W. Wiśniewski*, Prawo o spółkach, Bd. 2, S. 77.

Die im Schrifttum vertretene Auffassung, die Gründer seien befugt, die Aufnahme der werbenden Tätigkeit schon vor Registereintragung vorzusehen, kann aufgrund des Art. 7 Abs. 1 WiTG[111] umstritten sein. Danach kann der Unternehmer die Wirtschaftstätigkeit erst nach der Eintragung ins Unternehmerregister (bisher u.a. Handelsregister)[112] aufnehmen. Zwar ist unklar, ob bzw. welche rechtliche Sanktionen die Nichteinhaltung dieses gesetzlichen Gebotes auslöst[113]. Die Vornahme der Geschäftstätigkeit im weiteren Umfang vor der Eintragung ins Unternehmerregister ist allerdings im Hinblick auf andere Vorschriften des öffentlichen Wirtschaftsrechts, insbesondere die des Steuerrechts weitgehend erschwert, wenn nicht unmöglich[114]. Auf der anderen Seite kann man in Hinsicht auf das neue polnische Registerrecht, welches das gerichtliche Eintragungsverfahren für alle Unternehmer vorschreibt[115], mit der Verzögerung dieses Verfahrens rechnen. Deswegen ist anzunehmen, dass in der Gründungsphase mindestens sog. wirtschaftsnotwendige Geschäfte, welche der Erhaltung und Verwaltung von eingebrachten Sacheinlagen dienen, getätigt werden können. Wollte man das Gegenteil behaupten, so würde man die Gefahr der Entwertung des (Vor-)Gesellschaftsvermögens während des ggf. einige Monate dauernden Eintragungsverfahrens laufen. Auch im Fall der Bargründung sind jedenfalls die Rechtshandlungen, welche der Vorbereitung der eigentlichen Wirtschaftstätig-

---

[111] Dz.U. vom 1999, Nr. 101, Pos. 1178. Vgl. dazu oben, Einleitung, Pkt. 2

[112] Vgl. oben, Kapitel 1, III.3.a).

[113] In Betracht kommen die strafrechtliche Sanktion aus Art.65 WiTG, wonach jeder, der die im Art. 9-12 WiTG genannten Pflichten nicht erfüllt, einer Geldbuße unterliegt. Gemäß Art. 9 WiTG ist der Unternehmer verpflichtet, die in den Rechtsvorschriften bestimmten Bedingungen für die Ausübung einer wirtschaftlichen Tätigkeit zu erfüllen, worunter auch die Eintragung ins Unternehmerregister fällt. So *Walszek-Pyziol*, PUG 5/1999, S. 2, 8 (Fn. 6).

[114] So z.B. um eine im Gesetz v. 8.1.1993 über Umsatz- und Akzisesteuer (Dz.U. Nr. 11, Pos. 50, später geändert) vorgeschriebene Rechnung (Faktur) ausstellen zu können, welche dem Waren- bzw. Dienstleistungserwerber den Vorsteuerabzug ermöglicht, muss der Verkäufer (die Gesellschaft) vorher eine Steueridentifikationsnummer („NIP") zu erhalten (vgl. § 38 Pkt 2 der Verordnung des Finanzministers v. 15.12.1997 über die Ausführung einigen Vorschriften des Gesetzes über die Umsatzsteuer, Dz.U. Nr. 156, Pos. 1024). Dies ist gemäß Art. 5 Abs. 2 des Gesetzes vom 13.11.1995 über die Grundsätze der Registrierung und Identifizierung von Steuerzahlern erst nach der Eintragung ins Handelsregister möglich, weil der Steuerzahler auf dem Antrag zur Einräumung der Steueridentifikationsnummer durch das zuständige Finanzamt seine Registernummer sowie das für ihn zuständige Registergericht angeben muss. Gemäß Art. 6 dieses Gesetzes sind die Zahler der Mehrwertsteuer verpflichtet, die Einräumung der Steuernummer vor der Vornahme der ersten zu versteuerten Tätigkeit zu beantragen. Verstoß gegen die Beantragungspflicht wird mit Geldbuße bestraft (Art. 16 des Gesetzes v.13.11.1995).

[115] Zum Unternehmerbegriff vgl. oben, Einleitung, Pkt. 2, Fn. 12 sowie in diesem Kapitel unter III.2.b).

keit der Gesellschaft dienen (Abschluss von Anstellungs-, Mietverträgen sowie Vorverträgen, Rahmenvereinbarungen über Lieferungen) für durchaus zulässig zu halten.

Der neue Gesetz sieht in Art. 12 S. 2 HGGB vor, dass die eingetragene Gesellschaft als juristische Person mit Eintragung *uno actu* Subjekt aller Rechte und Pflichten der Vorgesellschaft wird. Da jedoch in dieser Vorschrift nicht zwischen „gründungsnotwendigen“ und „anderen“ Geschäften unterschieden wird, ist zweifelhaft, ob die Gesellschafter die Vertretungsmacht der Handelnden mit Wirkung nach außen begrenzen können. Hier ist danach zu unterscheiden, wer die Vorgesellschaft im Rechtsverkehr vertritt. Nach Artt. 161 § 2, 323 § 2 HGGB kann die Vorgesellschaft bis zur Bestellung des ersten Vorstands durch einen Bevollmächtigten vertreten werden, der durch einen einhelligen Beschluss der Gründer berufen wird. Da ihm keine organschaftliche Stellung zusteht, ist anzunehmen, dass seine Vertretungsmacht mit Wirkung nach außen beschränkt werden kann. Diese Beschränkung soll sich aus der ihm ausgehändigten Vollmachtsurkunde ergeben. Werden die Vorstandsmitglieder bestellt, so ist das Bestehen ihrer organschaftlichen unbeschränkbaren Vertretungsmacht nach Artt. 204, 372 HGGB bereits vor der Eintragung zu bejahen. Verletzen die Handelnden ihre intern festgelegten Befugnisse, so haften sie der Gesellschaft Artt. 293, 483 HGGB auf Schadensersatz[116].

c). *Umfang der Haftung der im Namen der Vorgesellschaft handelnden Personen*

aa). *Deutsches Recht*

Im deutschen Recht unterliegt es keinem Zweifel, dass nur ein rechtsgeschäftliches Handeln die Haftung nach § 11 Abs. 2 GmbHG, § 41 Abs. 1 S. 2 AktG auslöst, und zwar ausschließlich außenstehenden Dritten gegenüber[117]. Die Gesellschafter können die Handelndenhaftung auch dann nicht in Anspruch nehmen, wenn sie als Drittgläubiger rechtsgeschäftliche Forderungen gegen die Vorgesellschaft erwerben. Hätten sie der vorzeitigen Geschäftsaufnahme zuge-

---

[116] Vgl. auch in diesem Kapitel unter IV.1.c).bb).

[117] BGHZ 76, 320, 325; Hachenburg/*Ulmer*, § 11 GmbHG, Rn. 112; Scholz/*K. Schmidt*, § 11 GmbHG, Rn. 108; *Lutter/Hommelhoff*, § 11 GmbHG, Rn. 20.

stimmt, so könnten sie das Risiko des Handelns nicht auf die Geschäftsführer abwälzen[118].

Nach einhelliger Auffassung hat die Haftung der Handelnden nach § 11 Abs. 2 GmbH, § 41 Abs. 1 S. 2 AktG akzessorischen Charakter im Verhältnis zur Haftung der Vorgesellschaft[119]. Daher kann sich das Organmitglied auf alle Einwendungen und Einreden berufen, die der Vorgesellschaft gegenüber dem Gläubiger zustehen[120]. Kennt allerdings der Geschäftspartner das Fehlen der Vertretungsmacht der als Geschäftsführer Handelnden, so ist er nicht schutzbedürftig, was zur Folge hat, dass die Handelndenhaftung ihm gegenüber nicht eingreift[121].

Kommt es zur Eintragung, so besteht für die Sicherungsfunktion der Handelndenhaftung kein Bedürfnis mehr. Deswegen wird einhellig in der deutschen Rechtsprechung und Literatur angenommen, dass die Haftung in diesem Zeitpunkt erlischt, es sei denn, dass die Geschäftsführer die ihnen erteilte Vertretungsmacht überschritten haben[122]. In diesem Fall erlischt die Haftung nach § 11 Abs. 2 GmbHG, § 41 Abs. 2 AktG erst mit der Genehmigung des ohne Vertretungsmacht vorgenommenen Rechtsgeschäfts durch die eingetragene Gesellschaft[123]. Nach der Identitätstheorie ist dagegen anzunehmen, dass die Handelndenhaftung immer mit der Eintragung erlischt. Die Geschäftsführer, welche die ihnen intern auferlegten Beschränkungen der Vertretungsmacht überschritten haben, haften gegenüber der (Vor-)Gesellschaft nach §§ 43 Abs 2 GmbHG, 93 AktG auf Schadensersatz[124].

Das Erlöschen der Handelndenhaftung zum Zeitpunkt der Registereintragung wird in gleicher Weise im GmbH- und im Aktienrecht angenommen, unbeschadet des § 41 Abs. 2 AktG, der die sog. erleichterte Enthaftung der Handelnden

---

[118] Hachenburg/*Ulmer*, aaO.
[119] Hachenburg/*Ulmer*, § 11 GmbHG, Rn. 100 und 113; Scholz/*K. Schmidt*, § 11 GmbHG, Rn. 111 ff.; *Lutter/Hommelhoff*, § 11 GmbHG, Rn. 20.
[120] Hachenbur/*Ulmer*, § 11 GmbHG, Rn. 116; Scholz/*K. Schmidt*, § 11 GmbHG, Rn. 111.
[121] Hachenburg/*Ulmer*, § 11 GmbHG, Rn. 111.
[122] BGHZ 80, S. 182, 183; Hachenburg/*Ulmer*, § 11 GmbHG, Rn.118; Scholz/*K. Schmidt*, § 11 GmbHG, Rn. 118; *Lutter/ Hommelhoff*, § 11 GmbHG, Rn. 21.
[123] Hachenburg/*Ulmer*, § 11 GmbHG, Rn. 119.
[124] Vgl. Scholz/*K. Schmidt*, § 11 GmbHG, Rn. 62 f., 117, 119. Darüber hinaus kommt die Haftung nach § 179 BGB in Betracht, wenn Nichtsgeschäftsführer ohne Vertretungsmacht im Namen der Vorgesellschaft gehandelt haben.

regelt. Danach bedarf die Übernahme durch die AG der in ihrem Namen vor der Eintragung eingegangenen Schulden nicht der Zustimmung des Gläubigers, sofern sie innerhalb von drei Monaten seit Eintragung erfolgt ist und dem Geschäftspartner mitgeteilt wurde. Diese Vorschrift, die aus § 34 Abs. 1 Satz 2 des AktG 1937 in das Aktiengesetz 1965 übernommen worden ist, wird in der deutschen Lehre und Rechtsprechung allgemein als überholt und missglückt bezeichnet[125]. Sie stamme noch aus den Zeiten, in denen der automatische Übergang aller Rechte und Pflichten auf die eingetragene AG nicht anerkannt gewesen sei[126]. Aufgrund des heutigen Entwicklungsstands behalte § 41 Abs. 2 AktG im Recht der Vor-AG nur einen rudimentären Anwendungsbereich, vor allem für den Fall, dass die Vor-AG mangels Vertretungsbefugnis der Handelnden nicht verpflichtet worden sei und deswegen die Gesamtrechtsnachfolge nicht erfolge[127]. Die Schuldübernahme nach § 41 Abs. 2 AktG sei dagegen nicht denkbar, wenn die Schulden kraft Gesamtrechtsnachfolge auf die eingetragene AG übergegangen seien[128]. Erstens könnten die automatisch übergegangenen Schulden nicht nochmals übernommen werden[129]. Zweitens bräuchten auch die Vorstandsmitglieder von der persönlichen Haftung nicht befreit zu werden, weil diese im Zeitpunkt der Eintragung erlösche, wenn sie im Rahmen der ihnen zustehenden Vertretungsmacht gehandelt hätten. Nach der hier vertretenen Identitätstheorie wird der § 41 Abs. 2 AktG praktisch nie zur Anwendung kommen, weil die Haftung der Vorstandsmitglieder im Zeitpunkt der Registereintragung immer erlischt[130].

---

[125] BGHZ 70, 132, 139 („Diese Vorschrift (...) ist mit Recht als wenig geglückt bezeichnet worden;(...)"); *K. Schmidt*, FS Kraft, S. 573 ff. (vgl. Titel des Beitrags: „§ 41 Abs. 2 AktG: eine gegenstandslose und verfehlte Bestimmung"); Hachenburg/*Ulmer*, § 11 GmbHG, Rn.118 („mißglückte Vorschrift")

[126] Vgl. *Schlegerberger/Quassowski*, Aktiengesetz 1937, § 34 Rn. 3; *K. Schmidt*, FS Kraft, S. 575 ff.

[127] *Kraft*, in: KK, § 41 AktG, Rn. 77; *K. Schmidt*, aaO., S. 582; *Lutter*, NJW 1989, S. 2649, 2654, *Hüffer*, § 41 AktG, Rn. 28; *Farrenkopf/Cahn*, AG 1985, S. 209 ff. Vgl. allerdings die alte Rechtsprechung des BGH, wonach auch die Genehmigung von Geschäften durch die eingetragene Gesellschaft die Handelndenhaftung nicht zum Erlöschen bringe, BGH, LM § 11 GmbHG Nr. 2 und 6; in diesem Sinne auch *Escher-Weingart*, AG 1987, S. 310 f.

[128] Vgl. bereits *v. Godin/Wilhelmi*, Aktiengesetz, 1937, § 34, Anm. 7.

[129] *Farrenkopf/Cahn*, aaO., S. 209.

[130] Auch wenn die werdende AG nach h.M. von ihrem Vorstand unwirksam vertreten sein sollte (Überschreiten der Vertretungsmacht), wären die §§ 177, 178 BGB das richtige Instrument für den Eintritt der Gesellschaft in die in ihrem Namen begründeten Rechtsverhältnisse. So *K. Schmidt*, FS Kraft, S. 573, 582.

Den Handelnden, welche die Geschäfte der Vorgesellschaft pflichtgemäß führen, steht ein Regressanspruch gegen die Vor- bzw. gegen die eingetragene Gesellschaft zu. Diese Ansprüche, deren Grundlage der Anstellungsvertrag darstellt, richten sich auf Anwendungsersatz (nach den Regeln des Auftragsrechts, §§ 675, 670 BGB) und dabei insbesondere auf Schuldbefreiung (§ 257 BGB)[131]. Abzulehnen ist dagegen grundsätzlich eine direkte Inanspruchnahme der Gründer. Erstens besteht zwischen den Gesellschaftern und Geschäftsführern in der Regel kein direktes Rechtsverhältnis. Zweitens sind die Interessen der Handelnden durch die Verlustdeckungshaftung der Gesellschafter, welche sich auf alle Verluste aus dem Gründungsstadium erstreckt, hinreichend gesichert. Entgegen der Ansicht des BGH ist deswegen anzunehmen, dass die bloße Anweisung der Gründer, die Geschäfte über das zur Eintragung erforderliche Maß hinaus aufzunehmen, zur Begründung direkter Regressansprüche nicht ausreicht[132].

Im Innenverhältnis, d.h. der (Vor-)Gesellschaft gegenüber, ist ist die schuldrechtliche Haftung der Handelnden aus dem Anstellungsvertrag nach der überwiegenden Meinung in die Organhaftung nach Spezialvorschriften der §§ 43 GmbHG, 93 AktG aufgenommen[133], welche bereits vor der Registereintragung eingreifen[134]. Mit der Eintragung der Gesellschaft greift darüber hinaus die Haftung der Geschäftsführer der Gesellschaft gegenüber nach § 9a Abs. 1 GmbHG und § 48 AktG ein[135]. Im Einzelfall können die Gesellschafter ebenfalls Ansprüche nach § 328 BGB geltend machen, wenn sich aus dem Anstellungsvertrag eine Schutzwirkung zu ihren Gunsten erkennen lässt[136]. Ein weiterer Haftungskomplex gegenüber der Gesellschaft und Gesellschaftern ergibt sich aus dem Bereich der unerlaubten Haftung. Als Grundlage kommen hier in Betracht vor

---

[131] BGHZ 86, S. 122, 126; Hachenburg/*Ulmer*, § 11 GmbHG, Rn. 23; *Lutter/Hommelhoff*, § 11 GmbHG, Rn. 17.

[132] BGHZ 86, S. 122, 126; zustimmend *H.-W. Roth* 1984, S. 620 ff.; ablehnend: *Lutter/Hommelhoff*, § 11 GmbHG, Rn. 17; Hachenburg/Ulmer, § 11 GmbHG, Rn. 123.

[133] Vgl. BGH ZIP 1989, S. 1392; Hachenburg/*Mertens*, § 43 GmbHG, Rn. 53; *Lutter/Hommelhoff*, § 11 GmbHG, Rn. 3; **A.A.** Scholz/*K. Schmidt*, § 43 GmbHG, Rn. 13 (zwischen der Haftung aus dem Anstellungsvertrag und der aus § 43 GmbHG bestehe Anspruchskonkurrenz).

[134] BGH WM 1986, S. 789; Hachenburg/*Ulmer*, § 11 GmbHG, Rn. 31; Scholz/*K. Schmidt*, § 11 GmbHG, Rn. 49 f. Allgemein zur Organhaftung vgl. oben Kapitel 1, IV.1.a).

[135] Zum Verhältnis zwischen den Ansprüchen aus § 9a und § 43 GmbHG vgl. Hachenburg/*Ulmer*, § 9a GmbHG, Rn. 49.

[136] Hachenburg/*Mertens*, § 43 GmbHG, Rn. 108; *Fleck*, GmbHR 1974, S. 224, 235. Zum ganzen vgl. *Brock*; Die Haftungssituation, Diss. 1987, S. 74 ff.

allem § 823 Abs. 1 (die Mitgliedschaft in der Gesellschaft ist „sonstiges Recht" im Sinne dieser Vorschrift[137]), § 823 Abs. 2 i.V.m. bestimmten Schutzgesetzen sowie § 826 BGB[138].

bb). Polnisches Recht

Aufgrund der Regelung des pol. HGB 1934 nahmen diejenigen polnischen Autoren, welche das Bestehen eines teilrechtsfähigen Subjekts vor der Handelsregistereintragung anerkennen, die „kumulative" Haftung der Vorgesellschaft und der im Rahmen ihrer Vertretungsmacht handelnden Personen an, allerdings herrschte über den rechtlichen Charakter der Kumulation Unklarheit[139]. Abweichend von der in der älteren polnischen Literatur vertreten Meinung, wonach die Handelndenhaftung mit der Entstehung der Kapitalgesellschaft als juristische Person erlischt[140], scheint im neuen polnischen Schrifttum überwiegend der Fortbestand der Handelndenhaftung angenommen zu werden. Begründet wird dies mit der Rücksicht auf den Schutz der Gläubiger wie auch der „passiven" Gründer, denen gegenüber die handelnden Personen auf Schadensersatz haften sollten[141]. Im Schrifttum wird auch angenommen, dass es zum Erlöschen dieser Haftung stets der Entlastung durch die Gesellschafter- bzw. Hauptversammlung

---

[137] RGZ 100, S. 274, 278; 158, S. 248, 255; Hachenburg/*Mertens*, § 43 GmbHG, Rn. 105 m.w.N. Vgl. grundlegend dazu: *Habersack*, Die Mitgliedschaft – subjektives und „sonstiges" Recht, Habil. 1996, S. 117 ff..

[138] Hachenburg/*Mertens*, § 43 GmbHG, Rn. 105.

[139] Vgl. Kruczalak/*Frąckowiak*, Art. 335 pol. HGB, Anm. 4 (für die in Rahmen der Ermächtigung eingegangenen Verbindlichkeiten haftet in erster Linie die Gesellschaft), *Sołtysiński*, aaO., Art. 335 pol. HGB, Rn. 43 (die Gesellschaft und Handelnden haften kumulativ, aber nicht solidarisch); Pyzioł/*Szumański*/Weiss, Prawo spółek, S. 389 (Haftung der Handelnden sei nicht subsidiär; die Gläubiger könnten sie in Anspruch nehmen, ohne vorher die Gesellschaft verklagen zu müssen)

[140] *Dziurzyński/Fenichel/Honzatko*, Art. 171 pol. HGB, Anm. 8 (Art. 171 § 2 sei keine strafrechtliche Vorschrift); Włodyka/*Weiss*, Prawo spółek, S. 387; *Szer*, PPH 1932, S. 271-274: Die Handelndenhaftung erlösche im Zeitpunkt der Eintragung, falls sich die Handelnden im Rahmen der Ermächtigung gehalten hätten; sonst im Zeitpunkt der Bestätigung der Handlung durch die eingetragene Gesellschaft.

[141] So insbesondere *Sołtysiński*/Szajkowski/Szwaja, Art. 335 pol. HGB, Anm. 12; *Szajkowski*, Prawo spółek, Rn. 359 und 643; *A.W. Wiśniewski*, Prawo o spółkach, Bd. 2, S. 78; Kruczalak/*Frąckowiak*, Art. 335 pol. HGB, Anm. 4; *Namitkiewicz*, Art. 171, Anm. 7. Zur Begründung dieser Ansicht wird vorgebracht, dass schädliche Handlungen der Vorstandsmitglieder, insbesondere willkürlich vorgenommene „verfehlte" Geschäfte, oft erst nach der Entstehung der Gesellschaft entdeckt werden. So *Sołtysiński*, aaO.

nach der Eintragung der Gesellschaft bedürfe[142].

Im neuen Gesetz sind die Meinungen der Doktrin teilweise kodifiziert worden. Gemäß Art. 13 § 1 HGGB haften für die Verbindlichkeiten der Kapitalgesellschaft in Gründung die Gesellschaft und die Personen, die im Namen der Gesellschaft in Gründung gehandelt haben. Da Art. 11 HGGB eine weitgehende Teilrechtsfähigkeit und Prozessfähigkeit der Vorgesellschaft ausdrücklich statuiert, ist anzunehmen, dass in Fällen, in denen die Verbindlichkeiten im Rahmen der ihnen zustehenden Vertretungsmacht eingegangen wurden, die Vorgesellschaft und die handelnden Personen den Gläubigern unmittelbar und primär nebeneinander jeweils mit ihrem ganzen Vermögen haften[143]. Sie haften für dieselbe Schuld aus verschiedenen Rechtsgrundlagen (sog. unechte Gesamtschuld, Haftung *in solidum*)[144]: Die Vorgesellschaft als eine Vertragspartei und echte Schuldnerin haftet für die Erfüllung *ex contractu*; die in ihrem Namen Handelnden haften aufgrund der Anordnung des Art. 13 § 1 HGGB für fremde Schuld. Die Befriedigung des Gläubigers von einem der Haftenden entlastet die anderen. Auch auf dem Boden des neuen polnischen Rechts ist der akzessorische Charakter der Handelndenhaftung zu bejahen. Sie soll nicht weiter gehen als die Verpflichtung der Gesellschaft selbst, so dass der Handelnde sich grundsätzlich auch auf alle Gegenrechte berufen kann, welche die Vorgesellschaft geltend machen könnte. Haben die im Rahmen der Vertretungsmacht handelnden Personen, die aus Art. 13 § 1 HGGB in Anspruch genommen wurden, die Verbindlichkeit der Gesellschaft in Gründung erfüllt, so steht ihnen ein Regressanspruch gegen die letztere zu. Als Rechtsgrundlage für diesen Anspruch ist Art. 518 § 1 Pkt. 1 pol. ZGB zu nennen, wonach ein Dritter, der den Gläubiger befriedigt, die Forderung in Höhe der vorgenommenen Zahlung erwirbt, wenn er eine fremde Schuld bezahlt, für die er persönlich haftet (sog. *cessio legis*). Für die im Namen der Vorgesellschaft Handelnden ist die Verbindlichkeit der Vorgesellschaft unzweifelhaft „eine fremde Schuld“ im Sinne des Art. 518 § 1 Pkt. 1 pol. ZGB, für die er kraft Art. 13 § 1 HGGB haftet.

Nach dem neuen polnischen Recht ändert sich die Haftungssituation der Han-

---

[142] *Szajkowski*, aaO.

[143] Zur Haftung der nicht tätigen Gesellschafter vgl. in diesem Kapitel unter IV.2.b).

[144] *Czachórski/Brzozowski/Safjan/Skowrońska-Bocian, Zobowiązania. Zarys wykładu* (Lehrbuch des Schuldrechts), S. 98 f.

delnden mit der Registereintragung der Gesellschaft nicht. Gemäß Artt. 161 § 3, 323 § 3 HGGB erlischt ihre Haftung lediglich gegenüber der Gesellschaft nach der Bestätigung ihrer Handlungen durch die Gesellschafter- bzw. Hauptversammlung. Im Umkehrschluss ist aus diesen Vorschriften zu folgern, dass die Haftung gegenüber den Gesellschaftsgläubigern nach der genannten Bestätigung weiter besteht, und zwar unabhängig davon, ob sie sich innerhalb oder außerhalb der Vertretungsbefugnis hielten.

Aufgrund der Regelung der Handelndenhaftung in Artt. 171 § 2, 335 § 2 pol. HGB wurde in der polnischen Literatur die Auffassung vertreten, diese Vorschriften stellten für die Gesellschaft und die Gesellschafter eine Anspruchsgrundlage für die im Gründungsstadium von den „Promotern“ infolge unsorgfältiger Geschäftsführung zugefügten Schäden dar[145]. Insbesondere sollte die Handelndenhaftung dann eingreifen, wenn die Handelnden durch Eingehen der Geschäfte, welche außerhalb des Zwecks der Vorgesellschaft lagen und zu deren Vornahme sie nicht ermächtigt wurden, die ihnen im Innenverhältnis beschränkte Vertretungsmacht überschritten haben. Habe die Vorgesellschaft solche in ihrem Namen eingegangenen, aber aus dem Gesichtspunkt ihres Unternehmensgegenstandes wirtschaftlich wenig sinnvollen Verträge aus eigenem Vermögen tatsächlich erfüllt, so seien die handelnden Personen der eingetragenen Gesellschaft gegenüber zum Ersatz des ihr entstandenen Vermögensschadens und zur Rückgewähr der ausgegebenen Mittel nach Artt. 171 § 2, 335 § 2 pol. HGB verpflichtet, falls die abgeschlossenen Verträge durch die Gesellschafter- bzw. Hauptversammlung nicht bestätigt würden[146]. Eine Auffassung im Schrifttum nahm dagegen an, dass diese Haftung nicht vom Schadenseintritt abhängt, sondern ausschließlich von der Nichtbestätigung der vor der Eintragung eingegangenen Geschäfte durch die Gesellschafter-versammlung[147]. Entstehe die Gesell-

---

[145] *Szajkowski* Prawo spółek, Rn. 359, 646; *ders.*, Art. 171 pol. HGB, Rn. 17; *Sołtysiński*/Szajkowski/Szwaja, Art. 335 pol. HGB, Rn. 11, 40 f.; *Giezek/Wnuk*, aaO., S. 56; Art. 171, Anm. 2; *Bandarzewski*, PUG 1/1996, S. 20; A.A. wurde einhellig in der Vorkriegsliteratur angenommen: vgl. *Namitkiewicz*, Art. 171, Anm. 5; *Tomkiewicz/Bloch*, Art. 171 pol. HGB, Anm. 6; *Allerhand*, Art. 171 pol. HGB, Anm. 4; in der neueren Literatur so auch: *Szumański*, MoP, 3/1996, S. 86, 89 (Handelndenhaftung betreffe nur das Außenverhältnis).

[146] Vgl. das Beispiel von *Frąckowiak*, KPP 1/1994, S. 18 ff.: die „aktiven“ Gründer geben das als Einlage eingezahlte Geld für den Erwerb teurer Autos aus. Vgl. auch *Szajkowski*, Prawo spółek, Rn. 362 u. 643, *Sołtysiński*, aaO., Art. 335 pol. HGB, Rn. 11; *Giezek/Wnuk*, Art. 171, Rn. 2; *Bandarzewski*, PUG 1/1996, S. 20.

[147] So *Kidyba*, Art. 171 pol. HGB, Rn. 8.

schaft als juristische Person nicht, dann hafteten die Handelnden den „passiven" Gesellschaftern gegenüber dafür, dass ihre Einlagen im Falle der Liquidation der Vorgesellschaft infolge unsorgfältiger Geschäftsführung nicht in voller Höhe zurückgewährt werden könnten[1].

Der Wortlaut des neuen Art. 13 § 1 HGGB rechtfertigt allerdings die Auffassung nicht, diese Vorschrift stelle eine Grundlage für die Haftung der im Namen der Vorgesellschaft handelnden Personen auch im Innenverhältnis dar. In Fällen, in denen infolge des Abschlusses von bestimmten Geschäften im Gründungsstadium der Gesellschaft bzw. den Gesellschaftern (Aktionären) Schaden zugefügt wird, steht ihnen im polnischen Recht, ähnlich wie im deutschen Recht, eine Reihe von Haftungsgrundlagen zur Verfügung, aufgrund derer sie ihre Schadensersatzansprüche gegen die Vorstandsmitglieder sowie gegen andere handelnde Personen geltend machen können. Vor allem wenn man von der Existenz eines einheitlichen körperschaftlich verfassten Rechtsgebildes vor und nach der Registereintragung ausgeht, liegt es eher nahe anzunehmen, dass Art. 293, 483 HGGB, die eine den §§ 43 GmbHG, 93 AktG entsprechende Organhaftung vorsehen[2], bereits im Gründungsstadium eingreifen. Gemäß Artt. 161 § 3, 323 § 3 HGGB erlischt die Haftung für die vor der Eintragung vorgenommenen Handlungen mit ihrer Bestätigung durch die Gesellschafter- bzw. Hauptversammlung, welche als eine Art Entlastung anzusehen ist. Den Gesellschaftern gegenüber haften die im Gründungsstadium handelnden Personen für die fahrlässig oder vorsätzlich zugefügten Schäden aus Art. 415 pol. ZGB, der eine allgemeine deliktische Haftungsgrundlage im polnischen Recht statuiert. In Artt. 300, 490 HGGB wird in erster Linie auf diese Vorschrift verwiesen.

e). Würdigung

Nach den vorangehenden rechtsvergleichenden Untersuchungen ist die Ausgestaltung der im Zentrum des neuen polnischen Modells der Haftungsverfassung in der Vorgesellschaft stehenden Handelndenhaftung der Kritik zu unterziehen.

Die Handelndenhaftung stellt eine wesentliche Ausnahme von den Grundsätzen

---

[1] *Frąckowiak*, aaO., S. 20.
[2] Vgl. dazu oben, Kapitel 1, IV.1.b).

der Vertretungsmacht dar, wonach sämtliche Vor- und Nachteile aus den im Rahmen der erteilten Vertretungsmacht eingegangenen Geschäften den Vertretenen, nicht den Vertreter treffen sollen[150]. Die Personen, welche als Vertreter der Vorgesellschaft grundsätzlich in deren Interesse handeln, haften dagegen aus den von ihnen vorgenommenen Geschäften unbeschränkt und persönlich ohne Rücksicht darauf, ob sie sich im Rahmen der ihnen ausdrücklich oder konkludent erteilten Vertretungsmacht gehalten haben. Diese strenge Haftung ist im Gründungsstadium zwar im Hinblick auf die Interessen der Gläubiger, denen im Fall des Scheiterns der Gründung ein Ersatzschuldner zur Verfügung stellen soll, gerechtfertigt. Zurecht wird aber im deutschen Schrifttum hervorgehoben, dass diese Rechtfertigung mit der Entstehung der Kapitalgesellschaft entfällt und zwar insbesondere dann, wenn man vom automatischen Übergang aller Rechte und Pflichten aus dem Gründungsstadium auf die Gesellschaft ausgeht. Mit der Eintragung bekommen die Gläubiger den eigentlich von ihnen gewollten Schuldner, d.h. die Kapitalgesellschaft. Der Gesellschaft gegenüber haften die Geschäftsführer für die ordnungsgemäße Geschäftsführung nach § 43 GmbHG, welcher bereits vor der Eintragung gilt. Das Fortbestehen der Handelndenhaftung auch nach der Eintragung wird im neuen polnischen Recht zu einer unberechtigten Ungleichbehandlung der Gesellschaftsgläubiger führen je nach dem, ob ihre Forderungen vor oder nach der Eintragung begründet worden sind. Diejenigen, die mit der Vorgesellschaft kontrahiert haben, sind besser gestellt, weil ihnen stets die Handelnden und die eingetragene Gesellschaft selbst haften.

Hat man sich im neuen Gesetz für die Lösung entschieden, wonach die Handelndenhaftung nicht mit der Eintragung der Gesellschaft erlischt, so hätte man zugleich den berechtigten Interessen der Organmitglieder, ihre persönlicher Haftung loszuwerden, Rechnung tragen müssen. Dies hätte entweder durch eine Regelung bewirkt werden können, wonach die vor der Eintragung Handelnden mit der Bestätigung ihrer Handlungen durch die eingetragene Gesellschaft auch nach außen frei sind (wie das in Deutschland früher, d.h. vor der Aufgabe des Vorbelastungsverbots der Fall war[151]), oder durch eine identische Regelung der

---

[150] Vgl. im deutschen Schrifttum *Kübler*, GesR, 5 Aufl., S. 324 f.; *Brock*, aaO., S. 96, 98.

[151] Hachenburg/*Ulmer*, § 11 GmbHG, Rn. 70 m.w.N. In der polnischen Vorkriegsliteratur so auch: *Szer*, PPH 5-6/1932, S. 281. Vgl. auch die Regelung des Art 10 des Verordnungsentwurfes zur Europäischen Privatgesellschaft (EPG), in dem die Geltung der vor der Eintragung der EPG vorgenommenen Geschäfte für die eingetragene Gesellschaft von der Übernahme durch diese abhän-

erleichterten Schuldbefreiung sowohl für die AG als auch GmbH, etwa im allgemeinen Teil des neuen Gesetzes, nach dem Vorbild des § 41 Abs. 1 AktG[152]. Nach dem neuen polnischen Recht wird sich dagegen das Risiko des Handelns im Namen der Vorgesellschaft auch zum Nachteil der Gesellschaft selbst auswirken, weil das Vorstandsmitglied von der Vornahme für das Gesellschaftsunternehmen wichtiger, aber eventuell auch riskanter Geschäfte wegen seiner nach der Eintragung sich fortsetzenden persönlichen Haftung abgeschreckt würde. Das ungerechtfertigte Haftungsrisiko der handelnden Personen kann zwar vermindert werden, wenn man ihnen Regressansprüche gegen die (Vor-)Gesellschaft aus Art. 518 § 1 Pkt. 1 pol. ZGB zuerkennt. Da sich die Haftung der Gesellschafter allerdings auch im Fall des Gründungsscheiterns auf die versprochene Einlage beschränken soll[153], werden die das Stammkapital übersteigenden Verluste letztens bei den Handelnden hängen bleiben.

2. *Haftung der nicht handelnden Gesellschafter*

a). Deutsches Recht

aa). Der Unversehrtheitsgrundsatz

Das deutsche Haftungsmodell in der Vorgesellschaft ist durch Maßnahmen zur Sicherung der realen Kapitalaufbringung geprägt. Wie der BGH hervorgehoben hat, ist es „Kerngedanke des Kapitalgesellschaftsrechts, die Gesellschaft als Rechtsperson nur mit einem publizierten und garantierten Betriebs- und Haftungsfonds entstehen zu lassen“[154]. Dieser sog. Unversehrtheitsgrundsatz will unterbinden, dass die Gläubiger, welche im Vertrauen auf die im Handelsregister verlautbarten Angaben mit der eingetragenen Gesellschaft Geschäfte eingehen, wegen der bereits vor der Handelsregistereintragung entstandenen Anlaufverlu-

---

gig gemacht wurde. Übernimmt die Gesellschaft die Geschäfte nicht, so haften die handelnden Personen den Geschäftspartnern gesamtschuldnerisch und unbeschränkt 5 Jahre lang seit dem Zeitpunkt der Eintragung. Text der Verordnungsentwurfs in: *Boucourechliev/Hommelhoff*, Vorschläge für eine Europäische Privatgesellschaft, Köln 1999, S. 289 ff.

152 Vgl. die Regelung des § 2 des österreichischen GmbHG, in dem die Möglichkeit der vereinfachten Übernahme der vor der Eintragung eingegangenen Verpflichtungen durch die eingetragene GmbH ausdrücklich vorgesehen ist. Dazu Scholz/*K.Schmidt*, § 11, Rn. 185.

153 Dazu näher in diesem Kapitel unter IV.2.b).cc).

154 So BGHZ 80, S. 129, 136. Vgl. dazu *Goette*, DStR 1997, S. 924 ff.

ste auf ein ausgehöhltes Gesellschaftsvermögen verwiesen werden[155]. Die heute im deutschen Recht ganz herrschende Meinung geht davon aus, dass die Sicherung des Gesellschaftskapitals auf den Moment der Entstehung der juristischen Person bezogen ist und stellt folglich auf den Eintragungszeitpunkt ab[156].

bb). Vom Vorbelastungsverbot zur Vorbelastungshaftung

Zur Durchsetzung des Unversehrtheitsgrundsatzes bediente sich die frühere Rechtsprechung des Grundsatzes des sog. Vorbelastungsverbotes. Dieses suchte die Kapitalausstattung im Zeitpunkt der Registereintragung dadurch zu sichern, dass zwar stets alle Aktiva, die Verbindlichkeiten der Vorgesellschaft jedoch nur in eng begrenztem Umfang auf die Kapitalgesellschaft übergehen sollten, um das Vermögen der juristischen Person von vorher begründeten Belastungen freizuhalten[157].

Das vielfach kritisierte Vorbelastungsverbot, dessen praktische Unzulänglichkeiten insbesondere in Fällen der Sachgründung bemerkbar waren, hat der BGH in der Grundsatzentscheidung v. 9.3.1981[158] endgültig aufgegeben. Die Fähigkeit der Vorgesellschaft, am unternehmerischen Rechtsverkehr als rechtsfähiges Subjekt teilzunehmen und zwar auch dann, wenn ausschließlich Bareinlagen zu leisten sind, sowie der automatische Übergang aller Rechte und Pflichten mit der Eintragung auf die juristische Person wurden ausdrücklich anerkannt. Die Zulassung der vorherigen Geschäftsaufnahme hatte allerdings nicht die Aufgabe

---

[155] Hachenburg/*Ulmer*, § 11 GmbHG, Rn. 81 und 86; *ders.* ZGR 1981, S. 597, 602; Scholz/*K. Schmidt*, § 11 GmbHG, Rn. 121; *Lutter/Hommelhoff*, § 11 GmbHG, Rn. 10; *Priester*, ZIP 1982, S. 1141, 1146; *W.-H. Roth*, ZGR 1984, 597, 601; *Schütz*, Verlustausgleichspflicht, Diss. 1995, S. 39.

[156] BGHZ 80, S. 129, 140,f.; BGH NJW 1997, 1507; Hachenburg/*Ulmer*, § 11 GmbHG, Rn. 86; *Lutter/Hommelhoff*, § 11 GmbHG, Rn. 10; Baumbach/*Hueck*, § 11 GmbHG, Rn. 58; *Fleck*, GmbHR 1983, S. 11; *Stimpel*, FS Fleck, S. 363 ff.; *Schütz*, aaO., S. 61. Auf den Zeitpunkt der Anmeldung stellt dagegen *Priester*, ZIP 1982, S. 1147 ab. *K. Schmidt* unterscheidet hingegen zwischen der strengen, auf den Zeitpunkt der Anmeldung bezogenen Unterbilanzhaftung sowohl für operative als auch reine Wertverluste und der auf den Zeitpunkt der Eintragung bezogenen Vorbelastungshaftung ausschließlich für die operativen, d.h. sich aus der Geschäftstätigkeit ergebenden Verluste. Vgl. Scholz/*K. Schmidt*, § 11 GmbHG, Rn. 126; *ders.* ZHR 156 (1992), S. 109, 120 f.

[157] Vgl. Fn. 93, 94.

[158] BGHZ 80, S. 129 ff = NJW 1981, S. 1373; früher so schon *Ulmer*, FS Ballerstedt, S. 279 ff.; *ders.*, ZGR 1981, 593 ff.

des Grundsatzes der auf den Zeitpunkt der Eintragung bezogenen Unversehrtheit des Stammkapitals zur Folge[159]. Die Funktion des Vorbelastungsverbots übernahm die sog. Differenz- oder Vorbelastungshaftung aller Gründer. Diese Konzeption verpflichtet die Gesellschafter gegenüber der eingetragenen Gesellschaft, anteilig für die Differenz aufzukommen, die durch die Vorbelastungen aus der Tätigkeit der Vorgesellschaft zwischen der satzungsmäßigen Stammkapitalziffer und dem tatsächlichen Wert des Gesellschaftsvermögens zum Zeitpunkt der Eintragung besteht (sog. „Unterbilanz"), und zwar einschließlich einer subsidiären Ausfallhaftung entsprechend § 24 GmbHG. Die Vorbelastungshaftung sichert somit nicht das Vorhandensein der geleisteten Einlagen, sondern garantiert, dass das nach § 7 GmbHG vor der Anmeldung eingebrachte Vermögen im Zeitpunkt der Eintragung wertmäßig vorhanden ist und nicht durch die Verluste aus dem Gründungsstadium ausgehöhlt wird. Zur Begründung der Ausgleichspflicht der Gesellschafter hat der BGH vor allem den hinter § 9 GmbHG stehenden Rechtsgedanken herangezogen, wonach die GmbH nicht mit durch Wertverluste vermindertem Stammkapital „ins Leben" treten soll[160]. Die Haftung der Inferenten für die im Zeitpunkt der Handelsregistereintragung bestehende Überbewertung („Differenz") lasse sich im Wege der Rechtsanalogie auch auf die Fälle der Bargründung übertragen, falls der Unterschied zwischen dem Stammkapital und dem Wert des Nettovermögens der GmbH durch vorzeitigen Geschäftsbeginn verursacht worden sei. Die Eröffnungsbilanz hat zwar bereits die Vorgesellschaft mit dem Beginn des Handelsgewerbes aufzustellen. Die Geschäftsführer sind jedoch verpflichtet, eine auf den Zeitpunkt der Registereintragung bezogene sog. Vorbelastungsbilanz anzufertigen, aus der sich die Höhe der Vorbelastungen ergibt[161].

Nach einhelliger Meinung gilt das für die Vor-GmbH ausgearbeitete Unterbilanzhaftungskonzept entsprechend im Aktienrecht[162].

---

[159] Für die Aufgabe dieses Grundsatzes plädierte insbesondere *Priester*, ZIP 1982, S. 1142 ff.

[160] BGHZ 80, S. 129, 140.

[161] Vgl. dazu *Schulze-Osterloh*, FS Goerdeler, S. 531 ff. Zur Methode der Unternehmensbewertung in der Vorbelastungsbilanz vgl. *Habersack/Lüssow*, NZG 1999, S. 629 ff.

[162] LG Heidelberg, ZIP 1997, S. 2045, dazu *Wiedenmann*, ZIP 1997, S. 2029 ff.. Vgl. auch *Kraft* in: KK, § 41 AktG, Rn. 118 ff.; *Hüffer*, § 41 AktG, Rn. 8 ff.; *Lutter*, NJW 1989, 2649, 2653.

cc). Der heutige Stand der deutschen Lehre und Rechtsprechung

Die Grundsatzentscheidung des BGH vom 9.3.1981 markierte zwar einen Meilenstein für die Klärung der Haftungsverfassung in der Vorgesellschaft, hat allerdings keinesfalls die wissenschaftliche Diskussion darüber abgeschlossen. In der Literatur wurde insbesondere die Frage nach der Gründerhaftung vor Eintragung heftig diskutiert[163].

Nach der herkömmlichen Ansicht des BGH haftete jeder Gesellschafter den Gläubigern der Vorgesellschaft persönlich, aber beschränkt auf die Höhe seiner noch ausstehenden Einlage[164]. Die der Kommanditistenhaftung ähnelnde, weil summenmäßig beschränkte Außenhaftung eines Gesellschafters sollte sich im Zeitpunkt der Eintragung in eine interne (d.h. der GmbH gegenüber) und unbeschränkte Pflicht zum Ausgleich der in diesem Augenblick vorhandenen Verluste der Vorgesellschaft verwandeln[165]. Kam es allerdings nicht zur Eintragung, so beschränkte sich auch das Risiko der Gesellschafter auf die Höhe der von ihnen zugesagten Einlagen.

Dieses Modell wurde in der Lehre als ein in den Rechtsfolgen kompliziertes und dem Recht der GmbH nicht entsprechendes Konzept kritisiert[166]. Der Position des BGH standen zwei in der Lehre vertretenen Auffassungen gegenüber. Die erste Ansicht[167] stützte sich auf den allgemeinen Grundsatz des bürgerlichen Rechts, wonach derjenige, der als Einzelperson oder in Gemeinschaft mit anderen Geschäfte betreibt, für die daraus bestehende Verpflichtungen haftet[168]. Da das Haftungsprivileg des § 13 Abs. 2 GmbHG die Registereintragung und die ihr vorangehende gerichtliche Überprüfung des Gründungsprozesses voraussetzt, haften alle Gesellschafter bis zu diesem Zeitpunkt den Vorgesellschafts-

[163] Zu den Etappen der Rechtsentwicklung vgl. ausführlich *Kleindiek*, ZGR 1997, S. 427, 429; *Flume*, DB 1998, S. 45 ff.

[164] BGHZ 65, S. 378; 80, S. 129, 144; 91, 148, 152; BGH WM 1980, S. 955, 956, ebenso noch *Ulmer*, ZGR 1981, S. 593, 608; *Fleck*, GmbHR 1983, S. 5, 7.

[165] BGHZ 80, S. 182, 184; *Ulmer*, FS Ballerstedt, S. 279, 299; *ders.*, ZGR 1981, S. 593; *Fleck*, GmbHR 1983, S. 5, 7.

[166] Vgl. *John* BB 1982, S. 512; *K. Schmidt*, ZHR 156 (1992), S. 93, 107; *Meister*, FS Werner, S. 548; *Stimpel*, FS Fleck, S. 359.

[167] Vertreten vor allem von *K. Schmidt*: Scholz/*K. Schmidt*, § 11 GmbHG, Rn. 82; *ders.* ZHR 156 (1992), S. 93 ff. in Anlehnung an *Flume*, NJW 1981, S. 1755.

[168] So die Formulierung von *Flume*, NJW 1981, S. 1753, 1754 und erneut *ders.* DB 1998, S. 45, 48.

gläubigern persönlich und unbeschränkt in entsprechender Anwendung der §§ 128 ff. HGB (Haftung der oHG-Gesellschafter), wenn die Vorgesellschaft unternehmerisch tätig ist. Für dieses Modell wird zudem die Praktibilitätsüberlegung ins Feld geführt, wonach dem Interesse der Gläubiger Rechnung getragen werden soll, auf schnellem Wege zur Realisierung ihrer Forderungen zu gelangen.

Die zweite Auffassung knüpft dagegen an die weitgehenden strukturellen Ähnlichkeiten zwischen der Vorgesellschaft und der eingetragenen GmbH an und versucht auch die Haftungsverfassung im rechtlich möglichen Umfang an das GmbH-Recht anzupassen[169]. Vor der Eintragung bestehe deswegen grundsätzlich keine Außenhaftung der Gesellschafter. Sie seien im Innenverhältnis, d.h. der Vorgesellschaft gegenüber verpflichtet, alle bei ihr entstandenen und nicht vom Gesellschaftsvermögen gedeckten Anlaufverluste entsprechend dem Verhältnis der übernommenen Gesellschafteranteile auszugleichen. Diese anteilige Verlustdeckungshaftung greife erst mit dem Scheitern der Gründung, d.h. im Liquidations- bzw. Insolvenzverfahren der Vorgesellschaft ein. Komme es zur Eintragung, so sei die Innenhaftung der Gesellschafter nicht mehr auf die Höhe der Anlaufverluste beschränkt; vielmehr seien sie nach dem Unversehrtheitsgrundsatz verpflichtet, das Gesellschaftsvermögen wieder auf die Stammkapitalziffer zu bringen. Der Umfang der Unterbilanzhaftung sei durch eine Vermögensbilanz auf den Stichtag der Eintragung zu ermitteln.

Der BGH hat sich in seiner Entscheidung vom 27.1.1997[170] dem letztgenannten Modell angeschlossen. Im Konzept des BGH sind die Verlustdeckungs- und Unterbilanzhaftung Ausprägungen einer einheitlichen, als Innenhaftung ausgestalteten Gesellschafterhaftung mit der Folge, dass die Ansprüche grundsätzlich der Vorgesellschaft bzw. der eingetragenen Gesellschaft und nicht ihren Gläubigern zustehen. Die letzteren können jedoch im Wege der Pfändung den Anspruch der (Vor-)Gesellschaft an sich überweisen lassen und verwerten. Von seinem Innenhaftungskonzept lässt der BGH drei Ausnahmen zu: Wenn die Vorgesellschaft

---

[169] Vertreter dieser Auffassung sind vor allem: *Lieb*, FS Stimpel, S. 414 f.; *Stimpel*, FS Fleck, S. 358 ff.; Hachenburg/*Ulmer*, § 11 GmbHG, Rn. 65; *Lutter/Hommelhoff*, § 11 GmbHG, Rn. 7 f.; *Goette*, DStR 1998, S. 179; *Hüffer*, § 41 AktG, Rn. 9a (für die AG).

[170] BGHZ 134, S. 333 = BGH NJW 1997, S. 1507 (m. Anm. *Altmeppen*)= ZIP 1997, S. 679 = BB 1997, S. 905 = DStR 1997, S. 625 mit Anm. v. *Goette*. Dazu ausführlich *Kleindiek*, ZGR 1997, 427 ff.

vermögenslos ist, nur ein Gläubiger vorhanden ist oder es sich um eine Einmann-Vor-GmbH handelt, wird dem Gläubiger einen unmittelbarer Zugriff auf den oder die Gesellschafter gestattet[171].

Das vom BGH angenommene Konzept des Innenregresses mit anteiliger Haftung wurde von den Befürwortern des Modells der unbeschränkten gesamtschuldnerischen Außenhaftung der Gründer als ein unzureichend dogmatisch begründetes und aus dem Gesichtspunkt der Gläubiger der Vorgesellschaft wenig praktikables Haftungskonzept scharf kritisiert [172]. Es wird insbesondere die angeblich übermäßige Benachteiligung der Gläubiger betont, weil die Durchsetzung ihrer Forderungen durch die Pfändung der Verlustausgleichsansprüche empfindlich erschwert sein soll[173].

Im Ergebnis überzeugt diese Kritik nicht. Insbesondere wenn man die Vorgesellschaft nicht als eine gesamthänderische Personenvereinigung, sondern als ein Rechtsgebilde *sui generis* betrachtet, welches mit der eingetragenen Kapitalgesellschaft weitgehend identisch ist und bereits nach den für die angestrebte Gesellschaftsform maßgebenden Regeln lebt, ist eher anzunehmen, dass im Gründungsstadium nicht lediglich die Organisations-, sondern auch die Haftungsregeln des GmbH- bzw. AG-Recht weitgehende Anwendung finden sollen. Die unbeschränkte Außenhaftung wurzelt dagegen im Recht der Personengesellschaften und ist mit Haftungsregeln des Kapitalgesellschaftsrechts inkongruent[174]. Die für die unbeschränkte Außenhaftung eintretenden Autoren stellen den in der höchstricherlichen Rechtsfortbildung erreichten Kompromiss in Frage zwischen den Interessen der Gründer, bereits mit dem Abschluss des Gesellschaftsvertrages einen nach dem GmbH- bzw. AG-Recht funktionierenden Verband ins Leben zu berufen, einerseits und dem Schutz der Gläubiger andererseits, der sich in der auf den Zeitpunkt der Eintragung bezogenen Unterbilanzhaftung sowie, beim Scheitern der Gründung, in der summenmäßig unbe-

---

[171] Vgl. auch *Ulmer*, ZIP 1996, S. 733, 737; *Grunewald/H.-F. Müller*, JZ 1999, S. 442, 449.
[172] *K. Schmidt*, ZIP 1996, S. 353 ff.; *ders.*, GesR[3]., S. 1021; *Raiser/Veil*, BB 1996, S. 1344; *Flume*, DB 1998, S. 45, *Kleindiek*, ZGR 1997, S. 427, 443 f.; *Altmeppen*, NJW 1997, S. 3272; *Raab*, WM 1999, S. 1596. Vgl. auch abweichende Urteile der Instanzgerichte: LAG Köln, ZIP 1997, S. 1921; LSG Baden Württemberg, ZIP 1997, S. 1651 mit zust. Anm. v. *Altmeppen*.
[173] So vor allem *Altmeppen*, aaO., NJW 1997, S. 3272.
[174] *Ulmer*, ZIP 1996, S. 737.

schränkten Verlustausgleichspflicht erschöpft[175]. Die Annahme einer unbeschränkten Außenhaftung würde im Grundsatz – mindestens in bezug auf die Haftungsverfassung – die Rückkehr zur überholten Auffassung des Reichsgerichts bedeuten, vor der Eintragung bestehe höchstens eine Personengesellschaft[176].

Auch Praktikabilitätserwägungen sprechen gegen die Annahme der Außenhaftung. Es wäre ein Übermaß an Schutz der Gläubiger, die Gesellschafter der Vor-GmbH einer primären und gesamtschuldnerischen Haftung auch in den Fällen auszusetzen, in denen die Vorgesellschaft zwar liquide, aber zugleich aus berechtigten Gründen zur Verweigerung der Zahlung berechtigt ist[177]. Die Gründerhaftung wäre zwar auch nach dem Modell der Außenhaftung akzessorisch zur Haftung der Vorgesellschaft; doch hat der Gesellschafter typischerweise nur einen eingeschränkten Zugriff zu Tatsachen und Beweismitteln, aus denen sich Einwände der Vorgesellschaft gegen die Forderung ergeben. Dadurch könnte sich der Rechtsstreit auf dem Rücken des möglicherweise geschäftsunerfahrenen Gesellschafters abspielen, was gerade im Regelfall, wenn es zur Eintragung kommt, als nicht sachgerecht betrachtet werden muss[178]. In der unbeschränkten Außenhaftung der Gesellschafter liegt mithin eine nicht gerechtfertigte haftungsrechtliche Privilegierung der Vorgesellschaftsgläubiger, welche ihrerseits, wegen der entsprechenden Firmierung der Vorgesellschaft, im Regelfall nicht erwartet wird[179].

Das BGH-Konzept stellt eine einheitliche, Wertungswidersprüche vermeidende Haftungsverfassung dar. Es ist allerdings zu betonen, dass die Rechtsfähigkeit der Vorgesellschaft im deutschen Recht zwar weitgehend anerkannt ist, aber das Verlustrisiko bis zum Zeitpunkt der Eintragung anteilig die Gesellschafter tragen. Wollen sie die Vorgesellschaft liquidieren, so müssen sie – gegebenenfalls das zweite Mal – soviel auf deren Vermögen leisten, wie zur Deckung aller ihrer

---

[175] Vgl. dazu *Goette*, DStR 1996, S. 519, der die Verlustdeckungshaftung in der gescheiterten GmbH als eine „Unterbilanzhaftung *in nascendo*" bezeichnet.

[176] Vgl. etwa RGZ 58, S. 56; *Brodmann*, Art. 11 GmbHG, Anm. 1a.

[177] So *Ulmer*, aaO., S. 736; *Hartmann*, WiB 1997, S. 70 f.

[178] *Stimpel*, FS Fleck, S. 361.

[179] Vgl. auch *Goette*, DStR 1998, S. 181 (die Inanspruchnahme des Geschäftsführers nach § 11 Abs. 2 GmbHG werde diesen in aller Regel zur Kooperation mit den anspruchstellenden Gläubigern bewegen).

Verluste erforderlich ist (Verlustdeckungshaftung). Betreiben sie die Eintragung weiter, so richtet sich ihre proratarische Nachschusspflicht nach der Differenz zwischen der Stammkapitalziffer und dem aktiven Gesellschaftsvermögen im Zeitpunkt der Eintragung. Die Zulässigkeit der vorherigen Geschäftsaufnahme wird daher mit einem erheblichen Haftungsrisiko der Gründer erkauft: Sie müssen damit rechnen, dass ihre Einstandspflicht die Höhe der versprochenen Einlage weit überschreiten kann.

b). Polnisches Recht

aa). Rechtscharakter der Gründerhaftung im Gründungsstadium

Im polnischen Schrifttum wurde aufgrund der HGB-Regelung überwiegend angenommen, dass das Ausfallrisiko der Gründer vom Zeitpunkt des Abschlusses des Gesellschaftsvertrages an endgültig auf den Nennbetrag der im Gesellschaftsvertrag festgesetzten Anteile beschränkt sein soll[180]. Diejenigen Autoren, die die Vorgesellschaft als eine ZGB-Gesellschaft betrachten, sahen in Art. 171 § 2 HGB, der die persönliche und unbeschränkte Haftung der Handelnden regelte, eine *lex specialis* im Verhältnis zu der für die ZGB-Gesellschaft charakteristischen, also unbeschränkten und gesamtschuldnersichen Außenhaftung aller Gesellschafter (Art. 864 pol. ZGB)[181]. Auch diejenige Autoren, welche die Teilrechtsfähigkeit der Vorgesellschaft anerkannten, lehnten die unbeschränkte Außenhaftung „passiver", d.h. an der Geschäftsführung nicht beteiligter Gründer grundsätzlich ab[182]. Wolle man das Gegenteil behaupten, so würde man sich über ihren im Gesellschaftsvertrag zum Ausdruck gebrachten Willen hinwegsetzen, nur ein auf die Höhe der Einlagen beschränktes Risiko einzugehen. Auf den Schutz der Gläubiger komme es ebenfalls nicht an, da diese durch eine entsprechende Firmierung sowie durch die Handelndenhaftung ausreichend gesichert

---

[180] *Szajkowski*, Prawo spółek, Rn. 363, 647; *Sołtysiński*/Szajkowski/Szwaja, Art. 335 pol. HGB, Rn. 42, *Frąckowiak*, KPP 1/1994, S. 5, 16; Włodyka/*Włodyka*, Prawo spółek, S. 183.
Für die unbeschränkte und persönliche Haftung aller Gründer bis Registereintragung nach dem Modell der Zivilgesellschaft optiert wohl nur: *Płonka*, in: *Frąckowiak, Kieres* (Hrsg.), S. 113, 122; *Gralla*, FS Włodyka S. 157, will die Unterbilanzhaftung der GmbH-Gesellschafter nach dem deutschen Muster auch im polnischen Recht bejahen.

[181] So vor allem *Dziurzyński/Fenichel/Honzatko*, Art. 171 pol. HGB, Anm. 7; *Namitkiewicz*, Art. 159 pol. HGB, Anm. 10; *Wiśniewski*, Prawo o spółkach, Bd. 3, S. 75-76. Gemäß Art. 864 pol. ZGB haften die Gesellschafter gesamtschuldnerisch für Verpflichtungen der ZGB-Gesellschaft.

[182] *Szajkowski*, aaO.; *Sołtysiński*, aaO., *Frąckowiak*, aaO.

seien. Unabhängig vom Verständnis der Rechtsnatur der Vorgesellschaft sollte also die beschränkte Haftung der Gesellschafter nach altem polnischem Recht bereits vor der formellen Entstehung der Gesellschaft eingreifen, was auch in der älteren Rechtsprechung des OG eine ausdrückliche Bestätigung fand[183].

Die oben dargestellte, vorrangig auf den Schutz der Interessen der „passiven" Gesellschafter gerichtete Auffassung der polnischen Lehre ist im neuen Gesetz kodifiziert worden. Gemäß Art. 13 § 2 HGGB haftet der Gesellschafter oder der Aktionär der Gesellschaft in Gründung für derer Schulden solidarisch mit dieser bis zur Höhe seiner im Gesellschaftsvertrag oder in der Satzung festgesetzten, aber noch nicht geleisteten Einlage. Die Vorschrift weist ihrem Wortlaut nach unverkennbare Ähnlichkeiten mit der in der deutschen höchstrichterlichen Rechtsprechung lange Jahre vertretenen, aber 1997 wohl endgültig aufgegebenen Auffassung auf. Nach Art. 13 § 2 HGGB haftet der Gesellschafter mit seinem Privatvermögen für eine fremde, d.h. im Namen der Vorgesellschaft eingegangene Verbindlichkeit, aber summenmäßig beschränkt auf die Höhe der von ihm statutarisch übernommenen und noch nicht erfüllten Einlageschuld. Der Gesellschafter (Aktionär), der den Gläubiger der Vorgesellschaft befriedigt hat, wird die Forderung gegen die letztere in Höhe der vorgenommenen Zahlung erwerben (*cessio legis*, Art. 518 § 1 Pkt. 1 pol. ZGB). Hier taucht die Frage auf, ob bzw. unter welchen Bedingungen der Gesellschafter seinen Regressanspruch geltend machen oder gegen den Anspruch der Gesellschaft auf die Einlageleistung aufrechnen könnte. Eine einseitig vom Gesellschafter oder Aktionär getätigte Aufrechnung soll gemäß Art. 14 § 4 HGGB verboten sein; in Betracht kommt ausschließlich der Abschluss eines Aufrechnungsvertrages. Hat sich jedoch die Vermögenslage der Vorgesellschaft inzwischen verschlechtert, so kann die Regressforderung des Gesellschafters nur insoweit infolge des Aufrechnungsvertrags getilgt werden, als sie im freien Vermögen der Vorgesellschaft, d.h. unter Berücksichtigung aller fälligen Verbindlichkeiten, eine Deckung findet[184]. Als Ergebnis dieser Überlegungen ist anzunehmen, dass der Gesellschafter (Aktionär) zur Leistung der zugesagten Einlage grundsätzlich direkt an die Gesellschaft und damit zur Verfügung des Vorstands verpflichtet ist. Die unmit-

---

[183] Die Entscheidung des polnischen OG v. 5.04.1937, veröff. in PPH 7/1937, Pos. 1645: „Die Gesellschafter einer GmbH, die nicht eingetragen wurde, haften nicht persönlich für die Verbindlichkeiten, die von den Geschäftsführern eingegangen wurden."

[184] Vgl. dazu ausführlich unten, Kapitel 4, II.3.

telbare Leistung an Dritte kann dann eine einlageschuldbefreiende Wirkung haben, wenn der Gesellschafter dazu vom Vorstand, in dessen Kompetenz die Geschäftsführung liegt, angewiesen (ermächtigt) wird und die getilgte Verbindlichkeit fällig, unbestritten und vollwertig war, wenn es sich also um eine reine Vereinfachung des Zahlungsverkehrs handelt[185].

Die negative Konsequenz des Modells der beschränkten Außenhaftung der Gesellschafter ist die Gefahr des „Wettlaufs" der Gläubiger der Vorgesellschaft zum möglicherweise vermögendsten Gesellschafter, der seine Einlage noch nicht erbracht hat. Statt in das Gesellschaftsvermögen, aus welchem die Gläubiger im Fall des Konkurses nach der Quote zu befriedigen sind, würden nur die Ansprüche der „schnellsten" Gläubiger in voller Höhe getilgt, was gegen den Grundsatz ihrer Gleichbehandlung verstoßen und zur weiteren Komplizierung der Haftungsverfassung im Gründungsstadium beitragen würde.

Im Ergebnis ist der neue Art. 13 § 2 HGGB kritisch zu betrachten. Er entspricht der zutreffend kritisierten und aufgegebenen Auffassung in der Rechtsprechung des BGH. Die beschränkte Außenhaftung lässt sich mit der Natur der Kapitalgesellschaften kaum vereinbaren: Für diese ist vielmehr die Haftung der Gesellschafter für die Bildung des Gesellschaftsvermögens durch effektive Einbringung der geschuldeten Einlagen charakteristisch. Wie oben dargestellt, sind mit dem Konzept der beschränkten Außenhaftung darüber hinaus erhebliche praktische Probleme verbunden.

bb). *Unterbilanzhaftung der Gesellschafter bezogen auf den Zeitpunkt der Registereintragung ?*

Weder die polnische Rechtsprechung noch die Literatur haben sich näher mit dem Problem beschäftigt, ob die Gesellschafter eine Ausgleichspflicht für die im Gründungsstadium entstandenen Verluste trifft. In dem auf das polnische Recht bezogenen deutschsprachigen Schrifttum hat *Gralla* das deutsche Konzept der Unterbilanzhaftung auch auf Grund des polnischen Rechts für grundsätzlich übertragbar erachtet[186]. Zur Begründung hat er auf den auch im polnischen Ge-

---

[185] Vgl. *Priester*, BB 1987, S. 208 ff., dazu näher unten Kapitel 4, III.
[186] *Gralla*, FS Włodyka, S. 143, 157.

sellschaftsrecht geltenden Grundsatz der Unversehrtheit des Stammkapitals hingewiesen. Die Rechtsgrundlage für die Ausgleichspflicht der Gesellschafter sieht er im Art. 176 pol. HGB, in dem die Haftung für die überbewerteten Sacheinlagen geregelt war, „auch wenn diese Vorschrift anders als § 9 GmbHG auf den Zeitpunkt des Abschlusses des Gesellschaftsvertrages abstellt (...).“[187]

Im neuesten polnischen Schrifttum scheint dagegen die Auffassung zu überwiegen, wonach vorrangig dem Interesse der Gesellschafter Rechnung getragen werden soll, bereits mit dem Zeitpunkt des Abschlusses des Gesellschaftsvertrages die Haftung auf die Höhe der zugesagten Einlagen beschränkt zu haben[188]. Sie hätten sich gerade deshalb zur Rechtsform einer Kapitalgesellschaft zusammengeschlossen, um ihr wirtschaftliches Risiko auf die Einlageschuld gegenüber der Gesellschaft zu begrenzen. Zum Schutz der Gläubigerinteressen reiche eine entsprechende Firmierung der im Rechtsverkehr auftretenden Gesellschaft in Gründung aus, welche auf die Haftungsbeschränkung hinweisen soll. Außerdem seien die Gläubiger durch die persönliche und unbeschränkte Handelndenhaftung ausreichend gesichert[189].

Diese letztgenannte Auffassung ist wohl auch ins neue polnische Recht übernommen worden. Dafür sprechen zum einen der kategorische Wortlaut des Art. 13 § 2 HGGB, wonach die Haftung der Gesellschafter auf die Höhe der von ihnen übernommenen Einlagen beschränkt werden soll. Zum anderen gibt es im neuen Gesetz keine Aussage dazu, ob die Gesellschafter für die infolge der Tätigkeit der Vorgesellschaft entstandene und im Zeitpunkt der Eintragung vorhandene Unterbilanz eine Ausgleichshaftung trifft. Nach Art. 12 HGGB soll die eingetragene Gesellschaft im Zeitpunkt der Eintragung Subjekt aller Rechte und Pflichten der Gesellschaft in Gründung werden. Rechtspolitisch hat diese Ausgestaltung der Haftung der Gesellschafter zur Folge, dass im polnischen Recht ihrem Interesse an einer Begrenzung des wirtschaftlichen Risikos auf die Einlage-

---

[187] *Gralla*, aaO. Vgl. auch *C. Wiśniewski*, PP 2/1992, S. 27: „Die Gläubiger der Gesellschaft sind berechtigt zu erwarten, dass diese im ihrer Zeitpunkt der Entstehung ein Vermögen besitzen wird, welches den im Gesellschaftsvertrag enthaltenen und im Handelsregister offenbarten Angaben entspricht. Dieser Zeitpunkt richtet sich nach der Eintragung der Gesellschaft, nicht nach dem Abschluss des Gesellschaftsvertrages.“

[188] *Szajkowski*, Prawo spółek, Rn. 363, 647; *Sołtysiński*/Szajkowski/Szwja, Art. 335 pol. HGB, Rn. 42, *Frąckowiak*, KPP 1/1994, S. 5, 16.

[189] So insbesondere *Frąckowiak*, aaO.

schuld der Vorrang gegeben wird gegenüber dem Schutz des Vertrauens der Gläubiger einer eingetragener Gesellschaft auf das mindestens im Zeitpunkt ihrer Eintragung vollständig gedeckte Stammkapital. Wenig überzeugend ist dabei die Argumentation, wonach die entsprechende Firmierung der Vorgesellschaft einen ausreichenden Gläubigerschutz sichere. Wie oben ausführlich dargestellt wurde[190], basiert der Gläubigerschutz im polnischen und im deutschen Kapitalgesellschaftsrecht auf drei Säulen, wobei die wohl wichtigste das System des institutionellen Kapitalschutzes bildet. Ihm kommt präventive Funktion zu: Die Gesellschafter erlangen das Privileg der beschränkten Haftung erst nach der vollständigen Leistung der Einlagen. Die dieser Haftungsverfassung adäquate Firmierung stellt einen Akt der Publizität dar, welche jedoch – ähnlich wie Haftung der Vorstandsmitglieder für ordnungsgemäße Geschäftsführung – nicht *anstelle* des Kapitalschutzes, sondern *neben* diesen im System des Gläubigerschutzes tritt. Bejaht man die weitgehende Identität des Verbandes vor und nach der Registereintragung, so muss man auch die Geltung des auf den drei Säulen beruhenden Systems des Gläubigerschutzes bereits im Gründungsstadium annehmen. Im Hinblick auf Vermögensverhältnisse der Vorstandsmitglieder, die oftmals hinter denjenigen der Gesellschafter zurückbleiben, kann selbst die Handelndenhaftung die unzureichende Kapitalausstattung der Vorgesellschaft nicht hinreichend kompensieren[191]. Als Ersatz dafür bietet sich vielmehr die interne anteilsmäßige Verlustdeckungshaftung der Gesellschafter für die bis zur Eintragung entstandenen Verluste an, wie sie im deutschen Recht angenommen wird.

cc). Haftung der Gesellschafter im Fall der Nichteintragung

Das Verstreichen der sechsmonatigen Frist zur Anmeldung der Gesellschaft ins Register sowie der rechtskräftige Beschluss über die Ablehnung der Registereintragung führen zur Unwirksamkeit des Gesellschaftsvertrages mit Wirkung *ex nunc* und lösen gegebenenfalls das Liquidationsverfahren der Vorgesellschaft aus (Artt. 170, 326 HGGB). Falls die Vor-AG nicht imstande ist, ihre sämtlichen Verbindlichkeiten zu befriedigen, haben die Liquidatoren (d.h. in der Regel die ersten Vorstandsmitglieder, Art. 326 § 1 HGGB) die Gläubiger durch einmalige

[190] Im Kapitel 1.

[191] Vgl. *Ulmer*, ZGR 1981, S. 1 606 u, 612; *Schütz*, Verlustausgleichspflicht, S. 120, der zutreffend darauf hinweist, dass die Gefahr für den Gläubigerschutz dadurch potenziert werden könnte, dass die Gesellschafter vermögenslose Personen zu Geschäftsführern bestellen.

Bekanntmachung zur Anmeldung ihrer Forderungen aufzurufen und – wenn das Kapital noch nicht voll eingezahlt wurde – von jedem Aktionär weitere Einzahlungen in der zur Deckung der Verbindlichkeiten erforderlichen Höhe einzufordern[192]. Ähnlich ist in bezug auf die zu liquidierende Vor-GmbH anzunehmen, dass die Gesellschafter verpflichtet sind, ihre Einlagen an die Liquidationsmasse insoweit zu erbringen, wie dies zur Befriedigung der Gläubiger erforderlich ist. Auch hier taucht die Frage auf, inwieweit die Gesellschafter (Aktionäre), welche früher die Gläubiger befriedigt haben, von dieser Pflicht befreit werden. Nach der hier vertretenen Meinung ist dies nur ausnahmsweise unter bestimmten Bedingungen zu bejahen[193].

Die dargestellten Vorschriften machen ersichtlich, dass das Risiko der Gründer auch im Fall des Scheiterns der Vorgesellschaft auf die Höhe der übernommenen Einlage beschränkt bleibt. Eine der deutschen Verlustdeckungshaftung entsprechende Haftung ist im polnischen Recht nicht vorhanden. Das Haftungsrisiko wird sich letztendlich auf die im Namen der Vorgesellschaft handelnden Personen konzentrieren, die für alle das Stamm-kapital übersteigenden Verluste persönlich und solidarisch haften werden. Das von den Gesellschaftern mit dem Abschluss des Gesellschaftsvertrages erworbene Privileg der beschränkten Haftung soll einen endgültigen Charakter haben, d.h. von der späteren Registereintragung nicht abhängig sein. Nach der hier vertretenen Meinung entfällt jedoch die Rechtfertigung für die beschränkte Haftung in den Fällen, in denen die Vorgesellschaft nicht liquidiert, sondern ihr Unternehmen weiter im Rahmen einer Personengesellschaft fortgeführt wird[194]. Haben die Gesellschafter vom Anfang an keine Eintragungsabsicht gehabt bzw. haben sie diese aufgegeben, so handelt es sich nicht um eine Vorstufe der angestrebten Kapitalgesellschaft. Daran ändert auch nichts die Tatsache, dass ein notarieller Gesellschaftsvertrag abgeschlossen worden ist. Nach dem Grundsatz des *numerus clausus* der Gesellschaftstypen ist der Personenverband vom Anfang an als eine Gesellschaftsform einzuordnen, deren Entstehung keiner konstitutiven Registereintragung bedarf. Dies hat zur Folge, dass auch die Haftungsverfassung sich grundsätzlich nach dem Recht der Personengesellschaften richtet, d.h. alle Gesellschafter haften

---

[192] Vgl. *Sołtysiński*/Szajkowski/Szwaja, Art. 336 pol. HGB, Rn. 7 ff. und in diesem Kapitel unter III.2.b).
[193] Vgl. in diesem Kapitel, unter IV.2.b).aa).
[194] Vgl. in diesem Kapitel oben, unter II, 2.b).

unbeschränkt und solidarisch für die seit dem Abschluss des Gesellschaftsvertrages eingegangenen Verbindlichkeiten (Art. 864 pol. ZGB für die ZGB-Gesellschaft, Art. 22 § 2 HGGB für die oHG).

V. Rechtsvergleichende Ergebnisse

Zusammenfassend bleibt festzustellen, dass das Recht der Vorgesellschaft in beiden Rechtsordnungen noch ein weitgehend ungeklärtes Gebiet ist. In Deutschland wurde die Vorgesellschaft in der langjährigen Rechtsprechung des BGH im Dialog mit der Wissenschaft zwar weitgehend „enträtselt". Bis heute bleiben allerdings mehrere, insbesondere die mit der Haftungsverhältnissen vor der Eintragung verbundenen Fragen im Schrifttum und in der Rechtsprechung umstritten[195]. Durch die Einführung der Vorbelastungshaftung gelang es dem BGH, zwei Ansätze in Einklang zu bringen: den Schutz des Gläubigervertrauens auf die vollständige Kapitalausstattung ihrer Schuldnerin im Zeitpunkt der Gesellschaftsentstehung einerseits und das Interesse der Gründer an möglichst schneller Geschäftsaufnahme andererseits. Wie in der Rechtsprechung betont wird, führe allein die Unterbilanzhaftung zu einer angemessenen Gleichbehandlung von Alt- und Neugläubigern, denn beide erhielten die gleiche Chance, aus dem durch die Nachzahlungen der Gesellschafter aufzufüllenden Gesellschaftsvermögen Befriedigung suchen zu können[196].

Dem im polnischen Gesetz vorgeschlagenen Modell der Vorgesellschaft wohnen dagegen zahlreiche Unklarheiten und Unstimmigkeiten inne, was zusätzlich durch die formelle Spaltung der Vorschriften über die Vorgesellschaft zwischen dem allgemeinen Teil und den die GmbH und AG betreffenden Abschnitten vertieft wird. Zwar soll die Gesellschaft in Gründung weitgehende Rechtsfähigkeit haben. Im Hinblick auf Art. 7 Abs. 1 WiTG bleibt allerdings unklar, inwieweit die Geschäfte bereits vor der Eintragung aufgenommen werden können[197]. Insbesondere wenn ein Unternehmen als Sacheinlage eingebracht wird, würde die Einstellung jeder Tätigkeit bis zum Zeitpunkt der Eintragung gegen die Grund-

---

[195] Wovon die von der im BGH-Urteil vom 27.1.1997 getroffenen Lösung abweichenden Urteile der Instanzgerichte zeugen, vgl. LAG Köln, ZIP 1997, S. 1921; LSG Baden Württemberg, ZIP 1997, S. 1651 mit zust. Anm. v. *Altmeppen*.

[196] BGHZ 80, S. 129, 141 f.

[197] Vgl. in diesem Kapitel, IV.1.b).bb).

sätze des ordnungsgemäßen Wirtschaftens verstoßen und im Ergebnis zur Wertminderung der Einlage führen. Der Prozess der Aufwertung der Vorgesellschaft wird erst dann vollzogen, wenn ihr der Unternehmerstatut zuerkannt wird, damit sie am Wirtschaftsverkehr tatsächlich in vollem Umfang teilnehmen könnte. Das verlangt allerdings die weitgehende Harmonisierung der zivilrechtlichen Regelung der Vorgesellschaft mit anderen Rechtsgebieten, welche mit dem Wirtschaftsverkehr eng zusammenhängen. Es handelt sich insbesondere um die Anerkennung der Rechtsfähigkeit der Vorgesellschaft auch im öffentlichen Wirtschaftsrecht und im Steuerrecht. Sonst wird sich die Tätigkeit der Vorgesellschaft auf die Erhaltung der eingebrachten Einlagen bzw. auf die Vorbereitung der eigentlichen Geschäftstätigkeit der Gesellschaft beschränken.

Für das polnische Modell der Haftungsverfassung in der Vorgesellschaft ist die Konzentration des Risikos der vor Eintragung getätigten Geschäfte auf die im Namen der Gesellschaft in Gründung handelnden Personen charakteristisch. Anders als im deutschen Recht, setzt sich die Handelndenhaftung auch nach der Eintragung fort. Die Gesellschafter (Aktionäre) haften für die Verbindlichkeiten der Vorgesellschaft nach außen nur bis zur Höhe der zugesagten Einlagen (Art. 13 § 2 HGGB). Gerade das Rechtsinstitut der summenmäßig beschränkten Außenhaftung der Gründer – die aus dem deutschen Recht ins polnische Gesetz übernommen wurde, wird heute in Deutschland als weitgehend funktionslos und überholt betrachtet. Auch im polnischen Recht ermangelt es der dogmatischen Begründung und wird zahlreiche praktische Probleme aufwerfen.

Der im deutschen Recht angenommene stichtagsbezogene Unversehrtheitsgrundsatz ist dem polnischen Recht fremd. Nach Art. 167 § 1 Pkt. 2 HGGB haben die anmeldenden Vorstandsmitglieder zu erklären, dass die Einlagen samt eventuellem Agio vollständig geleistet wurden. Anders als im deutschen Recht, wo die Geschäftsführer nach § 8 Abs. 2 GmbHG versichern müssen, dass die Einlagen sich im Zeitpunkt der Anmeldung endgültig in ihrer freien Verfügung befinden, schreibt das neue polnische Recht keine „logische Sekunde“[198] vor, in dem das Kapital vollständig und unangetastet vorhanden sein muss. Das polnische Gesetz bestimmt in bezug auf die GmbH lediglich eine sechsmonatige Zeitspanne seit dem Zeitpunkt des Abschlusses des Gesellschaftsvertrages (Art. 169 HGGB),

---

[198] Vgl. *Ulmer*, FS Ballerstedt, S. 288.

innerhalb derer die Gesellschaft zur Eintragung angemeldet werden muss, was die vorangehende Leistung der Einlagen in der satzungsmäßigen Höhe voraussetzt. Bei der GmbH ist sowohl der polnische HGB- als auch HGGB-Geber insoweit strenger als das deutsche GmbH-Gesetz, als er die vollständige Kapitaldeckung vor der Anmeldung verlangt (Artt. 160 pol. HGB, 163 HGGB).

Im polnischen Recht kommt der vorrangig formelle Charakter des Stammkapitals (Stammkapital als Bilanzziffer) bereits im Gründungsstadium zum Ausdruck. Das Stammkapital stellt keinen „unversehrbaren" Haftungsfonds, kein von den Verlusten zu schonendes Depositum dar, das zur Befriedigung der Gesellschaftsgläubiger in voller Höhe vorbehalten sein müsste. Da die Aufwertung der Kapitalgesellschaft in Gründung in Polen gesetzlich anerkannt wird, können weder die Gläubiger der Vor- noch die der eingetragenen Kapitalgesellschaft darauf vertrauen, dass das einmal vor der Eintragung aufgebrachte Stammkapital zu ihrer Befriedigung durch Verluste unangetastet vorgehalten wird. Die einmal geleisteten Einlagen können die Vorstandsmitglieder der Kapitalgesellschaft in eigener Verantwortung und unter Anwendung erhöhter Sorgfalt sofort zum Zwecke der Gesellschaft einsetzen. Gewarnt durch die gesetzlich vorgeschriebene Firmierung (Art. 11 § 2 HGGB) können die Gläubiger darauf vertrauen, dass das statutarische Stammkapital einmal vollständig eingebracht wurde und gegen die unberechtigten Eingriffe der Gesellschafter geschützt wird, nicht aber, dass es in irgendeinem formal-juristisch bestimmten Moment in voller Höhe gedeckt bleibt[199].

Zugleich ist allerdings anzumerken, dass die weitgehende Aufwertung der Vorgesellschaft im Zivilrecht die Abschwächung des auch in Polen geltenden Systems der Normativbestimmungen[200] und die Entwertung der konstitutiven Wirkung der Registereintragung zur Folge haben wird. Dies kann auch zur Benachteiligung der Gläubiger eingetragener Gesellschaften führen, falls sie auf die vollständige Kapitaldeckung ihrer Schuldnerin mindestens im Zeitpunkt ihrer Entstehung als juristische Person glaubten und statt dessen auf das durch die

---

[199] Vgl. zum Inhalt des Unversehrtheitsgrundsatzes: *A.W. Wiśniewski*, Prawo o spółkach, Bd. 2, S. 98; Pyzioł/ Szumański/*Weiss*, Prawo spółek, S. 218 ff.; *Sołtysiński*/Szajkowski/Szwaja, Art. 311 pol. HGB, Rn. 7.

[200] Vgl. nur *Allerhand*, Art. 310 pol. HGB, Anm. 1 („normatives Meldesystem"); *Gralla*, in: *Gralla/ Sonnenberger* (Hrsg.), Handelsgesellschaften in Osteuropa, S. 97.

Verluste aus dem Gründungsstadium ausgehöhlte Gesellschaftsvermögen verwiesen werden. Die Gesellschafter (Aktionäre) erreichen dagegen ihrem im Gesellschaftsvertrag ausgedrückten Willen gemäß ein endgültig auf die versprochenen Einlagen beschränktes Haftungsprivileg bereits mit Abschluss des Gesellschaftsvertrags.

Kapitel 4
Kapitalaufbringung durch Bareinlagen

I. Allgemeines

Die Bargründung stellt in beiden Rechtsordnungen eine vom Gesetzgeber bevorzugte Weise der Kapitalaufbringung dar[1]. Hier wird weder die Einhaltung strenger formeller Vorschriften über die Feststellungen im Gesellschaftsvertrag und über die Publizierung der Gründung noch die Bestellung sachverständiger Gründungsprüfer gesetzlich vorgeschrieben. Auch im Fall der Bargründung kann allerdings die effektive und endgültige Aufbringung des Kapitals dadurch gefährdet werden, dass die verlautbarte Bareinlage nur zum Schein oder trotz formal ordnungsgemäßer Einzahlung in einer Weise geleistet wird, dass sie der Geschäftsführung bzw. dem Vorstand nicht ungehindert zur Verwendung für den Geschäftsbetrieb der Gesellschaft zur Verfügung steht, sondern laut der getroffenen Abmachung demnächst an den Gesellschafter zurückfließen soll[2]. Besondere Gefahren für die Kapitalaufbringung ergeben sich auch dann, wenn die Bareinlage vor der Entstehung der Gesellschaft nicht vollständig geleistet werden müssen, wie das im deutschen GmbH- und Aktienrecht sowie im polnischen Recht der Aktiengesellschaft gesetzlich zugelassen ist.

II. Leistung der Mindestbareinlage vor der Anmeldung zur Registereintragung

1. Höhe des einzuzahlenden Betrages

Im deutschen GmbH-Recht verlangt § 7 Abs. 2 GmbHG, dass die Bareinlage-

---

[1]Vgl. *Lutter*, Kapital, S. 269, 285; Hachenburg/*Ulmer*, § 19 GmbHG, Rn. 86, *ders.*, ZHR 154 (1990), S. 128, 130; *Hefermehl/Bungeroth*, in: Geßler/Hefermehl, § 183 AktG, Rn. 9, 74 und § 54, Rn. 8. Im polnischen Schrifttum: *Dziurzyński/Fenichel/Honzatko*, Art. 311 pol. HGB, Anm. 3; *Namitkiewicz*, Art. 163 pol. HGB, Anm. 2-6; *Szumański*, Wkłady, S. 21.

[2]*Röhricht*, in Großkomm. zum AktG, § 36, Rn. 30.

pflichten vor der Anmeldung der Gesellschaft mindestens zu 25% ihres Nennwertes zuzüglich des vereinbarten Aufgeldes (Agio) erfüllt werden. Sind darüber hinaus Sacheinlagen vorgesehen, so muss insgesamt auf das Stammkapital vor der Anmeldung soviel geleistet sein, dass der Gesamtbetrag der eingezahlten Bareinlagen zuzüglich der Sacheinlage die Hälfte des Mindeststammkapitals gemäß § 5 Abs. 1 GmbHG, also 12,5 Tausend Euro erreicht[3]. Bei Gründungen durch nur eine Person muss der Gesellschafter außerdem für den noch offenen Teil der Bareinlage Sicherheit leisten (§ 7 Abs. 3 GmbHG)[4]. Diese Pflicht tritt auch dann ein, wenn die Gesellschaft innerhalb von drei Jahren nach ihrer Eintragung Einmann-Gesellschaft wird (§ 19 Abs. 4 GmbHG). Das deutsche GmbH-Gesetz bestimmt jedoch keine endgültige Frist, bis wann die versprochenen Geldeinlagen zur Deckung des gesamten Stammkapitals tatsächlich eingezahlt werden müssen.

Der polnische historische Gesetzgeber hat die deutsche Lösung im GmbH-Recht bewusst abgelehnt und ist eher der Regelung des Art. 7 französischen GmbH-Gesetzes v. 1925 gefolgt[5]. Im Art. 160 Pkt. 2 pol. HGB v. 1934 wurde die Pflicht zur Einbringung des gesamten Stammkapitals vor der Entstehung der Gesellschaft eingeführt, ungeachtet der Art der versprochenen Einlagen. Bezweckt war dabei die Sicherung der realen Kapitalaufbringung sowie die Verbesserung der Kreditfähigkeit der Gesellschaften mbH. Diese Regelung erlaubte auch, auf die im deutschen GmbH-Gesetz vorhandenen zusätzlichen Kautelen der vollständigen Kapitaldeckung (§§ 21-25 GmbHG) und zwar insbesondere auf die im § 24 GmbHG vorgesehene strenge Ausfallhaftung der Mitgesellschafter zu verzichten[6]. Der Grundsatz der vollständigen Deckung des Stammkapitals einer GmbH vor ihrer Eintragung ist im neuen polnischen Recht beibehalten worden (Art. 163 Pkt. 2 HGGB).

Sowohl das deutsche als auch das polnische Aktienrecht lassen die ratenweise Einzahlung der Bareinlagen ausdrücklich zu (§ 36 a Abs. 1 AktG, Art. 309 § 3 S.

---

[3]Vgl. dazu Hachenburg/*Ulmer*, § 7 GmbHG, Rn. 23; *Lutter/Hommelhoff*, § 7 GmbHG, Rn. 4.
[4]Bezüglich der Art der zu leistenden Sicherheit vgl. Hachenburg/*Ulmer*, § 7 GmbHG, Rn. 66 f.
[5]Vgl. die Begründung zum Entwurf des Gesetzes über die GmbH v. 1932; veröff. in: *Tomkiewicz/ Bloch*, Art. 160 pol. HGB, Anm. 2; *Namitkiewicz*. Art. 159 pol. HGB, Anm. 7; *Żuławska*, PS 7-8/1993, S. 4 ff.
[6]*Żuławska*, aaO.

2 HGGB, vorher Art. 311 § 3 pol. HGB). Vor der Eintragung der Gesellschaft müssen die gegen Bareinlagen ausgegebenen Aktien mindestens zu einem Viertel ihres Nennbetrages gedeckt werden. Die Einzahlungen sind gleichmäßig auf alle Aktien zu leisten (Art. 329 § 2 HGGB, Art. 341 § 2 pol. HGB). Im Fall der Überpari-Emission, wenn die Aktien zu einem höheren Betrag als dem Nennbetrag ausgegeben werden, muss der Mehrbetrag (Agio) vor der Eintragung der Gesellschaft voll eingezahlt werden (Art. 309 § 2 HGGB, § 36a Abs. 1 AktG). Das Agio ist in die Kapitalrücklage einzustellen (Art. 396 § 2 HGGB, § 272 Abs. 2 Nr. 1 HGB). Weder das deutsche noch das polnische Recht schreiben eine zeitliche Grenze vor, bis wann die ausstehenden Geldeinlagen effektiv in die freie Verfügung des Vorstands eingezahlt werden müssen. Das polnische Recht sieht jedoch Ausnahmen von der Zulässigkeit der ratenweisen Deckung des Grundkapitals für diejenigen Aktiengesellschaften vor, deren Unternehmensgegenstand in einer Tätigkeit besteht, die das Vertrauen eines breiten Kreises von Gläubigern in Anspruch nimmt. So kann das Grundkapital der Aktiengesellschaften, welche eine Versicherungsanstalt oder ein Investitionsfonds führen, ausschließlich mit Geldeinlagen gedeckt werden, die vollständig vor der Registereintragung der Gesellschaft einzuzahlen sind (Art. 11b des Gesetzes v. 28.7.1990 über die Versicherungstätigkeit[7] und Art. 35 des Gesetzes v. 28.8.1997 über die Investitionsfonds[8])

2. *Zulässige Zahlungsmodalitäten*

Im deutschen Recht setzt die Vorschrift des § 54 Abs. 3 AktG einen Katalog zugelassener Zahlungsmodalitäten für den Betrag der vor Anmeldung zu bewirkenden Bareinlagen fest. Daher dürfen sie nur in gesetzlichen Zahlungsmitteln, in von der Deutschen Bundesbank bestätigten Schecks oder durch die Gutschrift auf ein Inlandskonto des Vorstandes oder der Vorgesellschaft erfolgen. Im letzteren Fall muss die Einzahlung durch eine schriftliche Bestätigung des Kreditsinstituts nachgewiesen werden (§ 37 Abs. 1 S. 3 AktG). Das Gesetz sieht also zwingend nur ganz bestimmte Zahlungsformen vor, die der einfachen Nachprüfung zugänglich sind. Die Gründer der AG, die Mitglieder des ersten Vorstands und die des Aufsichtsrates sind dafür verantwortlich, dass eine zur Annahme

[7]Einheitlicher Text : Dz.U. v. 1996, Nr. 11, Pos. 62, später geändert.
[8]Dz. U. v. 1997, Nr. 139, Pos. 933.

von Einzahlungen auf das Grundkapital bestimmte Stelle hierzu geeignet ist und dass die eingezahlten Beträge zur freien Verfügung des Vorstands stehen (§§ 46 Abs. 1 S. 2, 48 AktG). Ebenfalls ist die Bank für die Richtigkeit ihrer Bestätigung über die Einzahlung der Bareinlage auf das Konto der Gesellschaft dieser gegenüber verantwortlich (§ 37 Abs. 1 S. 4 AktG), wobei es sich dabei nach h.M. um einen Fall der verschuldensunabhängigen Gewährleistungshaftung handelt[9]. Nach h.M. gilt § 54 Abs. 3 AktG nicht mal analog im GmbH-Recht; er kann allerdings bei der Auslegung des § 7 Abs. 2 GmbHG sinngemäß mit herangezogen werden[10]. Auch eine entsprechende Bankbestätigungspflicht nach § 37 Abs. 1 scheidet nach h.M. für das GmbH-Recht aus. Hat die Bank jedoch auf Veranlassung der Geschäftführer eine solche Bestätigung abgegeben, so haftet sie analog § 37 Abs. 1 S. 4 AktG[11].

Vergleichbare Regeln über die Leistung der Bareinlagen enthält auch das neue polnische Recht enthalten. Nach Art. 315 § 1 HGGB müssen Einzahlungen auf die Aktien auf das in Polen errichtete Konto der Gesellschaft in Gründung bei einer Bank oder bei Maklerhaus bewirkt werden. Bei der Anmeldung der AG haben die Vorstandsmitglieder dem Registergericht die Einzahlung durch einen von der Bank oder vom Maklerhaus ausgestellten Einzahlungsnachweis zu bestätigen. Da allerdings der Entwurf keine dem § 37 Abs. 1. S. 4 AktG entsprechende Regelung enthält, kommt im Fall der unrichtigen Bestätigung lediglich eine deliktische Schadensersatzhaftung dieser Institute gegenüber der Gesellschaft in Betracht (Art. 415 pol. ZGB).

Mit der Leistung auf das Konto der Vorgesellschaft geht das Eigentum am eingezahlten Geld auf diese als eine quasi-juristische Person über. Gemäß Art. 358 § 1, 358[1] § 1 pol. ZGB sind die Einzahlungen grundsätzlich in polnischer Währung („Zloty") zu tätigen. Nach einer Auffassung kann zwar die Bareinlageverpflichtung auch in fremder Währung erfüllt werden. Der geleistete Betrag muss allerdings nach der Umrechnung in polnische Währung dem ebenfalls in Zloty auszudrückenden Nominalwert der übernommenen Anteilen bzw. Aktien ent-

---

[9] BGHZ 113, S. 335, 355; *Röhricht*, in: Großkomm. zum AktG, § 37, Rn. 31; *Ulmer*, GmbHR 1993, S. 189, 197;

[10] Vgl. BGHZ 45, 338, 347; Hachenburg/*Ulmer*, § 7 GmbHG, Rn. 31; *ders.* GmbHR 1993, S. 189, 192, Scholz/*Winter*, § 7 GmbHG, Rn. 28; *Lutter/Hommelhoff* § 7 GmbHG, Rn. 10.

[11] BGHZ 113, S. 335, 353; 119, S. 177; *Ulmer*, GmbHR 1991, S. 189, 195.

sprechen und in der Bilanz der Gesellschaft in Zloty ausgewiesen werden[12]. Mit dem Inkrafttreten des WiTG am 1.1.2001 entfallen auch die im Art. 10 des Gesetzes über Beteiligungen mit ausländischer Beteiligung bestimmten besonderen Bedingungen der Einlageleistung für die ausländischen Unternehmer[13]. Nach dem neuen polnischen Devisenrecht bedarf auch keiner Devisengenehmigung der polnischen Nationalbank („NBP") die Übernahme durch Nicht-Residenten[14] der Anteile an Gesellschaften mit Sitz in Polen, sowie das Erhalten und der Transfer ins Ausland der Einkünfte aus dem Verkauf oder aus der Einziehung dieser Anteile (Art. 9 Pkt. 8 lit. a des Gesetzes v. 18.12.1998 – Devisenrecht[15]).

In Rechtsprechung und Literatur hat man darüber hinaus den bestätigten Bankscheck, die Bankanweisung und den Überweisungsauftrag als zulässige bargeldlose Zahlungsformen anerkannt[16]. Die Tilgung der Einlageschuld erfolgt allerdings in jedem Fall erst mit der Gutschrift auf dem Konto der (Vor-)Gesellschaft bzw. ihres Bevollmächtigten, wobei der Geldzufluss einen „effektiven und endgültigen" Charakter haben muss[17]. Da die Geldleistung eine Bringschuld ist, belasten die Kosten für deren Erfüllung am Sitz bzw. auf das Konto der Gläubigerin (der Gesellschaft) den leistenden Gesellschafter[18]. Weder in Deutschland noch in Polen stellt eine bloße Hingabe von Wechseln oder Schecks eine wirksame Bareinlageleistung dar[19].

---

[12] *Kidyba*, Art. 163 pol. HGB, Anm. 4.

[13] Vgl. Einleitung, Pkt. 2 sowie Kapitel 2, XI:

[14] Die legale Definition des Begriffes „Nicht-Resident" enthält Art. 2.Abs. 1 Pkt. 2 des Gesetzes – Devisenrecht. Als Nicht-Resident gilt insbesondere eine natürliche Person oder eine juristische Person, welche keinen Wohnsitz bzw. Sitz in Polen hat sowie eine andere Organisationseinheit, die in eigenem Namen Recht erwerben und Verbindlichkeiten eingehen kann und keinen Sitz in Polen hat.

[15] Dz.U. v. 1998, Nr. 160, Pos. 1063.

[16] Entscheidung des Sieben-Richter-Gremiums des OG v. 2.3.1993 veröffentlicht in OSNCP 1993, Nr. 10, Pos. 167= MoP 1993, Nr. 3, S. 75 ff.; vgl. auch *Sołtysiński*/Szajkowski/Szwaja, Art. 311 pol. HGB, Rn. 13; *Żuławska*, aaO., S. 6; *A.W. Wiśniewski*, Prawo o spółkach, Bd. 3, S. 111; *Kidyba*, Art. 163 pol. HGB, Rn. 2.

[17] Entscheidung des Sieben-Richter-Gremiums des OG v. 2.3.1993, aaO.; *Szajkowski*, Prawo spółek, Rn. 388, 391; *Sołtysiński*/Szajkowski/Szwaja, Art. 311 pol. HGB, Rn. 13.

[18] *Sołtysiński*/Szajkowski/Szwaja, Art. 341 pol. HGB, Rn. 15

[19] Hachenburg/*Ulmer*, § 7 GmbHG, Rn. 36.; Entscheidung des Sieben-Richter-Gremiums des OG v. 2.3.1993, aaO.; *Sołtysiński*, aaO., *Żuławska*, aaO., A.A.: nur *A.W. Wiśniewski*, Prawo o spółkach, Bd. 2, S. 92; Bd. 3, S. 111.

3. *Erfordernis der Leistung zur endgültigen freien Verfügung der Geschäftsleitung*

Nach deutschem GmbH- und AG-Recht müssen die Einlagen in der gesetzlich vorgeschriebenen Mindesthöhe vor der Anmeldung der Gesellschaft so an diese geleistet werden, dass sie endgültig zur freien Verfügung der Geschäftsführer bzw. der Vorstandsmitglieder stehen (vgl. §§ 7 Abs. 2, 8 Abs. 2 GmbHG, §§ 36 Abs. 1, 37 Abs. 1, 54 Abs. 3 AktG). Das gesetzliche Erfordernis der „Leistung zur freien Verfügung" wird im deutschen Schrifttum als ein „Spezifikum des Kapitalgesellschaftsrechts" betrachtet, das im Zusammenhang mit der Garantiefunktion des Stammkapitals steht[20]. Die Frage nach seiner rechtlichen Funktion stellt allerdings eines der umstrittensten Probleme des deutschen Systems der Kapitalaufbringung dar[21]. Der primäre Zweck dieses Erfordernisses war es, Scheinoperationen („Hin- und Herzahlen" der Bareinlage) zu verhindern und sicherzustellen, dass die versprochenen Mittel aus dem Vermögen des Leistenden ausscheiden und der Gesellschaft auch tatsächlich zufließen, damit sie in ihrem Interesse nutzbringend eingesetzt werden können[22]. Die Geschäftsleitung muss also die rechtliche und tatsächliche Möglichkeit erhalten, über die Einlagen nach ihrem eigenen Ermessen frei zu disponieren[23]. Nach der in Deutschland herrschenden Lehre von der verdeckten Sacheinlage fehlt es an einer Leistung zur (endgültig) freien Verfügung der Geschäftsführer aber auch dann, wenn die auf die Einlageschuld gezahlten Mittel der Gesellschaft nur vorübergehend verbleiben und alsbald wieder an den Einlageschuldner zur Tilgung seiner gleich nach der Kapitalmaßnahme begründeten Kaufpreisforderung zurückfließen. In diesem Fall wird der Vorgang der Mittelaufbringung nicht als abgeschlossen betrachtet und der (vorläufigen) Bareinlageleistung keine befreiende Wirkung zuerkannt[24].

---

[20] *Ihrig*, Die endgültige freie Verfügung über die Einlage von Kapitalgesellschaften, Diss., 1991, S. 24.

[21] Vgl. dazu insbesondere *Ihrig*, aaO.; *K. Schmidt*, AG 1986, S. 106 ff.; *Hommelhoff/Kleindiek*, ZIP 1987, S. 477 ff.; *Lutter*, NJW 1989, S. 2649 ff.; *G. Roth*, FS Semler, 1993, S. 299 ff; *Priester*, ZIP 1994, S. 599 ff.

[22] RG JW 1927, 1698; RGZ, 144, S. 138, 148 ff. BGHZ 15, S. 66, 69; 113, S. 335, 347; BGH WM 1990, S. 157, 159; *K. Schmidt*, aaO., S. 106 ff.; *Hommelhoff/Kleindiek*, aaO., S. 477, 483; *Lutter*, in: KK, § 54 AktG, Rn. 46 ff.; Hachenburg/*Ulmer*, § 7 GmbHG, Rn. 46 ff.; *Röhricht*, in: GroßKomm. zum AktG, § 36, Rn. 56 ff.

[23] *Röhricht*, § 36 GmbHG, Rn. 56; *Hommelhoff/Kleindiek*, aaO., S. 483.

[24] BGHZ 113, S. 335, 348 ff.; 125, S. 141, 150; *Ulmer* ZHR 154 (1990), S. 128,137 f. Ausführlich

Im polnischen HGB 1934 war das Erfordernis der Leistung zur endgültig freien Verfügung der Geschäftsleistung zwar nicht ausdrücklich gesetzlich vorgesehen, aber im Schrifttum als geltendes Recht anerkannt[25]. Wie man in der Literatur hervorgehoben hat, kommt der Einlageleistung nur dann befreiende Wirkung zu, wenn die Geldmittel der Gesellschaft effektiv und endgültig zugeflossen sind, so dass der Vorstand darüber frei von Vorgaben des Leistenden oder Dritter verfügen kann[26]. Im neuen Gesetz ist diese h.M. in der Lehre kodifiziert worden: Gemäß Art. 158 § 3 (für die GmbH) und Art. 315 § 2 (für die AG) HGGB „bleibt der Gegenstand der Einlage zur ausschließlichen Verfügung des Vorstandes" der GmbH bzw. der AG. Das Gebot der „ausschließlichen Verfügung" gilt sowohl für die Bar- als auch Sacheinlagen.

Nach dem polnischen Schrifttum bestehen die Rechtsfolgen der Scheinzahlungen in der Schadensersatzhaftung der Gesellschafter (Art. 291 pol. HGB, jetzt Art. 292 HGGB)[27] sowie in der persönlichen Außenhaftung der Vorstandsmitglieder für die bei der Anmeldung der Gesellschaft abgegebenen falschen Angaben über die vollständige Einlageleistung (Artt. 290, 470 pol. HGB, 291, 479 HGGB)[28]. Wenn man allerdings in den Blick nimmt, dass die Scheinleistung keine Tilgung der Bareinlagepflicht zur Folge hat, so ist die Gesellschaft in erster Linie auf ihre Ansprüche auf die wirksame Erfüllung der Einlageverpflichtung bzw. auf den Schadensersatz wegen Nicht- oder Schlechterfüllung dieser Verpflichtung (Art. 471 f. pol. ZGB) gegen die Gesellschafter zu verweisen[29].

---

zur Lehre von verdeckter Sacheinlage im Kapitel 8, III.

[25] *Dziurzyński/Fenichel/Honzatko*, Art. 311 pol. HGB, Anm. 4 („Die Einlagen müssen eingezahlt werden und sich im Besitze des Vorstandes befinden", vgl. den ähnlichen Wortlaut des Art. 210 Abs. 3 S. 1 ADHGB vom 1884, siehe auch *Hommelhoff/Kleindiek*, aaO., S. 482.), *Szajkowski*, Prawo spółek, Rn. 391; *Sołtysiński*/Szajkowski/Szwaja, Art. 341 pol. HGB, Rn. 15.

[26] *Szajkowski*, aaO., *Sołtysiński*, aaO.

[27] *Szajkowski*, MoP 1/1993, S. 3, 4.

[28] *Namitkiewicz*, Art. 290, Anm. 3; Sołtysiński/*Szajkowski*/Szwaja, Art. 290 pol. HGB, Rn. 9.

[29] Nach Art. 471 pol. ZGB ist der Schuldner zum Ersatz des Schadens verpflichtet, der durch Nicht- oder Schlechterfüllung des Schuldverhältnisses entstanden ist, es sei denn, dass diese die Folge von Umständen ist, die der Schuldner nicht zu vertreten hat. Der Gläubiger hat also die Tatsache der Nicht- bzw. Schlechterfüllung der versprochenen Leistung sowie den dadurch verursachten Schaden zu beweisen. Der Exkulpationsbeweis obliegt dagegen dem Schuldner. Vgl. *T. Wiśniewski*, Kommentar zum ZGB. Schuldverhältnisse, Bd. 1, Art. 471, Anm. 2 ff.

4. *Fälle der fehlenden freien Verfügung über die Einlagen*

Im deutschen Schrifttum werden bestimmte Gruppen von Fällen unterschieden, in denen es an der freien Verfügung und somit an einer wirksamen Erfüllung der Einlageverpflichtung fehlt. Auch in der neuesten polnischen Kommentarliteratur beruft man sich bei der Konkretisierung dieses Begriffes auf die in Deutschland ausgearbeiteten Fallgruppen[30].

Zu nennen sind vor allem die Fälle der Scheinzahlung, in denen das Geld nur um des Scheins der Einzahlung willen den Gesellschaftsorganen unter der Absprache übergeben wird, es alsbald – und zwar rechtsgrundlos – zurückzuzahlen. Die Rechtsprechung[31] sowie die h.M. in der deutschen Lehre[32] verneinen darüber hinaus die endgültig freie Verfügung auch dann, wenn die eingezahlte Bareinlage kurze Zeit nach der Einbringung an den Gesellschafter *cum causa*, d.h. zur Erfüllung einer gegen die Gesellschaft gerichteten Gegenforderung, zurückfließen soll. Damit verbunden ist die im deutschen Schrifttum umstrittene Frage, ob und unter welchen Voraussetzungen eine schuldrechtliche Abrede zwischen dem Vorstand und dem Inferenten über die Verwendung der eingezahlten Bareinlage dem Erfordernis der freien Verfügung widerspricht. Nach h.M. verstoßen solche Absprachen gegen das gesetzliche Erfordernis nur dann nicht, wenn sie zugunsten Dritter vorgenommen werden und nicht darauf gerichtet sind, die eingezahlten Mittel direkt oder indirekt an den Einleger zurückgelangen zu lassen[33]. Nach anderer Auffassung, welche an den systematischen Unterschied zwischen Kapitalaufbringung und Kapitalverwendung anknüpft, reicht es dagegen für die Bejahung der endgültig freien Verfügung aus, wenn die zugesagte Bareinlage effektiv „in die Verfügungsmacht“ der Organmitglieder gelangt[34]. Dieser Auffassung ist zu folgen. Schon aus der Geschichte des in §§ 8 Abs. 2 GmbHG, 36 Abs. 2 AktG vorgesehenen Gebotes der Leistung in die freie Verfügung wird ersichtlich, dass es ausschließlich bloße Scheinzahlungen verhindern, nicht da-

---

[30] Insbesondere *Sołtysiński*/Szajkowski/Szwaja, Art. 341 pol. HGB, Rn. 15.
[31] BGHZ 113, S. 335, 348; 122, S. 180, 184; OLG Koblenz, ZIP 1986, S. 1559, 1561.
[32] *Röhricht*, in: Großkomm zum AktG, § 36, Rn. 77 f; Hachenburg/*Ulmer*, § 7, Rn. 51 f.; *Lutter*, FS Stiefel, S. 505, 510.
[33] BGH WM 1990, S. 1820, 1821 f.; BGH NJW 1992, S. 2698, 2700; Hachenburg/*Ulmer*, § 7 GmbHG, Rn. 51; *Röhricht*, aaO., § 36 AktG, Rn. 82 m.w.N.
[34] *K. Schmidt*, AG 1986, S. 106, 110 f.; *Hommelhoff/Kleindiek*, ZIP 1987, S. 481 f., 486; *Priester*, ZIP 1994, S. 599, 604; *Habetha*, ZGR 1998, S. 305, 316.

gegen Vereinbarungen über die Verwendung der einzubringenden Mittel verbieten soll[35]. Ist die Bareinlageverpflichtung tatsächlich erfüllt und nicht etwa mit der Forderung des Gesellschafters verrechnet, so kann der Vorgang der Mittelaufbringung für abgeschlossen erachtet werden. Dem steht auch nicht eine bloß schuldrechtliche Verwendungsabrede zugunsten des Einlageschuldners entgegen, weil die Organmitglieder der Gesellschaft sowohl rechtlich als auch tatsächlich imstande sind, über den Betrag anderweit zu verfügen. Wird jedoch eine solche Absprache tatsächlich erfüllt, d.h. das eingebrachte Geld an den Einleger cum causa zurückbezahlt, so liegt ein Tatbestand der verdeckten Sacheinlage vor, was die rückwirkende Beseitigung der einlageschuldbefreienden Wirkung der Einzahlung zur Folge hat[36]. Dies ändert jedoch nichts daran, dass die Bareinlage vorher einmal – wenn auch nur vorläufig – zur freien Verfügung geleistet wurde.

Die letztgenannte Auffassung lässt sich auch in das polnische Recht übertragen. Das Verbot der Rückgewähr der eingezahlten Einlagen sowie das Verbot von ihrer Verzinsung ist im polnischen Gesetz ausdrücklich vorgesehen (Artt. 189, 190, 353, 354 pol. HGB, Art. 189 § 1, 190, 344 § 1, 346 § 1 HGGB), wobei diese Vorschriften der Kapitalerhaltung, nicht der Kapitalaufbringung dienen. Bei der Leistung in die „ausschließliche Verfügung" des Vorstandes (Artt. 158 § 3, 315 § 2 HGGB) kommt es also allein auf den effektiven Zufluss von Bar- oder Buchgeld an die Gesellschaft an. Liegt ein solcher vor, so können auch die Vorstandsmitglieder die vom Gesetz verlangte Versicherung dem Registergericht ohne die Gefahr der strengen Haftung aus Artt. 291, 479 HGGB abgeben. Dem Gebot der realen Kapitalaufbringung wird allerdings dann nicht Genüge getan, wenn es sich bei der Einzahlung des Mindestbetrages um ein bloßes Scheinmanöver handelt, d.h. wenn das Geld sine causa noch vor der Eintragung der Gesellschaft an den Einleger zurückfließt oder wenn die Vorstandsmitglieder zwar die rechtliche Verfügungsgewalt über die Mittel erlangt haben, davon jedoch aus faktischen Gründen keinen Gebrauch machen können[37].

---

[35] Vgl. die rechtsgeschichtliche Analyse bei *Hommelhoff/Kleindiek*, aaO., S. 482 ff.

[36] Dazu näher im Kapitel 8, III.3.

[37] Vgl. *Szajkowski*, Prawo spółek, Rn. 388 und 391. *Sołtysiński*/Szajkowski/Szwaja, Art. 341 pol. HGB, Rn. 15. Zur Lehre von der verdeckten Sacheinlage im polnischen Recht vgl. unten, Kapitel 8, IV.

In der deutschen Lehre ist die Frage umstritten, ob das gesetzliche Erfordernis freier Verfügung über die Einlagemittel gewahrt ist, wenn sie der Gesellschaft nur unter der (aufschiebenden oder auflösenden) Bedingung der Anmeldung oder Eintragung überlassen worden sind[38]. In der polnischen Literatur hat man die bedingte Leistung grundsätzlich als unzulässig betrachtet, es sei denn, dass es sich um eine auflösende Bedingung des Scheiterns der Gründung handle[39]. Zieht man allerdings in Betracht, dass nach dem neuen Recht die Geschäfte bereits im Gründungsstadium aufgenommen werden können und die Vorgesellschaft liquidationsfähig ist, wobei, anders als in Deutschland, keine Verlustdeckungshaftung der Gesellschafter vorgesehen ist, so hätte der Bedingungseintritt, d.h. endgültiges Scheitern der Gründung, zur Folge, dass den Gläubigern der Vorgesellschaft die Bestandteile der Haftungsmasse zugunsten der Gesellschafter entzogen würden (vgl. das im Art. 28 ff. pol. KO vorgesehene Aussonderungsrecht). Deswegen ist die Zulässigkeit der bedingten Leistung aufgrund des neuen polnischen Rechts immer zu verneinen.

Das Ziel einer effektiven Kapitalaufbringung wird nach allgemeiner Ansicht auch dann verfehlt, wenn die (Vor-)Gesellschaft dem einzahlenden Gründer für die Einlage Darlehen gewährt oder sich für ein solches Darlehen verbürgt hat[40]. Dem stehen auch die Fälle gleich, in denen das Geld aus den Mitteln eines mit der Gesellschaft verbundenen Unternehmens ausgezahlt wird[41]. Im polnischen Schrifttum wird die Kreditierung des Einlegers durch die Gesellschaft zum Zwecke der Aktienzeichnung als mit dem Prinzip der realen Kapitalaufbringung sowie mit der Rechtsnatur des Kreditgeschäfts unvereinbar und damit für unzulässig gehalten (vgl. Art. 353^1 pol. ZGB)[42]. Im neuen Recht ist das im Art. 23 der Kapitalrichtlinie vorgesehene Verbot der Finanzierungshilfe durch die AG bei Erwerb ihrer Aktien ausdrücklich geregelt worden. Nach Art. 345 § 1 HGGB darf die AG zwecks der Erleichterung des Erwerbs oder der Übernahme ihrer Aktien weder Darlehen gewähren bzw. Sicherheiten leisten noch Vorschüsse

---

[38]Bejahend: BGH GmbHR 1959, S. 94; *Lutter*, FS Heinsius, S. 497 ff.; *Lutter/Hommelhoff*, § 7, Rn. 16; *Röhricht*, aaO., § 36 AktG, Rn. 114 f. Ablehnend in bezug auf die beweglichen Sachen (keine freie Verfügung): Hachenburg/*Ulmer*, § 7 GmbHG Rn. 55.

[39]*Sołtysiński*, Szajkowski, Szwaja, Art. 341, Rn. 15

[40]BGHZ 28, S. 77, 78; 122, S. 180, 184; *Hommelhoff/Kleindiek*, aaO., S. 490; Hachenburg/*Ulmer*, § 7 GmbHG, Rn. 54; *Röhricht*, aaO., § 36 AktG, Rn. 60; *Lutter*, in: KK, § 54 AktG, Rn. 48.

[41]Vgl. *Röhricht*, § 36, Rn. 64; *Lutter*, aaO., Rn. 54.

[42]*Sołtysiński*/Szajkowski/Szwaja, Art. 341 pol. HGB, Rn. 15.

geben noch unmittelbar oder mittelbar den Erwerb bzw. die Übernahme ihrer Aktien zu finanzieren. Diese Vorschrift gilt nicht erstens für Rechtsgeschäfte, die im Rahmen der laufenden Geschäfte der Finanzinstitute getätigt werden, es sei denn, dass das Finanzinstitut im Beherrschungs- oder Abhängigkeitsverhältnis mit der AG steht oder mit dieser verbunden ist. Zweitens – für Leistungen für Arbeitnehmer der AG oder einer mit ihr verbundenen Gesellschaft, die im Hinblick auf den Erwerb oder die Übernahme von Aktien getätigt werden (Art. 345 § 2 HGGB, vgl. Art. 23 Abs. 2 der Kapitalrichtlinie). Da das Verbot der Einlageleistung auf Kosten des Gesellschaftsvermögens dem im ganzen Recht der Kapitalgesellschaften einheitlich geltenden Grundsatz der realen Kapitalaufbringung zum Ausdruck bringt, ist anzunehmen, dass die Vorschrift des Art. 345 § 2 HGGB analoge Anwendung auf die GmbH finden soll[43].

Ebenso ist die freie Dispositionsmöglichkeit in den Fällen der Leistung auf ein debitorisches Konto der Gesellschaft zu verneinen, wenn die Bank die eingezahlten Mittel zur Rückführung des Kredits sofort mit dem Schuldsaldo verrechnet und danach das Konto sperrt, so dass der Vorstand keine weiteren Verfügungen zu Lasten dieses Kontos vornehmen kann[44]. Da in diesem Fall die den Gesellschaftsgläubigern in Aussicht gestellte finanzielle Stärkung der Gesellschaft durch Leistung liquider Mittel in die freie Verfügung der Geschäftsführung nicht eintritt, ist solcher Verrechnung schuldbefreiende Wirkung abzusprechen[45]. Im polnischen Schrifttum lässt man die Einzahlung auf ein Konto des Treuhänders der Gesellschaft unter der Bedingung zu, dass der Vertrag zwischen dem Treuhänder und der Gesellschaft der letzteren die freie Verfügung über die Geldmittel sichert[46].

Schließlich fehlt es nach der h.M. in der deutschen Lehre und Rechtsprechung an einer freien Verfügung, wenn der Inferent statt der Einzahlung des Bareinlagebetrages eine Verbindlichkeit der Gesellschaft gegenüber einem Dritten tilgt. Da

---

[43] Vgl. im deutschen Schrifttum Hachenburg/*Ulmer*, § 11 GmbHG, Rn. 19, Rn. 43 m.w.N.

[44] BGHZ 119, S. 177 ff.; *Hommelhoff/Kleindiek*, aaO., S. 490; *Lutter*, aaO., Rn. 49; *Röhricht*, aaO., Rn. 98 ff. m.w.N. Die freie Verfügung ist allerdings dann zu bejahen, wenn die Bank zwar den eingezahlten Betrag sofort mit ihrer Gegenforderung verrechnet, danach aber anschließend wieder, z.B. wegen Vorhandenseins einer Kreditlinie, Verfügungen in Höhe der Einlagemittel zulässt. Vgl. *Röhticht*, aaO., Rn. 101 mwN.

[45] Vgl. *Goette*, DStR 1997, S. 924, 926 m.w.N.

[46] *Sołtysiński*/Szajkowski/Szwaja, Art. 341 pol. HGB, Rn. 15.

die Ablösung der Gesellschaftsverbindlichkeit ein bewertungsbedürftiger Vorgang ist, ist sie als Sacheinlage zu betrachten[47]. Nach der h.M. kann die vor der Anmeldung zum Handelsregister zu leistende Mindesteinlage nicht an einen Gesellschaftsgläubiger bewirkt werden, sondern ist immer in die freie Verfügung der Geschäftsführer bzw. Vorstandsmitglieder zu leisten[48]. Die Leistung der Einlage an einen Dritten kann eine befreiende Wirkung gemäß § 362 Abs. 2 BGB nur im Hinblick auf die Resteinlagepflicht haben, wenn die gegen die Gesellschaft gerichtete Forderung liquiditätsmäßig vollwertig, liquide und fällig und der Gesellschaft zur Leistung an einen Dritten von den Geschäftsführern bzw. vom Vorstand ermächtigt wurde[49]. Richtiger erscheint jedoch die Auffassung, wonach mindestens im GmbH-Recht, in dem es keine dem § 54 Abs. 3 AktG entsprechende Vorschrift über dem *numerus clausus* der Erfüllungsformen von Geldeinlagepflichten gibt, bereits die gesetzliche Mindesteinlage an (Vor-) Gesellschaftsgläubiger befreiend geleistet werden kann, wenn die genannten Voraussetzungen vorliegen[50]. In der Anweisung des Gesellschafter, die Bareinlage direkt an Gesellschaftsgläubiger zu leisten, kommt gerade die Dispositionsfreiheit der Geschäftsführer über die Bareinlage zum Ausdruck. Auch die wertmäßige Kapitalaufbringung und damit die Interessen der Gläubiger sind gesichert, weil die Leistung des Einlageschuldners die (Vor-)Gesellschaft von einer vollwertigen und fälligen Verbindlichkeit befreit.

Der Frage, ob die Leistung an die Gläubiger der Vorgesellschaft eine für den Inferenten befreiende Wirkung hinsichtlich seiner Einlagepflicht hat, wird erhebliche Bedeutung im neuen en polnischen Recht zukommen und zwar insbesondere im Hinblick auf die Anerkennung der weitgehenden Rechtsfähigkeit der Vorgesellschaft. Wenn man das Merkmal der freien Verfügung mit der h.M. im deutschen Recht als gesellschaftsrechtliches Gebot versteht, der Gesellschaft zusätzliche liquide Mittel zu verschaffen, über die der Vorstand eigenständig disponieren kann, so kann die bloße Schuldbefreiung der Gesellschaft, die ja keinen effektiven Mittelzufluss darstellt (und zwar insbesondere dann nicht,

[47]BGHZ 119, S. 177, 190; *Hüffer*, ZGR 1993, S. 474 ff.; *Priester*, BB 1987, S. 208 ff.

[48]BGHZ 119, S. 177, 189; *Priester*, BB 1987, S. 208, 210; *Goette*, DStR 1997, S. 926 f.; *Lutter/Hommelhoff*, § 19 GmbHG, Rn. 28; *Röhricht*, aaO., § 36 AktG, Rn. 49 (die Mindesteinlage muss immer zur freien Verfügung der Geschäftsleitung geleistet werden).

[49]*Lutter/Hommelhoff*, aaO., *Priester*, aaO., S. 211; *Raiser*, KapGesR, § 28, Rn. 2.

[50] Vgl. BGH, NJW 1991, S. 226; Hachenburg/*Ulmer*, § 7 GmbHG, Rn. 38; *Ulmer*, GmbHR 1993, S. 189, 192.

wenn die getilgte Forderung nicht vollwertig ist, d.h. keine Deckung im liquiden Gesellschaftsvermögen findet), nicht als einlageschuldbefreiende Leistung betrachtet werden. Die Leistung an einen Gesellschaftsgläubiger wird nur dann eine befreiende Wirkung haben, wenn zwei Voraussetzungen erfüllt sind: Zum einen muss ein Fall reiner Vereinfachung des Zahlungsverkehrs vorliegen, was dann zu bejahen ist, wenn die gegen die Gesellschaft gerichtete Forderung vollwertig, fällig und unbestritten ist[51]. Zum zweiten muss der Inferent zu Leistung an einen Dritten durch den Vorstand der (Vor-) Gesellschaft, in dessen Kompetenz die Geschäftsführung liegt, angewiesen (ermächtigt) werden. Im Hinblick auf die reale Kapitalaufbringung ist der Gesellschafter (Aktionär) selbst nicht berechtigt zu wählen, an wen er seine Einlage bewirkt: an die Vorgesellschaft oder an ihre Gläubiger. Ihn trifft in erster Linie im Innenverhältnis eine Haftung dafür, dass die versprochenen Einlagen den Vorstandsmitgliedern zur freien Verfügung gestellt werden[52]. Das als Einlage versprochene Geld muss in das Gesellschaftsvermögen effektiv einfließen, damit es als Befriedigungsmasse zugunsten *aller,* vorhandenen und potentiellen, Gesellschaftsgläubiger dienen kann.

5. Wertmäßige Kapitaldeckung im Zeitpunkt der Anmeldung ?

Im Zusammenhang mit der neuen polnischen Regelung des Artt. 167 § 1 Pkt. 2, 262 § 2 Pkt. 3, 320 § 1 Pkt. 2 HGGB, wonach die anmeldenden Vorstandsmitglieder zu versichern haben, dass die versprochenen Einlagen bewirkt wurden, stellen sich die Fragen, welche auch die deutsche Lehre und Rechtsprechung lange Zeit beschäftigt hat: ob der Gesellschafter von seiner Einlagepflicht frei wird und ob die Vorstandsmitglieder die gesetzlich vorgesehene Erklärung ohne Risiko der Haftung für falsche Angaben dann abgeben können, wenn die Einlagen zwar einmal vollständig geleistet wurden, aber das zur Deckung des Stammkapitals erforderliche Vermögen im Zeitpunkt der Anmeldung infolge der Geschäftsaufnahme gemindert ist.

---

[51]So Hachenburg/*Ulmer* § 7 GmbHG, Rn. 38, vgl. im polnischen Schrifttum *Szajkowski*, Prawo spółek, Rn. 126; *Sołtysiński*/Szajkowski/Szwaja, Art. 163 pol. HGB, Rn. 9d; *Sołtysiński*/ Szajkowski/Szwaja, Art. 341 pol. HGB, Rn. 12.

[52]Vgl. dazu oben Kapitel 3, IV.2.b).aa).

a). Deutsches Recht

Im heutigen deutschen Recht ist dieses Problem umstritten und nur teilweise geklärt. Nach h.M. in Literatur und Rechtsprechung muss das Stammkapital am Tage der Anmeldung nicht gegenständlich, aber mindestens wertmäßig gedeckt werden[53]. Die früher geleisteten Bareinlagen bräuchten auf dem Konto der Vorgesellschaft nicht thesauriert zu werden, sondern man könne sie im Rahmen des Gesellschaftsunternehmens einsetzen. Das Erfordernis wertgleicher Kapitaldeckung sei erfüllt, wenn an die Stelle der eingezahlten Bareinlagen wertgleiche, aktivierungsfähige Vermögensgegenstände getreten seien[54]. Bis zum Zeitpunkt der Anmeldung sei also nur die Vornahme sog. wertneutraler Geschäfte zulässig. Nach einer weitergehenden Ansicht fordern § 7 Abs. 2 GmbHG, § 36 Abs. 2 AktG nicht einmal mehr das Vorhandensein einer wertgleichen Deckung der eingezahlten Barmittel: Seien sie einmal ordnungsgemäß eingezahlt, so könnten sie uneingeschränkt für alle Zwecke der Gesellschaft ausgegeben werden[55]. Die Interessen der Gesellschaftsgläubiger schütze ausreichend die auf den Zeitpunkt der Eintragung anknüpfende anteilsmäßige Unterbilanzhaftung für die im Gründungsstadium eingegangenen Verbindlichkeiten[56]. Im Hinblick auf diese Haftung könnten die Geschäftsführer bei der Anmeldung, trotz der mangelnden Wertdeckung die im § 8 Abs. 2 GmbHG vorgesehene Versicherung abgeben, dass „... Leistungen auf das Stammkapital bewirkt sind und dass der Gegenstand der Leistungen sich in der freien Verfügung der Geschäftsführer befinden".

Richtig erscheint es, zwischen den Fällen der Bargründung und der Barkapitalerhöhung zu differenzieren. Für das Gründungsrecht ist anzunehmen, dass die im Zuge der höchstrichterlichen Rechtsfortbildung entwickelte und nach h.M einheitlich im Aktien- und GmbH-Recht geltende Vorbelastungshaftung sowohl das Gebot der gegenständlichen als auch das der wertmäßigen Kapitaldeckung

---

[53]BGHZ 119, S. 177, 187; *Hüffer*, ZGR 1993, S. 474, 481 ff.; Hachenburg/*Ulmer*, § 7 GmbHG, Rn. 49. *ders.* GmbHR 1993, 191 ff.; *Ihrig*, Die endgültige freie Verfügung, S. 90 ff.; Scholz/*Winter*, § 8 GmbHG, Rn. 24; *Rörhicht*, Großkomm. zum AktG, § 36, Rn. 84 ff.

[54]Dazu *Röhricht*, aaO., § 36, Rn. 88.

[55]Vgl. *Lutter*, NJW 1989, S. 2649, 2650; *Hommelhoff/Kleindiek*, ZIP 1987, 490 ff; *Priester* ZIP 1994, 599 ff.. *Lutter/Hommelhoff*, § 7 GmbHG, Rn. 15; *K. Schmidt*, AG 1986, S. 106, 107 f., 112, 115.

[56]So insbesondere *Lutter*, NJW 1989, S. 2649, 2651 f.; *Lutter/Hommelhoff*, aaO.

im Zeitpunkt der Anmeldung zur Registereintragung obsolet gemacht hat[57]. Die Unterbilanzhaftung dient den Interessen der Gesellschaftsgläubiger weitaus effektiver als das auf den Zeitpunkt der Anmeldung anknüpfende Gebot der wertgleicher Deckung, indem sie sich –vom Grundsatz der Unversehrtheit des Kapital im Moment der Entstehung der Gesellschaft ausgehend – auf den Augenblick der Registereintragung bezieht und in diesem Zeitpunkt die wertmäßige Kapitaldeckung sichert. Das Verlangen nach einer solchen Deckung auch bei der Anmeldung wirft eine Reihe von praktischen Fragen auf (etwa auf welche Weise die Wertmäßigkeit dem Registerrichter zu belegen ist)[58] und führt zur Verlängerung und Verteuerung des Registerverfahrens. Anders ist dagegen für den Fall der Kapitalerhöhung zu entscheiden. Nach zutreffender h.M. garantiert die Durchführung einer Kapitalerhöhung gegenüber Gläubigern und Rechtsverkehr nicht, dass das gesamte Stamm- bzw. Grundkapital noch unversehrt vorhanden ist, sondern gewährleistet nur den Zufluss neuen Kapitals in Höhe des Nominalbetrags der Kapitalerhöhung[59]. Deswegen ist hier für den auf den Zeitpunkt der Registereintragung bezogenen Unversehrtheitsgrundsatz und somit für die Unterbilanzhaftung kein Platz. Der realen Kapitalaufbringung dient hier deshalb nach wie vor die Versicherung der Geschäftsführer bzw. Vorstandsmitglieder über die mindestens wertmäßige Kapitaldeckung im Zeitpunkt der Anmeldung der Kapitalerhöhung (§§ 36 Abs. 2 i.V.m. 188 Abs. 2 AktG, 7 Abs. 2 i.V.m. 57 Abs. 2 GmbHG). Sind die dem Erhöhungsbetrag entsprechende Mindesteinlagen ihrem Wert nach ganz oder teilweise bei der Anmeldung verloren, so steht schon in diesem Zeitpunkt fest, dass die Mindestausstattung nicht erreicht wird. Die Anmeldung ist deshalb zurückzuweisen[60].

b). Polnisches Recht

Ob das Erfordernis der mindestens wertmäßigen Deckung des Stammkapitals am Tage der Anmeldung sich aufgrund der neuen polnischen Regelung begründen lässt, ist angesichts des Wortlauts der neuen Vorschriften zweifelhaft. Das in Art.

---

[57] Vgl. *Lutter*, NJW 1989, S. 2652; *Priester*, ZIP 1994, S. 599, 602.
[58] Ebenso *Priester*, ZIP 1994, S. 601.
[59] Sonst könnten Kapitalerhöhungen bei Vorhandensein einer Unterbilanz nicht mehr zu pari, sondern nur unter Einbeziehung eines zu ihrem Ausgleich bestimmten Aufgelds beschlossen werden. Vgl. *Ulmer*, GmbHR 1993, S. 189, 194.
[60] Vgl. BGHZ 119, S. 177, 187; *Hüffer*, ZGR S. 474, 482.

167 § 1 Pkt. 2 HGGB verwandte Präteritum ("(...)Erklärung (...) darüber, dass die Einlagen zur Deckung des Stammkapitals (...) vollständig eingebracht wurden,") deutet darauf hin, dass die Vorschrift nur einen einmaligen, tatsächlichen Mittelzufluss im Zeitraum vor der Anmeldung zu sichern bezweckt[61]. Darüber hinaus ergibt sich aus der Gesamtregelung der Vorgesellschaft im neuen polnischen Recht, dass vorrangig dem Interesse der Gesellschafter Rechnung getragen werden soll, das Haftungsrisiko bereits mit dem Zeitpunkt des Abschlusses des Gesellschaftsvertrages auf die Höhe der übernommenen Stammeinlagen beschränkt zu haben[62]. Mag man diese Regelung aus dem Gesichtspunkt des im deutschen Recht herrschenden, auf den Zeitpunkt der Eintragung bezogenen Grundsatzes der Unversehrtheit des Stammkapitals kritisch betrachten, so darf man sich doch nicht über den eindeutigen Wortlaut des polnischen Gesetzes hinwegsetzen. Wird das eingezahlte Kapital im Zeitpunkt der Anmeldung ins Register teilweise verbraucht, so können die Vorstandsmitglieder trotzdem die gesetzlich vorgesehene Versicherung abgeben, ohne das Risiko der strengen Außenhaftung aus Artt. 291, 479 HGGB einzugehen[63]. Die Vorbelastung des Gesellschaftsvermögens stellt auch kein Eintragungshindernis dar[64].

6. *Sanktionen im Fall nicht rechtsmäßiger Einzahlung*

Wird die Gesellschaft angemeldet, ohne dass die gesetzlich vorgeschriebenen Mindesteinzahlungen geleistet sind oder die Versicherung der Vorstandsmitglieder (Geschäftsführer) hierüber abgegeben wird, so ist die Anmeldung nicht ordnungsgemäß. Bevor der Mangel nicht beseitigt wird, darf die Gesellschaft nicht eingetragen werden[65]. Ist die Eintragung jedoch trotzdem erfolgt, so ist die Gesellschaft wirksam entstanden. Im deutschen Recht wird in solchem Fall auf die Gründungshaftung verwiesen[66]. Sowohl die Nichtigkeitsklage (§§ 75 GmbHG,

---

[61]Vgl. aufgrund der HGB-Regelung insbes. *Sołtysiński*/Szajkowski/Szwaja, Art. 311 pol. HGB, Rn. 9 ("Die verbreitete Auffassung über die Unversehrtheit des Aktienkapitals impliziert zu unrecht, dass die geleisteten Einlagen nicht angetastet werden könnten, und zwar insbesondere nicht vor der Eintragung"); ähnlich *Paluch*, Studia Prawnicze, 3/1998, S. 71, 83.

[62]Vgl. oben Kapitel 3, IV.2.b).

[63]Näher zur Haftung für falsche Angaben vgl. oben, Kapitel 2, X.2.

[64]Vgl. oben, Kapitel 3, IV.2.b). und V.

[65]Vgl. *Sołtysiński*/Szajkowski/Szwaja, Art. 329 pol. HGB, Rn. 15 ff.; Pyzioł/Szumański/*Weiss*, Prawo spółek, S. 213 f.; Hachenburg/*Ulmer*, § 7 GmbHG, Rn. 28.

[66]Hachenburg/*Ulmer*, § 7 GmbHG, Rn. 28; Scholz/*Winter*, § 7 GmbHG, Rn. 24. Vgl. dazu Kapitel 2, X.1.

275 AktG) als auch die Amtslöschung (§ 144 FGG) scheiden allerdings aus, weil der Katalog der in diesen Vorschriften bestimmten Nichtigkeitsgründe im Hinblick auf den Bestandsschutz der Gesellschaft einen geschlossenen Charakter hat[67].

Nach polnischem Recht stehen der eingetragenen Gesellschaft ein Anspruch auf Schadensersatz wegen Nicht- bzw. Schlechterfüllung aus Art. 471 ff. pol. ZGB[68] sowie die Ansprüche aus Gründungshaftung und Außenhaftung der Vorstandsmitglieder wegen unrichtiger Angaben (Artt. 291, 292, 479, 480 HGGB, vorher Artt. 290, 291, 471 pol. HGB,)[69] zu. Das Fehlen der Kapitaldeckung stellt auch den Anlass für die Einleitung des gerichtlichen Mängelbeseitigungsverfahrens dar[70]. Nach einer Auffassung im Schrifttum kann die Gesellschaft eine ihr zustehende Forderung auf Einlageleistung an einen anderen Gesellschafter bzw. einen Dritten, der die Einlage effektiv einzahlt, nach Artt. 509, 510 pol. ZGB abtreten[71]. Darüber hinaus wird auch die Ansicht vertreten, dass die Verzögerung der Einzahlung einen wichtigen Grund für den Ausschluss des Gesellschafters aus der GmbH darstellt[72]. Gemäß Art. 280 § 1 HGB ist das allerdings nur durch Gerichtsurteil auf Antrag aller übrigen Gesellschafter möglich, die darüber hinaus mehr als die Hälfte des Stammkapitals vertreten müssen. Die Verzögerung mit der Einlageleistung kann aber auch als wichtiger Ausschlussgrund im Gesellschaftsvertrag festgesetzt werden[73]. Die Anteile eines ausgeschlossenen Gesellschafters sind von den Gesellschaftern oder Dritten zu übernehmen (Art. 266 § 3 HGGB, Art. 280 § 3 pol. HGB) bzw. durch die Herabsetzung des Stammkapitals einzuziehen, wenn dies der Gesellschaftsvertrag vorsieht (Art. 199 HGGB, Art. 193 § 2 pol. HGB,)[74]. Gemäß Art. 199 § 1 HGGB kann der Anteil nach der Eintragung der Gesellschaft ins Register und ohne Einwilligung des Gesellschafters kraft des Gesellschafterbeschlusses eingezogen werden, wenn der Gesellschafts-

---

[67]Hachenburg/*Ulmer*, aaO.; Scholz/*Winter*, aaO.; *Röhricht*, aaO., § 40 AktG, Rn. 8.
[68]Pyzioł/*Szumański*/Weiss, Prawo spółek, S. 480; *Sołtysiński*/Szajkowski/Szwaja, Art. 163 pol. HGB, Rn. 28.
[69]Dazu oben, Kapitel 2, X.2.
[70]Vgl. dazu oben Kapitel 2, IX.
[71]Sołtysiński/*Szajkowski*/Szwaja, Art. 163 pol. HGB, Rn. 30.
[72]*Okolski*, Kommentar zum HGB, GmbH-Recht, Art. 280 pol. HGB, Rn. 3; *Marr*, Das polnische GmbH-Recht, S. 30 und 110.
[73]Vgl. Sołtysiński/*Szajkowski*/Szwaja, Art. 280, Rn. 1. A.A. *Weiss*, aaO., S 260 f.; *Allerhand*, Art. 280 pol. HGB, Anm. 11.
[74]*Marr*, aaO., S. 65

vertrag die Voraussetzungen einer solchen Zwangseinziehung genau bestimmt (Art. 199 § 1 HGGB).

III. Befreiungs- und Aufrechnungsverbot

1. Deutsches Recht

Das deutsche Recht der Kapitalgesellschaften regelt einheitlich in § 19 Abs. 2 S. GmbHG und § 66 Abs. 1 S. 1 AktG das Verbot der Befreiung der Gesellschafter von ihren Einlageverbindlichkeiten. Durch eine Kapitalherabsetzung können die Gesellschafter von der Verpflichtung zur Einlageleistung höchstens in Höhe des Betrages befreit werden, um den das Stammkapital herabgesetzt wird (§ 19 Abs. 3 GmbHG). Zum Zwecke der realen Kapitalaufbringung wird der Anwendungsbereich dieser Vorschriften weit gefasst. Der Ausschluss des Erlasses erstreckt sich auf alle Arten von Einlageforderungen bis zur Höhe des Nennkapitals und darüber hinaus auf sämtliche Ansprüche der Gesellschaft, die neben oder an Stelle der primären Einlageansprüche auf die Aufbringung des statuarisch ausgewiesenen Haftungsfonds zielen[75]. Die Vorschriften gelten gleichermaßen in der Phase vor wie auch nach der Entstehung der Gesellschaft: ausgeschlossen ist die Befreiung des Gesellschafters von seiner Mindest- wie von seiner Resteinlagepflicht.

Der Verwirklichung des Grundsatzes der realen Kapitalaufbringung dient außerdem das im deutschen Kapitalgesellschaftsrecht ausdrücklich geregelte ausnahmslose Verbot der einseitigen Aufrechnung durch den Gesellschafter der ihm gegen die Gesellschaft zustehenden Forderung mit der Forderung der Gesellschaft auf seine Einlageleistung (§§ 19 Abs. 2 S. 2 GmbHG, 66 Abs. 2 AktG). Der Aufrechnungsvertrag bzw. die einseitige Aufrechnung durch die Gesellschaft sind nach h.M. in Rechtsprechung und Lehre nur dann zulässig, wenn sie der Vermeidung eines bloßen Hin- und Herzahlens dienen. Dies ist anzunehmen, wenn die Forderung des Gesellschafters gegen die Gesellschaft fällig, liquide, d.h. unbestritten und vollwertig ist, wobei die Vollwertigkeit eine vollständige Deckung der Forderung im liquiden Gesellschaftsvermögen voraussetzt[76]. Diese

[75]Hachenburg/*Ulmer*, § 19 GmbHG, Rn. 33 ff.; *Lutter/Hommelhoff*, § 19 GmbHG, Rn. 9 ff.; *Lutter*, in: KK², § 66 AktG, Rn. 3.

[76]RGZ 94, S. 61, 63, BGHZ 15, S. 52, 57; 42, S. 89, 93; 90, S. 370, 372; 125, S. 141;

Voraussetzungen der wirksamen Aufrechnung betreffen allerdings nur die sog. Neuforderungen, d.h. solche, die nach der Eintragung der Gesellschaft bzw. der Kapitalerhöhung entstanden sind und deswegen als Sacheinlagen nicht eingebracht werden könnten. Die im Zeitpunkt der Gründung oder Kapitalerhöhung bestehenden Forderungen gegen die Gesellschaft (sog. Altforderungen) können und müssen dagegen als Sacheinlagen auf ihre Werthaltigkeit durch das Registergericht bzw. Sachverständige überprüft sowie offengelegt werden[77]. Zum Erlöschen werden sie durch Erlassvertrag bzw. Abtretung an die Gesellschaft und Konfusion gebracht[78]. Übernimmt der Gesellschafter oder ein mit ihm verbundener Dritter trotz der Existenz seiner Forderung gegenüber der Gesellschaft eine Bareinlage, so befreit den Gesellschafter von seiner Pflicht zur Leistung der Bareinlage selbst die Aufrechnung seitens der Gesellschaft nicht. Im Hinblick auf die unterlassene Publizität der Forderungsumwandlung tritt die befreiende Wirkung auch nicht im Fall der Gleichwertigkeit der verrechneten Forderungen ein[79]. Nach der in der ständigen Rechtsprechung des BGH praktizierten Lehre der verdeckten Sacheinlage muss der Zeichner die versprochene Bareinlage nochmals effektiv, spätestens im Konkurs der Gesellschaft, einbringen[80]. Die einseitige Verrechnung durch die Gesellschaft mit einer nicht vollwertigen Gesellschafterforderung ist ausnahmsweise nur dann zulässig, wenn die Einlageforderung wegen der angegriffenen Vermögenslage des Gesellschafters uneinbringlich (der Einleger ist mittellos geworden) oder sonst gefährdet ist[81].

Hachenburg/*Ulmer*, § 19 GmbHG, Rn. 61 f.; *Lutter/Hommelhoff*, § 19 GmbHG, Rn. 16 ff.; *Lutter* in: KK, § 66 AktG, Rn. 16 ff.; Scholz/*U.H. Schneider*, § 19 GmbHG, Rn. 71, 98 Scholz/*Priester*, § 56 GmbHG, Rn. 41.

Zum ganzen vgl. *Hey*, Die Kapitalerhöhung bei der GmbH unter Verwendung von Geldforderungen, Diss. 1992; *G. Müller*, ZGR 1995, S. 327; *Röhricht*, aaO., § 27 AktG, Rn. 206 ff.

[77] BGHZ 110, S. 60; 113, S. 335, 341; 125, S. 149; 132, S. 133, 135.

Lutter in: KK, § 66 AktG, Rn. 26 f., 28, § 183 AktG, Rn. 28 ff; Scholz/*U. H. Schneider*, § 19 GmbHG, Rn. 71, 98, 132; Hachenburg/*Ulmer*, § 19 GmbHG, Rn. 94; Scholz/*Priester*, § 56 GmbHG, Rn. 58.

[78] BGHZ 110, S. 47, 60, m.w.N.; 125, S. 141, 143; *Röhricht*, aaO., § 27 AktG, Rn. 80.

[79] BGHZ 113, S. 335, 341; *Lutter* in: KK, § 66 AktG, Rn. 26, 28, § 183 Rn. 30 ff.; *Röhricht*, aaO., § 27 AktG, Rn. 208.

[80] *Lutter*, aaO., § 183 AktG, Rn. 31. Dieselbe Folgen hat die im sachlichen und zeitlichen Zusammenhang der Bareinlagezeichnung erfolgte Tilgung durch die Gesellschaft der bereits vorher bestehenden Forderung des Gesellschafters. Vgl. *Lutter*, § 183 AktG, Rn. 69 und unten, im Kapitel 8, III.3.

[81] Vgl. *Kutzer*, GmbHR 1987, 297, 299; Hachenburg/*Ulmer*, § 19 GmbHG, Rn. 22; *Lutter/Hommelhoff*, § 19 GmbHG, Rn. 23; Scholz/*Priester*, § 56 GmbHG, Rn. 52: einseitige

Im Aktienrecht gründet das Verbot der Aufrechnung mit Altforderungen auf § 27 Abs. 1 AktG (Gleichstellung von Sacheinlagen und Sachübernahmen) sowie auf § 66 AktG (Befreiungs- und Aufrechnungsverbot)[82]. Im GmbH-Recht werden vor allem die zwingenden Regeln des § 19 Abs. 2 und Abs. 5 GmbHG herangezogen[83]. Nach der letzten Vorschrift ist die einseitige Aufrechnung durch die GmbH oder die vertragliche Aufrechnung „einer für die Überlassung von Vermögensgegenständen zu gewährenden Vergütung" mit der Einlageschuld des Gesellschafters nur dann zulässig, wenn die im § 5 Abs. 4 GmbHG vorgesehenen Offenbarungen im Gesellschaftsvertrag bzw. im Kapitalerhöhungsbeschluss (§ 56 Abs. 2 GmbHG) vorgenommen werden. Da die Vorschrift des § 19 Abs. 5 GmbHG nach h.M. als analogiefähig gilt, ist der Begriff „Überlassung von Vermögensgegenständen" weit auszulegen. Darunter fallen alle im Zeitpunkt der Kapitalmaßnahme bereits bestehenden Forderungen aus Lieferungen und Leistungen nichtgeldlicher Güter (Kauf, Miete, Leasing usw.), Ansprüche auf Gründerlohn und Gründungsaufwand, Schadensersatzansprüche sowie Ansprüche aus stehen gelassenen Gewinnen[84].

2. *Polnisches Recht*

Das Verbot des Erlasses der Einlageschuld, obwohl im pol. HGB vom 1934 nicht ausdrücklich geregelt, wird im polnischen Schrifttum aus dem Grundsatz der realen Kapitalaufbringung abgeleitet. Ähnlich wie in Deutschland ist dieses Verbot weit zu verstehen: darunter fallen auch die Annahme einer Leistung an Erfüllung Statt (insbesondere einer Sacheinlage ohne entsprechende Änderung des Gesellschaftsvertrages)[85] wie auch ein Erlass des Schadensersatzanspruches wegen Nicht- bzw. Schlechterfüllung der Einlagepflicht[86]. Im neuen Gesetz ist

---

Aufrechnung durch die GmbH sei immer dann zulässig, wenn die Gesellschaft zur Tilgung ihrer Schuld mehr aufwenden müßte, als sie auf die Einlage erhielte.

[82] Vgl. nur BGHZ 110, S. 47, 57.

[83] Vgl. zum ganzen: *Hey*, aaO., S. 121 ff.

[84] BGHZ 113, S. 335, 341; 125, S. 149; 132, S. 133, 135; OLG Hamburg, GmbHR 1982, S: 157. Vgl. Scholz/*U. H. Schneider*, § 19 GmbHG, Rn. 132; Hachenburg/*Ulmer*, § 19 GmbHG, Rn. 94; Scholz/*Priester*, § 56 GmbHG, Rn. 58. **A.A.** (für Beschränkung auf Vergütungsforderungen aus Sachüberlassung) *Bergmann*, AG 1987, S.68 ff.

[85] *Sołtysiński*/Szajkowski/Szwaja, Art. 341 pol. HGB, Rn. 2; *Dziurzyński/Fenichel/Honzatko*, Art. 341 pol. HGB, Anm. 2; *Bugajna-Sporczyk*, Prawo Spółek, 2/1997, S. 11 ff.

[86] *Sołtysiński*/Szajkowski/Szwaja, Art. 341 pol. HGB, Rn. 9 (unter Berufung auf das deutsche Recht).

explizit das Gebot der vollständigen Leistung auf die übernommenen Aktien (Art. 329 § 1 HGGB) für die Aktiengesellschaft geregelt worden. Die Geltung dieser Regel im Gründungsstadium der GmbH ergibt sich aus anderen Vorschriften, welche die Sicherung der effektiven Kapitalaufbringung bezwecken (insbesondere Art. 163 § 2 pol. HGB, Art. 154 § 3 S. 1, 158 § 2 HGGB)[87].

Im pol. HGB 1934 war die einseitige Aufrechnung durch den Aktionär der ihm gegen die Gesellschaft zustehenden Forderung mit seiner Einlageschuld ausdrücklich verboten (Art. 341 § 3 pol. HGB). In der Literatur war umstritten, ob auch ein Aufrechnungsvertrag bzw. eine einseitige Aufrechnung durch die Gesellschaft gegen das Prinzip der realen Kapitalaufbringung verstoße[88]. Für die GmbH hat das pol. OG die Einlagefähigkeit der Forderung gegen eine „werdende Gesellschaft" ausdrücklich bejaht[89]. Da Art. 163 § 2 pol. HGB (ähnlich Art. 158 § 2 HGGB) lediglich die Anrechnung der Vergütungen für bei der Gründung der Gesellschaft geleistete Dienste auf den Anteil des Gesellschafters (sog. Gründungsprovision) bzw. deren Auszahlung aus dem Stammkapital verbiete, folge daraus im Umkehrschluss, dass andere dem Gesellschafter gegen die GmbH zustehende Forderungen anrechenbar seien[90]. Das Gericht hat allerdings nicht präzisiert, unter welchen formellen und materiellen Bedingungen diese Anrechnung erfolgen kann. Der Frage, ob die Forderungen gegen die Gesellschaft nur unter der Einhaltung der Sacheinlagevorschriften oder durch bloße Verrechnung mit der Bareinlageverpflichtung des Gesellschafters in das Stammkapital „umgewandelt" werden können, kommt jedoch eine besondere Bedeutung bei der Kapitalerhöhung zu. Das pol. OG hat die vertragliche Aufrechnung der Forderungen eines alleinigen GmbH-Gesellschafters mit seiner Einlageschuld im Zuge der Kapitalerhöhung für zulässig erklärt[91]. Auch in diesem Urteil hat das OG allerdings weder den Charakter der Forderungseinbringung noch die Grund-

---

[87] Vgl. *Szajkowski*, Prawo spółek, Rn. 390 ff.

[88] Die Zulässigkeit auch der vertraglichen Aufrechnung mit der Einlagepflicht verneinen *Dziurzyńsk/ Fenichel/Honzatko*, Art. 341 pol. HGB, Anm. 5; *A.W. Wiśniewski*, Prawo, Bd. 3, S. 105.
Die vertragliche bzw. einseitig durch AG getätigte Aufrechnung lassen dagegen zu: *Allerhand*, Art. 341, Anm. 3; Kruczalak/*Frąckowiak*, Art. 341 pol. HGB, Anm. 5; *Sołtysiński*, aaO. Art. 341 pol. HGB, Rn. 12.

[89] Entscheidung des Sieben-Richter-Gremiums des OG v. 2.3.1993 veröff. in OSNCP 10/1993, Pos. 167= MoP 3/1993, S. 75, 77.

[90] Ähnlich *A.W. Wiśniewski*, aaO., Bd. 2, S. 102, der das Ausrechnungs- und Auszahlungsverbot aus Art. 163 § 2 pol. HGB als eine Ausnahmevorschrift bezeichnet.

[91] Urteil des pol. OG v. 26.3.1993, III CZP 20/93, veröff. in OSNCP 9/1993, Pos. 157.

sätze ihrer Bewertung näher bestimmt. Die überwiegende Meinung in der polnischen Literatur – ähnlich wie die herrschende Lehre und Rechtsprechung in Deutschland – betrachtet eine solche Konversion als einen Fall der Sachgründung, welcher die Wahrnehmung der gesetzlichen Kautelen voraussetzt[92]. Im Schrifttum werden darüber hinaus weitere Voraussetzungen dieser Aufrechnung aufgestellt, die weitgehend – auch hinsichtlich der Vollwertigkeit der Forderung – den in der deutschen Lehre ausgearbeiteten entsprechen[93]. Außer den allgemeinen, in Art. 498 § 1 pol. ZGB bestimmten Voraussetzungen der Aufrechnung (Gleichartigkeit der Forderungen, ihre Fälligkeit und Möglichkeit ihrer gerichtlichen Geltendenmachung) müsse die Forderung des Aktionärs bzw. des Gesellschafters darüber hinaus vollwertig sein, d.h. im Gesellschaftsvermögen eine vollständige Deckung finden.

Hier ist der herrschenden Auffassung in der polnischen Lehre zu folgen. Dass das Verbot einseitiger Aufrechnung durch Einleger und das Gebot effektiver Einzahlung der Bareinlage nicht lediglich als eine aktienrechtliche Sonderregelung, sondern als Ausdruck des im ganzen Recht der Kapitalgesellschaften einheitlich geltenden Grundsatzes der realen Kapitalaufbringung zu betrachten ist, wurde in Art. 14 § 4 HGGB bestätigt. Diese im allgemeinen Teil des neuen Gesetzes enthaltene Vorschrift statuiert das generelle Verbot der einseitigen Aufrechnung sowohl durch den Aktionär als auch durch den Gesellschafter einer GmbH und lässt zugleich die vertragliche Aufrechnung ausdrücklich zu. Für die Gläubiger der Gesellschaft kann allerdings die einvernehmliche bzw. seitens der Gesellschaft erklärte Aufrechnung ebenso gefährlich sein und zwar insbesondere dann, wenn die Forderung des Gesellschafters bzw. Aktionärs keine Deckung im liquiden Gesellschaftsvermögen findet. Die Aufrechnung der vollwertigen Forderung der Gesellschaft auf Leistung der Bareinlage mit der objektiv nicht vollwertigen Forderung des Aktionärs, würde zur Benachteiligung der Gesellschaft,

---

[92] Vgl. Sołtysiński/*Szajkowski*/Szwaja, Art. 163 pol. HGB, Rn. 9d; *ders.* Prawo spółek, Rn. 126; *Sołtysiński*/ Szajkowski/Szwaja, Einleitung, Rn. 205 und Art. 311, Rn. 29; *Domański*, PPH, 4/1996, S. 25 ff; *Minas*, Rejent, 10/1996, S. 50, 83; *Szumański*, Wkłady, S.182 ff.; *Romanowski*, PiP 9/1997, S. 58, 62.
A.A. *Kasprzyk*, Palestra 3-4/1991, S. 32, 36 (Verrechnung mit der Forderung gegen die Gesellschaft sei eine Art der Erfüllung der Bareinlagepflicht); *C. Wiśniewski*, PPH 9/1996, S. 24 ff; betrachtet dagegen die Forderung gegen die Gesellschaft als eine Sacheinlage, die jedoch immer zu ihrem Nominalwert auf das Stammkapital einzubringen sei.
Vgl. dazu ausführlich im Kapitel 5, VI.2 und 3.

[93] *Sołtysiński*, aaO., Art. 341 pol. HGB, Rn. 12, mit Berufung auf *Hüffer*, § 66 AktG, Rn. 6.

ihrer Gläubiger, welche auf die Liquiditätssteigerung ihrer Schuldnerin vertrauen, sowie anderer Gesellschafter führen, die ihre Einlagen effektiv eingezahlt haben. Bei der Geldeinlagezeichnung geht es in erster Linie um den Zufluss liquider Finanzmittel, die der Gesellschaft effektiv zur Verfügung gestellt werden müssen. Gerade dies wird von ihrer Rechtsumgebung erwartet, d.h. von den vorhandenen und potentiellen Gläubigern, welche auf die ins Register eingetragenen (Artt. 38 LGRG, 166, 318 HGGB) und in den Gesellschaftsblättern publizierten Angaben vertrauen. Dies alles spricht für die restriktive Auslegung des Artt. 14 § 4 S. 2, 329 § 3 S. 2 HGGB, wonach die vertragliche Aufrechnung zulässig sind. Der Anwendungsbereich dieser Vorschrift soll auf diejenigen Fälle beschränkt sein, in denen es sich um eine florierende Gesellschaft handelt, die im Zeitpunkt der Verrechnung über ausreichende liquide Mittel verfügt, um neben allen fälligen Schulden auch die aufzurechende Verbindlichkeit gegenüber dem Gesellschafter in voller Höhe zu erfüllen. In diesem Fall ist die Forderung so gut wie Bargeld und die Aufrechnung dient nur der Vermeidung eines zwecklosen Hin- und Herzahlens[94].

Befindet sich dagegen die schuldende (Vor-)Gesellschaft in Zahlungsschwierigkeiten, so sinkt für den Gläubiger und für jeden potentiellen Zessionar der Wert der Forderung unter ihren Nennbetrag. Deswegen muss eine solche Forderung als Sacheinlage auf das Stammkapital aufgebracht werden, nachdem sie sorgfältig im Hinblick auf ihre Deckung im liquiden Gesellschaftsvermögen, Durchsetzbarkeit und Fälligkeit bewertet und publiziert wird[95]. Die vertragliche Aufrechnung eines vollwertigen Anspruchs der Gesellschaft auf Leistung der Bareinlage mit der objektiv nicht werthaltigen Forderung kommt einem unzulässigen *datio in solutum* gleich, welche eine Umgehung der zwingenden gesetzlichen Regelung über die vollständige Einzahlung auf die übernommenen Aktien darstellt (Art. 58 § 1 pol. ZGB i.V.m. Art. 14 § 4 HGGB) und deswegen keine befreiende Wirkung in bezug auf die Einlagepflicht des Aktionärs hat[96]. Der letztere haftet der Gesellschaft auf die effektive Einzahlung der zugesagten Geld-

[94] Im deutschen Schrifttum ähnlich Scholz/*Priester*, 6. Aufl., § 56 GmbHG, Rn. 33; *ders.* DB 1976, S. 1801, 1804, aufgegeben: Scholz/*Priester*, 8. Aufl., § 56 GmbHG, Rn. 51 ff. (die im Zeitpunkt der Kapitalmaßnahme bestehende Gesellschafterforderung sei immer als eine Sacheinlage zu betrachten).

[95] Zur Frage der Sacheinlagefähigkeit der Forderung gegen die Gesellschaft vgl. Kapitel 5, VI.2 und 3.

[96] So auch *Sołtysiński*/Szajkowski/Szwaja, Art. 311 pol. HGB,Rn. 29.

summe und zwar in voller Höhe. Ist die Gesellschaft in Konkurs gegangen und macht ihr Konkursverwalter in ihrem Namen die wegen unzulässiger Verrechnung ausstehende Tilgung der Bareinlagepflicht geltend, so trägt er die Beweislast dafür, dass die Forderung des Aktionärs keine Deckung im liquiden Gesellschaftsvermögen im Zeitpunkt der Verrechnung gehabt habe. Eine solche Verteilung der Beweislast ergibt sich zum einen aus Art. 6 pol. ZGB[97]. Zum anderen ist sie im Hinblick auf die Tatsache gerechtfertigt, dass der AG bzw. der GmbH die zur Beweisführung erforderlichen Unterlagen (Bilanzen) zur Verfügung stehen, aus denen sich die Vollwertigkeit der Forderung ergibt[98]. Der Anspruch der Gesellschaft auf vollständige effektive Erfüllung der Bareinlagepflicht unterliegt der allgemeinen 10-jährigen Verjährungsfrist nach Art 118 pol. ZGB[99].

IV. Behandlung ausstehender Einlagen

1. Gesetzliche Rechtsfolgen der nicht vollständigen Erfüllung der Bareinlagepflicht vor Eintragung der Gesellschaft

Anders als das deutsche Gesellschaftsrecht, das die ratenweise Bareinlagebewirkung sowohl für die GmbH als auch für die AG zulässt (§§ 7 Abs. 2, 20-24 GmbHG, 36a AktG), ist dies in Polen nur bei der Aktiengesellschaft zulässig. Das polnische HGB sowie das neue HGGB sehen eine Reihe von Konsequenzen der nicht vollständigen Kapitaldeckung vor; deren Ziel ist es, den Aktionär zur möglichst schnellen Einzahlung der fehlenden Beträge zu bewegen. Erstens dürfen vor der vollen Einzahlung keine Inhaberaktien, sondern nur Namensaktien bzw. auf den Namen lautende Zwischenscheine („vorläufige Zeugnisse") zum Nachweis der Teilleistung ausgegeben werden (Art. 335 § 1 HGGB, vorher Art. 346 § 1 pol. HGB,). Eine entsprechende Regelung enthält das deutsche Recht in §§ 10 Abs. 2, 41 Abs. 4 AktG. Zweitens wird der Jahresgewinn im Verhältnis zu den auf die Aktien geleisteten Einzahlungen verteilt (Artt. 347 § 2 S. 2 HGGB, 355 § 2 pol. HGB). Drittens beginnt das Stimmrecht eines Aktionärs erst mit

---

[97] Gemäß Art. 6 pol. ZGB trifft die Beweislast für eine Tatsache denjenigen, der aus ihr Rechtsfolgen ableitet.

[98] Für solche Beweislastverteilung, allerdings nur bei der Aufrechnung mit der Neuforderungen des Aktionärs sprechen sich im deutschen Schrifttum: *Lutter* in: KK, § 66 AktG, Rn. 22; *Barz* in: Großkomm. zum AktG, 3. Aufl., § 66, Rn. 12.

[99] Zur sog. Lehre von der verdeckten Sacheinlage und ihren Rechtsfolgen im deutschen und polnischen Recht vgl. Kapitel 8, III. und IV.

dem Tag der vollständigen Erfüllung der Einlagepflicht, es sei denn, dass die Satzung etwas anderes bestimmt (Art. 411 HGGB, vgl. § 134 Abs. 2 S. 1 AktG). Viertens konnte nach Art. 432 § 3 S. 1 pol. HGB die Gesellschaft neue Aktien erst dann ausgeben, wenn das bisherige Grundkapital voll eingezahlt wurde. Nach dem neuen Recht ist die Kapitalerhöhung schon nach der effektiven Dekkung von 9/10 des bisherigen Grundkapitals möglich (Art. 431 § 3 HGGB). Das deutsche Recht lässt die Kapitalerhöhung zu, falls Einlagen nur noch in verhältnismäßig unerheblichem Umfang ausstehen (§ 182 Abs. 4 S. 3 AktG). Fünftens lässt das neue Recht geregelte Spaltung der Gesellschaft erst nach der vollständigen Deckung ihres Kapitals zulässig sein (Art. 528 § 1 S. 2 HGGB).

Damit die Gläubiger der Gesellschaft über deren Vermögensstand nicht getäuscht werden, sehen sowohl das deutsche als auch das polnische Recht im Fall der Ausgabe nicht vollständig gedeckter Aktien besondere Publizitätspflichten vor. Die Satzung der AG muss nach dem polnischen Recht den vor der Eintragung der Gesellschaft eingezahlten Betrag des Stammkapitals angeben (Art. 304 § 1 Pkt. 4 HGGB). Der Vorstand muss die Einzahlung jeder Rate zur Eintragung ins Handelsregister anmelden (Art. 321 § 2 HGGB). Jede Einzahlung wird auch auf dem Zwischenschein zu vermerken sein (Art. 335 § 3 HGGB, so auch § 10 Abs. 2 AktG). In Fällen, in denen die Gesellschaft in ihren Geschäftsbriefen die Angaben über das Stammkapital anführt, müssen dessen Höhe sowie der Gesamtbetrag der noch ausstehenden Einlagen angegeben werden (Art. 374 § 3 HGGB, vgl. § 80 AktG). Obwohl die letztgenannte Regelung den Erfordernissen der Publizitätsrichtlinie (68/151/ EWG) genügt (vgl. Art. 4 der Richtlinie), stellt sie einen Rückschritt im Vergleich zum bisherigen Rechtszustand dar, wonach die an Dritte gerichteten Schriften immer die Höhe des gezeichneten und des eingezahlten Kapitals enthalten müssen (Art. 370^1 pol. HGB)[100].

Schließlich muss bei Einziehung der nicht vollständig bezahlten Aktien immer das sog. Konvokationsverfahren (d.h. die Bekanntmachung der Kapitalherabsetzung und die Befriedigung bzw. Sicherung der dieser Kapitalmaßnahme widersprechenden Gesellschaftsgläubiger) durchgeführt werden (Art. 360 § 2 i.V.m. Art. 456 HGGB).

---

[100]Vgl. oben, Kapitel 1, III.3.d).

2. *Möglichkeiten der Einforderung und Rechtsfolgen nicht rechtzeitiger Einlageleistung*

Anders als im deutschen Aktienrecht, wo die Aufforderung zur Bareinlageleistung als Geschäftsführungsmaßnahme ausschließlich im pflichtgemäßen Ermessen des Vorstandes steht (§ 63 Abs. 1 S. 2 AktG)[101], werden die Fristen und die Höhe der Einzahlungen auf Aktien im polnischen Recht grundsätzlich durch die Satzung der AG oder durch die Hauptversammlung bestimmt (Art. 330 § 1 HGGB, vorher Art. 342 § 1 pol. HGB). Aufgrund der Regelung des Art. 342 pol. HGB war umstritten, ob die Hauptversammlung den Vorstand zur Bestimmung der Frist ermächtigen kann, innerhalb derer der im Beschluss der Hauptversammlung bestimmte Betrag einzuzahlen ist[102]. Das künftige Gesetz sieht diese Möglichkeit ausdrücklich vor (Art. 330 § 1 S. 2 HGGB), was zur Beschleunigung der Kapitalaufbringung beitragen soll. Sowohl im deutschen als auch im polnischen Recht setzt die Fälligkeit der Bareinlageverpflichtung die Zahlungsaufforderung durch den Vorstand in der gesetzlich bestimmten Weise (§ 63 Abs. 1 AktG; Artt. 330 § 2-4 HGGB, 342 § 2-3 pol. HGB) voraus. Nach polnischem Recht wird die Zahlungsaufforderung vom Vorstand zweimal bekanntgemacht, wobei die erste Bekanntmachung mindestens einen Monat, die zweite mindestens zwei Wochen vor der Einzahlungsfrist ergehen muss. An Stelle der Bekanntmachung genügen Einzelaufforderungen, die in denselben Fristen durch eingeschriebene Briefe ergehen (Arttt. 330 § 2-4 HGGB). Nach der Rechtsprechung des BGH treten die Verzugswirkungen bei nicht rechtzeitiger Leistung mit der Zahlungsaufforderung nur dann ein, wenn in ihr ein Zahlungstermin festgesetzt wird und wenn sie entsprechend einer in der Satzung getroffenen Regelung den Aktionären zugesandt worden und auch zugegangen ist[103].

Eine Frist, innerhalb derer die vollständige Kapitaldeckung mit Bareinlagen spätestens erfolgen muss, sieht weder das pol. HGB 1934 noch das neue Gesetz vor. Die einjährige Frist zur Erfüllung der Einlagepflicht nach der Entstehung der AG

---

[101] Vgl. *Lutter*, in: KK, § 63 AktG, Rn. 12; *Hefermehl/Bungeroth*, in: *Geßler/Hefermehl*, § 63 AktG, Rn. 20, *Hüffer*, § 63 AktG, Rn. 5.

[102] Die Möglichkeit solcher Ermächtigung lassen *Allerhand*, Art. 342 pol. HGB, Anm. 3 und *Sołtysiński*/ Szajkowski/Szwaja, Art. 342 pol. HGB, Rn.3 zu. *A.W. Wiśniewski*, Prawo o spółkach, Bd. 3, S. 105 lehnt sie ab.

[103] BGHZ 110 S. 47 f.

ist im Art. 309 § 3 HGGB nur in bezug auf die Sacheinlagen vorgesehen. Es ist zu bedauern, dass man sich trotz der im Schrifttum erhobenen Forderung nicht dafür entschieden hat, eine zeitliche Höchstgrenze auch für die vollständige Leistung von Bareinlagen gesetzlich festzusetzen[104]. Deswegen wird aufgrund des neuen polnischen Rechts nach wie vor die Gefahr bestehen, dass die Aktiengesellschaft jahrelang mit Fremdkapital arbeitet, wodurch die wirtschaftliche Funktion wie auch die Garantiefunktion der Einlagen nicht verwirklicht werden. Die heutige polnische Praxis liefert zahlreiche Beispiele der Leistung von ausstehenden Einlagen erst im Konkurs der Gesellschaft auf Aufforderung des Konkursverwalters[105].

Für den Fall, dass der Aktionär seine Einlagepflicht trotz Aufforderung nicht erfüllt, sehen das deutsche und das polnische Aktienrecht vergleichbare Rechtsfolgen vor. Zahlt der Einlageschuldner trotz ordnungsgemäßer Aufforderung die eingeforderte Rate nicht fristgerecht ein, so fallen für ihn gesetzliche Fälligkeitszinsen an. Der Zinsanspruch entsteht kraft Gesetzes durch Nichteinzahlung, ohne dass es auf ein Verschulden des Einlagepflichtigen oder einen Schaden der Gesellschaft ankäme[106]. Außerdem kann die Gesellschaft eine Vertragsstrafe geltend machen, falls diese in der Satzung festgelegt wird (Artt. 330 § 5 HGGB, § 63 Abs. 1, 2 AktG). Im Falle des Schuldnerverzugs kann der Schadensersatzanspruch nach den allgemeinen Grundsätzen geltend gemacht werden (Art. 481 § 3 pol. ZGB).

Im Unterschied zu § 63 AktG sieht das polnische Recht eine feste Frist vor, deren Verstreichen ohne die Leistung des fälligen Betrags den Vorstand zur Einleitung des Kaduzierungsverfahrens berechtigt (Art. 331 § 1 HGGB, vorher Art. 343 § 1 pol. HGB)[107]. Entrichtet der Aktionär die rückständigen Zahlungen nicht binnen eines Monats nach Ablauf des Fälligkeitstermins, so kann er ohne vorherige Aufforderung seiner Aktien oder Zwischenscheine für verlustig erklärt wer-

---

[104] Vgl. *Sołtysiński*, aaO., Art. 342 pol. HGB, Rn. 3.

[105] *Sołtysiński*, aaO., Art. 331 pol. HGB, Rn. 10 und 342 pol. HGB, Rn. 3.

[106] *Sołtysiński*, aaO., Art. 342 pol. HGB, Rn. 8, *A.W. Wiśniewski*, Prawo o spółkach, S. 106; *Lutter*, aaO., § 64 AktG, Rn. 22; *Hefermehl/Bungeroth*, in *Geßler/Hefermehl*, § 64 AktG, Rn. 38.

[107] Nach § 64 Abs. 1 AktG muss der Vorstand eine Nachfrist dem säumigen Aktionär setzen und bekannt machen mit der Androhung, dass er seiner Mitgliedschaft und der geleisteten Einlagen für verlustig erklärt wird. Vgl. dazu *Lutter*, aaO., § 64 AktG, Rn. 25; *Hefermehl/Bungeroth*, in: *Geßler/Hefermehl*, § 64 AktG, Rn. 23.

den. Diese Kaduzierung steht im Ermessen der Vorstandsmitglieder, welche die Entscheidung in Form eines entsprechenden Beschlusses zu treffen haben[108]. Anstelle der für ungültig erklärten Aktien werden von der Gesellschaft neue Wertpapiere unter den alten Nummern ausgegeben und durch Vermittlung des Notars, Börsenmaklers oder der Bank verkauft (Art. 331 § 3 HGGB, vgl. § 66 Abs. 3 AktG). Abweichend vom deutschen Recht[109] ist ein möglicherweise erzielter Überschuss nach Deckung der Kosten der Bekanntmachung und des Verkaufs sowie nach Deckung der Zinsen und der Vertragsstrafe dem säumigen Aktionär zurückzugewähren (Art. 331 § 4 HGGB). Reicht der Veräußerungserlös dagegen nicht zur Deckung der Forderungen gegen den Aktionär aus, so haften für den Fehlbetrag solidarisch der säumige Gesellschafter und seine Vormänner (Art. 331 § 5 HGGB). Die Verjährungsfrist für Ansprüche der Gesellschaft ist im neuen Recht von fünf auf drei Jahre seit dem Tage des Verkaufs der Aktien herabgesetzt worden (Art. 331 § 6 HGGB). Die Haftung der genannten Personen ist nicht wie im deutschen Aktienrecht als Stufenregress[110], sondern als gesamtschuldnerische Verpflichtung ausgestaltet, so dass sich die Gesellschaft nach ihrer Wahl an jeden der Vormänner halten kann. Im Innenverhältnis kann derjenige frühere Aktionär, der die rückständige Einlage bezahlt, gemäß Art. 332 HGGB den gesamten Betrag der Zahlung von seinen Rechtsnachfolgern verlangen. Auch diese Ansprüche verjähren nach der neuen Regelung nicht mehr in fünf, sondern in drei Jahren (Art. 333 S. 2 HGGB).

In Deutschland ist ein entsprechendes Kaduzierungsverfahren auch im GmbH-Recht für den Fall vorgesehen, dass die eingeforderten Einzahlungen auf die übernommenen Stammeinlagen nicht rechtzeitig erbracht werden (§§ 21-23 GmbHG). Außerdem wird die vollständige Kapitalaufbringung durch die im § 24 GmbHG geregelte unabdingbare Ausfallhaftung gesichert. Danach haben die übrigen Gesellschafter den Fehlbetrag, der weder vom zahlungsunfähigen Einleger noch durch Verkauf seines Geschäftsanteils gedeckt werden kann, nach dem Verhältnis ihrer Anteile aufzubringen. Die Ausfallhaftung kann im Extremfall dazu führen, dass ein zahlungsfähiger Gesellschafter das gesamte Kapital

---

[108] *Sołtysiński*,/Szajkowski/Szwaja, Art. 343 pol. HGB, Rn. 4; *Mojak*, Palestra, 1994, S. 30 ff.; *Lutter*, aaO., § 64 AktG, Rn.4; *Hefermehl/Bungeroth*, in: *Geßler/Hefermehl*, § 64 AktG, Rn. 37.
[109] *Lutter*, in: KK, § 65 AktG, Rn. 43; *Hefermehl/Bungeroth*, aaO., § 65 AktG, Rn. 85.
[110] *Hüffer*, § 65 AktG, Rn. 4; *Lutter*, aaO., § 65 AktG, Rn. 12; *Hefermehl/Bungeroth*, in: *Geßler/Hefermehl*, § 65 AktG, Rn. 25.

aufbringen muss. Sie erstreckt sich auf die Differenzhaftung bei Überbewertung einer Sacheinlage nach § 9 GmbHG, bei Mängeln einer Sacheinlage, die in Geld auszugleichen sind sowie auf die Vorbelastungshaftung infolge der Geschäftsaufnahme vor Eintragung der GmbH[111]. Im deutschen Schrifttum wird diese Vorschrift des § 24 GmbHG, die auch einen deutlichen Unterschied zur Aktiengesellschaft markiert, als Konsequenz des personenbezogenen Charakters der GmbH angesehen[112]. Das Aktienrecht kennt die kollektive Ausfallhaftung der Aktionäre nicht. Der Ausfall auf die Einlageforderung ist nach Regress und Verkauf der Aktie endgültig[113].

3. Abtretung und Verpfändung und Pfändung eines Resteinlageanspruchs

Im polnischen Recht kommt die Abtretung der Einlageforderung nur im Aktienrecht in Betracht, weil die Bareinlageforderung sowohl nach altem als auch neuem GmbH-Recht bereits vor der Anmeldung der Gesellschaft bzw. der Kapitalerhöhung vollständig zu tilgen ist. Im deutschen Recht lassen dagegen sowohl das GmbHG (§ 7 Abs. 2 GmbHG) als auch das AktG (§ 36a Abs. 1 AktG) die ratenweise Einzahlung auf das Kapital zu.

Mit der h.M. in deutscher Lehre und Rechtsprechung ist anzunehmen, dass die Abtretung und Verpfändung der Forderung auf die Resteinlage nur insoweit zulässig ist, als dadurch der Grundsatz der realen Kapitalaufbringung nicht beeinträchtigt wird[114]. Um die Aufbringung und Erhaltung des Kapitals im Interesse der Gesellschaft und *aller* Gesellschaftsgläubiger zu gewährleisten, muss in das Gesellschaftsvermögen ein vollwertiges Entgelt für die abgetretene bzw. verpfändete Einlageforderung gelangen. Dies ist dann zu bejahen, wenn die Gegenleistung in Geld oder in der Befreiung von einer vollwertigen, liquiden und fälligen Verbindlichkeit besteht. Die Voraussetzungen sind erfüllt, wenn die Gesellschaft in der Lage ist, alle fälligen Schulden in voller Höhe zu bezahlen. Die Einlageforderung kann auch zur Sicherung eines der Gesellschaft gewährten

---

[111] *Raiser*, KapGesR, § 28, Rn. 16.
[112] Hachenburg/*Müller*, § 24 GmbHG, Rn. 2;
[113] Vgl. Scholz/*Emmerich*, § 24 GmbHG, Rn. 1, der im § 24 GmbHG einen Ausgleich für die im Verhältnis zum Aktienrecht wesentlich vereinfachte Gründung einer GmbH sieht. Distanzierend Hachenburg/*Müller*, § 24 GmbHG, Rn. 2.
[114] BGHZ 53, S. 71, 72; Hachenburg/*Ulmer*, § 19 GmbHG, Rn. 118; *K. Schmidt*, GesR. S. 1115 ff.; *Bayer*, ZIP 1989, S. 8 ff.; *Lutter*, in: KK, § 66, Rn. 47.

Darlehens abgetreten werden, wenn der Gesellschaft das Geld in entsprechender Höhe zufließt. Sonst ist der Abtretung die Wirksamkeit abzusprechen und zwar insbesondere in Fällen, in denen die Gesellschaft zahlungsunfähig oder überschuldet ist[115]. Ausnahmen von dem Erfordernis der Vollwertigkeit sind dann zuzulassen, wenn das einzuzahlende Kapital seine zwei wichtigsten Funktionen nicht mehr zu erfüllen vermag, d.h. wenn es weder eine Haftungsmasse zur gleichmäßigen Befriedigung aller Gläubiger noch eine Betriebsgrundlage für die Gesellschaft darstellt[116]. Dies ist in den Fällen zu bejahen, in denen die Gesellschaft ihre Tätigkeit eingestellt hat und der Zessionar bzw. Pfandgläubiger der einzige Gläubiger ist sowie wenn ein Konkursverfahren mangels Masse abgelehnt wurde. In diesen Fällen kann der Gläubiger die Einlageforderung pfänden bzw. sich abtreten lassen, ohne dass es auf die Vollwertigkeit seiner Forderung gegen die Gesellschaft ankommt.

Wird die Einlageforderung nach den oben dargestellten Regeln wirksam abgetreten, so besteht auch kein Anlass für die Anwendung der strengen Regeln der Kapitalaufbringung (§§ 19 Abs. 2, 5 GmbHG, § 66 Abs. 2 AktG, Art. 14 § 4 HGGb) im Verhältnis zwischen dem Zessionar (Pfandgläubiger) und dem Bareinlageschuldner[117]: Einerseits kann der Zessionar dem Einlageschuldner seine Verbindlichkeit erlassen oder stunden; andererseits kann der letztere seine ihm direkt gegen den Zessionar zustehende Forderung nach den allgemeinen zivilrechtlichen Regeln aufrechnen (§§ 387 ff. BGB, Art. 498 pol. ZGB). Auch die Vorschriften über das Kaduzierungsverfahren (§§ 21 ff GmbHG, § 63 AktG, Art. 331 HGGB) sind nicht anwendbar, weil ihr Schutzzweck – Sicherung der realen Kapitalaufbringung – mit der wirksamen Abtretung, welche stets das Gelangen einer vollwertigen Gegenleistung in das Gesellschaftsvermögen voraussetzt, entfallen ist.

V. Rechtsvergleichende Ergebnisse

Im Ergebnis der vorangehenden rechtsvergleichenden Untersuchung ist festzuhalten, dass sowohl im deutschen als auch im polnischen Recht ausschließlich

---

[115] Vgl. *Bayer*, aaO., S. 9; *K. Schmidt*, aaO., S. 1116.

[116] BGH NJW 1992, S. 2229 = ZIP 1992, S. 993; *K. Schmidt*, ZHR 157 (1993), S. 291 ff. Hachenburg/*Ulmer*, § 19 GmbHG, Rn. 119.

[117] Hachenburg/*Ulmer*, § 19 GmbHG, Rn. 121; *Lutter*, in: KK, § 66 AktG, Rn. 46.

die Leistung der Bareinlagen zur freien Verfügung der Geschäftsführer bzw. der Vorstandsmitglieder den Gesellschafter von seiner Einlagepflicht befreit. Die freie Verfügung über die vor der Anmeldung einzuzahlenden Einlagen ist nur dann zu bejahen, wenn erstens die versprochenen Mittel der Gesellschaft so tatsächlich zugekommen sind, dass ihre Geschäftsführer bzw. ihr Vorstand daran Verfügungsmacht erworben hat, und wenn sie zweitens nicht an den Einleger infolge unzulässiger Verwendungsabreden zurückgeführt werden. Die im deutschen Schrifttum und in der Rechtsprechung ausgearbeiteten Fälle der mangelnden freien Verfügung sind auch im polnischen Recht der Kapitalgesellschaften von Bedeutung, was in der neuesten polnischen Kommentarliteratur bestätigt wurde. Rechtsfolge der fehlenden Leistung zur freien Verfügung soll jedoch auch im polnischen Recht nicht lediglich die Haftung der Vorstandsmitglieder für falsche Angaben (Artt. 290, 470 pol. HGB, Artt. 291, 479 HGGB), sondern in erster Linie die fehlende Befreiung des Einlegers von seiner Einlagepflicht sein. Im deutschen und polnischen Recht wird der Begriff der Leistung zur endgültigen freien Verfügung in seinem zeitlichen Aspekt unterschiedlich verstanden, was bereits beim Vergleich des materiellen Gehalts der entsprechenden Normen auffällt (§ 8 Abs. 2 GmbHG, § 37 Abs. 1 AktG, Artt. 166 § 1 Pkt. 2, 320 § 1 Pkt. 3 HGGB). Während die neuen polnischen Vorschriften nur einen einmaligen, tatsächlichen Mittelzufluss im Zeitraum vor der Anmeldung zu sichern bezwecken, wird aufgrund der deutschen Regelung von der h.M. mindestens die wertgleiche Deckung des Kapitals im Zeitpunkt der Anmeldung der Gesellschaft bzw. der Kapitalerhöhung verlangt. Der Unterschied ist auf das unterschiedliche Verständnis des Grundsatzes der Unversehrtheit des Kapitals in beiden Ländern zurückzuführen.

In beiden Rechtssystemen ist besonders umstritten, ob bzw. unter welchen Bedingungen sich die Gesellschafter durch Aufrechnung von ihrer Bareinlagepflicht befreien können. Im deutschen Recht ist die einseitige Aufrechnung des Gesellschafters mit seiner Bareinlageverpflichtung gesetzlich verboten (§ 19 Abs. 2 GmbHG, § 66 AktG). In der deutschen Literatur und Rechtsprechung hat sich die strenge Auffassung durchgesetzt, wonach die vertragliche bzw. einseitig durch die Gesellschafter vorgenommene Aufrechnung ausschließlich mit jenen Forderungen zulässig ist, welche nach der Eintragung der Gesellschaft bzw. der Kapitalerhöhung entstanden sind. Im polnischen HGB 1934 stellte das Fehlen einer dem § 19 Abs. 2 GmbHG entsprechenden Regelung eine erhebliche Gesetzeslücke dar, welche im neuen Recht durch die Vorschrift des Art. 14 § 4 geschlossen worden ist. Die in dieser Vorschrift zugleich ausdrücklich für zulässig erklärte vertragliche Aufrechnung ist allerdings im Hinblick auf die Interessen der Gläubiger einengend auszulegen: Der Aufrechnungsvertrag oder die Aufrechnung durch die AG bzw. die GmbH wird den Aktionär bzw. Gesellschafter nur dann von seiner Bareinlageschuld befreien, wenn seine Forderung gegen die Gesellschaft fällig, unbestritten ist und vollständige Deckung im liquiden Gesellschaftsvermögen findet. Sonst muss diese Forderung als Sacheinlage erbracht werden. Ähnlich sind die Abtretung bzw. Verpfändung der Einlageforderung nur dann zulässig, wenn der Gesellschaft eine vollwertige Gegenleistung zufließt.

Kapitel 5
Fragen der Sacheinlagefähigkeit

I. Problemstellung

Die lebhafte Diskussion über die Sacheinlagefähigkeit, die in der umfangreichen polnischen Literatur und Rechtsprechung ihren Niederschlag findet, ist in Polen durch den Aufeinanderprallen zweier gegenseitiger rechtspolitischer Ansätze geprägt. Einerseits hat man auf die Unterkapitalisierung der polnischen Wirtschaft im allgemeinen (sog. „Kapitalhunger") und auf die Unterentwicklung des Sektors der Privatunternehmen insbesondere hingewiesen[1]. Die negativen Konsequenzen dieses Tatbestandes könnten mindestens teilweise durch eine liberale Auslegung der Vorschriften über die Sacheinlagen gemildert werden. Dadurch soll die Umwandlung eines breiten Spektrums verschiedener wirtschaftlicher Werte in das Stammkapital der Gesellschaften ermöglicht werden, worin der wirtschaftliche Sinn der Sacheinlage als eines wichtigen Finanzierungsinstruments liege. Als entscheidendes Kriterium der Einlagefähigkeit wäre dann die Nützlichkeit eines Vermögensgegenstandes für das Unternehmen einer bestimmten Kapitalgesellschaft zu betrachten[2]. Diese Auffassung stellt also die wirtschaftliche Funktion des Stammkapitals an die erste Stelle: es genüge, wenn die Einlage der Gesellschaft zur Verfügung stehe und im Rahmen des Gesellschaftsunternehmens nutzbar gemacht werden könne. Gegen eine solche großzügige Interpretation sprechen allerdings die dem Schutze der Gesellschaftsgläubiger dienende Garantiefunktion des Stammkapitals, wonach das der Höhe der Stammkapitalziffer entsprechende Gesellschaftsvermögen eine Haf-

---

[1] Vgl. *Żuławska*, PS 7-8/ 1993, S. 9 ff.; *Szumański*, Wkłady, S. 54 f.; *A.W. Wiśniewski*, Spółki kapitałowe, Warszawa 1995, S. 42 f.; *Sołtysiński*/Szajkowski/Szwaja, Einleitung, Rn. 199; Sołtysiński/*Szajkowski*/ Szwaja, Art. 163 pol. HGB, Rn. 9a; *Marr*, Das polnische GmbH-Recht, S. 20.

[2] So insbesondere *A.W. Wiśniewski*, Prawo o spółkach, Bd. 2, S. 93, Bd. 3, S. 112-120; *Żuławska*, PS 7-8/1993, S. 9, 12., *Szajkowski*, Prawo spółek, S. 104 ff; *Minas*, Rejent 9/1995, S. 49, 84; *Jacyszyn*, Rejent 12/1992, S. 9 ff.

tungsmasse für die Gläubiger darstellen soll[3]. Danach können Sacheinlagen nur solche Vermögensgegenstände sein, die den Gesellschaftsgläubigern als Befriedigungsobjekt dienen können.

Da man sich bei Lösung der Fragen der Sacheinlagefähigkeit im polnischen Schrifttum oft auf die deutschen Erfahrungen berufen hat[4], bietet sich eine komplexe rechtsvergleichende Darstellung des Problems an.

II. Gesetzliche Regelung

Der Begriff „Sacheinlage" (oder wörtlich aus dem Polnischen übersetzt „nicht in Geld bestehende Einlagen") kam in einer Reihe von Sondervorschriften des polnischen HGB vor (Art. 163, 176, 311 § 2, 312 § 1, 314 § 3, 347 pol. HGB), in denen der Gesetzgeber den mit der Sachgründung für die reale Deckung des Kapitals verbundenen Gefahren Rechnung trug. Das pol. HGB 1934 enthielt jedoch weder eine legale Definition der Einlagefähigkeit noch bestimmt es die Merkmale, die sacheinlagefähige Vermögensgegenstände haben sollen.

Im neuen Gesetz bestimmt Art. 14 § 1 HGGB, dass weder ein unveräußerliches Recht noch Arbeits- bzw. Dienstleistungen Sacheinlagen in die Kapitalgesellschaft sein können. Die Vorschrift befindet sich im allgemeinen Teil des künftigen Gesetzes, was zur Folge hat, dass sie für alle Kapitalgesellschaften sowie durch Verweisung des Art. 126 § 1 Pkt. 2 HGGB auch für die KGaA[5] maßgeblich sein wird. Sie stellt eine Umsetzung des Art. 7 der Kapitalrichtlinie dar, wonach einlagefähige Vermögensgegenstände einen feststellbaren wirtschaftlichen Wert haben müssen und nicht in Verpflichtungen zu Arbeits- oder Dienstleistungen bestehen können. Soweit die geplante Regelung die Einlagefähigkeit von Dienstleistungen ausschließt, stellt sie eine Kodifizierung der in der polni-

---

[3] Vgl. *Szumański*, PPH 1/1995, S. 1, 2; *ders*, Wkłady, S. 57 ff.; Pyzioł/Szumański/*Weiss*, Prawo spółek, S. 221 f.; Sołtysiński/Szajkowski/Szwaja, Art. 311 pol. HGB, Rn. 21; *Kanarek*, Anmerkung zum Urteil des pol. OG v. 26.4.1992, Palestra, 9-10/1992, S. 24 ff.; *Żuławska*, aaO.; *Marr*, Das polnische GmbH-Recht, S. 19 ff.

[4] Vgl. *C. Wiśniewski*, PUG 5/1991, S. 37 ff.; *Szumański*, aaO., PPH 1/1995, S. 2; *Sołtysiński*/ Szajkowski/ Szwaja, Einleitung, Rn. 204; *Niestrzębski/Wołkowicz*, PPH 5/1997, S. 20 f.

[5] Im HGGB ist die KGaA als eine Personengesellschaft ohne Rechtspersönlichkeit ausgestaltet (Art. 125 ff HGGB). Bezüglich der auf die KGaA anwendbaren Vorschriften enthält Art. 126 HGGB eine mit § 278 Abs. 2 und 3 AktG identische Regelung.

schen Doktrin einhellig anerkannten Ansicht dar[6]. Eine Neuheit ist dagegen die ausdrückliche Ablehnung der Einlagefähigkeit von unveräußerlichen Rechten. Wird diese Bestimmung geltendes Recht, so ist fragwürdig, ob die in der Rechtsprechung des OG angenommene, aber in der Lehre umstrittene Auffassung, wonach der Nießbrauch an einem Grundstück als Sacheinlage eingebracht werden könne (entweder im Wege dessen konstitutiver Bestellung oder durch Überlassung zur Ausübung), ihre Geltung behält[7].

Das deutsche positive Recht der Kapitalgesellschaften enthält ebenfalls nur eine bruchstückhafte Regelung darüber, was Gegenstand einer Sacheinlage sein kann. Die Regelung des § 27 Abs. 2 AktG, in der die genannte europarechtliche Vorgabe umgesetzt wurde, wird in der deutschen Literatur ganz überwiegend als Ausdruck eines allgemeinen Grundsatzes des Kapitalgesellschaftsrechts mit der Folge angesehen, dass sie auch bei der GmbH für die Beurteilung der Sacheinlagefähigkeit herangezogen wird[8]. Zugleich stellt sie keine abschließende Regelung dar, sondern enthält vielmehr lediglich Anhaltspunkte für die positive Bestimmung der Sacheinlagefähigkeit[9]. Im Ergebnis ist die Präzisierung des Begriffes der Einlagefähigkeit auch in Deutschland Lehre und Rechtsprechung überlassen worden.

III. Kriterien der Einlagefähigkeit

1. Polnisches Recht

a). Rechtsprechung des polnischen OG

Das Problem der Bestimmung von Kriterien der Sacheinlagefähigkeit beschäftigt polnische Gerichte meistens im Zusammenhang mit der Entscheidung, ob im

---

[6]Vgl. *Sołtysiński*/Szajkowski/Szwaja, Einleitung, Rn. 201; Pyzioł/Szumański/*Weiss*, aaO., S. 222, *Szumański*, Wkłady, S. 202 f. **A.A.** *A.W.Wiśniewski*, Prawo o spółkach, Bd. 2 S. 102 nach dem nur die „vororganisatorischen" gemäß Art. 163 Abs. 2 pol. HGB nicht einlagefähig seien. Einlagefähig seien dagegen Dienstleistungen wie Erstellung einer Marktanalyse oder Bestellung einer Garantie für die der Gesellschaft erteilten Kredite.

[7]Dazu sogleich Kapitel 5, III.2.d). und V.1.a).bb).

[8]Hachenburg/*Ulmer*, § 5 GmbHG, Rn. 30; Scholz/*Winter*, § 5 GmbHG, Rn. 42; *Boehme*, Kapitalaufbringung durch Sacheinlagen, Diss. 1999, S. 11; *Knobbe-Keuk*, ZGR 1980, S. 214 f. .

[9]So ausdrücklich Begründung zu Nr. 4 b des Regierungsentwurfes, BT- Drucks. 8/1678, S. 12.

Einzelfall ein bestimmtes Vermögensrecht als Sacheinlage in die Kapitalgesellschaft eingebracht werden kann. Nichtsdestoweniger gelang es dem polnischen OG in einer Reihe von Entscheidungen, einige allgemeine Regeln auszuarbeiten, nach denen sich die Einlagefähigkeit beurteilt. Zu nennen sind hier insbesondere zwei Urteile des OG: Beschluss vom 7.5.1990 (für die AG)[10] und Entscheidung vom 19.9.1990 (für die GmbH)[11], in denen sich die Tendenz zur breiten, liberalen Auslegung des Einlagefähigkeitsbegriffes niederschlägt. Danach kann jeder Vermögensgegenstand („eine Sache oder ein Recht") in die Kapitalgesellschaft als Sacheinlage eingebracht werden, soweit er übertragbar (veräußerlich) ist und als Aktivum in die Bilanz aufgenommen werden kann. Das polnische OG erfasst dabei das Kriterium der Bilanzfähigkeit eher im materiellen Sinne, indem er auf den fassbaren wirtschaftlichen Wert des Einlagegegenstandes abstellt, der bewertet und in der Bilanz als Aktivposten ausgewiesen werden kann. Keine entscheidende Bedeutung für die Feststellung, ob ein Vermögensgegenstand sacheinlagefähig ist, kommt nach der Auffassung des OG der Möglichkeit der Einzelverwertung im Liquidations- oder Konkursverfahren zu[12]. Es reiche vielmehr aus, dass die Sacheinlage einen feststellbaren wirtschaftlichen Wert habe und sich im Unternehmen der Gesellschaft verwerten lasse. Im entschiedenen Fall hat der Gerichtshof die Bestellung des Nießbrauchs an einem Grundstück zugunsten der GmbH für eine bestimmte Zeit als zulässige Einlage anerkannt.

Eine Zusammenfassung der ausgearbeiteten Kriterien sowie eine Übersicht einlagefähiger Gegenstände und Rechte enthält die für die Fragen der Sacheinlagefähigkeit im polnischen Recht grundsätzliche Entscheidung des OG vom 2.3.1993[13]. In der Begründung hat das OG betont, dass bei der Antwort auf die Frage, ob ein bestimmtes Recht sacheinlagefähig ist, die Garantiefunktion des Stammkapitals und das Prinzip seiner realen Aufbringung berücksichtigt werden sollten. Es gelte der Grundsatz, dass der Sacheinlagegegenstand bereits ein Aktivum in der Hand des Gesellschafters sein müsse. Deswegen scheide die Ver-

[10] III CRN 97/90, nicht veröffentlicht; Tenor des Urteils abgedruckt in: *Szumański*, Wkłady, S. 333.

[11] III CRN 268/90 veröffentlicht in: Problemy Ustawodawstwa Gospodarczego (Probleme der Wirtschaftsgesetzgebung), 5/1991, Pos. 25 und in: *Strzępka*, aaO., S. 312.

[12] Entscheidung des pol. OG v. 26.4.1991 (III CZP 32/91), veröff. in: OSN CP 1/1992, Pos. 7.

[13] III CZP 123/92, veröff. in: OSNCP 10/1993, Pos. 167 = MoP 3/19973 S. 75 ff. = *Strzępka* (Hrsg.), aaO., S. 433.

pflichtung des Gesellschafters, in Zukunft einen bestimmten Geldbetrag auf das Stammkapital zu leisten, als taugliche Sacheinlage aus. Innerhalb der in Art. 16 pol. HGB bestimmten Grenzen habe das Registergericht die Struktur des infolge der Einlageleistung gebildeten Gesellschaftsvermögens und die Proportionen zwischen seinen Bestandteilen zu berücksichtigen, „ohne dabei die Bewertung der Sacheinlage und insbesondere der als Einlage zu erbringenden Forderung außer Acht zu lassen“. Dem OG geht es vor allem darum zu verhindern, dass ein unverhältnismäßig hoher Teil des Stammkapitals im Einzelfall durch schwer veräußerliche, insbesondere immaterielle Werte gedeckt wird. Das bedeutet, dass immaterielle Werte selbst dann, wenn sie an sich einlagefähig sind, im Einzelfall ungeeignet sein können, die vollständige Deckung des Stammkapitals zu bewirken. Zugleich hat das OG an seiner früheren Entscheidung festgehalten, wonach auch der gesondert nicht veräußerliche Nießbrauch als Sacheinlage bestellt werden kann. Insgesamt markiert das letztgenannte Urteil des OG ersichtlich die Abkehr von der früheren liberalen Auslegung der Vorschriften über Sacheinlagen.

Diese Rechtsprechungslinie hat das pol. OG im Urteil vom 26.3.1998[14] bestätigt: Gemäß Art. 16 § 2 pol. HGB soll das Registergericht „unter Anwendung einer besonderen Sorgfalt“ die Angaben über die Sacheinlage prüfen. Das entscheidende Kriterium der Sacheinlagefähigkeit bestehe darin, ob ein bestimmter Gegenstand zur Verstärkung des wirtschaftlichen Potentials der Gesellschaft beitrage. Damit dem Vertrauen des Rechtsverkehrs auf die im Handelsregister verlautbarten Angaben Rechnung getragen werde, sei Aufgabe des Registerrichters, die Sacheinlagefähigkeit „unter dem Gesichtspunkt des realen Wertes eines konkreten Vermögensgegenstandes für die Gesellschaft“ zu prüfen[15].

b). Die Lehre

In der neuesten polnischen Literatur hat sich *Szumański* in seinem monographischen Werk über Sacheinlagen in Kapitalgesellschaften mit den bisher in der

---

[14] I CKN 227/98, veröff. in: OSNC 11/1998, Pos. 179 = Glosa, 10/1998, S. 21.

[15] Kritisch dazu *A. Opalski*, Anmerkung zum Urteil des pol. OG vom 26.3.1998, Glosa, 12/1999, S. 21, 22: das Registergericht habe keine Möglichkeit zu prüfen, inwieweit ein bestimmter Vermögensgegenstand für das Gesellschaftsunternehmen wirtschaftlich nützlich sein könne. Ähnlich: *Kidyba*, Art. 163, Rn. 6.

polnischen Lehre und Rechtsprechung vertretenen Auffassungen über die Einlagefähigkeit kritisch auseinandergesetzt[16]. Unter Bezugnahme auf die polnische und ausländische, insbesondere deutsche Literatur und Rechtsprechung hat der Verfasser die folgenden Merkmale der Einlagefähigkeit vorgeschlagen:

- erstens die Möglichkeit der Bestimmung, der Bewertung und des bilanziellen Ausweises eines Vermögensgegenstandes, was eine Mindestvoraussetzung der Sacheinlagefähigkeit darstellt,
- zweitens die Möglichkeit der rechtlichen Verfügung über den Einlagegegenstand seitens des Inferenten, entweder in der Form der konstitutiven Bestellung eines Rechts oder im Wege dessen translativer Übertragung,
- drittens die Möglichkeit, der Gesellschaft die freie Verfügung über die Sacheinlage zu verschaffen, so dass diese im Rahmen des Gesellschaftsunternehmens nutzbringend eingesetzt werden kann;
- viertens die Vollstreckungsfähigkeit eines Vermögensrechts.

Da die Vermögensrechte, die auf das Kapital aufgebracht werden könnten, keinen geschlossenen Katalog darstellten, sollen die Registergerichte immer einen „Test der Sacheinlagefähigkeit" anhand der oben angegebenen Kriterien durchführen. Unter dem Gesichtspunkt der realen Kapitalaufbringung wäre es zwar angebracht, wenn alle aufgeführten Merkmale gleichzeitig erfüllt werden. Die Tatsache jedoch, dass ein Einlagegegenstand eines der Kriterien besonders intensiv erfülle, könne das Ausbleiben der anderen Merkmale kompensieren[17].

In der polnischen Lehre ist insbesondere das letztgenannte Kriterium umstritten, d.h. inwieweit das Merkmal, dass ein bestimmtes Vermögensrecht gesondert übertragbar (verkehrsfähig) und verwertbar ist, bei der Beurteilung seiner Einlagefähigkeit von Bedeutung sein kann. Vereinzelt wird die Auffassung vertreten, die Möglichkeit der Einzelverwertung durch die Gläubiger stelle im Hinblick auf den Schutz ihrer Interessen ein unverzichtbares Kriterium der Einlagefähigkeit dar[18]. Die wohl h.M. folgt dagegen dem pol. OG, welcher die Einzelübertragbar-

---

[16] *Szumański*, Wkłady niepieniężne do spółek kapitałowych (Sacheinlagen in die Kapitalgesellschaften), Warszawa 1997.
[17] *Szumański*, aaO., S. 213.
[18] Pyzioł/Szumański/*Weiss*, Prawo spółek, S. 221; *Sołtysiński*, aaO., Art. 311 pol. HGB, Rn. 109; *Szumański*, PPH 1/1995, S. 1, 3 (aufgegeben in: Wkłady, aaO.).

keit nicht als ein entscheidendes, sondern nur als ein Hilfskriterium betrachtet[19]. Da das Stammkapital keine unantastbare Vermögensmasse darstelle, die zur Befriedigung der Gesellschaftsgläubiger in natura erhalten bleiben müsse, könne man auch nicht davon ausgehen, dass der konkrete Einlagegegenstand im Zeitpunkt künftiger Vollstreckungshandlungen noch zum Gesellschaftsvermögen gehöre. Der Verwertbarkeit in der Zwangsvollstreckung und im Konkurs könne jedoch im Einzelfall dann subsidiäre Bedeutung zukommen, wenn etwa das ganze Stammkapital einer neu zu gründenden GmbH mit schwer vollstreckbaren Sacheinlagen (wie z.B. *know-how* oder Nießbrauch) gedeckt werde[20].

Der dargestellte Meinungsstreit erlangt besondere Relevanz vor dem Hintergrund der geplanten Regelung des Art. 14 § 1 HGGB, wonach der Gegenstand der Sacheinlage nicht ein unübertragbares Recht sein kann[21].

2. *Kriterien der Sacheinlagefähigkeit im deutschen Recht*

In der deutschen Lehre herrscht Einigkeit darüber, dass einlagefähig nur diejenigen vermögenswerten Gegenstände sind, die ein Objekt des Rechtsverkehrs sein können und einen fassbaren wirtschaftlichen Wert haben. Umstritten sind dagegen zwei weitere Kriterien, die bei der Beurteilung der Sacheinlagefähigkeit herangezogen werden: die Möglichkeit, einen Vermögensgegenstand als Aktivposten in der Bilanz der Gesellschaft auszuweisen, und die (selbständige) Verwertbarkeit des infragestehenden Vermögensrechts.

a). Feststellbarer wirtschaftlicher Wert und funktionale Äquivalenz

Gegenstand einer Sacheinlage können Vermögensgegenstände sein, die einen in Geld feststellbaren Wert haben[22]. Sonst wäre die gesetzlich vorgeschriebene Be-

---

[19]Entscheidung des pol. OG v. 26.4.1991 (III CZP 32/91), veröff. in: OSN CP 1/1992, Pos. 7; *Minas*, Rejent 9/1995, S. 92; *Niestrzębski/Wołkowicz*, PPH 1997, S. 30; *Żuławska*, aaO., S. 12; *Kidyba*, Art. 163 pol. HGB, Rn. 6 und Rn. 15 Pkt. 7; *A.W. Wiśniewski*, Prawo o spółkach, Bd. 3, S. 113; *Szumański*, Wkłady, S. 101 u. 142 (kein entscheidendes, sondern nur subsidiäres Kriterium der Einlagefähigkeit).

[20] So insbesondere *Szumański*, Wkłady, S. 101, 103,

[21] Zur Stellungnahme siehe in diesem Kapitel, unter III.2.d).

[22]*Lutter*, Kapital, S. 231 ff; *ders.*, in KK, § 183 AktG Rn. 9 ff.; *Kraft*, in. KK, § 27 AktG, Rn. 13 ff.; Hachenburg/*Ulmer*, § 5 GmbHG, Rn. 30 ff; Scholz/*Winter*, § 5 GmbHG, Rn. 42; *Lutter/Hommelhoff*, § 5 GmbHG, Rn. 14 ff; *Röhricht*, in: Großkom. zum AktG, § 27, Rn. 17 ff., *Knobbe-*

wertung der Sacheinlage und ihre Festsetzung im Gesellschaftsvertrag unmöglich (§ 5 Abs. 4 GmbHG, § 27 Abs. 2 AktG). Anstelle der Bareinlage muss der Gesellschaft etwas geleistet werden, was ihr wirtschaftlich betrachtet im Ergebnis denselben Wert zuführt wie die Einzahlung eines entsprechendes Geldbetrages. Im Zusammenhang damit wird im deutschen Schrifttum die funktionale Äquivalenz von Sach- und Bareinlagen als entscheidendes Kriterium der Einlagefähigkeit vorgeschlagen: Danach hätten die Sacheinlagen die gleichen Funktionen wie Geldeinlagen wahrzunehmen und müßten wie diese zur Kapitalaufbringung geeignet sein[23]. Dieses letze Kriterium hat auch im polnischen Schrifttum Beachtung gefunden[24].

b). Leistung zur freien Verfügung und Aussonderung aus dem Gesellschaftervermögen

Einlagefähig sind die Vermögensrechte nur dann, wenn sie sich aus dem Vermögen des Einlegers aussondern lassen und der Gesellschaft zur freien Verfügung, d.h. frei von jedem Einfluss aus der Sphäre des Inferenten, gestellt werden können, damit die Geschäftsführer bzw. Vorstandsmitglieder sie rechtlich und tatsächlich für die Gesellschaft verwenden können. Nicht erforderlich ist dabei, dass die Sacheinlage zuvor im Eigentum des Sacheinlegers gestanden hat und von diesem auf die Gesellschaft übertragen worden ist. Der Berechtigte soll allerdings der Einbringung zustimmen, ggf. bereits im Gesellschaftsvertrag. Ansprüche wegen Sach- oder Rechtsmängeln kann die Gesellschaft lediglich gegen Einleger geltend machen[25].

Dem Kriterium der Aussonderung aus dem Gesellschaftervermögen kommt dann besondere Bedeutung zu, wenn die Sacheinlage in Rechten der Gesellschaft gegenüber dem Inferenten besteht. Keine tauglichen Einlagen stellen deswegen bloße obligatorische Verpflichtungen des Gesellschafters dar, wenn kein realer Wert aus seinem Vermögen ausscheidet und in das der Gesellschaft gelangt.

Keuk, ZGR 1980, S. 214, 215.

[23] Hachenburg/*Ulmer*, § 5 GmbHG, Rn. 36; ihm folgend: *Lutter*, aaO., *K. Schmidt*, GesR., S. 572 f.; *Röhricht*, aaO., Rn. 20.

[24] Vgl. *Szumański*, Wkłady, S. 101; *C. Wiśniewski*, aaO., PUG 5/1991, S. 41; *Niestrzębski/Wołkowicz*, aaO., S. 20, 30.

[25] Hachenburg/*Ulmer*, § 5 GmbHG, Rn. 37.

Die Erfordernisse der freien Verfügbarkeit und der Aussonderung aus dem Gesellschaftervermögen stellen auch nach der polnischen Lehre unverzichtbare Kriterien der Einlagefähigkeit dar[26].

c). Bilanzierungsfähigkeit ?

Nach der heute insbesondere im deutschen GmbH-rechtlichen Schrifttum überwiegenden Auffassung stellt die Bilanzierungsfähigkeit im Sinne der Aktivierbarkeit keine selbständige Voraussetzung der Sacheinlage dar[27]. Gemäß dem Grundsatz der realen Kapitalaufbringung soll vielmehr entscheidend sein, dass der Einlagegegenstand einen fassbaren Vermögenswert darstellt. Nicht aus der Bilanzierungsfähigkeit ergebe sich die Sacheinlagefähigkeit, sondern aus der Sacheinlagefähigkeit eines Gegenstandes sei zu folgern, dass er in die Eröffnungsbilanz der Gesellschaft aufgenommen werden könne und müsse. Der Bilanzierbarkeit könne höchstens Indizwirkung zugesprochen werden[28]. Diese Ansicht findet Anklang in der höchstrichterlichen Rechtsprechung, nachdem der BGH festgestellt hatte, dass das Erfordernis der Bilanzfähigkeit „nicht wörtlich zu nehmen" sei[29].

Ein gewichtiger Teil der deutschen Literatur betrachtet dagegen die Bilanzfähigkeit als „unterste Grenze der Einlagefähigkeit", was zur Folge habe, dass nicht aktivierungsfähige Güter als Sacheinlagegegenstände ausschieden[30]. Diese Auffassung deckt sich mit der in Polen herrschenden Lehre, wonach die Aktivierbarkeit eine notwendige, nicht aber hinreichende Voraussetzung der Einlagefähigkeit darstellt. Hätte man auf dieses Merkmal verzichtet, so wäre man Gefahr

---

[26] *Szumański*, Wkłady, S. 98 m.w.N.; *Żuławska*, PS 1993/7-8, S. 3, 9 ff.

[27] Hachenburg/*Ulmer* § 5 GmbHG, Rn. 32; *Röhricht*, aaO., § 27 AktG, Rn. 21 ff; Scholz/*Winter*, § 5 GmbHG, Rn. 43; *Lutter/Hommelhoff*, § 5 GmbHG, Rn. 1; *Haas*, FS Döllerer, S. 169, 174; *Boehme*, Kapitalaufbringung, S. 19; *W. Meilicke*, BB, 1991, S. 579, 581; *Hüffer*, NJW 1979, S. 1065, 1067.

[28] So insbesondere Hachenburg/*Ulmer*, § 5 GmbHG, Rn. 33; *Lutter/Hommelhoff*, § 5 GmbHG, Rn. 14.

[29] BGHZ 29, S. 300, 304 = DB 1959, 399; kritisch *Knobbe-Keuk*, ZGR 1980, S. 214, 217 („saloppe Äußerung des BGH").

[30] *Knobbe-Keuk*, aaO.; Geßler/Hefermehl/*Eckardt*, § 27 AktG, Rn. 8; *Kraft*, in: KK, § 27 AktG, Rn. 14, 17; *Lutter* in: KK, § 183 AktG, Rn. 10; *K. Schmidt*, ZHR 154 (1990), S. 237, 240; *Ekkenga*, ZHR 161 (1997), S. 599, 618.

gelaufen, dass die Gesellschaft mit einem Bilanzverlust ins Leben trete[31]. Die Aktivierbarkeit als unerlässliche Voraussetzung der Einlagefähigkeit wird im polnischen Schrifttum auch mit dem Hinweis auf das europäische Recht begründet. In der polnischen Fassung ist das Wort „Vermögensgegenstände“ aus Art. 7 der 2. Richtlinie mit *aktywa dające się wycenić*, zu deutsch: „bewertbare Aktiven“ übersetzt worden[32].

d). (Einzel-)Übertragbarkeit ?

Ähnlich wie im polnischen Recht ist auch in Deutschland die Frage umstritten, ob die isolierte Veräußerbarkeit eines Vermögensgegenstandes und seine Pfändbarkeit durch die Gläubiger zu den zwingenden Voraussetzungen der Einlagefähigkeit gehört. Die ganz h.M. verneint diese Frage mit dem überzeugenden Argument, dass die Gläubigerschutzfunktion der realen Kapitalaufbringung nicht in der Eröffnung von Vollstreckungsmöglichkeiten, sondern in der Beibringung eines realen Gesellschaftsvermögens zur Unternehmenssicherung liege, damit die Gesellschaft aus eigener Kraft agieren könne[33]. Es sei deswegen ausreichend, wenn die Sacheinlage im Rahmen der Verwertung des gesamten Unternehmens übertragbar ist. Nach der Mindermeinung sollen dagegen die Sacheinlagen dem gesonderten Gläubigerzugriff unterliegen und in einem auf den Zeitpunkt der Registereintragung aufgestellten hypothetischen Überschuldungsstatus angesetzt werden können[34].

---

[31] So im deutschen Schrifttum: Geßler/Hefermehl/*Eckardt*, § 27 AktG, Rn. 8; *Kraft* in: KK, § 27 AktG, Rn. 14.
In Polen: Beschluss des OG v. 19.09.1990, veröff. in: Problemy Ustawodawstwa Gospodarczego, 5/1991, Pos. 25; *Szumański*, Wkłady, S. 97.

[32] Der polnische Text der 2. Richtlinie wurde in: *Safjan* (Hrsg), Prawo Wspólnot Europejskich a prawo polskie, prawo spółek, Warszawa 1996, veröffentlicht.
Ähnlichen Wortlaut hat das Wort „Vermögensgegenstände“ in der französischen (*élément d'actif*) und in der italienischen (*elementi dell'attivo*) Fassung. Vgl. hierzu *Meilicke*, BB 1991, S. 579, 580.

[33] Hachenburg/*Ulmer*, § 5 GmbHG, Rn. 35; Scholz/*Winter*, § 5 GmbHG, Rn. 44; *Röhricht*, aaO., § 27 AktG, Rn. 31; *Steinbeck*, ZGR 1996, S. 116, 121; *Döllerer*, FS Fleck, 35, 47; *Haas*, FS Döllerer, S. 169, 176, *Bork*, ZHR (1990), 205, 228, *Meilicke*, BB 1991, S. 579, 580; *Frey*, Einlagen in Kapitalgesellschaften, Diss. 1990, S. 93.

[34] So *Boehme*, Kapitalaufbringung, S. 32 ff., 48 ff. Vgl. auch *Lutter*, Kapital, S. 232 (aufgegeben in: KK, § 183 AKtG, Rn. 13); *Hüffer*, § 27 AktG, Rn. 21 (abstrakte Verkehrsfähigkeit erforderlich).

3. *Rechtsvergleichendes Zwischenergebnis*

Für die Bejahung der Einlagefähigkeit ist nach der zur Zeit sowohl in Deutschland als auch in Polen h.M. entscheidend, dass die Sacheinlage ins Vermögen der Gesellschaft übertragen, von dieser im Rahmen ihres Unternehmens genutzt werden kann und sich dadurch auf den Wert des Vermögens erhöhend auswirkt. Die Unterschiede zwischen den in der deutscher Lehre vertretenen Auffassungen in bezug auf die Bilanzierungsfähigkeit als Voraussetzung der Einlagefähigkeit scheinen rein formeller, terminologischer Natur zu sein. Dafür spricht vor allem die Tatsache, dass zwischen dem Gesellschaftsrecht und dem Bilanzrecht kein Spannungsverhältnis im Hinblick auf den Gläubigerschutz besteht[35]. Wie oben dargestellt wurde[36], stellen die beiden Rechtsbereiche sich einander ergänzende Bestandteile eines Systems des Gläubigerschutzes im Kapitalgesellschaftsrecht dar, indem sie mit komplementären Mitteln dem Interesse der Gesellschaftsgläubiger dienen: das Gesellschaftsrecht durch Kapitalaufbringungs- und Kapitalerhaltungsvorschriften, das Bilanzrecht durch den Grundsatz der vorsichtigen Bilanzierung (§ 252 Abs. 1 Nr. 4 HGB, Art. 7 RWG) und durch das daraus abgeleitete Realisations- und Imparitätsprinzip. Der institutionelle Gläubigerschutz soll allerdings *zugleich* auf allen oben im Kapitel 1 dargestellten Ebenen verwirklicht werden. Deswegen erscheint die Feststellung gerechtfertigt, dass nach beiden Rechtssystemen nur diejenigen Vermögensgegenstände auf das Stammkapital eingebracht werden können, die den durch das Gesellschaftsrecht gestellten Kriterien entsprechen und zugleich in der Bilanz der Gesellschaft aktivierbar sind[37]. Insoweit kann die Bilanzfähigkeit als eine notwendige, aber nicht immer hinreichende Voraussetzung der Einlagefähigkeit verstanden werden. So kann z.B. zwar die Forderung der Gesellschaft gegen den Gesellschafter, die sich aus seiner Zusage der Geldleistung an die Gesellschaft ergibt, in ihrer Bilanz auf der Aktivseite ausgewiesen werden. Dies allein reicht jedoch nicht aus, um eine solche Forderung als taugliche Einlage anzusehen, weil es hier an einer endgültigen Aussonderung aus dem Vermögen des Inferenten fehlt[38]. Auf der anderen Seite werden die vom Einleger selbstgeschaffenen immateriellen Vermögensgegen-

---

[35] *Röhricht*, Großkomm zum AktG, § 27 AktG, Rn. 23 ff.

[36] Im Kapitel 1.

[37] Vgl. *Winnefeld*, Bilanz-HdB, N Rn. 47 (der Vermögenswert muss in der Eröffnungsbilanz der Kapitalgesellschaft aktivierungsfähig sein).

[38] Dazu ausführlich in diesem Kapitel, unter V.2.a). und VI.1.

stände, für welche nach § 248 Abs. 2 HGB ein Aktivposten in der Bilanz des Einlegers nicht angesetzt werden darf[39], als einlagefähig betrachtet. Da der Erwerb dieser Güter durch die Gesellschaft gegen Gewährung von Anteilen (Aktien) im Hinblick auf die Objektivierung des Wertes dieser Güter dem entgeltlichen Erwerbsvorgang sowohl in der Gesellschaftsrechtslehre[40] als auch in der Bilanzlehre[41] gleichgestellt wird, können sie auch in der Bilanz der Gesellschaft in einem Aktivposten ausgewiesen werden.

Bei der Entscheidung der Frage nach der Bedeutung der gesonderten Übertragbarkeit für die reale Kapitalaufbringung kommt das Spannungsverhältnis zwischen den zwei Funktionen des Nennkapitals, d.h. der Betriebsfonds- und der Haftungsfondsfunktion, besonders stark zum Ausdruck. Im deutschen wie auch im polnischen Schrifttum trägt die h.M. der ersten Funktion bei der Beurteilung der Sacheinlagefähigkeit Rechnung, ohne dabei jedoch den notwendigen Gläubigerschutz preiszugeben[42]. Demzufolge stellen die isolierte Veräußerlichkeit und Pfändbarkeit keine Voraussetzungen der Einlagefähigkeit dar. Vielmehr ist entscheidend, dass die Gesellschaft durch Einlagen in die Lage versetzt wird, erfolgreich und damit vermögensmehrend am Rechtsverkehr teilzunehmen[43]. Dadurch, dass infolge der Kapitalaufbringung eine Betriebsgrundlage für die wirtschaftliche Tätigkeit der Gesellschaft geschaffen wird, werden auch die Interessen der Gläubiger, die gerade in der erhöhten Ertragsfähigkeit ihrer Schuldnerin liegen, am besten geschützt[44].

---

[39] Im polnischen RWG ist das Aktivierungsverbot der selbstgeschaffenen Vermögensgegenstände zwar nicht ausdrücklich vorgesehen, ergibt sich jedoch aus Art. 3 Abs. 1 Pkt. 13 RWG und wird im Schrifttum im Hinblick auf Art. 9 der Bilanzrichtlinie bejaht. Vgl. *Litwińczuk*, Prawo bilansowe, S. 54.

[40] Hachenburg/*Ulmer*, § 5 AktG, Rn. 32; *Lutter*, in: KK, § 183 AktG, Rn. 10; *Bork*, ZHR (1990), S. 205 232.

[41] *Bork*, ZHR 154 (1990), S. 205, 232 m.w.N.; im pol. Schrifttum: *Litwińczuk*, aaO.

[42] Vgl. die in Fn. 19 und 33 angegebenen Verfasser.

[43] So im deutschen Schrifttum: *Röhricht*, in Großkomm. zum AktG, § 37 AktG, Rn. 30 f.; *Bork*, ZHR 154 (1990), S. 205, 228; *Haas*, FS Döllerer, S. 169, 172.

[44] Unklar ist dabei, inwieweit der Sacheinlagegegenstand mit dem Gesellschaftsunternehmen verbunden sein soll. Vgl. *Frey*, Einlagen in Kapitalgesellschaften, S. 94 (die Sacheinlagen sollten sich im Rahmen des Unternehmensgegenstandes bewegen), A.A. *Lutter*, in: KK, § 183 AktG, Rn. 27; *Lutter/Hommelhoff*, § 5 GmbHG, Rn. 13 (Beziehung der Sacheinlage zum Gegenstand der GmbH nicht erforderlich).
Die in der polnischen Literatur überwiegende Meinung verlangt die Tauglichkeit der Sacheinlage für den Gesellschaftszweck: *Niestrzębski/Wołkowicz*, aaO. S. 30; *Szumański*, Wkłady, S. 101; *Soltysiński*/ Szajkowski/Szwaja, Art. 311 pol. HGB, Rn. 35; *Żuławska*, aaO., S. 8 ff, *A.W. Wiś-*

Auf dem Boden des polnischen Rechts können gegen das Erfordernis der gesonderten Verwertbarkeit auch Argumente normativer Natur ins Feld geführt werden. Nach Art. 831 § 1 Pkt. 3 pol. ZPO sind aus der Vollstreckung auch die unveräußerlichen Rechte nicht ausgeschlossen, deren Ausübung einem anderen überlassen werden kann. Art. 1062 pol. ZPO sieht die Möglichkeit der Zwangsverwaltung im Zuge der Vollstreckung gegen einen unternehmensführenden Schuldner vor. In diesem Fall sind die Gläubiger aus den während der Unternehmensfortführung erzielten Erträgen zu befriedigen[45]. Auch im Konkursverfahren kann das Unternehmen von dem Konkursverwalter fortgeführt werden, wenn dem die Gläubiger zugestimmt haben (Art. 131 § 1 Pkt. 1 pol. KO). Soll das allerdings länger als drei Monate seit der Konkurseröffnung dauern, so ist die gerichtliche Genehmigung einzuholen (Art. 114 pol. KO).

Im Hinblick auf die geplante Regelung des Art. 14 § 1 HGGB, wonach der Gegenstand der Sacheinlage nicht ein unübertragbares Recht sein kann, taucht die Frage auf, ob sich die oben[46] dargestellte herrschende Meinung in der polnischen Literatur und Rechtsprechung über die Einlagefähigkeit des gemäß Art. 254 pol. ZGB unveräußerlichen Nießbrauchs aufrechterhalten lässt[47]. Diese Frage ist dann zu bejahen, wenn man die in Art. 14 § 1 HGGB verlangte „Übertragbarkeit“ eines bestimmten Rechts als Möglichkeit seiner Übertragung *an* die Gesellschaft, aber nicht unbedingt seiner Weiterübertragung *durch* die Gesellschaft versteht. Es muss möglich sein, ein bestimmtes Recht in das Gesellschaftsvermögen, d.h. in die Verfügung des Vorstands einzubringen, damit es im Rahmen des Gesellschaftsunternehmens genutzt werden kann. Art. 14 § 1 HGGB wird deswegen die Einlagefähigkeit von unübertragbaren, mit der Person des Einlegers verbundenen Vermögenspositionen und Forderungen (etwa auf Entschädi-

---

niewski, Prawo o spółkach, B. 3, S. 115-116. **A.A.** *Kidyba*, Art. 163 pol. HGB, Rn. 6; *Szajkowski*, Prawo spółek, S. 104-105 (es fehle an einer gesetzlichen Grundlage für ein solches Erfordernis).

[45] *C. Wiśniewski*, PUG 5/1991, S. 41; *Kopaczyńska-Pieczniak*, Anmerkung zum Urteil des OG v. 26.4.1991, PiP 11/1992, S. 107-108; *Szumański*, Wkłady, S. 145 f.

Vgl. im deutschen Schrifttum Hachenburg/*Ulmer*, § 5 GmbHG, Rn. 35: Die an sich unübertragbaren Vermögenswerte seien dann einbringungsfähig, wenn sie in einem Konkurs- oder Vergleichsverfahren zugunsten der Gläubiger mit Beschlag belegt und durch Weiterführung des Unternehmens ihren Interessen dienstbar gemacht werden könnten. Ähnlich *Lutter* in: KK, § 183 AktG, Rn. 13, mit Hinweis auf BGHZ 62, 133, 136.

[46] Siehe die in der Fn. 19 angegebenen Autoren.

[47] Vgl. *Jacyszyn*, Rejent 1/1999, S. 25, S. 35 (Fn. 18), der die Einlagefähigkeit des Nießbrauchs im künftigen polnischen Recht verneint.

gung wegen Verletzung von persönlichen Rechtsgütern, vgl. Artt. 444-448 pol. ZGB) ausschließen. „Übertragbarkeit" bedeutet daher in diesem Kontext Übertragbarkeit an die Gesellschaft. Die enge funktionale Auslegung dieses Begriffs im Zusammenhang mit Art. 14 § 1 HGGB findet zum einen Unterstützung in der Rechtsprechung des pol. OG, der ein entscheidendes Kriterium für die Einlagefähigkeit in der „Verstärkung des wirtschaftlichen Potentials der Gesellschaft" infolge Leistung eines bestimmten Gegenstandes sieht[48]. Zum anderen hat auch der europäische Richtliniengeber bewusst auf die gesonderte Übertragbarkeit als zwingende Voraussetzung für die Einlagefähigkeit verzichtet[49]. Im Ergebnis ist daher die Einlagefähigkeit des Nießbrauchs zu bejahen, weil er zugunsten der Gesellschaft originär bestellt werden kann. Diese Ansicht wird auch von der h.M. in der deutschen Lehre vertreten[50]. Dem Merkmal der Einzelübertragbarkeit kann jedoch dann Bedeutung zukommen, wenn sich im konkreten Fall eine Gefahr für die Gläubigerinteressen ergibt (z.B. das ganze Gesellschaftsvermögen besteht aus schwer verwertbaren Vermögensgegenständen).

IV. Einlagefähige Vermögensgegenstände

Entsprechend den vorstehenden Kriterien erweisen sich als einlagefähig alle Gegenstände, die einen fassbaren Vermögenswert haben und unter Aussonderung aus dem Einlegervermögen der Gesellschaft zur freien Verfügung übertragen werden können. Der Katalog einlagefähiger Vermögensrechte in beiden Rechtsordnungen unterscheidet sich nur in Details.

Als Sacheinlagen können auf das Kapital in erster Linie das Eigentum und der Eigentumsanteil an beweglichen und unbeweglichen Sachen sowie Sachgesamtheiten, insbesondere Unternehmen, eingebracht werden. Nach deutschem Recht sind Gegenstand der Sacheinlage bei Einbringung eines Unternehmens sämtliche ihm wirtschaftlich zuzurechnenden Vermögenswerte[51]. Die Haftung für die Unternehmensschulden richtet sich grundsätzlich nach § 25 HGB: Im Fall der Fort-

---

[48] Urteil des pol. OG vom 26.3.1998 (I CKN 227/98), veröff. in: OSNC 11/1998, Pos. 179 = Glosa, 10/1998, S. 21.

[49] Vgl. *Meilicke*, BB 1991, S. 579, 580 mit Nachweisen aus der Entstehungsgeschichte der Kapitalrichtlinie.

[50] Vgl. die in der Fn. 19 angegebenen Verfasser.

[51] Vgl. Hachenburg/*Ulmer*, § 5 GmbHG, Rn. 61; *Röhricht*, in: Großkomm. zum AktG, § 27 AktG, Rn. 50.

führung der Firma haftet die Gesellschaft für die Verbindlichkeiten des Sacheinlegers nach § 25 Abs. 1 HGB, wobei im Zweifel auf eine Übernahme der Passiven auch im Innenverhältnis zu schließen ist. Ohne Firmenfortführung hängt die Haftung der Gesellschaft vom Inhalt der Sacheinlagevereinbarung ab[52].

Im polnischen Recht ist das Unternehmen im gegenständlichen Sinne in Art. 51^1 pol. ZGB als Sachgesamtheit der materiellen und immateriellen Bestandteile – sowohl Rechte als auch Verbindlichkeiten und Belastungen – definiert, die der Erreichung eines bestimmten Zwecks dient. In der Lehre ist umstritten, ob die Schulden des Unternehmens auf dessen Erwerber (hier: auf die Kapitalgesellschaft) übergehen. Nach der wohl überwiegenden Meinung gehen die Verbindlichkeiten im Wege der Universalsukzession auf ihn nur dann über, wenn die Gläubiger dieser Schuldübernahme gemäß Art. 519 pol. ZGB zustimmen[53]. Wenn die Zustimmung fehle, hafte der Veräußerer (Einleger) weiter für die Unternehmensschulden. Die erwerbende Kapitalgesellschaft hafte dann solidarisch mit ihm, aber nur bis zur Höhe des Wertes des erworbenen Unternehmens nach Art. 526 pol. ZGB[54]. Nach der im Schrifttum vertretenen und in der Rechtsprechung bestätigten Auffassung, kann ebenfalls ein Unternehmen der ZGB-Gesellschaft bzw. Personenhandelsgesellschaft als Sacheinlage auf das Kapital der Kapitalgesellschaft eingebracht werden (sog. wirtschaftliche Umwandlung von Personen- in Kapitalgesellschaften)[55]. Nach der Auflösung der Personengesellschaft und Abschaffung des Miteigentums zur gesamten Hand bekommt jeder der GmbH-Gesellschafter den GmbH-Anteil, dessen Nominalwert seiner Beteiligung an der Personengesellschaft entspricht.

In der deutschen Literatur sind beschränkte dingliche Rechte, wie Grundpfandrechte, Erbbaurechte, Dienstbarkeiten und Nießbrauchsrechte, und zwar gleichermaßen an eigenen Sachen des Einlegers wie an fremden Sachen, als taugli-

---

[52]Hachenburg/*Ulmer*, aaO.

[53] *Sołtysiński*/Szajkowski/Szwaja, Einleitung, Rn. 55; *Łętowska*, System Prawa Cywilnego (System des Zivilrechts), Band III, Teil 1, 1981, S. 926, 941; *Urbańczyk*, Prawo Spółek, 9/1999, S. 22, 27 m.w.N.

Art. 519 pol. ZGB entspricht § 415 BGB: Die Schuldübernahme kann durch einen Vertrag zwischen dem Schuldner und einem Dritten erfolgen, wenn der Gläubiger dem zustimmt.

[54]Vgl. Wortlaut des Art. 526 pol. ZGB oben, Kapitel 2, Fn. 156.

[55] Urteil des pol. OG v. 22.5.1996 (III CZO 49/96), veröff. in: PPH 3/1997 m. Anm. *Litwińska*; vgl. auch *Szumański*, PPH 8/1995; *Bugajna-Sporczyk*, Prawo Spółek 4/1998.

che Sacheinlagen zugelassen. Die Einbringung solcher Rechte kann entweder durch deren Neubestellung zugunsten der Gesellschaft oder durch Gebrauchsüberlassung an diese erfolgen[56]. Auch aufgrund der Regelung des polnischen HGB 1934 sind dingliche Rechte wie ewiges Nießbrauchsrecht (Art. 232 ff. pol. ZGB)[57], sowie der Nießbrauch in Form der Bestellung zugunsten der Gesellschaft[58] einlagefähig. Anders dagegen als im deutschen Recht, in dem auch die Ausübungsüberlassung eines bereits bestehenden Nießbrauchsrechts zugunsten der Gesellschaft aufgrund des § 1059 S. 2 BGB als Sacheinlage einhellig anerkannt worden ist[59], werden in der polnischen Literatur gegen die Einlagefähigkeit einer solchen Nutzungsüberlassung aus dem Gesichtspunkt des Gläubigerschutzes Bedenken erhoben und zwar im Hinblick auf die Unübertragbarkeit des Nießbrauchsrechts, was sich im Fall der Insolvenz der Gesellschaft zum Nachteil der Gläubiger auswirken kann[60]. Das pol. OG hat dagegen die Einlagefähigkeit des Nießbrauchs sowohl im Fall seiner Bestellung als auch bei bloßer Nutzungsüberlassung aufgrund eines obligatorischen Rechts anerkannt[61], was auch überwiegend die Zustimmung in der Literatur gefunden hat[62]. Nach der hier vertretenen Meinung wird diese Rechtsprechung auch im künftigen Recht (Art. 14 § 1 HGGB) Geltung behalten[63].

Die Einlagefähigkeit der absoluten immateriellen Rechte, die in der polnischen Lehre mit den Sammelbegriffen „intellektuelles Eigentum“[64] oder „Technologie“[65] bezeichnet werden, ist im polnischen Recht überwiegend anerkannt. Diese

---

[56] Hachenburg/*Ulmer*, § 5 GmbHG, Rn. 49; Scholz/*Winter*, § 5 GmbHG, Rn. 45; *Röhricht*, aaO., § 27 AktG, Rn. 39.

[57] Eine ähnliche Funktion im deutschen Recht hat das in §§ 1012-1017 BGB geregelte Erbbaurecht. Zum Rechtsinstitut des ewigen Nießbrauchsrechts vgl. *Tigges*, WiRO 1996, S. 1, 5.

[58] Entscheidung des pol. OG v. 26.4.1991 (III CZP 32/91), veröff. in: OSN CP 1/1992, Pos. 7 und *Strzępka* (Hrsg.), Orzecznictwo, S. 330. Anmerkungen von: *Kopaczyńska-Pieczniak*, aaO.; *Krauss*, PS 3/1992, S. 76- 84 (zustimmend); *Kanarek*, Palestra, 9-10/1992, S. 81 ff.; *Kuniewicz*, PUG 4/1992, S. 89 ff. (ablehnend).

[59] Vgl. Hachenburg/*Ulmer*, § 5 GmbHG, Rn. 49.

[60] *Kanarek*, aaO., *Kuniewicz*, aaO.; *Sołtysiński*/Szajkowski/Szwaja, Art. 311 pol. HGB, Rn. 21.

[61] Entscheidung des pol. OG v. 26.4.1991, aaO. (Fn. 11), sowie Entscheidung v. 2.3.1993 veröff. in OSNCP 10/1993, Pos. 167.

[62] *Kidyba*, Art. 163, Rn. 15 (Pkt. 7); *Szumański*, Wkłady, S. 142; *Krauss*, aaO.; *Kopaczyńska-Pieczniak*, aaO.; *Minas*, Rejent 9/1995, S. 92.

[63] Siehe oben in diesem Kapitel, unter Pkt. III.2.d).

[64] *Jacyszyn*, Rejent 12/1992, S. 9, 14.

[65] Sołtysiński/*Szajkowski*/Szwaja, Art. 163 pol. HGB, Rn. 11 ff.; *Kidyba*, Art. 163 pol. HGB, Rn. 15 (Pkt. 13).

Begriffe umfassen insbesondere Patente, Rechte auf Patente, Gebrauchsmuster, Lizenzen an diesen Rechten, Warenzeichen, urheberrechtliche Verwertungs- und Nutzungsrechte, sowie nicht unter dem Patentschutz stehende technische Kenntnisse und Erfahrungen, die in der Tätigkeit des Unternehmens benutzt werden können (sog. *know-how*). Obwohl die Einlagefähigkeit von *know-how* in der höchstrichterlichen Rechtsprechung ausdrücklich bestätigt wurde[66], hat man dagegen in der polnischen Literatur Bedenken erhoben, und zwar in Hinblick auf die Schwierigkeiten in der richtigen Bewertung, deren Kontrolle durch Gründungsprüfer sowie auf die mangelnde Vollstreckungsfähigkeit dieses Rechts[67]. Wenn man allerdings wie hier[68] das letztgenannte Merkmal als kein entscheidendes, sondern nur als ein subsidiäres Kriterium der Sacheinlagefähigkeit betrachtet, so ist diese den rechtlich nicht geschützten Immaterialgüterrechten nur ausnahmsweise zu versagen. Werden im konkreten Fall die Interessen der Gesellschaftsgläubiger besonders bedroht, wenn etwa das ganze Kapital oder sein überwiegender Teil mit dem *know-how* fragwürdigen Wertes gedeckt wird, so hat der Registerrichter die Eintragung abzulehnen[69]. Ähnlich ist zu verfahren, wenn *know-how* im Gesellschaftsvertrag so allgemein bestimmt wird, dass die Werthaltigkeitskontrolle durch sachverständige Prüfer praktisch unmöglich ist.

Auch in Deutschland wird eine breite Palette von Immaterialgüterrechten als einlagefähig angesehen, und zwar auch dann, wenn sie, wie *know-how*, rechtlich nicht geschützt sind. Solche Rechte müssen sich allerdings aus dem Vermögen des Einlegers ausscheiden lassen und einen feststellbaren Wert haben[70]. Die Möglichkeit einer isolierten Einbringung der Firma und des Kundenstammes wird im polnischen wie im deutschen Recht allgemein verneint. Sacheinlagefähig sind sie nur insoweit, als sie Bestandteile eines Unternehmens sind und dessen Wert erhöhen[71].

---

[66]Entscheidung des Sieben-Richter-Gremiums des OG v. 2.3.1993 veröff. in OSNCP 10/1993, Pos. 167= MoP 3/1993, S. 75 ff. Früher so auch Urteil des Woiwodschaftsgerichts in Warschau v. 2.7.1990, veröff. in: Orzecznictwo Gospodarcze 2/1991, Pos. 24, mit zustimmender Anmerkung v. *Szymanek*. Vgl. auch *Jacyszyn*, Prawo Spółek, 2/1992 , S. 2 ff.

[67]So *Szumański*, PPH 1/1995, S. 1, 6 (*Know-how* als Sacheinlage in die Aktiengesellschaft untauglich), teilweise aufgegeben in: Wkłady, S. 155 ff.

[68] In diesem Kapitel, Pkt. III.3.d).

[69] So jetzt *Szumański*, Wkłady, S. 159 f.; *Kidyba*, Art. 163 pol. HGB, Rn. 15 (Pkt. 15).

[70]Vgl. Hachenburg/*Ulmer*, § 5, Rn. 56 GmbHG; *Röhricht*, aaO., § 27 AktG, Rn. 40 ff., m.w.N.

[71]*Szumański*, Wkłady, S. 204; Scholz/*Winter*, § 5 GmbHG, Rn. 50; Hachenburg/*Ulmer*, § 5 GmbHG, Rn. 56. Für die selbständige Einlagefähigkeit des Kundenstammes: *Röhricht*, aaO., § 27

V. Obligatorische Rechte als Einlage

In beiden Rechtsordnungen bestehen zahlreiche Kontroversen, ob und unter welchen Bedingungen obligatorische Rechte, insbesondere Forderungen und Nutzungsrechte, als Sacheinlagen zur Kapitaldeckung eingebracht werden können. Deswegen verdienen sie hier eine gesonderte ausführliche Behandlung.

1. Polnisches Recht

a). Rechte des Gesellschafters gegen Dritte

aa). Forderungen

Das polnische OG hat die Einlagefähigkeit der Forderungen des Inferenten gegen Dritte in der Begründung zum Urteil v. 2.3.1993[72] zwar anerkannt, zugleich jedoch von zahlreichen Voraussetzungen abhängig gemacht. Danach müssen die Forderungen unabhängig vom Gesellschaftsvertrag vorliegen, also bereits ein Aktivum in der Hand des Gesellschafters darstellen und einen potentiellen wirtschaftlichen Wert für die Gesellschaft haben. Darüber hinaus sei die Einlagefähigkeit einer Forderung von ihrer Fälligkeit und Durchsetzbarkeit (Realisierbarkeit) abhängig. Die mangelnde Vollwertigkeit der Forderung soll dagegen bei ihrer Bewertung berücksichtigt werden.

Im Schrifttum ist die Einlagefähigkeit von Forderungen des Gesellschafters gegen Dritte allgemein anerkannt[73]. Sie haben einen feststellbaren Vermögenswert und können in der Bilanz ausgewiesen werden. Zutreffend wird das vom OG aufgestellte Erfordernis, die Einlagefähigkeit der Forderung sei von deren Fälligkeit abhängig, als übertrieben erachtet. Die fehlende Fälligkeit kann vielmehr bei der Bewertung der Sacheinlage berücksichtigt werden[74]. Soll die Forderung auf das Kapital erbracht werden, so muss im Gesellschaftsvertrag die Person des

AktG, Rn. 44.

[72] Entscheidung des Sieben-Richter-Gremiums des OG v. 2.3.1993 veröff. in OSNCP 10/1993, Pos. 167 = MoP 3/1993, S. 75 ff. = *Strzępka* (Hrsg.), aaO., S. 433.

[73] *Kidyba*, Art. 163 pol. HGB, Rn. 15 (Pkt. 11); *Szumański*, Wkłady, S. 180, m.w.N.

[74] *Sołtysiński*, Art. 311 pol. HGB, Rn. 23; *Szumański*, Wkłady, S. 180 f. **A.A.** *A.W. Wiśniewski*, Prawo o spółkach, Bd. 3, S. 119 (Fälligkeit erforderlich).

Schuldners, der Rechtstitel der Forderung, der Zeitpunkt ihrer Fälligkeit sowie ihr Nennwert angegeben werden. Der letzte wird meistens höher als ihr realer Marktwert sein[75].

Als taugliche Sacheinlagen allgemein anerkannt sind im polnischen Recht die von einem Dritten ausgegebenen Schuldverschreibungen[76] sowie Mitgliedschaftsrechte (Aktien, GmbH-Anteile)[77], welche einen feststellbaren Wert haben und in der Bilanz ausgewiesen werden können. Die h.M. bejaht auch zu recht die Sacheinlagefähigkeit des vom Inferenten ausgestellten, aber von einem Dritten akzeptierten Wechsels[78]. Die in einem gezogenen Wechsel verbriefte Forderung soll wie jede andere Forderung gegen Dritte einlagefähig sein. Die Verbriefung im umlauffähigen Wertpapier wirkt sich positiv auf ihre Übertragbarkeit auf.

bb). Obligatorische Nutzungsrechte

Die Einlagefähigkeit von gegen Dritte gerichteten Nutzungsrechten fand die Anerkennung durch das OG im Urteil v. 26.3.1993[79]. Im entschiedenen Fall wurde auf das Stammkapital einer GmbH das Mietrecht an einem Nutzungsraum eingebracht. In der Urteilsbegründung hat das OG insbesondere auf den fassbaren Vermögenswert und die Übertragbarkeit des Mietrechts hingewiesen. Eine Auffassung in der polnischen Lehre verneint hingegen die Einlagefähigkeit gegen Dritte gerichteter Nutzungsrechte, insbesondere der Miete oder Pacht[80]. Wegen der Abhängigkeit des Nutzungsrechts von dem zugrundeliegenden Rechtsverhältnis zwischen dem Einleger und dem Dritten seien der Bestand und die Fortdauer der Nutzungsrechte für die Gesellschaft mit erheblichen Risiken verbunden. Diesen Gefahren kann allerdings dadurch Rechnung getragen werden, dass man die Einlagefähigkeit eines dem Einleger zustehenden Nutzungsrechts

---

[75] *Szumański*, aaO.; Sołtysiński/*Szajkowski*/Szwaja, Art. 163 pol. HGB, Rn. 9d; *Jacyszyn*, Prawo Spółek 10/1996, S. 16 ff.

[76] *Szumański*, aaO., S. 176; *Minas*, Rejent 9/1995, S. 94, *Jacyszyn*, aaO., S. 17.

[77] Vgl. *Popiołek*, Rejent 9/1995, S. 31 ff.; *Minas*, aaO., S. 94, *Jacyszyn*, aaO. (Fn. 41), S. 16; *Szumański*, aaO., S. 168 m.w.N.

[78] Vgl. Entscheidung des pol. OG v. 20.5.1992 (III CZP 52/92), veröff. in PPH 1/1992, S. 22 f. mit der zustimmenden Anmerkung v. *C. Wiśniewski*; *Mojak*, in der Anmerkung zu diesem Urteil, PiP 6/1993, S. 108, 11; *Minas*, aaO., S. 94; *Jacyszyn*, aaO., S. 17; **A.A.** *Szumański*, aaO, S. 196 (weder gezogener noch Eigenwechsel sind einlagefähig).

[79] III CZP 21/93, veröff. in: *Strzępka*, Orzecznictwo, aaO., S. 450.

[80] *Szumański*, Wkłady, S. 199; *Kidyba*, Art. 163 pol. HGB, Rn. 15 (Pkt. 9).

erstens von der Zustimmung des Eigentümers abhängig macht, zweitens von der Abrede des Einlegers mit dem Eigentümer, die die Kündigung des Rechts in der vereinbarten Nutzungszeit ausschließt, und drittens von der genauen Bestimmung dieser Nutzungszeit im Gesellschaftsvertrag[81]. Der Wert einer sochen Einlage ergibt sich dann aus dem für die Dauer des Nutzungsrechts kapitalisierten Nutzungswert.

b). Rechte gegen den Gesellschafter

aa). Forderungen

Im Urteil v. 2.3.1993[82] hat das pol. OG die Einlagefähigkeit einer Verpflichtung des Gesellschafters zur künftigen Leistung einer bestimmten Geldsumme ausdrücklich abgelehnt. Da die Verpflichtungen des Einlegers nicht sein Aktivum seien, sondern umgekehrt sein Vermögen belasteten, würden sie „der Natur der Sacheinlage" zuwiderlaufen („Schulden sind nicht einlagefähig") und eine Umgehung des Art. 160 Pkt. 2 HGB darstellen, in dem die vollständige und gleichzeitige Kapitalaufbringung vorgeschrieben ist. Sie seien als Scheineinlagen zu betrachten, die die effektive Kapitalaufbringung und – im Hinblick auf die registergerichtliche Publizität – die Sicherheit des Rechtsverkehrs gefährdeten. Würden die Vorstandsmitglieder die im Art. 167 § 1 Pkt. 2 pol. HGB vorgeschriebene Versicherung, dass das Stammkapital vollständig aufgebracht ist, abgeben, so setzten sie sich der strengen Haftung aus Art. 290 pol. HGB aus[83].

Nicht einlagefähig sei ebenfalls eine im Wertpapier, vor allem im eigenen Wechsel inkorporierte Forderung gegen den Gesellschafter. Daran ändere auch die Tatsache nichts, dass der Eigenwechsel mit der Wechselbürgschaft eines Dritten (Art. 30 ff. pol. WechselG vom 1937) versehen ist, was angeblich für dessen Einlagefähigkeit ent-scheidend sein solle. Dadurch hat das OG seine frühere, im Urteil v. 20.5.1992[84] geäußerte Auffassung aufgegeben, wonach ein eigener Wechsel mit der Wechselbürgschaft und mit dem Blankoindossament versehen

---

[81] Vgl. *Kidyba*, aaO.; im deutschen Schrifttum Hachenburg/*Ulmer*, § 5 GmbHG, Rn. 84.
[82] AaO., Fn. 72.
[83] Vgl. dazu im Kapitel 2, X.2.
[84] III CZP 52/ 92, veröff. in: OSP 6/1992, Pos. 120 und PPH 1/1992, 1 S. 20ff.

als Sacheinlage in die GmbH eingebracht werden kann[85]. Zur Begründung seiner geänderten Auffassung hat das OG ins Feld angeführt, dass durch Ausstellung und Hingabe eines mit dem Aval versehenen eigenen Wechsel erstens kein bereits bestehendes Recht aus dem Vermögen des Einlegers ausgesondert werde und zweitens das einzubringende Recht den Umfang des dem Gesellschafter zustehenden Rechts überschreite. Der Gesellschafter habe keinen Einfluss darauf, ob der Wechselbürge seine Verpflichtung erfülle oder nicht.

In der Lehre ist die Einlagefähigkeit von gegen den Inferenten gerichteten Forderungen Gegenstand einer heftigen Diskussion. Eine Auffassung in der Lehre begrüßt die restriktive Stellung des pol. OG und geht sogar ein Schritt weiter, indem sie auch die Möglichkeit der Einbringung gezogener Wechsel auf das Kapital verneint. Auch in diesem Fall liege die Verpflichtung des Akzeptanten oder Wechselbürgen außerhalb des Umfangs der dem Einleger zustehenden Rechte und sei für die Gesellschaft mit erheblichen Risiken verbunden[86]. Die Verfechter einer liberalen Auffassung haben dagegen die Entscheidung des OG v. 2.3.1993 angegriffen: sie sei innerlich widersprüchlich und stelle an die Einlagefähigkeit zu strenge Anforderungen[87]. Die Ansicht des OG, wonach durch die Verpflichtung des Gesellschafters zur künftigen Leistung nicht ein Aktivum, sondern eine Schuld auf das Stammkapital erbracht werde, treffe nicht zu. Es sei gerade umgekehrt, weil die Forderung der Gesellschaft immer auf der Aktivseite der Bilanz auszuweisen sei, unabhängig von der Person des Schuldners. Auch die Darlehensgewährung seitens des Einlegers könne Sacheinlage sein, allerdings unter der Bedingung, dass diese mit einer Rangrücktrittsklausel versehen werde, was der Bindung von Krediten im Gesellschaftsvermögen dienen soll[88].

bb). Obligatorische Nutzungsrechte

Nach dem pol. OG ist die Nutzungsüberlassung eines bestimmten Vermögens-

---

[85]Diese Entscheidung wurde dreimal kommentiert und zwar zustimmend von *C. Wiśniewski*, PPH 1/1992, S. 22 ff., *Komosa*, OSP 6/1992, S. 108 ff; ablehnend von *Mojak*, PiP 6/1993, S. 108-111. Vgl. auch *Szumański*, Wkłady, S. 195.

[86]*Szumański*, PPH 1/1995, S. 1, 5; *ders.* Wkłady, S. 196 f; *Potrzeszcz*, PPH 11/1999, S. 22, 32.

[87]*Minas*, aaO., S. 93; Sołtysiński/*Szajkowski*/Szwaja, Art. 163 pol. HGB; Rn. 9d; *Sołtysiński*/Szajkowski/ Szwaja, aaO, Art. 311 pol. HGB; Rn. 22; Kruczalak/*Frąckowiak*, Art. 311 pol. HGB, Rn. 7; *A.W. Wiśniewski*, Prawo spółek, Bd 2, S. 93 f.

[88]*Sołtysiński*/Szajkowski/Szwaja, Einleitung, Rn. 204; ebenso *Minas*, Rejent, 9/1995, S. 94.

gegenstandes bzw. Rechts die einzige Ausnahme vom Verbot der Erbringung einer gegen den Gesellschafter gerichteten Forderung auf das Gesellschaftskapital. Im Urteil v. 2.3.1993 hat das OG ausdrücklich die Einlagefähigkeit obligatorischer Nutzungsrechte gegenüber dem Gesellschafter bestätigt, allerdings unter der Bedingung, dass der Inferent den Besitz an der Sache auf die Gesellschaft überträgt und ihr die ungestörte Nutzung ermöglicht[89]. Die letzte Anforderung impliziere, dass das als Einlage einzubringende Nutzungsrecht im Gesellschaftsvertrag als unkündbar ausgestaltet werden solle. Das Nutzungsrecht dürfe dann allerdings den Umfang der dem Inferenten selbst zustehenden Berechtigung nicht überschreiten. Im Urteil v. 26.4.1991 hat das pol. OG auch die Einräumung des Nutzungsrechts an einem Nießbrauch, der dem Inferenten zusteht, als zulässige Einlage anerkannt[90].

Die Entscheidungen des OG sind in der Lehre auf Zustimmung gestoßen, wobei insbesondere die Einlagefähigkeit der gegen den Gesellschafter gerichteten Nutzungsrechte wohl einhellig akzeptiert wurde[91]. Darüber hinaus verlangt man im Schrifttum, dass ein obligatorisches Recht für einen im Gesellschaftsvertrag bestimmten Zeitraum bestellt wird, was die Bewertung (durch die Kapitalisierung des *pro rata temporis* zu zahlenden Entgelts) erleichtern sowie die Gefahr der vorzeitigen Kündigung seitens des Gesellschafters eliminieren soll[92]. In diesem Fall sind die Interessen der Gesellschaft auch dann ausreichend gesichert, wenn der Gesellschafter/Vermieter die gemietete Sache veräußert. In solchem Fall greift die Regelung des Art. 678 pol. ZGB ein, wonach der Erwerber das Mietverhältnis nicht kündigen kann, wenn der Mietvertrag für eine bestimmte Zeit unter Wahrung mindestens der Schriftform mit einem feststehenden Datum geschlossen und die Sache dem Mieter übergeben worden ist[93].

---

[89]Entscheidung des pol. OG v. 2.3.1993, aaO., (Fn. 71)

[90]Entscheidung des pol. OG v. 26.4.1991 (III CZP 32/91), veröff. in: OSN CP 1/1992, Pos. 7 .

[91]*C. Wiśniewski*, PUG 5/1991, S. 37 ff.; *Kidyba*, Art. 163, Rn. 15 (Pkt. 9); *Szumański*, Wkłady, S. 163 ff. m.w.N. Damit hat der Verfasser seine frühere Meinung aufgegeben, das Miet- oder Pachtrecht könnten nicht Sacheinlage sein, sonst würde auf das Kapital eine gegen den Gesellschafter gerichtete Forderung aufgebracht. Vgl. *Szumański*, PPH 1/1995, S. 1, 5.

[92]So auch *Żuławska*, aaO., S. 15; *Minas*, aaO., S. 49, 85. Der letzte Autor läßt auch die Einbringung eines kündbaren Nutzungsrechts zu, allerdings unter der Bedingung, daß sein Wert nicht höher festgesetzt werde als die Summe der bis zur nächsten möglichen Kündigungsfrist anfallenden Zinsen. Ein unbefristetes Mietverhältnis kann unter Einhaltung der gesetzlichen Fristen gekündigt werden, vgl. Art. 673 pol. ZGB.

[93]*Szumański*, aaO., S. 167. In der deutschen Literatur ist dagegen die Frage, ob der § 571 BGB, der

c). Forderungen gegen die Gesellschaft

In der polnischen Praxis spielt die Forderungseinbringung eine Rolle zum einen als ein Instrument der Unternehmenssanierung. Zum anderen wird sie neuerdings auch durch Änderungen im Steuerrecht, insbesondere durch Einführung ab 1.1.1999 der *thin-capitalization*-Regeln (Art. 16 Abs. 1 Pkt 60 und 61 Gesetzes über die Besteuerung juristischer Personen) veranlasst[94]. Darüber hinaus wird die Konversion im Zuge der Privatisierung von staatlichen Unternehmen verwendet. Der polnische Gesetzgeber hat die Zulässigkeit der Umwandlung von Forderungen in haftendes Kapital im Gesetz über die Kommerzialisierung und Privatisierung von staatlichen Unternehmen[95] ausdrücklich anerkannt. In den Artt. 21-31 dieses Gesetzes wird die sog. „Kommerzialisierung mit der Konversion von Forderungen" geregelt, welche den Gläubigern eines staatlichen Unternehmens den Umtausch ihrer Forderungen in Anteile an einer Kapitalgesellschaft gebietet, in die dieses Unternehmen umgewandelt wird[96]. In der polnischen Literatur wird auf die Ähnlichkeit der Forderungskonversion mit der Umwandlung von Wandelschuldverschreibungen (Optionsanleihen) in Grundkapital der emittierenden Aktiengesellschaft hingewiesen, was ebenfalls in Artt. 21-23 des Gesetzes vom 29.6.1995 über die Schuldverschreibungen ausdrücklich geregelt ist[97]. Im Schrifttum wird die Konversion der sich aus der Optionsanleihen ergebenden Forderung fast einhellig als eine besondere Art der Sacheinlageeinbringung bezeichnet[98]. Kraft der ausdrücklichen gesetzlichen Regelung finden allerdings im Fall einer solchen Konversion die Vorschriften über die formellen Sachgründungskautelen (Art. 312, 313, 347 pol. HGB) ausnahmsweise keine Anwendung (Art. 21 Abs. 3 des Gesetzes über die Schuldverschreibungen, ebenso Art. 449 §

---

den Grundsatz „Kauf bricht nicht Miete" im deutschen Recht statuiert, auch in Fällen der Gebrauchsüberlassung an die Gesellschaft Anwendung findet, umstritten. Für die analoge Anwendung: *Döllerer*, FS Fleck, S. 35, 43; ablehnend wohl die h.M., vgl. *K. Schmidt*, ZHR 154 (1990), S. 237, 257; *Bork*, ZHR 154 (1990), S. 205, 217 f.; *Boehme*, Kapitalaufbringung, S. 121 ff.

[94]Vgl. dazu im deutschen Schrifttum *Ammelung*, GmbHR 1999, S. 401, 402.

[95]*Szumański*, Wkłady, S. 184; vgl. auch die Begründung zur Entscheidung des OG v. 26.3.1993, III CZP 20/93, veröff. in OSNCP 1993, Pos. 157 = *Strzępka* (Hrsg.),Orzecznictwo, S. 447.

[96]Vgl. jedoch Art. 29 Abs. 1 des Gesetzes, wonach der Gläubiger die Anteile übernehmen soll, deren Nominalwert lediglich 30% des Nominalwertes seiner Forderung ausmacht.

[97]*Domański*, PPH 4/1996, S. 25 ff.

[98]*Romanowski*, PiP 9/1997, S. 58 ff.; *Domański*, aaO., S. 25; *Sołtysiński*/Szajkowski/Szwaja, Art. 432, Rn. 38; *Szumański*, Wkłady, S 177; *Sobolewski*, PPH 2/1997, S. 1, 5. A.A. *Ptak*, Kommentar zum Gesetz über die Schuldverschreibungen, S. 475-479.

2 HGGB, vgl. auch § 194 Abs. 1 S. 2 AktG). Scharf kritisiert wird im Schrifttum zugleich die Regelung des Art. 21 § 2 des Gesetzes über die Schuldverschreibungen, wonach die Erklärung des aus der Optionsanleihe Berechtigten über die Ausübung seines Umtauschrechts eine Aufrechnung seiner Forderung mit der Forderung der Gesellschaft hinsichtlich der Einzahlung auf das Aktienkapital darstellt. Die Aufrechnung sei keine taugliche Vollzugsform der Sacheinlagepflicht und komme nur als Erfüllungsform einer Bareinlageverpflichtung in Betracht, was gerade bei der Forderungskonversion nicht der Fall sei[99].

Das pol. OG hat die Zulässigkeit der Umwandlung von Forderungen in Stammkapital in zwei Urteilen bestätigt[100]. Aus dieser Rechtsprechung ergibt sich jedoch keine klare Stellungnahme des Gerichts hinsichtlich des Charakters einer solchen Einlage. Im Urteil vom 2.3.1993[101] hat das pol. OG die Einbringung der Forderung gegen den Inferenten wohl als Sacheinlage eingeordnet. Aus Art. 163 § 2 pol. HGB (ähnlich Art. 158 § 2 HGGB), der die Anrechnung von Vergütungen für bei der Gründung der Gesellschaft geleistete Dienste auf den Anteil des Gesellschafters (sog. Gründungsprovision) verbietet, sei im Umkehrschluß die Folgerung zu ziehen, dass andere dem Gesellschafter gegen die GmbH zustehende Forderungen „auf den Anteil angerechnet“ werden könnten. In dieser Entscheidung hat das OG die Sacheinlagefähigkeit einer Forderung verneint, welche uneinbringlich (undurchsetzbar) ist. Die Rechtmäßigkeit der Konversion der Forderungen auf Anteile am erhöhten Stammkapital der GmbH hat das pol. OG ausdrücklich im Urteil von 26.3.1993 anerkannt, wobei diese Operation aus dem Blickwinkel des Zivilrechts als „vertragliche Aufrechnung“ zu betrachten sei. Im behandelten Fall hatte der einzige Gesellschafter einer GmbH seine Forderungen auf die Einlagepflicht im Zuge der Kapitalerhöhung aufgerechnet. Diese Aufrechnung sei im Rahmen der allgemeinen zivilrechtlichen Vertragsfreiheit (Art. 353[1] pol. ZGB) zulässig. Die Umwandlung von Forderungen „stellt ein taugliches Vorgehen für die Verstärkung der finanziellen Kondition der Wirtschaftsubjekte und insbesondere der Gesellschaften mbH dar“.

---

[99] *Sołtysiński*/Szajkowski/Szwaja, Art. 432 pol. HGB, Rn. 38; *Romanowski*, aaO., PiP 9/1997, S. 58, 66; *Sobolewski*, aaO.

[100] Entscheidung des OG v. 26.3.1993, III CZP 20/93, veröff. in OSNCP 9/1993, Pos. 157 und Entscheidung des pol. OG v. 2.3.1993, aaO., (Fn. 71).

[101] Entscheidung des Sieben-Richter-Gremiums des OG v. 2.3.1993 veröff. in OSNCP 10/1993, Pos. 167= MoP 3/1993, S. 75, 77.

In der Opposition zum pol. OG wird die Einlagefähigkeit der Forderungen gegen die zu gründende GmbH im Schrifttum als ein Fall der nach Art. 163 § 2 pol. HGB (Art. 158 § 2 HGGB) verbotenen Anrechnung auf den GmbH-Anteil qualifiziert und somit für unzulässig erachtet[102]. Die h.M. in der polnischen Literatur betrachtet die Einbringung auf das erhöhte Stamm- bzw. Aktienkapital der Forderung gegen die Gesellschaft – ebenso wie die Einbringung einer Forderung gegen einen Dritten – als einen Fall der Sacheinlageleistung[103].

Kritisch zum Rechtsinstitut der Konversion hat insbesondere *Szajkowski* Stellung genommen[104]. Die Forderungsumwandlung stelle einen reinen Passivenumtausch dar, infolge dessen der Gesellschaft keine neuen Finanzierungsmittel zugeführt würden. Aus der Perspektive der Gläubiger sei es bedenklich, ob diese bilanzielle Operation, die zivilrechtlich als Schulderlaß zu qualifizieren sei, dem Prinzip der realen Kapitalaufbringung genüge. Deswegen könne man die Forderung gegen die Gesellschaft nur dann nach dem Nominalwert auf das Stammkapital aufbringen, wenn sie durch das aktive Gesellschaftsvermögen voll gedeckt sei[105]. Da ein solcher Fall sehr selten vorkomme, seien entsprechende Wertabschläge bei der Bewertung der infragestehenden Forderung unerläßlich. Sonst fänden die Vorschriften über die Differenzhaftung (Artt. 176, 471 pol. HGB) sowie über die Haftung der Vorstandsmitglieder für vorsätzlich oder fahrlässig abgegebene falsche Abgaben über die Einlagenbewirkung (Artt. 290, 470 pol. HGB) entsprechende Anwendung.

C. Wiśniewski[106], der die Forderungsumwandlung zwar als einen Fall der Sacheinlageleistung betrachtet, lehnt dagegen ausdrücklich die in Deutschland herrschende Meinung ab, wonach nur eine vollwertige Forderung mit ihrem nominalen Wert in Kapital umgewandelt werden kann, und zwar mit der Begründung, dass das Erfordernis der Vollwertigkeit die Anwendung der Konversion in den

[102] Vgl. *Szumański*, Wkłady, S. 182; *Kidyba*, Art. 163 pol. HGB, Rn. 15 (Pkt. 11).

[103] Vgl. Sołtysiński/*Szajkowski*/Szwaja, Art. 163 pol. HGB, Rn. 9d; *ders.* Prawo spółek, Rn. 126; *Sołtysiński*/Szajkowski/Szwaja, Art. 311 pol. HGB, Rn. 29; *Kidyba*, Art. 163 pol. HGB, Rn. 15, Pkt. 11; *C. Wiśniewski*, PPH 9/1996, S. 24 ff; *Minas*, aaO. Rejent 9/1995, S. 83; *Domański*, PPH 4/1996, S. 26, *Szumański*, Wkłady, S.182; *Romanowski*, aaO., S. 62; *Skawiańczyk*, MoP 2/2000, S. 90 und 3/2000, S. 162. **A.A.** *Kasprzyk*, Palestra 3-4/1991, S. 32, 36.

[104] Sołtysiński/*Szajkowski*/Szwaja, Art. 163 pol. HGB, Rn. 9d; *ders.*, Prawo spółek, Rn. 126 f.; so auch – unter Berufung auf die deutsche Lehre – *Skawiańczyk*, MoP 1/2000, S. 193.

[105] So auch *Domański*, aaO., S. 26 f.

[106] *C. Wiśniewski*, PPH 9/1996, S. 31; *ders.*, PUG 5/1991, S. 41.

Fällen einschränken würde, in denen ihr besondere Bedeutung zukommen solle, d.h. bei der Sanierung notleidender Gesellschaften. Deswegen seien die Forderungen unabhängig von der finanziellen Situation der Gesellschaft immer mit ihrem Nennwert in Kapital umzuwandeln. Dadurch werde ein entsprechender Teil des Aktivvermögens befreit, was sowohl für die Gesellschaft als auch für die übrigen Gesellschaftsgläubiger von Nutzen sei.

Umstritten bleibt in der polnischen Lehre auch die zivilrechtliche Vollzugsform der Umwandlung von Krediten in Nennkapital. In Erwägung gezogen werden die Leistung an Erfüllungs Statt (Art. 453 pol. ZGB)[107], die Novation (Art. 506 pol. ZGB)[108], der Schulderlaß (Art. 508 pol. ZGB) bzw. die Abtretung der Forderung an die Gesellschaft und das Erlöschen der Forderung infolge Konfusion[109]. Eine Auffassung differenziert zwischen dem Aufrechnungsvertrag und dem Schulderlass, je nach dem, ob es sich bei der Forderung des Gesellschafters um eine Geld- oder um eine andere Forderung handelt[110].

2. *Deutsches Recht*

a). Forderungen

Nach einhelliger Meinung im deutschen Recht sind Forderungen gegen den Inferenten kein einlagefähiger Gegenstand[111]. Bestehen die Sacheinlagen in Rechten der Gesellschaft gegenüber dem Einleger bzw. dessen Vermögen, so muss der Wertzuwachs bei der Gesellschaft mit der Aussonderung dieses Rechts aus diesem Vermögen gekoppelt werden. Dieses Erfordernis wird durch obligatorische Ansprüche gegen den Einleger gerade nicht erfüllt, und zwar auch dann nicht, wenn sie durch einen Dritten gesichert werden[112]. Als Sacheinlage ungeeignet ist auch die Hingabe eines Wechselakzepts durch den Inferenten, auch wenn ein Dritter die Bürgschaft für die Erfüllung der Wechselverpflichtung übernommen

---

[107] *Romanowski*, aaO., S. 67; *Bieniek*, PiZS 2/1994, S. 40 f.

[108] *Bieniek*, aaO.; *Romanowski*, aaO.; *C. Wiśniewski*, PPH 91/1996, S. 28

[109] *C. Wiśniewski*, aaO., *Romanowski*, aaO.

[110] *Skawiańczyk*, MoP 2/2000, S. 91 f.

[111] *Röhricht*, aaO., § 27 AktG, Rn. 68; *Hüffer*, § 27 AktG, Rn. 24; *Kraft*, in KK, § 27 AktG, Rn. 30; *Lutter*, in KK, § 183, Rn, 26; Hachenburg/*Ulmer*, § 5 GmbHG, Rn. 36, 64; Scholz/*Winter*, § 5 GmbHG, Rn. 49; *Lutter/Hommelhoff*, § 5 GmbHG, Rn. 14.

[112] *Lutter/Hommelhoff*, § 5 GmbHG, Rn. 14.

hat[113]. Es würde dem Grundsatz der realen Kapitalaufbringung widersprechen, wenn die gesellschaftsrechtliche Einlagepflicht durch eine andere gegen den Einleger gerichtete Forderung ausgetauscht würde, deren Erfüllung stets von der Leistungswilligkeit und -fähigkeit des Inferenten abhänge („Forderungsaustausch“).

Ohne weiteres einlagefähig sind dagegen Forderungen gegen Dritte, und zwar auch bestrittene, illiquide oder sonst in ihrer Einbringlichkeit zweifelhafte, sowie – nach h.M. – befristete und bedingte Forderungen[114]. Allen diesen Umständen ist bei der Bewertung durch entsprechende Risikoabschläge Rechnung zu tragen. Einlagefähig ist auch ein Wechsel, dessen Remittent oder Indossatar der Inferent, dessen Bezogener aber ein Dritter ist[115]. Als Sacheinlage scheiden dagegen diejenigen Forderungen aus, die von den mit der Person des Schuldners verbundenen Faktoren abhängig sind, wie etwa schuld-rechtliche Ansprüche auf Erbringung einer Werk- oder Dienstleistung[116]. Ungültig ist auch eine Abrede, dass die Einlage durch die künftigen Gewinnbezüge des Gesellschafters gedeckt werden soll[117].

Auch eine Forderung des Gesellschafters an die Gesellschaft kann nach allgemeiner Meinung Gegenstand einer Sacheinlage sein[118]. In der Praxis kommt besondere Bedeutung der Umwandlung von Darlehensforderungen in haftendes Kapital vor allem im Zuge einer sanierenden Kapitalerhöhung bei insolvenzreifen Gesellschaften zu[119]. Denkbar ist aber, dass bereits die Vorgesellschaft gegenüber einem der Gesellschafter eine Verbindlichkeit eingegangen ist, die vor der Handelsregistereintragung in eine Sacheinlage umgewandelt werden soll[120].

---

[113] Hachenburg/*Ulmer*, § 5 GmbHG, Rn. 64; *Lutter*, aaO.; *Röhricht*, aaO., Rn. 69; *Fischer*, in: Großkomm. zum AktG, 2. Aufl., § 20, Anm. 7; *Barz* in: Großkomm. zum AktG, 3. Aufl., § 27, Anm. 7

[114] Hachenburg/*Ulmer*, § 5 GmbHG, Rn. 41; Scholz/*Winter*, § 5 GmbHG, Rn. 47, *Röhricht*, aaO., Rn. 72.

[115] *Lutter*, in KK, § 183 AktG, Rn. 22.

[116] *Röhricht*, aaO., Rn. 77 m.w.N.

[117] Hachenburg/*Ulmer*, § 11 GmbHG, Rn. 42.

[118] BGHZ 110, S. 47 ff., 60; *Lutter*, Kapital, S. 233 ff.; *ders.*, in: KK, § 183 AktG, Rn. 28; *Röhricht*, aaO., § 27 AktG, Rn. 80 ff.; Hachenburg/*Ulmer*, § 5 GmbHG, Rn. 43.

[119] *Groß*, GmbHR 1983, S. 290 ff. Sehr kritisch zu solchen Sanierungsmaßnahmen: *K. Schmidt*, ZGR 1982, S. 519, 521; *Lutter*, FS Stiefel, S. 505, 515 ff.

[120] Vgl. Hachenburg/*Ulmer*, § 5 GmbHG, Rn. 44; Scholz/*U.H. Schneider*, § 5 GmbHG, Rn. 48; *Lutter/Hommelhoff*, § 5 GmbHG, Rn. 16.

Der Gesellschaft werden zwar keine neuen Aktiven zugeführt, es findet aber eine dem gleich zu erachtende Verminderung von Passiven statt[121]. Die deutsche Rechtsprechung und Literatur nehmen im Wege der erweiternden Auslegung des § 19 Abs. 5 GmbHG und §§ 27 Abs. 1, 66 Abs. 2 AktG an, dass Forderungen gegen die Gesellschaft, welche vor der Begründung der Einlageverpflichtung entstanden waren (sog. „Altforderungen"), ausschließlich im Wege der förmlichen Sacheinlage eingebracht werden können[122]. Bei Bewertung solcher Forderungen soll nicht ihr in der Bilanz der Gesellschaft ausgewiesener Nominalwert, sondern stets der objektive Vermögenswert maßgeblich sein, der sich nach der aktuellen Vermögenssituation der Gesellschaft richtet[123]. Vor allem im Interesse des Gläubigerschutzes muss die vereinbarte Art der Kapitaldeckung offengelegt und einer präventiven Wertdeckungskontrolle unterworfen werden. Dadurch soll die Umwandlung einer im Hinblick auf die Zahlungsunfähigkeit, jedenfalls aber Überschuldung der Gesellschaft nicht mehr vollwertigen Forderung in eine Beteiligung verhindert werden, während in der Öffentlichkeit sowie auch bei Mitgesellschaftern durch die Verlautbarung einer Bareinlage der falsche und irreführende Eindruck hervorgerufen wird, der Gesellschaft seien liquide Mittel zugeführt worden[124].

Besondere Voraussetzungen müssen darüber hinaus bei der Verwendung eigenkapitalersetzender Gesellschafterdarlehen als Sacheinlage erfüllt werden[125]. Soweit sie den in der Rechtsprechung entwickelten Regeln unterliegen, d.h. in der Höhe des Stammkapitalverlustes in analoger Anwendung der §§ 30 f. GmbHG verstrickt werden, scheiden sie als taugliche Einlage aus[126]. Die Gesellschafter-

[121] BGHZ 15, S. 52; BGH DB 1970, S. 190; BGHZ 110, S. 47, 60; *Lutter*, Kapital, S. 233, 237; Hachenburg/*Ulmer*, § 5 GmbHG, Rn. 43; Scholz/*Winter*, § 5 GmbHG, Rn. 48; *Röhricht* in: Großkomm. AktG, § 27, Rn. 80; *Priester*, FS Döllerer, S. 475, 478 ff. **A.A.** *Kraft* in: KK, § 27 AktG, Rn. 35.

[122] BGHZ 110, S. 47, 60 ff.; 113, S. 335, 341; 118, S. 83, 93; Hachenburg/*Ulmer*, § 19 GmbHG, Rn. 94; Scholz/*U. H. Schneider*, § 19 GmbHG, Rn. 132; *Lutter* in: KK, § 66 AktG, Rn. 28; *ders.* in: FS Stiefel, S. 505, 517; *Röhricht*, aaO., Rn. 80. **A.A.** die Mindermeinung: *Geßler*, FS Möhring, S.1975, S. 173; *Meilicke*, Die verschleierte Sacheinlage, 1989, S. 23 ff.; *ders.* DB 1989, 1067 ff. Zum ganzen vgl. *Hey*, Die Kapitalerhöhung bei der GmbH unter Verwendung von Geldforderungen, Diss. 1992.

[123] *Lutter*, FS Stiefel, S. 517; *Röhricht*, aaO., Rn. 81 und 208.

[124] *Lutter*, aaO.; *Röhricht*, aaO., Rn. 209.

[125] Zum Recht des Eigenkapitalersatzes vgl. oben, Kapitel 1, II.3.c).

[126] BGHZ 90, S. 370, 373 ff.; *Priester*, FS Döllerer, S. 475, 483; Scholz/*ders.*, § 56 GmbHG, Rn. 42; Hachenburg/*Ulmer*, § 5 GmbHG, Rn. 45; *H.P. Westermann*, FS Oppenhoff, S. 535, 541; *Lut-*

forderungen im Sinne von §§ 32a/b GmbHG, deren Eigenkapitalcharakter erst im Fall der Insolvenz relevant wird, bilden dagegen echtes Fremdkapital. Bei ihrem Fortfall wird die Gesellschaft von einem Passivum entlastet. Deswegen können sie im Wege der Umwandlung auf das Stammkapital eingebracht werden, wobei umstritten ist, ob sie im Hinblick auf das Risiko der Undurchsetzbarkeit in der Gesellschaftsinsolvenz mit einem Bewertungsabschlag belegt werden sollen[127].

Von der Frage, ob die Forderungen gegen die Kapitalgesellschaft Gegenstand einer Sacheinlage sein kann bzw. muss, wird in der deutschen Lehre das Problem des Vollzugs dieser Einlage, der Einbringungstechnik unterschieden[128]. Einen fassbaren Vermögenswert stellt nur die auf Geld gerichtete Forderung gegenüber der Gesellschaft dar. Die tatsächliche Einbringung dieses Wertes geschieht entweder durch Erlassvertrag nach § 397 BGB oder durch Abtretung der Forderung an die Gesellschaft nach § 398 BGB, die das Erlöschen der Forderung infolge Konfusion bewirkt[129]. Eine Aufrechnung seitens der Gesellschaft kommt dagegen in Frage nur als Vollzugstechnik der Bareinlageverpflichtung des Gesellschafters, wenn darüber hinaus die in der Lehre und Rechtsprechung ausgearbeiteten Voraussetzungen erfüllt werden (Entstehung der Gesellschafterforderung erst nach der Kapitalmaßnahme; Vollwertigkeit, Fälligkeit, Liquidität)[130].

b). Obligatorische Nutzungsrechte

In Deutschland werden obligatorische Nutzungsrechte einerseits von der Bestellung dinglicher Nutzungsrechte wie Nießbrauch und Dienstbarkeit unterschieden, deren Einlagefähigkeit unbestritten ist, andererseits von einer bloßen tatsächlichen Nutzungsmöglichkeit der Gesellschaft, die nach ganz h.M. von vornherein nicht Gegenstand einer Sacheinlage sein kann[131].

---

ter/Hommelhoff, § 56 GmbHG, Rn. 10.

[127] Für den Bewertungsabschlag: Hachenburg/*Ulmer*, aaO., dagegen: Scholz/*Priester*, aaO. (Konkursanfechtung führt zur erneuten Leistungspflicht des Gesellschafters in die Konkursmasse). Generell gegen die Einlagefähigkeit von kapitalersetzenden Gesellschafterdarlehen: *H.P. Westermann*, aaO., S. 541 f.

[128] Vgl. insbesondere *Flume*, DB 1964, S. 21 f.; *Hey*, aaO., S. 39.

[129] BGHZ 110, S. 47, 60, m.w.N.; *Röhricht*, aaO., § 27 AktG, Rn. 80.

[130] Vgl. *Lutter* in: KK, § 66 AktG, Rn. 16 ff.; Scholz/*U.H.Schneider*, § 19 GmbHG, Rn. 71; Scholz/*Priester*, § 56 GmbHG, Rn. 58 f.

[131] *K. Schmidt*, GesR[3], S. 575; *Röhricht*, aaO., § 27 AktG, Rn. 54; *Boehme*, Kapitalaufbringung, S.

Die Einlagefähigkeit obligatorischer Nutzungsrechte, die dem Einleger gegenüber einem Dritten zustehen und durch Abtretung auf die Gesellschaft übertragen werden können, wird im deutschen Schrifttum allgemein anerkannt[132]. Zugleich wird sie jedoch von einigen Autoren nur unter der Voraussetzung zugelassen, dass das Gebrauchsüberlassungsrecht von dem Verpflichteten nicht vorzeitig gekündigt werden kann und der Gesellschaft im Liquidationsfall ein Verwertungsrecht gibt[133]. Der Abhängigkeit der Nutzungsbefugnis vom Fortbestand des zugrundeliegenden Rechtsverhältnisses zwischen dem Einleger und dem Dritten soll bei der Bewertung einer solchen Sacheinlage durch entsprechende Risikoabschläge Rechnung getragen werden.

Weitaus umstrittener ist im deutschen Recht die Einlagefähigkeit der gegen den Einleger gerichteten obligatorischen Nutzungsrechte. Bezweifelt wird sie insbesondere wegen der fehlenden Aktivierbarkeit und Vollstreckbarkeit dieser Rechte[134]. Die herrschende Meinung bejaht ihre Einlagefähigkeit als Ausnahme von der generellen Untauglichkeit gegen Einleger gerichteter Forderungen zur Kapitaldeckung unter zwei Voraussetzungen, welche sich aus dem oben genannten zwingenden Erfordernis der Aussonderung aus dem Gesellschaftervermögen ergeben[135]. Zum einen muss das obligatorische Recht der Gesellschaft immer auf eine bestimmte unkündbare Mindestlaufzeit eingeräumt werden. Nur in diesem Fall lässt sich sein wirtschaftlicher Wert in Höhe des kapitalisierten Nutzungsentgelts bestimmen, das die Gesellschaft während der festgesetzten Mindestdauer erspart hat. Dieser Wert ist in der Bilanz der Gesellschaft unter der Rubrik „entgeltlich erworbene Vermögensgegenstände" auszuweisen[136]. Dieses Erfordernis sichert auch ihre freie Verfügungsmacht über den genutzten Gegen-

---

83 m.w.N.

132 Hachenburg/*Ulmer*, § 5 GmbHG, Rn. 40; *Kraft*, in: KK, § 27 AktG, Rn. 26; *Röhricht*, § 27 AktG, Rn. 56; *Bork* ZHR 154 (1990), 205, 208; *Knobbe-Keuek*, ZGR 1980, S. 214, 223.

133 Vgl. *Lutter* in: KK, § 183 AktG, Rn. 18; *K. Schmidt*, GesR³, S. 575; *ders.* ZHR 154 (1990) S. 237, 253.

134 Vgl. *Knobbe-Keuk*, ZGR 1980, S. 214 ff. (ablehnend mangels Aktivierungsfähigkeit); *K. Schmidt*, ZHR 154 (1990), S. 237 ff. (ablehnend für die Nutzungsrechte an Grundstücken); *Boehme*, Kapitalaufbringung, S. 166 ff. (nur die Kapitalnutzungsrechte sind einlagefähig).

135 Vgl. in diesem Kapitel Pkt. III.2.a).; *Döllerer*, FS Fleck, S. 35, 38 ff.; *Haas*, FS Döllerer, S. 169, 179; *Bork* ZHR 154 (1990), S. 205 ff.; *Meilicke*, BB 1991, 579 ff.; *Steinbeck*, ZGR 1996, S. 117 ff.; *Röhricht*, § 27 AktG, Rn. 59; *Lutter*, aaO., Rn. 19; Hachenburg/*Ulmer*, § 5 GmbHG, Rn. 40; Scholz/*Winter* § 5 GmbHG, Rn. 46.

136 *Bork*, ZHR 154, (1990), S. 205, 232 m.w.N.

stand, weil ein befristetes Nutzungsrecht nicht vorzeitig von dem Gesellschafter gekündigt werden kann. Zum anderen wird im Schrifttum verlangt, dass der Gesellschaft der Besitz an dem von ihr zu nutzenden Gegenstand übertragen wird. Unter dieser Voraussetzung ist die Rechtsstellung der Gesellschaft hinreichend gegen Risiken aus der Sphäre des Einlegers abgesichert, so dass ihr das Recht zur freien Verfügung steht.

Die herrschende Meinung im deutschen Schrifttum bejaht auch die Einlagefähigkeit eines gegen den Einleger gerichteten Kapitalnutzungsrechts in Form eines zinslosen, für eine im Gesellschaftsvertrag bestimmte Zeit gewährten Darlehens[137]. An die Stelle der Besitzüberlassung tritt die Eigentumsverschaffung an den zur Nutzung überlassenen Geldmitteln, die auf der Aktivseite der Gesellschaft erscheinen. Wirtschaftlich gesehen stellen sie jedoch Fremdkapital dar, was im Ansatz der Verpflichtung zur Rückzahlung auf der Passivseite seinen Ausdruck findet. Der Wert einer solchen Sacheinlage misst sich deshalb nach der Höhe der ersparten kapitalisierten Zinsen.

VI. Rechtsvergleichende Ergebnisse

1. Keine Einlagefähigkeit der gegen Gesellschafter gerichteten Forderungen

Die Einlagefähigkeit von Ansprüchen gegen den Gesellschafter – gleichgültig, worauf sie gerichtet sind – ist auch im polnischen Recht zu verneinen. Die von den Vertretern der gegenteiligen Ansicht hervorgehobene Aktivierbarkeit und Übertragbarkeit der gegen den Einleger gerichteten Forderung reicht für die Annahme ihrer Einlagetauglichkeit nicht aus[138]. Vielmehr ist entscheidend, dass die Sacheinlage der Einflußnahme des einlegenden Gesellschafters endgültig entzogen, aus seiner Vermögenssphäre ausgesondert wird und der Vermögenszuwachs auf Seiten der Gesellschaft vor deren Anmeldung ins Handelsregister unabhängig vom Verhalten des Einlageschuldners gesichert ist[139]. Diese Voraussetzung

[137] *Döllerer*, aaO., S. 44; *Haas*, aaO., S. 179 f.; Hachenburg/*Ulmer*, § 5 GmbHG, Rn. 40; Scholz/*Winter*, aaO.; *Lutter/Hommelhoff*, § 5 GmbHG, Rn. 20.

[138] Vgl. Sołtysiński/*Szajkowski*/Szwaja, Art. 163 pol. HGB, Rn. 9d; *ders.* Prawo spółek, S. 112; *Sołtysiński*/ Szajkowski/Szwaja, Art. 311 pol. HGB, Rn. 22; *Minas*, aaO., S. 93.

[139] So die in Deutschland h.M., vgl. *Lutter*, Kapital, S. 231 ff. („Der Inferent muss einen vermö-

zungen sind bei Forderungen gegen den Einleger nicht erfüllt. Ansprüche auf Dienst- bzw. Werkleistungen sowohl der Einlegers als auch Dritter lassen sich wegen ihrer Belastung mit personengebundenen Unsicherheitsfaktoren, wie Leben, Gesundheit, Arbeitsfähigkeit des Schuldners nicht mit dem vorrangig kapitalistischen Charakter der GmbH und AG vereinbaren. Bei der personalistisch ausgeprägten GmbH kann die Verpflichtung auf wiederkehrende Leistungen lediglich Gegenstand einer Nebenleistungspflicht sein (§ 3 Abs. 2 GmbHG, Artt. 177 pol. HGB, 176 HGGB). Die Zusage von zukünftigen Geldleistungen, ebenso wie die Hingabe eines Wechselakzepts des Einlegers oder die Übernahme einer Bürgschaft sind dagegen stets als Umgehung der Vorschriften über die Einzahlung der Bareinlage in die endgültige freie Verfügung der Vorstandsmitglieder zu betrachten. Anstelle einer effektiven Leistung erhält die Gesellschaft von ihrem Gründer lediglich das Versprechen einer künftigen Leistung. Die gesellschaftsrechtliche Verbindlichkeit des Gründers wird hier gegen eine rein schuldrechtliche Verpflichtung derselben Person ausgetauscht. Wie im deutschen Schrifttum zutreffend hervorgehoben wird, kann das Versprechen einer Einlage nicht schon selber Einlage sein[140].

Nicht anders muß die Einlagefähigkeit des eigenen Wechsels beurteilt werden. Auch in diesem Fall liegt eine Verpflichtung des Gesellschafters vor, die jedoch in einem Wertpapier inkorporiert wird. Die Tatsache, dass der eigene Wechsel mit dem Aval versehen ist, ändert nichts daran, dass das für die Einlagefähigkeit entscheidende Erfordernis der Aussonderung aus dem Gesellschaftervermögen ausbleibt. Ebensowenig wie eine Verpflichtung des Gesellschafters, für welche sich ein Dritter zivilrechtlich verbürgt hat, kann der Sola-Wechsel mit Wechselbürgschaft als Sacheinlage eingebracht werden, weil stets die Hauptschuld, nicht die Sicherung für die Hauptschuld bei der Beurteilung der Einlagefähigkeit maßgeblich ist[141]. Zutreffend wird deshalb in der polnischen Rechtsprechung die Einlagefähigkeit der künftig zu erfüllenden Forderungen gegen den Einleger abgelehnt und zwar auch dann, wenn sie in einem Wertpapier (in einem eigenen

genswerten Gegenstand der Gesellschaft so zuzuführen, dass er aus sich heraus am wirtschaftlichen Schicksal der Gesellschaft teilnimmt"); Hachenburg/*Ulmer*, § 5 GmbHG, Rn. 36 f., 64; *Röhricht*, aaO., Rn. 68 f.

[140] So *Röhricht*, § 27 AktG, Rn. 68.

[141] Im polnischen Schrifttum vgl. *Szumański*, Wkłady, S. 189; im deutschen Schrifttum *Fischer*, in: Großkomm. zum AktG, 2. Aufl., § 20, Anm. 7; *Barz* in: Großkomm. zum AktG, 3. Aufl., § 27, Anm. 7.

Wechsel oder einem Schuldbrief) inkorporiert sind[142].

Von einer bloßen Geldleistungszusage ist allerdings der Fall zu unterscheiden, in dem der Gesellschafter der Gesellschaft für eine bestimmte Dauer ein Darlehen unentgeltlich oder teilentgeltlich zur Verfügung stellt und die vorzeitige Kündigung ausgeschlossen wird. Mit dem effektiven Zufluß der Darlehensvaluta ins Gesellschaftsvermögen, erfolgt die für die Bejahung der Einlagefähigkeit unabdingbare Aussonderung des Einlagegegenstandes aus dem Vermögen des Gesellschafters. Der Wert eines solchen Kapitalnutzungsrechts ergibt sich aus dem kapitalisierten Zins, der die Gesellschaft einer Bank für einen entsprechenden Kredit hätte zahlen müssen[143]. Dieser Wert ist in der Bilanz der Gesellschaft auf der Aktivseite als immaterieller Vermögensgegenstand auszuweisen.

Zustimmung verdient die Anerkennung durch das polnischen OG der Einlagefähigkeit der obligatorischen Nutzungsrechte, soweit eine Mindestlaufzeit im Gesellschaftsvertrag festgesetzt und der Besitz am Nutzungsobjekt übertragen wird. In diesem Fall findet der erforderliche Wertzuwachs zugunsten der Gesellschaft statt, wobei in der Besitzverschaffung an dem Nutzungsobjekt das Surrogat der Vermögensverschiebung zu sehen ist. Insoweit entspricht die getroffene gerichtliche Entscheidung der im deutschen Recht herrschenden Meinung, die der kurzfristig nicht entziehbaren, für eine bestimmte Zeit erteilten Gebrauchsüberlassung die Einlagefähigkeit zuerkennt. Wird eine unkündbare Mindestlaufzeit der als Sacheinlage eingebrachten Nutzungsrechte im Gesellschaftsvertrag bestimmt, so kann auch sein wirtschaftlicher Wert festgestellt und in der Bilanz der Gesellschaft aktiviert werden. Dieser Wert in Höhe der ersparten Mietzinsen kann auf der Aktivseite als immaterielles Rechtsgut ausgewiesen werden[144].

---

[142] Entscheidung des Sieben-Richter-Gremiums des OG v. 2.3.1993 veröff. in OSNCP 10/1993, Pos. 167= MoP 3/1993, S. 75, 77.

[143] Vgl. *Haas*, FS Döllerer, S. 179 f.

[144] In diesem Zusammenhang ist auf die Regelung des Art. 3 Abs. 1 Pkt. 13 pol. RWG hinzuweisen, die die gesetzliche Definition der immateriellen Rechtsgüter und einen beispielhaften Katalog enthält. Danach sind alle Vermögensrechte zu aktivieren, die durch die bilanzierende Einheit erworben wurden und sich wirtschaftlich nutzen lassen. Dieses Kriterium wird durch ein zeitlich begrenztes Nutzungsrecht zweifellos erfüllt. Vgl. auch Anhang Nr. 1 zum RWG, der die Bilanzgliederung enthält.

2. *Umwandlung der Gesellschafterforderungen in das Stammkapital ausschließlich nach ihrem objektiven Wert*

Wegen der erheblichen praktischen Bedeutung im polnischen Wirtschaftsleben, verdienen besondere Beachtung die Fälle der Umwandlung („Konversion“) der Forderungen des Gesellschafters/Aktionärs in haftendes Kapital seiner Gesellschaft.

Der Einlagefähigkeit solcher Forderungen unterliegt keinem Zweifel. Der mit der Kapitalaufbringung verbundene Vermögenszuwachs bei der Gesellschaft kann entweder durch Vermehrung von deren Aktiven oder durch Verringerung der Verbindlichkeiten erfolgen. Entgegen dem polnischen OG, der im Urteil v. 26.3.1993 die vertragliche Aufrechnung der gegen die Gesellschaft gerichteten Forderungen des (Allein-) Gesellschafters mit seiner Bareinlageschuld zum Nennwert als durch das Prinzip der Vertragsfreiheit gerechtfertigt betrachtet, ist indes der sowohl im polnischen Schrifttum als auch im deutschen Recht ganz überwiegenden Meinung zu folgen, wonach die Forderungen gegen die Gesellschaft – wie jede andere Forderung – grundsätzlich als bewertungsbedürftige Sacheinlage zu betrachten sind. Das polnische und das deutsche Gesellschaftsrecht sehen nur zwei Arten der Einlagen vor: Bargeld und Sacheinlage vor, wobei als die letztere alles gilt, was nicht in bar bewirkt werden kann[145]. Bei der Bewertung dieser Forderung müssen insbesondere ihre mangelnde Fälligkeit und Unsicherheiten über ihre Existenz und Höhe (wenn die Forderung bedingt, bestritten oder einredebehaftet ist) berücksichtigt werden. Darüber hinaus muss man der Tatsache Rechnung tragen, inwieweit sie im liquiden Vermögen der Schuldnerin, d.h. der Kapitalgesellschaft, Deckung findet. Nur wenn die Gesellschaft im Zeitpunkt der Aufrechnung neben ihren sämtlichen fälligen Verbindlichkeiten auch die fällige und unbestrittene Forderung des Gesellschafters zahlungsmäßig aus eigenen Mitteln zu erfüllen vermag, ist diese als vollwertig zu betrachten und deswegen zum Nominalwert einlagefähig (sog. liquiditätsmäßige Vollwertigkeit). Befindet sich die Schuldnerin in der Krise, so ist die Vollwertigkeit der Forderung stets zu verneinen. Bei der Feststellung des liquiden Vermögens sind aber auch die Mittel zu berücksichtigen, die durch die Einzahlung der anderen Gesellschafter im Zuge der Kapitalerhöhung in das Gesellschafts-

[145] Vgl. im deutschen Schrifttum *Flume*, DB 1964, S. 21 („tertium non datur“); im polnischen Schrifttum: *Domański*, aaO., S. 26. Vgl. auch Art. 10 Abs. 1 der Kapitalrichtlinie („Einlagen, die nicht Bareinlagen sind...“).

vermögen gelangt oder noch vorhanden sind[146].

Insoweit ist die Entscheidung des polnischen OG[147], der die Kapitalerhöhung mit der Forderungskonversion als wirksam beurteilt hat, ohne dabei zu prüfen, ob die nach dem Nennwert in das Stammkapital einer Einmann-GmbH umgewandelte Forderung wirklich fällig, liquide und vollwertig war, kritisch zu betrachten. Aus dem Gesichtspunkt der überschuldeten Gesellschaft ist die Forderung gerade nur soviel wert, wie auf sie bei Verwertung des Gesellschaftsvermögens zur Tilgung sämtlicher Forderungsgläubiger quotenmäßig entfallen würde. Wird der Forderung ein höherer als der tatsächliche Wert beigemessen, so werden im Ergebnis nicht positive Werte, sondern Verluste ins Kapital verwandelt, was gegen die Rechtsprechungslinie des pol. OG verstößt, der die Einlagefähigkeit sowohl der Passivposten als auch der nicht durchsetzbaren Forderungen ausdrücklich abgelehnt hat („Schulden sind nicht einlagefähig")[148]. Der bloßen Passivenumtausch stellt deswegen einen Verstoß gegen das im Artt. 154 § 3 S. 1, 309 § 1 HGGB ausdrücklich vorgesehene Verbot der Unterpari-Emission dar.

Nicht überzeugend sind die im polnischen Schrifttum erhobenen rechtspolitischen Argumente, mit denen vor allem für die Konversion von Forderungen immer nach dem nominalen Wert plädiert wird. Dem Ansatz von *C. Wisniewski*[149], der in der Kapitalerhöhung im Wege der Konversion in erster Linie eine niemand schädigende Sanierungsmaßnahme sieht, ist entgegenzuhalten, dass die Sanierung nur dann als erfolgreich und dauerhaft betrachtet werden kann, wenn der Gesellschaft neue Finanzierungsmittel zugeführt werden[150]. Im Fall des reinen Passivenumtausches wird zwar die Überschuldung, nicht aber die erlittenen Verluste, die Unterbilanz und oft auch nicht die Zahlungsunfähigkeit der Gesellschaft beseitigt[151]. Ihre gegenwärtigen Gläubiger erleiden zwar keinen

[146] *Lutter*, § 66, Rn. 20; *Hey*, Die Kapitalerhöhung, S. 112.
[147] Im Urteil v. 26.3.1993, aaO. (Fn. 69).
[148] So das OG in der Entscheidung v. 2.3.1993, veröff. in OSNCP 10/1993, Pos. 167= MoP 3/1993, S. 75, 77.aaO. Nach *Domański*, PPH 4/1996, S. 27 würden „wertlose Aktien" im Fall der Verrechnung einer nicht vollwertigen Forderung mit der Bareinlageverpflichtung in Verkehr eingebracht.
[149] *C. Wiśniewski*, PPH 9/1996, S. 24, 31, unter Berufung auf die deutsche Mindermeinung, vor allem auf *Meilicke*, DB 1989, 1067 ff und *Reuter*, BB 1978, S. 1195 ff.
[150] BGHZ 110, S. 47, 60 ff. Vgl. *K. Schmidt* ZGR 1982, S. 519, 523; *Lutter*, FS Stiefel, S. 505, 517.
[151] So *Lutter*, aaO.: Im Fall der Umwandlung nach dem Nominalwert wäre das Kapital „Luft, allenfalls ein Hoffnungswert"; kritisch auch *K. Schmidt*, aaO.

Nachteil, weil die Einbringung der Forderung nicht zu einer Liquiditätseinschränkung der Gesellschaft führt und dieselbe Vermögensmasse zur Deckung der summenmäßig geringeren Schulden steht. Jedoch werden potentielle Gläubiger in ihrer Erwartung getäuscht, der Gesellschaft werde neues Kapital zugeführt[152]. Denn durch die Verlautbarung einer Barkapitalerhöhung – wie das wohl in dem vom OG entschiedenen Fall war – wird die in Wirklichkeit vorgenommene Vermögensumschichtung (Aufrechnungsvertrag) nicht offenbart, sondern es wird der Eindruck der Liquiditätsverbesserung durch eine ungeschmälerte Geldleistung erweckt. Auch das Argument von der Befreiung der aktiven Gesellschaftsmittel, die durch einen solchen Passiventausch bewirkt werden soll, geht fehl: befreit werden können lediglich die Aktiva, welche tatsächlich gebunden sind[153]. Ist die Gesellschaft überschuldet, führt die Umwandlung der zum Nennwert passivierten Verbindlichkeit in Eigenkapital eben gerade nicht zu einem „Freiwerden" entsprechender Aktiva, weil solche nicht mehr in hinreichendem Umfang vorhanden sind[154]. Endlich darf nicht übersehen werden, dass dann, wenn die Aktien dem Nennwert der Kreditforderung entsprächen, die von dem Bezug dieser Aktien bzw. Geschäftsanteile ausgeschlossenen Gesellschafter in Höhe des über die Werthaltigkeit der Forderung hinausgehenden Betrages benachteiligt würden[155].

Innerlich widersprüchlich ist auch die Auffassung, wonach die Forderung gegen die Gesellschaft zwar grundsätzlich eine Sacheinlage sei, aber ihr Wert sich stets nach dem in der Bilanz der Gesellschaft ausgewiesenen Nominalwert richte[156]. Es ist nicht einzusehen, warum die Forderung gegen die Gesellschaft im Hinblick auf ihre Werthaltigkeit je nach der Person des Gläubigers unterschiedlich betrachtet werden soll. Eine solche unterschiedliche Behandlung der Forderungen gegen die Gesellschaft kann zu Manipulationen anreizen: durch Abtretungen oder Schuldübernahmen könnte erreicht werden, dass zum Zwecke der Ka-

---

[152] BGHZ 110, S. 47, 62; Scholz/*Priester*, § 56 GmbHG, Rn. 51.

[153] *Lutter*, Kapital, S. 234; Scholz/*Priester*, § 56 GmbHG, Rn. 41; Hachenburg/*Ulmer*, § 19 GmbHG, Rn. 109.

[154] Hachenburg/*Ulmer*, § 19 GmbHG, Rn. 109.

[155] BGHZ 110, S. 62. In der polnischen Literatur vgl. *Domański*, PPH 4/1996, S. 26, der darauf hinweist, dass die Kapitalerhöhung mit der Konversion der Forderungen in das Grundkapital einer AG in der Regel mit dem Ausschluss des Bezugsrechts der Altaktionäre (Art. 435 pol. HGB) verbunden sein wird.

[156] *C. Wiśniewski*, PPH 9/1996, S. 31; Ähnlich im deutschen Schrifttum *Hoffmann*, BB 1992, S. 575 ff.

pitalerhöhung aus Forderungen des Übernehmers gegen Dritte eine Forderung gegen die Gesellschaft selbst wird, welche dann stets nach ihrem Nominalwert ins Stammkapital konvertierbar würde. Wird die Forderung gegenüber der Gesellschaft im Kapitalerhöhungsbeschluss zwar als Sacheinlage, aber ohne sorgfältige Bewertung, sondern mit dem nominellen Wert festgesetzt, so wird das in erster Linie die veschuldensunabhängige Differenzhaftung des Inferenten sowie die entsprechende Haftung der Vorstandsmitglieder zur Folge haben, welche trotz positiver Kenntnis der Überbewertung die Gesellschaft zur Eintragung angemeldet haben (Art. 175 § 1 HGGB)[157]. Im polnischen Aktienrecht bildet Art. 481 HGGB die Rechtsgrundlage für die Schadensersatzhaftung des Inferenten sowie der Vorstandsmitglieder für die Überbewertung von Sacheinlagen[158]. Die Gesellschaftsgläubiger und Mitgesellschafter können außerdem den Ersatz des ihnen unmittelbar zugefügten Schadens aufgrund des Art. 300 HGGB bzw. Art. 490 HGGB in Verbindung mit Art. 415 pol. ZGB bzw. anderen Anspruchsgrundlagen verlangen[159].

Das Gebot der Umwandlung von Forderungen stets nach ihren tatsächlichen Werten gewinnt eine zusätzliche Rechtfertigung im künftigen polnischen GmbH-Recht im Hinblick auf den Wortlaut des Art. 189 § 2 HGGB, der die Auszahlungen an die Gesellschafter unter jedwedem Titel aus dem Gesellschaftsvermögen verbietet, das zur Deckung des vollständigen Stammkapitals erforderlich ist. Diese Regelung rechtfertigt die Annahme, dass Forderungen des Gesellschafters gegen die Gesellschaft bereits bei bloßer Unterbilanz als eigenkapitalersetzend anzusehen sind[160]. Sein Erfüllungsanspruch ist deswegen in der Höhe der Unterbilanz bzw. der darüber hinaus bestehenden Überschuldung nicht durchsetzbar, was auch zur Folge hat, dass sich durch ihren Erlass die finanzielle Situation der Gesellschaft nicht verbessert. Zur Verdeutlichung diene folgendes Rechenbeispiel: Stammkapital 50 000 Zloty, eigenkapitalersetzendes Gesellschafterdarlehen 100 000 Zloty, Wert des Aktivvermögens 130 000 Zloty, Unterbilanz 20 000 Zloty. Nach dem Art. 189 § 2 HGGB kann der Gesellschafter seinen Rückgewähranspruch in der Höhe von 80 000 Zloty geltend machen, was bedeutet, dass seine Forderung sowohl aus der Sicht der GmbH als auch aus sei-

[157] Vgl. dazu im Kapitel 6, IV.1.a).
[158] Näher zur Haftung wegen der Überbewertung von Sacheinlagen im Kapitel 6, IV.
[159] Vgl. *Domański*, PPH 4/1996, S. 26.
[160] Vgl. Kapitel 1, II.3.c).bb).

ner Sicht nur so viel wert ist. Deswegen kann sie lediglich in dieser Höhe in haftendes Stammkapital umgewandelt werden. Der Restbetrag von 20 000 Zloty ist bereits als funktionelles Haftkapital im Gesellschaftsvermögen nach Art. 189 § 2 HGGB gebunden und dem Zugriff der Gesellschafter entzogen, so dass er ausschließlich zur Verfügung der Gesellschaft und deren Gläubiger steht. Hätte der Gesellschafter „seiner" Gesellschaft die Forderung zuerst erlassen und sich im Gegenzug mit den übrigen Gesellschaftern dahin geeinigt, dass mit Hilfe der frei werdenden Aktiven eine Kapitalerhöhung aus Gesellschaftsmitteln durchgeführt werde und er selbst die Anteile zeichnen dürfe, so müßten die freigewordenen Mittel in erster Linie zum Ausgleich des Verlustes im Stammkapital bestimmt werden (im Beispiel: 20 000 Zloty). Nur der darüber hinaus bestehende Betrag (im Beispiel: 80 000 Zloty) wäre in die Kapitalrücklage einzustellen, die daraufhin zur Anhebung des Stammkapitals aus Gesellschaftsmitteln verwendet werden könnte, wenn darüber hinaus andere im Art. 260 HGGB (bei GmbH) und Artt. 442-443 HGGB (bei AG) bestimmte Voraussetzungen einer solchen Kapitalerhöhung erfüllt werden. In beiden Fällen, unabhängig von der zeitlichen Reihenfolge, in der die formelle Stammkapitalerhöhung und der Schulderlaß vorzunehmen sind, richtet sich der Umfang der angestrebten Sanierung stets nach dem objektiven Wert der ins Stammkapital konvertierbaren Forderung.

3. *Zur Abgrenzung der Forderungen, die als Sacheinlagen eingebracht werden müssen*

Sowohl in Polen als auch in Deutschland wird zwischen der Forderung als Gegenstand der Sacheinlage und den zivilrechtlichen Formen der Erfüllung (Vollzugsakte) der Sacheinlageverpflichtung unterschieden[161]. Die zwei besonders geeigneten Instrumente stellen hier der Erlassvertrag (§ 397 BGB, Art. 508 pol. ZGB) oder der Vertrag über die Abtretung der Forderung (§ 398 BGB, Art. 509 pol. ZGB) an die Gesellschaft dar. Als mögliche Vollzugstechnik kann zwar auch der Aufrechnungsvertrag in Betracht kommen. Wenn man allerdings erwägt, dass die Gesellschafterforderung gegen die Gesellschaft dem unmittelbaren Gegenstand der Sacheinlage darstellt, dann erscheint es unkorrekt, diese Forderung gegen den Anspruch der Gesellschaft auf die Sacheinlageleistung

---

[161] Vgl. oben, Kapitel 5, V.1.c).und 2.a).

aufzurechnen[162]. Dogmatisch richtig ist deswegen die vertragliche oder einseitig von der Gesellschaft erklärte Aufrechnung ausschließlich als eine Vollzugsform der Bareinlageverpflichtung zu betrachten.

Im deutschen Recht werden allerdings die wirtschaftliche Bedeutung der Aufrechnung und die mit ihr verbundenen Gefahren für die reale Kapitalaufbringung erkannt[163]. Von grundsätzlicher Bedeutung ist insbesondere die Abgrenzung zwischen den Gesellschafterforderungen, welche ausschließlich als Sacheinlage eingebracht werden sollen und denen, welche Gegenstand des bareinlagetilgenden Aufrechnungsvertrages sein können. Maßgebliches Kriterium bildet im deutschen Recht die Tatsache, ob die Forderung gegen die Gesellschaft bereits bei Gründung bzw. Kapitalerhöhung einen Gegenstand der Einlage bilden konnte. Die Einbringung der Forderung *muss* unter Einhaltung der Sacheinlagevorschriften erfolgen, wenn die Forderung gegen die Gesellschaft bei der konkreten Kapitalmaßnahme als Sacheinlage hätte eingebracht werden *können*.

Ob dieses Kriterium sich auch im künftigen polnischen Recht rechtfertigen lässt, ist zweifelhaft und zwar insbesondere im Hinblick auf den Wortlaut des Art. 14 § 4 S. 2 HGGB, der die vertragliche Aufrechnung mit der Bareinlageforderung der GmbH bzw. AG ausdrücklich zulässt, ohne zwischen den Alt- und Neuforderungen zu unterscheiden. Deswegen ist anzunehmen, dass die Kriterien für die Beurteilung, ob eine Forderung des Gesellschafters gegen die Gesellschaft als Sacheinlage eingebracht werden soll oder mit der Bareinlagepflicht verrechnet werden kann, nicht der Zeitpunkt ihrer Entstehung, sondern ihre Vollwertigkeit, Fälligkeit und Liquidität darstellen[164]. Ist das nicht der Fall, d.h. ist die Forderung des Gesellschafters nicht vollwertig und unbestritten bzw. findet sie keine vollständige Deckung im liquiden Gesellschaftsvermögen, so soll sie sorgfältig im Hinblick auf ihre objektive Werthaltigkeit bewertet, im Gesellschaftsvertrag oder Kapitalerhöhungsbeschluss mit ihrem objektiven Wert festgesetzt sowie der Sachverständigenprüfung (im Aktienrecht) und der registergerichtlichen Kontrolle unterzogen werden. Diese Maßnahmen dienen dem Grundsatz der realen Kapitalaufbringung, dem Schutz der Gläubiger und der Gesellschaft selbst. Ins-

---

[162] Vgl. *Flume*, DB 1964, S. 21.

[163] RGZ 18, S. 1, 5; 94, S. 61, 63; 134, S. 262, 258. Vgl. *K. Schmidt*, GesR^3, S. 888 ff.

[164] So Scholz/*Priester*, 6. Aufl., § 56 GmbHG, Rn. 33; *ders.* DB 1976, S. 1801, 1804, aufgegeben: Scholz/*Priester*, 8. Aufl., § 56 GmbHG, Rn. 51 ff.

besondere infolge der mit der Sacheinlageeinbringung verbundenen Publizität wird die bedrängte Lage der Gesellschaft aufgedeckt und die potentiellen Gläubiger der Gesellschaft davor gewarnt werden[165]. Die Gesellschafterforderung soll noch vor der Anmeldung ins Register mit Hilfe einer der oben angegebenen Vollzugsformen zum Erlöschen gebracht werden, wobei entsprechende Unterlagen darüber dem Registergericht vorzulegen sind.

Durch Bareinlagezeichnung und darauffolgende Verrechnung zum Nominalwert werden dagegen die Gläubiger in ihrer Erwartung getäuscht, der Gesellschaft werde neues Kapital zugeführt[166]. Deswegen gilt eine solche Verrechnung als unzulässige, weil verschleierte Leistung an Erfüllung Statt (an Stelle der vereinbarten und im Register verlautbarten Bareinlage wird eine bewertungsbedürftige Sacheinlage – Forderung gegen die Gesellschaft – geleistet) und ist somit als Umgehung der Vorschriften der Artt. 21 LGRG (registergerichtliche Kontrolle), Artt. 158, 311 (Festsetzung der Sacheinlagen im GmbH-Vertrag bzw. Gründungsbericht der Gründer einer AG), 175, 312 HGGB (verschuldensunabhängige Differenzhaftung bzw. Wertprüfung durch Sachverständige) anzusehen[167]. Infolge dessen entfaltet sie keine befreiende Wirkung im Hinblick auf die eingegangene Bareinlagepflicht[168]. Der Beweis der fehlenden Vollwertigkeit trifft allerdings gemäß Art. 6 pol. ZGB denjenigen, der aus ihr Rechtsfolgen ableiten will.

Darüber hinaus kommt sowohl im GmbH- als auch im Aktienrecht – ähnlich wie im deutschen Recht[169] – die Schadensersatzhaftung der Vorstandsmitglieder in Betracht. Sie haben bei der Entscheidung, ob ein Anrechnungsvertrag mit dem Gesellschafter im Hinblick auf die Gefährdung der realen Kapitalaufbringung abgeschlossen werden kann, die Sorgfalt eines ordentlichen Kaufmanns (Artt. 292 § 2, 474 § 2 pol. HGB) bzw. die im Hinblick auf den professionellen Charakter ihrer Tätigkeit gebotene Sorgfalt (Artt. 293 § 2, 483 § 2 HGGB) anzuwenden. Der Schaden der Gesellschaft besteht darin, dass sie ein für sie ungünstiges, vermögensminderndes Geschäft vorgenommen haben. Unter Umstän-

---

165 *Joost*, ZIP 1990, S. 549, 555.
166 BGHZ 110, S. 47, 62.
167 Vgl. *Domański*, PPH 9/1996, S. 26.
168 Vgl. schon oben Kapitel 4, III.2.
169 Vgl. *Möhring*, FS R. Schmidt, S. 94, 96.

den kommt auch eine unmittelbare Haftung der Vorstandsmitglieder gegenüber den Gesellschaftsgläubigern nach allgemeinen zivilrechtlichen Regeln in Betracht, wenn etwa die Vorstandsmitglieder die Aufrechnung gegen die Forderung des Gesellschafters in kollusivem, auf die Schädigung der Gläubiger abzielendem Zusammenwirken mit ihm durchgeführt haben [170].

---

170 *Domański*, aaO., S. 26 f. Vgl. dazu oben, Kapitel 1, IV.1.b).

Kapitel 6
Wertermittlung, Werthaltigkeitskontrolle und Haftung für die Überbewertung von Sacheinlagen

I. Problemstellung

Nach dem Grundsatz der realen Kapitalaufbringung muss der Kapitalgesellschaft Vermögen in Höhe der satzungsmäßig bestimmten Kapitalziffer einmal tatsächlich zugeflossen sein. Im Gegensatz zur Einlage in Geld, ist die Verwirklichung dieses Grundsatzes bei der Sachgründung wegen der damit verbundenen Bewertungsunsicherheiten besonders gefährdet. Den Gefahren, welche für die reale Kapitaldeckung durch eine unrichtige Wertermittlung entstehen können, tragen sowohl das deutsche als auch das polnische Recht in den Vorschriften Rechnung, welche die Einlagenbewertung, ihre Prüfung durch außenstehende Sachverständige (im Aktienrecht) sowie durch das Registergericht regeln. Erhebliche Bedeutung kommt darüber hinaus der in beiden Rechtsordnungen vorgesehenen verschuldensunabhängigen Differenzhaftung der Inferenten für die Überbewertung der Sacheinlagen zu.

II. Bewertung der Sacheinlagen

1. Polnisches Recht

a). Recht der GmbH

In den Regeln des polnischen Gesellschaftsrechts über die Bewertung und Gründungskontrolle kommt der unterschiedliche Rechtscharakter der beiden Kapitalgesellschaftstypen zum Ausdruck. In der personalistisch geprägten, kapitalmarktfernen GmbH untersteht der Wert, mit dem die Sacheinlagen im Gesellschaftsvertrag festgesetzt werden (Artt. 163 pol. HGB, 158 HGGB), grundsätzlich der freien Vereinbarung durch die Gesellschafter. Wie bereits in der Begründung zum polnischen HGB 1934 hervorgehoben[1] sowie auch in der neueren Literatur[2] und Rechtsprechung[3] anerkannt wurde, wird die Sacheinlagebewertung, von der die Verteilung der Geschäftsanteile und die Ausgestaltung der Mehrheitsverhältnisse in der Gesellschaft abhängen, als durch das zivilrechtliche Prinzip der Privatautonomie mit umfaßt betrachtet. Die unüberschreitbare Grenze der den Gründern zustehenden Vertragsfreiheit stellt jedoch der Schutz des Rechtsverkehrs, insbesondere der Interessen der Gesellschaftsgläubiger dar. Diesen Bedürfnissen trug der polnische historische Gesetzgeber Rechnung, indem er die Haftung der Sacheinleger sowie der Vorstandsmitglieder für die offensichtliche, krasse Überbewertung der Sacheinlagen in einer zwingenden Vorschrift gesondert geregelt hatte (Art. 176 HGB, jetzt Art. 175 HGGB). Sonst stehe den Gesellschaftern die freie Wahl bezüglich der Bewertungsmethoden und der angesetzten Werte zu[4]. Insbesondere sei es den Gesellschaftern nicht verwehrt, die Sacheinlage unterzubewerten[5]. Da die Unterbewertung zur Bildung stiller Reserven führe, könne sie sich sowohl zugunsten der Gesellschaft wie auch ihrer Gläubiger positiv auswirken[6]. Mit Recht wird jedoch im Schrifttum die willkürliche Bildung von stillen Rücklagen als mit dem im Art. 4 Abs. 1 Nr. 1 RWG ausgedrückten *true and fair view*-Gebot für unvereinbar erachtet und

[1]Veröff. in: *Tomkiewicz/Bloch*, Art. 176 pol. HGB, Anm. 1.

[2]*Dziurzyński/Fenichel/Honzatko*, Art. 163 pol. HGB, Anm. 1; *A. W. Wiśniewski*, Prawo o spółkach, Bd 2 S. 73; *Kidyba*, Art. 176 pol. HGB, Rn. 1; *Żuławska*, PS, 7-8/1993, S. 3, 18 ff.; *Żyznowski*, PUG 5/1996, S. 2, 3; *Urbańczyk*, aaO., Prawo Spółek, 9/1999, S. 22, 26.

[3]Beschluss des OG v. 19.9.1990, III CRN RG 81/90, veröff. in: Problemy Ustawodawstwa Gospodarczego, 5/1991, Pos. 25.; Entscheidung des OG v. 7. 4. 1993, III CZP 23/93, veröff. in: OSNCP 10/1993, Pos. 172 = MoP 4/1993, S. 110; Entscheidung v. 25.01.1995, III CZP 177/94, veröff. in: OSN 5/1995, Pos. 75.

[4]Das pol. OG meint in der Entscheidung v. 7.4.1993, die Vorschrift des Art. 163 § 1 pol HGB verlange nicht, dass der im Gesellschaftsvertrag angegebene Wert der Sacheinlagen ihrem Marktwert entspreche. Nach dem vorrangigen Prinzip der Privatautonomie ergebe sich der im Vertrag festgesetzte Wert aus den Vereinbarungen der Gesellschafter. Kritisch dazu *Szumański*, Wklady, S. 126.

[5]Vgl. Entscheidung des Sieben-Richter-Gremiums v. 7.04.1993, III CZP 23/93, veröff. in: OSNCP 10/1993, Pos. 172 = MoP 4/1993, S. 110 ff.: „Die Unterbewertung von Sacheinlagen in einer GmbH führt nicht zur Nichtigkeit des Gesellschaftsvertrages. Sie bleibt auch ohne Einfluss auf die Haftung der Gesellschaft im Falle ihrer Zahlungsunfähigkeit." Zugleich hat das OG jedoch festgestellt, dass die Bewertungsautonomie dort ihre Grenze finde, wo das Vermögen des eingebrachten Staatsunternehmens dadurch geschädigt werde. In dem Fall klagte das Justizministerium gegen die häufige Praxis, dass Staatsunternehmen als Gesellschafter einer GmbH ihre Anteile unterbewertet einbringen.

[6]So *C. Wiśniewski*, PP 2/1992, S. 1, 26; *Szumański*, Wklady, S. 117.

deswegen abgelehnt[7]. Die im Gesellschaftsvertrag festgesetzten Werte haben endgültigen Charakter. Wie das pol. OG im Urteil v. 25.1.1995 festgestellt hat, ist die Kapitalerhöhung in einer GmbH im Wege der erneuten Bewertung der vorher unterbewerteten Sacheinlagen unzulässig[8]. Ein solches Verfahren würde insbesondere zur Umgehung der Vorschriften über die reale Kapitalaufbringung führen.

Im neueren polnischen Schrifttum wird die Tendenz ersichtlich, die Bewertungsfreiheit durch den dem Gläubigerschutz dienenden Grundsatz der realen Kapitalaufbringung einzuschränken[9]. Lediglich die Abweichungen vom tatsächlichen Wert, die sich in den engen Grenzen des Bewertungsfehlers halten, sollen zugelassen werden. Dies wird mit dem Hinweis auf praktische Bewertungsschwierigkeiten, die sich aus der Vielfalt möglicher Methoden der Wertermittlung ergeben und auf die große Bandbreite vertretbarer Bewertungsergebnisse begründet. Bei der Bewertung der Sacheinlagen solle man jedoch grundsätzlich von ihrem objektivem Marktwert ausgehen, was die notwendige Konsequenz des jetzt auch im GmbH-Recht ausdrücklich vorgesehenen Verbots der Unterpari-Emission (Art. 154 § 3 S. 1 HGGB) und des Grundsatzes der realen Kapitalaufbringung darstelle. Als zulässige Bewertungsmethoden werden im Schrifttum verschiedene Varianten der vermögensorientierten Methode (insbesondere Buchwert-, Liquidationswert-, und Wiederbeschaffungswertmethode) sowie der Ertragswertmethode genannt[10]. In der Praxis wird jedoch, trotz der Kritik in der Literatur, meist der Wert der Sacheinlagen, insbesondere der Unternehmen, nach den in der Bilanz ausgewiesenen Größen ermittelt. Die bilanziellen Bewertungsgrundsätze sind in Artt. 7, 28-35 RWG geregelt. Nach Art. 7 Abs. 1 S. 1 RWG sind die

---

[7] *Litwińczuk*, Prawo bilansowe, S. 117; *K. Szymański*, Rachunkowość, 10/1996, S. 495, 498;im Ergebnis kritisch auch *M. Paluch*, Studia Prawnicze, 1998, Nr. 3 (137), S. 71, 80 (die Unterbewertung könne einen Tatbestand der unlauteren Wettbewerb darstellen, sowie als Maßnahme der Versteckung von Vermögen des Gesellschafters vor dessen Gläubiger betrachtet werden). Vgl. auch oben im Kapitel 1, Pkt. III.3.g).

[8] Entscheidung v. 25.1.1995, III CZP 177/94, veröff. in: OSN 5/1995, Pos. 75 = PPH 11/1995, S. 35 mit kritischer Anm. *Kappes*.

[9] *Szumański*, Wkłady, S. 116, 126, 223.; *Żuławska*, aaO., S. 19; *Urbańczyk*, Prawo Spółek 9/1999, S. 22, 26; *Bielski*, aaO. PPH 6/1999 S. 29, 32; *Kidyba*, Art. 163, Rn. 9.

[10] *I. und P. Gil*, Radca Prawny, 1/1999, S. 34 ff.; *Żuławska*, Radca prawny, 5/1993, S. 3, 5; *K. Szymański*, Rachunkowość, 10/1996, S. 495 ff; *D. Strzępek*, Radca Prawny, 4/1995, S. 49, 55; *Szumański*, Wkłady, S. 126; *Bielski*, aaO., S. 29, 32.
Vgl. zum ganzen: *Borowiecki* (Hrsg.), Wycena, Bd. II, Warszawa, 1994.

einzelnen Gegenstände nach ihren tatsächlichen Herstellungs- bzw. Anschaffungswerten, unter Berücksichtigung des Vorsichtsprinzips zu bewerten[11]. Nach der herrschenden Auffassung im Schrifttum kann ein bilanziell überschuldetes Unternehmen nicht als Sacheinlage eingebracht werden[12]. Sonst würden zum einen die Garantiefunktion des Kapitals ausgehöhlt, zum anderen die Interessen der Gesellschafter beeinträchtigt, die eine vollwertige Sacheinlage eingebracht haben. Ausnahmsweise könne ein überschuldetes Unternehmen dann einlagefähig sein, wenn die Haftung der erwerbenden Gesellschaft für die Verbindlichkeiten dieses Unternehmens nach Art. 526 pol. ZGB durch Verabredung mit dessen Gläubigern ausgeschlossen würde[13].

b). Recht der Aktiengesellschaft

Die Bewertung der Sacheinlagen im polnischen Aktienrecht hat einen formellen Charakter, der im neuen Gesetz im Hinblick auf die Anpassung der polnischen Regelung auf die in der Kapitalrichtlinie festgesetzten Standards noch verstärkt worden ist. Die Bewertungsfreiheit ist durch die ausdrückliche gesetzliche Regelung des Art. 309 § 1 HGGB (vorher Art. 311 § 4 pol. HGB) ausgeschlossen, der das Verbot der Unterpari-Emission statuiert.

Im Fall der qualifizierten Gründung[14] schreibt das Gesetz die obligatorische Anfertigung eines Gründungsberichtes vor, in dem der Gegenstand der Sacheinlage sowie die Anzahl und die Gattung der hierfür ausgegebenen Aktien und anderen Titel zur Teilnahme am Gewinn oder an der Verteilung des Gesellschaftsvermögens bzw. – bei der Sachübernahme – die vor der Eintragung der Gesellschaft erworbenen Gegenstände und Vermögensrechte sowie die Höhe und die Art der Bezahlung anzugeben sind (Art. 311 § 1 Pkt. 1 HGGB, vorher Art. 312 § 1 Pkt. 1 pol. HGB). Nach neuem Recht muss darüber hinaus im Gründungsbericht die angewandte Bewertungsmethode angegeben werden (Art. 311 § 1 Pkt. 5 HGGB). Art. 311 § 2, § 3 HGGB bestimmen weitere obligatorische Inhaltspunkte des Gründungsberichts, welche im Schrifttum bereits aufgrund des Art. 312

[11] Vg. dazu *Litwińczuk*, Prawo bilansowe, S. 113-117.
[12] *Sołtysiński*/Szajkowski/Szwaja, Einleitung, Rn. 201; *Bielski*, aaO., S. 32; *Celichowski*, Rejent, 7-8/1994.
[13] *Bielski*, aaO., 32 f.
[14] Zum Verständnis dieses Begriffes im polnischen Recht vgl. Kapitel 2, III.3.a).

pol. HGB für erforderlich erachtet wurden[15]. Die Gründer sollen nämlich die wirtschaftliche Zweckmäßigkeit der vor der Eintragung der Gesellschaft geplanten Transaktionen, der Einbringung von bestimmten Sacheinlagen sowie die Angemessenheit der angenommenen Werte, der vereinbarten Vergütung und des Gründerlohnes belegen. Dem Bericht sind entsprechende Urkunden in Urschrift oder in amtlich beglaubigter Abschrift beizufügen. Soll ein Unternehmen als Sacheinlage eingebracht werden, so muss der Gründungsbericht die Jahresergebnisse dieses Unternehmens für die zwei letzten Geschäftsjahre bzw. die Ergebnisse für die kürzere Zeit der Tätigkeit enthalten (Art. 309 § 3 HGGB). Der Bericht der Gründer samt den beigelegten Unterlagen stellt die Grundlage für die von den Sachverständigen durchzuführende Außenprüfung dar.

2. Deutsches Recht

Die Bewertungsfreiheit der Gründer wird heute einheitlich sowohl im GmbH- als auch im Aktienrecht verneint. Sie wurde zuerst im Aktienrecht, mit Verabschiedung des Aktiengesetzes 1937, endgültig aufgegeben[16]. Im GmbH-Recht hat man den Umfang der Bewertungsfreiheit seit Mitte dreißiger Jahre in der Rechtsprechung allmählich eingeschränkt[17]. Nach der heute h.M. ist bei der Bewertung ausschließlich der objektive Wert der Einlage entscheidend, ohne jeden Bewertungs- oder Beurteilungsspielraum. Den Bewertungsschwierigkeiten soll durch

[15] Vgl. *Sołtysiński*/Szajkowski/Szwaja, Art. 312 pol. HGB, Rn. 11; Pyzioł/*Szumański*/Weiss, Prawo spółek, S. 472.

[16] Das Aktiengesetz vom 1937 sah im § 31 Abs. 2 erstmals neben der obligatorischen Sacheinlageprüfung durch Organmitglieder und Gründungsprüfer auch die registergerichtliche Bewertungskontrolle vor. Vgl. dazu die ausführliche historische Darstellung bei *Trölitzsch*, Differenzhaftung, Diss. 1998, S. 45 f., 62. Vgl. auch *Teichmann*, Gestaltungsfreiheit, S. 103 ff.; *Fischer*, LM Nr. 1 zu § 5 GmbHG; *Wiedemann*, FS Hirsch, 1968, S. 257, 259; *K. Schmidt*, GmbHR 1978, S. 5 ff.

[17] Vgl. insbes. RGZ 159, S. 321, 335 ff. = DR 1939, S. 431, mit Anm. *Boesebeck*, (Schadensersatzpflicht des Inferenten allein wegen einer willkürlichen Überbewertung); BGHZ 29, S 300 ff.(„Operetten-Urteil") = JZ 1960, 216 mit Anm. *G. Hueck*; dazu auch *Fischer*, LM Nr. 1 zu § 5 GmbHG (der BGH löste sich erstmals von den subjektiven Komponenten einer Täuschungsabsicht als Voraussetzung der Werthaftung und erkannte an, dass die Bewertungsfreiheit hinter dem Grundsatz der realen Kapitalaufbringung zurückzutreten habe); BGHZ 68, S. 191 (Begründung der Differenzhaftung durch Hinweis auf das Verbot der Unterpari-Emission, das im GmbH-Recht, trotz des Fehlens einer ausdrücklichen Vorschrift, in einer Reihe von zwingenden Kapitalaufbringungsregeln, z.B. § 19 Abs. 2, 5 GmbHG, zum Ausdruck komme). Vgl. dazu *K. Schmidt*, aaO., *Teichmann*, aaO., *Trölitzsch*, aaO.

entsprechende Risikoabschläge Rechnung getragen werden[18]. Ein subjektiver Bewertungsspielraum wird auch im GmbH-Recht abgelehnt[19]. Die freie Bewertbarkeit ist also in Deutschland vollständig hinter dem Prinzip der effektiven Leistung des werthaltigen Kapitals sowie dem mit ihm verbundenen Verbot der Unterpari-Ausgabe zurückgetreten; Kompromisse zugunsten der Inferenten sind ausgeschlossen[20].

Im neueren Schrifttum wird auch die Unterbewertung der Sacheinlage als bedenklich erachtet. Zum einen wird auf die bilanzrechtliche Regelung des § 279 Abs. 1 S. 1 HGB i.V.m. § 253 Abs. 4 HGB hingewiesen, aus dem sich das Verbot der willkürlichen Bildung von stillen Reserven ergibt. Zum anderen kann die erhebliche Unterbewertung zur Ausweisung überhöhter Gewinne führen, deren Ausschüttung die Wirkung einer unbemerkt bleibenden teilweisen Rückgewähr der Sacheinlage hätte[21]. Ähnlich wie dies das pol. OG angenommen hat[22], können auch im deutschen Recht stille Reserven nicht in Stammkapital umgewandelt werden, weil sie eine zu unsichere Basis für die Aufstockung des Kapitals bilden. Ihre Heranziehung setzt voraus, dass sie zuvor unter Einhaltung der Bewertungsvorschriften über den Jahresabschluss aufgelöst und den offenen Rücklagen zugeführt werden[23].

Den Gesellschaftern steht grundsätzlich auch nur eine beschränkte Wahl bezüglich der Bewertungsmethoden zu. Der Höchstwert, zu dem ein Vermögensgegenstand als Sacheinlage angenommen werden kann, ist immer sein objektiver Zeitwert, möglichst ein Marktpreis[24]. Bei rentablen Unternehmen ist vorrangig auf deren Ertragswert abzustellen; der Liquidationswert ist dagegen bei dauer-

---

[18]H.M., vgl. Hachenburg/*Ulmer*, § 9 GmbHG, Rn. 13; Scholz/*Winter*, § 9 GmbHG, Rn. 13; *Lutter/Hommelhoff*, § 9 GmbHG, Rn. 3, *Gienow*, FS Semler 1993, S. 165, 167. **A.A.** *Urban*, Festgabe für Sandrock, 1995, S. 305, 307 f. nach dem bei der Einbringung von Unternehmen erst eine Überbewertung von 10-15 % zur Differenzhaftung führt.

[19]*Röhricht*, § 27 AktG, Rn. 90, m.w.N. **A.A.** noch BGHZ 68, 191, 196.

[20]So bereits *Fischer*, aaO. Vgl. auch *Wiedemann*, aaO., S. 261; *Teichmann*, Gestaltungsfreiheit, S. 104 f.

[21]*Röhricht*, aaO., Rn. 88; *Lutter/Hommelhoff*, § 5 GmbHG, Rn. 22 und § 42 GmbHG, Rn. 18 ff.

[22]In der Entscheidung v. 25.1.1995, III CZP 177/94, veröff. in: OSN 1995, Nr. 5, Pos. 75.

[23]Scholz/*Priester*, § 57d GmbHG, Rn. 10; *Lutter/Hommelhoff*, § 57d GmbHG, Rn. 2.

[24]Vgl. *Trölitzsch*, aaO, S. 206 m.w.N.; *Lutter/Hommelhoff*, § 5 GmbHG, Rn. 21.

haft ertragslosen Unternehmen maßgeblich[25]. Eine reine Substanz- oder Buchwertbetrachtung gibt dagegen keinen tatsächlichen Wert des Unternehmens wieder und löst bei negativen Erträgen die Haftung aus § 9 GmbHG aus[26]. Die Gegenstände des Anlagevermögens sind in Deutschland grundsätzlich nach dem Wiederbeschaffungswert, die des Umlaufvermögens nach dem Einzelveräußerungswert zu bewerten[27].

III. Kontrolle der Bewertung von Sacheinlagen

1. Polnisches Recht

a). Kontrolle durch sachverständige Gründungsprüfer

Die Pflicht zur Außenkontrolle der Einlagenbewertung durch sachverständige Prüfer ist im polnischen Recht nur für die AG vorgeschrieben. Gemäß dem in Art. 126 § 1 Pkt. 2 HGGB enthaltenen Verweis werden die aktienrechtlichen Vorschriften über die Sachgründung auf die KGaA entsprechende Anwendung finden. Im Zuge der GmbH-Gründung kann es dagegen nur ausnahmsweise zur Außenprüfung kommen, wenn dadurch die unter den Gesellschaftern bestehenden Zweifel bezüglich der angenommenen Werte beseitigt werden sollen[28].

Das polnische HGB 1934 schrieb in Fällen der sog. qualifizierten Gründung[29] einer Aktiengesellschaft die Pflicht zur Erstattung eines Gründungsberichtes sowie deren Prüfung durch neutrale Prüfer vor (Art. 312, 313 pol. HGB)[30]. Das neue polnische Gesetz enthält eine ausführliche Regelung der Außenkontrolle im Fall der Sachgründung einer AG, wodurch das polnische Aktienrecht an die Vorgaben aus Art. 10 der Kapitalrichtlinie angepasst wird. Die Prüfung des Gründungsberichts ist durch einen oder mehrere neutrale sachverständige Prüfer durchzuführen, die auf Antrag der Gründer oder von Amts wegen durch das Re-

---

[25] *Urban*, aaO., S. 395, 309 ff.
[26] *Urban*, aaO.; *Gienow*, FS Semler, 1993, S. 165, 167 f.
[27] Vgl. *Festl-Wietek*, BB 1993, S. 2410 ff.; *Lutz/Maschke*, WPg 1992, S. 741 ff.; *Angermayer*, Die aktienrechtliche Prüfung von Sacheinlagen, Diss. 1994, S. 244 ff.
[28] So Sołtysiński/*Szajkowski*/Szwaja, Art. 291 pol. HGB, Rn. 7; *Kidyba*, Art. 163 pol. HGB, Rn. 9.
[29] Zum Begriff der qualifizierten Gründung im polnischen Recht vgl. oben Kapitel 2, III.3.a).
[30] Vgl. dazu oben, Kapitel 2, III.3.a).

gistergericht bestimmt werden (Art. 313 HGGB). Der Gründungsbericht wird auf seine „Richtigkeit und Vollständigkeit" hin geprüft. Wenn die Regelung des HGB lediglich auf das Erfordernis der Ausführlichkeit des anzufertigenden Gutachtens hingewiesen hat (Art. 313 § 4 HGB), ist dessen Inhalt im Entwurf näher präzisiert, wobei die Punkte, auf die sich die Prüfung zu erstrecken hat, den in Art. 10 Abs. 2 der Kapitalrichtlinie vorgesehenen entsprechen. Im Gutachten muss namentlich festgestellt werden, ob der von den Gründern angenommene Wert der Sacheinlagen mindestens dem Nenn- oder höheren Emissionswert der dafür übernommenen Aktien entspricht, sowie ob die Höhe der zugebilligten Bezahlung für die vor der Gründung erworbenen Vermögensgegenstände bzw. die Höhe der Vergütung für die bei der Gründung geleisteten Dienste gerechtfertigt ist (Art. 312 § 1 HGGB). Darüber hinaus muss das Gutachten die Stellungnahme des Prüfers zu der von den Gründern angewandten Bewertungsmethode enthalten. Die Kontrolle der sachverständigen Prüfer erstreckt sich auf die Einlagefähigkeit und Werthaltigkeit der zu erbringenden Vermögensgegenstände, nicht aber auf ihre Tauglichkeit für das Gesellschaftsunternehmen[31]. Das Gutachten der Prüfer darf zwar keine Geschäftsgeheimnisse offenbaren, die Gründer sind jedoch auf schriftliche Aufforderung des Prüfers zur Erteilung zusätzlicher Informationen und zur Gewährung von Einsicht in entsprechende Unterlagen verpflichtet (Art. 312 § 3 HGGB), was insbesondere bei der Bewertungskontrolle immaterieller Rechtsgüter (*know-how*) erforderlich sein kann[32].

Der sachverständige Prüfer fertigt ein ausführliches Gutachten in zwei Exemplaren an und reicht es zusammen mit dem Bericht der Gründer beim Registergericht ein. Danach händigt der Registerrichter ein von ihm selbst bescheinigtes Exemplar den Gründern aus. Der Vermerk über die Einreichung des Gutachtens beim Registergericht soll von der Gesellschaft vor ihrer Eintragung ins Handelsregister auf die in Art. 5 Abs. 3 HGGB bestimmte Weise bekanntgemacht werden (Art. 312 § 7 HGGB)[33]. Meinungsverschiedenheiten zwischen den Gründern und dem Revidenten werden vor dem Registergericht ausgetragen, wobei der auf eine Beschwerde hin erlassene Beschluss nicht mit Rechtsmitteln angefochten werden kann. Das Registergericht kann allerdings einen neuen Prüfer ernennen,

---

[31] Vgl. *Allerhand*, Art. 313, Anm. 18; *Minas*, Rejent, 10/1996, S. 50, 76.
[32] *Sołtysiński*, aaO., Art. 313 pol. HGB, Rn. 14.
[33] Vgl. oben, Kapitel 2, VIII.

wenn es das für angebracht hält (Art. 312 § 8 HGGB). Dem Schutz der Gesellschafter, die keine Gründer sind, weil sie die Satzung nicht unterschrieben haben (sog. Gründungsgesellschafter)[34], dient die Regelung des Art. 314 HGGB (vorher Art. 315 pol. HGB). Danach muss in den von ihnen zu unterzeichnenden Errichtungsakten ausdrücklich festgestellt werden, dass jedem der künftigen Aktionäre der Gründungsbericht sowie das Gutachten der Sachverständigen bekannt ist. Da man im neuen Gesetz auf die Regelung der Gründung der AG im Wege öffentlicher Zeichnung verzichtet hat, sind auch die einschlägigen Vorschriften des HGB zum Schutze der Zeichner abgeschafft worden (vgl. vorher Artt. 325-328 pol. HGB).

b). Die Gründungskontrolle durch das Registergericht

Die Frage, inwieweit der Registerrichter zur Prüfung der in der Anmeldung enthaltenen Angaben verpflichtet und berechtigt ist, stellt eines der umstrittensten Probleme des polnischen Gesellschaftsrechts dar. Diese unklare Rechtslage ist vorrangig auf die missglückte Regelung des Art. 16 pol. HGB zurückzuführen, aus dessen Wortlaut in der Literatur und Rechtsprechung unterschiedliche Schlüsse gezogen werden. Danach hat das Registergericht zu prüfen, ob die Anmeldung und die ihr beigefügten Urkunden nach Form und Inhalt mit den zwingenden Rechtsvorschriften im Einklang stehen (Art. 16 § 1 pol. HGB). Bestehen begründete Zweifel, ob die angemeldeten Angaben der wahren Sachlage entsprechen, so hat das Gericht die Angaben nachzuprüfen (Art. 16 § 2 pol. HGB). Denselben Wortlaut hat auch Art. 20 LGRG, welches am 1.1.2001 in Kraft getreten ist und die einschlägigen Vorschriften des alten HGB ersetzt.

aa). Die Position des polnischen OG

Das polnische OG hat sich in einigen Urteilen über den Umfang registergerichtlicher Prüfung geäußert. Seine Rechtsprechung ist jedoch alles andere als einheitlich und trug vielmehr zur Vertiefung der rechtlichen Unsicherheiten bei. In zwei Urteilen[35] hat das OG festgestellt, das Registergericht sei im Anmeldungs-

---

[34]Vgl. oben Kapitel 2, II.2.c).

[35] Urteil vom 19.9.1990 III CRN 268/90, veröff. in Problemy Ustawodawstwa Gospodarczego, 5/1991, Pos. 25; Urteil vom 7.4. 1993 (III CZP 23/93) veröff. in: OSNCP 10/1993, Pos. 172 =

verfahren einer GmbH zur Prüfung der Bewertung von Sacheinlagen nicht berechtigt. Die Kontrolle des Gerichts habe vielmehr einen rein formellen Charakter: es solle lediglich nachprüfen, ob der Gesellschaftsvertrag die in Art. 163 pol. HGB (jetzt Art. 158 HGGB) vorgeschriebenen Angaben enthält. Die Angemessenheit der Bewertung sei ausreichend durch die Vorschriften der Artt. 176 und 290 pol. HGB (Differenzhaftung bzw. Haftung für die falsche Angaben bei der Anmeldung zur Registereintragung) gewährleistet. Ähnlich wie das Registergericht die Angemessenheit der Eigenkapitalausstattung einer GmbH im Verhältnis zum Gegenstand des Gesellschaftsunternehmens nicht kontrollieren dürfe, liege auch die Nachprüfung der Einlagenbewertung außerhalb des Bereiches der vom Gericht zu kontrollierenden Angaben. Darüber hinaus unterliege die Wertfestsetzung im Gesellschaftsvertrag der allgemeinen zivilrechtlichen Vertragsfreiheit (Art. 353^1 pol. ZGB).

Der gegenteiligen Ansicht hat dagegen das pol. OG im Urteil v. 2.3.1993 (III CZP 123/92)[36] das Wort geredet. In dieser Entscheidung hat das OG die Bedeutung des Grundsatzes der realen Kapitalaufbringung und der präventiven Vorkehrungen des Kapitalschutzes besonders betont. Damit die Ausstattung einer Kapitalgesellschaft mit einem realen, für die Gläubiger greifbaren Vermögen gewährleistet sei, habe das Registergericht – im Rahmen der ihm nach Art. 16 pol. HGB zustehenden Kontrollbefugnisse – auch die Struktur des Stammkapitals, d.h. die Proportionen zwischen den verschiedenen, das primäre Gesellschaftsvermögen bildenden Vermögensrechten unter dem Gesichtspunkt der Garantiefunktion des Stammkapitals zu beachten[37], ohne dabei die Bewertung der Sacheinlagen, insbesondere einer als Einlage eingebrachten Forderung, außer Acht zu lassen. Die Kompetenz des Registergerichts zur Prüfung der in der Anmeldung enthaltenen Angeben hat das polnische OG auch mit dem Prinzip der materiellen Wahrhaftigkeit des Handelsregisters (positive Publizität) in zwei

---

MoP 4/1993, S. 110.

[36]Entscheidung des Sieben-Richter-Gremiums des OG v. 2.3.1993 veröff. in: OSNCP 10/1993, Pos. 167 = MoP 3/1993, S. 75 ff.

[37] Nach dem OG soll die registergerichtliche Kontrolle verhindern, dass im Einzelfall ein unverhältnismäßig hoher Teil des Stammkapitals durch schwer veräußerliche, insbesondere immaterielle Werte gedeckt wird. Das bedeutet, dass bestimmte Vermögenswerte selbst dann, wenn sie an sich einlagefähig sind, im Einzelfall ungeeignet sein können, die vollständige Deckung des Stammkapitals zu bewirken. Vgl. die Begründung zur Entscheidung v. 2.3.1993, aaO.

anderen Urteilen begründet[38]: Der Rechtsverkehr soll sich darauf verlassen können, dass die im Handelsregister verlautbaren Angaben der tatsächlichen Lage entsprechen. In der neuesten zu der behandelten Problematik erschienenen Entscheidung spricht das pol. OG unter Hinweis auf diesen registerrechtlichen Grundsatz und auf das mit ihm verbundene Erfordernis des Gläubigerschutzes von der sich aus Art. 16 § 2 pol. HGB ergebenden Pflicht des Registergerichts, die Sacheinlagen auf ihre Einlagefähigkeit und Werthaltigkeit hin zu prüfen[39].

bb). Meinungen in der Literatur

Diese uneinheitliche Haltung der höchtsrichterlichen Rechtsprechung in einer für die Verwirklichung des Grundsatzes der realen Kapitalaufbringung grundlegenden Frage hat in der Doktrin heftige Diskussion ausgelöst, in der sich bisher keine überwiegende Meinung herausgebildet hat. Ein gewichtiger Teil des Schrifttums neigt der an erster Stelle referierten Ansicht des polnischen OG zu, indem er die Erstreckung der registergerichtlichen Kontrolle auf die vorgenommene Bewertung für „unzulässig und gegenstandslos“[40] hält. Nach den Vertretern dieser Auffassung sei der Registerrichter zwecks der Wahrnehmung des Grundsatzes der Wahrhaftigkeit der im Handelsregister verlautbaren Angaben[41] befugt, die sachliche Richtigkeit nur derjenigen in der Anmeldung enthaltenen Angaben zu prüfen, die der Eintragung ins Handelsregister unterliegen. Nach der ausdrücklichen gesetzlichen Regelung des Art. 166 Pkt. 5 und Art. 330 Pkt. 6 pol. HGB ist dagegen weder der Gegenstand noch der Wert der Sacheinlagen ins Handelsregister einzutragen. Das Gesetz verlangt lediglich die „Erwähnung“ in der Eintragung, dass bei der Errichtung der Gesellschaft Sacheinlagen einge-

[38]Urteil des Sieben-Richter-Gremiums vom 15.3.1991 (III CZP 13/91), veröff. in OSP 11-12/1991, Pos. 269; Urteil des pol. OG vom 3.4.1992 (I CR 10/92), nicht veröff.

[39] Urteil des pol. OG vom 26.3.1998 (I CKN 227/98), veröff. in: OSNC 11/1998, Pos. 179 = Glosa, 10/1998, S. 21.

[40]So vor allem *A.W. Wiśniewski*, Prawo o spółkach, Bd 3, S. 72. Ähnliche Ansicht vertraten in der älteren Literatur: *Dziurzyński/Fenichel/Honzatko*, Art. 163 pol. HGB, Anm.1; *Namitkiewicz*, Art. 163 pol. HGB, Anm. 4. Im neueren Schrifttum: *Minas*, aaO., S. 86; *Żyznowski*, aaO., S. 2, 3; Sołtysiński/*Szajkowski*/ Szwaja, Art. 163 pol. HGB, Rn. 10 (keine registergerichtliche Bewertungskontrolle im GmbH-Recht); *Fronc*, Anmerkung zum Urteil des OG v. 25.01.1995, Rejent 7-8/1996, S. 165 ff.; *Krawczyk*, Prawo Spółek, 1/1999, S. 14.

[41]Vgl. Artt. 23, 24 pol. HGB v. 1934, dazu:Sołtysiński/Szajkowski/*Szwaja*, Art. 23, Rn. 3.

bracht wurden (Art. 166 Pkt. 5 pol. HGB, ebenso Art. 166 § 1 Pkt. 7 HGGB)[42]. Eine skrupulöse Wahrnehmung der Vorschriften über die Befugnisse und Pflichten der Registergerichte würde zudem zur Diskriminierung der Handelsgesellschaften im Verhältnis zu anderen Wirtschaftssubjekten führen, die solchen Vorschriften nicht unterliegen[43]. Darüber hinaus wird auch ein Argument eher rechtspolitischer Natur ins Feld geführt. Danach würde das „Hineinzwängen der Kontrollfunktion" in die Hände der Judikatur eine Rückkehr zu den Prinzipien der sozialistischen Planwirtschaft darstellen, in der die Privatautonomie der Parteien ausgeschlossen und das ganze Wirtschaftsleben der staatlichen Omnipotenz unterworfen gewesen sei. Das richtige Funktionieren der freien Marktwirtschaft bedürfe deswegen der Einschränkung der gerichtlichen Kontrollfunktionen, welche die freie Entfaltung der wirtschaftlichen Tätigkeit unnötig hinderten[44]. Die Interessen der Gläubiger einer GmbH seien dagegen durch Art. 176 pol. HGB geschützt, in dem „gesondert und erschöpfend" die Haftung für die Überbewertung der Sacheinlage geregelt sei[45].

Diese Ansicht ist in der Literatur auf Kritik gestoßen, welche vor allem vom auch im polnischen Recht der Kapitalgesellschaften geltenden Grundsatz der realen Kapitalaufbringung ausgeht[46]. Der Grundsatz der Privatautonomie könne dagegen im Gesellschaftsrecht nicht auf vollständige und absolute Weise verwirklicht werden[47]. Seine unüberschreitbaren Grenzen bildeten der Schutz der Rechtssicherheit und der Gesellschaftsgläubiger, denen nur das Gesellschaftsvermögen zur Verfügung stehe. Die Willensautonomie der Gesellschafter betref-

---

[42] *A. W. Wiśniewski*, aaO., S. 72; *Minas*, aaO., S. 86.
[43] *A. W. Wiśniewski*, aaO.
[44] *A. W. Wiśniewski*, aaO.
[45] *Minas*, aaO., S. 87.
[46] So vor allem: *Żuławska*, Radca prawny, 5/1993, S. 3 ff.; *dieselbe*, PS 7-8/1993, S. 3, 18 ff.; *Szumański*, Wklady, S. 205 ff.; *Sołtysiński*/Szajkowski/Szwaja, Art. 313 pol. HGB, Rn. 12, Art. 329 pol. HGB, Rn. 24 f. (unter Berufung auf die Regelung des § 38 deutsches AktG); *Kidyba*, Art. 163 pol. HGB, Rn. 9 f.; *A. Opalski*, Anmerkung zum Urteil des pol. OG vom 26.3.1998, Glosa, 12/1999, S. 21 ff.
In der pol. Vorkriegsliteratur: *Wróblewski*, Komentarz do kodeksu handlowego (HGB- Kommentar), Kraków 1935, Bd. 1, S. 92; tendenziell: *Allerhand*, Art. 16, Anm. 7 f., der die Rolle des Registergerichts bei der Prüfung der Bewertung von Sacheinlagen betont; *Janczewski*, Prawo handlowe, wekslowe i czekowe (Handels-, Wechsel- und Scheckrecht), Warszawa 1946, S. 56.
[47] *Sołtysiński*, aaO.; *Żuławska*, aaO. Radca Prawny, 5/1993, S. 8 spricht in diesem Zusammenhang vom „Fetischisieren" der Privatautonomie im neuesten polnischen juristischen Schrifttum, was „eine Art des Abreagierens des 40 Jahre lang dauernden sozialistischen Wirtschaft" sei.

fe die Bestimmung des Gegenstandes der Einlage, nicht aber dessen Wert. Die Vertragsfreiheit sei in dieser Hinsicht durch das Prinzip der vollständigen Kapitaldeckung im GmbH-Recht (Art. 160 Pkt. 2 pol. HGB) und durch das Verbot der Unterpari-Emission im Aktienrecht (Art. 311 § 4 pol. HGB) beschränkt[48]. Die Verneinung der Kompetenz des Registergerichts zu materiellen Kontrolle der Gründung auch dann, wenn es begründete Zweifel hinsichtlich der Bewertung von Sacheinlagen habe, stelle einen Verstoß gegen die Garantiefunktion des Stammkapitals dar und lasse sich mit der Kontroll- und Schutzfunktion des Registerverfahrens nicht vereinbaren. Der Registerrichter müsse, wenn er begründete Zweifel habe, die Richtigkeit der Bewertung nachprüfen, um festzustellen, ob die im Gesellschaftsvertrag angegebene Höhe des Stammkapitals, die ja der Eintragung unterliege, wirklich gedeckt worden sei. Sonst würden der Umgehung der Vorschriften über die minimale Höhe des Stammkapitals Tür und Tor geöffnet.

Deswegen sei Art. 16 § 2 pol. HGB eine rechtliche Grundlage für die materielle gerichtliche Gründungsprüfung zu sehen, die anhand des Gesellschaftsvertrags, der ihm beigelegten Unterlagen sowie, im Fall der Aktiengesellschaft, des Gründungsberichts und des sachverständigen Gutachtens durchzuführen sei. Diese Kontrolle soll sich sowohl auf die Beurteilung der Einlagefähigkeit eines bestimmten Vermögensrechts wie auch seiner Bewertung erstrecken[49]. Die Kontrollaufgaben der Registergerichte dürften mit der Wirtschaftsverwaltung des sozialistischen Staates nicht verwechselt werden[50]. Habe der Registerrichter begründete Zweifel hinsichtlich der Wahrhaftigkeit der angemeldeten Angaben, so sei er verpflichtet, ein zusätzliches in der pol. ZPO (Art. 227 ff.) geregeltes Beweisverfahren einzuleiten, in dessen Rahmen auch Sachverständigengutachten eingeholt werden könnten (Art. 278 ff. pol. ZPO)[51]. Die Tätigkeit des Registerrichters müsse jedoch immer auf die Überprüfung der Bewertung (unter Berücksichtigung des den Gesellschaftern zustehenden Bewertungsspielraums), nicht

---

[48] *A. Opalski*, aaO., S. 22.

[49] *Szumański*, aaO., S. 207.

[50] *Żuławska*, aaO., S. 8.

[51] So das pol. OG im Urteil vom 3.4.1992, I CR 10/92; *Szumański*, aaO., *A. Opalski*, aaO., Glosa 12/1999, S. 23; vgl. aber *Sołtysiński*, Art. 313, Rn. 12, der die Berechtigung des Registerrichters zur Ernennung eines anderen Gründungsprüfers zwecks erneuter Prüfung des Gründungsberichts für fragwürdig hält. Ähnlich *Kidyba*, Art. 163 pol. HGB, Rn. 10.

auf die Neubewertung der Sacheinlage abstellen[52].

2. *Deutsches Recht*

Nach dem deutschen Aktienrecht unterliegt die von Gründern im Gründungsbericht verlautbarte Einlagenbewertung (§ 32 AktG) der Prüfung durch die Mitglieder der ersten Gesellschaftsorgane sowie durch einen oder mehrere fachkundige Gründungsprüfer, die jeweils ihre eigenen Berichte zu erstellen haben (§§ 33, 34 AktG).

Die Prüfung soll sich darauf erstrecken, ob der Wert der Sacheinlagen oder Sachübernahmen den geringsten Ausgabebetrag der dafür zu gewährenden Aktien oder den Wert der dafür zu gewährenden Leistungen erreicht (§ 34 Abs. 1 Pkt. 2 AktG). Jeder der Berichte soll die Gegenstände der Sacheinlagen und Sachübernahmen einzeln unter Angabe der bei der Wertermittlung angewandten Methoden beschreiben (§ 34 Abs. 2 AktG). Im Fall der Überpari-Emission muss der Sacheinlagewert nicht nur dem Nominalwert der übernommenen Aktien, sondern auch dem höheren Ausgabewert entsprechen. Bei der Gründung der Gesellschaft ergibt sich dies aus dem Wortlaut des § 36a Abs. 2 S. 3 AktG, welcher im Zuge der Umsetzung der Kapitalrichtlinie in das deutsche Aktienrecht eingefügt wurde. Bei der Kapitalerhöhung mit Sacheinlagen nimmt dagegen die h.M. an, Vergleichsmaßstab sei nur der Nennwert der für die Sacheinlage auszugebenden Aktien, nicht ein etwaiger Überpari-Kurs[53]. Die Prüfer hätten nicht die Frage zu untersuchen, ob auch ein höherer Ausgabewert der Aktien durch den Wert der Sacheinlage gedeckt sei. Ein Zurückbleiben dieses Wertes hinter dem Ausgabebetrag stelle auch keinen Grund für die Verweigerung der Eintragung nach Art. 183 Abs. 3 AktG dar. Diese herrschende Meinung im deutschen Schrifttum beruht allerdings auf einer klaren Verkennung der Kapitalrichtlinie, die in ihrem Art. 27 Abs. 1 auf die Kapitalerhöhung mit Sacheinlagen die Vorschriften des Art. 10 Abs. 2 und 3 für anwendbar erklärt[54]. Nach Art. 10 Abs. 2 der Kapitalrichtlinie muss der Sachverständigenbericht u.a. angeben, ob die

---

[52] *Sołtysiński*/Szajkowski/Szwaja, Art. 329 pol. HGB, Rn. 26 (Registergerichte sollten die ihnen zustehenden Kompetenzen „mäßig" wahrnehmen). Zur Stellungnahme siehe unten, Pkt. VI.2.

[53] *Lutter* in: KK, § 183 AktG, Rn, 52; *Hefermehl/Bungeroth*, § 183 AktG, Rn. 92, 97; *Hüffer*, § 183 AktG, Rn. 16. A.A. *Wiedemann*, in: Großkomm. zum AktG, § 183, Rn. 52.

[54] Vgl. *Habersack*, EuropGesR, Rn. 194.

Werte der Sacheinlagen dem Nennbetrag und gegebenenfalls dem Mehrbetrag der dafür auszugebenden Aktien entsprechen. Das im deutschen Schrifttum vorgebrachte Argument, durch die Prüfung sollten nicht die Rechte der Altaktionäre, sondern nur die Einhaltung des Verbotes der Unterpari-Emission aus § 9 Abs. 1 AktG gesichert werden[55], setzt sich über die Tatsache hinweg, dass das Agio in das Kapitalschutzsystem des Aktienrechts einbezogen worden und als Teil der Einlage zu behandeln ist (vgl. § 54 Abs. 1 und 2 AktG)[56]. Da das Agio als Kapitalrücklage einen Bestandteil des Eigenkapitals der Gesellschaft darstellt, geht es bei der Frage nach der Notwendigkeit seiner wertmäßigen Deckung nicht nur um den Schutz der Interessen der (Alt-)Aktionäre, sondern der der Gesellschaftsgläubiger. Das geplante polnische Recht, welches die Außenprüfer sowohl bei der Sachgründung als auch bei der –kapitalerhöhung im gleichen Maße verpflichtet zu prüfen, ob sich der Sacheinlagewert mit dem Ausgabewert der Aktien deckt (Artt. 312 § 1, 431 § 7 HGGB), entspricht dagegen der europäischen Vorgabe (Art. 27 Abs. 2 i.V.m. Art. 10 Abs. 2 der Kapitalrichtlinie) und trägt den Interessen der Gesellschaftsgläubiger Rechnung.

Die obligatorische Bewertungskontrolle durch sachverständige Prüfer ist im deutschen GmbH-Recht nicht vorgesehen. Nach § 5 Abs. 4 GmbHG haben jedoch die Gründer einen besonderen Sachgründungsbericht zu erstatten, in dem die für die Angemessenheit der Bewertung maßgeblichen Umstände dargelegt werden müssen[57]. Bei der Einbringung eines Unternehmens ist zusätzlich das Jahresergebnis der letzten beiden Geschäftsjahre anzugeben. Alle Gesellschafter müssen den Bericht unterschreiben und haften der GmbH gegenüber für die falsch gemachten Angaben auf Schadensersatz nach § 9a GmbHG. Die h.M. im Schrifttum bejaht auch die Pflicht zur Aufstellung eines entsprechenden Berichts bei der Sachkapitalerhöhung[58].

---

[55]So *Lutter*, aaO., wiederholt von *Hüffer*, aaO.

[56]So selbst *Lutter*, in: KK, § 54 AktG, Rn. 12; vgl. auch *Angermayer*, Die aktienrechtliche Prüfung von Sacheinlagen, S. 220 und *Trölitzsch*, Differenzhaftung, S. 217 ff.

[57]Zum Inhalt des Sachgründungsberichtes vgl. *Lutter/Hommelhoff*, § 5 GmbHG, Rn. 27 ff.

[58]Vgl. Hachenburg/*Ulmer* § 56 GmbHG, Rn. 49; Scholz/*Priester*, § 56 GmbHG, Rn. 82, 83; *Lutter/Hommelhoff*, § 56 GmbHG, Rn. 20 (Es obliegt den Geschäftsführern, die erforderlichen Nachweise und Aufklärungen über die Sacheinlage und deren Wert gegenüber dem Registergericht abzugeben).

Sowohl das deutsche GmbH- als auch das Aktienrecht enthalten ausdrückliche Vorschriften, welche die Pflicht des Registergerichts zur sog. materiellen Gründungskontrolle vorsehen (§ 9c GmbH, § 38 AktG). Der Registerrichter hat die Eintragung einer nicht ordnungsgemäß errichteten und angemeldeten Gesellschaft abzulehnen. Dies gilt insbesondere für den Fall der Überbewertung von Sacheinlagen (§ 9c S. 2 GmbHG), wobei sich die registergerichtliche Prüfung der Vollwertigkeit nach herrschender Meinung auf den Zeitpunkt der Eintragung bezieht[59]. Die materielle Kontrolle der Gründung durch das Registergericht stellt einen Eckpfeiler im deutschen Normengefüge der präventiven Vorkehrungen zum Schutze der realen Kapitalaufbringung dar[60]. Bereits vor Einfügung des § 9c GmbHG im Jahre 1980, in dem jede Überbewertung von Sacheinlagen als Eintragungshindernis hervorgehoben wurde (vgl. § 9c S. 2 GmbHG), leitete man in Deutschland die Kompetenz des Registergerichts zur Bewertungskontrolle aus dem Normativsystem ab, das dem Recht der Kapitalgesellschaften zugrunde liegt[61]. Danach bedarf es zur Entstehung der Gesellschaft als rechtsfähige Körperschaft der Eintragung ins Handelsregister, was von der Erfüllung einer Reihe von zwingenden gesetzlichen Voraussetzungen abhängig gemacht wird[62]. Die Sicherstellung der Kapitalaufbringung ist Voraussetzung für die Zulassung von Körperschaften des Wirtschaftslebens, bei denen die Haftung der Korporation und der hinter ihr stehenden natürlichen Personen gegenüber den Gesellschaftsgläubigern auf einen ziffermäßig begrenzten Haftungsfonds beschränkt ist. Somit greift die Eintragung tief in die Rechtsstellung nicht lediglich der Gründer, sondern auch Dritter ein. Deswegen können sich Prüfungsrecht und Prüfungspflicht des Registergerichtes nicht nur auf die Einhaltung der Formalien beschränken, sondern umfassen darüber hinaus auch alle Fragen der materiellen

---

[59]Vgl. BGHZ 80, 129 136 f.; Hachenburg/*Ulmer* § 9c GmbHG, Rn. 18; *Lutter/Hommelhoff*, § 9c GmbHG, Rn, 15; Baumbach/*Hueck*, § 9c GmbHG, Rn. 6; *Hüffer*, § 38 AktG, Rn. 4, 11, f.; *Kraft*, in: KK, § 38 AktG, Rn. 13. **A.A.**: Scholz/*K. Schmidt*, § 11 GmbHG, Rn. 126; Scholz/*Winter*, § 9c GmbHG, Rn. 33; *Röhricht*, aaO., § 38 AktG, Rn. 13, die auf den Zeitpunkt der Anmeldung abstellen und deshalb bei nachträglichen Wertveränderungen kein Eintragungshindernis annehmen, außer wenn ihre Ursachen schon im Anmeldezeitpunkt vorlagen.

[60]Vgl. BGHZ 113, S. 335, 351; *Lutter/Hommelhoff*, § 9c GmbHG, Rn. 2; Hachenburg/*Ulmer*, § 9c GmbHG, Rn. 6; *Priester*, in: FS 100 Jahre GmbH, S. 159, 170.

[61]Vgl. Hachenburg/*Ulmer*, 7. Aufl., § 10 GmbHG, Rn. 5; Scholz/*Winter*, 6. Aufl., § 10 GmbHG, Rn. 2 und 3.

[62]Vgl. allg. zum System der Normativbestimmungen *K. Schmidt*, GesR[3], S. 199, *ders.* Verbandszweck, S. 58 ff.; *Röhricht*, in: Großko. zum AktG, § 38, Rn. 1.

Gesetzmäßigkeit der Gründung oder Kapitalerhöhung. Das erfordert eine sorgfältige formelle und materielle Prüfung durch das Registergericht, in deren Rahmen der Richter nach dem Amtsermittlungsgrundsatz (§ 12 FGG) alle erforderlichen Ermittlungen anzustellen hat, einschließlich der Einholung von Sachverständigengutachten[63]. Wird das Eintragungshindernis der Überbewertung nicht beseitigt, so hat das Gericht die Eintragung abzulehnen (§ 9c GmbHG, § 38 Abs. 2 AktG).

Nach ganz h.M. begründet das Normativsystem jedoch kein uneingeschränktes Nachforschungs- und Ermittlungsrecht der Registergerichte. Lediglich in Fällen, in denen konkrete Anhaltspunkte gegen die Ordnungsmäßigkeit der Gesellschaftsgründung sprechen, kommt eine weitere Aufklärung des Sachverhaltes in Frage. Ohne solche Zweifel ist dagegen das Gericht nicht berechtigt, seine Prüfung nach eigenem Ermessen zu intensivieren[64]. Ähnlich wie in Polen unterliegen auch in Deutschland die wirtschaftlichen und finanziellen Grundlagen der Gesellschaft nicht der gerichtlichen Prüfung. Das Registergericht hat also grundsätzlich keine Erwägungen darüber anzustellen, ob die Gesellschaft wirtschaftlich lebensfähig sein wird[65].

Der Beschleunigung und Vereinfachung des Eintragungsverfahrens sollte insbesondere die neueste Reform der §§ 9c GmbHG, 38 AktG dienen[66]. Gemäß den in diese Paragraphen neu eingefügten, inhaltlich gleichen Absätzen (§§ 9c Abs. 2 GmbHG, 38 Abs. 3 AktG) darf das Registergericht die Eintragung nur dann ablehnen, wenn die mangelhafte, fehlende oder nichtige Bestimmung des Vertrags zwingende oder ins Handelsregister einzutragende Regelungen betrifft bzw. Vorschriften verletzt, die zum Gläubigerschutz oder sonst im öffentlichem Interesse gegeben sind oder die die Nichtigkeit des gesamten Vertrags zur Folge haben. Die § 38 Abs. 3 AktG, § 9c Abs. 3 GmbHG wollen also die Berechtigung und Notwendigkeit einer registergerichtlichen Prüfung der Ordnungsmäßigkeit der

---

[63]BGHZ 113, S. 335, 351; Hachenburg/*Ulmer*, § 9c GmbHG, Rn. 6.

[64]Hachenburg/*Ulmer*, § 9c GmbHG, Rn. 11 ff.; *Lutter/Hommelhoff*, § 9c GmbHG, Rn. 2; *Röhricht*, aaO., § 38 AktG, Rn. 7.

[65]*Röhricht*, aaO., § 38 AktG, Rn. 30; Scholz/*Winter*, § 9c GmbHG, Rn. 31. Teilweise abw.: Hachenburg/*Ulmer*, § 9c GmbHG, Rn. 31 und *Lutter/Hommelhoff*, § 9c GmbHG, Rn. 12: Prüfungsrecht beim Verdacht der offensichtlichen Unterkapitalisierung.

[66]Handelsrechtsreformgesetz v. 22.6.1998, BGBl I, S. 1474.

Errichtung und Anmeldung von Kapitalgesellschaften nicht grundsätzlich in Frage stellen, sondern die überzogene Satzungskontrolle auf das nach ihrem Sinn und Zweck gebotene Maß zu reduzieren[67].

IV. Haftung für die Überbewertung der Sacheinlagen

1. Polnisches Recht

a). Recht der GmbH

aa). Differenzhaftung

Im polnischen Schrifttum wird die Differenzhaftung im GmbH-Recht als Ersatz für die aktienrechtliche obligatorische Bewertungskontrolle durch professionelle Prüfer angesehen[68]. Die Vorschrift des Art. 176 pol. HGB sei auch Konsequenz der gesellschaftsform-spezifischen Merkmale der GmbH, bei der vor allem die leichte, d.h. entformalisierte und billige Gründung einen wesentlichen Vorteil im Verhältnis zur Aktiengesellschaft darstelle[69]. Unterstrichen wird die wesentliche Funktion der Differenzhaftung, die – obwohl als Innenhaftung ausgestaltet – den Interessen der Gesellschaftsgläubiger gerecht werden soll[70]. Eine Schutzwirkung zugunsten der Gesellschaft könnte die Differenzhaftung zwar ebenfalls entfalten, weil die unvollständige Deckung des auf den Anteil eines Gesellschafters entfallenden Betrags zur Verwässerung des Wertes derjenigen Anteile führt, welche den Mitgesellschaftern zustehen. Anders als in Deutschland könnte die Differenzhaftung in Polen eine solche Funktion auch effektiv wahrnehmen; denn mangels einer § 24 GmbHG vergleichbaren Ausfallhaftung besteht nicht die Gefahr, dass die Unterdeckung des Anteils auf die Mitgesellschafter zurückfällt. Jedoch wird in der polnischen Literatur zutreffend hervorgehoben, dass es in der GmbH eines derartigen Gesellschafterschutzes nicht bedarf: Denn angesichts der

---

[67]*Röhricht*, aaO., § 38 AktG, Rn. 46 ff. Kritisch dazu: *Rawert*, in: *Hommelhoff/Röhricht* (Hrsg.), Gesellschaftsrecht 1997, RWS-Forum 10, S. 81, 91 u. 97; *Hüffer*, § 38 AktG, Rn. 11.

[68]*Namitkiewicz*, Art. 158 pol. HGB, Anm. 8; *Szumański*, Wkłady, S. 113 ff., *Żuławska*, PS 7-8/1993, S. 21f.

[69]*Szumański*, Wkłady, S. 115 f.

[70]*Szumański*, aaO.; Sołtysiński/*Szajkowski*/Szwaja, Art. 176 pol. HGB, Rn. 1; *Kidyba*, Art. 176 pol. HGB, Rn. 10.

personalistischen Realstruktur der GmbH hat der einzelne Gesellschafter typischerweise Einfluss auf den Inhalt der Satzung und die Auswahl der Mitgesellschafter[71]. Im Aktienrecht besteht zwar demgegenüber ein verstärktes Bedürfnis nach einem Verwässerungsschutz zugunsten der Aktionäre; doch wird dem durch die zwingenden Vorschriften über die qualifizierte Gründung Rechnung getragen[72].

Art. 176 § 1 pol. HGB regelte Voraussetzungen und Rechtsfolgen der Differenzhaftung. Wenn die Sacheinlagen zu einem erheblich überhöhten Preis gegenüber deren wirklichem Wert zum Zeitpunkt des Abschlusses des Gesellschaftsvertrages angenommen wurden, waren der Gesellschafter, der die Sacheinlage einbrachte, sowie die Vorstandsmitglieder, die trotz der Kenntnis über diesen Sachstand die Gesellschaft zur Eintragung angemeldet haben, im Fall der Zahlungsunfähigkeit der Gesellschaft vor Ablauf von drei Jahren nach ihrer Eintragung gesamtschuldnerisch verpflichtet, die fehlenden Werte auszugleichen. In § 2 des Artikels wurde der zwingende Charakter dieser Vorschrift unterstrichen. Danach könnten die Gesellschafter und die Vorstandsmitglieder von der Haftung nicht befreit werden. Eine entsprechende Regelung der Differenzhaftung enthält das neue HGGB in Art. 175, allerdings mit einer wesentlichen Abweichung: Die Entstehung der Differenzhaftung soll nicht mehr von der Zahlungsunfähigkeit der GmbH abhängig sein. Nach Art. 261 HGGB (vorher Art. 257 pol. HGB) findet diese Regelung auch im Fall der Kapitalerhöhung entsprechende Anwendung[73].

Aus dem Wortlaut der einschlägigen Vorschriften ist ersichtlich, dass die Geltendmachung der Differenzhaftung im polnischen GmbH-Recht vom gleichzeitigen Vorliegen einer Reihe von Voraussetzungen abhängig gemacht ist. Sie verdienen eine nähere Betrachtung.

Erstens wird die Differenzhaftung nur bei einer erheblichen Überbewertung der Sacheinlage ausgelöst. In Betracht kommt also ausschließlich eine offenbare[74]

---

[71] *Szumański*, Wkłady, S. 115; Sołtysiński/*Szajkowski*/Szwaja, Art. 176 pol. HGB, Rn.2.

[72] Vgl. dazu oben, Kapitel 2, III.3.a). sowie in diesem Kapitel, Pkt. III.1.a).

[73] Vgl. *Allerhand*, Art. 257 pol. HGB, Anm. 5; *Namitkiewicz*, Art. 257 pol. HGB, Anm. 3.

[74] So insb. *Minas*, Rejent, 1/1994, S. 9, 10; *Kidyba*, Art. 176 pol. HGB, Rn. 4 (erhebliche Überbewertung, welche nicht gerechtfertigt werden kann und die die normalen Verhältnisse in der Ge-

Abweichung des „Preises", zu dem die Gesellschaft den bestimmten Gegenstand als Sacheinlage angenommen hat und der sich im Nennwert des Geschäftsanteiles ausdrückt, von dem Preis, den der Inferent erhalten könnte, wenn er ihn an einen außenstehenden Dritten veräußert hätte („Veräußerungspreis", so ausdrücklich Art. 175 § 1 HGGB)[75]. Die Feststellung der offensichtlichen Überbewertung obliegt dem Prozessgericht, das sich dabei der Gutachten der Sachverständigen bedienen kann[76]. Diese Voraussetzung der Differenzhaftung wird in der Literatur einstimmig für richtig gehalten und mit den Bewertungsschwierigkeiten gerechtfertigt[77], wobei keiner der Autoren die prozentualen Grenzen der Überbewertung festzustellen versuchte, deren Überschreiten die Entstehung der Haftung zur Folge hat.

Zweitens ist für die Differenzhaftung der objektive Wert der Sacheinlage im Zeitpunkt der Gesellschaftserrichtung entscheidend, was bedeutet, dass ein eventueller nachträglicher Wertverfall – etwa im Zeitpunkt der Einbringung der Sacheinlage – die Haftung des Inferenten aus Art. 175 HGGB (vorher Art. 176 pol. HGB) nicht auslöst. Aus dieser Regelung wird im Schrifttum der allgemeine Schluss gezogen, die Gefahr der Entwertung gehe im Moment des Abschlusses des Gesellschaftsvertrages auf die Gesellschaft und mittelbar auf ihre Gläubiger über[78]. Im Fall der Kapitalerhöhung ist der Zeitpunkt der Änderung des Gesellschaftsvertrages maßgeblich, bzw. – falls die Kapitalerhöhung aufgrund der im Gesellschaftsvertrag enthaltenen Bestimmungen erfolgt[79] – der Zeitpunkt, in dem

---

sellschaft beeinträchtigt).

[75]Vgl. *Szumański*, Wkłady, S. 301; *Allerhand*, Art. 176, Anm. 2; *Tomkiewicz/Bloch*, Art. 176 pol. HGB, Anm. 1.

Namitkiewicz, Art. 176 pol. HGB, Anm. 3 a)., lässt jedoch zugleich zu, dass im Rahmen der Bewertung auch die subjektive Bedeutung der Sacheinlage für das Unternehmen der Gesellschaft berücksichtigt wird, was sich in überhöhten (aber nicht erheblich überhöhten) Preis niederschlagen möge.

[76]*Namitkiewicz*, aaO., *Allerhand*, aaO.

[77]*Minas*, aaO. S.10; *Szumański*, Wkłady, S. 126; *Krawczyk*, Prawo Spółek, 1/1999, S. 14.

[78] *Szajkowski*, Art. 176 pol. HGB, Rn. 10; *Żuławska*, PS 7- 8/1993, S. 21. Kritisch dazu: *C. Wiśniewski*, PP 2/1992, S. 1, 26 (*de lege ferenda* solle Zeitpunkt der Eintragung ins Handelsregister für den Wert der Sacheinlage maßgeblich sein).

[79] Gemäß Art. 255 § 1 pol. HGB (Art. 257 HGGB) kann eine Erhöhung des Stammkapitals entweder aufgrund der bisherigen Bestimmungen des Gesellschaftsvertrages oder durch dessen Änderung in notarieller Form, aufgrund eines mit 2/3 Mehrheit gefassten Beschlusses erfolgen. Im ersteren Fall reicht zur Kapitalerhöhung entweder ein mit einfacher Mehrheit gefassten Gesellschafterbeschluss aus, der die näheren Bedingungen der Kapitalerhöhung (insb. Frist und Höchstbetrag

die Gesellschafter die Erklärungen über die Übernahme der Anteile abgegeben haben[80]. Wortlaut des Art. 175 § 1 HGGB rechtfertigt die Annahme, dass die in dieser Vorschrift vorgesehene Ausgleichpflicht auch dann ausgelöst wird, wenn der reale Veräußerungswert der Sacheinlage zwar dem Nominalwert des vom Inferenten übernommenen Anteil am Stammkapital entspricht, ist aber niedriger, als der im Gesellschaftsvertrag angenommene Wert.

Dritte Voraussetzung der Differenzhaftung war nach Art. 176 § 1 pol. HGB die innerhalb von drei Jahren nach der Entstehung bzw. nach der Eintragung der Kapitalerhöhung eingetretene Zahlungsunfähigkeit der GmbH, verstanden als deren dauerndes Unvermögen, wegen Mangels an Zahlungsmitteln ihre Gläubiger zu befriedigen. Für die Anerkennung der Zahlungsunfähigkeit war dagegen die Eröffnung weder des Konkurs- noch des Vergleichsverfahrens erforderlich[81]. Im neuen Art. 175 HGGB hat man auf die Zahlungsunfähigkeit der GmbH als Voraussetzung der Differenzhaftung verzichtet.

Art. 175 § 1 HGGB (vorher Art. 176 § 1 pol. HGB) nennt zwei Gruppen von Personen, die zum Ausgleich des Fehlbetrags gesamtschuldnerisch verpflichtet sind: die Inferenten, welche die überbewerteten Sacheinlagen auf das Stammkapital eingebracht haben, und die Vorstandsmitglieder, welche die GmbH zur Eintragung angemeldet haben. Die Haftung des Einlegers hat einen objektiven, verschuldensunabhängigen Charakter. Nach einer Auffassung im Schrifttum beruht sie auf der unwiderlegbaren Vermutung, dass der Inferent sich immer des realen Wertes seiner Einlage und somit ihrer krassen Überbewertung bewußt ist[82]. Da die Differenzhaftung einen persönlichen Charakter hat und nicht mit dem Anteil verbunden ist, hat das einerseits zur Folge, dass sich der Einleger von ihr nicht durch Anteilsveräußerung befreien kann[83]. Andererseits kann aber auch

der Kapitalerhöhung) bestimmt, oder – falls die letzteren bereits ausführlich im Gesellschaftsvertrag bestimmt werden – die Entscheidung des Vorstandes der GmbH. Vgl. Beschluss des pol. OG v. 9.2.1993 (III CZP 15/93), veröff. in: OSN 7-8/1993, Pos. 130; dazu *Naworski*, MoP 5/1999, S. 8 ff.

[80] Vgl. *Kidyba*, Art. 176 pol. HGB, Rn. 5.

[81] Insoweit ist die Angabe von *Trölitzsch*, aaO, S. 79, Fn. 147, unrichtig nach dem die Differenzhaftung im polnischen Recht erst im Falle der Konkurseröffnung eingreife.

[82] So *Namitkiewicz*, Art. 176 pol. HGB, Anm. 3d).

[83] *Dziurzyński/Fenichel/Honzatko*, Art. 176 pol. HGB pol. HGB, Anm. 7; *Tomkiewicz/Bloch*, Art. 176 pol. HGB, Anm. 3; *Allerhand*, Art. 176 pol. HGB, Anm. 10; *Kidyba*, Art. 176 pol. HGB, Rn.

der Anteilserwerber nicht aus Art. 175 § 1 HGGB in Anspruch genommen werden[84].

Die Haftung der Vorstandsmitglieder hat dagegen einen subjektiven Charakter. Ihnen muss die positive, zum Zeitpunkt der Anmeldung[85] vorhandene Kenntnis nachgewiesen werden, dass die Sacheinlagen „zu einem erheblich überhöhten Preis" in den Gesellschaftsvertrag aufgenommen worden waren[86]. Nach herrschender Meinung im Schrifttum ist die Haftung sowohl des Inferenten als auch der Vorstandsmitglieder vom eventuellen Schaden der GmbH unabhängig[87]. Der Anspruch der GmbH beschränkt sich deswegen auf den Ausgleich des fehlenden Wertes. Er ist im Namen der Gesellschaft von den Vorstandsmitgliedern bzw. – bei der Haftung der letzteren – vom Aufsichtsrat oder von einem besonderen Bevollmächtigten (Art. 210 HGGB) und im Konkurs vom Konkursverwalter geltend zu machen[88]. Die Beweislast für das Vorliegen einer Überbewertung trägt nach allgemeinen Grundsätzen (Art. 6 pol. ZGB) die Gesellschaft. Nach einigen Autoren wird der Differenzhaftungsanspruch erst mit Fassung eines Einforderungsbeschlusses durch die Gesellschafter gemäß Art. 221 Pkt. 2 pol. HGB (jetzt Art. 228 Pkt. 2 HGGB) fällig, wobei der Inferent, der die angeblich überbewertete Sacheinlage geleistet hat, von der Abstimmung ausgeschlossen werden solle[89]. Gemäß der überwiegenden Auffassung verjährt die Differenzhaftung

---

7 und Rn. 11.

[84] *Allerhand*, aaO.; *Kidyba*, Art. 176 pol. HGB, Rn. 7.

[85] Vgl. *Dziurzyński/Fenichel/Honzatko*, aaO., Anm. 5: Verantwortlich sind auch die Vorstandsmitglieder, die trotz des Wissens über die Überbewertung die Gesellschaft zur Eintragung angemeldet haben, selbst wenn sie an dem Vertragsabschluß nicht beteiligt waren und erst in der Zeit zwischen dem Vertragsabschluß und der Anmeldung bestellt wurden.

[86] Vgl. *Allerhand*, aaO., Anm. 7: Die Vorstandsmitglieder haften nur für den Vorsatz, nicht für die Fahrlässigkeit. So auch *Dziurzyński/Fenichel/Honzatko*, aaO., Anm. 6.

[87] So *Namitkiewicz*, Art. 176 pol. HGB, Anm. 4; *Minas*, Rejent 1/1994, S. 12; *Kidyba*, Art. 176 pol. HGB, Rn. 9; *Szumański*, Wkłady, S. 302; *Żyznowski*, PUG 5/1996, S. 2; differenzierend *Allerhand*, aaO., Anm. 7, der die Haftung der Vorstandsmitglieder für eine deliktische hält. Einen allgemeinen deliktischen Charakter der Differenzhaftung nehmen dagegen an: *Dziurzyński/Fenichel/Honzatko*, aaO. Anm. 4 und in der neueren Literatur – *Weiss*, Krakowskie Studia Prawnicze, 1993/1994, vol. XXVI- XXVII, S. 65; Pyzioł/Szumański/*Weiss*, Prawo spółek, S. 315 ff.

[88] *Namitkiewicz*, aaO., Anm. 4; *Allerhand*, aaO., Anm. 9.

[89] So *Tomkiewicz/Bloch*, Art. 176 pol. HGB, Anm. 3; *Dziurzyński/Fenichel/Honzatko*, aaO., Anm. 9; ihnen folgend *Minas*, Rejent, 10/1996, S. 73.

nach Art. 118 ff pol. ZGB nach zehn Jahren seit dem Tage ihrer Fälligkeit[90].

In der Literatur fehlt eine ausdrückliche Äußerung dazu, ob die Gesellschaftsgläubiger den Ausgleichsanspruch der Gesellschaft im Wege der Einzelvollstreckung pfänden und an sich überweisen lassen können. Da die Vollstreckung in die Forderungen des Schuldners jedoch in Art. 895 ff pol. ZPO ausdrücklich vorgesehen ist, ist diese Frage zu bejahen.

bb). Andere Anspruchsgrundlagen

Ergibt sich der niedrigere Wert der Sacheinlage aus deren Sach- oder Rechtsmangelhaftigkeit, so ist es nach dem neuen Gesetz möglich, den Anspruch aus dem im allgemeinen Teil des Gesetzes enthaltenen Art. 14 § 2 HGGB zu erheben. Diese Vorschrift trägt den im polnischen Schrifttum betriebenen dogmatischen Streit bezüglich der Frage aus, welche Rechtsfolgen die Einbringung einer mangelhaften Sacheinlage auslöst[91]. Nach Art. 14 § 2 HGGB ist der Inferent verpflichtet, die auf die Mangelhaftigkeit zurückzuführende Differenz zwischen dem im Gesellschaftsvertrag bzw. in der Satzung angegebenen und dem Veräußerungswert der Sacheinlage auszugleichen. Dabei kommt es weder auf den Schaden der Gesellschaft noch auf das Verschulden des Inferenten an. Der Gesellschaftsvertrag oder die Satzung kann außerdem vorsehen, dass der Gesellschaft in solchem Fall noch weitere Rechte zustehen. Diese Regelung stellt eine klare Entscheidung der Entwurfsverfasser für die Gleichstellung der Mangel- und Differenzhaftung im Kapitalgesellschaftsrecht dar, was in der bisherigen polnischen Doktrin höchst umstritten war[92].

Der Anspruch auf Ausgleich der Wertdifferenz der überbewerteten Sacheinlage kann außerdem auf Art. 292 HGGB (vorher Art. 291 pol. HGB) gestützt werden[93]. Danach ist jedermann zum Schadensersatz verpflichtet, der bei der Grün-

---

[90] *Szumański*, Wkłady, S. 305, *Minas*, aaO., Rejent 1/1994, S.11-12.

[91] Die bisher überwiegende Meinung nimmt eine analoge Anwendung der im pol. ZGB enthaltenen Vorschriften über die Gewährleistung beim Kauf (Art. 556-576) bzw. bei der Miete (Art. 663-665) an. Vgl. die Kritik dieser Auffassung: *Szumański*, Wkłady, S. 310, m.w.N. Dazu näher im Kapitel 7, II.3.c).

[92] Dazu näher im nächsten Kapitel 7, II.3.c).

[93] *Allerhand*, Art. 176 pol. HGB, Anm. 6; *Namitkiewicz*, Art. 176 pol. HGB, Anm. 3 d); *Tomkie-*

dung der Gesellschaft dieser durch Verletzung von Rechtsvorschriften vorsätzlich oder fahrlässig einen Schaden zugefügt hat. Die Vorschrift regelt also eine echte Schadensersatzhaftung, die vom Eintritt eines Schadens, vom Nachweis des Verschuldens und von der Kausalität zwischen der verschuldeten Überbewertung und dem Schaden abhängig ist. Die herrschende Meinung im polnischen Schrifttum sprach sich für eine Anspruchskonkurrenz zwischen dem Artt. 176 und 291 HGB (jetzt Artt. 175 und 292 HGGB) im Falle der Überbewertung aus[94].

In der Literatur wird außerdem auf die in Art. 290 pol. HGB (jetzt Art. 291 HGGB) vorgesehene strenge Außenhaftung der Vorstandsmitglieder für falsche Angaben bei der Anmeldung hingewiesen[95]. Seien die Sacheinlagen erheblich überbewertet worden und hätten die Vorstandsmitglieder trotzdem die in Art. 166 HGB (jetzt Art. 167 HGGB) verlangte Versicherung bezüglich der vollständigen Kapitaldeckung abgegeben, so hafteten sie drei Jahre lang seit der Eintragung für alle Schulden der GmbH gesamtschuldnerisch mit dieser und untereinander[96].

Die Zivilhaftung der Gesellschafter und Vorstandsmitglieder ist darüber hinaus durch die strafrechtliche Haftung aus Art. 585 HGGB (Haftung für die Schadenszufügung bei der Gründung) sowie aus Art. 587 HGGB (Haftung für falsche Angaben) verstärkt.

b). Aktienrecht

aa). Haftung für falsche Angaben und Gründungshaftung

Das polnische Aktienrecht sieht keine verschuldensunabhängige Haftung für die Überbewertung der Sacheinlagen vor. Weder in der Literatur noch in der Rechtsprechung wurden Vorschläge gemacht, eine objektive Einstandspflicht der Inferenten aus dem Grundsatz der realen Kapitalaufbringung bzw. aus dem Verbot

---

[94] So die in der Fn. 93 genannten Verfasser. A.A.: *Dziurzyński/Fenichel/Honzatko,* Art. 176 pol. HGB, Anm. 6; *Szumański*, Wkłady, S. 305.

[95] So insbesondere *Krawczyk*, Prawo Spółek, 1/1999, S. 16, ähnlich: *Kidyba*, Art. 290, Rn. 3.

[96] Vgl. dazu näher im Kapitel 2, X.2.

der Unterpari-Emission (Art. 311 § 4 pol. HGB, jetzt Art. 309 § 1 HGGB) abzuleiten. Als Surrogat der objektiven Differenzhaftung wird die sachverständige Bewertungskontrolle betrachtet[97].

Das polnische Aktienrecht regelt außerdem die scharfe Außenhaftung für falsche Angaben (Art. 479 HGGB, vorher Art. 470 pol. HGB) sowie die Gründungshaftung für die offenbare Überbewertung von Sacheinlagen und die Vereinbarung unangemessener Vergütungen im Gründungsstadium (Artt. 480, 481 HGGB, vorher Art. 471, 472 pol. HGB). Ähnlich wie nach Art. 175 HGGB ist auch hier ausschließlich eine übermäßige Überbewertung maßgeblich. Darüber hinaus muss der Schaden eintreten sowie ein Verschulden der in Anspruch genommenen Personen nachgewiesen werden. Zu ersetzen ist jedoch der Gesamtschaden, einschließlich des entgangenen Gewinns (Art. 361 § 2 pol. ZGB). Wie im Schrifttum zutreffend hervorgehoben wird, erstreckt sich die Haftung der Gründerprüfer auf jede, nicht lediglich eine übermäßige Überbewertung der Sacheinlage[98]. Die strengere Haftung der Gründungsprüfer ergibt sich aus dem beruflichen Charakter ihrer Tätigkeit und wird zudem durch den Wortlaut des Art. 311 § 1 HGGB bestätigt, wonach die Prüfer die Angemessenheit der Bewertung „hinsichtlich der Wahrhaftigkeit und Redlichkeit" zu prüfen haben.

Was die Einzelheiten betrifft, ist hier auf das im Kapitel 2, X.2. Gesagte zu verweisen.

bb). Veräußerungsverbot der gegen Sacheinlagen ausgegeben Aktien

Eine besondere Maßnahme zum Schutz der Interessen der Aktiengesellschaft, auf deren Grundkapital Sacheinlagen eingebracht wurden, sah Art. 347 pol. HGB vor. Danach mussten die für die Sacheinlagen ausgegebenen Aktien solange auf den Namen lauten, bis die Hauptversammlung den Jahresabschluss für das zweite Geschäftsjahr genehmigt hat. In dieser Zeit durften sie auch weder veräußert noch verpfändet werden, sondern sind in der Gesellschaft „zur Sicherung ihrer Schadensersatzforderungen aus Verträgen über Sacheinlagen" einzubehalten. Es ging insbesondere um den Schaden, der der Gesellschaft infolge der

---

[97] *Szumański*, Wkłady, S. 115; Sołtysiński/*Szajkowski*/Szwaja, Art. 176 pol. HGB, Rn. 2.
[98] So *Szumański*, Wkłady, S. 308.

Leistung überbewerteter Sacheinlagen entstanden ist. Die Ansprüche der Gesellschaft konnten bevorzugt vor anderen Forderungen befriedigt werden. Art. 347 pol. HGB statuierte also eine besondere Aktienbelastung zugunsten der AG, welche ihr die Vollstreckung des infolge der Geldendmachung des Schadensersatzanspruches aus Art. 472 pol. HGB erlangten gerichtlichen Urteils erleichtern sollte[99]. In der Literatur hat man jedoch an dieser Regelung Kritik geübt, weil sie den Aktienverkehr unnötig erschwere[100]. Insbesondere für die Publikumsgesellschaften, die nach Art. 84 Abs. 1 des Gesetzes v. 21.8.1997 über den öffentlichen Verkehr mit Wertpapieren verpflichtet sind, jede neue Aktienemission sofort an der Börse zu plazieren, konnte die restriktive Auslegung des Art. 347 HGB eine faktische Unterbindung der Kapitalerhöhung mit den Sacheinlagen zur Folge haben. Als Ergebnis dieser Kritik ist diese Vorschrift im neuen Recht zwar beibehalten worden, allerdings mit bedeutenden Einschränkungen (Art. 336 HGGB). Sie ist weder auf die Publikumsaktiengesellschaften noch auf die Fälle der Verschmelzung, Spaltung und Formwechsel in eine AG anwendbar (Art. 336 § 3 HGGB). Darüber hinaus soll die vorgeschriebene Sperrfrist auf ein Jahr gesenkt werden (Art. 336 Abs. 1 HGGB).

2. *Deutsches Recht: Einheitliche objektive Differenzhaftung im GmbH- und Aktienrecht*

Anders als in Polen gilt im deutschen Recht der Kapitalgesellschaften ein weitgehend vereinheitlichtes Modell der Haftung für die Werthaltigkeit von Sacheinlagen. Grundlegende Bedeutung hat hierfür die Vorschrift des § 9 GmbHG, der eine verschuldensunabhängige Innenhaftung des Inferenten für die objektive Vollwertigkeit der Sacheinlage im Zeitpunkt der Anmeldung der Gesellschaft bzw. der Kapitalerhöhung (§ 56 Abs. 2 GmbHG) zum Handelsregister vorsieht. Ist die Sacheinlage in diesem Zeitpunkt überbewertet, so hat der Gesellschafter den Fehlbetrag in Geld auszugleichen. Gemäß § 9 Abs. 2 GmbHG verjährt der Anspruch der GmbH in fünf Jahren seit der Handelsregistereintragung.

Diese Differenzhaftung wurde zwar erst im Zuge der GmbH-Reform 1980 in das

---

[99] *Dziurzyński/Fenichel/Honzatko,* Art. 347 pol. HGB, Anm. 1, 3; *Allerhand,* Art. 347 pol. HGB, Anm. 8; *Sołtysiński/* Szajkowski/Szwaja, Art. 347 pol. HGB, Rn. 1 ff.

[100] *Sołtysiński*, aaO., Rn. 1, 2.

GmbHG eingefügt. § 9 GmbHG stellte allerdings keine wesentliche Neuerung, sondern eher eine Bestätigung der bisherigen Rechtslage dar[101], wenngleich die dogmatische Herleitung der Differenzhaftung im einzelnen sehr streitig war. Was die Details betrifft, so ist auf die Darstellung der Diskussion im Kapitel 1 zu verweisen[102]. Hier reicht aus zu wiederholen, dass die objektive Ausgleichspflicht des Inferenten meistens durch seine in der Aktien- bzw. Anteilsübernahme enthaltene Wertdeckungszusage, durch den primären Charakter der Bareinlageverpflichtung bzw. durch das einheitlich im ganzen Recht der Kapitalgesellschaften geltende Verbot der Unterpari-Emission begründet wird. Im Ergebnis wird die verschuldensunabhängige Differenzhaftung im heutigen deutschen Gesellschaftsrecht als eine notwendige Konsequenz des Grundsatzes der realen Kapitalaufbringung betrachtet und sowohl im GmbH- als auch im Aktienrecht ebenso streng durchgeführt. Abweichend vom polnischen Modell wird die objektive Differenzhaftung der Inferenten deswegen nicht durch besondere aktienrechtliche Vorkehrungen zum Schutz der Kapitalaufbringung, wie obligatorische Prüfung durch Organmitglieder und sachverständige Prüfer (§ 33 Abs. 1 und 2 AktG), verdrängt[103]. Nach der herrschenden Lehre führt jede, auch jede geringfügige, Überbewertung zu einem Differenzhaftungsanspruch der Gesellschaft, was mit dem Argument begründet wird, die mit jeder Sacheinlage verbundenen Bewertungsprobleme dürften nicht auf dem Rücken der Gesellschaft und ihrer Gläubiger ausgetragen werden [104]. Der Umfang des Fehlbetrages bestimmt sich bei der GmbH jedoch allein aus der Differenz zwischen dem Nominalwert der übernommenen Stammeinlage und dem objektiven Zeitwert der Sacheinlage im Zeitpunkt der Anmeldung der Gesellschaft bzw. Kapitalerhöhung. Die effektive Deckung des höheren Ausgabebetrags wird durch § 9 GmbHG nicht geschützt[105]. Im Aktienrecht wird dagegen die objektive Barausgleichspflicht schon bei der Nichtdeckung eines vereinbartes Agio[106].

---

[101] Vgl. Hachenburg/*Ulmer*, § 9 GmbHG, Rn.1; *Lutter/Hommelhoff*, § 9 GmbHG, Rn. 1; Scholz/*Winter*, § 9 GmbHG, Rn. 1.

[102] Kapitel 1, Pkt. II.4.c).

[103] BGHZ 64, S. 52, 62; 68, S. 191, 195; 118, S. 83, 101 *Röhricht*, aaO., § 27 AktG, Rn. 102 ff. m.w.N. (Fn. 129- 131); *Kraft* in: KK, § 36a AktG, Rn.16. *Brändel*, in: Großkomm. zum AktG, 4. Aufl., § 9, Rn. 16.

[104] Hachenburg/*Ulmer*, § 9 GmbHG, Rn. 13, *Lutter/Hommelhoff*, § 9 GmbHG, Rn. 3; *Trölitzsch*, aaO., S. 205 f.

[105] Vgl. Scholz/*Winter*, § 9, Rn. 7 und *Trölitzsch*, Differenzhaftung, S. 212 ff. mit ausführlichen Nachweisen.

Ein besonderes Spannungsverhältnis besteht zwischen der registergerichtlichen Werthaltigkeitskontrolle und der Unterbilanzhaftung, welche sich nach h.M. auf den Zeitpunkt der Eintragung zu beziehen haben[107], einerseits und der Differenzhaftung für die Überbewertung der Sacheinlage andererseits, für die nach § 9 Abs. 1 GmbHG der Wert der Sacheinlage im Zeitpunkt der Anmeldung maßgeblich sein soll[108]. Zuerst ist festzuhalten, dass diese Vorschrift den allgemeinen Schluss nicht zu rechtfertigen vermag, vom Zeitpunkt der Registeranmeldung an gehe das Wertverlustrisiko auf die Gesellschaft und ihre Gläubiger über. Dem steht das in Deutschland herrschende Prinzip der Unversehrtheit des Kapitals entgegen, wonach die Gesellschaft als juristische Person nur mit dem durch die Verluste aus der Gründungsphase nicht geminderten Vermögen entstehen darf[109]. Bei der Beantwortung der Frage nach den Rechtsfolgen, welche die nach der Anmeldung eingetretene Wertverminderung auslösen, wird allerdings in der Lehre mit Recht je nach der Verlustquelle unterschieden. Wird das Unternehmen als Sacheinlage eingebracht bzw. wird mit der eigentlichen unternehmerischen Tätigkeit der Gesellschaft bereits vor der Eintragung begonnen, so sind die gesamten sich aus dieser Tätigkeit ergebenden sog. operativen Verluste aus dem Anwendungsbereich des § 9 Abs. 1 GmbHG herauszunehmen und der auf den Zeitpunkt der Eintragung bezogenen proratarischen Unterbilanzhaftung aller Gesellschafter zu unterwerfen[110]. Da dadurch die Gläubigerinteressen hinreichend gesichert werden, stellen die operativen Verluste (Vorbelastungen) kein Eintragungshindernis dar, es sei denn, dass berechtigte Zweifel vorliegen, ob die Ansprüche der Gesellschaft aus der Unterbilanzhaftung im Hinblick auf die schlechten Vermögensverhältnisse der Gesellschafter durchsetzbar sind[111]. Anders zu behandeln sind reine Wertverluste des Anlagevermögens, deren Quellen außerhalb des Bereiches der Unternehmenstätigkeit liegen. Erreichte der Wert

---

[107] BGHZ 80, S. 129 136 f.; Hachenburg/*Ulmer* § 9c GmbHG, Rn. 18; *Lutter/Hommelhoff*, § 9c GmbHG, Rn, 15; *Hüffer*, § 38 AktG, Rn. 4, 11, f.; *Kraft*, in: KK, § 38 AktG, Rn. 13; *Lieb*, FS Zöllner, B.I, S. 347, 355 ff. A.A. Scholz/*K. Schmidt*, § 11, Rn. 126; *ders.*, ZHR (156) 1992, S. 93, 106 f.

[108] Vgl. dazu eingehend *Lieb*, FS Zöllner, B. I, S. 347.

[109] BGHZ 80, S. 129; Hachenburg/*Ulmer*, § 9, Rn. 18 und § 9c GmbHG, Rn. 18. Dazu oben, Kapitel 3, IV.2.a).aa).

[110] Vgl. *Lieb*, FS Zöllner, B. I, S. 358; Hachenburg/*Ulmer*, § 11 GmbHG, Rn. 92; Scholz/*K. Schmidt*, § 11 GmbHG, Rn. 126.

[111] So bereits *Fischer*, LM Nr. 1 zu § 5 GmbHG; vgl. Hachenburg/*Ulmer*, § 9c GmbHG, Rn. 36; *Röhricht*, aaO., § 38 AktG, Rn. 8.

einer solchen Sacheinlage zwar im Anmeldungszeitpunkt den Nennbetrag der übernommenen Stammeinlage, ist er aber seither unter den Nennbetrag gesunken, so muss danach das Registergericht die Eintragung ablehnen, wenn die Gründer nicht die Wertdifferenz durch Nachzahlung bzw. Änderung des Gesellschaftsvertrags beseitigen[112]. Anders als im polnischen Recht von einem Teil des Schrifttums und der Rechtsprechung angenommen wird, befreit den Registerrichter die ausdrückliche Regelung der Differenzhaftung nicht von der Pflicht zur Prüfung der Vollwertigkeit von Sacheinlagen: Er muss zusätzliche Untersuchungen immer dann vornehmen, wenn hinsichtlich der Bewertung begründete Zweifel bestehen[113].

Nach der h.M. löst die wertmäßige Unterdeckung des Stammkapitals am Tag der Anmeldung sofort, d.h. bereits im Stadium der Vorgesellschaft[114], die in § 9 vorgeschriebene Differenzhaftung aus. Sie ist von den Geschäftsführern bzw. vom Vorstand der AG gemäß § 43 GmbHG, § 92 AktG geltend zu machen, sobald sie entdeckt wird. Aus der Funktion des Differenzhaftungsanspruchs, die schon vor Anmeldung zu leistende Sacheinlage in Höhe des Fehlbetrags durch eine Geldeinlage zu ergänzen, ergibt sich, dass zu dessen Geltendmachung ein Einforderungsbeschluss weder nach § 46 Nr. 2 (Einforderung von Einzahlungen) noch nach § 46 Nr. 8 GmbHG (Geltendmachung von Ersatzansprüchen) erforderlich ist[115]. In der GmbH sind auch die Mitgesellschafter des Sacheinlegers im Wege der sog. Ausfallhaftung (§ 24 GmbHG) zum anteiligen Ausgleich des Fehlbetrages verpflichtet, falls der Ausfall weder bei diesem noch bei seinen Rechtsvorgängern zu erlangen ist[116].

---

[112] Scholz/*K. Schmidt*, § 11 GmbHG, Rn. 126; *ders.*, ZHR (156) 1992, S. 93, 106 f. nach dem die nach der Anmeldung eingetretenen reinen Wertverluste nicht auszugleichen seien.

[113] So bereits *Fischer*, LM Nr. 1 zu § 5 GmbHG; vgl. Hachenburg/*Ulmer*, § 9c GmbHG, Rn. 36; *Röhricht*, aaO., § 38 AktG, Rn. 8.

[114] So Scholz/*Winter*, § 9 GmbHG, Rn. 18, *Lutter/Hommelhoff*, § 9 GmbHG, Rn. 5; Hachenburg/*Ulmer*, § 56 GmbHG, Rn. 36, Fn. 40 (unter Aufgabe der in Hachenburg/*Ulmer*, § 9 GmbHG, Rn. 9 vertretenen, auf den Zeitpunkt der Eintragung abstellenden Gegenansicht).

[115] Ganz h.M.: Hachenburg/*Ulmer*, § 9 GmbHG, Rn. 18; Scholz/*Winter*, § 9 GmbHG, Rn. 18; *Lutter/Hommelhoff*, § 9 GmbHG, Rn. 5, *Trölitzsch*, aaO., S. 154, m.w.N.

[116] Hachenburg/*W. Müller*, § 24 GmbHG, Rn. 28; *Lutter/Hommelhoff*, § 24 GmbHG, Rn. 6; Baumbach/*Hueck*, § 24 GmbHG, Rn. 6.

Neben den Ansprüchen aus der Differenzhaftung stehen der Gesellschaft verschuldensabhängige Schadensersatzansprüche aus § 9a GmbHG bzw. § 46 AktG gegen Gesellschafter (Gründer) und Geschäftsführer (Vorstand) wegen falscher Angaben bei der Errichtung der Gesellschaft oder wegen schuldhafter Schädigung der Gesellschaft durch Einlagen zu[117]. Die Konkurrenz zwischen diesen Ansprüchen wird in der deutschen Literatur allgemein bejaht[118].

Die vorgehenden Untersuchungen rechtfertigen den Schluss, dass die Differenzhaftung im deutschen Recht eine zwar sehr wichtige, aber trotzdem nur ergänzende, flankierende Vorkehrung im Verhältnis zu anderen präventiven Maßnahmen der realen Kapitalaufbringung verkörpert. Unter diesen kommt grundsätzliche Bedeutung der register-gerichtlichen Gründungskontrolle zu, welche die Entstehung der Gesellschaften mit nicht voll gedecktem Kapital verhindern soll.

V. Rechtsvergleichende Ergebnisse

Angesichts der zahlreichen dogmatischen und praktischen Schwierigkeiten, die die deutsche Rechtslehre und Rechtsprechung überwinden mussten, bis die Differenzhaftung in der heute im § 9 GmbHG geltenden Gestalt kodifiziert wurde, ist festzustellen, dass Art. 176 pol. HGB 1934, der eine verschuldensunabhängige Differenzhaftung vorsieht, im Zeitpunkt seiner Entstehung eine moderne, den Gläubigerinteressen Rechnung tragende Regelung darstellte. Zu dieser Zeit fing man in Deutschland erst an, sich von der unbeschränkten Bewertungsfreiheit loszulösen. Die klare polnische Regelung hatte allerdings auch gewisse negative Wirkungen. Da der polnischen Lehre die Mühe erspart wurde, die Haftungsgrundsätze auszuarbeiten, beschäftigte man sich wenig mit der dogmatischen Begründung der Differenzhaftung. In der Nachkriegszeit wurde die Entwicklung des polnischen Gesellschaftsrechts wegen der politischen Situation angehalten. Will man aus dem vorgestellten deutschen Modell der Haftung für die Überbewertung der Einlagen für das polnische Recht Nutzen ziehen, so lassen sich folgende Forderungen aufstellen:

---

[117] Vgl. dazu Kapitel 2, X.1.

[118] Hachenburg/*Ulmer*, § 5 GmbHG, Rn. 79, 83; § 9 GmbHG, Rn. 21; *Lutter/Hommelhoff*, § 9 GmbHG, Rn. 4; Scholz/*Winter*, § 9 GmbHG, Rn. 21; *Trölitzsch*, aaO., S. 271 ff.

1. Abkehr von der Bewertungsfreiheit im polnischen Gesellschaftsrecht

Der im polnischen Recht vertretene Ansatz, die allgemeine zivilrechtliche Privatautonomie gelte auch hinsichtlich der Einlagebewertung und sei im Hinblick auf die Interessen der Gesellschaftsgläubiger lediglich eingeschränkt[119], ist überholt und sollte aufgegeben werden.

Die Privatautonomie als Befugnis der Privatrechtssubjekte, ihre Rechtsbeziehungen untereinander selbst zu regeln (Freiheit zu rechtsgeschäftlicher Selbstbestimmung), darf auch im liberalen Rechtsstaat keine unbeschränkte Geltung beanspruchen[120]. Sie kann insbesondere nicht zur Begründung von Eingriffen in die schutzwürdige Rechtsposition eines Dritten herangezogen werden. Die für das Recht der Kapitalgesellschaften charakteristische Haftungsbeschränkung stellt einen solchen Eingriff dar, der vom Gesetzgeber zwar zugelassen, aber von der Erfüllung zwingender Voraussetzungen abhängig gemacht wird. Deswegen sind die Regeln der Kapitalaufbringung, die dem Gläubigerschutz dienen und zu denen in erster Linie das Gebot der vollständigen Leistung vollwertiger Einlagen gehört, als zwingendes Recht ausgestaltet. Sowohl im neuen polnischen GmbH- als auch Aktienrecht ist die Bewertungsfreiheit durch das ausdrücklich formulierte Unterpari-Verbot (Artt. 154 § 3 S. 1, 309 § 1 HGGB) ausgeschlossen. Dieses Verbot soll sich auf die Fälle einer verdeckten Unterpari-Emission in Form der Festsetzung überbewerteter Sacheinlagen erstrecken, deren Wert den Nennwert der übernommenen Aktien bzw. Anteile nicht erreicht[121]. Das Prinzip der Vertragsfreiheit (Art. 353^1 pol. ZGB) muss deswegen bei der Bewertung von Sacheinlagen aufgegeben werden, weil es sich mit den im Recht der Kapitalgesellschaften entscheidenden Prinzipien der Aufbringung und Erhaltung der Kapitalgrundlage nicht vereinbaren lässt[122].

---

119 So das pol. OG (Fn. 3) sowie die in der Fn. 2 angegebenen Verfasser.

120 Vgl. Wortlaut des im Jahre 1990 eingeführten Art. 353^1 pol. ZGB, der das Prinzip der Privatautonomie im polnischen Zivilrecht statuiert: „Die Vertragsparteien können ihr Rechtsverhältnis nach freiem Willen gestalten, soweit dessen Inhalt und Ziel der Besonderheit (der Natur) des Rechtsverhältnisses, dem Gesetz und den Grundsätzen des gesellschaftlichen Zusammenlebens nicht widerspricht".

121 Vgl. *Kraft*, in: KK, § 9 AktG, Rn. 13.

122 So im deutschen Schrifttum schon *Fischer*, LM § 5 GmbHG, Nr. 1 Anm.; *A. Teichmann*, Die Gestaltungsfreiheit, S. 104 f.

Auch die auf den personalistischen, gestaltungsoffenen Charakter der GmbH hinweisenden Argumente, mit denen man die freie Bewertung zu begründen versucht[123], vermögen nicht zu überzeugen. Die Vertragsfreiheit im GmbH-Recht soll den Gesellschaftern vorrangig eine freie Gestaltung des Innenverhältnisses ermöglichen, weil es wegen der zwingenden Kapitalmarktferne der GmbH eines Anlegerschutzes nicht bedarf. Von der Idee der Privatautonomie können jedoch nicht diejenige Bestandteile des Gesellschaftsvertrages erfasst werden, die ihre Wirkung vor allem im Außenverhältnis entfalten. Auch im deutschen Schrifttum wird der offene Charakter der GmbH unterstrichen[124]. Völlig einig ist man sich allerdings darüber, dass die Vorschriften über die Gründung der Gesellschaft sowie die die Kapitalaufbringung und -erhaltung sichernden Normen als dem Gläubigerschutz dienende Maßnahmen der freien Disposition der Gesellschafter entzogen sind[125]. Durch die Leistung überbewerteter Einlagen werden nicht lediglich Interessen der einzelner Gesellschafter tangiert, etwa durch ungerechte Besserstellung des solche Einlagen einbringenden Gesellschafters bei der Gewinnverteilung. Die erhebliche Überbewertung bedeutet vor allem, dass das tatsächliche Vermögen der Gesellschaft die im Gesellschaftsvertrag, im Unternehmerregister sowie in ihrer Bilanz angegebene Höhe nicht erreicht, wodurch die Gläubiger über die wirkliche Vermögensverhältnisse der GmbH getäuscht werden. Das Risiko des wirtschaftlichen Misserfolges der Gesellschaftstätigkeit wird dadurch auf die Gesellschaftsgläubiger verschoben. Diese Gefahr ist insbesondere in Einmanngesellschaften aktuell, in denen auch die gegenseitige Kontrolle der Gesellschafter ausbleibt.

Sowohl im GmbH- als auch im Aktienrecht soll sich deswegen die Einlagenbewertung immer nach den realen Marktwerten richten, die durch entsprechende, dem Gesellschaftsvertrag beizufügende Unterlagen einschließlich der bei der

---

[123] Vgl. Begründung zum HGB-Entwurf, veröff. in: *Tomkiewicz/Bloch*, Art. 158 pol. HGB, Anm. 1; *Namitkiewicz*, Art. 158 pol. HGB, Allg. Anmerkungen; Włodyka/*Weiss*, Prawo spółek, S. 369 f. Kritisch dazu: *Kidyba*, Art. 163 pol. HGB, Rn. 9.

[124] Vgl. *Zöllner*, in: FS GmbHG, S. 85 ff:, *Hommelhoff*, in: Gestaltungsfreiheit im Gesellschaftsrecht, ZGR- Sonderheft 13, S. 36 ff.; *derselbe*, in: *Roth* (Hrsg.), Das System der Kapitalgesellschaften im Umbruch, S. 27, 35 f.

[125] Vgl. *Hommelhoff*, in: Gestaltungsfreiheit im Gesellschaftsrecht, ZGR-Sonderheft 13, S. 36, 40 („Das Gesetzesrecht zur Gründung der Gesellschaft, verwoben mit dem Recht zur Kapitalaufbringung, stehen wie die übrigen Gesetzesbestimmungen zum Gläubigerschutz selbstverständlich nicht zur Disposition des Gesellschaftsvertrages“).

GmbH fakultativen Sachverständigengutachten, nachzuweisen sind. Art. 175 HGGB, der die Differenzhaftung von einer erheblichen Überbewertung abhängig macht, kann nicht als allgemeine Zulassung der freien Einschätzung verstanden werden. Diese Regelung trägt lediglich den Bewertungsschwierigkeiten Rechnung, welche sich nach der im polnischen Schrifttum einhelligen Meinung zu Lasten der Gesellschaft und ihrer Gläubiger auswirken sollen. Der den Gesellschaftern zustehende Bewertungsspielraum ist jedoch als Ausnahme vom Verbot der freien Einschätzung zu betrachten und muss sich in den engen Grenzen des Bewertungsfehlers halten[126]. Ausgeschlossen sind dagegen die an subjektive Momente anknüpfenden Parteivereinbarungen über den Wert der Sacheinlage („Affektionswert").

2. *Die materielle Gründungsprüfung durch das Registergericht als eine notwendige präventive Maßnahme des Kapitalschutzes*

Aufgrund der vorangegangenen rechtsvergleichenden Untersuchungen ist die in der polnischen Literatur und Rechtsprechung weit verbreitete Auffassung, das Registergericht sei zur materiellen Kontrolle nicht berechtigt, als verfehlt abzulehnen. Die registerrichterliche Prüfung soll zu einem wichtigen Bestandteil im System der Vorkehrungen zur Sicherung der realen Kapitalaufbringung werden. Die Mitwirkung des Registergerichts am Gründungsprozess dient hier nicht der staatlichen Reglementierung des Wirtschafts- und Rechtslebens, sondern ist im Hinblick auf den präventiven Schutz des Rechtsverkehrs unerlässlich[127].

Verfehlt ist insbesondere das in der polnischen Literatur vorgetragene Argument, die Differenzhaftung sowie die Schadensersatzhaftung für die Überbewertung von Sacheinlagen bildeten einen ausreichenden Gläubigerschutz[128]. Kapitalgesellschafts-rechtliche Haftungsbeschränkung setzt ein Mindestmaß an wirtschaftlicher Opferbereitschaft voraus: bevor die Gesellschafter in den Genuss der Haf-

---

[126] Vgl. den Vorschlag von *Urban*, aaO., S. 308, der bei Einbringung großer Unternehmenseinheiten einen Bewertungsspielraum maximal von 10-15 % zumessen will. *Lutter,* in: KK, 1. Aufl., § 184 AktG, Rn 12, nimmt das Vorliegen der erhebliche Überbewertung an, wenn der Einlagewert mehr als 5 % hinter dem Nennwert der dafür zu gewährenden Aktien zurückbleibt.

[127] Vgl. im deutschen Schrifttum *K. Schmidt*, Verbandszweck und Verbandsfähigkeit im Vereinsrecht, 1984, S. 62.

[128] So vor allem *Minas*, Rejent, 10/1996, S. 86.

tungsbegrenzung kommen, müssen sie einen „Preis" in Form der vollen Kapitalausstattung ihrer GmbH entrichten. Der Unversehrtheitsgrundsatz hat zwar im polnischen Recht, anders als im deutschen, keinen stichtagsbezogenen Charakter[129]. Auch in Polen wird jedoch verlangt, dass die Einlagen in Höhe des satzungsmäßigen Stammkapitals vollständig und effektiv einmal eingebracht werden[130]. Darüber die materielle präventive Kontrolle auszuüben, sollte im Aufgabenbereich der Registergerichte liegen, deren Funktion sich nicht lediglich auf Handlungen rein administrativer Natur: Entgegennahme der formell ordnungsgemäßen Anmeldung und Eintragung der Gesellschaft ins Handelsregister, reduzieren lässt. Es ist nicht Sinn der Differenzhaftung, die Eintragung der GmbH trotz überbewerteter Sacheinlagen zu ermöglichen[131]. Sie soll vielmehr die präventive Kontrolle der Ordnungsmäßigkeit der Gründung ergänzen, nicht ersetzen. Darüber hinaus setzt die Geltendmachung der Ansprüche auf Wertausgleich voraus, dass der schwierige Nachweis der Überbewertung bzw. des Verschuldens geführt wird, der nach den allgemeinen Grundsätzen (§ 6 pol. ZGB) der klagenden Gesellschaft aufgebürdet wird. Im Eintragungsverfahren hat dagegen der Inferent auf gerichtliche Aufforderung hin nachzuweisen, dass das Stammkapital der Gesellschaft vollständig gedeckt ist. Wollte man es ausschließlich bei der Regelung der Differenzhaftung bewenden lassen, so würde das Risiko des Beweisausfalles unsachgerecht auf die Gesellschaft und ihre Gläubiger abgewälzt. In diesem Zusammenhang ist noch auf ein Publizitätsdefizit des polnischen GmbH-Rechts im Vergleich zur deutschen Regelung hinzuweisen. Die Bestimmungen im Gesellschaftsvertrag über die Sacheinlagen werden nämlich weder ins Handelsregister eingetragen noch bekanntgemacht. In der Registereintragung ist lediglich die Tatsache zu erwähnen, dass Sacheinlagen eingebracht wurden, nicht aber Gegenstand und Wert der Sacheinlage offenzulegen. Diese Angaben ergeben sich aus dem Gesellschaftsvertrag, der in die Registerakte hinterlegt wird und dort nach Art. 13 pol. HGB (Art. 8 LGRG) der freien Einsicht unterliegt.

Im Registerverfahren soll deswegen geprüft werden, ob alle sowohl formellen als auch materiellen Voraussetzungen der Eintragung, welche in zwingenden

---

[129] Vgl. oben, Kapitel 3, IV.2.b).bb).

[130] Vgl. Sołtysinski/*Szajkowski*/Szwaja, Art. 159 pol. HGB, Rn. 6 ff.; *Kidyba*, Art. 159 pol. HGB, Rn. 1 und Art.160 pol. HGB, Rn. 14; *Szumański*, Wkłady, S. 65 ff.

[131] BGHZ 80, S. 129, 143; Hachenburg/*Ulmer*, § 9c GmbHG, Rn. 18.

Vorschriften geregelt sind, erfüllt wurden. Die wichtigste materielle Voraussetzung der Eintragung stellt nach Art. 163 HGGB die „Einbringung der Einlagen zur Deckung des gesamten Stammkapitals" (ähnlich Art. 166 Pkt. 3 pol. HGB) dar, was die Vorstandsmitglieder bei der Anmeldung zu versichern haben (Art. 167 § 1 Pkt. 2 HGGB). Das Registergericht sollte sich nicht lediglich auf die Entgegennahme dieser Versicherung beschränken, sondern nachprüfen bzw. nachprüfen lassen, ob erstens die Einlagen tatsächlich eingebracht wurden und zweitens ob das Stammkapital tatsächlich wertmäßig „gedeckt" wurde, wenn darüber begründete Zweifel bestehen. Die Aufgabe des Registergerichts kann allerdings nicht darin bestehen, die wirtschaftlichen und finanziellen Grundlagen der zu gründenden Gesellschaft im Hinblick auf den geplanten Unternehmensgegenstand zu prüfen. Zu den Gegenständen der registergerichtlichen Prüfung gehört auch nicht die wirtschaftliche Zweckmäßigkeit und Nützlichkeit einer bestimmten Sacheinlage für das Gesellschaftsunternehmen[132]. Die Beantwortung dieser Frage im Registerverfahren würde zu dessen erheblicher Verlängerung führen und geht auch über die Kompetenzen des Richters hinaus.

Zu beantworten bleibt noch die Frage, welcher Zeitpunkt der registergerichtlichen Kontrolle der Werthaltigkeit von Sacheinlagen zugrunde zu legen ist. Im deutschen Recht stellt die herrschende Meinung, ohne Unterscheidung nach der Art der Verlustquelle, auf den Zeitpunkt der Registereintragung ab, was mit der Sicherung der Unversehrtheit des Stammkapitals in diesem Augenblick begründet wird[133]. Im polnischen Recht wird dagegen überwiegend die Meinung vertreten, dass Art. 176 § 1 pol. HGB (jetzt Art. 175 HGGB), der die Differenzhaftung der Gesellschafter und Vorstandsmitglieder an den Zeitpunkt des Abschlusses des Gesellschaftsvertrages anknüpft, zugleich eine allgemeine Regel für den Übergang des Wertverlustsrisikos auf die Gesellschaft darstellt. Nach der hier vertretenen Auffassung soll allerdings für den Übergang der gesamten Gefahren, welche mit dem Einlagegegenstand verbunden sind, der Zeitpunkt der Leistung, d.h. der tatsächlichen Übergabe in die freie Verfügung der Vorstandsmitglieder

---

[132] So allerdings das pol. OG im Urteil vom 26.3.1998 (I CKN 227/97), OSNC 11/1998, Pos. 179. Ähnlich *Sołtysiński*/Szajkowski/Szwaja, Art. 311 pol. HGB, Rn. 35 (Forderung *de lege ferenda*). Kritisch dazu *A. Opalski*, Glosa 12/1999, S. 21, 22.
Im deutschen Schrifttum vgl. *Lutter/Hommelhoff*, § 9c GmbHG, Rn. 17 (für die Bewertung sei die geplante Funktion des Gegenstandes im Unternehmen der GmbH maßgeblich).

[133] Vgl. oben Fn. 107.

maßgeblich sein[134]. Sinkt der Wert der zugesagten Einlage bis zum Zeitpunkt ihrer effektiven Einbringung unter den Nominalwert der dafür übernommenen Anteile, so können auch die Vorstandsmitglieder nicht wahrheitsgemäß eine Versicherung bei der Anmeldung abgeben, dass „die Einlagen zur Deckung des gesamten Stammkapitals" vollständig und tatsächlich eingebracht worden sind (Art. 167 § 1 Pkt. 2 HGGB). Auch bei der registergerichtlichen Werthaltigkeitskontrolle sollte man deswegen auf den Zeitpunkt der tatsächlichen Einlageleistung abstellen.

Im Ergebnis ist festzuhalten, dass das Registergericht berechtigt ist zu prüfen, ob alle formellen und materiellen Voraussetzungen der Eintragung einer Kapitalgesellschaft erfüllt wurden. Eine ausreichende gesetzliche Grundlage dafür stellt Art. 23 § 2 LGRG (vorher Art. 16 § 2 pol. HGB) dar. Hat der Registerrichter begründete Zweifel hinsichtlich der Angemessenheit der Bewertung, so kann und muss er (vgl. Art. 23 § 2 LGRG: „...so hat das Gericht die Angaben nachzuprüfen") sich den Wert der Sacheinlagen nachweisen lassen, im Einzelfall auch Sachverständige bestellen. Nach der geplanten Regelung (Art. 158 HGGB) muss der Sacheinlagegegenstand im GmbH-Vertrag „ausführlich bestimmt" werden, was ein Bestimmtheitsniveau voraussetzt, welches die gerichtliche Werthaltigkeitskontrolle ermöglicht. Es ist zu bedauern, dass man im HGGB nur den Gründern der Aktiengesellschaft eine Pflicht zur Einreichung der beiden letzten Jahresergebnisse des als Sacheinlage einzubringenden Unternehmens auferlegte, wenn diese gerade im Eintragungsverfahren einer GmbH, wegen der hier fehlenden obligatorischen Außenkontrolle, eine nützliche Hilfe bei der Wertprüfung sowohl für das Registergericht wie auch – in Hinblick auf die handelsregisterliche Publizität – für die Gesellschaftsgläubiger darstellen würden. Auch im Eintragungsverfahren einer AG sollte es dem Registerrichter nicht verwehrt werden, zusätzliche Wertnachweise zu verlangen bzw. neue Prüfer zu bestellen. In erster Linie erfolgt jedoch die Prüfung anhand der bei der Anmeldung abgegebenen Erklärungen und eingereichten Unterlagen.

---

[134] Vgl. dazu unten, Kapitel 7, II.2.b).

3. *Differenzhaftung des Einlegers als Garantiehaftung für die wertmäßige Kapitalaufbringung*

Anders als in Deutschland, wo die verschuldensunabhängige Wertgarantie der Sacheinleger sowohl im GmbH- als auch im Aktienrecht einhellig angenommen wird, liegt dem polnischen Gesellschaftsrecht eine deutliche Unterscheidung zwischen den zwei Typen von Kapitalgesellschaften hinsichtlich der Gründungsregeln und der Haftung für die Überbewertung der Sacheinlagen zugrunde. Für das polnische Aktienrecht ist das Prinzip „schwere Gründung – leichte Haftung“[135] charakteristisch: sorgfältige Bewertung und deren Prüfung von neutralen sachverständigen Prüfern und vom Registergericht bilden eine Grundlage für das Vertrauen der Kapitalanleger sowie der Gläubiger, dass in das Vermögen der AG reale Vermögenswerten eingebracht werden. Diese komplizierten Gründungsregeln schützen ausreichend die Interessen der Gesellschaft sowie des Rechtsverkehrs und machen eine objektive Haftung der Inferenten für die Vollwertigkeit der Sacheinlagen entbehrlich. Deswegen sieht das polnische Recht der AG (Art. 480, 481 HGGB, schon vorher Art. 472, 473 HGB) lediglich eine Haftung für verschuldete Schadenszufügung im Gründungsstadium vor, die zugleich mit einer strafrechtlichen Haftung verbunden ist (Artt. 585, 587 HGGB). Als *lex specialis* im Verhältnis zu diesen genannten verschuldensabhängigen Vorschriften ist Art. 14 § 2 HGGB anzusehen, der eine objektive Ausgleichspflicht der Gesellschafter der Kapitalgesellschaft vorsieht, falls der Wertausfall auf die Mangelhaftigkeit der von ihm eingebrachten Sacheinlage zurückzuführen ist.

Im „entformalisierten“ GmbH-Recht kann die verschuldensunabhängige Differenzhaftung zwar als eine wichtige, aber nicht als die einzige und ausreichende Regelung zur Sicherung der vollwertigen Kapitalaufbringung angesehen werden. Sie ergänzt vielmehr andere im Gründungsstadium eingreifende präventive Vorkehrungen, insbesondere die registergerichtliche Kontrolle. Im Vergleich zum deutschen GmbH-Recht ist hier der breitere gegenständliche Umfang der in Art. 175 § 1 pol. HGGB vorgesehenen Differenzhaftung hervorzuheben. Anders als § 9 Abs. 1 GmbHG, der ausdrücklich auf den Betrag der übernommenen Stammeinlage, also allein auf das Stammkapital abstellt, umfasst die polnische

---

[135] Der Ausdruck stammt von *Schilling*, in: Probleme der GmbH-Reform, S. 218.

Vorschrift ihrem Wortlaut nach auch ein zusätzlich vom Sacheinleger in Form eines Mehrwertes seiner Sacheinlage zu leistendes Agio: Art. 175 § 1 HGGB greift dann ein, wenn der tatsächliche Veräußerungswert der Sacheinlage im Zeitpunkt des Abschlusses des Gesellschaftsvertrages zwar den vom Gesellschafter übernommenen Anteil am Stammkapital deckt, aber niedriger ist als der im Gesellschaftsvertrag angenommene Wert.

Im polnischen Schrifttum ist zwar überwiegend der schadensunabhängige und – in bezug auf die Gesellschafter – objektive Charakter der Differenzhaftung anerkannt; es fehlt allerdings eine nähere dogmatische Aufklärung der Natur dieser Haftung. Im GmbH-Recht 1934 läge der Gedanke nahe, dass sie eine objektive Einstandspflicht des Inferenten darstelle, welche sich aus der jeder Sacheinlageverpflichtung zugrundeliegenden Wertdeckungszusage ergäbe. Dagegen spricht allerdings, dass dieses Gesetz zur Voraussetzung der Differenzhaftung erhob, die GmbH werde innerhalb von drei Jahren seit der Registereintragung zahlungsunfähig (Art. 176 § 1 pol. HGB). Für diese zeitliche und sachliche Begrenzung der Differenzhaftung, welche in der Praxis zur Erschwerung ihrer Geltendmachung führte[136], lässt sich allerdings keine hinreichende dogmatische Begründung finden. Zu Recht ist sie deswegen im neuen Recht abgeschafft worden. Die in Art. 175 HGGB geregelte objektive Differenzhaftung, welche ausschließlich eine bedeutende Überbewertung der Sacheinlage im Zeitpunkt des Abschlusses des Gesellschaftsvertrages voraussetzt, stellt eine Garantiehaftung des Inferenten für die wertmäßige Kapitalaufbringung dar, die auf dem Gebot der Rechtsordnung beruht, einen bestimmten Einsatz an Kapital zur Verfügung zu stellen, bevor die beschränkte Haftung in Anspruch genommen wird. Der objektive Charakter der Differenzhaftung ergibt sich notwendig aus der im Einlageversprechen eingegangenen Pflicht zur Leistung vollwertiger Sacheinlagen. Der Gesellschafter hat nicht nur die Tilgung einer Forderung in einem schuldrechtlichen Zweiparteienverhältnis, sondern die Aufbringung haftenden Gesellschaftsvermögens zugunsten aller gegenwärtigen und potentiellen Gesellschaftsgläubiger versprochen[137]. Dieses Versprechen löst er so lange nicht ein, wie nicht ein vollwertiges Surrogat

---

[136] So z.B. löst selbst eine erhebliche Überbewertung nach dem Wortlaut des Art. 176 § 1 pol. HGB keine Differenzhaftung im Konkurs der GmbH aus, falls der Konkurs nicht infolge der Zahlungsunfähigkeit, sondern wegen Überschuldung eröffnet wurde.

[137] So die h.M. im deutschen Schrifttum, vgl. nur *Wiedemann*, FS Hirsch, S. 261, *K. Schmidt*, ZHR 157 (1993), S. 391, 300.

an die Stelle der Einlageforderung tritt. Leistet der Gesellschafter eine – sei es auch unverschuldet – überbewertete Sacheinlage, so befreit ihn dies nur nach Maßgabe ihres tatsächlichen Werts von seiner Einlagepflicht. Wegen dieser objektiven Natur der Differenzhaftung kann ihre Geltendmachung nicht von zusätzlichen Voraussetzungen wie Zahlungsunfähigkeit (Art. 176 § 1 pol. HGB) oder Konkurs der GmbH (vgl. Art. 24 des deutschen GmbHG-Entwurfes von 1969[138]) abhängig gemacht werden. Die „Erheblichkeit" der Überbewertung ist nur als eine Konzession zugunsten des Inferenten im Hinblick auf die Schwierigkeiten bei der Feststellung eines genauen objektiven Wertes der Sacheinlage zu verstehen.

Aus diesem dogmatischen Charakter der Differenzhaftung ergeben sich erhebliche Rechtsfolgen für ihre Geltendmachung. Vor allem lässt sich die in der polnischen Literatur vertretene Auffassung nicht aufrechterhalten, wonach zur gerichtlichen Geltendmachung der Differenzhaftung ein vorheriger Einforderungsbeschluss nach Art. 228 Pkt. 2 HGGB (vorher Art. 221 Pkt. 2 pol. HGB) erforderlich sei[139]. Dieses Erfordernis geht am Wortlaut dieser Vorschrift vorbei, welche die Fassung des Beschlusses für die Geltendmachung der Ersatzforderungen für Schäden verlangt, die bei der Gründung der Gesellschaft zugefügt wurden. Die Differenzhaftung knüpft dagegen nur an den Tatbestand der Überbewertung an und ist vom Eintritt des Schadens unabhängig[140]. Darüber hinaus lässt sich auch die analoge Anwendung des Art. 228 Pkt. 2 HGGB nicht mit der Vorschrift des Art. 175 § 2 HGGB vereinbaren, wonach niemand von seiner Wertausgleichspflicht befreit werden darf. Wird ein entsprechender Beschluss trotz Vorliegens der offensichtlichen Haftung nicht gefasst, so bedeutet das im Ergebnis eine faktische Befreiung des Haftenden. Damit solche Gefahren vermieden werden, ist anzunehmen, dass die Geltendmachung der Differenzhaftungsansprüche in die ausschließliche Zuständigkeit der Vorstandsmitglieder fällt. Sie sind zur Erhebung der Klage verpflichtet, soweit die Überbewertung entdeckt wird und der Inferent trotz Aufforderung diese auszugleichen verweigert. Tun sie das nicht, so verletzen sie die in Art. 293 § 2 HGGB vorgeschriebene erhöhte Sorg-

---

138 Vgl. dazu *Trölitzsch*, Differenzhaftung, S. 66, 69f.

139 *Tomkiewicz/Bloch*, Art. 176 pol. HGB, Anm. 3; *Dziurzyński/Fenichel/Honzatko*, aaO., Anm. 9; ihnen folgend *Minas*, Rejent, 1996, Nr. 10, S. 73.

140 A.A. Pyzioł/Szumański/*Weiss*, Prawo spółek, S. 315 ff., der die Haftung aus Art. 176 pol. HGB für eine Schadensersatzhaftung hält.

falt bei der Ausübung ihrer Pflichten und haften der Gesellschaft für die daraus entstandenen Schäden (Art. 293 § 1 HGGB)[141]. Auf der anderen Seite wirkt sich der objektive, schadensunabhängige Charakter der Differenzhaftung negativ auf die Möglichkeit ihrer Geltendmachung im Wege der *actio pro socio* aus. Da die im Art. 295 HGGB (vorher Art. 294 pol. HGB) ausführlich geregelte gesetzliche Prozessstandschaft ausdrücklich auf die Schadensersatzansprüche der GmbH beschränkt ist, soll sie auf den objektiven Wertausgleichsanspruch aus Art. 175 § 1 HGGB keine Anwendung finden. Wird jedoch der Gesellschaft infolge der Überbewertung ein Schaden zugefügt, so kann der Schadensersatzanspruch aus Art. 292 HGGB im Wege der *actio pro socio* nach Art. 295 HGGB durch jeden Gesellschafter geltend gemacht werden.

Im neuen Recht kann die in Art. 175 HGGB verankerte Differenzhaftung des Inferenten oft mit dem Anspruch auf Wertausgleich der mangelhaften Sacheinlage konkurrieren (Art. 14 § 2 HGGB). Auch diese Vorschrift des neuen polnischen Rechts kann als ein gesetzlicher Niederschlag des Gedankens der Wertdeckungszusage angesehen werden, welche der Sacheinlageverpflichtung innewohnt. Anders als die Haftung aus Art. 175 HGGB, ist in Art. 14 § 2 HGGB vorgesehene Ausgleichpflicht nicht von der „erheblichen" Überbewertung abhängig. Daraus ist der Schluss zu ziehen, dass jede auf einen rechtlichen oder sachlichen Mangel der Sacheinlage zurückzuführende Überbewertung den Anspruch aus Art. 14 § 2 HGGB auslösen wird. Wegen des schadensunabhängigen Charakters dieser Haftung gilt bezüglich ihrer Geltendmachung das für die Differenzhaftung Gesagte. Den Inferenten trifft also im Verhältnis zur Gesellschaft eine objektive Wertgarantiepflicht: Er haftet ohne Rücksicht auf Verschulden für eine mangelfreie und vollwertige Sacheinlage.

---

141 So im deutschen Recht ganz h.M. vgl. *Trölitzsch*, aaO., S. 154.

Kapitel 7
Erfüllung der Sacheinlagepflicht

I. Problemstellung

Die Fragen nach dem Zeitpunkt, in dem die Berechtigung an dem Sacheinlagegegenstand auf die Gesellschaft übergeht sowie in dem die Sacheinlageverpflichtung tatsächlich erfüllt werden muss, gehören zu den umstrittensten Problemen des heutigen polnischen Gesellschaftsrechts. Die heftige Diskussion in der Literatur haben vor allem die rudimentäre Regelung des HGB 1934 sowie die kontroverse Rechtsprechung des polnischen OG veranlasst. Die vorliegenden Unklarheiten haben eine untragbare Rechtsunsicherheit zur Folge und sind deswegen im neuen Recht durch eine klare gesetzliche Regelung beseitigt worden. Da sich das HGGB auch in dieser Hinsicht durch das deutsche Recht beeinflussen lassen hat, kann sich der Vergleich der neuen polnischen Regelung mit der Rechtslage in Deutschland aus polnischer Sicht als aufschlussreich erweisen.

II. Regelung des polnischen Rechts

1. Rechtsübergang auf die Gesellschaft

Die Pflicht eines Gesellschafters zur Einlageleistung ist im Gesellschaftsvertrag einer GmbH bzw. im Errichtungsakt einer AG verankert. Infolge der Übernahme der Aktien bzw. der Geschäftsanteile ist der Gesellschafter zur Einbringung der Einlagen zwecks Deckung des Stammkapitals verpflichtet[1]. Die Erfüllung der Sacheinlagepflicht richtet sich sonst nach den allgemeinen zivilrechtlichen Regeln[2]. Anwendung finden vor allem Artt. 155 ff. (für Sachen) und 509 ff. (für

---

[1]Beschluss des pol. OG v. 10.5.1991 (III CRN 95/91), veröff. in: *Strzępka*, aaO., S. 334; *Szumański*, Wkłady, S.225; Pyzioł/*Szumański*/Weiss, Prawo spółek, S. 425 f., und 477; Sołtysiński/*Szajkowski*/ Szwaja, Art. 163 pol. HGB, Rn. 3; *Sołtysiński*/Szajkowski/Szwaja, Art. 314 pol. HGB, Rn. 4 ff.; vgl. auch oben Kapitel 2, II.1. und 2.

[2]Włodyka/*Włodyka*, Prawo spółek, S. 32 ff, *Sołtysiński*/Szajkowski/Szwaja, Einleitung, Rn. 30 ff;

Forderungen) pol. ZGB. Art. 155 § 1 pol. ZGB statuiert im polnischen Recht den Grundsatz der Doppelwirkung von Verpflichtungsgeschäften. Danach geht das Eigentum an genau bestimmten beweglichen Sachen sowie an Grundstücken mit Abschluss des Verpflichtungsgeschäftes auf den Erwerber über, es sei denn, dass eine besondere Vorschrift etwas anderes bestimmt oder dass die Parteien etwas anderes vereinbart haben. Zur Übertragung des Eigentums an der Gattung nach bestimmten sowie künftigen Sachen ist dagegen auch die Besitzverschaffung erforderlich (Art. 155 § 2 pol. ZGB). Das Eigentum an einem Grundstück kann nicht unter einer Bedingung oder einer Zeitbestimmung übertragen werden. Wird ein bedingter Verpflichtungsvertrag geschlossen, so bedarf es zur Eigentumsübertragung am Grundstück des nachträglichen Abschlusses eines bedingungslosen Verfügungsgeschäfts (Art. 157 § 1, § 2 pol. ZGB). Die Eintragung des Eigentumsrechts an einem Grundstück in das Grundbuch ist nach dem polnischen Recht zwar obligatorisch, hat aber nur deklaratorische Bedeutung (Art. 35 Abs. 1 Gesetzes v. 1982 über Grundbücher und Hypothek)[3]. In Artt. 509-518 pol. ZGB ist die Forderungsabtretung geregelt, wobei Art. 510 § 1 pol. ZGB ebenso wie Art. 155 § 1 pol. ZGB von der Doppelwirkung des Verpflichtungsvertrages ausgeht. Aufgrund des im polnischen Zivilrecht geltenden Prinzips der Doppelwirkung von Verpflichtungsgeschäften ist jedoch umstritten, wann die Berechtigung am Einlagegegenstand auf die Gesellschaft übergeht.

Dem theoretischen Streit, welcher auch erhebliche praktische Konsequenzen hat, liegt der Versuch des polnischen historischen Gesetzgebers zugrunde, zwei widersprüchliche Ansätze in Einklang zu bringen[4]. Einerseits ging das pol. GmbH-Recht vom 1934 vom Prinzip der Einbringung des vollständigen Kapitals vor der Entstehung der Gesellschaft aus (so ausdrücklich Artt. 160 Pkt. 2, 311 § 3 pol. HGB). Andererseits ergibt sich aus dem Gesetzestext (Art. 167 § 1 Pkt. 2, 331 § 1 Pkt. 3 pol. HGB), dass vor der Eintragung ins Handelsregister kein zurechnungsfähiges Subjekt besteht, auf das Rechte übertragen werden könnten.

Szajkowski, Prawo spółek, Rn. 130 ff., *Szumański*, Wkłady, S. 230; *Paluch*, Studia Prawnicze, 3/137, S. 78. A.A. wohl *Skąpski*, KPP 2/1993, S. 157-158, der die Regelung des HGB über den Rechtsübergang an die zu gründende Gesellschaft für abgeschlossen hält und die Anwendung der ZGB Vorschriften (insb. Art. 155- 159) ablehnt.

[3] Zur Eigentumsübertragung an Grundstücken im polnischen Recht vgl. *Tigges*, WiRO 1996, S. 1,3.

[4] Vgl. *Sołtysiński*/Szajkowski/Szwaja, Art. 311, Rn.32; *Szumański*, Wkłady, S. 241; *Bugajna-Sporczyk*, aaO., S. 12. Im deutschen Schrifttum vgl. *Marr*, Das polnische GmbH-Recht, S. 25 f; *Gralla* in: *Gralla/Sonnenberger*, Handelsgesellschaften in Osteuropa, S. 91, Rn. 80.

Deshalb nimmt die herrschende Meinung in Literatur[5] und Rechtsprechung[6] an, dass ein als Sacheinlage zu erbringendes Vermögensrecht auf die Gesellschaft erst im Zeitpunkt ihrer Entstehung mit Eintragung ins Handelsregister übergehe. Ab diesem Zeitpunkt werde auch die Verpflichtung des Inferenten zur tatsächlichen Leistung fällig[7]. Sollen allerdings auf das Stammkapital das Eigentum an einem Grundstück oder das Erbnießbrauchsrecht (Art. 232 ff. pol. ZGB) eingebracht werden, so bedarf die Eigentumsübertragung auf die eingetragene Gesellschaft nach der ständigen Rechtsprechung des OG des Abschlusses eines notariell zu beurkundenden Verfügungsgeschäftes mit dieser[8]. Begründet wird diese Auffassung mit Hinweis auf den Art. 157 § 1 pol. ZGB, der die bedingte Übertragung des Eigentums an Grundstücken ausschließt, wobei als unzulässige aufschiebende Bedingung die Eintragung der Gesellschaft ins Handelsregister zu betrachten sei. Notfalls könne die Rechtsübertragung an die Gesellschaft durch ein gerichtliches Urteil, das die Erklärung des Verpflichteten ersetzt, erzwungen werden (Art. 64 pol. ZGB, Art. 1047 § 1 pol. ZPO)[9].

Diese Rechtsprechungslinie wurde in der Literatur heftig kritisiert. Ihr werden vor allem ein Verstoß gegen das Prinzip der realen Kapitalaufbringung, eine unnötige Komplizierung des Gründungsprozesses sowie die Provokation von Unsicherheiten in den Eigentumsverhältnissen vorgeworfen[10]. In der Praxis führe dies zum Konflikt zwischen den geld- und sacheinlageleistenden Gesellschaftern: Die ersteren verlangen oft eine Bankgarantie zugunsten der Gesellschaft zur Sicherung der effektiven Einbringung der Sacheinlage[11]. Die Kritik am OG

---

[5] *Dzurzynski/Fenichel/Honzatko*, Art. 167 pol. HGB pol. HGB, Anm. 2; *Allerhand*, Art. 167 pol. HGB, Anm. 3; *Tomkiewicz/Bloch*, Art. 163 pol. HGB, Anm. 2; *Szumański*, Wkłady, S. 239 ff.; *Krauss*, PUG 8-9/1991, S. 152-153; *ders.* Anmerkung zum Urteil des OG v. 5.12.1991, PS 11-12/1992, S. 123 f.; *Skąpski*, KPP 2/1993, S. 157-158; *Fiołka*, PPH 4/1993, S.16; *Bugajna-Sporczyk*, aaO., S. 13.

[6] Urteil des pol. OG v. 5.12 1991 (III CZP 128/91), veröff. in OSNCP 11-12/1992, Pos. 241 mit zust. Anmerkung v. *Ignatowicz;* Beschluss des OG v. 22.2.1991, nicht veröff., Tenor bei: *Szumański*, Wkłady, S. 33); Beschluss des OG V. 14.3.1991 (III CRN 14/91), nicht veröff., Tenor bei *Szumański*, aaO., S. 337.

[7] So *Szumański*, aaO., S. 245, 249.

[8] Vgl. die oben in der Fn. 7 angegebenen Urteile; so auch *Allerhand*, Art. 167, Rn. 3; *Rudnicki*, Kommentar zum ZGB, S. 113-114; *Kidyba*, Art. 160 pol. HGB, Rn. 15; *Bugajna-Sporczyk*, aaO., S. 12.

[9] So das pol. OG im Urteil v. 5.12 1991, aaO.

[10] So insbes. *Sołtysiński*/Szajkowski/Szwaja, Art. 311 pol. HGB, Rn. 32.

[11] Vgl. *Szumański*, aaO., S. 267; im deutschen Schrifttum: *Marr*, Das polnische GmbH-Recht, S. 28.

wurde im polnischen Schrifttum aus zweier Richtung formuliert. Diejenigen Autoren, die bereits aufgrund der Regelung des HGB 1934 von der (teilweisen) Rechtsfähigkeit der Vorgesellschaft ausgingen, nahmen an, dass zur Übertragung des Eigentums an einer genau bestimmten beweglichen Sache sowie an einem Grundstück nur ein notarieller Gesellschaftsvertrag ausreiche, der nach Art. 155 § 1 pol. ZGB auch dingliche Wirkung entfaltet. Danach wäre die Vorgesellschaft als quasi-juristische Person Eigentümerin der oben genannten Einlagen. Ihr stehe auch bereits vor der Eintragung ins Handelsregister der Herausgabeanspruch (Art. 222 pol. ZGB) zu[12]. Die zweite, vermittelnde Meinung verneinte ähnlich wie das OG das Bestehen eines zurechnungsfähigen Rechtsgebildes vor der konstitutiven Handelsregistereintragung. Die Eintragung sei allerdings nicht als Bedingung im Sinne von Art. 89 pol. ZGB, sondern als *conditio iuris* oder von Rechts wegen vorgeschriebene Wirksamkeitsvoraussetzung des Eintritts eines bestimmten Erfolges, d.h. der Entstehung der Gesellschaft, zu betrachten[13]. Deshalb finde der Rechtsübergang in diesem Zeitpunkt „automatisch" statt, ohne dass es dazu eines zusätzlichen dinglichen Geschäfts bedürfe. Am Tag der Eintragung dürften keine Hindernisse rechtlicher oder tatsächlicher Natur bestehen, welche den Übergang vereiteln könnten[14]. Darüber hätten die Vorstandsmitglieder bei der Anmeldung eine Erklärung abzugeben, für deren Unrichtigkeit sie nach Art. 290 bzw. 470 pol. HGB hafteten. Sollten die Sacheinlagen in der Gattung nach bestimmten Sachen bestehen, so finde die Eigentumsübertragung nach Art. 155 § 2 pol. ZGB erst mit der Besitzverschaffung statt. Der eingetragenen Gesellschaft stehe der Anspruch gegen den Gesellschafter auf Besitzverschaffung zu. Ähnlich sei bei der Kapitalerhöhung im Wege der Satzungsänderung zu verfahren. Da diese keine Wirkung vor der konstitutiven Eintragung habe (Art. 254 § 5 i.V.m. Art. 255 § 1 pol. HGB), finde der Rechtsübergang erst mit dieser statt[15].

Das neue HGGB trägt der Kritik am aktuellen Rechtszustand in erheblichem Umfang Rechnung, indem er zum einen die Rechtsfähigkeit der Vorgesellschaft

---

[12]So Sołtysiński/*Szajkowski*/Szwaja, Art. 163 pol. HGB, Rn. 23a; *ders*. Prawo spółek, Rn. 131; *Paluch*, aaO.

[13]*Skąpski*, KPP 2/1993, S. 154 f. unter Berufung u.a. auf *Larenz* und *Flume* (Fn. 15); *Fiołka*, aaO., S. 16; *Krauss*, PUG 8-9/1991, S. 152 f.; *Szumański*, Wkłady, S. 245 ff; *Sołtysiński*/Szajkowski/ Szwaja, Einleitung, Rn. 197 und Art. 311, Rn. 32.

[14]*Allerhand*, Art. 167 pol. HGB, Anm.3, *Żuławska*, PS 7-8/1993, S. 6.

[15]*Szumański*, aaO., S. 244.

ausdrücklich anerkennt, zum anderen den bisher umstrittenen Vorschriften einen neuen Wortlaut gibt. Gemäß Art. 11 HGGB kann die Kapitalgesellschaft in Gründung im eigenen Namen Rechte erwerben, einschließlich des Eigentums an Grundstücken und anderer dinglicher Rechte sowie Verbindlichkeiten eingehen. Daraus folgt, dass die Vorgesellschaft ähnlich wie im deutschen Recht als Eigentümerin bzw. als aus einem dinglichen Recht Berechtigte ins Grundbuch eingetragen werden kann. Die Eintragung der Vorgesellschaft ins Grundbuch hat zwar nur deklaratorischen Charakter, stellt jedoch – im Hinblick auf den in Art. 5 des Gesetzes über Hypothek und Grundbücher verankerten Grundsatz des öffentlichen Glaubens des Grundbuchs[16] – ein wichtiges Publizitätsmittel dar. Es ist anzunehmen, dass die Vorstandsmitglieder nach der Registereintragung der Kapitalgesellschaft verpflichtet sind, gemäß Art. 31 Abs. 2 dieses Gesetzes einen Antrag auf Berichtigung der Grundbucheintragung zu stellen[17].

Aufgrund der Regelung des neuen Gesetzes, ist auch die Ansicht des pol. OG, vor der Eintragung existiere kein zurechnungsfähiges Rechtsgebilde, auf das die einzulegenden Vermögensrechte übertragen werden könnten[18], als überholt anzusehen. Es bestehen keine dogmatischen Hindernisse mehr für die Annahme, dass das im polnischen Recht hinsichtlich der genau bestimmten Sachen (Art. 155 § 1 pol. ZGB) und Forderungen (Art. 510 § 1 pol. ZGB) geltende Prinzip der Doppelwirkung der Verpflichtungsgeschäfte auch für die im Gesellschaftsvertrag eingegangene Sacheinlageverpflichtung anwendbar ist. Der sogleich entstandenen Vorgesellschaft als einem teilrechtsfähigen Gebilde eigener Art wird grundsätzlich (d.h. vorbehaltlich anderer vertraglicher Vereinbarung bzw. gesetzlicher Regelung, vgl. Art. 155 § 1, 510 § 1 pol. ZGB) die Berechtigung an den als Sacheinlagen zugesagten genau bestimmten Sachen wie auch Forderungen verschafft. Der Vorgesellschaft stehen die Eigentümeransprüche auf Herausgabe und ungestörte Nutzung der in ihrem Eigentum bestehenden Vermögensgegenstände (Art. 222 pol. HGB) zu. Ab dem Zeitpunkt ihrer Entstehung ist die Vorgesellschaft auch Gläubigerin der im Gesellschaftsvertrag abgetretenen Forderungen (Art. 506 pol. ZGB).

[16]Vgl. *Tigges*, WiRO 1996, S. 3.
[17]Zur Rechtslage im deutschen Recht vgl. in diesem Kapitel unter III.1.a).
[18]Vgl. die in der Fn. 5 angegebenen Urteile.

2. Bewirkung der Sacheinlageleistung

Aufgrund der unklaren Regelung des pol. HGB 1934 nahmen das pol. OG sowie die die Rechtsfähigkeit der Vorgesellschaft ablehnenden Verfasser an, dass die tatsächliche Erfüllung der Sacheinlagepflicht erst nach der Entstehung der Gesellschaft möglich sei. In der Literatur wurde empfohlen, nähere Modalitäten der Sacheinlageleistung im notariellen GmbH-Vertrag bzw. Errichtungsakt einer AG oder auch in einem gesonderten zwischen den Gesellschaftern abgeschlossenen Vertrag zu konkretisieren[19].

a). Zeitpunkt der Einlageleistung

Nach einer Auffassung in der Lehre hängt es ausschließlich von der Gesellschaft ab, wann die Erbringung tatsächlich erfolgt. Die Gesellschaft könne die ihr zustehenden Herausgabeansprüche aus Art. 222 pol. HGB in dem Moment geltend machen, der aus ihrer Sicht am günstigsten scheine[20]. Würden bestimmte Sacheinlagen zu früh eingebracht, so müsse die Gesellschaft die mit ihnen verbundenen Versicherungs- und Lagerungskosten selbst tragen. Es sei deswegen zulässig, die Sacheinlagen allmählich mit der Entwicklung des Unternehmens zu erbringen, wobei das Interesse der Kapitalgesellschaft verlange, dass im Gesellschaftsvertrag eine unüberschreitbare Frist zur realen Einlageleistung festgestellt werden solle[21]. Im polnischen Schrifttum sind aber auch Stimmen zu verzeichnen, die derartige Praktiken aus dem Gesichtspunkt der realen Kapitalaufbringung kritisieren[22]. Es wird darauf hingewiesen, dass die Erklärungen des Vorstands bezüglich des Übergangs von Sacheinlagen im Zeitpunkt der Entstehung der Gesellschaft kein ausreichendes, die Gesellschaftsgläubiger schützendes Mittel darstellten. In der Praxis komme es nämlich oft vor, dass die versprochenen Sacheinlagen in Wirklichkeit nie in die Gesellschaft eingebracht würden, was sich erst in ihrem Konkursverfahren ergebe. In solchen Fällen würden die Gläu-

---

[19] *Szumański*, PPH 3/1996, S. 7, 9; *ders.*, Wkłady, S. 232.

[20] So *Szumański*, aaO., S. 264 f., Pyziol/Weiss/*Szumański*, Prawo spółek, S. 477, unter Berufung auf Art. 455 pol. ZGB, wonach die Leistungspflicht des Schuldners grundsätzlich nach der Gläubigeraufforderung fällig wird. Ähnlich *Kidyba*, Art 163 pol. HGB, Rn. 13.

[21] So *Szumański*, aaO.; *Kidyba*, Art. 163 pol. HGB, Rn. 13.

[22] Sołtysiński/*Szajkowski*/Szwaja, Art 163 pol. HGB, Rn. 23a; *Sołtysiński*/Szajkowski/Szwaja, Art. 331 pol. HGB, Rn. 223; *A. Opalski*, aaO., PPH 9/1999, S. 23, Fn. 31.

biger über die tatsächliche Vermögenslage der Gesellschaft getäuscht[23].

Das neue Gesetz hat die Unklarheiten beseitigt: Aus dem Wortlaut der Versicherung, die nach Art. 167 § 1 Pkt. 2 HGGB von den anmeldenden Vorstandsmitgliedern abzugeben ist, ergibt sich eindeutig, dass die der Vor-GmbH gegen den Gesellschafter zustehenden Einlageansprüche vor der Anmeldung tatsächlich und vollständig – auch samt einem vereinbarten Agio – erfüllt werden müssen. Das im GmbH-Recht streng durchgeführte Prinzip der Deckung des vollständigen Stammkapitals vor der Anmeldung ins Handelsregister ist im neuen polnischen Aktienrecht durch den auf Art. 9 der 2. EG-Richtlinie zurückgehenden Art. 309 § 3 HGGB aufgeweicht worden, was zur Beschleunigung und Vereinfachung des Gründungsprozesses beitragen soll. Abweichend vom bisherigen Rechtszustand lässt das neue Recht zu, dass das Nennkapital der AG vor der Anmeldung ins Unternehmerregister zu einem Viertel seiner statutarischen Höhe gedeckt wird, wenn die Aktien ausschließlich für Sacheinlagen oder für Sach- und Bareinlagen ausgegeben werden. Eine Versicherung darüber haben sämtliche Vorstandsmitglieder bei Anmeldung der AG dem Registergericht gegenüber abzugeben. Die neue polnische Regelung ist allerdings insoweit strenger als ihr europäisches Vorbild, als der Zeitraum, innerhalb dessen die Sacheinlagen vollständig geleistet werden müssen, auf ein Jahr herabgesetzt wurde (Art. 309 § 3 HGGB, vgl. Art. 9 Abs. 2 der Kapitalrichtlinie, wonach Sacheinlagen innerhalb von fünf Jahren seit der Entstehung der Gesellschaft vollständig einzubringen sind). Es ist anzunehmen, dass das Hinausschieben der Erfüllung der Einlagepflicht im polnischen Recht sich nur auf die tatsächliche Herausgabe der versprochenen Sachen bezieht. Da die im Errichtungsakt der AG begründeten Einlagepflichten, soweit es sich um genau bestimmte Sachen handelt, grundsätzlich auch dingliche Wirkung entfalten (Art. 155 § 1 pol. ZGB), steht der Gesellschaft ein in der satzungsmäßig festgestellten Frist fälliger Anspruch auf Herausgabe der sich in ihrem Eigentum befindlichen Sachen zu (Artt. 222 i.V.m. Art. 155 § 1 pol. ZGB). Im Fall der künftigen sowie der Gattung nach bestimmten Sachen ist die AG zwar noch nicht Eigentümerin der Sacheinlagen, sie hat jedoch einen Anspruch auf Erfüllung der Einlagepflicht durch tatsächliche Übergabe der versprochenen Sachen (Artt. 354 § 1 i.V.m. 155 § 2 pol. ZGB)[24]. Die effektive Lei-

---

[23] *Sołtysiński*, aaO.
[24] So aufgrund der Regelung des HGB 1934 *Szumański*, aaO., S. 268 f.

stung des Vermögensgegenstandes muss in der satzungsmäßig bestimmten Frist, jedoch nicht später als nach einem Jahr seit der Eintragung der AG bzw. der Kapitalerhöhung erfolgen. Gemäß Art. 320 § 1 Pkt. 4 HGGB haben sämtliche Vorstandsmitglieder bei Anmeldung eine Erklärung dem Registergericht gegenüber abzugeben, dass die fristgemäße Einbringung der ausstehenden Sacheinlagen gesichert ist. Haben sie vorsätzlich oder fahrlässig eine unrichtige Versicherung abgegeben, so haften sie den Gesellschaftsgläubigern gegenüber gesamtschuldnerisch mit der AG für die Dauer von drei Jahren seit Eintragung der Gesellschaft. Diese Außenhaftung ist vom Schaden der Gläubiger unabhängig und erstreckt sich auf alle Verbindlichkeiten der Gesellschaft (Art. 479 HGGB)[25]. Gemäß Art. 321 § 2 HGGB hat der Vorstand dem Registergericht eine effektive Leistung jeder ausstehenden Einlage nach der Eintragung der Gesellschaft anzumelden.

Darüber hinaus ist auf die neue Regelung des Art. 374 § 3 HGGB hinzuweisen, wonach auf die Höhe des gezeichneten und tatsächlich gedeckten Kapitals den Schriftstücken der AG nur dann angegeben werden muss, wenn die AG die Angaben über das Kapital freiwillig macht. Diese Vorschrift ist zwar an die Bestimmung des Art. 4 der Publizitätsrichtlinie angepasst, stellt jedoch eine Lockerung der Publizitätspflichten im Vergleich zum bisherigen Rechtsstand (Art. 370^1 § 1 Pkt. 4 pol. HGB) dar[26].

b). Leistungsort und Gefahrübergang

Nach einer Auffassung in der Lehre sollen sich der Leistungsort der Sacheinlage sowie der Übergang der Gefahr ihres zufälligen Untergangs oder ihrer zufälligen Beschädigung grundsätzlich nach den allgemeinen zivilrechtlichen Regeln richten[27]. Gemäß Art. 454 § 1 S. 1 pol. ZGB gilt als Ort der Erfüllung einer nicht in Geld bestehenden Leistung derjenige Ort, an dem der Schuldner im Zeitpunkt des Entstehens des Schuldverhältnisses seinen Wohnsitz oder Sitz gehabt hat. Deswegen sei der Gesellschafter lediglich verpflichtet, den Gegenstand der Sacheinlage ordnungsgemäß zu verpacken und es auf ein von der Gesellschaft

---

[25] Dazu *Szajkowski*, MoP 1/1993, S. 3, 5; *Żyznowski*, PUG 5/1996, S. 2 ff.; *Sołtysiński*/Szajkowski/Szwaja, Art. 470 pol. HGB, Rn. 29 ff.; Vgl. auch oben Kapitel 2, X.2.

[26] Vgl. dazu oben, Kapitel 1, III.3.d).

[27] *Szumański*, PPH 3/1996, S. 10 f., *ders.* Wkłady, S. 266; *Kidyba*, Art. 163 pol. HGB, Rn. 12.

bestimmtes Transportmittel zu verladen. Sonstige Kosten trage die Gesellschaft. Sollten die Kosten der Einlageleistung nach dem Gesellschaftsvertrag den Inferenten treffen, so habe er dafür Anteile (Aktien) zu erhalten, deren Nominalwert der Summe des Nettowertes der Sacheinlage und der Kosten ihrer Erbringung entspreche[28]. Diese Auffassung knüpft im Ergebnis an die kaufrechtliche Vorschrift des Art. 547 § 2 ZGB an, wonach in Fällen, in denen die Sache an einen Ort gesandt werden soll, der nicht der Erfüllungsort ist, der Käufer die Versicherungs- und Übersendungskosten trägt. Richtiger scheint allerdings die Annahme zu sein, dass diese Kosten ein Teil des Gründungsaufwands darstellen, der im Gesellschaftsvertrag bzw. in der Satzung der AG (vgl. Art. 304 § 1 Pkt. 9 HGGB) festgesetzt werden muss[29]. Im Hinblick auf die Regelung des Art 189 § 2 HGGB, der die Auszahlungen aus dem zur Erhaltung des Stammkapitals erforderlichen Gesellschaftsvermögen unter keinem Titel zulässt, wird die Rückerstattung der Gründungskosten wohl nur aus dem über das Stammkapital hinaus bestehenden Vermögen der GmbH möglich.

Im Schrifttum wird die Auffassung vertreten, dass der Gefahrübergang sich nach der sachenrechtlichen Lage, nach der Regel *res perit domino* richten soll[30]. Handle sich bei der Sacheinlage um einen der Gattung nach bestimmten Vermögensgegenstand, so ginge das Risiko seines zufälligen Verlustes oder seiner zufälligen Beschädigung mit der effektiven Übergabe auf die Gesellschaft über (Artt. 155 § 2, 548 § 1 pol. ZGB). Bei genau bestimmten Sachen, mit Ausnahme von Grundstücken, deren Übereignung nach Auffassung des pol. OG eines zusätzlichen Verfügungsaktes in notarieller Form bedarf, gingen die Gefahren im Zeitpunkt der Eintragung auf die Gesellschaft über, da in diesem Moment auch ein rechtsfähiges Subjekt entstehe, welches das Eigentumsrecht gemäß Art. 155 § 1 pol. ZGB erwerbe[31].

Wollte man der Regel *res perit domino* auch aufgrund der HGGB folgen, so müsste man annehmen, dass das Verlust- und Beschädigungsrisiko zusammen mit dem Eigentumsrecht an einem genau bestimmten Vermögensgegenstand be-

---

[28] *Szumański*, PPH 3/1996, S. 11; *ders.* Wkłady, S. 267.
[29] Vgl. oben Kapitel 2, VI. So auch *Kidyba*, Art. 163 pol. HGB, Rn. 12.
[30] *Szumański*, PPH 3/1996, S. 11; ihm folgend: *Kidyba*, aaO. Zu den verschiedenen Konzepten des Gefahrübergangs vgl. Soergel/*Huber*, Vor § 446 BGB, Rn. 11, 13.
[31] *Szumański*, aaO., S. 11; *Bugajna-Sporczyk*, Prawo Spółek, 12/1997, S. 12.

reits im Zeitpunkt des Abschlusses des Gesellschaftsvertrages auf die somit errichtete rechtsfähige Vorgesellschaft übergehen würde. Dies wird sich allerdings aus dem Gesichtspunkt der Vorgesellschaft als ungünstig erweisen, weil sie die Gefahr der Wertminderung, der zufälligen Verschlechterung oder des Untergangs der Einlage tragen müsste, bevor sie diese in Besitz übernehmen und gebrauchen könnte. Würde der zugesagte Einlagegegenstand in der Zeit zwischen dem Abschluss des Gesellschaftsvertrages und der Anmeldung ins Register untergehen, bevor er der Gesellschaft überreicht worden ist, so würde auch die nach Art. 167 § 1 Pkt. 2 HGGB bei der Anmeldung abzugebende Versicherung der Vorstandsmitglieder, dass „die Einlagen zur Deckung des gesamten Stammkapitals" vollständig eingebracht worden sind, objektiv unrichtig. Geben die Anmeldenden eine solche Versicherung trotzdem ab, so laufen sie die Gefahr der strengen Außenhaftung aus Art. 291 HGGB[32]. Deswegen ist anzunehmen, dass die Verlustgefahr auf die Vorgesellschaft zu dem Zeitpunkt übergeht, in dem die Vorstandsmitglieder die tatsächliche Verfügungsmacht über die geleisteten Vermögensgegenstände erworben haben und zwar unabhängig davon, ob es sich um eine genau bestimmte oder der Gattung nach bestimmte Sachen handelt. Da im polnischen Gesellschaftsrecht kein stichtagsbezogener Unversehrtheitsgrundsatz gilt, werden auch die Verschlechterungen der einmal eingebrachten Sacheinlagen im Gründungsstadium grundsätzlich kein Eintragungshindernis darstellen[33].

c). *Verbot der Befreiung von der Sacheinlagepflicht. Nachträgliche Änderung der Einlagevereinbarung*

Aus dem zwingenden Charakter der Gründungsvorschriften folgt, dass weder die Befreiung des Gesellschafters von seiner Sacheinlagepflicht, noch die Annahme eines anderen als des im Gesellschaftsvertrag versprochenen Vermögensgegenstandes im Wege der Leistung an Erfüllungs Statt (*datio in solutum*, Art. 453 pol. ZGB) zulässig ist[34]. Nach Art. 329 § 1 HGGB ist der Aktionär zur Leistung der vollständigen Einlage verpflichtet. Eine einzige Ausnahme vom zwingenden

---

[32]Vgl. oben Kapitel 2, X.2.

[33]Vgl. oben Kapitel 3, IV.2.b). und V.

[34]*Sołtysiński*/Szajkowski/Szwaja, Art. 311 pol. HGB, Rn. 30, Art. 341 pol. HGB, Rn. 2 (spricht von einer unzulässigen Novation); *Szumański,* PPH 3/1996, S. 7, 14; *ders*, Wkłady, S. 270; *Bugajna-Sporczyk*, aaO., S. 14.

Gebot vollständiger Einlageleistung stellt die ordentliche Kapitalherabsetzung dar (Artt. 456, 457 HGGB).

Die polnische Lehre beschäftigte sich mit der Frage, ob bzw. unter welchen Bedingungen eine nachträgliche Änderung der Einlagevereinbarung zulässig ist[35]. Aufgrund der HGB-Regelung wurde angenommen, dass die Änderung einer Geld- in eine Sacheinlage und umgekehrt sowie der Austausch eines Vermögensgegenstandes in einen anderen bis zur Eintragung der Gesellschaft möglich ist und der entsprechenden Abänderung des notariellen Gesellschaftsvertrages bedürfe. Mit der Eintragung der Gesellschaft gehe das Recht auf diese über und die Gesellschafter seien nicht mehr berechtigt, die ursprüngliche Einlagevereinbarung einseitig zu ändern. Gemäß dem in Art. 354 pol. ZGB verankerten Gebot der effektiven (realen) Erfüllung der eingegangenen Verpflichtung müsse die versprochene Einlage tatsächlich eingebracht werden. Der Einlagenaustausch, d.h. die Leistung eines anderen als des im Gesellschaftsvertrag bestimmten Vermögensgegenstandes, gilt als Umgehung der Vorschriften über die Festsetzung der Sacheinlagen im Gesellschaftsvertrag, ihre Bewertung und registergerichtliche Gründungskontrolle und wird deswegen für unzulässig betrachtet[36]. Nach der Eintragung sei die Änderung des Einlagegegenstandes nur auf diejenige Weise möglich, dass das Kapital um den Wert der ursprünglich zugesagten, aber tatsächlich nicht eingebrachten Sacheinlage herabgesetzt werde und zwar unter Einhaltung aller dem Gläubigerschutz dienenden Kautelen (Bekanntmachung des Herabsetzungsbeschlusses, Widerspruchsrecht, Befriedigungsgebot, Art. 260 pol. HGB)[37]. Gleich daraufhin könne das Kapital um den Wert der neuen Sacheinlage erhöht werden.

Im neuen Recht, in dem die Vorgesellschaft als ein rechtsfähiges Subjekt anerkannt wird, auf das die Berechtigung an der genau bestimmten Einlagen grundsätzlich bereits im Zeitpunkt ihrer Entstehung übergeht (Art. 155 § 1 pol. ZGB), wird die Rechtslage komplizierter sein. Es ist wohl anzunehmen, dass der Gesellschaftsvertrag bis zur Eintragung der Gesellschaft einstimmig und in notariel-

---

[35] *Szumański*, aaO., *Bugajna-Sporczyk*, aaO.
[36] *Szumański*, Wkłady, S. 271.
[37] *Szumański*, aaO., S. 272; *Bugajna-Sporczyk*, aaO., S. 13 f.; *Namitkiewicz*, Art. 163 pol. HGB, Anm. 7; *Sołtysiński*/Szajkowski/Szwaja, Art. 311 pol. HGB, Rn. 30 und Art. 341, Rn. 2; *Allerhand*, Art. 341 pol. HGB, Anm. 1; *Dzurzynski/Fenichel/Honzatko*, Art. 341 pol. HGB, Anm. 2.

ler Form abgeändert werden kann, wobei der Austausch einer Sacheinlage der Einhaltung einer der gesetzlichen Kautelen bedarf. Wenn die Gesellschafter den Gesellschaftsvertrag nach der Eintragung ändern können, soll dies um so mehr in der Gründungsphase zulässig sein. Eine Gefährdung der Gläubigerinteressen kann sich allerdings in den Fällen ergeben, in denen die Änderung des Gesellschaftsvertrages mit der Herabsetzung der Stammkapitalziffer verbunden wird, wenn etwa der bisher zur Sacheinlageleistung verpflichtete Gründer eine geringere Geldeinlage leisten soll oder eine neue Sacheinlage geringerwertig als die bisherige sein wird. Im Fall der eingetragenen Gesellschaft werden die Gläubiger durch die Vorschriften über die Publizität der Kapitalherabsetzung und über das ihnen zustehende Widerspruchs- und Befriedigungsrecht geschützt (Art. 264 HGGB). Es ist nicht angängig, diese Regeln bereits auf die Vorgesellschaft, deren Stammkapital noch nicht im Register offenbart wird, analog anzuwenden. Vielmehr ist anzunehmen, dass der kapitalherabsetzende Änderungsbeschluss aller Gesellschafter nur denjenigen Gläubigern entgegengehalten werden kann, die Ansprüche gegen die Vorgesellschaft erst nach diesem Zeitpunkt erlangt haben. Die bisherigen Gläubiger sollten dagegen in ihrem Vertrauen auf die ursprüngliche Kapitalziffer sowie auf den Umfang der Gesellschafterhaftung (Außenhaftung bis zur Höhe der ursprünglich vereinbarten Einlagen, Art. 13 § 2 HGGB) geschützt werden[38].

3. *Folgen der nicht rechtmäßigen Leistung von Sacheinlagen*

a). *Haftung wegen Nicht-, Schlecht- oder verspäteter Erfüllung*

Nach dem neuen Recht steht bereits der Gesellschaft in Gründung ein Herausgabeanspruch aus Art. 222 § 1 pol. ZGB (bei genau bestimmten Sachen) bzw. ein Anspruch auf die Erfüllung der Sacheinlageverpflichtung (bei der Gattung nach bestimmten Sachen, Artt. 155 § 2, 354 § 1 pol. ZGB) gegenüber dem Inferenten zu. Die Erfüllung der im Gesellschaftsvertrag eingegangenen Verpflichtung zur Einlageleistung kann durch die eingetragene Gesellschaft gerichtlich geltend gemacht werden (Art. 354 § 1 i.V.m. Art. 155 § 2 pol. ZGB)[39]. Im Fall der Nicht- bzw. Schlechterfüllung haftet der Einleger aus Artt. 471 i.V.m. 363 pol.

---

[38] Vgl. oben, Kapitel 3, III.2.b).

[39] *Szajkowski*, Prawo spółek, Rn. 136; *Szumański*, Wkłady, S. 268 f.; *Kidyba*, Art. 163 pol. HGB, Rn. 13 (S. 110).

ZGB auf Schadensersatz, es sei denn, dass er die Nichterfüllung oder die Schlechterfüllung nicht zu vertreten hat[40]. Zu beweisen hat die Gesellschaft den Eintritt und das Ausmaß des Schadens sowie den kausalen Zusammenhang zwischen dem Schaden und der ausbleibenden Einlageleistung. Das Verschulden des Inferenten wird gemäß Art. 471 pol. ZGB vermutet, wobei der Schuldner den Entlastungsbeweis führen kann. Ebensowenig wie von seiner Einlagepflicht kann der Gesellschafter von der Pflicht zur Leistung des Schadensersatzes befreit werden[41].

Für das polnische Aktienrecht vom 1934 wurde vereinzelt die Auffassung vertreten, im Hinblick auf den Grundsatz der Gleichbehandlung der Aktionäre sollten die Vorschriften über das Kaduzierungsverfahren (Art. 342-343 pol. HGB) auch für Sacheinlagen analog anwendbar sein[42]. Im neuen HGGB hat dieser Gedanke in Art. 309 § 5 HGGB, der die analoge Anwendung der Vorschriften über die Einzahlung der Bareinlagen auf die Leistung der Sacheinlagen anordnet, einen gesetzlichen Niederschlag gefunden. Deswegen ist anzunehmen, dass die Regeln über das Kaduzierungsverfahren (Artt. 330-332 HGGB) entsprechende Anwendung finden, falls die Sacheinlagen vor der Eintragung der Gesellschaft nur teilweise erbracht wurden (Art. 309 § 3 HGGB). Leistet der Inferent den restlichen Teil der Sacheinlage samt einem möglicherweise vereinbarten Vertragsstrafe innerhalb eines Monats nach der satzungsmäßig festgesetzten Frist auf zweimalige Einforderung des Vorstandes nicht, so kann er seiner Aktien für verlustig erklärt werden (Art. 331 HGGB), wenn ihm diese Sanktion vorher angedroht wurde. Anstelle der für ungültig erklärten neu ausgegebenen Aktien werden von der Gesellschaft neue Wertpapiere unter den alten Nummern ausgegeben und durch Vermittlung des Notars, Börsenmaklers oder der Bank verkauft (Art. 331 § 3 HGGB). Reicht der Veräußerungserlös nicht zur Deckung der in Art. 331 § 4 HGGB genannten Kosten und Forderungen gegen den Aktionär aus, so haften für den Fehlbetrag solidarisch der säumige Gesellschafter sowie seine Vormänner und zwar in Geld (Art. 331 § 5 HGGB). Die Regeln der Kaduzierung finden

---

[40] *Szumański*, Wkłady, S. 296 f.; *Szajkowski*, MoP 1/1993, S. 3, 4; Sołtysiński/*Szajkowski*/Szwaja, Art. 163 pol. HGB, Rn. 28

[41] So *Sołtysiński*/Szajkowski/Szwaja, Art. 341 pol. HGB, Rn. 9, unter Berufung auf § 66 Abs. 2 AktG.

[42] *Sołtysiński*/Szajkowski/Szwaja, Art. 343 pol. HGB, Rn. 11 f. Zum Kaduzierungsverfahren im polnischen Aktienrecht vgl oben Kapitel 4, IV.2.

auch dann Anwendung, wenn die Leistung der versprochenen Sacheinlage (primär oder nachträglich) unmöglich ist. Im Fall der vom Inferenten nicht zu vertretenden Unmöglichkeit der Leistung ist er zwar von seiner Einlageschuld nach Art. 475 § 1 pol. ZGB frei. Seine nicht gedeckten Aktien müssen allerdings nach Art. 331 § 1 HGGB für nichtig erklärt werden.

Die Einleitung der Kaduzierung steht im Ermessen der Vorstandsmitglieder[43]. Es ist anzunehmen, dass in der Konkurrenz mit diesem in Art. 331 HGGB geregelten Verfahren die oben genannten Schadensersatz- und Herausgabeansprüche der AG stehen (Art. 222, 471 pol. ZGB). Leistet der Inferent die zugesagte Einlage nicht zu dem im Gesellschaftsvertrag bzw. in einem anderen mit ihm verbundenen Vertrag vereinbarten Zeitpunkt oder – wenn die genau Angabe der Leistungsfrist fehlt – nicht unverzüglich nach Aufforderung der (Vor-)Gesellschaft, so gerät er in Verzug, falls die Verzögerung der Erfüllung eine Folge der von ihm zu vertretenden Umstände ist (Art. 476 pol. ZGB). Gemäß Art. 477 pol. ZGB kann die Gesellschaft unabhängig von der Erfüllung der Einlagepflicht den Ersatz des Verzugsschadens verlangen.

b). Haftung für mangelhafte Sacheinlagen

Besonders umstritten sind im polnischen Schrifttum die Rechtsfolgen, welche die Einbringung mangelhafter Sacheinlagen nach sich zieht[44]. Auf dem Boden der Regelung des HGB 1934 hielt die wohl überwiegende Meinung, allerdings ohne nähere Begründung, die im pol. ZGB (Art. 556 ff.) enthaltenen allgemeinen Regeln des Kaufrechts (d.h. Anspruch des Käufers auf Umtausch einer mangelhaften gegen eine mängelfreie Sache, Beseitigung der Mängel, Preisminderung, Vertragsrücktritt, Artt. 556 ff. pol. ZGB) bzw. – im Fall der Nutzungsüberlassung – diejenigen des Mietrechts (Anspruch des Mieters auf Mängelbeseitigung, auf Herabsetzung des Mietzinses, schließlich Rücktritt vom Vertrage, Art. 663 ff. pol. ZGB) für entsprechend anwendbar[45]. Unklar blieb allerdings, welche

---

[43] *Sołtysiński,*/Szajkowski/Szwaja, Art. 343 pol. HGB, Rn. 4; *Mojak,* Palestra, 1994, S. 30 ff.; *Lutter,* aaO., § 64 AktG, Rn.4; *Hefermehl/Bungeroth,* in: *Geßler/Hefermehl,* § 64 AktG, Rn. 37.

[44] Vgl. dazu auch oben, Kapitel 5, III.1.b).

[45] *Dzurzynski/Fenichel/Honzatko,* Art. 163 pol. HGB, Anm. 2; *Namitkiewicz,* Art. 163 pol. HGB, Anm. 6; Sołtysiński/*Szajkowski*/Szwaja, Art. 163 pol. HGB, Rn. 29; *Minas,* Rejent 1/1994, S. 16 ff.

dieser Rechtsfolgen analoge Anwendung auf die Sacheinlageleistung finden konnten und zwar insbesondere unter dem Gesichtspunkt ihrer Vereinbarkeit mit dem Grundsatz der Kapitalerhaltung. Die Wandelung bzw. die Minderung durch die Gesellschaft müsste zur Herabsetzung des Stamm- bzw. Grundkapitals führen (Minderung oder sogar Einziehung des Geschäftsanteils), was mit einem umständlichen und langwierigen Verfahren verbundenen wäre. Wenn das statutarische Kapital dadurch unter die gesetzlich vorgeschriebene Mindestziffer herabsinken würde, müsste der Anteil von einem anderen Gesellschafter oder von einem Dritten übernommen werden. Sonst müsste die Gesellschaft aufgelöst werden.

Der überwiegenden Auffassung trat *Szumański* mit der Begründung entgegen, selbst die analoge Anwendung der kaufrechtlichen Vorschriften sei mit der Rechtsnatur der Kapitalgesellschaften unvereinbar. Deswegen habe der Gesetzgeber absichtlich darauf verzichtet, auf die kaufrechtlichen Vorschriften über die Sachmängelhaftung zu verweisen. Das Vorliegen einer systemwidrigen Rechtslücke, welche die Analogie rechtfertigen würde, sei deswegen zu verneinen. Die Leistung einer mangelhaften Sacheinlage soll dieselben Rechtsfolgen entfalten wie ihre Überbewertung, d.h. die Pflicht zum Ausgleich der festgestellten Wertdifferenz (Artt. 176, 472 pol. HGB)[46]. Es ist allerdings zu bemerken, dass diese Analogie für die Gesellschaft sich als ungünstig erweisen konnte, weil die Differenzhaftung nach Art. 176 § 1 pol. HGB von der Zahlungsfähigkeit der GmbH abhängig war. Außerdem fehlte es für die AG an einer dem Art. 176 pol. HGB entsprechenden Regelung, welche die verschuldensunabhängige Wertausgleichspflicht vorsah.

Im neuen Recht ist dieser dogmatische Streit durch eine klare gesetzliche Regelung ausgetragen worden. Gemäß Art. 14 § 2 HGGB, der im allgemeinen Teil des Gesetzbuches enthaltenen ist, ist der GmbH-Gesellschafter oder Aktionär, der eine mangelhafte Sacheinlage eingebracht hat, zum Ausgleich des Unterschieds zwischen dem im Gesellschaftsvertrag festgesetzten und dem Veräußerungswert der Einlage verpflichtet. Der Gesellschaftsvertrag kann vorsehen, dass der Gesellschaft noch weitere Ansprüche zustehen (Art. 14 § 2 S. 2 HGGB). Außerdem ist anzunehmen, dass dann, wenn infolge der Leistung einer mangel-

---

[46] *Szumański*, PPH 3/1996, S. 12; *ders.*, Wkłady, S. 309 ff.

haften Sacheinlage ein die Wertdifferenz übersteigender Schaden der Gesellschaft entstanden ist, ihr auch der Schadensersatzanspruch nach Art. 471 pol. ZGB wegen Schlechterfüllung zusteht.

Die Vorschrift des Art. 14 § 2 HGGB, die als *lex specialis* im Verhältnis zu den kaufrechtlichen Regeln über die Haftung für Sach- und Rechtsmängel zu betrachten ist, stellt eine Kodifizierung der bereits aufgrund des HGB 1934 im polnischen Schrifttum vertretenen Mindermeinung dar. Ähnlich wie die Regelung der Differenzhaftung in Art. 175 HGGB verkörpert Art. 14 § 2 HGGB eine gesetzliche Ausprägung des im deutschen Schrifttum verbreiteten Konzepts der objektiven Wertgarantiehaftung für die eingebrachte Sacheinlage. Danach verpflichtet sich der Inferent in erster Linie zur Einbringung eines Vermögenswertes, welcher der Nominalhöhe des von ihm übernommenen Anteils entspricht, durch die Leistung eines bestimmten Vermögensgegenstandes. Die gegenständliche Leistungserbringung reicht für ein Freiwerden des Gesellschafters nicht hin, wenn der Vermögenstransfer bei der Ausgabe der Einlage keine ausreichende Kapitaldeckung bewirkt. Ist der Vermögensgegenstand überbewertet oder mangelhaft, so hat der Gesellschafter seine Einlagepflicht noch nicht vollständig erfüllt und muss den ausstehenden Wert einbringen.

c). Gründungshaftung und Haftung für falsche Angaben

Mit dem Anspruch aus Art. 471 pol. ZGB können die Ansprüche der Gesellschaft gegen die Gesellschafter bzw. Aktionäre aus der Gründungshaftung nach Art. 292 HGGB (für die GmbH) und Art. 480 HGGB (für die AG) konkurrieren[47]. Bezüglich der Haftung wegen Überbewertung von Sacheinlagen (Art. 175, 481 HGGB) ist auf das oben Gesagte zu verweisen[48].

Neben den Gesellschaftern (Aktionären) haften die Vorstandsmitglieder, welche vorsätzlich oder fahrlässig bei der Anmeldung falsche Angaben über die Leistung von vollwertigen und mangelfreien Sacheinlagen abgegeben haben (Art. 291, 479 HGGB)[49].

---

[47] Dazu oben, Kapitel 2, X.2.

[48] Kapitel 6, IV.1 und 2, Kapitel 2, X.2.

[49] Dazu ausführlich *Szajkowski*, MoP 1/1996, S. 6 ff.. Vgl. auch oben Kapitel 2, X.

d). Das Mängelbeseitigungsverfahren

In Fällen, in denen die versprochenen Sacheinlagen trotz der bei der Anmeldung abgegebenen Versicherung der Gesellschaft tatsächlich nicht eingebracht werden und der Registerrichter davon Kenntnis erlangt, hat er das in Artt. 172, 327 HGGB (vorher Art. 173, 337 pol. HGB) geregelte Mängelbeseitigungsverfahren einzuleiten[50]. Während dieses Verfahrens sollen die erst nach der Eintragung der Gesellschaft festgestellten Mängel, welche sich aus der Nichteinhaltung von Rechtsvorschriften über die Gründung der Gesellschaft ergeben, behoben werden. Werden die versprochenen Sacheinlagen nicht tatsächlich geleistet und bleibt der Vorstand der Gesellschaft untätig, so stellt dies einen offensichtlichen Verstoß gegen die Artt. 163 Pkt. 2, 309 § 4 HGGB dar, in denen die vollständige bzw. satzungsmäßige Deckung der für Sacheinlagen ausgegeben Anteile bzw. Aktien vorgeschrieben ist[51]. Das Registergericht fordert die Gesellschaft auf, die Mängel binnen angemessener Frist zu beseitigen (Artt. 172 § 1, 327 § 1 HGGB). Wird der Aufforderung nicht nachgekommen, so können gegen die Gesellschaft Geldstrafen verhängt werden (Artt. 172 § 3, 327 § 3 i.V.m. Art. 24 LGRG). Nach dem neuen Recht ist allerdings die Auflösung der Gesellschaft wegen der nicht vollständigen Kapitaldeckung nicht mehr möglich (vgl. Art. 21 § 1 HGGB)[52].

Der Gründungsmangel, welcher in der nicht vollständigen Leistung einer versprochenen Sacheinlage liegt, kann jedoch auch dadurch behoben werden, dass die Gesellschafter das Stammkapital um den Wert der ausstehenden Einlagen herabsetzen. Die Zulässigkeit der Kapitalherabsetzung während des Mängelbeseitigungsverfahrens hat das pol. OG im Beschluss vom 7.11.1995[53] ausdrücklich bestätigt. Nach Ansicht des OG steht dieser Kapitalmaßnahme die Tatsache nicht entgegen, dass die versprochenen Einlagen nicht einmal vollständig gelei-

---

[50] *Allerhand*, Art. 173 pol. HGB, Anm. 2; *Szajkowski*, aaO., Art. 173 pol. HGB, Rn. 4; *Sołtysiński*, aaO., Art. 337 pol. HGB, Rn. 10; Entscheidung des pol. OG v. 7.4.1993 (III CZP 23/93). veröff. in MoP 4/1993, S. 110 = *Strzępka* (Hrsg.), Orzecznictwo, S. 457; Beschluss des OG v. 7.11.1995 (I CRN 190/95), veröff. in: MoP 5/1996, S. 176 ff. = *Strzępka*, aaO., S. 603. Dazu näher oben, Kapitel 2, IX.

[51] *Allerhand*, aaO.; *Sołtysiński*/Szajkowski/Szwaja, Art. 337 pol. HGB, Rn. 10.

[52] Vgl. oben, Kapitel 2, IX.

[53] I CRN 190/95, veröff. in: MoP 5/1996, S. 176 ff. = *Strzępka* (Hrsg.), Orzecznictwo, S. 603.

stet wurden[54]. Die Interessen der Gesellschaftsgläubiger seien durch die Vorschriften über die Kapitalherabsetzung ausreichend geschützt (Art. 264 HGGB – Pflicht zur Benachrichtigung und Sicherung bzw. Befriedigung der der Herabsetzung widersprechenden Gläubiger).

III. Rechtsvergleich: die Bewirkung der Sacheinlagen nach dem deutschen Recht

1. Zeitpunkt der Erfüllung der Sacheinlagepflicht

Anders als das polnische Zivilrecht geht das deutsche bürgerliche Recht von dem sog. Trennungsgrundsatz aus, wonach scharf zwischen dem schuldrechtlichen Verpflichtungsgeschäft und dem dinglichen Erfüllungsgeschäft unterschieden wird[55]. Im Gesellschaftsvertrag einer GmbH bzw. einer AG ist die Verpflichtung des Inferenten zur Einbringung eines bestimmten Vermögensgegenstandes verankert[56]. Zu deren Erfüllung bedarf es grundsätzlich noch eines dinglichen Vollzugsgeschäfts (Einigung und Besitzverschaffung bei beweglichen Sachen, §§ 929-931 BGB; Auflassung und konstitutive Eintragung bei Grundstücken, §§ 873, 925 BGB; Zession bei Forderungen, §§ 398, 413 BGB) zwischen dem Einbringenden und der Vorgesellschaft, vertreten durch ihren Geschäftsführer. Der Vollzugsakt kann allerdings bereits zusammen mit dem Abschluss des Gesellschaftsvertrages vorgenommen werden. Auf diese Weise wird der einzubringen-

---

[54] In dem zu entscheidenden Fall sollte eine GmbH durch Gerichtsurteil aufgelöst werden, weil die Sacheinlagen in der vom Gericht nach Eintragung festgesetzten Frist nicht geleistet wurden. Statt dessen haben die Gesellschafter einen Beschluss über die Kapitalherabsetzung in der Höhe des Wertes ausstehender Einlagen vorgenommenen. Das Gericht der zweiten Instanz (*Sąd Wojewódzki*) hat die Revision der beklagten Gesellschaft mit der Begründung abgewiesen, der zu beseitigende Verstoß gegen die zwingenden Vorschriften über die Kapitalaufbringung könne ausschließlich durch Leistung der noch ausstehenden Einlagen, nicht aber durch die Änderung des Gesellschaftsvertrages behoben werden. Die Herabsetzung des Kapitals sei erst dann möglich, wenn es früher einmal vollständig gedeckt worden sei. Der polnische Oberste Gerichtshof hat allerdings dieser Argumentation nicht stattgegeben und Urteile zweier niedriger Instanzen wegen krassen Rechtsverstoßes aufgehoben.

[55] Dazu *Flume*, AT, B. II, S. 181; *Westermann*, Sachenrecht, 7. Aufl., S. 26 ff.; *Schwab/Prütting*, Sachenrecht, 28. Aufl., Rn. 22 ff.

[56] So *Röhricht*, in: Großkom. zum AktG, § 27, Rn. 13; Hachenburg/*Ulmer*, § 5 GmbHG, Rn. 23; *Hüffer*, § 27 AktG, Rn. 4 (Sacheinlagevereinbarung als ein unselbständiger Bestandteil des Gesellschaftsvertrages). A.A. *Ekardt*, in: *Geßler/Hefermehl*, § 27 AktG, Rn. 21 f; *Kraft* in: KK, § 27 AktG, Rn. 8 (Sacheinlageabrede als selbständiges Rechtsgeschäft).

de Gegenstand sogleich in das Gesamthandsvermögen der Gesellschafter[57] bzw. – nach anderer, auch hier vertretener Meinung – in das Vermögen der Vorgesellschaft überführt[58].

a). GmbH- Recht

Das deutsche GmbH-Recht gibt eine klare Antwort auf die Frage, wann die Verpflichtung des Sacheinlegers erfüllt werden soll. Nach § 7 Abs. 3 GmbHG müssen die Sacheinlagen bereits vor der Anmeldung zum Handelsregister vollständig so an die Gesellschaft bewirkt werden, dass sie endgültig zur freien Verfügung der Geschäftsführer stehen; eine entsprechende Versicherung haben die Geschäftsführer in der Anmeldung abzugeben (§ 8 Abs. 2 GmbHG). Falsche Angaben hierzu durch Geschäftsführer oder Gesellschafter unterliegen der Strafandrohung aus § 82 Abs. 1 Nr. und 2 GmbHG und können – verschuldensabhängig – Schadensersatzansprüche auslösen (§ 9a Abs. 1, 3 GmbHG)[59]. Im Zeitpunkt der Anmeldung der Gesellschaft ins Handelsregister muss also der Leistungserfolg durch Vollzug der dinglichen Übertragungsgeschäfte bereits eingetreten sein. Die mit Abschluß des Gesellschaftsvertrages entstehende Vorgesellschaft gilt als zurechnungsfähiges Rechtsgebilde eigener Art, an welches die Sacheinlagen „zu bewirken" sind. Seit langem wird auch im deutschen Recht die Grundbuchfähigkeit der Vorgesellschaft anerkannt[60]. Umstritten bleibt in der deutschen Literatur allerdings, ob vor der Anmeldung der Gesellschaft außer der Auflassung (§ 925 BGB) auch die Volleintragung des dinglichen Rechts am Grundstück ins Grundbuch erfolgen muss, die im deutschen Recht, anders als im polnischen, konstitutive Wirkung entfaltet (§ 873 Abs. 1 BGB). Dies wird durch die wohl h.M. vor allem mit Hinweis auf Praktikabilitätserwägungen (Beschleunigung des Eintragungsverfahrens) zutreffend verneint[61]. Zwar ist dann das Erfordernis der freien Verfügbarkeit insoweit nicht erfüllt, als die GmbH das Gründstück weder belasten noch veräußern kann[62]. Wenn die Geschäftsführer

---

[57] Hachenburg/*Ulmer*, § 5 GmbHG, Rn. 24; *Röhricht*, aaO., § 27 AktG, Rn. 15.

[58] Scholz/*K. Schmidt*, § 11 AktG, Rn. 26. Dazu näher oben, Kapitel 3, III.1.

[59] Dazu näher im Kapitel 2, X.1.

[60] Seit BGHZ 45, 338 = NJW 1966, 1311. Vgl. Hachenburg/*Ulmer*, § 7 GmbHG, Rn. 45; *Lutter/Hommelhoff*, § 7 GmbHG, Rn.12.

61 Hachenburg/*Ulmer*, § 7 GmbHG, Rn. 45; *Lutter/Hommelhoff*, § 7 GmbHG, Rn. 12; *Baumbach/Hueck*, § 7 GmbHG, Rn. 11; *Roth/Altmeppen*, § 7 GmbHG, Rn. 32

[62] So Scholz/*Winter*, § 5 GmbHG, Rn. 40.

allerdings einen Antrag auf Grundbucheintragung nach § 13 GBO mit der Schutzwirkung des § 17 GBO gestellt haben bzw. wenn nach der Auflassung eine den Eigentumserwerb sichernde ranggerechte Vormerkung gemäß § 883 BGB ins Grundbuch eingetragen wird, so wird auch hinreichend der Gefahr Rechnung getragen, dass der Inferent über das einzulegende Grundstück anderweitig verfügt. Die wertmäßige Kapitalaufbringung ist außerdem durch die gesetzliche Geldeinlagepflicht gesichert, welche auch im Fall der vom Einleger zu vertretenden Unmöglichkeit susbidiär eingreift[63].

b). Aktienrecht

aa). Meinungsstand zur Auslegung des § 36a Abs. 2 AktG

Auf die Leistung von Sacheinlagen im Aktienrecht bezieht sich § 36a Abs. 2 AktG, der in Umsetzung der Zweiten Richtlinie („Kapitalrichtlinie", 77/91/EWG) im Jahre 1978 in das Aktiengesetz eingefügt worden ist. § 36a Abs. 2 Satz 1 AktG regelt in Anlehnung an das GmbH-Recht, dass Sacheinlagen vollständig zu leisten sind. Satz 2 dieser Vorschrift lässt jedoch zu, dass die Leistung der Sacheinlagen, die in der Verpflichtung zur Übertragung eines Vermögensgegenstandes auf die Gesellschaft bestehen, innerhalb von 5 Jahren nach der Entstehung der Gesellschaft bewirkt wird. In der Anmeldung der Gesellschaft zum Handelsregister ist zu erklären, dass die Voraussetzungen des § 36a erfüllt sind (§ 37 Abs. 1 AktG). Gemäß § 188 Abs. 2 AktG gelten diese Vorschriften sinngemäß bei der Kapitalerhöhung.

Die Regelung des § 36a Abs. 2 AktG wird in der deutschen Literatur allgemein als „unverständlich"[64] und „gesetzestechnisch misslungen"[65] angesehen. Der Auslegungsstreit betrifft vor allem die Frage, welcher der beiden Sätze des § 36a Abs. 2 AktG als Regel und welcher als Ausnahme zu betrachten ist. Nach der strengeren, auf der systematischen und teleologischen Auslegung beruhenden Mindermeinung sind die Sacheinlagen grundsätzlich vor der Anmeldung der

[63] Vgl. BGH GmbHR 1997, S. 545; Hachenburg/*Ulmer*, § 5 GmbHG, Rn. 88; Scholz/*Winter*, § 5 GmbHG, Rn. 63.
[64] *Hüffer*, § 36a AktG, Rn. 4, ähnlich *Eckard* in: Geßler/Hefermehl, § 36a AktG, Rn. 11; *Krebs/Wagner*, AG 1998, S. 467 ff.
[65] *Röhricht*, § 36a AktG, Rn. 3.

Gesellschaft bzw. der Kapitalerhöhung voll zu leisten, was in der Regel bedeutet, dass zu diesem Zeitpunkt auch der dingliche Vollzug erfüllt sein muss[66]. Satz 2 beschränke sich auf die Fälle, in denen das einzulegende Vermögens-recht selbst ein Anspruch gegen einen Dritten ist; dann muss dieser Anspruch durch den Dritten innerhalb der in § 36a Abs. 2 S. 2 AktG bestimmten Frist tatsächlich erfüllt werden. Der Inferent hat hingegen seine Sacheinlageschuld nach § 36a Abs. 1 S. 1 AktG vor der Anmeldung zu erfüllen, indem er seine Forderungen gegen Dritte an die Vorgesellschaft abtritt[67]. Nach der sich auf den Wortlaut und die Gesetzesmaterialien stützenden herrschenden Meinung ist dagegen Satz 1, der die Sacheinlageleistung vor Anmeldung vorschreibt, nur rechtstechnisch die Regel, praktisch aber die Ausnahme, weil in den meisten Fällen die Sacheinlagevereinbarung lediglich die schuldrechtliche Verpflichtung zur Übertragung des Vermögensgegenstandes begründe[68]. Das dingliche Erfüllungsgeschäft in Form der Eigentumsverschaffung oder Forderungsabtretung könne dann innerhalb von fünf Jahren nach der Entstehung der Gesellschaft vorgenommen werden. Die Anwendung des Satzes 1 sei auf die Fälle beschränkt, in denen die Sacheinlage in einer Gebrauchs- oder Nutzungsüberlassung bestehe. Die Gesellschaft müsse dann bereits vor der Anmeldung in den Stand gesetzt werden, das Objekt tatsächlich zu gebrauchen oder zu nutzen, wobei dazu regelmäßig die Übertragung des Besitzes erforderlich sei.

bb). Stellungnahme

Die Entscheidung dieses Meinungsstreits hängt in erster Linie davon ab, welcher Auslegungsmethode der Vorrang gegeben wird. Die grammatikalische und historische Auslegung des § 36a Abs. 2 AktG führt eher zur Annahme der herrschenden Meinung. Ihrem Wortlaut nach spricht die Vorschrift nicht von der

---

[66] *Kraft* in KK, § 36a AktG, Rn. 11; *ders.* in GS Dietrich Schultz, S. 193, 194 ff.; *Lutter* in KK, § 183 AktG, Rn. 45 und § 188 Rn. 27 f.; *Wiedemann*, in: Großkomm. zum AktG, § 183, Rn. 48 f.; *D. Mayer*, ZHR 154 (1990), S. 535 ff.

[67] Vgl. *Lutter* in KK, § 188 AktG, Rn. 28.

[68] So vor allem: *Hüffer*, NJW 1979, S. 1065, 1067; *ders.*, § 36a AktG, Rn. 4; *Ekhardt*, in: Geßler/Hefermehl, § 36a AktG, Rn. 11 ff, *Röhricht*, § 36a AktG, Rn. 6 ff.; im Ergebnis auch *Boehme*, Kapitalaufbringung, S. 79; *Krebs/Wagner*, AG 1998, S. 467, 473.
Dieser Ansicht ähnelt im Ergebnis auch die Auffassung von *Ganske*, DB 1978, S. 2461, 2462, der von einem „Dreitakt" spricht: körperschaftsrechtliche Sacheinlagevereinbarung – Begründung einer schuldrechtlichen Verpflichtung des Einlegers zur Übertragung eines Vermögensgegenstandes – Erfüllung dieser Verpflichtung innerhalb von fünf Jahren durch Übertragung des Gegenstandes auf die AG.

herrschenden Meinung. Ihrem Wortlaut nach spricht die Vorschrift nicht von der Einlage einer „Forderung auf Übertragung“, sondern von der „Verpflichtung zur Übertragung“. Diese Formulierung deutet als Einlagegegenstand mehr auf eine eigene Verbindlichkeit des Sacheinlegers hin, da Rechte gegen Dritte als Ansprüche oder Forderungen eingebracht zu werden pflegen[69]. Auch aus der Entstehungsgeschichte sowohl des Art. 9 Abs. 2 Kapitalrichtlinie als auch des § 36a Abs. 2 AktG[70] ergibt sich eher, dass der europäische und deutsche Gesetzgeber den zeitlichen Schwierigkeiten bei Sacheinlagen gerecht werden wollten[71]. Nach der Begründung des Regierungsentwurfs soll das Erfüllungserfordernis im Satz 2 verhindern, dass das dingliche Erfüllungsgeschäft aus einer bei der Gründung eingebrachten schuldrechtlichen Verpflichtung des Einlegers auf unabsehbare Zeit hinausgeschoben werde. Die Einführung des § 36a Abs. 2 im Jahre 1978 in das Aktiengesetz, das bis dato keinerlei zeitliche Beschränkung für die Erfüllung einer Sacheinlageverpflichtung erst nach der Eintragung der Gesellschaft kannte[72], stellte also eine wesentliche Verstärkung der realen Kapitalaufbringung dar.

Zu ganz anderen Ergebnissen gelangt man, wenn man der Auslegung des § 36 Abs. 2 AktG die objektiv-teleologische und systematische Methode zugrunde legt. Danach soll der Normzweck aus der Gesamtheit der Rechtsordnung ermittelt werden, wobei im Wege einer Rechtsfolgebetrachtung stets auch die Interessenlage der Beteiligten zu berücksichtigen ist. Wie im Schrifttum unterstrichen wird, ist es Sinn und Zweck des § 36a Abs. 2 S. 1 AktG, das besondere Risiko von Sacheinlageleistungen dadurch abzumildern, dass man eine Übertragung des betreffenden Gegenstandes auf die AG schon vor der Entscheidung über die Handelsregistereintragung der Gesellschaft bzw. der Kapitalerhöhung verlangt. Gerade bei der Sachgründung bzw. -kapitalerhöhung, bei denen die Gefahr der

---

[69]Vgl. *Wiedemann*, in: Großkomm. zum AktG, § 183, Rn. 49.

[70]Vgl. *Hüffer* NJW 1979, 1065, 1067, nach dem § 36a AktG eine Synthese des Richtlinienvorschlages vom 1970 sei, der die vollständige Deckung der „gegen Nicht-Barzahlung ausgegebenen Aktien“ vor Anmeldung vorgesehen hatte, sowie der endgültigen Vorschrift des Art. 9 Abs. 2 Kapitalrichtlinie, der für die Leistung der Sacheinlage eine fünfjährige Frist bestimmt. Vgl. auch *Krebs/Wagner*, AG 1998, S. 467, 468 f.

[71]Zur Vorgeschichte des Art. 9 Abs. 2 vgl. *Kraft*, GS Dietrich Schultz, 193, 196; zum historischen Hintergrund der deutschen Vorschrift vgl. *Boehme*, Kapitalaufbringung, S. 69; Amtl. Begr. RegE BT- Drucks. 8/1678 zu Nr. 6 und 7 S. 13. Auch nach dem früheren Recht hat man überwiegend angenommen, die dingliche Leistung brauche nicht vor der Eintragung vollzogen werden, vgl. *Baumbach/Hueck*, AktG, 13. Aufl., § 36 Rn. 5; Geßler/*Eckhard*, § 36a AktG, Rn. 12. *Frey*, S. 78

[72]Vgl. *Godin/Wilhelmi*, Komm. zum AktG, 4. Aufl., § 36, Anm. 12.

Kapitaldeckung durch nicht werthaltige und mangelhafte Einlagen besteht, müssen die präventiven Maßnahmen zum Schutz der realen Kapitalaufbringung beachtet werden. Hätte man dagegen die tatsächliche Erfüllung der Sacheinlagepflicht erst innerhalb von fünf Jahren zugelassen, so wäre der in einer Reihe von Vorschriften des Aktiengesetzes ersichtliche Zweck des Gesetzgebers, die reale Kapitalaufbringung zu sichern, erheblich gefährdet. Vor allem ist nicht ersichtlich, wie die Kontrolle durch sachverständige Außenprüfer durchzuführen ist, wenn die künftigen oder vom Einleger erst zu beschaffenden Vermögensgegenstände eingebracht werden sollen. Aber selbst dann, wenn die Außenprüfer die Werthaltigkeit der Sacheinlagen im Zeitpunkt ihrer Prüfung bestätigt haben, könnten die versprochenen Vermögensgegenständen zum späteren Zeitpunkt ihrer tatsächlichen Bewirkung an die Gesellschaft längst an Wert verloren haben. Darüber hinaus können sich die Gesellschaftsgläubiger lediglich auf den guten Willen des Inferenten verlassen, dass er seiner Einlagepflicht innerhalb der gesetzlichen Frist nachkommt. Ihre Nichteinhaltung bleibt offensichtlich sanktionslos, wodurch der Grundsatz der realen Kapitalaufbringung - „Kern des Kapitalgesellschaftsrechts“[73] - im deutschen Aktienrecht weitgehend ausgehöhlt würde[74]. Außerdem ist auch aus dem systematischen Zusammenhang zwischen dem § 36a Abs. 1 und Abs. 2 S. 1 AktG erkennbar, dass die Sacheinlagen anders als Bareinlagen, nicht in Teilleistungen, sondern vollständig vor der Anmeldung eingebracht werden müssen.

Im Ergebnis sprechen wohl die besseren Argumente dafür, der zweitgenannten Auslegungsmethode Vorrang zu geben. Wie *Lutter* in anderem Zusammenhang unter Berufung auf die Rechtsprechung des Reichsgerichts hervorgehoben hat[75], ist die amtliche Begründung nicht das Gesetz und den subjektiven Ansichten des Gesetzesverfassers soll kein entscheidendes Gewicht gegenüber den Konsequenzen der richterlichen Auslegung des Gesetzes aus dessen Worten, Normenzusammenhängen, Grundprinzipien und Endzwecken beigemessen werden. Der Gesetzgeber kann zwar missglückte Worte und verfehlte Gesetzestechnik verwenden. Der Rechtsanwender ist jedoch berechtigt und gehalten, unter den ver-

---

[73]So in bezug auf die GmbH: BGHZ 80, S. 129, 136; vgl. auch *Goette*, DStR 1997, S. 924.

[74]Vgl. aber *Boehme*, aaO., S. 77, nach dem sich der deutsche Gesetzgeber – ausweislich der Begründung – des Umstandes bewußt war, dass das Risiko der Kapitalaufbringung bestehen bleiben wird.

[75]*Lutter*, ZIP 1999, S. 646, unter Berufung auf RGZ 1, S. 250.

schiedenen möglichen Auslegungen derjenigen zu folgen, die den Interessen der im Hinblick auf den Zweck und die Systematik einer bestimmten Regelung zu schützenden Personen am besten Rechnung trägt. Im Fall des § 36a Abs. 2 AktG sind das die Gesellschaftsgläubiger, die auf die vollständige Aufbringung der geprüften, vollwertigen Sacheinlagen sollen vertrauen können.

2. *Gesetzliches Erfordernis der „endgültig freien Verfügung"*

Sowohl das deutsche GmbH- als auch das Aktiengesetz verlangen, dass die versprochenen Einlagen „in die endgültige freie Verfügung" der Geschäftsführer bzw. Vorstandsmitglieder geleistet werden (§ 7 Abs. 3 GmbHG, § 36 AktG). Das gesetzliche Erfordernis der freien Verfügbarkeit ist erfüllt, wenn der Gegenstand der Einlage völlig aus dem Herrschaftsbereich des Einlegers ausgesondert und der Gesellschaft ohne Beschränkungen und Vorbehalte zugeflossen ist[76]. An dem Gegenstand einer Sacheinlage kann wegen Forderungen, welche sich nicht auf den Gegenstand beziehen, kein Zurückbehaltungsrecht geltend gemacht werden. Bezüglich der Frage nach dem Zeitpunkt, in welchem spätestens mindestens die wertmäßige Verfügbarkeit vorhanden sein muss, gilt das oben hinsichtlich der Bareinlageleistung Gesagte[77]. Ebenso ist auf die dort aufgeführten Fälle zu verweisen, in denen die freie Verfügung der Gesellschaft zu verneinen ist[78].

3. *Haftung für die Erfüllung der Sacheinlageverpflichtung*

Im deutschen Recht erlaubt das im ganzen Recht der Kapitalgesellschaften einheitlich geltende Prinzip der Garantiehaftung des Inferenten für die wertmäßige Kapitalaufbringung, welche jeder Anteils- bzw. Aktienzeichnung zugrunde liegt[79], die allgemeinen zivilrechtlichen Regeln über die Leistungsstörungen zu modifizieren, wodurch die Sicherung der realen Kapitalaufbringung und der Bestandschutz der Kapitalgesellschaft zugleich verwirklicht wird.

Sowohl die anfängliche wie auch die nachträgliche Unmöglichkeit der zugesag-

---

[76] Hachenburg/*Ulmer* § 7 GmbHG, Rn. 47; *Lutter* in: KK, § 54 AktG, Rn. 46; *Röhricht*, § 36 AktG, Rn. 56; *Hüffer*, § 36 AktG, Rn. 3.
[77] Kapitel 4, II.5.
[78] Kapitel 4, II.4.
[79] Vgl. oben Kapitel 1, II.4.c).

ten Sacheinlage haben zwar die Nichtigkeit der Sacheinlageabrede zur Folge, nicht aber der Aktien- bzw. Anteilsübernahme. An Stelle der Sacheinbringungspflicht tritt dann immer die subsidiär bestehende gesetzliche Geldeinlagepflicht[80]. Grundsätzlich ohne Bedeutung ist es dabei, ob die Unmöglichkeit vom Inferenten zu vertreten war[81]. In dieser Hinsicht unterscheidet sich das deutsche Recht von der polnischen Rechtslage, wonach im Falle der von dem Gesellschafter nicht zu vertretenden Unmöglichkeit seine Verpflichtung nach Art. 475 pol. ZGB erlischt und die nicht gedeckten Aktien bzw. Anteile einzuziehen sind[82].

Entscheidende Bedeutung kommt der primären Wertausgleichpflicht in bar auch bei Mangelhaftigkeit des als Sacheinlage einzubringenden Vermögensgegenstandes zu. Nach h. M. finden in solchen Fällen die Bestimmungen des Kaufrechts über die Gewährleistung für Rechts- und Sachmängel (§§ 445, 493 BGB) insoweit entsprechende Anwendung, als sie mit den vorrangigen Regeln der realen Kapitalaufbringung vereinbar sind[83]. Die Ausübung des Wandelungs- oder Minderungsrechts (§§ 467, 462 BGB) durch die Gesellschaft hat immer das Aufleben der Bardeckungspflicht in entsprechender Höhe zur Folge[84]. Im ersten Fall hat der Gesellschafter anstelle der entfallenen Sacheinlage einen Geldbetrag in Höhe des übernommenen Kapitalanteils, im zweiten Fall in Höhe des Minderungsbetrags einzuzahlen.

Im Ergebnis ist festzuhalten, dass alle Fälle der Leistungsstörungen wie auch der Überbewertung von Sacheinlagen im deutschen Kapitalgesellschaftsrecht dieselben Konsequenzen hervorrufen. Aufgrund seiner in der Stammeinlage- bzw. Aktienübernahmeerklärung liegenden Wertdeckungszusage haftet der Inferent unbeschränkt, unabdingbar und verschuldensunabhängig für die Zuwendung eines Vermögenswertes in Höhe des übernommenen Kapitalanteils.

---

[80] Hachenburg/*Ulmer*, § 5 GmbHG, Rn. 87 ff.; *Röhricht*, aaO., § 27 AktG, Rn. 169 ff.

[81] Hachenburg/*Ulmer*, § 5 GmbHG, Rn. 88; *Röhricht*, aaO., § 27 AktG, Rn. 173; *Kraft* in: KK, § 27 AktG, Rn. 73.

[82] *Sołtysiński*/Szajkowski/Szwaja, Art. 343 pol. HGB, Rn. 13.

[83] *Lutter/Hommellhof*, § 5 GmbHG, Rn. 26; Scholz/*Winter*, § 5 GmbHG, Rn. 65 ff.; *Röhricht*, aaO., § 27 AktG, Rn. 176.

[84] Vgl. allerdings Hachenburg/*Ulmer*, § 5 GmbHG, Rn. 96, wonach die Wandlung durch die Gesellschaft nur dann zulässig sei, wenn die Funktionstauglichkeit der Sache infolge des Mangels nicht nur unerheblich beeinträchtigt sei. Ähnlich im Aktienrecht *Röhricht*, aaO., § 27 AktG, Rn. 177.

IV. Rechtsvergleichende Ergebnisse

Durch die Übernahme der im deutschen Schrifttum herrschenden Auffassung zur Rechtsnatur der Gesellschaft in Gründung in das polnische Recht sollen die auf dem Boden des HGB bestehenden Ungereimtheiten beseitigt werden. Dank der ausdrücklichen Anerkennung der Rechtsfähigkeit der Vorgesellschaft (Art. 11 ff. HGGB) besteht kein Hindernis mehr, die Doppelwirkung des Gesellschaftsvertrages (Art. 155 ff. pol. ZGB) anzunehmen. Anders als im deutschen Recht, in dem nach dem Abstraktionsprinzip zum Rechtsübergang die Übergabe einer beweglichen Sache (§ 929 BGB) bzw. die Auflassung und Eintragung ins Grundbuch eines Rechtes an einem Grundstück (§ 925 i.V.m. 873 Abs. 1 BGB) erforderlich ist, geht die Berechtigung an einer genau bestimmten Sache nach der neuen polnischen Regelung grundsätzlich bereits im Zeitpunkt der Errichtung der Vorgesellschaft auf diese über (Art. 155 Abs. 1 pol. ZGB). Die Sacheinlageverpflichtung wird jedoch erst im Zeitpunkt der effektiven Übergabe des Einlagegegenstandes zur Verfügung der Vorstandsmitglieder erfüllt. Nach dem deutschen sowie dem neuen polnischen GmbH-Recht müssen sämtliche Sacheinlagen vor der Anmeldung der Gesellschaft ins Register tatsächlich eingebracht werden (Artt. 163 Pkt. 2, 167 § 1 Pkt. 2 HGGB, § 7 Abs. 3 GmbHG).

Das im neuen Gesetz ausdrücklich vorgesehene Erfordernis der freien Verfügung der Organmitglieder über den Sacheinlagegegenstand (Artt. 158 § 3, 315 § 2 HGGB), stellt ähnlich wie im deutschen Recht eine unabdingbare Voraussetzung der befreienden Einlageleistung dar. Die versprochenen Einlagen müssen also aus dem Vermögen des Leistenden endgültig und bedingungslos ausgeschieden und so in das der Vorgesellschaft gelangt zu sein, dass deren Vorstand frei über ihre Verwendung entscheiden kann[85]. Die reale Kapitalaufbringung ist gesichert, wenn für die Gesellschaft keine Risiken mehr bestehen, die aus der Sphäre des Einlegers herrühren. Die Endgültigkeit der Mittelaufbringung ist insbesondere dann zu verneinen, wenn die Sacheinlage lediglich in einem obligatorischen Anspruch gegen den Inferenten besteht, es sei denn, dass mit diesem eine Besitzverschaffung an dem Nutzungsgegenstand verbunden ist, die ebenfalls

---

[85] Hachenburg/*Ulmer*, § 5 GmbHG, Rn. 36; *Lutter*, in: KK, § 183 AktG, Rn. 9; *K. Schmidt*, GesR³, S. 572 f.; *Röhricht*, aaO., § 27 AktG, Rn. 20; *Knobbe-Keuk*, ZGR 1980, S. 214, 221. Im polnischen Schrifttum: *Szumański*, Wkłady, S. 101 *C. Wiśniewski*, PUG 5/1991, S. 41.

bereits vor der Anmeldung ins Handelsregister zu erfolgen hat[86]. Zugleich ist allerdings zu betonen, dass das polnische Recht, anders als deutsche Gesetze (Zeitpunkt der Anmeldung der Gesellschaft ins Register, § 7 GmbHG, § 36 Abs. 1 AktG), keinen bestimmten Zeitpunkt nennen, in dem die Vorstandsmitglieder über die geleisteten Sacheinlagen noch frei verfügen sollen. Die einmalige effektive Leistung der versprochenen Einlagen befreit den Gesellschafter (Aktionär) von seiner Sacheinlageverpflichtung gegenüber der (Vor-) Gesellschaft. In diesem Moment gehen auf die (Vor-)Gesellschaft alle Gefahren über. Nachfolgende Risiken gehen nicht mehr zu Lasten des Einlageschuldners, sondern treffen die (Vor-)Gesellschaft und indirekt ihre Gläubiger. Keine befreiende Wirkung hat allerdings die Scheinleistung, wenn etwa der eingebrachte Vermögensgegenstand dem Inferenten sofort und *sine causa* zurück gewährt wird. Ebenso ist die Zulässigkeit der Leistung unter der auflösenden Bedingung zu verneinen, dass die Gesellschaft nicht eingetragen wird. Da die Liquidation der Vorgesellschaft nach den für die angestrebte Gesellschaftsform maßgeblichen Vorschriften durchzuführen ist (Artt. 161 § 4, 326 HGGB), sind in erster Linie die Gläubiger der Vorgesellschaft aus deren Vermögen zu befriedigen. Sonst würde die Haftungsmasse zugunsten der Gesellschafter unberechtigterweise ausgehöhlt.

Nach dem neuen polnischen Recht der Aktiengesellschaft ist es zulässig, dass das Nominalkapital der AG bis zu ¾ seiner statutarischen Höhe durch die Sacheinlage erst nach der Entstehung der Gesellschaft, allerdings spätestens in einem Jahr nach diesem Zeitpunkt effektiv gedeckt wird. Im Fall der nicht rechtszeitigen Sacheinlageleistung können die Vorschriften Kaduzierungsverfahren analoge Anwendung finden. Der Vorstand kann aber auch statt dessen die der Gesellschaft zustehenden Herausgabe- und Schadensersatzansprüche geltend machen (Artt. 222 § 2, 471 pol. ZGB). Im deutschen Aktienrecht bleibt aufgrund der außerordentlich unklaren Vorschrift des § 36a Abs. 2 AktG umstritten, bis zu welchem Zeitpunkt die Sacheinlagen vollständig eingebracht werden müssen.

---

[86]So das pol. OG im Urteil v. 2.3.1993, OSNCP 10/1993, Pos. 167 = MoP 3/1993, S. 75 ff. = *Strzępka* (Hrsg.),Orzecznictwo, S. 433.

Kapitel 8
Die Umgehung von Sacheinlagevorschriften

I. Problemstellung

Sowohl nach deutschem als auch nach polnischem Recht kann eine gesellschaftsvertraglich vereinbarte Bareinlage nicht alternativ durch eine Sacheinlage erfüllt werden[1]. Die Gesellschafter können zwar auf das Kapital der Gesellschaft Sachen oder sonstige nicht in Geld bestehende Vermögensgegenstände leisten, allerdings nur unter der Bedingung, dass die zwingenden gesetzlichen Vorschriften über die Sachgründung oder -kapitalerhöhung eingehalten werden, d.h. die geplanten Leistungen in der Satzung oder im Kapitalerhöhungsbeschluss offengelegt und der Kontrolle auf Einlagefähigkeit und Werthaltigkeit unterworfen werden. Um die mit der Sachgründung verbundene Verzögerung, Kosten sowie Publizitätspflichten zu vermeiden, werden in der Praxis oft Umgehungsgeschäfte vorgenommen, die im deutschen Schrifttum mit dem Sammelbegriff „verdeckte Sacheinlage“ bezeichnet werden. Da ein solches Vorgehen die Möglichkeit gäbe, die unbequemen Sacheinlageregeln und die durch diese bezweckte Sicherung der Kapitalaufbringung leer laufen zu lassen, darf es durch die Rechtsordnung nicht schlicht hingenommen werden. Den Umgehungsversuchen wird sowohl im deutschen als auch im polnischen Aktienrecht zuerst auf der gesetzlichen Ebene entgegengetreten, nämlich durch die Vorschriften über die sog. Nachgründung, die im Aktienrecht der Kapitalrichtlinie (Art. 11) entstammen. Im deutschen Recht werden allerdings diese gesetzlichen Vorkehrungen als nicht ausreichend angesehen. Um den Umgehungsgeschäften den Anreiz zu nehmen, ist die „Lehre von der verdeckten Sacheinlage“ entwickelt und in ständiger Rechtsprechung des BGH angewandt und ausgebaut worden.

---

[1] Vgl. oben, Kapital 7, II.2.c). So ausdrücklich in der polnischen Literatur: *Sołtysiński*/Szajkowski/Szwaja, Einleitung, Rn. 206; *Szumański*, Wkłady, S. 82.; im deutschen Schrifttum vgl. statt aller *Ulmer*, ZHR 154 (1990), 129 ff.

II. Abstrakter Umgehungsschutz: Regelung des Nachgründungsverfahrens

1. Polnisches Recht

Anders als in Deutschland, wo das ausführliche Nachgründungsverfahren nur im Aktiengesetz vorgesehen ist (§ 52 AktG), enthielt das polnische HGB 1934 Vorschriften über das besondere Verfahren im Fall der gründungsnahen Erwerbsgeschäfte sowohl für die GmbH (Art. 222 pol. HGB) als auch für die AG (Art. 389 pol. HGB). Wie in der älteren polnischen Literatur hervorgehoben wurde, lag der Zweck dieser Vorschriften darin, die Umgehung der Sachgründungskautelen: Artt. 163, 176 pol. HGB im GmbH-Recht, Artt. 312, 313, 347 pol. HGB im Aktienrecht, zu verhindern und dadurch die Interessen der Kapitalgesellschaft, ihrer Gläubiger sowie anderer Gesellschafter zu schützen[2]. Diese Regeln, die einen abstrakt-präventiven, d.h. von den Umständen eines konkreten Falles losgelösten und auf der unwiderleglichen Umgehungsvermutung beruhenden Umgehungsschutzes statuieren[3], sind auch im neuen polnischen Recht beibehalten worden, allerdings mit bestimmten Änderungen, die vor allem auf europarechtliche Vorgaben zurückzuführen sind.

a). GmbH- Recht

Nach Art. 229 HGGB bedürfen Verträge über den Erwerb von Grundstücken, eines Anteils an Grundstücken oder von Gegenständen des Anlagevermögens[4] für die GmbH, die vor Ablauf von zwei Jahren seit der Registrierung der Gesellschaft zu einem Preis geschlossen wurden, der über einem Viertel des Stammkapitals, nicht aber unter 50 000 Zloty liegt, eines Beschlusses der Gesellschafter,

---

[2]So ausdrücklich *Namitkiewicz*, Art. 222 pol. HGB, Anm. 1 ff. („Sicherheit der Gesellschaft verlangt, dass die Gesellschafter über die Transaktion benachrichtigt werden (...), weil es geschehen kann, dass der Erwerb in der Tat die Sacheinlage verdeckt, wodurch der GmbH der Anspruch auf Differenzhaftung aus Art. 176 entzogen wird.") *Allerhand*, Art. 222 pol. HGB, Anm. 222; *Szwaja*, Art. 389 pol. HGB, Rn. 1 ff.; *Szumański*, PPH 7/1997, S. 2, 12.

[3]Im deutschen Schrifttum vgl. *Lutter/Gehling*, WM 1989, S. 1445, 1450; *Röhricht*, aaO., § 17 AktG, Rn. 192. So auch Generalanwalt *G. Tesauro*, in der Rechtssache Meilicke/ADV-ORGA, ZIP 1992, S. 1036, 1043, Ziff. 19. **A.A.** *Böcker*, ZIP 1999, S. 1029, 1035, nach dem die Nachgründungsregeln nicht die Kapitalaufbringung sichern, sondern eine vorläufige Kapitalerhaltungskontrolle bezwecken.

[4]Den Katalog der Gegenstände des Anlagevermögens enthält Art. 2 der Verordnung des Finanzministers v. 17.01.1997 über die Amortisation der Gegenstände des Anlagevermögens und der immateriellen Vermögensgegenstände (Dz.U. v. 24.01.1997, Nr. 6 Pos. 35 mit Änderungen).

es sei denn, die Verträge waren im Gesellschaftsvertrag vorgesehen. Im Verhältnis zur bisherigen Rechtslage sind die quantitativen Grenzen, die nach Art. 222 pol. HGB bei einem Fünftel des Stammkapitals, aber mindestens 5000 Zloty lagen, erhöht worden. Im Ergebnis bezieht sich die neue Nachgründungsregel nur auf die größeren GmbH's, deren Stammkapital mindestens 200 000 Zloty, also das Vierfache des neuen Mindeststammkapitals (Art. 154 HGGB) beträgt. Nach Art. 230 HGGB, der im HGB 1934 kein Pendant hat, bedürfen darüber hinaus die Verfügung über ein Recht oder das Eingehen einer Verpflichtung zur Leistung, deren Wert das Zweifache des Stammkapitals übersteigt, eines Beschlusses der Gesellschafter, es sei denn dass der Gesellschaftsvertrag etwas anderes bestimmt (Art. 230 HGGB).

Nach Art. 235 pol. HGB konnten die Gesellschafter weder persönlich noch durch Bevollmächtigte oder als Bevollmächtigte über die Beschlüsse abstimmen, die u.a. die Verträge zwischen ihnen und der Gesellschaft betreffen. Im neuen Recht ist dagegen der gesetzliche Ausschluss des Gesellschafters von der Abstimmung auf die Fälle beschränkt, in denen es sich um seine Haftung gegenüber der Gesellschaft aus irgendeinem Rechtsgrund, um die Befreiung von seiner Verpflichtung gegenüber der Gesellschaft oder um eine Streitigkeit zwischen ihm und der Gesellschaft handelt (Art. 244 HGGB). Aus der Gegenüberstellung der alten und neuen Regelung kann man den Schluss ziehen, dass der Gesellschafter, mit dem die GmbH den Erwerbsvertrag schließen soll, an der Abstimmung über den Zustimmungsbeschluss teilnehmen kann.

Die dargestellten Regeln sowohl des HGB 1934 als auch des HGGB, welche eine Beschränkung der Geschäftsführung und Vertretungsmacht des Vorstands im Hinblick auf den Gegenstand und Wert des Erwerbsgeschäfts statuieren, dienen in erster Linie dem Schutz der Gesellschafter als ökonomischer „Eigentümer" des Gesellschaftsvermögens[5]. Insbesondere das Fehlen der Publizitätspflichten in bezug auf die im Art. 222 pol. HGB (Art. 230 HGGB) genannten Geschäfte zeugt davon, dass diese Regelungen nur indirekt auf den Gläubigerschutz abzielen. Es ist allerdings zu bezweifeln, ob die Lockerung der Regelung des Art. 235 pol. HGB in Art. 244 HGGB sinnvoll war und zwar insbesondere im Hinblick auf die Interessen der Minderheitsgesellschafter, aber auch die der Gesellschafts-

---

[5]Vgl. *Dziurzyński/Fenichel/Honzatko*, Art. 222 pol. HGB, Anm. 1. Zur Rechtsfolgen der Nichteinhaltung der Nachgründungsregeln sogleich, unter II. 1.c).

gläubiger. Durch die Teilnahme des möglicherweise mit Mehrheit am Stammkapital der GmbH beteiligten Gesellschafters an der Abstimmung über Zustimmungsbeschluss wird die interne Kontrolle der Gesellschafterversammlung über die Angemessenheit der im Erwerbsvertrag vereinbarten Werte und Preise leer laufen.

b). Recht der Aktiengesellschaft

Im Recht der Aktiengesellschaft soll das im Art. 389 pol. HGB 1934 geregelte Nachgründungsverfahren in Art. 394 HGGB präzisiert und an die Vorgaben der Artt. 10 und 11 der Kapitalrichtlinie des EG-Rates (77/91/EWG) angepasst werden.

Die innerhalb von zwei Jahren seit der Registrierung der Gesellschaft abgeschlossenen Verträge über den Erwerb eines Vermögensgegenstandes durch die Gesellschaft für einen Gegenwert, der ein Zehntel des eingezahlten Nennkapitals übersteigt, bedürfen eines mit Zwei-Drittel-Mehrheit der abgegebenen Stimmen gefassten Beschlusses der Hauptversammlung (Art. 394 § 1 HGGB). Insoweit ist die Regelung des Art. 389 pol. HGB 1934, die die Zustimmung der Hauptversammlung ausschließlich bei Verträgen über den Erwerb von Grundstücken oder Anlagevermögen vorsah[6], die erst zu einem ein Fünftel des eingezahlten Grundkapitals, aber mindestens 50 000 Zloty betragenden Preis abgeschlossen werden (Art. 389 § 1 HGB), verschärft werden. Nach einer im Schrifttum vertretenen Auffassung ist eine Umgehung der Regelung über die Nachgründung dann anzunehmen, wenn eine Transaktion, die wirtschaftlich betrachtet eine Einheit darstellt, in eine Reihe von Verträgen künstlich aufgespalten wird, damit die gesetzlich bestimmte Schwelle nicht überschritten wird[7].

Während nach der alten Rechtslage die Zustimmungspflicht nicht von der Person des Vertragsgegners der AG abhängig war (vgl. Art. 389 pol. HGB), ist der Kreis der Geschäftspartner in der neuen Nachgründungsvorschrift des Art. 394 § 1, 2 HGGB näher bestimmt werden. Die besonderen Pflichten entstehen dann, wenn der Vertragspartner der AG eines der folgenden Subjekte ist: ein Gründer, ein

---

[6]Vgl. ähnliche Regelung der Nachgründung im Art. 207 deutschen HGB vom 1897, die auch die Verträge über das Anlagevermögen sowie unbewegliche Gegenstände erfasste. Vgl. dazu *Lutter/Ziemons*, ZGR 1999, S. 479, 482 f.

[7]*Sołtysiński*/Szajkowski/*Szwaja*, Art. 389 pol. HGB, Rn. 1; *Allerhand*, Art. 222 pol. HGB, Anm. 4.

Aktionär, eine von einem Gründer oder Aktionär abhängige Gesellschaft oder Genossenschaft, eine die erwerbende AG beherrschende Gesellschaft oder eine von dieser AG abhängige Gesellschaft oder Genossenschaft[8]. In solchen Fällen ist der Hauptversammlung ein Nachgründungsbericht vorzulegen, welcher den Erfordernissen entsprechen muss, die für den Gründungsbericht in Art. 311 HGGB bestimmt sind. Der Gründungsbericht unterliegt der Kontrolle sachverständiger Prüfer sowie „der Bekanntmachung vor der Hauptversammlung auf die im Art. 312 § 7 bestimmte Weise“ (Art. 394 § 3 S. 2 HGGB). Nach Art. 312 § 7 HGGB muss der Vermerk über die Einreichung des sachverständigen Gutachtens beim Registergericht durch die Gesellschaft vor ihrer Eintragung ins Handelsregister bekanntgemacht werden. Diese Vorschrift stellt die Umsetzung des Art. 3 Abs. 4 der Publizitätsrichtlinie (68/151/EWG) dar, wonach mindestens ein Hinweis auf die Hinterlegung der zu publizierenden Unterlagen beim Registergericht in einem von dem Mitgliedsstaat bestimmten Amtsblatt bekanntzumachen ist. Der Erwerbsvertrag, der Gründungsbericht und das Gutachten sachverständiger Prüfer bezüglich der Angemessenheit der vereinbarten Vergütung sind beim Handelsgericht zu hinterlegen und können von jedermann eingesehen werden (Art. 8, 10 LGRG). Ebenso wie im GmbH-Recht ist auch im neuen polnischen Aktienrecht die Regelung über den Ausschluss des befangenen Aktionärs von der Abstimmung über den Zustimmungsbeschluss bezüglich der Verträge weggefallen, die Gesellschaft mit ihm abschließen soll. Auch hier gelten dieselben kritischen Anmerkungen, die oben hinsichtlich der Liberalisierung des GmbH-Rechts gemacht wurden[9].

Sowohl Art. 389 pol. HGB als auch Art. 394 HGGB knüpfen lediglich an die Entstehung der AG („Registrierung der Gesellschaft“) an. Auch die Vorschriften des Art. 434 pol. HGB und 431 § 7 HGGB, welche die auf die Kapitalerhöhung analog anzuwendenden Gründungsvorschriften bestimmen, nennen Art. 389 pol. HGB bzw. 394 HGGB nicht. Wollte man die Nachgründungsregeln auch auf die Kapitalerhöhung anwenden, so würde man die Gefahr einer starken Einschränkung der Geschäftstätigkeit der Gesellschaft laufen. Die Gefahr wertunangemessener Geschäfte zu Lasten der Gesellschaft ist dagegen besonders in den Anfangsjahren hoch, wenn die Gesellschaft noch nicht gefestigt und organisiert ist. Deswegen ist die entsprechende Anwendung der Nachgründungsregeln bei der

---

[8]Eine ausgebaute gesetzliche Definition der herrschenden Gesellschaft enthält Art. 4 § 1 Pkt. 5 HGGB.

Kapitalerhöhung abzulehnen. Aus denselben Gründen ist auch die analoge Anwendung dieser Regeln im Fall der formwechselnden Umwandlung zu verneinen. Auch in diesem Fall ist die neu entstehende AG bereits „organisiert" und Trägerin eines aktiven Unternehmens, welche der „Bevormundung" des Nachgründungsrechts nicht unterworfen zu werden braucht[10].

Gemäß Art. 394 § 4 HGGB sind die Nachgründungsregeln nicht auf den Erwerb der Vermögensgegenstände im Rahmen öffentlicher Aufträge, in der Zwangsvollstreckung sowie im Liquidations- und Konkursverfahren sowie auf den Erwerb von Wertpapieren oder Waren am regulierten Markt anwendbar. Der in der neuen polnischen Regelung enthaltene Ausnahmenkatalog ist damit insoweit enger als der des Art. 11 Abs. 2 der Kapitalrichtlinie. Das europäische Recht gebietet den nationalen Gesetzgebern aus dem Bereich der umständlichen Nachgründungsvorschriften auch diejenigen Erwerbsverträge auszuschließen, welche „im Rahmen der laufenden Geschäfte der Gesellschaft" vorgenommen werden. Insoweit ist die Regelung des Art. 394 § 4 HGGB mit der wesentlich liberaler Bestimmung der Kapitalrichtlinie unvereinbar[11]. Selbst jedoch wenn man Art. 11 Abs. 2 der Kapitalrichtlinie – seinem kategorischen Wortlaut entgegen – als eine Mindestregelung in dem Sinne betrachtet, dass sie einen weitergehenden Kapitalschutz im nationalen Recht der Mitgliedstaaten durch die Einengung des in ihr enthaltenen Katalogs der Ausnahmen vom Nachgründungsverfahren nicht ausschließt[12], so muss man Bedenken in bezug auf die Zweckmäßigkeit einer solchen strengen, über die europäische Vorgabe hinausgehenden Regelung erheben, die auch die laufenden Geschäfte der Gesellschaft der komplizierten und teuren Nachgründungsprozedur unterwirft.

Im Ergebnis ist festzuhalten, dass die Norm des Art. 394 HGGB ähnlich wie das vereinfachte Nachgründungsverfahren im GmbH-Recht ein Instrument der Kapitalaufbringung darstellt. Es soll verhindern, dass die Regeln über die Sachgrün-

---

9 In diesem Kapitel, unter II.1.a).

10 So *de lege ferenda* für das deutsche Recht *Holzapfel/Roschmann*, FS Bezzenberger, S. 163, 190; *Bröcker*, ZIP 1999, S. 1029, 1040; *L. Zimmer*, DB 2000, S. 1265, 1268; Stellungnahme des Handelsrechtsausschusses des Deutschen Anwaltsvereins e.V., NZG 2000, S. 443, 444.

11 Vgl. *Lutter/Ziemons*, ZGR 1999, S. 479, 486 f., welche dieselben Bedenken in bezug auf die Regelung des Art. 52 Abs. 9 AktG hervorheben.

12 So *Lutter* FS Everling S. 765, 771 ff; *Habersack*, EuropGesR, Rn. 163; *Drinkuth*, Die Kapitalrichtlinie - Mindest- oder Höchstnorm, Diss. 1998, S. 169 ff.

dung umgangen werden, indem zuerst die Bargründung durchgeführt wird und die entsprechenden Vermögensgegenstände unter Vereinbarung einer zu hohen Vergütung erst im Anschluss daran erworben werden. Zu dem Kreis der durch diese Vorschrift geschützten Personen gehören erstens die Gesellschaft selbst, welche vor der Einflussnahme der Gründer und Großaktionäre auf den Vorstand bewahrt wird, und zweitens die Kleinaktionäre und Kapitalanleger, welche – dank der für die Beschlussvornahme vorgeschriebenen qualifizierten Mehrheit – die unternehmerische Entscheidung beeinflussen können. Die Einführung der Publizitätspflichten, die den bei der Sachgründung vorgeschriebenen entsprechen, rechtfertigt auch die These, dass im Vergleich zur GmbH-rechtlichen Vorschrift des Art. 229 HGGB der Kreis der geschützten Personen um die Gläubiger der AG erweitert wird.

c). Rechtsfolgen des ohne Zustimmung der Gesellschafter- bzw. Hauptversammlung vorgenommenen Erwerbsgeschäfts

Aufgrund der Regelung des HGB 1934 (Artt. 222, 389) war im polnischen Schrifttum die Frage umstritten, welche Rechtsfolgen die Vornahme des in diesen Vorschriften bestimmten Erwerbsgeschäfts ohne einen vorangehenden Zustimmungsbeschluss der Gesellschafter- bzw. Hauptversammlung entfaltet.

Nach der einen Auffassung sollen die im Art. 222 (für die GmbH), 389 (für die AG) pol. HGB vorgenommenen Geschäfte ohne vorangehenden Zustimmungsbeschluss der Hauptversammlung wegen des zwingenden Charakters der genannten Vorschriften nach Art. 58 § 1 pol. ZGB von Anfang an nichtig sein[13]. Eine schwebende Unwirksamkeit könne man ausnahmsweise bei Art. 389 pol. HGB annehmen, weil Art. 369 pol. HGB, welcher die Vertretungsmacht der Vorstandsmitglieder beschränke und die der Zustimmungskompetenz der Hauptversammlung vorbehaltenen Geschäfte nenne, sich nur auf die im Art. 388 Pkt. 3,4,5, nicht dagegen auf die in Art. 389 pol. HGB bestimmten Geschäfte beziehe.

In der Literatur wird aber auch die gegenteilige Meinung vertreten, die vom Gesetz in Artt. 222, 389 pol. HGB verlangte Zustimmung der Gesellschafter- bzw. Hauptversammlung könne sowohl vor dem Abschluss des Erwerbsgeschäfts in

---

[13] So vor allem *Szumański*, PPH 1997, Nr. 7, S. 2, 8; *Szumański*/Pyzioł/Weiss, Prawo spółek, S. 618 ff.

Form eines Ermächtigungsbeschlusses, in dem die wesentlichen Bestandteile des geplanten Vertrages festgesetzt werden, wie auch nach dem Abschluss des Vertrages, etwa in Form eines Genehmigungsbeschlusses erteilt werden[14]. Einige Kommentatoren gingen noch einen Schritt weiter, indem sie behaupten, das Erwerbsgeschäft solle trotz der Verweigerung der Genehmigung für die Gesellschaft Wirkung entfalten, da der Vorstand im Bereich seiner gesetzlichen Zuständigkeit, d.h. der Vertretung der Gesellschaft (Art. 369 HGB), gehandelt habe. Die Vorstandsmitglieder hafteten jedoch im Innenverhältnis der Gesellschaft gegenüber wegen der Verletzung der ihnen obliegenden Sorgfalt auf Schadensersatz aus Art. 292, 474 pol. HGB[15].

Diese unsichere Rechtslage ist im neuen Gesetz durch eine im allgemeinen Teil enthaltene Vorschrift des Art. 17 HGGB geklärt werden. Das Rechtsgeschäft, zu dessen Vornahme die Zustimmung der Gesellschafter- bzw. Hauptversammlung oder des Aufsichtsrats gesetzlich vorgeschrieben ist, ist ohne diese Zustimmung unwirksam (Art. 17 § 1 HGGB). Die im Gesetz vorgesehene Zustimmung eines der genannten Gesellschaftsorgane kann sowohl vor als auch nach der Abgabe der Erklärung erteilt werden, im letzteren Fall allerdings nicht später als innerhalb von zwei Monaten seit dem Tag der Abgabe dieser Erklärung. Die nachträgliche Zustimmung wirkt auf den Zeitpunkt der Vornahme des Rechtsgeschäfts zurück (Art. 17 § 2 HGGB). Wird die Zustimmung verweigert oder ist die zweimonatige Frist erfolglos verstrichen, so wird das Rechtsgeschäft unwirksam. Ein durch den Vorstand vorgenommenes Rechtsgeschäft wird dagegen nicht deshalb unwirksam sein, weil die ausschließlich im Gesellschaftsvertrag bzw. in der Satzung angeordnete Zustimmung eines anderen Gesellschaftsorgans fehlt oder nicht erteilt wird. In solchen Fällen kommt lediglich die Haftung der Vorstandsmitglieder im Innenverhältnis, d.h. der Gesellschaft gegenüber wegen Verletzung der Satzung (Art. 17 § 3 HGGB) in Betracht. Im Ergebnis genügt diese Regelung der in Art. 9 Abs. 2 der Publizitätsrichtlinie enthaltenen Vorgabe des europäischen Rechts, wonach die Vertretungsmacht der Vorstandsmitglieder im Außenverhältnis weder im Gesellschaftsvertrag noch durch einen Gesellschafterbeschluss wirksam beschränkt werden kann.

---

[14] *Allerhand*, Art. 389 pol. HGB, Anm. 6; Sołtysiński/Szajkowski/*Szwaja*, Art. 389 pol. HGB, Rn. 7.
[15] *Dziurzyński/Fenichel/Honzatko*, Art. 222 pol. HGB, Anm. 2; Art. 389 pol. HGB, Anm. 2; *Namit-*

2. *Rechtsvergleich: Die Regelung der Nachgründung im deutschen Recht*

In Deutschland ist das Nachgründungsverfahren nur im Aktienrecht geregelt, in das es erstmals 1884 (Art. 213 f. ADHGB) eingeführt wurde[16]. Für die GmbH lehnte der deutsche Gesetzgeber eine entsprechende Regelung ausdrücklich ab[17]. Die Vorschrift des § 52 AktG 1965 kann als Vorläufer des Art. 11 der Kapitalrichtlinie bezeichnet werden. Nach herrschender Auffassung in der Literatur dient § 52 AktG einem abstrakt-präventiven Schutz vor Umgehung der Sachgründungsvorschriften durch Spaltung eines wirtschaftlich einheitlichen Geschäfts in eine Bargründung und eine von vornherein geplante, aber erst nach der Eintragung der AG vollzogene Übernahme von Gegenständen[18]. Wegen der unwiderleglich vermuteten Abhängigkeit der ersten Gesellschaftsorgane von den Gründern, die zugleich oft Großaktionäre werden und den Vorstand zur Annahme bestimmter Erwerbsgeschäfte veranlassen könnten, hat der deutsche Gesetzgeber die Verlagerung der Entscheidungskompetenz vom Vorstand auf die Hauptersammlung für erforderlich gehalten[19]. Neuerdings wird unter Rückgriff auf die ältere Literatur die Meinung vertreten, § 52 AktG diene nicht nur dem Schutz vor dem Umgehung des Vorschriften über die Kapitalaufbringung, sondern in erster Linie einer vorläufigen Kapitalerhaltungskontrolle[20]: Gläubiger und künftige Aktionäre sollen im Frühstadium des Bestehens der Aktiengesellschaft vor einer Schmälerung der Kapitaldecke geschützt werden. Für die herrschende Auffassung sprechen allerdings zum einen der auf die Gründungsnähe beschränkte zeitliche Anwendungsbereich des § 52 AktG, zum anderen die für das Recht der Kapitalaufbringung charakteristischen Instrumente: Werthaltigkeitskontrolle und Offenlegung im Handelsregister, mit welchen der Umgehungsgefahr begegnet wird.

---

[16] Zur geschichtlichen Entwicklung der Nachgründungsregeln vgl. *Wilhelm*, ZHR 152 (1988), S. 333, 349; *Lutter/Gehling*, WM 1989, S. 1445, 1448; neuerdings *Lutter/Ziemons*, ZGR 1999, S. 479, 482 ff..

[17] Die Übernahme des Nachgründungsmodells in das GmbH-Gesetz hielt der deutsche Gesetzgeber von 1891 für „nicht angängig". Vgl. Entwurf eines Gesetzes betreffend die Gesellschaften mit beschränkten Haftung nebst Begründung und Anlagen, Amtliche Ausgabe 1891, S. 65; *Priester*, FS 100 Jahre GmbHG, S. 159, 176.

[18] Vgl. *Lutter/Gehling*, WM 1989, S. 1445, 1450; *Hüffer*, § 52 AktG, Rn. 1; *Krieger*, FS Claussen, S. 223 f.; *Hoffmann-Becking*, MünchHdb, B. 4, § 4 Rn. 32. 1029, 1035.

[19] Vgl. die Allgemeine Begründung zum Entwurf eines Gesetzes betreffend die KGaA und AG vom 7.3.1884, abgedruckt bei *Schubert/Hommelhoff*, Hundert Jahre modernen Aktienrechts, 1985, S. 453. Vgl. auch *Krieger*, aaO., S. 223.

[20] *Böcker*, ZIP 1999, S. 1029, 1035; zustimmend *L. Zimmer*, DB 2000, S. 1265, 1268.

Die Regelung des § 52 AktG bezieht sich auf den Erwerb vorhandener oder herzustellender Anlagen oder sonstiger Vermögensgegenstände durch die AG innerhalb von zwei Jahren nach Eintragung der Gesellschaft in das Handelsregister, wenn die Vergütung dafür den zehnten Teil des Grundkapitals übersteigt. Im Gegensatz zur geplanten polnischen Regelung erfasst § 52 Abs. 1 AktG den Erwerb von jedem beliebigen Dritten[21], was zwar in Art. 11 Abs. 1 S. 2 der Kapitalrichtlinie ausdrücklich zugelassen ist, im neuesten deutschen Schrifttum jedoch kritisiert wird. Dieses Erfordernis stelle insbesondere für die börsennotierten Gesellschaften eine nicht gerechtfertigte Behinderung ihrer Geschäfts- und Investitionstätigkeit dar[22]. Dieser Kritik kommt der Entwurf des Gesetzes zur Namensaktie und zur Erleichterung der Stimmrechtsausübung (NaStraG)[23] entgegen, indem er das Nachgründungsverfahren auf die Verträge mit Gründern oder mitteilungspflichtigen Aktionären, also solchen, die nach §§ 20, 21 AktG, § 21 ff. WpHG Mitteilung zu machen haben, beschränkt (Art. 1 Nr. 2 NaStraG)[24]. Wie man jedoch zutreffend in der Literatur empfohlen hat, soll in der novellierten Vorschrift klargestellt werden, dass die in § 52 Abs. 10 AktG vorgesehene Möglichkeit der Heilung der mangels Aufnahme in die Satzung unwirksamen Sachübernahme auch für diejenigen Geschäfte gilt, welche mit Dritten abgeschlossen wurden. Dadurch wird die systematische Übereinstimmung mit der Regelung des § 27 Abs. 1 AktG beibehalten, welche die Sachübernahmen sowohl von Gründern als auch von Dritten erfasst[25]. Vor dem Hintergrund der geplanten Änderung des deutschen AktG, die auf die Lockerung der Nachgründungsregelung mit Rücksicht auf die Flexibilisierung der Investitionsentscheidungen insbesondere in jungen, investitionswilligen Publikums-AG´s hinausläuft, ist die neue polnische Vorschrift des Art. 394 HGGB zu begrüßen, welche dem Nachgründungsverfahren nur die Erwerbsgeschäfte mit dem Aktionär bzw. mit einem mit ihm verbundenen Subjekt unterwirft.

---

[21] So die h.M., vgl. *Hüffer*, § 52 AktG, Rn. 2a m.w.N.; **A.A.** *Binz/Freudenberg*, DB 1992, S. 2281, 2283, nach denen die Verträge mit Nicht-Aktionären nicht unter § 52 AktG fielen.
Vgl. dazu auch *Bröcker*, ZIP 1999, S. 1029, 1040, der sich *de lege ferenda* für die Einschränkung des deutschen Nachgründungsrechts ausspricht.

[22] *Bröcker*, aaO., S. 1039 ff.

[23] Der Entwurf kann über die Homepage des BMJ http:/www.bmj.bund.de/inhalt.htm unter Gesetzgebungsvorhaben (Referentenentwürfe) abgerufen werden.

[24] Vgl. dazu Stellungnahme des Deutschen Aktieninstituts vom 15.12.1999, Seite 6, aufrufbar über die Internetadresse http:/www.dai.de unter „Studien"; Stellungnahme des Handelsrechtsausschusses des Deutschen Anwaltsvereins e.V., NZG 2000, S. 443; *Pentz*, NZG 2000, S. 225 ff; *Werner*, NZG 2000, S. 231, 234.

[25] Vgl. *Pentz*, aaO., S. 225, 229 f.

Im deutschen Schrifttum wird die Nachgründungsregelung des § 52 Abs. 1 AktG im Hinblick auf den Schutz der realen Kapitalaufbringung weit ausgelegt. Zum einen ist § 52 AktG auch dann zu beachten, wenn die Gesellschaft durch mehrere Verträge einen einheitlichen Vermögensgegenstand erwirbt, der mehreren Personen gehört oder wenn die Veräußerung an die Gesellschaft in mehrere Verträge zerlegt wird[26]. Zum anderen nimmt die h.M. die analoge Geltung des § 52 AktG auch für die Fälle der Sachkapitalerhöhung innerhalb der Zweijahresfrist an und zwar mit der Begründung, der Schutz des § 52 AktG gehe weiter als der des § 183 AktG[27]. Maßgeblich ist dann, ob für die einzubringenden Sacheinlagen Aktien im Nennbetrag von mehr als 10% des erhöhten Grundkapitals gewährt werden sollen. Darüber hinaus sind die Nachgründungsregeln kraft der Vorschriften des Umwandlungsgesetzes auf eine AG entsprechend anwendbar, die infolge der formwechselnden Umwandlung eines Rechtsträgers anderer Form entstanden ist (§§ 197 S. 1, 220 Abs. 3 S. 1, 245 Abs. 1 S. 2 UmwG) sowie auf die AG, auf welche innerhalb von zwei Jahren seit ihrer Entstehung eine andere Gesellschaft verschmolzen wird, sofern dabei Aktien von mehr als 10% des erhöhten Grundkapitals gewährt werden (§ 67 UmwG)[28]. In der Literatur bleibt umstritten, ob § 52 AktG auch die Fälle erfassen soll, in denen die junge AG durch Gründung einer Tochtergesellschaft oder durch Kapitalerhöhung die Beteiligung an einer Tochtergesellschaft erwirbt. Eine Auffassung im neueren Schrifttum bejaht die analoge Anwendung des § 52 AktG auf solche Fälle unter Hinweis auf den Zweck dieser Vorschrift, die die AG, ihre Gläubiger und Aktionäre vor der „Umwandlung" der bei der Gründung geleisteten Bareinlagen durch Rechtsgeschäft in Sacheinlagen schützen will[29]. Da es sich allerdings bei der Gründung einer 100%-Tochtergesellschaft durch die AG um ein einseitiges Errichtungsgeschäft handelt, lässt sich diese Meinung kaum mit dem Wortlaut des Gesetzes vereinbaren, wonach der Nachgründungsvertrag stets einen Erwerbsvertrag mit einem Dritten darstellen soll[30]. Eine derartige weite Auslegung des § 52 Abs. 1

---

[26] *Kraft*, in KK, § 52 AktG, Rn. 15.

[27] Die Anwendung des § 52 neben § 183 AktG bedeutet, dass der Aufsichtsrat einen Prüfungsbericht erstellen muss und der Einbringungsvertrag der Zustimmung der Hauptversammlung und der Eintragung ins Handelsregister bedarf. Vgl. *Hoffmann-Becking*, aaO., § 4 Rn. 34; *Hüffer*, § 52 Rn. 8 m.w.N.

[28] Zu welchen Komplikationen in der Praxis diese Regelung führen kann, ist am Beispiel der Megafusion Daimler Benz AG und Chrysler Corporation zu DaimlerChrysler AG deutlich geworden. Vgl. *Bröcker*, aaO., 1039 f. und Reformvorschläge des Deutschen Anwaltsvereins, NZG 2000, S. 443, 444.

[29] So vor allem Kubis, AG 1993, S. 118, 119 f; *Hoffmann-Becking*, aaO., § 4, Rn. 34.

[30] So *Krieger*, aaO., S. 233 f., der jedoch § 52 AktG dann anwenden will, wenn an der Gründung

AktG wird insbesondere dann ungerechtfertigt erscheinen, wenn die geplante Einschränkung seines Anwendungsbereiches durch das NaStraG auf die Verträge mit Gründern oder mitteilungspflichtigen Aktionären geltendes Recht wird. Aus denselben Gründen ist auch die analoge Anwendung des Art. 394 polnischen HGGB auf die Gründung einer Tochtergesellschaft durch die junge AG abzulehnen. Bestehen allerdings Anhaltspunkte dafür, dass die Tochtergesellschaft allein zum Zwecke der Umgehung der Nachgründungsvorschriften gegründet wurde, so ist das von der Tochtergesellschaft vorgenommene Geschäft der Mutter-AG zuzurechnen, mit der Folge, dass die Regeln des § 52 AktG bzw. Art. 394 HGGB auf die letztere Anwendung finden[31].

§ 52 Abs. 9 AktG sieht Ausnahmen für Gegenstände vor, die im Wege der Zwangsversteigerung erworben werden oder den Gegenstand des satzungsmäßigen Gesellschaftsunternehmens bilden[32]. Dadurch soll auf das Bedürfnis Rücksicht genommen werden, den laufenden Geschäftsbetrieb nicht über Gebühr zu erschweren. Nach h.M. erstreckt sich § 52 Abs. 9 AktG auf solche Hilfsgeschäfte, die im Rahmen des laufenden Geschäftsbetriebs der Gesellschaft liegen und erforderlich sind, um den Unternehmensgegenstand zu verfolgen[33]. Nicht notwendig sei dagegen die Angabe der Hilfsgeschäfte in der Satzung[34]. Hervorzuheben ist der breitere Katalog der Ausnahmen in § 52 Abs. 9 AktG im Vergleich zum neuen polnischen Recht (Art. 304 § 4 HGGB). Nach der vor allem von *Lutter/Ziemons* vertretenen zutreffenden Auffassung[35] soll § 52 Abs. 9 AktG richtliniekonform dahin ausgelegt werden, dass alle der Verwirklichung des statutarischen Unternehmensgegenstandes dienenden laufenden Geschäfte von der Nachgründung freigestellt sein müssen. Dieser Auffassung will sich auch jetzt der deutsche Gesetzgeber im NaStraG-Entwurf anschließen. Entgegen dem Gebot des Art. 11 Abs. 2 der Kapitalrichtlinie werden in Polen auch die Erwerbsge-

---

bzw. Kapitalerhöhung Dritte beteiligt sind, weil in solchen Fällen die Gefahr einer Verwässerung der Beteiligung der jungen AG zum Vorteil der Mitgesellschafter bestehe. Vgl. auch *L. Zimmer*, DB 2000, S. 1265, 1266; *Holzapfel/Roschmann*, FS Bezzenberger, S. 163, 185 f.

[31] Vgl. *Holzapfel/Roschmann*, FS Bezzenberger, S. 163, 187 f.

[32] Vgl. *Krieger*, aaO., S. 228; *Lutter/Ziemons*, ZGR 1999, S. 479 ff.

[33] So *Hüffer*, § 52, Rn. 14; *Lutter/Ziemons*, ZGR 1999, S. 479, 491 ff. *Krieger*, aaO., S. 231 f.; *Hoffmann-Becking*, aaO., § 4, Rn. 35; ähnlich *Eckardt* in: *Geßler/Hefermehl*, § 52 AktG, Rn. 10. Enger *Kraft* in: KK, § 52 AktG, Rn. 55 f.; *Binz/Freudenberg*, DB 1992, S. 2281, 2283 (das Hilfsgeschäft müsse in den satzungsmäßigen Unternehmensgegenstand aufgenommen werden).

[34] So aber *Kraft* in: KK, § 52 AktG, Rn. 56; *Binz/Freudenberg*, DB 1992, S. 2281, 2282.

[35] *Lutter/Ziemons*, ZGR 1999, S. 479, 491 f.; zustimmend auch *L. Zimmer*, DB 2000, S. 1265, 1267; *Holzapfel/Roschmann*, FS Bezzenberger, S. 163, 191 f.

schäfte im Rahmen des Unternehmensgegenstandes der AG unter die Nachgründungsregeln fallen, es sei denn, dass eine der in Art. 392 § 4 HGGB genannten Ausnahmen vorliegt.

Gegenüber den polnischen Vorschriften bestehen außerdem in § 52 AktG Verfahrensunterschiede, die mit denjenigen bei der Sachgründung vergleichbar sind[36]. Der Vertrag bedarf gemäß § 52 Abs. 2 S. 1 AktG der Schriftform. Er ist Gegenstand eines Nachgründungsberichtes des Aufsichtsrats (§§ 52 Abs. 3 i.V.m. 32 Abs. 2 und 3 AktG) und einer Überprüfung durch einen unabhängigen Gründungsprüfer (§§ 52 Abs. 4, 33 Abs. 3 bis 5, 34, 35 AktG). Für seine Wirksamkeit bedarf der Vertrag eines zustimmenden Beschlusses der Hauptversammlung, welcher mit einer Mehrheit von mindestens drei Vierteln des bei der Beschlussfassung vertretenen Grundkapitals, die im ersten Jahr nach der Gründung zusätzlich einem Viertel des gesamten Grundkapitals zu entsprechen hat, gefasst werden muss (§ 52 Abs. 5 AktG). Vor der Beschlussfassung müssen die Publizitätspflichten eingehalten werden (Auslegung im Geschäftsraum zur Einsicht der Aktionäre, Erteilung von Abschriften). Anschließend ist die Nachgründung beim Handelsregister anzumelden und dort einzutragen (§ 52 Abs. 1 AktG). Der Anmeldung muss der Vorstand alle wichtigen Unterlagen beifügen (§ 52 Abs. 6 AktG). Wie bei der Gründung kann der Registerrichter die Anmeldung ablehnen, wenn er Unregelmäßigkeiten beim Verfahren oder im Nachgründungsbericht feststellt[37]. Dies ist ihm auch möglich, wenn die gewährte Vergütung unangemessen hoch ist (§ 52 Abs. 7 AktG). Bis zu seiner Eintragung ins Handelsregister bleibt der Vertrag schwebend unwirksam. Der Schwebezustand wird durch wirksame Zustimmung und wirksame Eintragung oder durch endgültige Versagung eines der beiden Akte beseitigt[38].

Durch die Einschaltung des Registergerichtes vergrößert sich der Unterschied hinsichtlich der Kontrolldichte zur polnischen Regelung. Art. 394 HGGB enthält keine ausdrückliche mit den Vorschriften des § 52 Abs. 5-8 AktG vergleichbare Regelung, die dem Vorstand einer AG eine Pflicht zur Anmeldung ins Handels-

---

[36] Zum Nachgründungsverfahren vgl. *Holzapfel/Roschmann*, FS Bezzenberger, S. 163, 176 ff.

[37] *Kraft*, aaO., Rn. 38; *Hüffer*, § 52 AktG, Rn. 13.

[38] *Kraft*, aaO., Rn. 46 ff.; *Eckardt*, in: *Hefermehl/Bungeroth*, § 52 AktG, Rn. 24 f. Zur Möglichkeit der Genehmigung nach Fristablauf der Zweijahresfrist, Kapitalerhöhung oder Formwechsel vgl. *Krieger*, aaO., S. 235 (die Genehmigung des schwebend unwirksamen Vertrages durch den Vorstand reiche aus).

register des Vertrages samt des Berichtes und des sachverständigen Gutachtens auferlegen würde. Nach Art. 394 § 3 i.V.m. Art. 312 HGGB ist der sachverständige Prüfer verpflichtet, den Vertrag, den Gründungsbericht und das von ihm angefertigte Gutachten bezüglich der Angemessenheit der vereinbarten Vergütung beim Registergericht einzureichen; einen Vermerk darüber hat die Gesellschaft bekanntzumachen (Art. 312 § 5 HGGB). Unklar ist allerdings, wie das Registergericht mit den eingereichten Unterlagen zu verfahren hat. Da ihre Eintragung in das Handelsregister nicht ausdrücklich vorgesehen ist, ist anzunehmen, dass die Unterlagen beim Handelsregister zu hinterlegen sind, wo sie jederzeit eingesehen werden können. Auch die Richtlinie verlangt nicht die Eintragung ins Handelsregister (vgl. Art. 3 Abs. 2 der Ersten Richtlinie i.V.m. Art. 10 Abs. 3 der Kapitalrichtlinie), so dass in Deutschland ein stärkerer Schutz für Gläubiger und Aktionäre vorgesehen ist, als ihn die Richtlinie gebietet. Anders als im deutschen Recht, wo die Wirksamkeit des Erwerbsvertrages nicht nur von der Zustimmung der Hauptversammlung, sondern auch von der Eintragung ins Handelsregister abhängig gemacht wurde, stellt nach dem polnischen Recht ausschließlich ein Zustimmungsbeschluss der Hauptversammlung eine Wirksamkeitsvoraussetzung eines Nachgründungsgeschäfts dar.

III. Konkreter Umgehungsschutz: Problematik der verschleierten (verdeckten) Sacheinlage im deutschen Recht

1. Problemstellung

In Deutschland ist seit langem anerkannt, dass die Formvorschriften über die Sach- wie auch über die Nachgründung nicht ausreichen, um eine ordnungsgemäße Kapitalaufbringung sicherstellen zu können[39]. Die Umgehung der einschlägigen Normen ist relativ einfach: Anstatt förmlich eine Sacheinlage einzubringen und den lästigen Weg der in §§ 27, 183, 194, 205 AktG bzw. §§ 5 Abs. 4, 56 GmbHG geregelten Sachgründung zu beschreiten, bietet sich vielmehr an, die Sacheinlagenleistung in zwei zusammengekoppelte Vorgänge aufzuspalten.

---

[39] Vgl. RGZ 98, S. 276, 277; 121, S. 99, 101; 157, S. 213, 244; BGHZ 15, S. 52, 60; 28, S. 314, 319 f.; 110, S. 47; 118, S. 83, KG Mainz, ZIP 1986, S. 1323; OLG Koblenz ZIP 1986 S. 1559. Aus der reichen Literatur vgl. *Lutter*, in: KK, § 183, Rn. 68 ff.; *ders.*, FS Stiefel, S. 505 ff.; *Lutter/Gehling*, WM 1989, S. 1445 ff.; *Ulmer*, ZHR 154 (1990), S. 127 ff.; Hachenburg/*Ulmer*, § 5 GmbHG, Rn, 143, ff; *Röhricht*, in: GroßKom zum AktG, § 27, Rn. 188. *Habetha*, ZGR 1998, S. 305 ff.

Der Gesellschafter zeichnet zunächst eine Bareinlage und zahlt den entsprechenden Betrag ein. Danach erwirbt die Gesellschaft von ihm im Rahmen eines Verkehrsgeschäfts einen eigentlichen Einlagegegenstand und zahlt ihm seine Bareinlage als Vergütung zurück. Das lästige Verfahren der Festsetzung, Überprüfung und Offenlegung wird dadurch „vermieden“ und statt dessen das einfachere und schnellere Bareinlageverfahren gewählt.

2. Voraussetzungen der verdeckten Sacheinlagen

Derartigen Umgehungsvorgängen wird im deutschen Recht mit einem rechtsformunabhängigen und gleichermaßen für Gründung und Kapitalerhöhung bei AG und GmbH geltenden Schutzkonzept entgegentreten, das als die „Lehre von der verdeckten Sacheinlage“ bezeichnet wird. Ihre Grundlage ist die Erkenntnis, dass die beiden zentralen Schutzmechanismen der realen Kapitalaufbringung, nämlich Werthaltigkeitskontrolle und Publizität, nicht durch eine entsprechende Ausgestaltung der Vertragsverhältnisse zwischen der Gesellschaft und den Gesellschaftern umgangen werden dürften; sonst hätte der Gesetzgeber auf sie überhaupt verzichten können[40]. Eine verdeckte Sacheinlage wird angenommen, wenn die zwingenden Vorschriften über die Sacheinlagen dadurch umgangen werden, dass aufgrund einer in sachlichem und zeitlichem Zusammenhang mit einer Bargründung bzw. Barkapitalerhöhung nachgewiesenen oder vermuteten Absprache Forderungen oder sonstige Gegenstände vom Inferenten auf die Gesellschaft übertragen werden, die wegen des Rückflusses des eingezahlten Barbetrages zur Qualifikation des Vorgangs als Sacheinlage führen und daher formell so hätten deklariert werden müssen[41].
Nach einer Auffassung, die das Umgehung als ein Problem objektiver Normanwendung, nicht subjektiver Vorwerfbarkeit betrachtet[42], liegt der Umgehungstatbestand bereits dann vor, wenn zwischen der Bargründung bzw. Barkapitalerhöhung und dem Rückfluss des Barbetrages gegen Leistung eines Vermögensgegenstandes ein objektiver sachlicher und zeitlicher Zusammenhang besteht[43].

---

[40] Vgl. *Lutter*, FS Stiefel, S. 505, 509; *Priester*, FS 100 Jahre GmbHG, S. 159, 179.
[41] Vgl. BGH 19.4.1982 (II ZR 55/81, „Holzmann“), NJW 1982, S. 2444, 2446, insoweit nicht in BGHZ 83, S. 319 abgedruckt. Vgl. *Lutter* in: KK, § 66 AktG, Rn. 36 ff., *Röhricht*, aaO., § 27 AktG, Rn. 188 ff.; *Kindler*, FS Boujong, S. 299, 301; DAG-Vorschlag zum Problem der „verdeckten Sacheinlage“ WiB 1996, S. 707 ff.; *Habetha*, ZGR 1998, S. 305 ff.
[42] Grundlegend dazu: *Teichmann*, Die Gesetzesumgehung, 1962, S. 67 ff.
[43] *Lutter*, FS Stiefel, S. 505, 514; *Lutter/Gehling*, WM 1989, S. 1445, 1447; *Lutter/Hommelhoff*, § 5

Der sachliche Zusammenhang ist zu bejahen, wenn die Leistung des Gesellschafters im Zeitpunkt der Begründung der Bareinzahlungsverpflichtung zum Gegenstand einer Sacheinlage hätte gemacht werden können („Austauschbarkeit der Vorgänge"). Dem erforderlichen zeitlichen Junktim soll eine begrenzende Funktion zukommen. Damit sollen die Geschäfte von der Anwendbarkeit der Sacheinlagevorschriften ausgenommen werden, die zwar schon bei der Kapitalmaßnahme hätten eingebracht, die aber wegen ihrer zeitlichen Ferne von der letzteren nicht mehr als Einheit mit ihr begriffen werden können. Als Grenze für den zeitlichen Zusammenhang werden sechs Monate, längstens aber ein Jahr ab Errichtung der Gesellschaft bzw. ab dem Zustandekommen des Kapitalerhöhungsbeschlusses genannt[44].

Nach anderer, wohl überwiegender Ansicht[45], der sich letztens auch der BGH angeschlossen hat[46], muss zum oben beschriebenen objektiven Zusammenhang noch ein subjektives Element hinzutreten: eine – ggf. stillschweigende – Abrede zwischen den Beteiligten (dem Einlager und seinen Mitgründern bzw. den Organmitgliedern), die auf die Herbeiführung des wirtschaftlichen Erfolges einer Sacheinlage hinausläuft. Diese Abrede braucht zwar nicht verbindlich zu sein, sie muss aber bereits eine so feste Gestalt angenommen haben, dass mit der Verwirklichung des Veräußerungsgeschäfts konkret gerechnet werden kann. Der zeitliche und sachliche Zusammenhang zwischen dem Gründungsvorgang (der Kapitalerhöhung) und dem Erwerbsgeschäft begründet allerdings eine tatsächliche Vermutung („beweiskräftiges Indiz") für das Vorliegen einer auf die Rechtsumgehung gerichteten Abrede, womit sich die Beweislast zum Nachteil des Einlegers umkehrt[47]. Nach vom BGH noch nicht bestätigter Auffassung entfällt die sonst bei Vorliegen eines sachlichen und zeitlichen Zusammenhangs zu Lasten des Einlageschuldners eintretende Beweislastumkehr bei sog. normalen Umsatzgeschäften. Der Unternehmer-Gesellschafter, der zugleich wichtigster Geschäfts-

---

[44]*Lutter*, FS Stiefel, S. 505, 512 ff.; *Lutter/Gehling* aaO. S. 1447; *Lutter/Hommelhoff*, § 5 GmbHG, Rn. 41; OLG Hamburg ZIP 1988, S. 372, 373. **A.A.** *Henze*, ZHR 154 (1990), S. 105, 113 f.

[45]*Henze* ZHR 154 (1990), S. 109, 114; *Ulmer*, ZHR 154 (1990), S. 127, 141; Hachenburg/*ders.*, § 5 GmbHG, Rn 146; Scholz/*Winter*, § 5 GmbHG, Rn. 79; *K. Schmidt*, GesR³, S. 934; *Röhricht*, in: Großkomm. AktG, § 27 GmbHG, Rn. 196 ff.; *Joost*, ZIP 1990, S. 549, 558; *Priester*, ZIP 1991, S. 350.

[46]BGHZ 132, S. 133, 138 = BGH NJW 1996, S. 1286 f.; offengelassen noch in BGHZ 110, S. 47, 65; 113, S. 335, 343 f; 118, S. 94 f; 125, S. 141, 144.

[47]BGHZ 132, S. 133 = BGH NJW 1996, S. 1286; vgl. näher Scholz/*Winter*, § 5 GmbHG, Rn. 77; *Ulmer*, ZHR 154 (1990), S. 127, 140 ff; *K. Schmidt*, GesR³, S. 894.

partner der Gesellschaft ist, wäre sonst an der Fortsetzung der Geschäftsbeziehung gehindert. Eine befriedigende Definition, was ein normales Umsatzgeschäft sei, ist jedoch bisher nicht gelungen.

Sowohl beim Inferenten als auch bei der Gesellschaft werden Konzerngesellschaften und Treuhänder jeweils in den Bereich der verdeckten Sacheinlagen einbezogen[48], bei natürlichen Personen ggf. auch nahe Angehörige[49]. Nach Ansicht des BGH muss sich der Einlageschuldner die Leistung der Gesellschaft an einen Dritten im Sinne einer Rückzahlung zurechnen lassen, wenn er dadurch in gleicher Weise begünstigt wird wie im Falle einer Leistung an ihn selbst[50].

3. Fallgruppen der verdeckten Sacheinlage

a). Typischer Fall: Bareinlagezeichnung gekoppelt mit einem Erwerbsgeschäft

Die herrschende Lehre und Rechtsprechung nehmen das Vorliegen der verdeckten Sacheinlage in einer Reihe von Tatbeständen an, die sich in bestimmte Fallgruppen einordnen lassen[51]. Einen Paradefall stellt der Erwerb eines Vermögensgegenstandes (häufig eines Unternehmens) durch die Gesellschaft im Zusammenhang mit einer Barkapitaleinlage von dem sich an der Kapitalmaßnahme beteiligenden Gesellschafter dar. Nach Auffassung des BGH kann es dabei keinen Unterschied machen, ob das für die einzubringenden nichtgeldlichen Vermögensgegenstände vereinbarte Entgelt mit dem auf das Kapital einzuzahlenden Betrag verrechnet wird, ob die Gesellschaft eine schon geleistete Bareinlage abredegemäß alsbald wieder zur Vergütung einer Sachleistung zurückzahlt („Hin- und Herzahlen“), oder ob sie die übernommenen nichtgeldlichen Vermögensgegenstände zunächst bezahlt und der Gesellschafter-Veräußerer alsdann mit dem Erlös eine Bareinlageverpflichtung erfüllt[52].

---

[48]Vgl. zwei berühmte Fälle: „IBH/Lemmerz“, BGHZ 110, S. 47, 66 f. = NJW 1990, S. 982 ff. = ZIP 1990, S. 156 ff. und „IBH/General Motors“, LG Mainz WM 1986, S. 1315 = ZIP 1986, S.1323 ff.

[49]BGHZ 125, S. 141, 144 f; *Lutter/Hommelhoff*, § 5 GmbHG, Rn. 46; *Müller-Eising*, Die verdeckte Sacheinlage, Diss. 1993, S. 198 ff.; *Habetha*, ZGR 1998, S. 320 ff.

[50]BGHZ 125, S. 141, 144 f; 132, S. 133, 136.

[51]Vgl. dazu *Lutter*, in KK, § 66 AktG, Rn. 36 ff.; *K. Schmidt*, in: *Blaurock* (Hrsg.), Recht der Unternehmen in Europa, S. 116 ff.

[52]BGH, Urt. v. 19. April 1982 - II ZR 55/81, WM 1982, S. 660,662 = ZIP 1982, S. 689,692 - Holzmann, insoweit in BGHZ 83,319 nicht abgedruckt; BGHZ 113, S. 335, 345, BGHZ 118, S. 83, 94.

b). Verrechnung mit einer Gesellschafterforderung bzw. ihre Tilgung mit dem als Bareinlage eingezahlten Betrag

Die h.M. will die Lehre von der verdeckten Sacheinlage auch dann anwenden, wenn die (Bar-)Einlageverpflichtung des Gesellschafters mit seinen Forderungen gegen die Gesellschaft verrechnet bzw. wenn die bereits im Zeitpunkt der Begründung der Bareinlageverpflichtung bestehende Darlehensforderung des Zeichners gleich nach der Eintragung der Gesellschaft oder – in den meisten Fällen – der Kapitalerhöhung mit den eingezahlten Einlagemitteln getilgt wird[53]. Die sog. Altforderungen gegen die Gesellschaft können nur unter Einhaltung der Sachgründungskautelen in Eigenkapital umgewandelt werden (vgl. §§ 19 Abs. 2, 5 GmbHG, 66 AktG). Bei der Bewertung der einzubringenden Forderung ist nicht der in der Bilanz der Gesellschaft ausgewiesene Nominalwert maßgeblich[54], sondern ausschließlich der objektive Vermögenswert aus der Sicht eines beliebigen Dritten. Die einzubringende Forderung soll wie jede andere Sacheinlage einer sorgfältigen Wertermittlung und -überprüfung sowie einer gesetzlich vorgesehenen Offenlegung unterliegen. Diese Haltung wird mit dem Erfordernis des Schutzes der künftigen Gläubiger der Gesellschaft begründet: Wird die Bareinlage gezeichnet und das eingezahlte Geld alsbald wieder an den Zeichner zur Tilgung seiner alten, im Zeitpunkt der Kapitalmaßnahme oft wertlosen Forderung gegen die Gesellschaft zurückgezahlt, so werden potentielle Gläubiger in ihrer Erwartung getäuscht, der Gesellschaft sei neues Kapital zugeführt worden. Denn durch die Verlautbarung einer Barkapitalerhöhung werde die in Wirklichkeit vorgenommene Vermögensumschichtung nicht offenbart, sondern es werde der Eindruck der ungeschmälerten Zuführung neuen Barkapitals erweckt. Das hat weiter zur Folge, dass die für den Einbringungszeitpunkt vorzunehmende Forderungsbewertung und deren Überprüfung durch die zu bestellenden Prüfer sowie im Rahmen der Eintragung durch das Registergericht unterbleibt. In den Fällen, in denen die Aktien dem Nennwert der Kreditforderung entsprechen,

---

[53]BGHZ 110, S. 47, 61; 113, S. 335, 341; 125, S. 141; 132, S. 133. *Lutter*, FS. Stiefel, S. 515 ff.; Hachenburg/*Ulmer*, § 5 GmbHG, Rn. 149 und § 19 GmbHG, Rn. 94 ff.; *ders.* ZHR 154 (1990), S. 127, 138; Scholz/*U.H.Schneider*, § 19 GmbHG, Rn. 132 ff.; Scholz/*Priester*, § 56 GmbHG, Rn. 41; *Mülbert*, ZHR 154 (1990), S. 145 ff.; *Müller*, ZGR 1995, 127 ff.; *Röhricht*, aaO., § 27 AktG, Rn 208; *Lutter/Zöllner*, ZGR 1996, S. 164, 175.

[54]So aber die Mindermeinung: *Meilicke*, Die verschleierte Sacheinlage, S. 29 ff.; *ders.*, DB 1989, 1068, 1069 ff.; *Geßler* in: FS Möhring 1975, S. 173 ff; *Frey*, Einlagen in Kapitalgesellschaften, 1989, S. 156 f., *Karollus*, ZIP 1994, S. 589, 595.

werden außerdem die vom Bezug dieser Aktien ausgeschlossenen Aktionäre um den über die Werthaltigkeit der Forderung hinausgehenden Betrag benachteiligt[55]. Jede Tilgung einer im Zeitpunkt der Kapitalmaßnahme bereits bestehenden Forderung des Gesellschafters gegen die Gesellschaft ist deshalb als eine verdeckte Sacheinlage zu qualifizieren, mit allen daraus entstehenden, für den Gesellschafter gravierenden Folgen. Das Verrechnungsverbot umfasst aber auch die im Zeitpunkt der Gründung noch nicht entstandene Forderung (z.B. Forderung auf Auszahlung künftiger Gewinne, Gehaltsforderung eines Gesellschaftergeschäftsführers), wenn die künftige Verrechnung von den Gründern bzw. von den Gesellschaftern und Organmitgliedern der Gesellschaft vorabgesprochen wurde[56].

c). *Verrechnung mit dem Dividendenanspruch („Schütt-Aus-Hol-Zurück-Verfahren")*

In einer zum GmbH-Recht ergangenen Entscheidung hat der BGH das Vorliegen einer verdeckten Sacheinlage ebenfalls für einen Fall angenommen, in dem die Einlage absprachegemäß aus ausgeschütteten bzw. vorübergehend als Darlehen bei der Gesellschaft stehengelassenen Gewinnen geleistet werden sollte (steuerrechtlich vorteilhaftes sog. Ausschüttung-Rückhol-Verfahren)[57]. Nach früherer Ansicht des BGH vermochte die Tatsache, dass der Dividendenausschüttungsanspruch auf einem Gewinnverwendungsbeschluss der Gesellschafterversammlung (§ 29 GmbHG) und einem von ihr vorher festgestellten Jahresabschluss (§ 42, 42a GmbHG) beruht, weder die präventive Werthaltigkeitskontrolle durch das Registergericht noch die mit der Anwendung der Sacheinlagebestimmungen verbundene Offenlegung des Mittelaufbringungsvorgangs vollständig zu ersetzen. Infolgedessen konnten die Gesellschafter ihre gegen die Gesellschaft gerichteten Gewinnausschüttungsansprüche mit oder ohne vorherige Novation in Darlehensforderungen nur unter Einhaltung der förmlichen Regeln

---

[55] BGHZ 110, S. 47, S. 62; 132, S. 141, 153.

[56] BGH, WM 1978, S. 1271; BGHZ 132, S. 141, 145 = NJW 1996, S. 1273, 1474. Hachenburg/*Ulmer*, § 19 GmbHG, Rn. 97; § 56 GmbHG, Rn. 44; Scholz/*U.H. Schneider*, § 19 GmbHG, Rn 135; *Lutter/Hommelhoff*, § 19 GmbHG, Rn. 34; *Röhricht*, aaO., § 27 AktG, Rn. 213. Vgl. auch schon *R. Fischer* Anm. zu LM BGH GmbHG § 19 Nr. 1; *Boesebeck* JW 1938,1401,1402. **A.A.** Scholz/*Priester* § 56 GmbHG, Rn. 59.

[57] Vgl. BGHZ 113, S. 335 ff.; 132, S. 141 ff.; 135, S. 381 ff.; Vgl. dazu *Sernetz*, ZIP 1995, S. 173 ff; *Lutter/Zöllner*, ZGR 1996, S. 165 ff; *Priester*, ZGR 1998, S. 857 ff; jeweils m.w.N.

über die Sacheinlagen in haftendes Kapital umwandeln. Im Anschluss an die im Schrifttum ausgearbeitete Lösung[58] hat der BGH diese Rechsprechung teilweise geändert, indem er die Vorschriften über die Kapitalerhöhung aus Gesellschaftsmitteln auf das Schütt-aus-hol-zurück-Verfahren für entsprechend anwendbar hält[59]: Es reiche aus, wenn der ausgeschüttete und wieder eingelegte Gewinn durch eine testierte Bilanz, die nach ihrem Stichtag gegenüber dem Tag der Anmeldung der durchgeführten Kapitalerhöhung nicht mehr als acht Monate zurückliegt (§§ 209, 210 AktG, 57e, 57i GmbHG), dem Registerrichter nachgewiesen werde[60].

d). Abgrenzung der verdeckten Sacheinlage vom Tatbestand der fehlenden freien Verfügung über die Bareinlage

Umstritten in der deutschen Lehre und Rechtsprechung ist die Abgrenzung des Tatbestandes der verschleierten Sacheinlage vom Fall der fehlenden freien Verfügung der Geschäftsführer bzw. des Vorstands über die eingezahlten Bareinlagen[61]. Sowohl im Aktienrecht (§§ 36 Abs. 1, 37 Abs. 1, 54 Abs. 3 188 Abs. 2) als auch im Recht der GmbH (§§ 8 Abs. 2, 56a GmbHG) müssen die nach dem Gesetz vor der Entstehung der Gesellschaft zu leistenden Beträge endgültig zur freien Verfügung des Vorstandes bzw. der Geschäftsführer geleistet werden. In der Rechtsprechung und Literatur wird überwiegend die Auffassung vertreten, dass dem gesetzlichen Gebot der „Leistung zur freien Verfügung" insbesondere die schuldrechtlichen Verwendungsabreden zwischen der Gesellschaft und Einlageschuldner entgegenstehen. Fließe das einmal effektiv eingezahlte Geld gleich nach der Eintragung der Gesellschaft bzw. der Kapitalerhöhung in Durchführung einer solchen Abrede an den Gesellschafter – mit oder ohne Rechtsgrund – zurück, so habe die Geldzahlung keine Befreiungswirkung und die Mittelaufbringung sei nicht abgeschlossen[62].

---

58 Vgl. *Lutter/Zöllner*, ZGR 1996, S. 164, 178 ff.

59 BGHZ 135, S. 381 ff.

60 Vgl. dazu *Lutter/Hommelhoff*, § 56 GmbHG, Rn. 17; *Priester* ZGR 1998, S. 857 ff.; *Sieger/Hasselbach*, GmbHR 1999, S. 205 ff.

61 Vgl. dazu BGHZ 113, S. 335, 347 f. Zum ganzen vgl. *Ihrig*, Die endgültig freie Verfügung, Diss. 1990; *Habetha*, ZGR 1998, S. 305, 315 m.w.N.
Siehe auch oben, Kapitel 4, II.4.

62 BGHZ 113, S. 335, 348 f.; 122, S. 180, 184; *Lutter*, FS Stiefel, S. 505, 510 („Die primäre Bareinlageschuld bleibt offen"); *Ulmer*, ZHR 154 (1990), S. 128 137 f.; Hachenburg/*ders.*, § 7 GmbHG, Rn. 51 f.; *Röhricht*, in: Großkomm. zum AktG, § 36, Rn. 77.

Dem sind Teile des Schrifttums mit dem durchgreifenden Argument entgegengetreten, das Merkmal der freien Verfügung solle nur die Ernsthaftigkeit der Mittelaufbringung, nicht aber auch die Art der Mittelverwendung sichern[63]. Dieser Auffassung ist zuzustimmen: Die endgültig freie Verfügung ist ausschließlich dann zu verneinen, wenn es sich bei der Einzahlung des Mindestbetrages zum einen um ein bloßes Scheinmanöver handelt, d.h. wenn das eingezahlte Geld gleich nach der Registeranmeldung an die Gesellschafter sine causa zurückbezahlt wird, oder zum anderen, wenn die Geschäftsführer bzw. Vorstandsmitglieder zwar die rechtliche Verfügungsgewalt über die Mittel erlangt haben, jedoch davon aus faktischen Gründen keinen Gebrauch machen können[64]. Ist das Bar- oder Buchgeld in die freie Verfügung der Organmitglieder effektiv gelangt, so ist damit auch die Phase der Mittelaufbringung abgeschlossen. Die Verwendung geleisteter Mittel – z.B. zum Zwecke der Durchführung der verdeckten Sacheinlage – lässt das Gebot der „Leistung zur freien Verfügung" unberührt[65]. Wird das eingezahlte Geld im Vollzug eines als Teil des Umgehungsvorgangs zu betrachtenden Verkehrsgeschäfts an den Gesellschafter zurückgezahlt, so hat das zur Folge, dass die Befreiung von der Bareinlageschuld rückwirkend beseitigt wird[66]. Der Tatbestand der verschleierten Sacheinlage kann sich allerdings insbesondere bei unzulässigen und unwirksamen Verrechnungsvorgängen mit dem der fehlenden freien Verfügung decken[67].

Es ist jedoch hervorzuheben, dass die Autoren, die für die strikte Abgrenzung dieser Tatbestände plädieren, das Institut der verdeckten Sacheinlage als solches nicht in Frage stellen wollen. Es geht vielmehr lediglich um eine klare dogmatische Unterscheidung der beiden Institute sowohl auf der Tatbestands- als auch auf der Rechtsfolgeseite.

4. Rechtsfolgen

Praktische Relevanz erlangt die Lehre von der verdeckten Sacheinlage insbe-

---

[63] *K. Schmidt*, AG 1986, S. 106 ff.; *Hommelhoff/Kleindiek*, ZIP 1987, S. 477 ff.; *Habetha*, aaO., 315.

[64] Etwa weil die kontoführende Bank einen der Verwendungsbindung zuwiderlaufenden Überweisungsauftrag nicht ausführen würde, vgl. näher *Hommelhoff/Kleindiek*, aaO., S. 488 ff., 491; *Habetha*, aaO., S. 317.

[65] *K. Schmidt*, aaO., S. 109; *Hommelhoff/Kleindiek*, aaO., S. 487 ff.

[66] Vgl. *Hommelhoff/Kleindiek* aaO. S. 489.

[67] *K. Schmidt*, aaO., S. 112.

sondere aufgrund der schwerwiegenden Konsequenzen, die die oben genannten Umgehungstatbestände auslösen. Diese Rechtsfolgen werden in der Literatur zurecht als „drakonisch“ und „katastrophal“ bezeichnet[68]. Der Gesamtvorgang, d.h. die Bareinlagezeichnung und das mit ihr in sachlichem und zeitlichem Zusammenhang stehende Verkehrsgeschäft, wird als eine wirtschaftliche Einheit betrachtet, mit der Folge, dass der Gesellschafter keine Bareinlage, sondern eine (verdeckte) Sacheinlage eingebracht hat. Nach der Regelung der §§ 19 Abs. 5 GmbHG, 27 Abs. 3 AktG soll eine Sacheinlageeinbringung bzw. eine andere nicht in Geld bestehende Leistung auf das Stamm- bzw. Grundkapital nur dann befreiende Wirkung haben, wenn die gesetzlichen Formerfordernisse eingehalten werden[69]. Ist das nicht der Fall, so besteht die eingegangene Geldeinlageverpflichtung nach dem insbesondere in § 27 Abs. 3 S. 3 AktG verankerten Grundsatz der primären Bardeckungspflicht fort mit der Folge, dass der Zeichner erneut – spätestens in der Insolvenz der Gesellschaft – Geld leisten muss. Der schuldrechtliche Teil des Erwerbsgeschäfts ist nach § 134 bzw. 139 BGB wegen der Rechtsumgehung unwirksam[70]. Nach anderer Auffassung soll das Verkehrsgeschäft von der Verrechnungsabrede abgespalten und von der Unwirksamkeit nicht ohne weiteres erfasst werden[71]. Bei der AG werden dagegen nach § 27 Abs. 3 AktG sowohl der schuldrechtliche Vertrag als auch die dinglichen Vollzugshandlungen von der Nichtigkeit betroffen[72]. Dem Inferenten steht zwar ein bereicherungsrechtlicher Rückgewähranspruch aus § 812 Abs. 1 S. 2 Alt. 1 (Leistungskondiktion, so die h.M.[73]) bzw. aus § 812 Abs. 1 S. 2 Alt. 2 BGB (Zweckverfehlungskondiktion wegen der fehlgeschlagenen Bareinlage[74]) zu. Eine Aufrechnung mit der Einlageschuld ist ihm aber nach der ausdrücklichen Regelung der §§ 19 Abs. 2, 5 GmbHG, 66 Abs. 1 AktG verboten. Die Einlageanspruch wird meist erst im Insolvenzverfahren der Gesellschaft vom Insolvenzverwalter

[68]Vgl. *Grunewald*, FS Rowedder, S. 11, 115; *Lutter*, FS Stiefel, S. 505, 517; *Knobbe-Keuk*, ZIP 1996, S. 885 ff.

[69]Wobei nach § 27 Abs. 3 AktG sowohl das Verpflichtungs- wie auch Erfüllungsgeschäft nichtig sind, vgl. *Einsele*, NJW 1996, S. 2681, 2683, m.w.N.

[70]BGH, GmbHR 1998, S. 589, 590; *Lutter/Hommelhoff*, § 5 GmbHG, Rn. 47 f; Scholz/*Schneider*, § 19 GmbHG, Rn. 142. Vgl. aber Hachenburg/*Ulmer*, § 19 GmbHG, Rn. 113 (Analogie zu § 27 Abs. 3 S. 1 AktG). Zum ganzen *Preuß*, JuS, 1999, S. 342, 343.

[71] So *Knobbe-Keuk*, ZIP 1986, S. 885, 889; *Priester*, DB 1990, S. 1753, 1755; Scholz/*Winter*, § 5 GmbHG, Rn. 80 d.

[72]*Röhricht*, aaO., § 27 AktG, Rn. 193; *Lutter*, in: KK, § 66 AktG, Rn. 31; *Priester*, aaO., S. 1755.

[73]BGH, GmbHR 1998, S. 589, 590; *Lutter/Hommelhoff*, § 5 AktG, Rn. 37; Hachenburg/*Ulmer*, § 19 AktG, Rn. 115.

[74]So die Mindermeinung *Knobbe-Keuk*, ZIP 1986, S. 885, 889; *Priester*, DB 1990, S. 1753, 1755.

durchgesetzt, mit der Folge, dass der Gesellschafter die Bareinlage in die Insolvenzmasse in voller Höhe erneut zu leisten hat. Sein Bereicherungsanspruch ist dagegen nur mit der Konkursquote zu befriedigen. In der GmbH müssen die Mitgesellschafter des Inferenten mit der Ausfallhaftung nach § 24 GmbHG rechnen, falls dieser seiner Einlagepflicht nicht nachzukommen vermag[75].

5. *Kritik an der Lehre von den verdeckten Sacheinlagen*

a). *Die von der abschließenden gesetzlichen Regelung des Umgehungsschutzes ausgehende Kritik*

Das Konzept des außerordentlich weit ausgebauten konkreten Schutzes vor der Umgehung der Sacheinlageregeln hat sich in Deutschland durchgesetzt, doch hat es auch zahlreiche Kritiker gefunden, die gewichtige Gegenargumente vorbringen[76]. *Wilhelm*[77] und *Meilicke*[78] sehen in der Nachgründungsregelung des § 52 AktG eine positive Entscheidung des Gesetzgebers zur verschleierten Sachanlage. Die Anwendung der Sacheinlagevorschriften sei nur bei Geschäften vor der Handelsregistereintragung möglich; danach finde eine Geschäftskontrolle nur noch durch die Kapitalerhaltungsvorschriften (§§ 57, 58 AktG, 30 ff. GmbHG) statt. Das Verbot der verdeckten Sacheinlage beeinträchtige dagegen unverhältnismäßig die Handlungsfähigkeit der Gesellschaft, indem ihr Geschäfte mit den Gesellschaftern verwehrt würden. Ähnlich hat *Loos*[79] auf ein „Netz von Schutzvorschriften" zugunsten der AG gegen für sie nachteilige Geschäfte hingewiesen. Dabei bestehe eine weitgehende funktionale Austauschbarkeit von Sacheinlagerecht und Geschäftsleiterverantwortlichkeit (§§ 93, 117, 266 AktG).

Gegen diese Kritik wenden vor allem *Lutter/Gehling*[80] zutreffend ein, die Nachgründungsregeln des AktG stellten aus historischen und systematischen Gründen keine abschließende Regelung des Umgehungsschutzes dar. Die Nachgründungsregelung des § 52 AktG konstituiere eine abstrakte Umgehungsvermutung, deren Ziel es sei, die Durchsetzung der Schutznorm zu erleichtern. Zugleich

[75] *Goette*, DStR 1997, S. 924, 929; *Lutter/Hommelhoff*, § 5 AktG, Rn. 47.
[76] Zusammenfassend dazu vgl. statt aller: *Röhricht*, aaO., Rn. 191 f. und 207 f.
[77] *Wilhelm*, ZHR 152 (1988), S. 333, 349 ff.
[78] *Meilicke*, Die verschleierte Sacheinlage, 1989, S. 37 ff.; *ders.*, DB 1989, S. 1067 ff. und 1119 ff.
[79] *Loos*, AG 1989, S. 381 ff.
[80] *Lutter/Gehling*, WM 1989, S. 1445, 1447.

werde diese unwiderlegbare Vermutung durch die in dieser Vorschrift geregelten Tatbestände begrenzt. Aus dieser Beschränkung könne allerdings nicht gefolgert werden, dass eine Umgehung im übrigen zulässig sei. Auch der Hinweis auf die Handlungsfreiheit der Gesellschaft treffe nicht zu. Wegen des engen Verhältnisses zwischen ihr und ihren Gesellschaftern könne die Ausgeglichenheit von Leistung und Gegenleistung sehr leicht gestört werden, was im Ergebnis zur Beeinträchtigung der Gesellschaftsgläubiger führe. Deswegen müsse die Handlungsfreiheit dem Kapitalaufbringungsrecht nachrangig sein.

b). Die an die Rechtsfolgen der verdeckten Sacheinlage anknüpfende Kritik

Im neueren deutschen Schrifttum mehren sich die Stimmen, welche sich gegen die für die Gesellschafter außerordentlich strengen Konsequenzen der verdeckten Sacheinlagen wenden und die Pflicht des Inferenten zur erneuten Volleinzahlung der Bareinlage im Konkurs der Gesellschaft, ohne Möglichkeit, den tatsächlich erbrachten Wert auf seine Verpflichtung anzurechnen, als eine unberechtigte rechtliche Überreaktion betrachten. Da diese Rechtsfolgen aus dem wirtschaftlichen Gesichtspunkt oft unberechtigt sind und in der Tat auf die Wiederauffüllung der Insolvenzmasse abzielen, wird im neueren Schrifttum vorgeschlagen, dass auf die erneut zu erfüllende Bareinalageverpflichtung der tatsächliche Wert der verschleierten Sacheinlage anzurechnen sei[81]. Der Gesellschafter habe für alle mit der Kapitalmaßnahme im zeitlichen und sachlichen Zusammenhang verbleibenden Verkehrsgeschäfte mit seiner Gesellschaft die Beweislast dafür zu tragen, dass die ihr erbrachte Leistung wertmäßig dem Betrag entspreche, den er hierfür von ihr erhalten habe bzw. der ihm hierfür angerechnet worden sei. Sofern dem Inferenten dieser Nachweis – ggf. auch in der Insolvenz – nicht oder nicht in voller Höhe gelinge, soll ihn danach eine Haftung in Höhe des Differenzbetrages nach § 9 GmbHG treffen.

Diesem Vorschlag wird vorgeworfen, er führe zur Aushöhlung der Satzungspublizität bei der Kapitalaufbringung durch Sacheinlagen und setze ungerechtfer-

---

[81] *K. Schmidt*, in: *Blaurock* (Hrsg.), Recht der Unternehmen in Europa, S. 103, 118 f.; *ders.* GesR^3, S. 895 und 1122; *Grunewald*, FS Rowedder 1994, S. 111 ff., *dies.* GesR., S. 237; *Roth/Altmeppen*, § 19 GmbHG, Rn. 57; *Kübler*, ZHR 157 (1993) S. 146, 209; *Einsele* NJW 1996, S. 2681 ff.; *de lege ferenda: Brandner*, FS Boujong 1996, S. 37, 44; sympathisierend auch *Wiedemann*, in: Großkomm. AktG, § 183, Rn. 108, 110 („*De lege ferenda* ist es erwägenswert, (...) den Zeichner dann einer Differenzhaftung zu unterwerfen“).

tigterweise die Konsequenzen der offenen mit denen der verschleierten Sacheinlagen gleich[82]. Diese Einwände überzeugen allerdings nicht. Einerseits sind Sanktions- und Abschreckungsfunktion nicht mit dem Zivil-, sondern eher mit dem Strafrecht verbunden[83]. Andererseits darf der Nutzen der Satzungspublizität bei der Leistung von Sacheinlagen nicht überschätzt werden und reicht auch nicht aus, um „katastrophale" Rechtsfolgen verdeckter Sacheinlage zu begründen[84]. Sie finden keine Entsprechung in den Rechtssystemen anderer europäischer Länder und lassen sich auch mit einer auf die Differenz beschränkten Barleistungspflicht des Einlageschuldners nur schwer vereinbaren[85]. Deswegen sollte die Differenzhaftung des Inferenten verbunden mit einer Umkehr der Beweislast bezüglich der Werthaltigkeit der verdeckten Sacheinlage sowie mit der 30-jährigen Verjährungsfrist des der Gesellschaft zustehenden Wertausgleichsanspruchs als eine hinreichende zivilrechtliche Sanktion der Umgehung betrachtet werden.

c). Vereinbarkeit der Lehre von der verdeckten Sacheinlage mit dem EU-Recht

In die Diskussion geraten ist schließlich auch die Vereinbarkeit der deutschen Umgehungslehre mit dem Gemeinschaftsrecht[86]. Die Anwendung der Sacheinla-

[82]Vgl. *Lutter*, FS Stiefel, S. 505, 518; *Boujong*, JbFSt 1996/97 S. 51, 58; *Bayer*, ZIP 1998, S. 1985, 1993; Scholz/*Winter*, § 5 GmbHG, Rn. 80b (der Vorschlag sei „mit den Grundwertungen des GmbHG unvereinbar").

[83]Vgl. *Grunewald*, FS Rowedder, S. 116. Im DAV-Vorschlag zum Problem der „verdeckten Sacheinlage", WiB 1996, S. 707 ff., werden die Rechtsfolgen einer verdeckten Sacheinlage dem amerikanischen Institut des *punitive damages* gleichgestellt, das dem deutschen Recht grundsätzlich fremd sei. Ähnlich *Meilicke*, Die verschleierte Sacheinlage, S. 68.

[84]Vgl. insbesondere *Sernetz*, ZIP 1995, S. 173, 180, 183: die Gesellschaftsgläubiger seien vor allem daran interessiert, ob sich die Vermögenslage der Gesellschaft so verbessere, dass die weitere unternehmerische Tätigkeit Aussichten auf wirtschaftlichen Erfolg biete.

[85]Zu den Rechtslagen in Frankreich und Großbritannien vgl. *Einsele*, NJW 1996, S. 2681, 2684; in Frankreich und Belgien: *Hansen*, Die verdeckten Sacheinlagen in Frankreich, Belgien und Deutschland, Diss., 1996; *Ulrich*, DB 1990, S. 465; in Italien: *Kindler*, aaO., S. 313 f., *Meilicke*, DB 1989, S. 1069; in Österreich: *Reich-Rohrwig*, GmbH-Recht (1983), S. 558 ff.; *Honsell*, FS Frotz, S. 307, in Spanien: *Muráti*, Gläubigerschützende Maßnahmen zur Sicherung der Kapitalaufbringung und der Kapitalerhaltung im spanischen Aktienrecht, Diss. 1993, S. 57 ff., 64.

[86]Vgl. *Drinkuth*, Die Kapitalrichtlinie - Mindest- oder Höchstnorm ?. Diss. 1998, S. 169 ff.; *Habersack* EuropGesR., Rn. 161 ff.; *Lutter/Gehling*, WM 1989, S. 1445, 1556 ff.; *Knobbe-Keuk*, DB 1990, S. 2573, 2583 f; *Ebenroth/Neiß*, BB 1992, S. 2085 ff. *Lutter*, FS Everling, S. 765, 779; *Kindler*, FS Boujong, S. 299, 309 ff.

gevorschriften auf Erwerbstatbestände, die vom Wortlaut der Artt. 10 und 11 der Kapitalrichtlinie (Nachgründungsregeln) nicht erfasst werden, könnte grundsätzlich die Verletzung des Gemeinschaftsrechts begründen, wenn die entsprechende EG-Norm eine abschließende Höchstregelung trifft. Insbesondere *Meilicke* vertritt die Auffassung, die gleichwertige Gestaltung von Schutzbestimmungen solle den Aktiengesellschaften die grenzüberschreitende Betätigung ermöglichen[87]. Um die Vereinbarkeit der Lehre von der verdeckten Sacheinlage mit der 2. EG-Richtlinie zu klären, hat das LG Hannover im Fall *Meilicke/ADV-ORGA F.A. Meyer AG*[88] die Frage nach Art. 177 EGV dem EuGH vorgelegt, obwohl der BGH früher keinen Anlass zur Vorlage zu erkennen vermochte[89]. Der EuGH hat sich der Beantwortung der Vorlagefrage zwar bewusst entzogen[90]. Aufschlussreich sind indes die Schlussanträge des Generalanwaltes *Tesauro* in dieser Sache[91]. Zuerst kommt er zum Ergebnis, dass die Artt. 10, 11 und 27 Abs. 2 der Kapitalrichtlinie eine abschließende Regelung träfen. Abweichungen bzw. strengere Lösungen des nationalen Rechts seien nur dort möglich, wo dies vom Richtliniengeber eindeutig zugelassen worden sei. Wegen des Ausnahmecharakters der Nachgründungsregeln sei ihre analoge Anwendung auf die Kapitalerhöhung auszuschließen. Im übrigen hindere das europäische Recht nicht die Anwendung nationaler Vorschriften über die Umgehung von gesetzlichen Bestimmungen, insbesondere bei einer Umgehungsabsicht der Beteiligten, wenn die Umgehung nachgewiesen werde. Darüber hinaus sollten die Begriffe Bareinlage und Sacheinlage nach Ansicht des Generalanwalts nicht durch Interpretation des nationalen Rechts, sondern auf Gemeinschaftsebene bestimmt werden. Nach der Kapitalrichtlinie sei die Einbringung einer liquiden und fälligen Forderung des Zeichners gegen die Gesellschaft – auch wenn sie insolvent sei – keine Sach-, sondern Bareinlage. Dies entspreche der Sichtweise der Mehrheit der Mitgliedstaaten, in denen die Umwandlung von Forderungen in Eigenkapital im Wege der Aufrechnung zum Nominalwert mit der Einlageforderung erfolge.

---

[87] *Meilicke*, Die verschleierte Sacheinlage, 1989, S. 98 ff.; *ders*. DB 1990, S. 1173 ff. Ähnlich auch *Knobbe-Keuk*, aaO., 2583.

[88] LG Hannover, DB 1991, S. 376.

[89] BGHZ 110, S. 47, 68 ff. („IBH/Lemmerz")

[90] Mit der Begründung, der Vorabentscheidungsersuchen sei hypothetischer Natur gewesen. Vgl. EuGH, EuZW 1992, 546 = DB 1992, 1667.

[91] Abgedruckt in DB 1992, S. 1668 = ZIP 1992, S. 1033, 1036 ff. mit Anm. *Joost*. Vgl. dazu auch *Drinkuth*, aaO., S. 38 ff.

Dieser Ansicht tritt die im deutschen Schrifttum und in der Rechtsprechung herrschende Meinung mit dem Argument entgegen, die Normen der Artt. 10 und 11 der Kapitalrichtlinie wiesen keinen abschließenden Charakter auf, weil sie keine ausdrückliche Negativ-Entscheidung im Sinne eines verbindlichen Höchststandards enthielten[92]. Insbesondere gehe aus der Entstehungsgeschichte sowie aus der Präambel der Richtlinie hervor, dass Art. 11 der Richtlinie seinem Wortlaut nach keine abschließende Regelung der Problematik einer Umgehung der Vorschriften über die Sacheinlage darstelle, sondern lediglich auf die Gewährleistung eines „Mindestmaßes an Gleichwertigkeit beim Schutz der Aktionäre einerseits und der Gläubiger der Gesellschaft andererseits“ abziele. Da dem Art. 10 der Richtlinie – wie einer jeden Richtlinienbestimmung – ein Umgehungsschutz immanent sei, bleibe den nationalen Rechten eine weitergehende Einschränkung der Umgehung von Sacheinlagegeschäften offen und zwar sowohl im Hinblick auf den Gründungs- als auch den Kapitalerhöhungsvorgang. Ein konkreter, d.h. auf Vorliegen einer Umgehungsabrede gestützter Schutz vor Umgehungen der Offenlegungs- und Wertprüfungsvorschriften sei deshalb mit der Richtlinie vereinbar und wohl auch geboten. Diese Auffassung hat sich auch der BGH zu eigen gemacht und von einer Vorlage an den EuGH unter Rückgriff auf die acte-claire-Doktrin abgesehen[93].

Diese Argumentation überzeugt nur teilweise. Es trifft zwar zu, dass die Richtlinie insoweit der Erweiterung des Umgehungsschutzes nicht entgegensteht, als sie die Einführung eines konkreten, d.h. auf das Vorliegen einer Umgehungsabrede gestützten Schutzes neben der im Art. 11 der Richtlinie vorgesehenen Nachgründungsverfahren dem Ermessen der Mitgliedstaaten überlässt. Dafür spricht vor allem der effet-utile-Gedanke, wonach die Mitgliedstaaten für die tatsächliche Umsetzung der Richtlinie Sorge zu tragen haben[94]. In Deutschland ist jedoch ein konkreter Umgehungsschutz auf zwei Ebenen, d.h. sowohl auf der Tatbestands- als auch auf der Rechtsfolgenseite weitreichend über den europäischen Standard hinaus erstreckt worden. Insbesondere ist die letztere besonders markant und für die Beurteilung der Konformität der deutschen Umgehungslehre mit dem europäischen Recht entscheidend. Nach der h.M. hat die Nichteinhal-

---

[92]BGHZ 110, S. 45, 68 ff., *Lutter/Gehling*, aaO., S. 1456 ff. *Röhricht*, aaO., Rn. 192; *Drinkuth*, aaO., S. 169 ff., *Habersack*, aaO. Rn. 163.
[93]BGHZ 110, S. 45, 68 ff.
[94] Vgl. *Habersack*, Europ.GesR., Rn. 163.

tung des § 52 AktG, der im deutschen Recht entsprechend dem europäischen Standard einen abstrakten Umgehungsschutz statuiert, die schwebende Unwirksamkeit des Erwerbsgeschäfts bis zur Zustimmung der Hauptversammlung und Eintragung ins Handelsregister zur Folge[95]. Die Sanktion des konkreten Umgehungsschutzes, die im Fortbestehen bzw. im Wiederaufleben der Bareinlagepflicht liegt und zwar unbeachtet des Wertes, welcher der Gesellschaft infolge der verdeckt eingebrachten Sacheinlage tatsächlich zugeflossen ist, bewegt sich weit jenseits der Konsequenzen des Verstoßes gegen § 52 AktG. Darüber hinaus ist sie nicht ausdrücklich im Gesetz vorgesehen, sondern beruht auf der analogen Anwendung der §§ 27 Abs. 3, 183 Abs. 2 AktG. Wie man zutreffend im deutschen Schrifttum bemerkte, wird die Rechtsfolge der verdeckten Sacheinlage, die auf die Doppelzahlungspflicht zwecks der Wiederauffüllung der Insolvenzmasse abstellt, von einem unbefangenen Betrachter nicht nur als überzogen und völlig unerwartet, sondern auch – im Hinblick auf den angestrebten Gläubigerschutz – als unverhältnismäßig begriffen[96]. Den Mitgliedstaaten ist es zwar gestattet, in qualifizierten Umgehungsfällen entsprechende und verhältnismäßige Sanktionen zu treffen. Die nach der deutschen Lehre eintretenden Rechtsfolgen halten sich jedoch nicht im Rahmen des durch die Kapitalrichtlinie zulässigen Umgehungsschutzes und lassen sich weder mit dem in ihren Erwägungsgründen erwähnten Gebot der Gleichwertigkeit von Gläubigerschutzmaßnahmen noch mit dem Harmonisierungszweck der Richtlinie vereinbaren. Aus denselben Gründen erscheint die Konformität dieser Lehre mit der im Art. 52 EGV (Art. 43 EGV n.F) verankerten Niederlassungsfreiheit mindestens zweifelhaft[97]. Es darf nicht übersehen werden, dass Gläubigerschutzregeln die Freiheit der Unternehmensfinanzierung und damit die Niederlassungsfreiheit (Art. 52 EGV, Art. 43 EGV n.F.) beschränken. Indem die besagten Rechtsfolgen das erforderliche Maß des Umgehungsschutzes überschreiten, enthalten sie einen unzulässigen Eingriff in die Niederlassungsfreiheit, die, wie spätestens seit dem *Centros*-Urteil des EuGH feststeht[98], nicht nur eine Diskriminierungsverbot, sondern darüber hinaus auch ein Verbot nicht im Allgemeininteresse erforderlicher und verhältnismäßiger Beschränkungen jener Freiheit enthält. Die hier vertretene Reduktion der

---

[95] Vgl. *Hüffer*, § 52, Rn. 6; *Eckardt* in: Geßler/Hefermehl, § 52, Rn. 24.

[96] *Knobbe-Keuk*, DB 1990, S. 2573, 2583. Auch *Roth*, NJW 1991, S. 1913, 1917, wirft die Frage auf, ob der deutsche Sonderweg „wirklich der Weisheit letzter Schluss" sei.

[97] So auch *Knobbe-Keuk*, aaO.; *Drinkuth*, aaO., S. 173.

[98] EuGH, Urt. v. 9.3.1999-Rs. C-212/97, NJW 1999, S. 2027.

Rechtsfolgen einer verdeckten Sacheinlage erweist sich damit als unter dem Gesichtspunkt der gemeinschaftsrechtskonformen Auslegung geboten.

Im Ergebnis ist festzuhalten, dass die deutsche Figur von der verdeckten Sacheinlage vor allem im Hinblick auf ihre strengen und unverhältnismäßigen Rechtsfolgen europarechtswidrig ist.

6. *Heilung verdeckter Sacheinlagen*

a). *Erfordernis eines stimmigen Heilungskonzepts*

Angesichts der schwerwiegenden Konsequenzen, die eine Qualifizierung als verschleierte Sacheinlage mit sich bringt, kommt der Frage nach ihrer eventuellen Vermeidung durch nachträgliche „Heilung" erhebliche praktische Bedeutung zu. In der Literatur herrscht Einigkeit darüber, dass die „Korrektur" im Wege einer kombinierten (gleichzeitigen) Kapitalherabsetzung und Kapitalerhöhung gegen Sacheinlagen sowohl im GmbH- als auch im Aktienrecht zulässig ist (§§ 234, 235 AktG, 55, 56, 58 GmbHG)[99]. Diese Heilungsweise der verschleierten Sacheinlage ist allerdings umständlich, teuer und häufig – wegen der mit ihr verbundenen Risiken – nicht praktikabel (vgl. insbesondere die Sperrjahr-Regelung, § 58 Abs. 1 Nr. 3 GmbHG)[100]. Im Schrifttum hat man deswegen eine Reihe von anderen Heilungsvorschlägen unterbreitet, die darauf abzielen, durch nachträgliche Rechtshandlungen der Gesellschafter die Bargründung oder Kapitalerhöhung ohne dieses umständliche Verfahren in eine Gründung bzw. Kapitalerhöhung mit Sacheinlagen überzuleiten[101].

b). *Die Lösung des BGH und offene Fragen*

Der BGH hat sich in der Begründung zum Beschluss vom 4.3.1996[102] mit ver-

---

[99]BayObLG, WM 1978, S. 526 f.; *Lutter/Gehling*, WM 1989, S. 1445, 1453; *Wiedemann*, in: Großkomm. AktG, § 184, Rn. 116.

[100]Vgl. *Knobbe-Keuk*, ZIP 1986, S. 885, 889; *Lutter/Gehling*, WM 1989, S. 1445, 1454; *Priester*, DB 1990, 1753, 1757 f.; *Volhard*, ZGR 1995, S. 387, 389 f.

[101]Vgl. zusammenfassend BGHZ 132, S. 141, 148 ff.; *Volhard*, aaO., S. 286 f.; *Preuß*, JuS 1999, S. 344.

[102]BGHZ 132, S. 141 = NJW 1996, S. 1473 ff.; Vgl. dazu: *Krieger*, ZGR 1996, S. 674 ff; *Lutter*, JZ 1996, S. 912; *Priester*, ZIP 1996, S. 1025 ff.; *Schiessl/Rosengarten*, GmbHR 1997, S. 772 ff.;

schiedenen im Schrifttum vorgeschlagenen Heilungsvorschlägen auseinandergesetzt und schließlich eine nachträgliche Änderung der Einlagedeckung von der Bar- zur Sacheinlage zum Zwecke der Heilung einer verdeckten Sacheinlage bei der GmbH anerkannt, allerdings unter der Bedingung, dass die zwei grundsätzlichen Schutzmechanismen des Gläubigerschutzes, d.h. Publizität und Werthaltigkeitskontrolle, eingehalten werden. Der BGH verlangt dazu zuerst einen mit satzungsändernder Mehrheit gefassten Gesellschafterbeschluss über die Änderung der Bar- in Sacheinlagen mit Bezeichnung des betroffenen Gesellschafters und des Gegenstandes der (neuen) Sacheinlage. Zudem ist ein Umwidmungsbericht über die Einlagedeckung zu erstellen, der von allen Geschäftsführern und den betroffenen Gesellschaftern unterzeichnet werden muss. Die Vollwertigkeit der einzubringenden Sacheinlage muss – bezogen auf den Zeitpunkt der Prüfung, der unmittelbar vor der Anmeldung zur Eintragung in das Handelsregister zu liegen hat – durch eine von einem Wirtschaftsprüfer testierte Bilanz nachgewiesen werden. Der Gesellschafterbeschluss ist unter Vorlage des Berichtes der Geschäftsführer und der Gesellschafter, der testierten Bilanz und, soweit abgeschlossen, der Verträge, die der einzubringenden Sacheinlage zugrunde liegen, zur Eintragung ins Handelsregister anzumelden. Die Geschäftsführer haben die Versicherung abzugeben, dass die eingebrachte Sacheinlage werthaltig und der Gesellschaft von den Gesellschaftern übertragen bzw. ihr erlassen worden ist[103].

Die Ansicht des BGH ist im Schrifttum auf Zustimmung gestoßen[104]. Trotzdem bleibt noch eine Reihe von mit der Heilung der verdeckten Sacheinlage verbundenen Problemen ungeklärt.

Zuerst bleibt umstritten, was im Wege der Umwidmung als Sacheinlage eingebracht werden soll, wenn eine verdeckte Sacheinlage durch Hin- und Herzahlen verursacht worden ist. Die wohl h.M. betrachtet – ausgehend von der Unwirksamkeit des schuldrechtlichen Verkehrsgeschäfts – den Bereicherungsanspruch auf Herausgabe des veräußerten Gegenstandes (§ 812 Abs. 1 S. 1 Alt. 1 BGB) als den richtigen Sacheinlagegegenstand[105]. Nach der Mindermeinung ist dage-

---

Reuter, BB 1999, S. 217 ff.

[103]Vgl. BGHZ 132, S. 141, 154 f.

[104]Vgl. die in Fn. 98 angegebenen Verfasser sowie Scholz/*Winter*, § 5 GmbHG, Rn. 107; *Lutter/Hommelhoff*, § 5 GmbHG, Rn. 5

[105]*Lutter*, JZ 1996, S. 912; *Krieger*,aaO., S. 680; *Schiessl/Rosengarten*, aaO. S. 774 ff.; *Reuter*, aaO., S. 219 ff.; *Röhricht*, aaO., § 27 AktG, Rn. 219.

gen der Bereicherungsanspruch des Gesellschafters auf Herausgabe seiner fehlgeschlagenen Bareinzahlung (§ 812 Abs. 1 S. 1 Alt. 2 BGB) im Zuge des Heilungsverfahrens auf das Stammkapital einzubringen[106]. Wenn man richtigerweise an der Unwirksamkeit des schuldrechtlichen Verkehrsgeschäfts nach § 134 BGB als des eigentlichen Umgehungsgeschäfts festhält, so sollte man sich der herrschenden Auffassung anschließen. Dafür spricht auch die Überlegung, dass die Heilung der verdeckten Sacheinlage zur Neubewertung und Publizierung gerade desjenigen Vermögensgegenstandes führen soll, welcher früher verschleiert eingebracht wurde. Würde man der Mindermeinung folgen, so würde sowohl der Gegenstand als auch der Wert nach wie vor der Öffentlichkeit verschlossen[107].

Zum zweiten stellt sich die Frage, ob sich das durch den BGH für die GmbH anerkannte Heilungsverfahren auf die AG übertragen lässt. Im Hinblick auf die zwingenden gesetzlichen Bestimmungen der §§ 27 Abs. 4, 183 Abs. 2 S. 4 AktG, welche die Heilung der unwirksamen Sachgründung durch nachträgliche Satzungsänderung ausdrücklich verbieten, ist diese Frage mit der h.M. im deutschen Schrifttum zu verneinen[108]. Im Schrifttum wird die analoge Anwendung des in § 52 AktG geregelten Nachgründungsverfahren zum Zwecke der Heilung der verdeckten Sacheinlage empfohlen[109]. Diese Möglichkeit hat allerdings der BGH ausdrücklich abgelehnt, und dies mit guten Gründen[110]: Da § 52 AktG keine Heilungsvorschrift sei, dürfe im Wege der Analogie zwar sein Anwendungsbereich, nicht aber der Normzweck erweitert werden. Zum anderen könne die Anwendung des § 52 AktG nur die Unwirksamkeit des Verkehrsgeschäfts beheben, was allerdings nichts daran ändere, dass die primäre Bareinlageschuld des Inferenten nach § 27 Abs. 4 AktG offen bleibe[111].

Zum dritten besteht auch im GmbH-Recht eine erhebliche Rechtsunsicherheit in bezug auf die Voraussetzungen der wirksamen Heilung der Sacheinlagever-

---

[106] *Priester*, DB 1990, S. 1753, 1755; *ders.* ZIP 1996, S. 1225, 1228 f.; *Rawert*, GmbHR 1995, S. 89, 89.

[107] Vgl. *Krieger*, ZGR 1996, S. 674, 677.

[108] Vgl. *Krieger*, aaO., S. 677; *Lutter*, JZ 1996, S. 912; *Wiesner*, in: MünchHdb B. 4, § 16, Rn. 37; *Hüffer*, § 27 AktG, Rn. 31. Für die entsprechende Anwendung der BGH-Lösung für die AG: *Röhricht*, aaO., § 27 AktG, Rn. 215 ff.

[109] *Lutter/Gehling*, WM 1989, S.

[110] BGHZ 132, S. 141, 148.

[111] So schon früher Wiedemann, ZIP 1991, S. 1257, 1268; jetzt auch *Henze*, Höchstricherliche Rechtsprechung. Aktienrecht, Rn. 230 ff.

schleierung und zwar im Hinblick auf das Verhalten der Instanzgerichte, welche die Eintragung des Heilungsbeschlusses vom genauen Nachweis einer verdeckten Sacheinlage abhängig machen können[112]. Im Schrifttum hat man zutreffend die überspitzten Nachweisanforderungen kritisiert[113]. Da die genauen Tatbestandmerkmale der verdeckten Sacheinlage selbst in Lehre und Rechtsprechung sehr umstritten sind, soll die prophylaktische Eintragung des „Entschleierungsbeschlusses" den Gesellschaftern garantieren, dass sie in der Zukunft nicht vom Insolvenzverwalter auf erneute Erfüllung der Bareinlagepflicht in Anspruch genommen werden. Ein registergerichtlicher Beschluss, der die Eintragung der Heilung wegen der angeblich fehlenden Umgehungsmerkmale ablehnt, verschafft jedoch diese Sicherheit nicht und verkennt dabei das Ziel des Heilungsverfahrens.

c). Der DAV-Vorschlag

Das Fehlen eines stimmigen Heilungskonzepts der verdeckten Sacheinlage im Aktienrecht hat den Aufruf an den deutschen Gesetzgeber veranlasst, vor allem ins Aktiengesetz ein Heilungsverfahren ausdrücklich einzuführen. Einen entsprechenden Gesetzgebungsvorschlag hat der Handelsrechtsausschuss des Deutschen Anwaltsvereins (DAV) verfasst[114]. Er lehnt sich weitgehend an die im Schrifttum vertretene Auffassung an, welche von der Kritik an den von der h.M angenommenen strengen Rechtsfolgen der verdeckten Sacheinlagen ausgeht[115]. Danach sollen insbesondere die Vorschriften des § 27 Abs. 3 und 4 AktG gestrichen werden, wodurch die nachträgliche Satzungsänderung und damit auch die Anwendung der vom BGH im GmbH-Recht akzeptierten Heilungslösung auf die AG ermöglicht wird. Das Heilungsverfahren, welches auf der analogen Anwendung der Nachgründungsregeln (§ 52 Abs. 3 bis 8 AktG) beruht, soll ausdrücklich geregelt werden, wobei sich die Pflicht des Inferenten auf den Geldausgleich des Fehlbetrags zwischen dem Wert der verdeckten Sacheinlage und der durch die AG dafür geleisteten Vergütung, höchstens jedoch bis zum Nenn- bzw.

---

[112] Vgl. OLG Hamburg, GmbHR 1997, S. 70: Das Registergericht dürfe die heilende Satzungsänderung nicht eintragen, wenn es am zeitlichen Zusammenhang fehle und und die Gesellschaft den Bestand der Umgehungsabrede nicht ausdrücklich vortrage.

[113] *Habetha*, aaO. S. 132.

[114] DAV-Vorschlag zum Problem der „verdeckten Sacheinlage", WiB 1996, S. 707 ff. dazu vgl. *Hüffer*, § 27 AktG, Rn. 9a.

[115] Vgl. oben Fn. 81.

Emissionsbetrag der Aktien beschränkt. Der Anspruch der Gesellschaft auf Wertausgleich soll in 5 Jahren seit Eintragung der Heilung verjähren. Wird die Verschleierung der Einlage nicht geheilt, so bleibt die primäre Einzahlungsverpflichtung unberührt. Sie verjährt gemäß § 195 BGB erst in 30 Jahren und muss spätestens im Insolvenzverfahren effektiv erfüllt werden, gemindert allerdings um den Wert der Sacheinlage, die der Gesellschaft auf verschleierte Weise tatsächlich zugeflossen ist. Die Beweislast dafür trägt der Inferent.

Im Ergebnis enthält der DAV-Vorschlag ein begrüßenswertes Heilungskonzept, das die Rechtsfolgen der verdeckten Sacheinlage auf ein wirtschaftlich angemessenes Niveau zurückführt. Durch die Abschaffung des § 27 Abs. 3 und 4 AktG und den ausdrücklichen Verweis auf § 52 Abs. 2-3 AktG wird die im deutschen Recht bestehende Lücke in bezug auf die Heilung der verdeckten Sacheinlage im Aktienrecht geschlossen. Die eindeutige gesetzliche Verankerung des konkreten Umgehungsschutzes und die Regelung seiner Rechtsfolgen werden der Rechtssicherheit dienen, der insbesondere unter dem europarechtlichen Gesichtspunkt erhebliche Bedeutung zukommt[116]. Ein besonders einschneidendes, über die Vorgaben der Richtlinie hinausgehendes Instrument des nationalen Rechts zum Schutz der realen Kapitalaufbringung sollte im Gesetz geregelt werden[117]. Anders als nach fast allen anderen in Lehre und Rechtsprechung entwickelten Heilungsvorschlägen ist der Inferent nach dem DAV-Vorschlag auch in der Insolvenz der Gesellschaft zum Wertausgleich verpflichtet. Diese Regelung als eine Einladung zu Umgehungsgeschäften zu betrachten erscheint schon deswegen ungerechtfertigt, weil sowohl der schwere nachträgliche Beweis des Werts der Einlage als auch die 30 Jahre lang gegebene Durchsetzbarkeit der Haftung immerhin ein großes Risiko für den Einleger darstellen. Auch die Einwände, die auf die Aushöhlung des in den Bewertungs- und Publizitätsnormen verankerten institutionellen Kapitalschutzes verweisen[118], vermögen nicht zu überzeugen.

---

[116] Den europäischen Aspekt verkennt dagegen *Bayer*, ZIP 1998, S. 1913, 1917, indem er die Gesetzesänderung deswegen nicht für „dringend erforderlich" hält, weil die katastrophalen Rechtsfolgen einer verdeckten Sacheinlage bei allen Unternehmen und ihren Rechtsberatern bekannt seien. Nachweise für diese Sicherheit liefert der Verfasser jedoch nicht.

[117] Vgl. den Wortlaut des oft berufenen Passus aus der Begründung des Kommissionsentwurfes der Kapitalrichtlinie (zitiert vom *Lutter*, FS Everling, S. 780 und *Habersack*, aaO., Rn. 163: „(...) es kann aber den nationalen **Gesetzgebern**, nachdem sie das (Sachgründungs-)Verfahren in ihr Recht übernommen haben, überlassen bleiben, es gegenbenenfalls weiter auszubauen".

[118] Vgl. insbesonder *Lutter*, FS Stiefel, S. 518.

Zum einen haben die Gläubiger keinen Anspruch auf eine permanente Ausstattung der Gesellschaft mit liquiden Mitteln und können auch nicht verhindern, dass das als Bareinlage effektiv eingezahlte Geld sofort zum Erwerb der von der Gesellschaft benötigten Vermögensgegenstände ausgegeben wird. Zum anderen besteht das eigentliche Ziel der gesetzlichen Bewertungs- und Offenlegungsvorschriften darin, eine verdeckte Zeichnung der Aktien bzw. der Anteile unter pari zu verhindern und gegebenenfalls die Differenzhaftung durchzusetzen, nicht aber die Inslovenzmasse anzureichern. Vermögen die Inferenten die Werthaltigkeit der verdeckten Sacheinlage nachzuweisen, so hat sich auch die Gefahr nicht verwirklicht, vor der die genannten Vorschriften schützen wollen[119].

IV. Verdeckte Sacheinlagen im polnischen Recht

1. Meinungsstand in der Literatur

Im polnischen Schrifttum wird unter dem Begriff „verdeckte Sacheinlage" allgemein ein Vorgang verstanden, in dem die Gesellschafter die gesetzlichen Sachgründungskautelen zu umgehen suchen. Die polnische Literatur sieht jedoch in der verdeckten Sacheinlage vor allem eine Art der unzulässigen Novation (Art. 506 pol. ZGB), infolge derer der Gesellschafter statt der ursprünglich versprochenen Bareinlage einen Sachgegenstand leistet, nachdem er vorher eine entsprechende Abrede mit dem Vertretungsorgan der Gesellschaft getroffen hatte[120]. Eine solche *datio in solutum* vor Eintragung der Gesellschaft ist nur durch entsprechende Abänderung des Gesellschaftsvertrages und unter Einhaltung der Sacheinlagevorschriften möglich. Nach der Eintragung der Gesellschaft kann die Änderung der Einlageschuld ausschließlich im Wege der Kapitalherabsetzung (die den Gesellschaftsgläubigern bekanntzumachen ist, Artt. 264, 456 HGGB) und einer ihr folgenden (Sach-)Kapitalerhöhung geändert werden. Im polnischen Schrifttum wird insbesondere der Fall des Austausches der Sacheinlagen diskutiert, wenn vom Inferenten nach der Handelsregistereintragung der ordnungsge-

---

[119] So zutreffend *Grunewald*, FS Rowedder, S. 115.

[120] *Sołtysiński*/Szajkowski/Szwaja, Einleitung, Rn. 206-208 und Art. 434 pol. HGB, Rn. 13; *Szumański*, Wkłady, S. 83 und 270 ff; *Allerhand*, Art. 472, Anm. 8; *Bugajna-Sporczyk*, Prawo Spolek, 1/1997, S. 11, 15.
In der deutschen Literatur wird solche unzulässige Leistung an Erfüllungs Statt als „verdeckte Sacheinlage im engeren Sinne" bzw. „unmittelbare aliud-Leistung" bezeichnet. So *Ulmer*, ZHR 154 (1990), S. 129, 131 f.

mäß eingebrachte Sacheinlagegegenstand gegen einen anderen minderwertigen ausgetauscht wird. Nach einer Auffassung ist das Austauschgeschäft als Umgehung des Verbotes der Einlagerückgewähr zu betrachten und deswegen nach Art. 58 § 1 pol. ZGB nichtig[121].

Mit Hinweis auf das deutsche Recht werden darüber hinaus auch die Fälle der Koppelung einer Bareinlagezeichnung mit einem gleich daraufhin folgenden Verkehrsgeschäft über einen Vermögensgegenstand als Umgehung der Vorschriften über die Sacheinlagen, insbesondere über die satzungsmäßige Offenlegung (Artt. 163, 311 pol. HGB, jetzt Artt. 158, 312 HGGB), registergerichtliche und sachverständige Werthaltigkeitsprüfung (Artt. 16 § 2, 312-315 pol. HGB, jetzt Artt. 23 LGRG, 312 HGGB) sowie, im Fall der GmbH, über die Differenzhaftung (Art. 176 pol. HGB, jetzt Art. 175 HGGB) bezeichnet[122]. Sinn und Zweck der genannten Normen sei zum einen die Sicherstellung der Vollwertigkeit der eingebrachten Sacheinlagen bzw. der Angemessenheit der Vergütung für die übernommenen Vermögensrechte, zum anderen die Offenlegung dieser Vorgänge. Durch Verdeckung der Sachgründung werde die Verwirklichung des gesetzgeberischen Zwecks vereitelt.

Nach einer Auffassung im Schrifttum sind die verdeckten Sacheinlagen in den Rechtsfolgen den offenen gleichzustellen, mit der Folge, dass Art. 472 pol. HGB (jetzt Art. 481 HGGB) in beiden Fällen Anwendung findet[123]. Daher ist jedermann, der sich oder einem Dritten bei der Errichtung der Aktiengesellschaft oder bei der Erhöhung ihres Grundkapitals ein Entgelt, das über den wirklichen Wert der Sacheinlagen sowie der erworbenen Gegenstände und Vermögensrechte übermäßig hinausgeht, oder eine zu den erwiesenen Diensten unverhältnismäßig hohe Vergütung vorsätzlich oder fahrlässig versprechen lässt oder zubilligt, zum Ersatz des der Gesellschaft zugefügten Schadens verpflichtet. Schließlich wird als Folge der Scheinzahlung die strenge Außenhaftung der Vorstandsmitglieder für die bei der Anmeldung abgegebenen unrichtigen Angaben über die Leistung der Bareinlagen angesehen (Artt. 290, 470 pol. HGB, jetzt Art. 291, 479 HGGB). Unklar bleibt allerdings, ob diese Haftung nur bei Rückzahlung an den

---

[121] *Bugajna-Sporczyk*, aaO. S. 15; *Szumański*, aaO, S. 273 ff.. Vgl auch oben, Kapitel 7, II.2.c).

[122] *Szumański*, aaO.; *Sołtysiński*, Art. 434 pol. HGB, Rn. 13; *Namitkiewicz*, Art. 222 pol. HGB, Anm. 1.

[123] *Allerhand*, Art. 472 pol. HGB, Anm. 8.

Einleger *sine causa* oder auch im Fall der Vornahme eines Umtauschgeschäfts eingreift[124].

Im Ergebnis ist allerdings festzuhalten, dass die polnische Literatur sich mit dem behandelten Rechtsinstitut nur am Rande beschäftigt. Auch die Rechtsprechung hat zu dieser Frage, soweit ersichtlich, bisher keine Stellung genommen.

2. *Eigener Ansatz*

a). *Notwendigkeit eines verstärkten Umgehungsschutzes im polnischen Recht*

Das Problem des Umgehungsschutzes verdient neuen polnischen Recht mehr Beachtung aus mindestens zwei Gründen.

Vor allem sieht das neue Gesetz die Verschärfung der formellen Regeln über die Sacheinlagen vor, wodurch die reale Kapitalaufbringung sichergestellt werden soll. Im GmbH-Recht sind das die Vorschriften über die obligatorischen Festsetzungen im Gesellschaftsvertrag (Art. 158 HGGB) sowie über die Differenzhaftung des Sacheinlegers und der Vorstandsmitglieder, die jetzt unabhängig von der Zahlungsunfähigkeit der GmbH eingreift (Art. 175 HGGB). Im Recht der Aktiengesellschaft ist auf die Verschärfung der Vorschriften über die Wertprüfung und Offenlegung bei der qualifizierten Gründung (Artt. 311 ff. HGGB) hinzuweisen[125]. Als besonders lästig kann auch das in Art. 335 HGGB vorgesehene Veräußerungsverbot der gegen Sacheinlagen ausgegebenen Aktien betrachtet werden[126]. Die genannten zwingenden Vorschriften zum Schutz der effektiven Kapitalaufbringung machen auch in Polen das Sachgründungsverfahren lästig, zeitraubend und teuer und können die Gründer zu ihrer Umgehung veranlassen.

Dazu kann es um so leichter kommen, als die neue Regelung, insbesondere die Vorschriften über die Vorgesellschaft, dazu Anreize enthalten. Die Gesellschafter können sich nämlich den zwingenden Vorschriften über die statutarischen

---

[124] Vgl. *Szajkowski*, Prawo spółek, Rn. 391.
[125] Vgl. dazu näher im Kapitel 2, III. und Kapitel 6, III.1.a).
[126] Dazu im Kapitel 6, III.2.b).

Festsetzungen der Sacheinlagen und ihre registergerichtliche bzw. sachverständige Vollwertigkeitskontrolle dadurch entziehen, dass formell im Gesellschaftsvertrag Bareinlagen vereinbart werden, gleich danach aber die Vorgesellschaft als rechtsfähiges Subjekt den Vermögensgegenstand von seinem Gründer erwirbt und das aufs Stammkapital eingezahlte Geld an den Gesellschafter zur Tilgung der Kaufpreisforderung zurückzahlt bzw. die letztere mit der Bareinlageverpflichtung verrechnet wird. Der im allgemeinen Teil des neuen Gesetzes enthaltene Art. 14 § 4 S. 1 verbietet zwar ausdrücklich die einseitig vom Gesellschafter bzw. Aktionär erklärte Aufrechung seiner Forderung gegen die Gesellschaft mit der Bareinlageschuld. Da diese Vorschrift zugleich ausdrücklich den Aufrechungsvertrag zulässt, wird die Frage aktuell, ob bzw. unter welchen Bedingungen die vertragliche Verrechnung des Anspruchs der (Vor-)Gesellschaft auf Leistung der Bareinlage mit der Gesellschafterforderung aus dem vorher mit der (Vor-)Gesellschaft abgeschlossenen Geschäft (z.B. beim Kauf: Verrechnung mit der Kaufpreisforderung des Gesellschafters, beim Darlehen: Verrechnung mit der Forderung des Gesellschafters auf Rückgewähr der Darlehensvaluta) möglich ist.

Besondere Bedeutung kommt der Frage nach den Grenzen des Umgehungsschutzes im Fall der Kapitalerhöhung im Wege der Umwandlung von Forderungen gegen die Gesellschaft in haftendes Stamm- bzw. Grundkapital zu. Im Hinblick auf den Schutz der realen Kapitalaufbringung sollten die Voraussetzungen präzisiert werden, unter welchen die Forderungsumwandlung ohne Gefährdung der Belange der Gesellschaftsgläubiger sowie anderer Gesellschafter erfolgen kann[127].

b). *Voraussetzungen und Rechtsfolgen der Umgehung der Vorschriften über Sacheinlagen bzw. Nachgründung*

Bei der Beantwortung der Frage nach den Grenzen des Umgehungsschutzes muss man sich vor Augen führen, dass bereits der polnische Gesetzgeber des Jahres 1934 die Möglichkeit der Umgehung der Sacheinlagevorschriften gesehen und geregelt hat. Der Gefahr der Umgehung von Vorschriften über Sacheinlagen durch den Abschluss der Erwerbsgeschäfte gleich nach ihrer Eintragung hat der

[127] Vgl. oben im Kapitel 5, VI.2.

polnische Gesetzgeber im Art. 222 pol. HGB (jetzt Art. 229 HGGB) Rechnung getragen[128]. Darüber hinaus gelten die Vorschriften über die Organverantwortlichkeit, insbesondere die der Geschäftsführung und der Vorstandsmitglieder (Artt. 291, 292 pol. HGB, jetzt Artt. 292, 293 HGGB) sowie über die Kapitalerhaltung, welche im polnischen GmbH-Recht – anders als im deutschen – nicht nur das Stammkapital, sondern das ganze Gesellschaftsvermögen erfassen (Art. 191, 192 pol. HGB, jetzt Artt. 189, 192, 198 HGGB)[129].

Die Annahme, dass die Angemessenheit der Rechtsverhältnisse zwischen der Gesellschaft und den Gesellschaftern grundsätzlich das Problem der Kapitalerhaltung darstellen, schließt allerdings nicht aus, dass im konkreten Fall ein bestimmtes Geschäft als Umgehung der zwingenden Sacheinlage- bzw. Nachgründungsvorschriften zu betrachten sein wird. Nach dem Wortlaut des Art. 58 § 1 pol. ZGB, der das Umgehungsverbot im polnischen Zivilrecht ausdrücklich vorsieht, ist dies allerdings erst dann zu bejahen, wenn die Parteien das Rechtsgeschäft zwecks der Umgehung des Gesetzes vorgenommen haben[130]. Die genannte Vorschrift setzt also mindestens eine Verständigung oder ein abgestimmtes Verhalten der Parteien voraus, die auf die Rechtsumgehung hinauslaufen[131]. Nach der allgemeinen Beweisregel des polnischen Zivilrechts wird die Beweislast für das Vorliegen dieser Tatsache denjenigen treffen, der aus ihr Rechtsfolgen ableitet (Art. 6 pol. ZGB). Gemäß der verfahrensrechtlichen Vorschrift des Art. 231 pol. ZPO kann jedoch das Gericht bestimmte Tatsachen, die für die Entscheidung des Falles von wesentlicher Bedeutung sind, für festgestellt anerkennen, wenn diese Folgerung aus anderen, bereits festgestellten Tatsachen abgeleitet werden kann. Die Annahme einer solchen tatsächlichen Vermutung muss allerdings aufgrund der Gesamtumstände eines Falles gerechtfertigt sein. Ähnlich wie dies im deutschen Schrifttum angenommen wird, können bestimmte Verdachtsmomente für das Vorliegen eines Umgehungsgeschäfts sprechen: ein

---

128 Vgl. oben Kapitel 8, II.1.a).

129 Vgl. oben Kapitel 1, II.5.b).

130 Vgl den Wortlaut des Art. 58 § 1 pol. ZGB: „Ein Rechtsgeschäft, das dem Gesetz widerspricht oder die Umgehung des Gesetzes zum Ziele hat, ist unwirksam, es sei denn, dass eine einschlägige Vorschrift eine andere Rechtsfolge, insbesondere diejenige vorsieht, dass die entsprechenden Gesetzesvorschriften an die Stelle der unwirksamen Bestimmungen des Rechtsgeschäft treten."

131 Die Umgehungsabsicht ist dagegen nach der überwiegender Auffassung auch in der polnischen Lehre nicht erforderlich. Vgl. *Wąsowicz*, KPP 1/1999, S. 69 ff.; *Radwański*, in: System prawa cywilnego (System des Zivilrechts), Warszawa 1985, S. 516; *Nowacki*, PiP 1965, S. 885-888. A.A. *Zieliński*, RPEiS 2/1967, S. 69 ff.

kurzfristiges zeitliches Zusammentreffen von Leistung der Bareinlage und Tilgung der Kaufpreisforderung des Gesellschafters, objektive Austauschbarkeit der Barkapitalleistung und des Erwerbsgeschäfts; größenordnungsmäßig gleich hohe Beträge von Einlageschuld und Gesellschafterforderung; die Herkunft der letzten aus einem Rechtsgeschäft, das nicht dem laufenden Geschäftsverkehrs zugerechnet werden kann. Als Umgehung der Nachgründungsregeln wird in der polnischen Kommentarliteratur die künstliche Spaltung eines wirtschaftlich einheitlichen Rechtsgeschäfts in mehrere Verträge zum Zwecke der Vermeidung des in Artt. 229, 230 HGGB vorgesehenen Verfahrens genannt. Von der Intensität und Kumulierung bestimmter Umgehungsindizien im konkreten Fall wird es abhängen, ob die in Art. 231 pol. ZPO vorgesehene Vermutung zum Zuge kommen wird.

Hervorzuheben ist jedoch, dass die Rechtsfolgen, die das Vorliegen der Rechtsumgehung auslösen wird, von den im deutschen Recht angenommenen wesentlich abweichen werden. Aufgrund des Art. 58 § 1 pol. ZGB ist anzunehmen, dass lediglich das eigentliche Umgehungsgeschäft, d.h. das Erwerbsgeschäft zwischen der Kapitalgesellschaft und dem Gesellschafter nichtig sein soll, nicht aber die von ihm zu trennende Barkapitalzeichung. Die Annahme der im deutschen Recht herrschenden Auffassung, wonach die Tilgung der Barkapitalverpflichtung und das Erwerbsgeschäft „bei wirtschaftlicher Betrachtungsweise“ einen Gesamtvorgang darstellen, der im ganzen von der Nichtigkeit betroffen sei, was auch das Fortbestehen der Bareinlageverpflichtung zur Folge habe, würde zu weit gehen und keine Stütze im Gesetz finden. Bei der Umgehung der Nachgründungsregeln sind dagegen sämtliche Verträge unwirksam, in welche ein Rechtsgeschäft künstlich gespalten wurde. Lediglich bei der Umgehung der Nachgründungsvorschriften kann der Abschluss einer Reihe von gleichartigen Verträgen mit demselben Aktionär eine wirtschaftliche Betrachtungsweise rechtfertigen und die Nichtigkeit sämtlicher Geschäfte zur Folge haben. Die Abwicklung des nichtigen Geschäfts erfolgt nach den allgemeinen Regeln des polnischen Bereicherungsrechts (Art. 405, 410 pol. ZGB)[132]. Der Gesellschaft steht

---

[132] Nach Art. 405 pol. ZGB ist derjenige, der auf Kosten eines anderen einen Vermögensvorteil ohne rechtlichen Grund erlangt hat, zur Herausgabe des Vorteils in Natur und, wenn dies nicht möglich ist, zur Herausgabe seines Wertes verpflichtet. Nach Art. 410 § 1 pol. ZGB sind die Regeln des Bereicherungsrechts auf eine jemandem nicht zustehende Leistung anwendbar. Nach § 2 dieser Vorschrift liegt eine solche u.a. dann vor, wenn der Rechtsgrund der Leistung entfallen ist.

ein Anspruch aus Art. 405 i.V.m. Art. 410 pol. ZGB auf Rückzahlung des Kaufpreises (Leistungskondiktionen wegen Wegfalls des Rechtsgrunds der Leistung) zu. Da jedoch das polnische Zivilrecht vom Prinzip der Doppelwirkung des Schuldvertrages ausgeht (Art. 155 § 1 pol. ZGB), ist das ganze Erwerbsgeschäft, d.h. sowohl sein schuldrechtlicher als auch dinglicher Teil durch die Nichtigkeit nach Art. 58 § 1 pol. ZGB betroffen. Dies hat zur Folge, dass das Eigentum am Vermögensgegenstand an die Gesellschaft nicht übergangen ist und dem Veräußerer (dem Gesellschafter) ein Herausgabeanspruch aus Art. 222 pol. ZGB zusteht. Im Konkurs der Gesellschaft hat er gemäß Art. 29 pol. KO ein Aussonderungsrecht am Gegenstand seines Eigentums[133].

Im neuen Recht besondere Beachtung verdienen Erwerbsgeschäfte, welche die Vorgesellschaft als ein nach Art. 11 HGGB teilrechtsfähiges, mit dem Abschluss des Gesellschaftsvertrages entstehendes Subjekt mit den Gründern eingeht. Werden im GmbH-Gründungsvertrag formell Bareinlagen gezeichnet, erwirbt aber die Vorgesellschaft gleich danach – und noch vor der Anmeldung ins Handelsregister – von einem der Gründer einen Vermögensgegenstand, der von ihm objektiv als Sacheinlage eingebracht werden konnte, wobei der Kaufpreisanspruch mit der Bareinlageforderung verrechnet wird, so sind in Wirklichkeit nicht die versprochenen Bareinlagen sondern eine Sacheinlage eingebracht worden, und zwar ohne Einhaltung der zwingenden Vorschriften (vor allem Art. 158 § 1 HGGB). Da das versprochene Geld in diesem Fall nicht einmal in die Verfügung der Vorstandsmitglieder der GmbH eingeflossen ist, muss auch deswegen eine wirksame Tilgung der Bareinlageschuld verneint werden. Der Abschluss eines Erwerbsgeschäfts zwischen dem Gründer und der Vorgesellschaft noch vor der Anmeldung der letzteren zur Registereintragung wird in besonders starkem Maße das Vorliegen einer Umgehungsverständigung indizieren. Nach Art. 58 § 1 pol. ZGB ist ein solches Geschäft nichtig und der Gründer, welcher die Sacheinlage auf die verschleierte Weise eingebracht hat, haftet nach wie vor für die zugesagte Bareinlage. Auch die nach Art. 167 § 1 Pkt. 2 HGGB dem Registerrichter bei der Anmeldung abzugebende Versicherung der Vorstandsmitglieder, die Bareinlagen seien ordentlich geleistet worden, muss als objektiv unrichtig betrachtet werden. Sie löst deswegen die im Art. 291 HGGB vorgesehene strenge

[133] Nach Art. 29 pol. KO kann der an einer Sache Berechtigte die Herausgabe dieser Sache verlangen, mit gleichzeitiger Erstattung von Aufwendungen, welche vom in Konkurs gegangenen Schuldner bzw. durch die Konkursmasse getragen wurden.

Außenhaftung aus[134]. Der Abschluss eines Erwerbsgeschäfts mit dem Gründer vor der Registereintragung der GmbH kann darüber hinaus auch auf die Umgehung der Nachgründungsregel des Art. 229 HGGB abzielen. Ihrem Wortlaut nach gilt diese Vorschrift erst nach der Registereintragung der Gesellschaft. Die hohe Gefahr der Umgehung von Sacheinlagevorschriften, die mit der neuen Regelung der Vorgesellschaft verbunden ist, rechtfertigt die kritische Betrachtung der entsprechenden neuen Vorschriften.

Grundsätzlich dieselben Regeln des Umgehungsschutzes gelten auch für die Aktiengesellschaft. Im polnischen Recht ist die Gefahr der Umgehung der Sacheinlageregeln bereits im Gründungsstadium der AG durch die Vorschrift des Art. 311 HGGB reduziert. Danach sind die besonderen Sachgründungskautelen auch in den Fällen einzuhalten, in denen der Erwerb von Gegenständen und Vermögensrechten vor der Eintragung der Gesellschaft (unabhängig von der Person des Veräußerers) vorgesehen ist. Nach der Eintragung stellen die Nachgründungsregeln des an die europäischen Vorgaben angepassten Art. 394 pol. HGGB werden soll, einen abschließenden abstrakten Umgehungsschutz dar. Darüber hinaus gelten die Vorschriften über die Kapitalerhaltung, es sei denn, dass im konkreten Fall nachgewiesen wird, dass durch missbräuchliche Gestaltung der Rechtsverhältnisse die Regeln des Gründungsrechts bzw. des Nachgründungsrechts umgangen werden sollten. Der konkrete Umgehungsschutz ist in diesen Fällen angebracht und zwar auch dann, wenn die quantitativen Voraussetzungen der Nachgründungsvorschrift des Art. 394 HGGB nicht erfüllt werden. Besondere Bedeutung wird dem konkreten Umgehungsschutz im Fall der Kapitalerhöhung zukommen, in dem die Nachgründungsregeln keine Anwendung finden[135]. Umgehungsverdächtig werden die Fälle sein, in denen in der kurzen Zeit vor oder nach der Barkapitalerhöhung ein Kaufgeschäft über Gegenstände des Anlagevermögens zwischen dem Zeichner und der AG abgeschlossen wird und nach der effektiven Einzahlung der Bareinlage das Geld zur Tilgung des Kaufpreises an den Zeichner zurückfließt.

Es ist der h.M im deutschen Schrifttum[136] zuzustimmen, dass die abstrakte, auf der Umgehungsvermutung beruhende gesetzliche Regelung einen weiter gehen-

---

[134] Vgl. dazu Kapitel 2, X.2.
[135] Vgl. oben, in diesem Kapitel, Pkt. II.1.b).
[136] Vgl. die in der Fn. 92 angegebenen Verfasser.

den konkreten Umgehungsschutz nicht ausschließt. Auch die europarechtliche Abstammung der Nachgründungsregeln im Aktienrecht (vgl. Art. 11 der Kapitalrichtlinie) spricht nicht dagegen. Zum einen geht sowohl aus dem Wortlaut als auch aus der Entstehungsgeschichte hervor, dass die Artt. 10 und 11 der Kapitalrichtlinie nicht eine abschließende Regelung, sondern einen Mindeststandard darstellen[137]. Zum anderen gehört das Umgehungsverbot zu den allgemeinen Grundsätzen des nationalen Zivilrechts (in Polen: Art. 58 § 1 pol. ZGB), von dessen Fortgeltung auch im Anwendungs- und Umsetzungsbereich einer Richtlinie auszugehen ist[138]. Letzten Endes geht es um den Schutz vor der Umgehung der Regeln, die in der Richtlinie verankert sind. Es wäre widersprüchlich zu behaupten, dass die Richtlinie die EU-beitrittswilligen Staaten zur Einführung der zwingenden Vorschriften verpflichtet, aber zugleich ihnen verbietet, die angemessenen, im nationalen Rechtssystem bereits bestehenden Instrumente gegen die Umgehung dieser Regeln anzuwenden. Auch im Aktienrecht sind jedoch grundsätzlich die Beweisregeln des Art. 6 pol. ZGB bzw. die des Art. 235 pol. ZPO (faktische Vermutung) in bezug auf die missbräuchliche Verständigung der Beteiligten zu beachten.

c). Sonderfall: Verrechnung des Gesellschaftsanspruchs auf Bareinlageleistung mit der Forderung des Barzeichners

Im neuen polnischen Recht soll die im Schrifttum h.M., wonach die vertragliche Aufrechung zulässig ist[139], kodifiziert worden (Art. 14 § 4 S. 2 HGGB). Zugleich wird allerdings die Umwandlung von Forderungen der Aktionäre gegen die Gesellschaft im polnischen Schrifttum überwiegend als ein Fall der Sachkapitalerhöhung betrachtet, weil die Forderung im Hinblick auf den Schutz der Interessen der Gläubiger und anderer Aktionäre einer sorgfältigen Bewertung und Offenlegung bedürfe[140]. Daran ist festzuhalten: Die im Zeitpunkt der Kapitalerhöhung

---

[137] *Habersack*, EuropGesR., Rn. 163.

[138] Vgl. die Ausführungen von *Lutter*, FS Everling, S. 777.

[139] So *Allerhand*, Art. 341 pol. HGB, Anm. 5; Kruczalak/*Frąckowiak*, Art. 341 pol. HGB, Anm. 5; *Sołtysiński*/Szajkowski/Szwaja, Art. 341 pol. HGB, Rn. 12 (Aufrechnung sei zulässig nur unter Bedingung, dass die Forderung des Aktionärs vollwertig ist). **A.A.** - gegen die Zulässigkeit auch der vertraglichen Aufrechnung – *Dziurzyński/Fenichel/Honzatko*, Art. 341 pol. HGB, Anm. 5; wohl auch *A.W. Wiśniewski*, Prawo o spółkach, Bd. 3, S. 105 (effektive Einzahlung erforderlich)

[140] Sołtysiński/*Szajkowski*/Szwaja, Art. 163 pol. HGB, Rn. 9d; *ders.* Prawo spółek, Rn. 126; *Sołtysiński*/Szajkowski/ Szwaja, Art. 311 pol. HGB, Rn. 29; *C. Wiśniewski*, PPH 9/1996, S. 24 ff; *Minas*, Rejent 9/1995, S. 83; *Domański*, PPH 4/1996 S. 25 ff., *Szumański*, Wkłady, S.182;. *Roma-*

bestehende Forderung gegen die Gesellschaft ist ein bewertungsbedürftiger Vermögensgegenstand, der im Gesellschaftsvertrag bzw. im Kapitalerhöhungsbeschluss als Sacheinlage offengelegt werden muss. Die Verrechnung der Bareinlageschuld mit einer objektiv nicht vollwertigen Gesellschafterforderung ist eine unzulässige *datio in solutum*, welche keine wirksame Erfüllung der ersteren darstellt, weil sie der Gesellschaft keine zusätzliche Liquidität verschafft und die am Rechtsverkehr Beteiligten in bezug auf das Wesen der Kapitalmaßnahme täuscht. Entgegen dem polnischen OG ist anzunehmen, dass die zivilrechtliche Vertragsfreiheit im Hinblick auf die Interessen der Gläubiger und anderer Gesellschafter eine Beschränkung erleiden muss[141]. Der Anwendungsbereich des Art. 14 § 4 S. 2 HGGB, welcher vertragliche Aufrechnung ausdrücklich zulassen wird, soll deswegen auf die vollwertigen und liquiden Forderungen des Aktionärs beschränkt sein, wenn also die Aufrechnung der Vermeidung eines bloßen Hin- und Herzahlens dient, d.h. die Forderung eine vollständige Deckung im liquiden Gesellschaftsvermögen hat. In einem solchen Fall wird der Gesellschaft die im Rechtsverkehr erwartete zusätzliche Liquidität durch Wegfall eines Passivpostens verschafft[142].

Davon zu unterscheiden ist jedoch der Fall, dass die versprochene Bareinlage tatsächlich in die Verfügung der Vorstandsmitglieder geleistet, aber erst danach zur Tilgung der Gesellschafterforderung ausgezahlt wurde. In diesem Fall ist die Bareinlage zur Verfügung des Vorstands effektiv eingezahlt worden und es hängt vom Ermessen seiner Mitglieder ab, ob die Tilgung der Forderung eines Aktionärs im Interesse der Gesellschaft liegt. Die Vorstandsmitglieder sollen bei der Vornahme dieser Entscheidung nach Art. 293, 483 § 2 HGGB) erhöhte Sorgfalt pflegen und haften der AG für den Schaden, den sie ihr durch Nichtbeachtung dieser Sorgfalt zugefügt haben. Nicht auszuschließen ist auch ihre direkte Haftung den Gesellschaftsgläubigern gegenüber, wenn diese den ihnen entstandenen Schaden zu beweisen vermögen (Artt. 300, 490 HGGB). Während die Aufrechnung unmittelbar die Frage der Kapitalaufbringung betrifft, geht es bei korrespondierenden Zahlungsvorgängen grundsätzlich um die Frage der Mittelverwendung, welche durch die Vorschriften über Kapitalerhaltung und Organ-

---

nowski, aaO., S. 62. A.A. wohl nur *Kasprzyk*, Palestra 3-4/1991, S. 32, 36. Vgl. dazu auch oben, Kapitel 5, V.1.c).

141 Vgl. schon oben Kapitel 5, VI.3.

142 Vgl. oben Kapitel 4, III.1. sowie Kapitel 5, VI.3.

haftung gesichert wird. Das totale Verbot eines Zahlungsverkehrs zwischen der Gesellschaft und den Gesellschaftern würde zu einer überspannten Erweiterung des Umgehungsverbotes führen, ist mit zu vielen Unsicherheitsfaktoren belastet und findet außerdem keine Stütze im Gesetz[143]. Dies schließt allerdings nicht aus, dass eine missbräuchliche Geschäftsgestaltung zum Zwecke der Umgehung der zwingenden Vorschriften über die Sacheinlagen im konkreten Fall nachgewiesen wird (Art. 58 § 1 pol. ZGB). Schließlich ist auf die neue Regelung des Art. 14 § 3 HGGB hinzuweisen, wonach das Darlehen des Gesellschafters (Aktionärs) als Einlage zu behandeln ist, falls innerhalb von zwei Jahren seit der Darlehensgewährung über das Vermögen der Kapitalgesellschaft das Konkursverfahren eröffnet wird. Befand sich die GmbH vor der Barkapitalerhöhung im Zustand der Unterbilanz, so wird die Rückzahlung des einmal eingezahlten Geldes an den Gesellschafter unter dem Gesichtspunkts der Kapitalerhaltungsregel des Art. 189 § 2 HGGB unzulässig sein[144]. Durch eine isolierte Kapitalerhöhung ohne vorherige nominelle Kapitalherabsetzung werden auch die erlittenen Verluste und damit auch die die Rückgewähr der Gesellschafterdarlehen ausschließende Unterbilanz nicht beseitigt.

V. Rechtsvergleichende Ergebnisse

Sowohl in Deutschland als auch in Polen lassen sich der abstrakte und der konkrete Schutz vor der Umgehung der Sacheinlagesvorschriften unterscheiden, d.h. der gesetzlich präzisierte auf der einen und der im Einzelfall wegen der missbräuchlichen Gestaltung gebotene Umgehungsschutz auf der anderen Seite.

Das Nachgründungsverfahren ist in Polen – anders als in Deutschland – sowohl im GmbH- als auch im Aktienrecht gesetzlich geregelt. Für die GmbH sehen das alte pol. HGB und das neue HGGB eine interne Kontrolle durch die Gesellschafterversammlung im Hinblick auf Wert und Gegenstand des abzuschließenden Vertrages vor. Die neue polnische Regelung der Nachgründung im Aktienrecht (Art. 394 HGGB) entspricht der europarechtlichen Vorgabe insoweit nicht, als der Katalog der Ausnahmen von der Nachgründung enger als in Art. 11 Abs. 2 der Kapitalrichtlinie ist. Im Verhältnis zur deutschen Regelung unterscheidet sie

---

143 Im deutschen Schrifttum ähnlich *Bergmann*, AG 1987, S. 57, 85. Vgl. auch so für das österreichische GmbH-Recht: *Reich-Rohrwig*, GmbH-Recht (1983), S. 558 ff.

144 Vgl. Kapitel 1, II.3.c).bb).

sich im Detail (ein engerer persönlicher Anwendungsbereich, keine Eintragung des Vertrags ins Handelsregister sondern Hinterlegung in die Registerakten). Anders allerdings als im deutschen Recht soll der Anwendungsbereich des Art. 394 HGGB auf die Gründung der AG beschränkt bleiben. Seine analoge Anwendung auf die Kapitalerhöhung und auf die formwechselnde Umwandlung in die AG findet keine Stütze im Gesetz und ist mit dem Zweck dieser Regelung – Schutz des Vermögens der AG im ersten Stadium ihrer Existenz nicht vereinbar.

Das gesetzlich geregelte Nachgründungsverfahren schließt jedoch nicht aus, dass im konkreten Fall die allgemeinen zivilrechtlichen Regeln der Umgehungsverbotes – die in Polen auch gesetzlich (Art. 58 § 1 pol. ZGB) verankert sind – eingreifen werden, wenn ein bestimmtes Geschäft zum Zwecke der Umgehung von zwingenden Vorschriften über Sacheinlagen bzw. Nachgründung vorgenommen wurde. Im Hinblick auf die Bedürfnisse der Rechtssicherheit soll jedoch dem konkreten Umgehungsschutz grundsätzlich Ausnahmecharakter zukommen. Wenn schon in Deutschland, wo die Lehre von der verdeckten Sacheinlage in Jahrzehnten praktiziert und in der reichen Rechtsprechung und Literatur in ihrem Kern konkretisiert wurde, stets erhebliche Unklarheiten in bezug auf ihre objektiven und subjektiven Voraussetzungen, Rechtsfolgen sowie Heilungsmöglichkeiten bestehen[145], so könnte um so mehr die Übernahme dieser Lehre in Polen, wo keine Rechtsprechung zu dieser Problematik vorliegt, zu Rechtsunsicherheit und Erschwerung des Rechtsverkehrs führen.

Aus dem Gesichtspunkt des Gläubigerschutzes optimal wäre es, entweder alle Geschäfte zwischen den Gesellschaftern und der Gesellschaft in einem gesetzlich bestimmten Zeitraum nach der Bargründung bzw. Barkapitalerhöhung zu verbieten oder alle solchen Geschäfte der Werthaltigkeitskontrolle und Publizitätspflichten zu unterziehen, wie das etwa im französischen Gesellschaftsrecht vorgesehen ist[146]. Dem zweiten Schutzmodell nähert sich auch das polnische Recht an, welches eine interne Kontrolle der Erwerbsgeschäfte in Gründungsnähe

---

[145] In diesem Zusammenhang spricht *Lutter*, FS Stiefel, S. 507 f., von einem „über 100 Jahre währenden Wettlauf zwischen wendigen Hasen, die immer neue Haken erfanden, und stetigen Gerichten, die wie Igel mehr und mehr ihre Stacheln aufstellen (...)". Nach *Wiedemann*, ZIP 1991, S. 1257, 1258 kämpfe die Rechtsordnung mit einer Hydra, „da die Grenzen der verdeckten Nichterfüllung und der verdeckten Vermögensentziehung schier unbegrenzt sind".

[146] Vgl. Art L 50 Gesetz Nr. 66-537 vom 24 Juli 1966 über die Handelsgesellschaften. Dazu *Helms*, Europäische Privatgesellschaft, Diss. 1998, S. 274.

durch Gesellschafts- bzw. Hauptversammlung sowohl im GmbH- als auch im Aktienrecht (im GmbH-Recht jedoch ohne Publizitätspflichten) ausdrücklich vorsieht.

Kapitel 9
Zusammenfassung der Ergebnisse

1. Das deutsche und das polnische Recht der Kapitalgesellschaften gehören der kontinentalen Rechtstradition an, in der das Rechtsinstitut des festen Stamm- bzw. Grundkapitals ein zentrales Strukturelement der Kapitalgesellschaften darstellt und als ein wichtiger systematischer Baustein vieler anderer Vorschriften des Gläubigerschutzes gilt. In der Europäischen Union ist das Recht der Kapitalaufbringung und Kapitalerhaltung für die Aktiengesellschaft in der Zweiten gesellschaftsrechtlichen Richtlinie (77/91/EWG) weitgehend harmonisiert worden. Im neuen polnischen Gesellschaftsrecht ist die Tendenz zur Verstärkung des Kapitalschutzes und zwar sowohl im GmbH- als auch im Aktienrecht ersichtlich. In bezug auf die Aktiengesellschaft sind die Vorschriften über die Gründung, insbesondere mit Sacheinlagen (Art. 301-327 HGGB), Kapitalerhöhung (Art. 430-454 HGGB) sowie Kapitalerhaltung, insbesondere über den Erwerb eigener Aktien (Artt. 362-366 HGGB), an die europäischen Vorgaben angepasst worden. Im GmbH-Recht kommt die Verstärkung des Gläubigerschutzes in der relativ erheblichen Aufstockung der Mindeststammkapitalziffer, in den Vorschriften über die Differenzhaftung (Art. 175 HGGB) und in der Beschränkung der Gesellschafterrechte auf den reinen, von der Gesellschafterversammlung zur Ausschüttung bestimmten Gewinn (Art. 191 § 1 HGGB) zum Ausdruck. Dem deutschen Recht entstammt die Regelung des Art. 14 § 3 HGGB, wonach die Gesellschafter- bzw. Aktionärsdarlehen im Konkurs der Kapitalgesellschaft als Einlage zu betrachten sind, wenn sie innerhalb von zwei Jahren vor der Konkurseröffnung gewährt wurden. .

Das Rechtsinstitut des Stammkapitals bietet jedoch den Gläubigern nach wie vor einen sehr relativen und unsicheren Schutz. Die „Garantiefunktion“ des Stamm- bzw. Grundkapitals erschöpft sich sowohl im polnischen als auch im deutschen Recht in der bilanziellen Bindung eines entsprechenden Teils des Gesellschaftsvermögens gegen unberechtigte Eingriffe der Gesellschafter (Aktionäre). Das Stammkapital im materiellen Sinne, d.h. die von den Gesellschaftern (Aktionären) für die übernommenen Anteile (Aktien) eingebrachten Einlagen, stellen kein „unantastbares", ausschließlich zur Verfügung der Gesellschaftsgläubiger stehendes Depositum dar. Es bildet eine wirtschaftliche Grundlage für die statutarische Tätigkeit der Gesellschaft, ihr „werbendes" Vermögen, welches infolge der durch schlechten Geschäftsverlauf indizierten Verluste weitgehend ausgehöhlt werden kann.

Sowohl das deutsche als auch das polnische Gesetz sehen lediglich eine abstrakte Ziffer des Mindeststammkapitals vor, welches effektiv aufgebracht werden soll, um ins Privileg der Haftungsbeschränkung zu gelangen. Die verantwortliche Entscheidung über die Art und den Umfang der angemessenen Finanzausstattung haben die Gesellschafter zu treffen, unter Berücksichtigung des geplanten bzw. tatsächlich erreichten Geschäftsumfangs, der Geschäftsart und der Finanzierungsmethode. Die Gesellschafter, welche die GmbH gründen und mit eindeutig unzureichenden Mitteln ausstatten, wobei die Fehlfinanzierung für einen jeden ordentlichen und sorgfältigen Unternehmer erkennbar war, verletzen die im Rechtsverkehr erforderliche Sorgfalt und machen sich dadurch den Gesellschaftsgläubigern nach Art. 415 pol. ZGB schadensersatzpflichtig, falls die übrigen Voraussetzungen der deliktischen Haftung erfüllt sind. In der Gesellschaftskrise verlangt die Finanzierungsverantwortung von den Gesellschaftern die Entschlussfassung, ob sie die Gesellschaft liquidieren oder unter Zufuhr der erforderlichen Eigenkapital weiter betreiben wollen. Wird der Finanzbedarf der Gesellschaft statt dessen mit Gesellschafterdarlehen gedeckt, so sind diese in der Insolvenz der Gesellschaft als Eigenkapital zu behandeln (§§ 32a/b GmbHG, Art. 14 § 3 HGGB).

Die zweite Säule des Gläubigerschutzes im Gesellschaftsrecht stellen die gesetzlichen Publizitätspflichten dar, wodurch für jedermann, also für alle interessierten Dritten eine Möglichkeit geschaffen werden soll, sich über die aktuelle Rechts- und Vermögenslage der Kapitalgesellschaft zu informieren. Die Publizitätsregeln, die einen institutionellen Rahmen für die Verwirklichung des Grundsatzes *caveat creditor* („Der Gläubiger schütze sich selbst") bilden, sind zwar auf der Ebene des europäischen Rechts in der Ersten (68/151EWG), Elften (89/666/EWG) und Zwölften (89/667/EWG) Richtlinie sowie in bezug auf das Bilanzrecht in der Vierten (78/660/EWG) und Siebenten (83/349/EWG) Richtlinie weitgehend harmonisiert worden. Die korrekte Umsetzung der europäischen

Vorgaben in die Rechtssysteme der Mitgliedstaaten hängt allerdings in erster Linie von der Bildung eines effektiven Registersystems, das die zuverlässigen und möglichst aktuellen Informationen über alle am Rechtsverkehr Beteiligten schnell vermitteln wird. Zweitens müssen die nationalen Rechte geeignete Sanktionen vorsehen, damit die Publizitätspflichten, insbesondere die obligatorischen Angaben auf den Geschäftsbriefen und die Offenlegung von Jahresabschlüssen durch alle Beteiligten tatsächlich wahrgenommen werden (Art. 6 der Publizitätsrichtlinie). Die Entscheidung des EuGH in der Sache „Daihatsu" sowie die Vertragsverletzungsklage, die durch die Kommission gegen Deutschland wegen der mangelnden Sicherung der genannten Publizitätspflichten durch geeignete Sanktionen (Art. 6 der Publizitätsrichtlinie) angestrengt wurde, zeugen von der grundlegenden Bedeutung, welche der korrekten Umsetzung von europarechtlichen Publizitätsregeln in die nationalen Rechtssysteme zukommt. In Polen unterliegen die Vorstandsmitglieder, welche gegen die Vorschriften über die obligatorischen Angaben auf Geschäftsbriefen bzw. über die Einreichung der Jahresabschlüsse in Registergericht verstoßen, den in Art. 595 HGGB (Geldstrafe bis zu 10 000 Zloty) bzw. in Art. 79 RWG (Geldstrafe oder Freiheitsstrafe) vorgesehenen Sanktionen.

Die dritte Säule im System des Gläubigerschutzes in den beiden Rechtsordnungen bilden die Vorschriften, welche die Haftung der Organmitglieder für die ordnungsgemäße Leitung der Gesellschaft vorsehen. Danach haften die Geschäftsführer bzw. die Vorstandsmitglieder der Kapitalgesellschaft gegenüber für den Schaden, der dieser infolge der Verletzung der erhöhten Sorgfaltspflicht entstanden ist (§§ 43 GmbHG, 92 AktG, 292, 474 pol. HGB, 293, 483 HGGB). Eine unmittelbare Außenhaftung der Organmitglieder gegenüber den Gesellschaftsgläubigern kommt in Betracht im Fall der Konkursverschleppung. Im polnischen Recht ist die subsidiäre Außenhaftung der Vorstandsmitglieder gesetzlich geregelt (Art. 298 pol. HGB, 299 HGGB, Art. 17^1 pol. KO). In Deutschland ist sie in der höchstrechtlichen Rechtsprechung entwickelt worden (BGHZ 126, S. 181 ff.).

2. In den Gründungsregeln des deutschen und polnischen Rechts der Kapitalgesellschaften kommen wesentliche Unterschiede zwischen der GmbH und der AG zum Ausdruck. Die Gründung einer GmbH ist im Vergleich mit der Errichtung einer AG einfacher und billiger. Anders als in Deutschland muss in

Polen vor der Anmeldung der Gesellschaft ins Register das ganze Stammkapital eingebracht werden und zwar ungeachtet der Einlagen, welche im Gesellschaftsvertrag zugesagt wurden. Weder das deutsche noch das polnische GmbH-Recht ordnen für die Sachgründung eine obligatorische Gründungsprüfung durch externe neutrale Prüfer an.

Das Gründungsrecht der Aktiengesellschaft ist dagegen weitgehend institutionalisiert worden. Im polnischen Recht ist allerdings die Gründung einer Aktiengesellschaft mit weniger formellen Pflichten verbunden als in Deutschland. Insbesondere im Fall der Bargründung brauchen weder die Gründer noch die ersten Gesellschaftsorgane einen Bericht aufzustellen. In Deutschland sind dagegen sowohl die Gründer als auch die Mitglieder des Gründungsvorstands und – aufsichtsrats verpflichtet, jeweils ihren eigenen Gründungsbericht zu erstatten. Hervorzuheben ist darüber hinaus das unterschiedliche Verständnis der Privatgründung einer Aktiengesellschaft (ohne öffentlicher Aufruf zur Aktienzeichnung) im polnischen Recht: Anders als in Deutschland muss sich der Kreis der Gründer mit dem der ersten Aktionären nicht decken. Nach den Regelungen beider Länder müssen die übernommenen Aktien vor der Anmeldung der Gesellschaft zum Register lediglich zu einem Viertel ihres Nominalwertes zuzüglich des verabredeten Agio effektiv gedeckt werden (Artt. 311 pol. HGB, 309 HGGB, §§ 36a Abs. 1 AktG). Im Fall der sog. qualifizierten Gründung schreiben das deutsche und das polnische Recht in Umsetzung der Vorgaben der Kapitalrichtlinie (Art. 10) eine obligatorische Werthaltigkeitskontrolle durch neutrale Sachverständige sowie die Offenlegung ihres Berichts vor (Artt. 311, 312 HGGB, §§ 33-35 AktG).

Die mit der qualifizierten Gründung verbundenen besonderen Schutzvorkehrungen sollen zum einen sicherstellen, dass die Sacheinlage wertmäßig der übernommenen Einlagepflicht entspricht. Zum anderen soll durch Offenlegungspflichten erreicht werden, dass sich die Gläubiger und die übrigen Gesellschafter auf das mit der Einbringung von Sacheinlagen erhöhte Risiko einstellen könnten.

In beiden Rechtsordnungen wird der Eintragung ins Handelsregister eine die Mängel des Gründungsverfahrens weitgehend sanierende Wirkung beigemessen, wodurch dem Bestandsschutz der Gesellschaft sowie dem Schutz des Rechtsverkehrs Rechnung getragen werden soll. Das polnische Recht der Kapitalgesellschaften regelt ein besonderes Verfahren, das die Behebung der sich aus der Nichteinhaltung von Rechtsvorschriften über die Gründung der Gesellschaft ergebenden Mängel bezweckt (sog. Mängelbeseitigungsverfahren). Wenn aufgrund der Regelung des pol. HGB 1934 umstritten war, welche Gründungsmängel zur Auflösung der Gesellschaft *ex nunc* führen können, enthält das neue Gesetz einen geschlossenen Katalog der Nichtigkeitsgründe (Art. 21 HGGB), die denen in Art. 11 Abs. 2 der Publizitätsrichtlinie entsprechen.

In beiden Rechtssystemen ist eine Haftung für die der Gesellschaft bei ihrer Gründung zugefügten Schäden sowie für falsche Angaben vorgesehen (§§ 9a GmbHG, 44-51 AktG). Charakteristisch für das polnische Recht ist die strenge drei Jahre lang dauernde Außenhaftung der Vorstandsmitglieder einer GmbH bzw. AG für alle Verbindlichkeiten der Gesellschaft, wenn sie bei der Anmeldung falsche Angaben über die Leistung von Einlagen abgegeben haben (Art. 290, 470 pol. HGB, 291, 479 HGGB).

3. Die neue polnische Regelung der Vorgesellschaft ist durch das deutsche Recht stark beeinflusst worden. In Deutschland hat sich der Prozess der Aufwertung des vor der Registereintragung bestehenden Rechtsgebildes *sui generis* in der langjährigen Rechtsprechung des BGH im Dialog mit der Wissenschaft vollzogen. Die weitgehende Rechtsfähigkeit der „Gesellschaft in Gründung" wird dagegen im polnischen Gesetz ausdrücklich anerkannt werden (Art. 11 HGGB). Dies ermöglicht die Einzahlung der zugesagten Geldeinlagen auf das Konto der Vorgesellschaft sowie die Leistung der Sacheinlagen an diese als ein rechtsfähiges Subjekt. Ebenfalls sieht das neue Gesetz den automatischen Eintritt der eingetragenen Gesellschaft als juristische Person in alle Rechte und Pflichten vor, welche im Gründungsstadium begründet worden sind (Art. 12 HGGB). Im Hinblick auf Art. 7 Abs. 1 Gesetz vom 19.11.1999 über die Wirtschaftstätigkeit bleibt allerdings unklar, inwieweit die Vorgesellschaft die eigentliche statutarische Geschäftstätigkeit aufnehmen kann. Es ist anzunehmen, dass in der Gründungsphase mindestens sog. wirtschaftsnotwendige Geschäfte, welche der Erhaltung und Verwaltung von eingebrachten Sacheinlagen dienen, sowie die Rechtshandlungen, welche der Vorbereitung der eigentlichen Wirtschaftstätigkeit der Gesellschaft dienen, bereits vor der Eintragung getätigt werden können. Wollte man das Gegenteil behaupten, so würde man die Entwertung des (Vor-) Gesellschaftsvermögens während des ggf. einige Monate dau-

ernden Eintragungsverfahrens riskieren.

Grundsätzliche Unterschiede bestehen dagegen zwischen dem deutschen und dem polnischen Modell in bezug auf die Haftungsverfassung in der Vorgesellschaft. Im deutschen Recht hat die Haftung der in ihrem Namen handelnden Personen weitgehend an die Bedeutung verloren. Das Risiko der Geschäftsaufnahme im Gründungsstadium liegt bei den Gesellschaftern (Aktionären), welche dieser zugestimmt haben. Nach der neuesten Rechtsprechung des BGH sind sie der Vorgesellschaft gegenüber verpflichtet, deren sämtliche Verluste auszugleichen, wenn sie die Gründung nicht mehr betreiben, sondern die Vorgesellschaft liquidieren wollen. Wird die Gesellschaft eingetragen, so trifft die Gründer ebenfalls im Innenverhältnis eine Unterbilanzhaftung, die darauf abzielt, dass die Gesellschaft mit dem durch die Verluste aus dem Gründungsstadium nicht verminderten Vermögen als juristische Person ins Leben tritt. Zur dogmatischen Begründung der Unterbilanzhaftung wird der Grundsatz der auf den Zeitpunkt der konstitutiven Registereintragung anknüpfenden Unversehrtheit des Kapitals herangezogen. In Polen wird dagegen die gesetzliche Aufwertung der Vorgesellschaft das Eingreifen der Haftungsbeschränkung der Gründer bereits mit Abschluss des Gesellschaftsvertrages bzw. mit Übernahme aller Aktien zur Folge haben und zwar unabhängig davon, ob die Vorgesellschaft eingetragen oder liquidiert wird. Im letzteren Fall bleibt die Ausfallhaftung für die Verluste, die das Vermögen der Vorgesellschaft übersteigen, bei den in ihrem Namen handelnden Personen. Die Geltung eines dem deutschen Recht entsprechenden, strikt auf den Zeitpunkt der Eintragung bezogenen Grundsatzes der Unversehrtheit des Stammkapitals ist in Polen zu verneinen. Das wirtschaftliche Risiko der Geschäftsaufnahme im Gründungsstadium trifft die im Namen der Gesellschaft Handelnden, welche für ihre Handlungen sowohl im Außen- als auch im Innenverhältnis haften.

Kritisch zu betrachten ist das aus dem (alten) deutschen ins polnische Recht übernommene Rechtsinstitut die summenmäßig beschränkten Außenhaftung der Gesellschafter für die Verbindlichkeiten der Gesellschaft in Gründung. Erstens lässt sich die beschränkte Außenhaftung mit der Natur der Kapitalgesellschaften kaum vereinbaren: Für diese ist vielmehr die Haftung der Gesellschafter für die Bildung des Gesellschaftsvermögens durch effektive Einbringung der geschuldeten Einlagen charakteristisch. Zweitens ist die negative Konsequenz des Modells der beschränkten Außenhaftung der Gesellschafter die Gefahr des „Wettlaufs“ der Gläubiger der Vorgesellschaft zum möglicherweise vermögendsten Gesellschafter, der seine Einlage noch nicht erbracht hat.

4. Für die Beantwortung der Frage, welche die Bedingungen der befreienden Leistung der zugesagten Geldeinlagen sind, kommt sowohl im polnischen als auch im deutschen Recht eine grundsätzliche Bedeutung dem Merkmal „Leistung zur freien Verfügung“ der Geschäftsführer bzw. Vorstandsmitglieder zu. Die freie Verfügung über die vor der Anmeldung einzuzahlenden Einlagen ist nur dann zu bejahen, wenn erstens die versprochenen Mittel der Gesellschaft tatsächlich so zugeflossen sind, dass ihre Geschäftsleitung daran Verfügungsmacht erworben hat, und zweitens, wenn sie nicht an den Einleger infolge unzulässiger Verwendungsabreden ohne rechtlichen Grund zurückgeführt werden. Scheinzahlungen befreien den Gesellschafter (Aktionär) von seiner Einlagepflicht nicht.

In beiden Rechtsordnungen wird der Begriff der Leistung zur endgültigen freien Verfügung in seinem zeitlichen Aspekt unterschiedlich verstanden, was bereits beim Vergleich des materiellen Gehalts der entsprechenden Normen auffällt (§ 8 Abs. 2 GmbHG, § 37 Abs. 1 AktG, Artt. 167 § 1 Pkt. 2, 320 § 1 Pkt. 3 HGGB). Während die polnischen Vorschriften nur einen einmaligen, tatsächlichen Mittelzufluss im Zeitraum vor der Anmeldung zu sichern bezwecken, wird von der h.M. in deutscher Lehre und Rechtsprechung eine mindestens wertgleiche Dekkung des Kapitals im Zeitpunkt der Anmeldung verlangt. Der Unterschied ist auf das unterschiedliche Verständnis des Grundsatzes der Unversehrtheit des Kapitals in beiden Ländern zurückzuführen.

In beiden Rechtssystemen ist es besonders umstritten, ob bzw. unter welchen Bedingungen sich die Gesellschafter durch Aufrechnung von ihrer Bareinlagepflicht befreien können. In den allgemeinen Teil des HGGB die Vorschrift des Art. 14 § 4 eingefügt worden, die das generelle Verbot der einseitigen Aufrechnung sowohl durch den Aktionär als auch durch den Gesellschafter einer GmbH vorsieht und zugleich die vertragliche Aufrechnung ausdrücklich zulässt. Für die Gläubiger der Gesellschaft kann allerdings auch die einvernehmliche bzw. seitens der Gesellschaft erklärte Aufrechnung ebenso gefährlich sein und zwar insbesondere dann, wenn die Forderung des Gesellschafters bzw. Aktionärs keine

Deckung im liquiden Gesellschaftsvermögen hat. Deswegen ist die neu eingefügte Vorschrift des Art. 14 § 4 S. 2 HGGB restriktiv auszulegen: Die vertragliche Verrechung ist nur dann zulässig, wenn sie der Vermeidung eines Hin- und Herzahlens dient, d.h. wenn die Forderung des Gesellschafters fällig und unbestritten ist und vollständige Deckung im liquiden Vermögen der Gesellschaft findet. Sonst stellt selbst die vertragliche Aufrechnung eine unzulässige Leistung an Erfüllung Statt dar, welche keine befreiende Wirkung im Hinblick auf die im Gesellschaftsvertrag bzw. Kapitalerhöhungsbeschluss verankerte Bareinlageverpflichtung des Gesellschafters hat. Diese einschränkenden Bedingungen sind mit Rücksicht auf den Schutz der Interessen der Gesellschaft am zusätzlichen Liquiditätszufluss, der der Gesellschaftsgläubiger, welche darauf berechtigterweise vertrauen können, sowie der der übrigen Gesellschafter, welche eine vollwertige Einlage einbringen, berechtigt.

5. Als Sacheinlagen in Kapitalgesellschaften kommen sowohl im deutschen als auch im polnischen Recht nur Vermögensgegenstände mit einem feststellbaren wirtschaftlichen Wert in Betracht, die sich aus dem Vermögen des Einlegers aussondern und so an die Gesellschaft übertragen lassen, dass sie der Einflussnahme des einlegenden Gesellschafters endgültig entzogen werden. Die Möglichkeit des Ausweises des eingelegten Vermögensgegenstandes in der Bilanz der Gesellschaft stellt eine notwendige, aber nicht hinreichende Voraussetzung der Einlagefähigkeit dar. Keine entscheidende Bedeutung kommt dagegen den Merkmalen der isolierten Übertragbarkeit und Verwertbarkeit zu. Zu bejahen ist deswegen die Einlagefähigkeit des Nießbrauchs und der obligatorischen Nutzungsrechte, welche im Unternehmen der Gesellschaft wirtschaftlich genutzt werden können.

In beiden Rechtsordnungen beschäftigen sich Lehre und Rechtsprechung besonders intensiv mit der Einlagefähigkeit von Forderungen und obligatorischen Rechten. Forderungen sind grundsätzlich als Sacheinlagen zu betrachten, wobei ihnen immer der reale Wert zugrunde zu legen ist, unabhängig von der Person des Schuldners. Die Verpflichtung des Gesellschafters gegenüber der Gesellschaft, in der Zukunft einen bestimmten Geldbetrag oder Vermögensgegenstand zu leisten, ist keine taugliche Sacheinlage und zwar unabhängig davon, ob sie mit einer Bürgschaft eines Dritten versehen wird oder nicht. Ein derartiges Vorgehen stellt eine Umgehung der Vorschriften über die vollständige Deckung des

Stammkapitals vor der Registeranmeldung der GmbH (Art. 163 Pkt. 2 HGGB) sowie ein unzulässiges Erfüllungssurrogat dar: Die gesellschaftsrechtliche Einlagepflicht wird durch eine andere gegen den Einleger gerichtete Forderung ausgetauscht. Eine Ausnahme stellen hier obligatorische Nutzungsrechte an Vermögensgegenständen des Gesellschafters dar, wobei auch hier noch weitere, in beiden Ländern weitgehend deckungsgleiche Voraussetzungen erfüllt werden müssen.

In der deutschen wie auch in der polnischen Lehre wird auch Forderung gegen die Gesellschaft von der h.M. als eine Sacheinlage angesehen, weil sie einer Bewertung und Offenlegung bedarf. Sie muss grundsätzlich unter der Einhaltung der formellen Sacheinlagekautelen in das Nennkapital umgewandelt werden und durch Erlassvertrag bzw. Abtretung an die Gesellschaft und darauffolgende Konfusion zum Erlöschen gebracht werden. Die vertragliche Aufrechnung der Gesellschafterforderung mit der Bareinlageschuld ist nur dann zulässig, wenn sie die reale Kapitalaufbringung nicht gefährden sondern nur der Vermeidung eines zwecklosen Hin- und Herzahlens dient.

6. In den Regeln sowohl des polnischen als auch des deutschen Gesellschaftsrechts über Bewertung der Sacheinlagen, Werthaltigkeitsprüfung und Haftung für die Überbewertung kommt der unterschiedliche Rechtscharakter der beiden Kapitalgesellschaftstypen zum Ausdruck. In der GmbH ist die Bewertung von Sacheinlagen grundsätzlich den Gesellschaftern überlassen. Nach § 5 Abs. 4 GmbHG haben die Gesellschafter in einem Sachgründungsbericht die für die Angemessenheit der Bewertung wesentlichen Umstände darzulegen und beim Übergang eines Unternehmens auf die Gesellschaft die Jahresergebnisse der beiden letzten Geschäftsjahre anzugeben. Obwohl entsprechende Pflichten weder im polnischen HGB 1934 noch im neuen HGGB vorgesehen sind, werden in der Praxis entsprechende Wertnachweise oft vorgelegt. Bei der Bewertung der Einlagen muss die allgemeine zivilrechtliche Vertragsfreiheit im Hinblick auf die Erfordernisse des Gläubigerschutzes und auf das Prinzip der positiven Publizität des Handelsregisters ausgeschlossen werden. Das Registergericht ist befugt und verpflichtet die von den Gesellschaftern vorgenommene Bewertung prüfen bzw. prüfen zu lassen, falls es berechtigte Zweifel bezüglich ihrer Richtigkeit hat (§ 9c GmbHG, Art. 16 § 2 pol. HGB, Art. 23 Abs. 2 LGRG). Neben der präventiven, von den berechtigten Bedenken des Richters abhängigen registergerichtli-

chen Werthaltigkeitskontrolle sehen sowohl das deutsche als auch das polnische Recht eine objektive Haftung des Inferenten für die Überbewertung der Sacheinlagen vor (Artt. 176 pol. HGB, 175 HGGB, § 9 GmbHG). In der Verschärfung der Differenzhaftung (Art. 175 HGGB) sowie in der Regelung der Haftung für mangelhafte Sacheinlagen (Art. 14 § 2 HGGB) ist im polnischen Recht die Tendenz zur verstärkten Sicherung der realen Kapitalaufbringung ersichtlich. Diese Vorschriften stellen eine notwendige Konsequenz der im Sacheinlageversprechen eingegangenen Pflicht zur wertmäßigen Deckung des Stammkapitals dar und können von anderen Voraussetzungen nicht abhängig gemacht werden.

In der Aktiengesellschaft ist dagegen die Werthaltigkeitskontrolle weitgehend institutionalisiert worden. In der Umsetzung des Art. 10 der Kapitalrichtlinie sieht das polnische Recht die Pflicht zur Aufstellung eines Gründerberichts vor, in dem die angewandten Bewertungsmethoden anzugeben sind. Art. 312 HGGB schreibt die Prüfung dieses Berichts durch einen neutralen Sachverständigen sowie die Offenlegung seines Gutachtens in den Registerakten vor. Anders als in Deutschland, wo die verschuldensunabhängige Differenzhaftung nach der Rechtsprechung des BGH gleichermaßen im GmbH- und Aktienrecht gilt, stellt die neutrale Vollwertigkeitskontrolle nach der im polnischen Schrifttum herrschenden und auch hier vertretenen Auffassung einen Ersatz für die objektive Haftung der Inferenten darstellen.

7. Aufgrund der unklaren Regelung des pol. HGB 1934 war in der polnischen Lehre umstritten, wann das Recht am versprochenen Einlagegegenstand auf die Gesellschaft übergeht sowie wann die Sacheinlagepflicht effektiv erfüllt werden muss. Durch die ausdrückliche Anerkennung der Rechtsfähigkeit der Vorgesellschaft (Art. 11 ff. HGGB) wird das Hindernis der Doppelwirkung des Gesellschaftsvertrages (Art. 155 Abs. 1 pol. ZGB) beseitigt werden. Anders als im deutschen Recht, welches auf dem sog. Abstraktionsprinzip beruht (§§ 929, 925, 873 Abs. 1 BGB), geht die Berechtigung an einer genau bestimmten Sache nach der polnischen Regelung grundsätzlich bereits im Zeitpunkt der Errichtung der Vorgesellschaft auf diese über (Art. 155 Abs. 1 pol. ZGB). Die Sacheinlageverpflichtung wird jedoch erst im Zeitpunkt der effektiven Übergabe des Einlagegegenstandes zur Verfügung der Vorstandsmitglieder erfüllt. Nach dem deutschen sowie dem neuen polnischen GmbH-Recht müssen sämtliche Sacheinlagen vor der Anmeldung der Gesellschaft ins Register tatsächlich in die freie Ver-

fügung der Geschäftsführer bzw. Vorstandsmitglieder eingebracht werden (Artt. 163 Pkt. 2, 167 § 1 Pkt. 2 HGGB, § 7 Abs. 3 GmbHG). Im polnischen Recht befreit die einmalige effektive Leistung der zugesagten und vollwertigen Einlage den Gesellschafter (Aktionär) von seiner Sacheinlageverpflichtung gegenüber der (Vor-)Gesellschaft. In diesem Moment gehen alle Gefahren auf die (Vor-) Gesellschaft und mittelbar auf ihre Gläubiger über.

Das neue polnische Recht der Aktiengesellschaft lässt zu, dass das Grundkapital der AG bis zu ¾ seiner statutarischen Höhe durch die Sacheinlage erst nach der Entstehung der Gesellschaft, allerdings spätestens in einem Jahr nach diesem Zeitpunkt effektiv gedeckt wird. Im Fall der nicht rechtszeitigen Sacheinlageleistung können die Vorschriften Kaduzierungsverfahren analoge Anwendung finden. Der Vorstand kann aber auch statt dessen die der Gesellschaft zustehenden Herausgabe- und Schadensersatzansprüche geltend machen (Artt. 222 § 2, 471 pol. ZGB). Im deutschen Aktienrecht bleibt aufgrund der außerordentlich unklaren Vorschrift des § 36a Abs. 2 AktG umstritten, bis zu welchem Zeitpunkt die Sacheinlagen vollständig aufgebracht werden müssen.

8. Da die Einhaltung aller im Hinblick auf den Gläubiger- sowie Minderheitenschutz gesetzlich vorgeschriebenen Sacheinlagekautelen in der Praxis oft zur Verlängerung und Verteuerung der Gründung bzw. Kapitalerhöhung führen wird, besteht die Gefahr, dass jene Kautelen durch entsprechende Ausgestaltung der Geschäftsverhältnisse zwischen der (Vor-)Gesellschaft und den Gesellschaftern (Aktionären) umgangen werden. Der Umgehungsgefahr treten sowohl das deutsche als auch das polnische Aktienrecht zuerst durch die gesetzliche Regelung des sog. Nachgründungsverfahrens entgegen, welches auch in der Kapitalrichtlinie vorgeschrieben ist (Art. 11). In Polen ist die vereinfachte Nachgründung auch für die GmbH geregelt (Artt. 222 pol. HGB, 229 HGGB).

Die deutsche herrschende Lehre und Rechtsprechung betrachten die gesetzlichen Nachgründungsregeln nicht als ausreichenden Umgehungsschutz. Das Hauptinstrument des Umgehungsschutzes stellt vielmehr die sog. Lehre von der verschleierten Sacheinlage dar, welche auf der erweiterten Anwendung der Sachgründungsvorschriften und des Aufrechnungsverbotes beruht. Sie hat zur Folge, dass die Bareinlageleistung keine befreiende Wirkung hat, falls sie zeitlich und sachlich mit einem Verkehrsgeschäft über einen Vermögensgegenstand gekoppelt ist, der als Sacheinlage hätte eingebracht werden können. Die Voraussetzungen, die Rechtsfolgen und die Heilungsmöglichkeiten der verdeckten Sacheinlage sind im deutschen Schrifttum umstritten. Diese Lehre in ihrem heutigen Stand wirft auch erhebliche Bedenken im Hinblick auf die Vereinbarkeit mit der Kapitalrichtlinie auf. Insbesondere ihre außerordentlich strengen Rechtsfolgen, die auf eine Doppelzahlungspflicht zwecks Wiederauffüllung der Insolvenzmasse abstellen, halten sich nicht im Rahmen des Kapitalrichtlinie und sind im Hinblick auf den angestrebten Gläubigerschutz als unverhältnismäßig zu betrachten. Eine begrüßenswerte Lösung des Problems enthält der DAV-Gesetzgebungsvorschlag, der die Rechtsfolgen der verdeckten Sacheinlagen auf ein wirtschaftlich angemessenes Niveau zurückführt. Durch die Abschaffung des § 27 Abs. 3 und 4 AktG und den ausdrücklichen Verweis auf § 52 Abs. 2-3 AktG wird auch die im deutschen Recht bestehende Lücke in bezug auf die Heilung der verdeckten Sacheinlage im Aktienrecht geschlossen.

Die Verstärkung des Umgehungsschutzes über die Nachgründungsregeln hinaus ist jedoch auch im polnischen Recht zu postulieren. Dafür sprechen zum einen die Verschärfung der Sacheinlageregeln im neuen Gesetz, zum anderen die bestimmten Vorschriften (insbes. die Regelung der Vorgesellschaft), welche zu Umgehungsgeschäften veranlassen können. Haben die Beteiligten zum Zwecke der Umgehung von zwingenden Vorschriften über die Sacheinlagen ein Erwerbsgeschäft vorgenommen, so ist dieses nach Art. 58 § 1 pol. ZGB unwirksam. Sprechen die Gesamtumstände eines Falles („Verdachtsmomente“) für das Vorliegen einer auf die Rechtsumgehung abzielenden Verständigung, kann auch eine solche nach Art. 231 pol. ZPO tatsächlich vermutet werden. Mit der effektiven Leistung der versprochenen Geldeinlage ist dagegen die Phase der Mittelaufbringung abgeschlossen. Gelangen die zugesagten Bareinlagen überhaupt nicht in die freie Verfügung des Vorstands, sondern wird der Anspruch der Gesellschaft auf Geldeinlage mit einer nicht vollwertigen Forderung des Gesellschafters verrechnet, so liegt eine unzulässige *datio in solutum* vor, die den letzteren von seiner Bareinlagepflicht nicht befreit.

Literaturverzeichnis

Literatur zum polnischen Recht:

Allerhand, Maurycy, Kodeks handlowy. Komentarz (HGB-Kommentar), Lwów 1935
zit.: *Allerhand*, Artikelnummer

Allerhand, Maurycy, Prawo upadłościowe. Komentarz (Kommentar zur polnischen Konkursordnung), Lwów 1935

Ammelung, Ulrich, Ertragssteuerplanung bei Beteiligungen an Kapitalgesellschaften in ausgewählten MOE-Staaten (Teil 3: Polen), GmbHR 1999, S. 401

Bandarzewski, Kazimierz, Wybrane zagadnienia dotyczące funkcjonowania spółki przed rejestracją, (Ausgewählte Fragen das Funktionieren der Aktiengesellschaft vor der Registereintragung betreffend), PUG 1/1996, S. 16

Bauer, Jobst-Hubertus/ Göpfert, Burkard, Geschäfsführer in Polen – Anstellung, Entsendung, Haftung, RIW 1999, S. 42

Bielski, Piotr, Regulacja pojęcia przedsiębiorstwa w znaczeniu przedmiotowym a projekt prawa spółek handlowych (Regelung des Unternehmensbegriffs im gegenständlichen Sinne und der Entwurf des Rechts der Handelsgesellschaften), PPH 6/1999, S. 29

Bieniek, Gerard, Aport w spółce (Sacheinlage in die Gesellschaft), Zielona Góra 1993,
zit.: *Bieniek*, Aport,

Bieniek, Gerard, Z problematyki zamiany wierzytelności na akcje (udziały) w spółkach kapitałowych (Aus der Problematik der Umwandlung von Forderungen in die Anteile (Aktien) in Kapitalgesellschaften), PiZS 2/1994, S. 40

Bieniek, Gerard/ Ciepła, Helena/ Kołakowski, Krzysztof/ Sychowicz, Marek/ Wiśniewski, Tadeusz/ Żuławska, Czesława, Komentarz do kodeksu cywilnego. Księga trzecia. Zobowiązania (Kommentar zum ZGB, Drittes Buch, Schuldrecht –Allgemeiner Teil), Warszawa 1996

Bierć, Andrzej, Kierunki harmonizacji polskiego prawa spółek z prawem Unii Europejskiej (w zakresie Dyrektywy XI i Dyrektywy XII), (Richtungen der Harmonisierung des polnischen Gesellschaftsrecht mit Recht der EU – im Bereich der 11. und 12. Richtlinie) in: Studia Prawnicze, 1-4/1996, S. 125-127

Bornkamm, Oliver, Niederlassungen ausländischer Unternehmen in Polen, WiRO 2000, S. 81

Bugajna-Sporczyk, Dorota, Zmiany sposobu pokrycia kapitału w spółce kapitałowej, (Die Änderung der Kapitaldeckung in einer Kapitalgesellschaft), Prawo Spółek, 2/1997, S. 11

Bugajna-Sporczyk, Dorota, Wspólnicy spółki cywilnej w spółce z o.o. (Gesellschafter einer ZGB-Gesellschaft in der GmbH), Prawo Spółek, 4/1998, S. 8

Borowiecki, Ryszard (Hrsg.), Wycena nieruchomości i przedsiębiorstw (Bewertung der Grundstücke und Unternehmen), Bd. II, Metody wyceny przedsiębiorstw i przyklady ich zastosowania (Methoden der Bewertung von Unternehmen und Beispiele ihrer Verwendung), Warszawa, 1994.
zit.: *Borowiecki,* Wycena

Celichowski, Maciej, Zaspokojenie wierzycieli likwidowanego przedsiębiorstwa (Befriedigung der Gläubiger des liquidierten Unternehmens), Rejent, 7-8/1994

Cierpiał, Romana/ Löffler, Martin/ Thurner, Mario, Die Rechtsstellung der Vorstandsmitglieder einer GmbH in Polen, WiRO 1995, Teil I, S. 333, Teil 2, S. 366

Diedrich, Peter/Kos, Rafał, Entstehung einer GmbH nach polnischem Recht, WiRO 2000, S. 41

Domański, Grzegorz, Konwersja długu na kapitał – aport czy potrącenie ? (Konversion der Schuld in Kapital – Sacheinlage oder Aufrechnung ?), PPH, 4/1996, S. 25

Dziurzyński, Tadeusz/ Fenichel Zygmunt/ Honzatko Mieczysław, Kodeks Handlowy. Komentarz (HGB-Kommantar), Kraków 1935
zit.: *Dziurzyński/Fenichel/Honzatko,* Artikelnummer

Fiołka, Janusz, Własność nieruchomości jako aport do spółki z o.o. (Eigentum an Immobilien als Sacheinlage in die GmbH), PPH, 1/1993 S. 13

Frąckowiak, Józef, Sytuacja spółki z o.o. i spółki akcyjnej oraz osób działających w ich imieniu do chwili rejestracji tych spółek (Situation der GmbH und AG sowie der in ihrem Namen handelnden Personen bis zum Zeitpunkt der Eintragung dieser Gesellschaften), KPP 1/1994, S. 5

Fronc, Robert, Anm. zur Entscheidung des OGH v. 25.1.1995, III CZP 177/94, Rejent 7-8/1996, S. 165

Giezek, J./ Wnuk, D., Odpowiedzialność cywilna i karna w spółkach prawa handlowego (Zivilrechtliche und strafrechtliche Haftung in Gesellschaften des

Handelsrechts), Warszawa 1994
zit.: *Giezek/Wnuk*, Odpowiedzialność

Gil, Izabella/ Gil, Piotr, Metody wyceny przedsiębiorstwa, (Methoden der Unternehmensbewertung), Radca Prawny, 1/1999, S. 34

Gralla, Erhardt, Das polnische Gesellschaftsrecht, IWB Gruppe 3 (Polen), Seite 78

Gralla, Erhardt, Die Vorgesellschaft im deutschen und im polnischen Recht bezogen auf die Gesellschaft mit beschränkter Haftung, in: Księga Pamiątkowa ku czci Prof. Stanisława Włodyki (Festschrift Włodyka), Kraków 1993, S. 143,
zit.; *Gralla*, FS Włodyka

Gralla, Erhardt/ Sonnerberger, Hans Jürgen, Handelsgesellschaften in Osteuropa, München 1993
Zit.: *Gralla/Sonnenberg*

Hykawy, Iwona, in: *Safjan, Andrzej* (Hrsg.), Prawo Wspólnot Europejskich a prawo polskie, prawo spółek (Das Recht der EG und das polnische Recht, Gesellschaftsrecht), S. 41

Ignatowicz, Jerzy, Anm. zum Beschluß des OGH v. 5.12.1991, III CZP 128/91, veröff. in: OSP 11-12/1993, Pos. 241

Jacyszyn, Jerzy, Know-how jako aport (Know-how als Sacheinlage), Prawo Spółek, 2/1992, S. 2

Jacyszyn, Jerzy, Postacie pokrycia wkładu niepieniężnego w spółkach kapitałowych (Die Formen der Kapitaldeckung durch Sacheinlagen in Kapitalgesellschaften), Rejent 12/1992, S. 9

Jacyszyn, Jerzy, Wierzytelność jako aport (Die Forderung als Sacheinlage), Prawo Spółek 10/1996, S. 16

Jacyszyn, Jerzy, Projekt ustawy – Prawo spółek handlowych (ogólna charakterystyka), (Der Entwurf des Gesetzes- Recht der Handelsgesellschaften, allgemeine Charakteristik), Rejent 1/1999, S. 25

Jacyszyn, Jerzy, Druga odsłona projektu ustawy – prawo spółek handlowych (Der zweite Aufzug des Entwurfes des Gesetzes – Recht der Handelsgesellschaften), Rejent 8/1999

Janczewski, Stanisław, Prawo handlowe, wekslowe i czekowe (Handels-, Wechsel- und Scheckrecht), Warszawa 1946

Jędrzejewska, Anna, Zagadnienia harmonizacji polskiego prawa spółek z prawem europejskim (w czesci objętej Dyrektywami I-V) (Fragen der Harmonisierung des polnischen Gesellschaftsrechts mit dem Europarecht – im Bereich der Richtlinien I-V), Studia Prawnicze, 1-4/1996, S. 71

Kanarek, Janusz, Anmerkung zum Urteil des pol. OGH v. 26.4.1992, Palestra, 9-10/1992, S. 24

Kappes Aleksander, Anmerkung zum Urteil des pol. OGH v. 25.1.1995, PPH 11/1995, S. 37

Kappes, Aleksander, Uwagi o przesłankach i charakterze odpowiedzialności z art. 298 k.h. (Die Bemerkungen über Charakter und Voraussetzungen der Haftung aus Art. 298 pol. HGB), PPH 12/1998, S. 37

Kappes, Alerksander, Uwagi o reformie prawa spółek (Anmerkungen zur Reform des Gesellschaftsrechts), Palestra 9-8/1998, S. 6

Kasprzyk, Rafał, Podwyższanie kapitalu w spółkach kapitałowych (Kapitalerhöhung in Kapitalgesellschaften), Palestra 3-4/1991, S. 32

Kidyba, Andrzej, Zakaz dokonywania czynności prawnych z samym sobą a jednoosobowa spółka z o.o. (Selbstkontrahierenverbot und Einmann-GmbH), PiP 1/1991

Kidyba, Andrzej, Spółka z ograniczoną odpowiedzialnością. Komentarz (Gesellschaft mit beschränkter Haftung. Kommentar),
zit.: *Kidyba,* Artikelnummer

Komosa, Tadeusz, Anmerkung zum Urteil des pol. OGH vom 20.5.1992 (III CZP 52/92), OSP 6/1992, S. 108

Kopaczyńska-Pieczniak, Katarzyna, Anmerkung zum Urteil des OGH v. 26.4.1991, PiP 11/1992, S. 107

Krauss, Jacek, Anmerkung zum Urteil des OG v. 5. 12. 1991, PS 11-12/1992, S. 117

Krauss, Jacek, Anmerkung zum Urteil des OGH v. 5.12.1991, PS 11-12/1992, S. 123

Krauss, Jacek, Anmerkung zur Entscheidung des pol. OGH v. 26.4.1991 (III CZP 32/91), PS 3/1992, S. 76- 84

Krauss, Jacek, Przejście wkładów na społkę kapitałową, (Übergang der Sacheinlagen auf die Kapitalgesellschaft), PUG 8-9/1991, S. 152

Krauss, Jacek/ Wiśniewski, Cezary, OGH v. 20.12. 1996, II CKU 38/96, PPH 9/1999, S. 45

Krawczyk, Andrzej, Wadliwa wycena wkładow niepieniężnych do spółki z o.o. (Fehlerhafte Bewertung der Sacheinlagen in die GmbH), Prawo Spółek, 1/1999, S. 14

Kruczalak, Kazimierz (Hrsg)/ Frąckowiak, Józef/ Kidyba, Andrzej/ Pyzioł, Wojciech/ Weiss, Ireneusz, Kodeks handlowy – Komentarz, Warszawa 1998
zit.: Kruczalak/*Bearbeiter*, Artikelnummer

Kubot, Zbigniew, Formy zatrudniania członków zarządu spółek kapitałowych (Formen der Beschäftigung der Vorstandsmitglieder der Kapitalgesellschaften), AUW 1995, S. 88

Kuniewicz, Anmerkung zur Entscheidung des pol. OGH v. 26.4.1991 (III CZP 32/91), PUG 4/1992, S. 89

Litwińczuk, Hanna, Prawo bilansowe (Bilanzrecht), Warszawa 1995

Litwińska, Marta, Anmerkung zum Urteil des OGH v. 22.5.1996, (III CZP 49/96), PPH 3/1996, S. 36

Litwińska, Marta, Anmerkung zum Urteil des OGH v. 20.12. 1996, II CKU 38/96, PPH 9/1999, S. 41

Łętowska, Irena, in: *Radwański, Zbigniew* (Hrsg. des Bandes), System Prawa Cywilnego (System des Zivilrechts), Band III, Teil 1, 1981, S. 926

Marr, Bodo Alexander, Das polnische GmbH-Recht im Vergleich zum deutschen GmbH- Gesetz, Diss. 1998
zit.: *Marr*, Das polnische GmbH-Recht

Marszałkowska-Krześ, Elwira/ Krześ, Sławomir, Anmerkung zum Urteil des Appellationsgericht in Katowice vom 27.5.1993 (III Apr 30/93), MoP 9/1995, S. 287

Mieciński, Michał, Niedokapitalizowanie spółki z o.o. a wysokość kapitału zakładowego, (Unterkapitalisierung der GmbH und die Höhe des Stammkapitals), PPH 6/1998, S. 14

Mika, Iwona, Anm. zum Urteil des pol. OGH vom 23.3.1999 (II CKN 24/98), veröff. in OSP 1999, Pos. 219

Minas, Mariusz, Aspekty prawne wyceny wkładu niepieniężnego do spółki kapitałowej (Die rechtlichen Aspekte der Bewertung von Sacheinlagen in Kapitlagesellschaften), Rejent, 10/1996, S. 50

Minas, Mariusz, Odpowiedzialność cywilna za niewykonanie lub nienależyte wykonanie obowiazków związanych z wniesieniem wkładu niępieniężnego do spółki z o.o. lub spółki akcyjnej (Zivilhaftung für die Nichterfüllung oder Schlechterfüllung der Pflichten zur Einbringung der Sacheinlagen in die GmbH oder AG), Rejent, 1/1994, S. 9

Minas, Mariusz, Zdolność aportowa (Die Sacheinlagefähigkeit), Rejent 9/1995, S. 54

Mojak, Jan, Unieważnienie akcji (Nichtigerklärung der Aktien), Palestra, 1994, S. 30

Mojak, Jan, Anmerkung zum Urteil des pol. OGH vom 20.5.1992 (III CZP 52/92), PiP 6/1993, S. 108

Namitkiewicz, Jan, Kodeks handlowy. Komentarz, tom I, (Handelsgesetzbuch. Kommentar, Bd. I), Warszawa 1934-1947
zit.: *Namitkiewicz,* Artikelnummer

Naworski, Jerzy P., Podwyższenie kapitału zakładowego bez zmiany umowy spółki z o.o. (Erhöhung des Stammkapitals ohne Änderung des GmbH-Vertrages), MoP 5/1999, S. 8.

Niestrzębski, Dariusz/Wołkowicz, Adam, Wkłady niepieniężne w spółkach kapitałowych, (Die Sacheinlagen in Kapitalgesellschaften), PPH 5/1997, S. 20

Nowacki, Jan, Besprechung des Werkes „Die Gesetzesumgehung" von A. Teichmann, PiP 1965, S. 885

Okolski, Modrzejewski, Jednoosobowa spółka z o.o. (Die Einmann- GmbH), Palestra 1/1990, S. 10

Okolski, Jozef, Kodeks handlowy, spółka z o.o., komentarz (Kommentar zum HGB, GmbH-Recht, Warszawa Wrocław 1994

Opalski, Adam, Anmerkung zum Urteil des pol. OGH vom 26.3.1998, Glosa, 12/1999, S. 21

Opalski, Adam, Funkcja gwarancyjna kapitału akcyjnego w świetle wybranych przepisów projektu prawa spółek, (Garantiefunktion des Grundkapitals im Lichte ausgewählter Vorschriften des Entwurfes – Recht der Handelsgesellschaften), PPH, 9/1999, S. 17

Paintner, Thomas, Ausländische Gesellschaften und Gesellschaften mit ausländischer Beteiligung in Polen, WiRO 6/1997, S. 201.

Paluch, Monika, Kapitał zakladowy w procesie tworzenia spółki z o.o. (Das Stammkapital im Gründungsstadium der GmbH), Studia Prawnicze, 3/1998, S. 71

Płonka, Ewa, Anm. zum Urteil des pol. OGH vom 17.7.1999 (III CKN 126/97), veröff. in: OSP 2/1998, Pos. 62.

Płonka, Ewa, Odpowiedzialność odszkodowawcza członka zarządu spółki kapitałowej wobec spółki (Schadensersatzhaftung eines Vorstandsmitglieds gegenüber der Gesellschaft), KPP 2/1994, S. 207 ff.

Płonka, Ewa, Cywilnoprawne problemy związane z tworzeniem spółek kapitałowych (Zivilrechtliche Probleme im Zusammenhang mit der Gründung von

Kapitalgesellschaften), in: *Frąckowiak, Józef/Kieres, Leon* (Hrsg.), Tworzenie i funkcjonowanie spółek. Zagadnienia cywilnoprawne i administracyjne (Gründung und Funktionierung von Gesellschaften. Zivil- und verwaltungsrechtliche Probleme), Warszawa, Wrocław 1990, S. 113

Popiołek, Wojciech, Udział w spółce z o.o. jako przedmiot aportu do innej spółki (Der GmbH-Anteil als Sacheinlage in eine andere Gesellschaft), Rejent 9/1995, S. 31

Potrzeszcz, Radosław, Anmerkung zum Urteil des OGH v. 20.12. 1996, II CKU 38/96, PPH 9/1999, S. 49

Potrzesz, Radosław, Spółki kapitałowe w orzecznictwie sądowym (Kapitalgesellschaften inin der Rechtsprechung), PPH 11/1999

Ptak, Boguslaw, Ustawa o obligacjach. Komentarz (Kommentar zum Gesetz über die Schuldverschreibungen), Krakow 1996

Pyzioł, Wojciech/ Szumański, Andrzej/ Weiss, Ireneusz, Prawo spółek (Gesellschaftsrecht), Bydgoszcz 1998
zit.: Pyzioł/Szumański/Weiss, (Bearbeiter kursiv), Prawo spółek

Radwański, Zbigniew, in: *Grzybowski, Stefan* (Hrsg. des Bandes), System prawa cywilnego, tom I (System des Zivilrechts, Band I), Wrocław, Warszawa 1985

Romanowski, Michał, „Widełkowe" podwyższenie kapitału, („Gabelkapitalerhöhung"), PPH 3/1998

Romanowski, Michał, Obligacja zamienna a charakter prawny wkładu w spółce akcyjnej (Die Optionsanleihe und der rechtliche Charakter der Einlage in der AG), PiP 9/1997, S. 58

Rudnicki, Stanisław, Komentarz do kodeksu cywilnego. Własność i inne prawa rzeczowe (Kommentar zum Zivilgesetzbuch. Eigentum und andere dingliche Rechte), Warszawa 1996

Safjan, Andrzej/ Okolski, Brol,/ Krauss, Jacek/ Opalski, Wiesław/ Modrzejewska, Małgorzata, Stanowisko w sprawie projektu ustawy – Prawo spółek handlowych (Stellung zum Entwurf des Gesetzes – Recht der Handelsgesellschaften), Rzeczpospolita, v. 1.7.1998, Nr. 152 (5012);

Skawiańczyk, Krzysztof, Podwyższenie kapitału zakładowego przez konwersję wierzytelności. Cz. I i II (Kapitalerhöhung durch Konversion der Forderungen), MoP 2/2000, S. 90; MoP 3/2000, S. 162

Skąpski, Józef, Nieruchomość jako aport, (Das Grundstück als Sacheinlage), KPP 2/1993, S. 153

Skorupa, Piotr, Podstawy zatrudniania członków zarządu w spółkach kapitałowych (Rechtliche Grundlage der Beschäftigung von Vorstandsmitglieder in Kapitalgesellschaften), Prawo Spółek, 5/1998, S. 18.

Skubisz, Ryszard (Hrsg.)/ Jakubecki, Andrzej/ Kidyba Andrzej/ Mojak, Jan, Zarys prawa spółek, (Abriss des Gesellschaftsrechts), 3. Aufl. Lublin 1994, zit.: *Skubisz*/Bearbeiter

Śmieja, Andrzej, Kapitał zakładowy i jego funkcje. Wkłady wspólników w spółkach kapitałowych (Stammkapital und seien Funktionen. Einlagen der Gesellschafter in Kapitalgesellschaften), in: *Frąckowiak, Józef* (Hrsg.), Spółka jako podmiot gospodarczy (Gesellschaft als Wirtschaftssubjekt), Wrocław 1995, AUW No 1770/1995

Sobolewski, Ludwik, Obligacje zamienne – nowy instrument na rynku kapitałowym (Wandelschuldverschreibungen – ein neues Instrument auf dem Kapitalmarkt), PPH 2/1997, S. 1

Stefanowicz, Jan A.; Wkład. Kapitał. Udział (Einlage. Kapital. Anteil), PS 1992, Nr. 5, S. 78 ff.

Szer, Seweryn, O charakterze prawnym spółki akcyjnej i spółki z o.o. przed ich zarejestro-waniem (Über den Rechtscharakter der AG und GmbH vor ihrer Registereintragung), PPH 1932, S. 271

Sołtysiński, Stanisław, Reform of Polish Company Law, in: Festschrift für Wolfgang Fikentscher, 1998, S. 419

Sołtysiński, Stanisław, Spóźniona reforma prawa spółek (Verspätete Reform des Gesellschaftsrechts), PPH 5/1999, S. 1

Sołtysiński, Stanisław/Szajkowski, Andrzej/Szumański, Andrzej, Uzasadnienie projektu Ustawy – Prawo Spółek Handlowych (Begründung des Entwurfes des Gesetzes über die Handelsgesellschaften), Studia Prawnicze, 1998, Nr. 1-2 (135-136), S. 144 ff.

Sołtysiński, Stanisław/Szajkowski, Andrzej/Szwaja, Janusz, Kodeks handlowy. Komentarz. T. I und II (Handelsgesetzbuch. Kommentar, B. I und II) zit.: Sołtysiński/Szajkowski/Szwaja, (Bearbeiter kursiv), Artikelnummer

Strzępek, Dorota, Przedsiębiorstwo jako przedmiot aportu w spółkach kapitałowych (Unternehmen als Gegenstand der Sacheinlage in Kapitalgesellschaften), Radca Prawny, 4/1995, S. 49

Strzępka, Janusz, (Hrsg.), Kodeks handlowy w orzecznictwie sądowym 1934-1997, (Handelsgesetzbuch in der Rechtsprechung 1034-1997), 2. Auflage, Warszawa 1999
zit.: *Strzępka* (Hrsg.), Orzecznictwo

Szajkowski, Andrzej, Prawo spółek handlowych (Gesellschaftsrecht), 2. Auflage, Warszawa 1997

Szajkowski, Andrzej, Odpowiedzialność wspólników i czlonków zarządu w spółce z o.o. (Haftung der Gesellschafter und Vorstandsmitglieder in der GmbH), MoP 1/1993, S. 3

Szarek, Ryszard, Odpowiedzialność członków zarządu spółki z o.o. (Haftung der Vorstandsmitglieder der GmbH), Prawo Spółek, 11/1999, S. 5.

Szajkowski, Andrzej, Harmonizacja polskiego prawa spółek z prawem Wspólnot Europejskich, (Die Harmonisierung des polnischen Gesellschaftsrechts mit dem Recht der EG), Studia Prawnicze, 1-4/1996, S. 31

Szumański, Andrzej, Anmerkung zum Urteil des OGH v. 13.10.1988, PiP 1990, Nr. 2, S. 150

Szumański, Andrzej , Pojęcie i przedmiot aportu do spółki akcyjnej (Begriff und Gegenstand der Sacheinlage in die AG), PPH 1/1995, S. 1

Szumański, Andrzej, Problem przekształcenia spółki cywilnej w spółkę kapitałową (Problem der Umwandlung der ZGB-Gesellschaft in die Kapitalgesellschaft), PPH 8/1995, S. 1.

Szumański, Andrzej, Odpowiedzialność za niedojście do skutku spółki kapitałowej (Haftung für das Scheitern der Gründung einer Kapitalgesellschaft), MoP 3/1996, S. 86

Szumański, Andrzej, Problem funkcji gwarancyjnej kapitału zakładowego (akcyjnego) (Probleme der der Garantiefunktion der Stamm- bzw. Grundkapitals), PiP 6/1997, S. 78, 82;

Szumański, Andrzej, Zakres prawa wspólnika spółki kapitałowej do udziału w zysku, (Umfang des Rechts der Gesellschafter auf Gewinnteilnahme), Prawo Spółek, 6/1997, S. 10

Szumański, Andrzej, Wykonanie obowiazku wniesienia do spółki kapitalowej rzeczy ruchomej tytułem aportu (Die Erfüllung der Einlagepflicht von beweglichen Sachen als Sacheinlage in eine Kapitalgesellschaft), PPH 3/1996, S. 7

Szumański, Andrzej, Anm. zum Urteil des OGH v. 20.12. 1996, II CKU 38/96, veröff. in: OSP 6/1997, Pos. 60,

Szumański, Andrzej, Czynności prawne spółki kapitałowej podjęte przez jej zarząd bez zgody rady nadzorczej lub zgromadzenia wspolników (walnego zgromadzenia), (Die durch den Vorstand ohne der Zustimmung des Aufsichtsrates bzw. der Haupt-versammlung vorgenommenen Rechtsgeschäfte),

PPH 7/1997, S. 2
Szumański, Andrzej, Spółka komandytowo-akcyjna (Kommanditgesellschaft auf Aktien), PPH 4/1998, S. 15
Szumański, Andrzej, Wkłady niepieniężne w spółkach kapitałowych (Sacheinlagen im Kapitalgesellschaftsrechts), Warszawa 1997
Szurgacz, Herbert, Charakter prawny zatrudniania członków zarządu w spółce akcyjnej (Rechtscharakter der Beschäftigung von Vorstandsmitglieder in der Aktiengesellschaft), AUW 1995, S. 113
Szymanek, Anmerkung zum Urteil des Woiwodschaftsgerichts in Warschau v. 2.7.1990, veröff. in: Orzecznictwo Gospodarcze 2/1991, Pos. 24
Szymański, Krzysztof, Aport i jego wycena (Sacheinlage und ihre Bewertung), Rachunkowość, 10/1996, S. 495
Tigges, Michael, Polnisches Grundstücksrecht, WiRO 1996, S. 1.
Tomaszewski, Piotr M., Pominięcie osobowości prawnej spółki w prawie USA (Durchgriff durch die Rechtspersönlichkeit der Gesellschaft im Recht der USA), PPH 10/1995 S. 16 und PPH 10/1995, S. 14.
Tomkiewicz, Julian/ Bloch, Józef, Spółki z ograniczoną odpowiedzialnością. Komentarz (Gesellschaften mit beschränkter Haftung. Kommentar), Warszawa 1935, Reprint: Warszawa 1991
zit.: *Tomkiewicz/Bloch*, Artikelnummer
Urbańczyk, Hanna, Przedsiębiorstwo jako aport w spółce z o.o. (Unternehmen als Sacheinlage in die GmbH), Prawo Spółek, 9/1999, S. 22
Wąsowicz, Wojciech, Obejście prawa jako przyczyna nieważnosci czynności prawnej (Die Rechtsumgehung als Ursache der Unwirksamkeit eines Rechtsgeschäfts), KPP 1/1999, S. 69
Weiss, Ireneusz, Problematyka odpowiedzialności cywilnoprawnej związanej z tworzeniem i funkcjonowaniem spółki z o.o. (Problematik der mit der Bildung und mit dem Funktionieren der GmbH verbundenen Zivilhaftung), Krakowskie Studia Prawnicze, 1993/1994, vol. XXVI- XXVII, S. 65
Wiśniewski, Andrzej W., Prawo o spółkach. Podręcznik praktyczny (Gesellschaftsrecht. Praktisches Lehrbuch) Band 1, 2,
Wiśniewski, Andrzej W., Spółki kapitałowe, (Kapitalgesellschaften), Warszawa 1995
Wiśniewski, Cezary, Funkcje kapitału zakładowego w spółce z o.o. (Funktionen des Stammkapitals in der GmbH), PP 1992, Nr. 2, S. 1, 26 f.;
Wiśniewski, Cezary, Konwersja długu na kapitał zakładowy w spółkach kapita-

łowych (Konversion der Verbindlichkeiten in das Kapital in der Kapitalgesellschaften), PPH 9/1996, S. 24

Wiśniewski, Cezary, Anmerkung zur Entscheidung des pol. OGH v. 20.5.1992 (III CZP 52/92), PPH 1/1992, S. 22 f.

Wiśniewski, Cezary, Prawa względne jako przedmiot aportu w spółkach kapitałowych- z doświadczeń niemieckich (Obligatorische Rechte als Einlagen in Kapitalgesellschaften – aus den deutschen Erfahrungen), PUG 5/1991, S. 37

Wróblewski, Stanisław, Komentarz do kodeksu handlowego (HGB-Kommentar), Kraków 1935, Bd. 1

Włodyka Stanisław (Hrsg.), Prawo spółek (Gesellschaftsrecht), 2. Aufl., Kraków 1996
zit.: Włodyka/*Bearbeiter*, Prawo spółek

Włodyka, Stanisław (Hrsg.), Kapitalgesellschaften in Polen, Berlin 1992

Zieliński, Tadeusz, Nieważność czynności sprzecznych z ustawą w prawie cywilnym (Die Nichtigkeit der gesetzwidrigen Rechtsgeschäfte im Zivilrecht), RPEiS 2/1967, S. 69

Zoll, Fryderyk/ Kuglarz, Paweł, Gründung einer polnischen Einmann-GmbH durch eine deutsche Einmann-GmbH, RIW 1999, S. 277

Żyznowski, Tadeusz, Odpowiedzialność cywilna w spółkach handlowych (Zivilhaftung in Kapitalgesellschaften), PUG 5/1996, S. 2

Żuławska, Czesława, Aporty w spółkach z o.o., (Sacheinlagen in der GmbH), PS 7-8/1993, S. 4

Żuławska, Czesława, Sądowa weryfikacja danych o wkładach do spółki z o.o. (Gerichtliche Überprüfung der Angaben über die Sacheinlagen in die GmbH), Radca prawny, 5/1993, S. 3

Literatur zum deutschen Recht:

Aktiengesetz, Großkommentar, 4. Aufl., 2. Lieferung, §§ 1-14 AktG, 1992; 5. Lieferung, §§ 179-191 AktG, 1995; 7. Lieferung, §§ 23-40 AktG, 1997
zit.: *Bearbeiter*, in: Großkomm.

Altmeppen, Holger, Anmerkung zum Urteil des BGH v. 27.1.1997 - II ZR 123/94, NJW 1997, S. 1507

Altmeppen, Holger, Das unvermeidliche Scheitern des Innenhaftungskonzepts in der Vor-GmbH, NJW 1997, S. 3272;

Altmeppen, Holger, Anm. zum Urteil LSG Baden Württemberg, ZIP 1997, S. 1651

Angermayer, Die aktienrechtliche Prüfung von Sacheinlagen, Diss. 1994

Banerjea, Nirmal Robert, Die rechtliche Behandlung des Mantelkaufs, GmbHR 1998, S. 814

Banerjea, Nirmal Robert, Haftungsfragen in Fällen materieller Unerkapitalisierung und im qualifizierten faktischen Konzern, ZIP 1999, S. 1155

Bärwaldt, Roman, Schabacker, Joachim, Keine Angst vor Mantel und Vorratsgesellschaften, GmbHR 1998, S. 1005

Bauer, Marcus, Gläubigerschutz durch eine formelle Nennkapitalziffer - Kapitalgesellschaftsrechtliche Notwendigkeit oder überholtes Konzept, Diss. Peter Lang Verlag, Frankfurt am Main 1995
zit.: *M. Bauer*, Gläubigerschutz

Baumbach, Adolf/Hueck, Alfred, GmbH-Gesetz, 16. Aufl., 1996

Bayer, Walter, Neue und neusten Entwicklungen zur verdeckten Sacheinlage, ZIP 1998, S. 1985

Bayer, Walter, Abtretung und Pfändung der GmbH-Stammeinlageforderungen, ZIP 1989, S. 8

Bergmann, Thomas, Die verschleierte Sacheinlage bei AG und GmbH, AG 1987, S. 57

Binz, Mark K./Freudenberg, Götz, Zur Nachgründungsproblematik beim going public, DB 1992, S. 2281

Boehme, Matthias, Kapitalaufbringung durch Sacheinlage insbesondere obligatorische Nutzungsrechte, Diss., Köln 1999,
zit.: *Boehme,* Kapitalaufbringung

Boesebeck, Ernst, Anmerkung zum Urteil des RG vom 25.1.1939, DR 1939, S. 431

Bork, Reinhard, Die Einlagefähigkeit obligatorischer Nutzungsrechte, ZHR 154 (1990), S. 205

Bork, Reinhard, Haftung des GmbH-Geschäftsführers wegen verspäteten Konkursantrags – Besprechung der Entscheidung BGHZ 126, S. 181-, ZGR 1995, S. 505

Boucourechliev/ Hommelhoff (Hrsg.), Vorschläge für eine Europäische Privatgesellschaft, Köln 1999;

Boujong, Karlheinz, Das Trennungsprinzip des § 13 Abs. 1 GmbHG und seine Grenze in der neueren Judikatur des BGH, Festschrift für Walter Odersky, Berlin New York 1996

Boujong, Karlheinz, Zur Auslegung und Fortbildung des GmbH-Rechts in der neuen Judikatur des BGH, GmbHR 1992, S. 207, 208

Boujong, Karlheinz, Ist die Rechtsprechung des BGH zur GmbH noch gesetzeskonform ?, JbFSt 1996/97, S. 51

Brandner, Hans Erich, Verdeckte Sacheinlage: eine Aufgabe für Gesetzgeber ?, Festschrift für Karlheinz Boujong, München 1996

Brock, Ulrich, Die Haftungssituation des Geschäftsführers der GmbH und ihre Begrenzung im Bereich der Vorgesellschaft, Diss. 1987
zit.: *Brock*, Haftungssituation

Brodmann, Erich, GmbHG-Kommentar, Berlin und Leipzig 1930

Bröcker, Norbert, Die aktienrechtliche Nachgründung: Wieviel Kontrolle benötigt die junge Aktiengesellschaft ?, ZIP 1999, S. 1029

Büttner, Hermann, Identität und Kontinuität bei der Gründung juristischer Personen, Diss., Bielefeld 1967

Claussen, Carsten, Die GmbH braucht eine Deregulierung des Kapitalersatzrechts, GmbHR 1996, S. 316, 320;

Claussen, Carsten, So musste es kommen ! Über die Situation des deutschen Rechnungslegungsrechts, AG 1993, S. 278

DAV-Vorschlag zum Problem der „verdeckten Sacheinlage" WiB 1996, S. 707

Dauner-Lieb, Barbara, Die Berechnung des Quotenschadens – Besprechung des Urteils BGH ZIP 1997, S. 1542 -, ZGR 1998, S. 617

Döllerer, Georg, Das Kapitalnutzungsrecht als Gegenstand der Sacheinlage bei Kapitalgesellschaften, in: Festschrift für Hans-Joachim Fleck, 1988, S. 35

Dreßel, Robert, Kapitalaufbringung und –erhaltung in der GmbH unter besonderer Berücksichtigung des Gründungsstadiums, Diss. Peter Lang Verlag, Frankfurt am Main, Bern, New York, Paris, 1988
zit: *Dreßel*, Kapitalaufbringung

Drinkuth, Henrik, Die Kapitalrichtlinie - Mindest- oder Höchstnorm, Diss. 1998
zit.: *Drinkuth*, Die Kapitalrichtlinie

Ebenroth, Carsten Thomas/Neiß, Ellen, Zur Vereinbarkeit der Lehre von der verdeckten Sacheinlage imt EG-Recht, BB 1992, S. 2085

Ebke, Werner F., Besprechung des Urteils des EuGH v. 9.3.1999 - Rs.C-212/97 - „Centros", JZ 1999, S. 656

Eckert, Michael, Anm. zur Entscheidung des BAG vom 26.5.1999, DStR 1999, S. 1868

Ehricke, Ulrich, Zur Begründbarkeit der Durchgriffshaftung in der GmbH, insbesondere aus methodischer Sicht, AcP 1999, S. 257

Einsele, Dorothee, Verdeckte Sacheinlage, Grundsatz der Kapitalaufbringung und Kapitalerhaltung, NJW 1996, S. 2681

Ekkenga, Jens, Zur Aktivierungs- und Einlagefähigkeit von Nutzungsrechten nach Handelsbilanz- und Gesellschaftsrecht, ZHR 161 (1997), S. 599

Ensslin, Joachim, Stauder, Bernd, Rechtsfragen bei mangelhafter Sachinelage in die GmbH, GmbHR 1968, S. 156

Escher-Weingart, Christina, Aktienrecht und Differenzhaftung, AG 1987, S. 310

Everling, Ulrich, Das Niederlassungsrecht in der EG als Beschränkungsverbot – Tragweite und Grenzen, Gedächtnisschrift für Brigitte Knobbe-Keuk, Köln 1997, S. 607

Fabritius, Andreas, Vermögensbindung in AG und GmbH - tiefgreifender Unterschied oder grundsätzliche Identität ?, ZHR 144 (1980), 628

Farrenkopf, Stefan, Cahn, Andreas, Differenzhaftung im Aktienrecht ?, AG 1985, S. 209

Fastrich, Lorenz, Ketzerisches zur sogenannten Finanzierungsverantwortung, Festschrift für Wolfgang Zöllner, Köln Berlin Bonn München 1998, Bd. I, S. 143

Festl-Wietek, Wolfgang, Bewertung von Sacheinlagen, Umwandlungen und Verschmelzungen bei Gesellschaften mbH, BB 1993, S. 2410

Fischer, Robert, Anmerkung zu BGH, Urt. V. 16.2.1959 = BGHZ 29, 300, in: LM Nr. 1 zu § 5 GmbHG

Fleck, Hans-Joachim, Das Organmitglied - Unternehmer oder Arbeitnehmer, Festschrift für Marie Luise Hilger und Hermann Stumpf, München 1983, S. 197

Fleck, Hans-Joachim, Zur Haftung des GmbH-Geschäftsführers, GmbHR 1974, S. 224

Fleck, Hans-Joachim, Neuste Entwicklungen in der Rechtsprechung zur Vor-GmbH, GmbHR, 1983, S. 5

Fleischer, Holger, Gläubigerschutz in der kleinen Kapitalgesellschaft: Deutsche GmbH versus englische private limited company, DStR 2000, S. 1015

Flume, Werner, Allgemeiner Teil des Bürgerlichen Rechts, Erster Band, Zweiter Teil, Die juristische Person; Zweiter Band, Das Rechtsgeschäft, Berlin, Heidelberg, New York, Tokyo, 1983

Flume, Werner, Zur Enträtselung der Vorgesellschaft. Eine Untersuchung aus Anlass der Entscheidung BGH NJW 1981, S. 1373, NJW 1981, S. 1753

Flume, Werner, Die Rechtsprechung zur Haftung der Gesellschafter der Vor-GmbH und die Problematik der Rechtsfortbildung, DB 1998, S. 45

Flume, Werner, Die Kapitalerhöhung unter Verwendung der Dividende nach Handelsrecht und Kapitalverkehrssteuerrecht, DB 1964, S. 21

Frey, Kaspar, Einlagen in Kapitalgesellschaften - Gläubigerschutz und Gestaltungsfreiheit, Diss. 1990

Gansen, Georg, Harmonisierung der Kapitalaufbringung im englischen und deutschen Kapitalgesellschaftsrecht, Diss., 1992

Ganske, Joachim, Das Zweite gesellschaftstrechtliche Koordnierungsgesetz vom 13. Dezember 1978, DB 1978, S. 2461

Gaul, Dieter, Der leitende Angestellte in Doppelfunktion als Organmitglied, GmbHR 1989, S. 357

von Gerkan, Hartwin, Das Recht der Eigenkapitalersatzes in der Diskussion, ZGR 1997, S. 173

Geßler, Ernst, Die Umwandlung von Krediten in haftendes Kapital, Festschrift Philipp Möhring, 1975, S. 173

Geßler, Ernst/Hefermehl, Wolfgang/Eckhardt, Ulrich/Kropff, Bruno, Aktiengesetz - Kommentar, Band I: §§ 1-75 AktG, 1973-1984
zit.: *Geßler/Hefehrmehl/EckardtKropff*

Gienow, Herbert, Zur Differenzhaftung nach § 9 GmbHG, in: Festschrift für Johannes Semler, Berlin New York 1993, S. 165,

Goette, Wulf, Anmerkung zum Urteil des LAG Köln, DStR 1998, S. 179

Goette, Wulf, Anmerkung zum Urteil des BGH v.4.3.1996, II ZR 123/94, DStR 1996, S. 517

Goette, Wulf, Anmerkung zum Urteil des BGH v. 27.1.1997 - II ZR 123/94, DStR 1997, S. 625

Goette, Wulf, Der Stand der höchstrichterlichen Rechtsprechung zur Kapitalaufbringung, DStR 1997, S. 924.

Goette, Wulf, Einige Aspekte des Eigenkapitalersatzrechts aus richterlicher Sicht, ZHR 162 (1998), S. 223

Goette, Wulf, Anm. zum BGH-Urteil v. 30.3.1998, II ZR 146/96, DStR 1998, S. 651

Godin, Freiherr von//Wilhelmi, Hans, Aktiengesetz vom 6. September 1965,

Kommentar, 4. Aufl., Band I: §§1-178 AktG, 1971

Görk, Stefan, Das EuGH-Urteil in Sachen „Centros“ vom 9.März 1999: Kein Freibrief für Briefkastengesellschaften !, GmbHR 1999, S. 793

Götz, Alexander, Hegerl, Hans-Jörg, Die Sanierungsfeindlichkeit des Eigenkapitalersatzrechts und die Sanierungsobjektgesellschaft als Ausweg, DB 1997, S. 2365

Götz, Philip/Gehlich, Jens, Die Haftung von Gesellschafter und Geschäftsführer bei Verwendung eines GmbH-Mantels, ZIP 1999, S. 1653

Groß, Werner, Deliktische Außenhaftung des GmbH-Geschäftsführers, ZGR 1998, S. 551

Grunewald, Barbara, Gesellschaftsrecht, 3. Aufl., Tübingen 1999

Grunewald, Barbara, Plädoyer für eine Abschaffung der Rechtsregeln für eigenkapitalersetzende Gesellschafterdarlehen, GmbHR 1997, S. 7

Grunewald, Barbara, Rechtsfolgen verdeckter Sacheinlage, Festschrift für Heinz Rowedder 1994, S. 111;

Grunewald, Barbara/ Müller, Hans-Friedrich, Die Entwicklung des Gesellschaftsrechts 1997/1998, JZ 1999, S. 442.

Haas, Ulrich, Geschäftsführerhaftung und Gläubigerschutz, Hab., München 1997

Haas, Franz Josef, Gesellschaftsrechtliche Kriterien zur Sacheinlagefähigkeit von obligatorischen Nutzungsrechten, in: Festschrift für Georg Döllerer, 1988, S. 169

Habersack, Mathias, Die Mitgliedschaft – subjektives und „sonstiges“ Recht, Habil. 1996

Habersack, Mathias, Eigenkapitalersatz im Gesellschaftsrecht, ZHR 162 (1998), S. 201

Habersack, Mathias, Europäisches Gesellschaftsrecht, München 1999

Habersack, Mathias/ Lüssow, Björn, Vorbelastungshaftung, Vorbelastungsbilanz, Unternehmensbewertung, NZG 1999, S. 629 ff.

Habetha, Joachim W., Verdeckte Sacheinlage, endgültig freie Verfügung und Drittzurechnung und „Heilung“ nach fehlgeschlagenen Bareinzahlungen im GmbH-Recht, ZGR 1998, S. 305

Hachenburg, Max, Grokommentar zum GmbHG, Bd. I §§ 1-34, 8. Aufl. Berlin, New York 1992, Bd. 2, §§ 35-52, 8. Aufl. Berlin, New York 1997
zit: Hachenburg/*Bearbeiter*

Hansen, Ulrike, Die verdeckten Sacheinlagen in Frankreich, Belgien und

Deutschland, Diss., 1996

Heerma, Jan Dirk, Mantelverwendung und Kapitalaufbringungspflichten, Diss. Köln 1997

Heider, Karsten, Einführung der nennwertlosen Aktie in Deutschland anlässlich der Umstellung des Aktienrechts auf den Euro, AG 1998, S. 1

Hartmann, Ingo, Gründerhaftung in der Vor-GmbH, WiB 1997, S. 66

Henze. Hartwig, Zur Problematik der „verdeckten (verschleierten) Sacheinlage" im Aktien- und GmbH-Recht, ZHR 154 (1990), S. 105

Henze, Hartwig, Aktienrecht. Höchstricherliche Rechtsprechung, Köln 2000

Hey, Wolfgang O. Die Kapitalerhöhung bei der GmbH unter Verwendung von Geldforderungen, Diss. 1992

Hillmann, Reinhard, Das Centros-Urteildes Europäischen Gerichtshofs – Konsequenzen für die Rechtsprechung, in: VGR (Hrsg.), Gesellschaftsrecht in der Diskussion 1999, Bd. 2 (2000), S. 231

Hoffmann, Wolf-Dieter, Sind wertlose Forderungen gegen Kapitalgesellschaften zum Nennwert einlagefähig ?, BB 1992, S. 575

Helms, Dietmar, Die Europäische Privatgesellschaft, Diss. Köln 1998;

Hirte, Heribert, Kapitalgesellschaftsrecht, 2. Aufl. Köln 1999

Holzapfel, Hans-Joachim/Roschmann, Christian, Nachgründung gemäß § 52 AktG, in: Festschrift für Gerold Bezzenberger, Berlin, New York 2000, S. 163

Hommelhoff, Peter/Kleindiek, Detlef, Schuldrechtliche Verwendungspflichten und „freie Verfügung" bei der Barkapitalerhöhung, ZIP 1987, S. 477

Hommelhoff, Peter, Die deutsche GmbH im System der Kapitalgesellschaften, in: *Roth* (Hrsg.), Das System der Kapitalgesellschaften im Umbruch, Köln 1990, S. 27

Hommelhoff, Peter, Europäisches Bilanzrecht im Aufbruch, RabelsZ 62 (1998), S. 381

Hommelhoff, Peter, Gestaltungsfreiheit im GmbH-Recht, in: M.Lutter, H. Wiedemann (Hrsg.), Gestaltungsfreiheit im Gesellschaftsrecht, ZGR- Sonderheft 13; S.36

Hommelhoff, Peter/Freytag, Lars, Wechselseitige Einflüsse von GmbH- und Aktienrecht (Teil I), DStR 1996, S. 1367

Hommelhoff, Peter/Helms, Dietmar, Weiter auf dem Weg zur Europäischen Privatgesellschaft, GmbHR 1999, S. 53

Hommelhoff, Peter/Schubert, Werner, Hundert Jahre modernen Aktienrechts.

Eine Sammlung von Texten und Quellen zur Aktienrechtsreform 1884 mit zwei Einführungen, Berlin New York 1985

Honsell, Heinrich, Umwandlung von Kredit in Haftkapital – „verschleierte" Sacheinlage, Festschrift für Gerhard Frotz, 1993, S. 307

Hueck, Götz, Gewinnvorschuß bei der GmbH, ZGR 1975, S. 133

Hüffer, Uwe, Aktiengesetz-Kommentar, 4. Aufl., München 1999

Hüffer, Uwe, Wertmäige statt gegenständlicher Unversehrtheit von Bareinlagen im Aktienrecht - Besprechung der Entscheidung BGH NJW 1992, S. 3300 -, ZGR 1993, S. 474

Hüffer, Uwe, Harmonisierung des aktienrechtlichen Kapitalschutzes - Die Durchführung der Zweiten EG-Richtlinie zur Koordinierung des Gesellschaftsrechts, NJW 1979, S. 1065

van Hulle, Karel, Die Zukunft der europäischen Rechnungslegung im Rahme einer sich ändernden internationalen Rechnungslegung, Wpg 1998, S. 138.

Ihrig, Hans-Chrisoph, Die endgültige freie Verfügung über die Einlage von Kapitalgesellschaftern - Ein Beitrag zum Recht der Kapitalaufbringung bei GmbH und Aktiengesellschaft, Diss., 1991

John, Uwe, Zur Problematik der Vor-GmbH, insbesondere bei der Einmann-Gründung, BB 1982, S. 505

John, Uwe, Die Gründung der Einmann-GmbH, Köln 1986

Joost, Detlev, Kapitalbegriff und Reichweite der Bindung des aufgebrachten Vermögens in der GmbH, GmbHR 1983, S. 285

Joost, Detlev, Grundlagen und Rechtsfolgen der Kapitalerhaltungsregeln in der GmbH, ZHR 148 (1984), S. 27

Joost, Detlev, Grundlagen und Rechtsfolgen der Kapitalerhaltungsregeln im Aktienrecht, ZHR 149 (1985), S. 419

Joost, Detlev, Verdeckte Sacheinlagen, ZIP 1990, S. 549

Joost, Detlev Anm. zu Schlussanträgen vom Generalanwalt *G. Tesauro,* in der Rechtssache Meilicke/ADV-ORGA, ZIP 1992, S. 1033

Junker, Abbo, Das eigenkapitalersetzende Aktionärdarlehen, ZHR 156 (1992), S. 394

Kamm, Christoph, Gesellschafterdarlehen an Kapitalgesellschaften- Nach deutschem Recht unter Berücksichtigung des schweizerischen und des französischen Rechts, München 1967

Karollus, Martin, Die Umwandlung von Geldkrediten in Grundkapital – eine verdeckte Sacheinlage ?, ZIP 1994, S. 589,

Kießling, Erik, Vorgründungs- und Vorgesellschaften, Diss. 1999

Kindler, Peter, Niederlassungsfreiheit für Scheinauslandsgesellschaften ?, NJW 1999, S. 1993

Kindler, Peter, Verdeckte Sacheinlage und Kapitalschutzrichtlinie - Zur Umwandlung von Geldkrediten in Nennkapital der AG, Festschrift für Karlheinz Boujong, München, 1996, S. 299

Kindler, Peter, Aktiengesellschaft für den Mittelstand, NJW 1994, S. 3041

Kleindiek, Detlef, Deliktshaftung und juristische Person, Hab., Tübingen 1997

Kleindiek, Detlev, Zur Gründerhaftung in der Vor-GmbH - Besprechung der Entscheidung BGH ZIP 1997, 679-, ZGR1997, S. 427

Kleindiek, Detlef, Geschäftsleitertätigkeit und Geschäftsleitungskotrolle: Treuhänderische Vermögensverwaltung und Rechnungslegung, ZGR 1998, S. 466.

Knobbe-Keuk, Brigitte, Obligatorische Nutzungsrechte als Sacheinlage in Kapitalgesellschaften ?, ZGR 1980, S. 214

Knobbe-Keuk, Brigitte, Umwandlung einer Personengesellschaft in eine GmbH und verschleierte Sachgründung, ZIP 1986, S. 885

Knobbe-Keuk, Brigitte, Niederlassungsfreiheit: Diskriminierungs- oder Beschränkungsverbot erläutert an Hand einiger Beispiele, DB 1990, S. 2573

Knobbe-Keuk, Bilanz- und Unternehmenssteuerrecht, 9. Aufl., Köln 1993

Kraft, Alfons, Probleme im Zusammenhang mit der Leistung von Einlagen bei Gründung einer Aktiengesellschaft, in: Gedächtnisschrift für Dietrich Schultz, 1987, S. 193

Krebs, Karsten/Wagner, Jens, Der Leistungszeitpunkt von Sacheilagen nach § 36a Abs. 2 AktG, AG 1998, S. 467

Krieger, Gerd, Zur Reichweite des § 52 AktG, Festschrift für Carsten Claussen, 1996, S. 223

Krieger, Gerd, Zur Heilung verdeckter Sacheinlage in der GmbH - Besprechung der Entscheidung, ZGR 1996, S. 674

Kölner Kommentar zum Aktiengesetz, 2. Aufl., Bd. 1: §§§ 1-147 AktG, 1988; Bd. 5/1: §§ 179-240 AktG, 1995
zit.: *Verfasser* in: KK

Kübler, Friedrich, Aktiensrechtsreform und Unternehmensverfassung, AG 1994, S. 141

Kübler, Friedrich, Kapitalmarktgerechte Aktien ?, WM 1990, S. 1853

Kübler, Friedrich, Aktie, Unternehmensfinanzierung und Kapitalmarkt, Köln

1990

Kübler, Friedrich, Gesellschaftsrecht, 5 Aufl., 1999

Küting, Karlheinz, Weber, Claus-Peter, Die Darstellung des Eigenkapitals bei der GmbH nach dem Bilanzrichtlinie-Gesetz, GmbHR 1984, S. 165.

Küting, Karlheinz, Europäisches Bilanzrecht und Internationalisierung der Rechnungslegung, BB 1993, S. 30

Kutzer, Bernhard, Die Tilgung der Bareinlageschuld durch den GmbH-Gesellschafter, GmbHR 1987, S. 297

Leible, Stefan, Bilanzpublizität und Effektivität des Gemeinschaftsrechts, ZHR 162 (1998), S. 594

Leible, Stefan, Anm. zum Urteil des EuGH v. 9.3.1999 - Rs.C-212/97 - „Centros", NZG 1999, S. 298

Lieb, Manfred, Meilenstein oder Sackgasse Bemerkungen zum Stand der Rechtsprechung und –lehre zur Vorgesellschaft, Festschrift für Walter Stimpel, Berlin, New York 1985, S. 399

Lieb, Manfred, Zum Spannungsverhältnis zwischen Vorbelastungshaftung und Differenzhaftung. Versuchung einer Harmonisierung, Festschrift für Wolfgang Zöllner, Köln Berlin Bonn München 1998

Loos, Gerold, Zur verschleierten Sacheinlage bei der Aktiengesellschaft - Ein systemwidrige Gesetzesinterpretation contra legem ?, AG 1989, S. 381

Lutter, Marcus, Kapital, Sicherung der Kapitalaufbringung und Kapitalerhaltung in den Aktien- und GmbH-Rechten der EWG, Karlsruhe 1964

Lutter, Marcus, Gescheiterte Kapitalerhöhungen, Festschrift für Wolfgang Schilling, 1973, S. 207

Lutter, Marcus, Hommelhoff, Peter, Nachrangiges Haftkapital und Unterkapitalisierung in der GmbH, ZGR 1979, S. 58

Lutter, Marcus,Vom formellen Mindestkapital zu materiellen Finanzierungsregeln im Recht der Kapitalgesellschaften, FS Riesenfeld Heidelberg 1983

Lutter, Marcus, Verdeckte Leistungen und Kapitalschutz, in: Festschrift Ernst C. Stiefel, S. 505

Lutter, Marcus, Das überholte Thesaurierungsgebot bei Eintragung einer Kapitalgesellschaft ins Handelsregister, NJW 1989, S. 2649

Lutter, Marcus, Vorleistung des Zeichners und „freie Verfügung" bei Gründung und Kapitalerhöhung, Festschrift für Theodor Heinsius, Berlin New York 1991, S. 497

Lutter, Marcus, Europäisches Unternehmensrecht, 4. Aufl. 1996

Lutter, Marcus, Anm. zum BGH-Beschluß v. 4.3.1996 - II ZB 8/95, JZ 1996, S. 912;

Lutter, Marcus, Haftungsrisiken der Geschäftsführer einer GmbH, GmbHR 1997, S. 329

Lutter, Marcus, Treupflichten und ihre Anwendungsprobleme, ZHR 162 (1998), S. 164,

Lutter, Marcus, Gesetzliches Garantiekapital als Problem europäischer und deutscher Rechtspolitik, AG 1998, S. 375

Lutter, Marcus, Haftungsrisiken bei der Gründung einer GmbH, JuS 1998, S. 1073

Lutter, Marcus, Ryzyko z tytulu odpowiedzialnosci powstajacej w stadium tworzenia spolki z o.o. na gruncie prawa niemieckiego, PPH 1/1999, S. 2 (polnische Fassung des Aufsatzes JuS 1998, S. 1073)

Lutter, Marcus, Zahlungseinstellung und Überschuldung unter der neuen Insolvenzordnung, ZIP 1999, S. 641

Lutter, Marcus/Gehling, Christian, Verdeckte Sacheinlagen - Zur Entwicklung der Lehre und zu den europäischen Aspekten, WM 1989, S. 1445

Lutter, Marcus, Zum Umfang der Bindung durch Richtlinien, Festschrift für Ulrich Everling, Bd. I, Baden Baden 1995, S. 765

Lutter, Marcus/Ziemons, Hildegard, Die unverhoffte Renaissance der Nachgründung, ZGR 1999, S. 479

Lutter. Marcus, Haftung und Haftungsräume des GmbH-Geschäftsführers. 10 Gebote an den Geschäftsführer, GmbHR 2000, S. 301.

Lutter, Marcus/Zöllner, Wolfgang, Zur Anwendung der Regeln über die Sachkapital-erhöhung auf das Ausschüttungs-Rückhol-Verfahren, ZGR 1996, S. 164

Lutter, Marcus/Hommelhoff, Peter, GmbH Kommentar, 15. Auflage, Köln 2000

Luttermann, Claus, Das Kapitalgesellschaften- und Co.- Richtlinie-Gesetz, ZIP 2000, S. 517

Lutz, Harald, Matschke, Manfred Jürgen, Zur Bewertung von Sacheinlagen bei Gründung und Kapitalerhöhung unter dem Aspekt des Gläubigerschutzes, WPg 1992, S. 741

Mayer, Ulrich, Mantelkauf und Mantelverwendung (k)ein Problem ?, NJW 2000, S. 175

Mayer, Dieter, Der Leistungszeitpunkt bei Sacheinlageleistungen im Aktienrecht, ZHR 154 (1990), S. 535

Medicus, Dieter, Deliktische Außenhaftung der Vorstandsmitglieder und Geschäftsführer, ZGR 1998, S. 571

Meilicke, Wienand, Obligatorische Nutzungsrechte als Sacheinlage, BB 1991, S. 579

Meilicke, Wienand, Die „verschleierte" Sacheinlage – eine deutsche Fehlentwicklung, Stuttgart, 1989

Meilicke, Wienand, Die Kapitalaufbringungsvorschriften als Sanierungsbremse – Ist die deutsche Interpretation des § 27 Abs. 2 AktG richtlinienkonform ?, DB 1989, 1067 ff und 1119

Meilicke, Wienand, Anmerkung zum Urteil des EuGH v. 9.3.1999 - Rs.C-212/97 - „Centros", DB 1999, S. 625

Meister, Burkhardt W., Zur Vorbelastungsproblematik und zur Haftungsverfassung der Vorgesellschaft bei der GmbH, in: Festschrift für Winfried Werner, Berlin, New York 1984, S. 521

Merkt, Hanno, Das Centros-Urteil des Europäischen Gerichtshofs – Konsequenzen für den nationalen Gesetzgeber, in: VGR (Hrsg.), Gesellschaftsrecht in der Diskussion 1999, Bd. 2 (2000), S. 111

Möhring, Philipp, Erbringung von Stammeinlagen bei einer GmbH durch Aufrechnung, Festschrift für Reimer Schmidt, Karlsruhe 1976, S. 85

Mülbert, Peter, Das „magische Dreieck der Barkapitalaufbringung" – Verdeckte Sachleistungen im GmbH- und Aktienrecht, ZHR 154 (1990), S. 145

Müller-Eising, Karsten, Die verdeckte Sacheinlage: Tatbestand und Rechtsfolge unter besonderer Berücksichtigung von Drittbeteiligungsfällen, Diss. München 1993

Müller, Welf, Zur Umwandlung von Geldkrediten in Grundkapital fallierender Gesellschaften - Besprechung der Entscheidung BGHZ 125, S. 141 - , ZGR 1995, S. 127

Müller, Welf, Der Verlust der Hälfte des Grund- oder Stammkapitals, ZGR 1985, S. 191

Münchener Handbuch des Gesellschaftsrechts, Bd. 3 Gesellschaft mit beschränkter Haftung, Band 3, Aktiengesellschaft, Hrsg. von Hoffmann-Becking, München
zit. *Bearbeiter* in: MünchHdb

Muráti, Ilona, Gläubigerschützende Maßnahmen zur Sicherung der Kapitalaufbringung und der Kapitalerhaltung im spanischen Aktienrecht, Diss. 1993, S. 57

Niederleithinger, Ernst, Gesetzliches Garantiekapital als Problem europäischer und deutscher Rechtspolitik, AG 1998, S. 378

Nowotny, Christian, Verlust des halben Stammkapitals - Ein „kleiner" Unterschied zwischen deutschem und österreichischem Gesellschaftsrecht, Festschrift für Johannes Semler, Berlin New York 1993, S. 231

Pentz, Andreas, Zur beabsichtigen Änerung des § 52 AktG im RefE des Gesellschafters zur Namensaktie und zur Erleichterung der Stimmrechtsausübung – Namensaktiengesetz, NZG 2000, S. 225

Preuß, Nicola, Grundsätze der Kapitalaufbringung und Kapitalerhaltung in der GmbH, JuS, 1999, S. 342

Priester, Hans-Joachim, Vorabausschüttungen bei der GmbH, DB 1973, S. 2382 ff;

Priester, Hans-Joachim, Die Unversehrtheit des Stammkapitals bei Eintragung der GmbH - ein notwendiger Grundsatz ?, ZIP 1982, S. 1141

Priester, Hans-Joachim, Mantelverwendung und Mantelgründung bei der GmbH, DB 1983, S. 2291

Priester, Hans-Joachim, Gläubigerbefriedigung - Bar- oder Sacheinlage ?, BB 1987, S. 208

Priester, Hans-Joachim, Die Heilung verdeckter Sacheinlage im Recht der GmbH, DB 1990, S. 1753

Priester, Hans-Joachim, Kapitalaufbringung bei korrespondierenden Zahlungsvorgängen, ZIP 1991, S. 350.

Priester, Hans-Joachim, Wertgleiche Deckung statt Bardepot ? Die Verwendung von Geldeinlagen bei Kapitalerhöhung, ZIP 1994, S. 599

Priester, Hans-Joachim, Heilung verdeckter Sacheinlage bei der GmbH, ZIP 1996, S. 1025

Priester, Hans-Joachim, GmbH-Kapitalerhöhung im Wege der Ausschüttungs-Rückhol-Verfahrens - Besprechung der Entscheidung BGHZ 135, S. 381- , ZGR 1998, S. 857

Priester, Hans-Joachim, Verlustanzeige und Eigenkapitalersatz - Zur Funktion der §§ 92 Abs. 1 AktG, 49 Abs. 3 GmbHG, ZGR 1999, S. 533

Priester, Hans-Joachim, Die Erhöhung des Stammkapitals mit kapitalersetzenden Gesellschafterdarkehen, Festschrift für Georg Döllerer, Düsseldorf 1988, S. 475

Priester, Hans-Joachim, Kapitalaufbringung, in: Festschrift 100 GmbH-Gesetz, 1992 S. 161

Raab, Thomas, Die Haftung der Gesellschafter der Vor-GmbH im System des

Gesellschaftsrechts, WM 1999, S. 1596.

Raiser, Thomas, Recht der Kapitalgesellschaften, 2. Aufl., München 1992

Raiser, Thomas, Konzernhaftung und Unterkapitalisierungshaftung - Besprechung der Entscheidung BGH AG 1994, S. 179, ZGR 1995, S. 156

Raiser, Thomas/Veil, Rüdiger, Die Haftung der Gesellschafter einer Gründungs-GmbH, BB 1996, S. 1344

Rawert, Peter, Heilung verdeckter Sacheinlagen durch nachträgliche Änderung der Einlagedeckung, GmbHR 1995, S. 87

Rawert, Peter, Prüfungspflichten des Registergerichts nach dem Entwurf des Handelsrechtsreformgesetzes, in: *P. Hommelhoff, V. Röhricht* (Hrsg.), IWS-Forum 10, Gesellschaftsrecht 1997, S. 81

Reich-Rohrwig, Johanses, GmbH-Recht, Wien 1983

Reiner, Günter, Der deliktische Charakter der „Finanzierungsverantwortung" des Gesellschafters. Zu den Ungereimtheiten der Lehre vom Eigenkapitalersatz, Festschrift für Karlheinz Boujong, München 1996, S. 415

Reiserer, Kerstin, Der GmbH-Geschäftsführer – ein Arbeitnehmer ?, DStR 2000, S. 31

Reuter, Axel L., Das Problem der Vollwertigkeit von Gesellschafterforderungen im Zusammenhang mit deren Verwendung zur Kapitalerhöhung bei Gesellschaften m.b.H. BB 1978, S. 1195

Reuter, Alexander, Praktische Fragen bei der Heilung verdeckter GmbH-Sacheilagen, BB 1999, S. 217

Rittner, Fritz, Die werdende juristische Person. Untersuchungen zum Gesellschafts- und Unternehmensrecht, Tübingen 1973

Rowedder, Heinz, Kommentar zum GmbH-Gesetz, 3. Aufl. 1997 zit.:Rowedder/*Bearbeiter*

Roth, Günther H., Unterkapitalisierung und persönliche Haftung, ZGR 1993, S. 170

Roth, Günther H., Freie Verfügung über die Einlage, Festschrift für Johannes Semler, Berlin New York 1993, S. 299

Roth, Günther H., Gründungstheorie: Ist der Damm gebrochen ?, ZIP 1999, S. 861

Roth, Günther H., Altmeppen, Holger, GmbHG-Kommentar, 3. Aufl., München 1997

Roth, Wulf-Henning, Die Gründerhaftung im Recht der Vor-GmbH, ZGR 1984, S: 597

Sandberger, Georg, Die Haftung bei der Vorgesellschaft – Zur Interaktion von Rechtsdogmatik und Richterrecht, Festschrift für Wolfgang Fikentscher, 1998, S. 389

Schiessl, Maximilian/Rosengarten, Joachim, Heilung einer verdeckten Sacheilage im GmbH-Recht, GmbHR 1997, S. 772

Schlegerberger/Quassowski, Kommentar zum Aktiengesetz v. 1937, 3. Aufl. 1939

Schmidt, Karsten, Anm. zu BGHZ 54, S. 222, JZ 1970, S. 687

Schmidt, Karsten, Zur Differenzhaftung des Sacheinlegers, (nach gegenwärtigem Stand von Gesetzgebung), GmbHR 1978, S. 5

Schmidt, Karsten, Die Vor-GmbH als Unternehmerin und Komplementärin. Zur Bedeutung des Urteils vom 9.3.1981, NJW 1981, S. 1345

Schmidt, Karsten, Die sanierende Kapitalerhöhung im Recht der AG, GmbH und Personengesellschaft, ZGR 1982, S. 519

Schmidt, Karsten, Verbandszweck und Rechtsfähigkeit im Vereinsrecht. Eine Studie Erwerb und Verlust der Rechtsfähigkeit nicht wirtschaftlicher und wirtschaftlicher Vereine, Heidelberg, 1984

Schmidt, Karsten, Barkapitalaufbringung und „freie Verfügung" bei der Aktiengesellschaft und der GmbH, AG 1986, S. 106

Schmidt, Karsten, Obligatorische Nutzungsrechte als Sacheinlagen ?, ZHR 154 (1990), S. 237

Schmidt, Karsten, Die Übertragung, Pfändung und Verwertung von Einlageforderungen, ZHR 157 (1993), S. 291

Schmidt, Karsten, Unterbilanzhaftung - Vorbelastungshaftung - Gesellschafterhaftung, ZHR 156 (1992), S. 109

Schmidt, Karsten, Zur Stellung der OHG im System der Handelsgesellschaften, ZIP 1996, S. 353

Schmidt, Karsten, Die Sicherung der Kapitalaufbringung und Kapitalerhaltung in Kapitalgesellschaften, in: *Blaurock* (Hrsg.), Recht der Unternehmen in Europa, Baden-Baden, 1993, S. 103

Schmidt, Karsten, Gesellschaftsrecht, 3. Aufl., Berlin, Köln, Bonn, München 1997

Schmidt, Karsten, Haftung aus Rechtsgeschäften vor Errichtung einer GmbH, GmbHR 1998, S. 613

Schmidt, Karsten, Zur Übertragung von Vor-Gesellschaftsanteilen, GmbHR 1997, S. 869

Schmidt, Karsten, § 41 Abs. 2 AktG: eine gegenstandslose und verfehlte Bestimmung, Festschrift für Alfons Kraft, 1998, S. 573

Schmidt, Karsten, Eigenkapitalersatz und Überschuldungsfeststellung - Ein Diskussionsbeitrag gegen Fehlschlüsse aus der InsO, GmbHR 1999, S. 9

Scholz, Franz, Die Haftung der Gründergesellschaft, JW 1938, S. 3149.

Scholz, Franz, Kommentar GmbH-Gesetz mit Nebengesetzen und den Anhängen zum Konzernrecht sowie Umwandlung und Verschmelzung, 9. Aufl. 2000 zit.: Scholz/*Bearbeiter*

Schön, Wolfgang, Anm. zu EuGH Slg. 1997-I, 6843-Daihatsu = ZIP 1997, S. 2155, JZ 1998, S. 193

Schröer, Henning, Vorschläge für Hauptversammlungsbeschlüsse zur Umstellung auf Stückaktie und Euro, ZIP 1998, 306 ff. und 529 ff.

Schulze-Osterloh, Joachim, Anm. zu EuGH Slg. 1997-I, 6843-Daihatsu, ZIP 1997, S. 2155

Schulze-Osterloh, Joachim, Der Europäische Gerichtshof zur phasengleichen Aktivierung von Dividendenansprüchen, ZIP 1996, S. 1453

Schulze-Osterloh, Joachim, Die Vorbelastungsbilanz der GmbH auf den Eintragungszeitpunkt und der Ausweis des Anspruchs aus der Vorbelastungshaftung im Jahresabschluss, Festschrift für Reinhard Goerdeler, Düsseldorf 1987, S. 531.

Schütz, Carlos, Verlustausgleichspflicht bei der Vor-GmbH, Diss. 1995

Schwab, Karlheinz/Prütting, Hanns, Sachenrecht, 28. Aufl., 1999

Sernetz, Herbert, Die Folgen der neuren Zivilrechtssprechung zum „Ausschüttungs-Rückhol-Verfahren“ für frühere Kapitalerhöhungen bei der GmbH, ZIP 1995, S. 173

Serick, Rolf, Rechtsform und Realität juristischer Personen, 2. Aufl. 1980

Sieger, Jürgen, J./Hasselbach, Kai, Die Kapitalerhöhung im „Schütt-aus-hol-zurück-Verfahren bei der GmbH“, GmbHR 1999, S. 205

Stimpel, Walter, Unbeschränkte oder beschränkte, Außen- oder Innenhaftung der Gesellschafter der Vor-GmbH, Festschrift für Hans-Joachim Fleck, Berlin, New York 1988, S. 345

Stimpel, Walter, „Durchgriffshaftung“ bei der GmbH: Tatbestände, Verlustausgleich, Ausfallhaftung, Festschrift für Reinhard Goerdeler, Düsseldorf 1987, S. 607

Teichmann, Arndt, Die Gesetzesumgehung, Göttingen 1962

Teichmann, Arndt, Gestaltungsfreiheit in Gesellschaftsverträgen, München 1970

Tesauro, Giuseppe, Schlussanträge in der Rechtssache Meilicke/ADV-ORGA, abgedruckt in: ZIP 1992, S. 1036 ff.

Theobald, Wolfgang, Vor-GmbH und Gründerhaftung, Diss., Köln 1984

Trölitzsch, Thomas, Differenzhaftung für Sacheinlagen in Kapitalgesellschaften, Diss. Köln 1998
zit.: *Trölitzsch*, Differenzhaftung

Ullrich, Christine, Kapitalaufbringung und „verdeckte Sacheinlage" im französischen Gesellschaftsrecht, DB 1990, S. 465;

Ulmer, Peter, Das Vorbelastungsverbot im Recht der GmbH-Vorgesellschaft - notwendiges oder überholtes Dogma, in: Festschrift für Kurt Ballerstedt, Berlin 1975, S. 279

Ulmer, Peter, Gesellschafterdarlehen und Unterkapitalisierung bei GmbH und GmbH & Co. KG, Festschrift für Konrad Duden, München 1977, S. 60

Ulmer, Peter, Abschied vom Vorbelastungsverbot im Gründungsstadium der GmbH - gelöste und ungelöste Fragen zum Recht der Vor-GmbH und Vor-GmbH & Co. KG, ZGR 1981, S. 593

Ulmer, Peter, Die wirtschaftliche Neugründung einer GmbH unter Verwendung eines GmbH-Mantels, BB 1983, S. 1123

Ulmer, Peter, Verdeckte Sacheinlagen im Aktien- und GmbH-Recht, ZHR 154 (1990), S. 128

Ulmer, Peter, Rechtsfragen der Barkapitalerhöhung bei der GmbH, GmbHR 1993, S. 189

Ulmer, Peter, Zur Haftungsverfassung in der Vor-GmbH, ZIP 1996, S.1996, S. 733

Ulmer, Peter, Schutzinstrumente gegen die Gefahren aus der Geschäftstätigkeit inländischer Zweigniederlassungen von Kapitalgesellschaften mit fiktiven Auslandssitz, JZ 1999, S. 662

Urban, Andreas, Die Differenzhaftung des GmbH-Gesellschafters im Zusammenhang mit der Überbewertung von Sacheinlagen, in: Festgabe für Otto Sandrock, Heidelberg 1995, S. 305

Vonnemann, Wolfgang, Haftung von GmbH-Gesellschaftern wegen materieller Unterkapitalisierung, GmbHR 1992, S. 77

Weilep, Volker, Polen: Harmonisierung der investitionsrechtlichen Rahmenbedingungen vor dem EU-Beitritt, RIW 2000, S. 431

Weimar, Rober, Abschied von der Gesellschafter- und Handelndenhaftung im GmbH- Recht ?, GmbHR 1988, S. 289

Weitbrecht, Cornelius, Haftung der Gesellschafter bei materieller Unterkapitalisierung, Diss. Köln 1990

Werner, Rüdiger, Nachgründung und Börsengang – wie obsolet ist § 52 AktG ? NZG 2000, S. 231

Westermann, Harry, Sachenrecht, 7.Aufl., Heidelberg 1998

Westermann, Harm-Peter, Kapitalersetzende Darlehen eines GmbH-Gesellschafters als Gegenstand von Verrechnungsabreden, Festschrift für Walter Oppenhoff, München 1985, S. 535

Westermann, Harm-Peter, Gläubigerschutz bei der Neuordnung der GmbH, Tübingen 1971

Wiedemann, Herbert, Gesellschaftsrecht, Band I, München, 1980

Wiedemann, Herbert, Sacheinlagen in der GmbH, in: Berliner Festschrift für Ernst E Hirsch zum 65 Geburtstag, Berlin 1968, S. 257

Wiedemann, Herbert, Gesellschaftsrechtliche Probleme der Betriebsaufspaltung, ZIP 1986, S. 1293

Wiedemann, Herbert, Die Erfüllung der Bareinlagepflicht bei Kapitalerhöhungen im Aktienrecht, ZIP 1991, S. 1257

Wiedenmann, Kai-Udo, Zur Haftungsverfassung der Vor-AG: Der Gleichlauf von Gründerhaftung und Handelnden-Regress, ZIP 1997, S. 2029

Wilhelm, Jan, Die Vermögensbindung bei der Aktiengesellschaft und der GmbH und das Problem der Unterkapitalisierung, Festschrift für Werner Flume, Bd. II, S. 337

Wilhelm, Jan, Bilanz, Vermögen, Kapital, Gewinn bei Einzelkaufmann, Personengesellschaften und Kapitalgesellschaften, ZHR 159 (1995), S. 454

Wilhelm, Jan, Kapitalgesellschaftsrecht, Walter de Gruyter, Berlin, New York, 1998

Wilhelm, Jan, Kapitalaufbringung und Handlungsfreiheit der Gesellschaft nach Aktien- und GmbH-Recht, ZHR 152 (1988), S. 333

Winkler, Karl, Die Haftung der Gesellschafter einer unterkapitalisierten GmbH, BB 1969, S. 1204

Wüst, Günther, Gläubigerschutz bei der GmbH, Stuttgart u.a. 1966

Wüst, Günther, Unterkapitalisierung und Überschuldung bei Beschränkthaftenden, JZ 1985, S. 990

Zimmer, Daniel, Internationales Gesellschaftsrecht. Das Kollisionsrecht der Gesellschaften und sein Verhältnis zum Internationalen Kapitalmarktrecht und zum Internationalen Unternehmensrecht, Heidelberg, 1996

Zimmer, Lutz, Die Nachgründungsvorschriften des § 52 AktG – Tatbestand und Reichweite sowie Möglichkeit der Heilung unwirksamer Rechtsgeschäfte, DB 2000, S. 1265

Zöllner, Wolfgang, Inhaltsfreiheit bei Gesellschaftsverträgen. in: Festschrift 100 Jahre GmbH-Gesetzes, Köln 1992

Peter Lang · Europäischer Verlag der Wissenschaften

Joseph Marko / Alfred Ableitinger / Alexander Bröstl / Pavel Holländer (Hrsg.)

Revolution und Recht

Systemtransformation und Verfassungsentwicklung in der Tschechischen und Slowakischen Republik

Frankfurt/M., Berlin, Bern, Bruxelles, New York, Wien, 2000. 502 S., 5 Abb.
ISBN 3-631-33619-5 · br. DM 128.–*

Hinter dem Titel „Revolution und Recht" steht die erkenntnisleitende Idee, nach dem Ende des Kommunismus dem Zusammenhang von politischer Revolution und rechtlicher Institutionalisierung beim Aufbau von Demokratie und Rechtsstaat am Fallbeispiel der Tschechoslowakei nachzugehen. In einem ersten Teil werden die staatliche Trennung und die verfassungsrechtlichen Grundlagen der Regierungssysteme Tschechiens und der Slowakei analysiert. Im zweiten Teil wird den unterschiedlichen historischen, politischen und kulturellen Voraussetzungen der demokratischen Konsolidierungsprozesse nachgegangen. Abschließend werden die „doppelten Standards" bei der Behandlung beider Staaten im Rahmen der EU-Osterweiterung als Grundproblem der Entwicklung zu einer „gesamteuropäischen Verfassungsstaatlichkeit" untersucht.

Aus dem Inhalt: Zur Geschichte der Tschechen und Slowaken als Mitteleuropäer · Die Verfassungssysteme Tschechiens und der Slowakei · Parteien, Verbände und politische Kultur · Von der Revolution über die Transformation zur Integration: Tschechien und die Slowakei im Prozeß der EU-Osterweiterung